中文社会科学引文索引（CSSCI）来源集刊

人文论丛

2016年
第1辑（总第25卷）

冯天瑜　主编

教育部人文社会科学重点研究基地
武汉大学中国传统文化研究中心　　主办

WUHAN UNIVERSITY PRESS
武汉大学出版社

KEY RESEARCH INSTITUTE IN UNIVERSITY

图书在版编目(CIP)数据

人文论丛.2016 年.第 1 辑:总第 25 卷/教育部人文社会科学重点研究基地,武汉大学中国传统文化研究中心主办.—武汉:武汉大学出版社,2016.8
ISBN 978-7-307-18540-1

Ⅰ.人…　Ⅱ.①教…　②武…　Ⅲ.社会科学—2016—丛刊　Ⅳ.C55

中国版本图书馆 CIP 数据核字(2016)第 195300 号

责任编辑:李　程　　责任校对:汪欣怡　　版式设计:马　佳

出版发行:**武汉大学出版社**　　(430072　武昌　珞珈山)
(电子邮件:cbs22@ whu. edu. cn 网址:www. wdp. com. cn)
印刷:武汉中远印务有限公司
开本:787×1092　1/16　印张:23　字数:561 千字　插页:2
版次:2016 年 8 月第 1 版　　2016 年 8 月第 1 次印刷
ISBN 978-7-307-18540-1　　定价:78.00 元

《人文论丛》2016年第1辑（总第25卷）

目　录

人 文 探 寻

文 史 考 证

文 学 与 文 体

经济、社会与文化

历史文化语义学

学术评论

人文探寻

论荀子及其后学对周公的论述

□　杨兆贵　吴学忠

一、绪　　言

荀子（约前340—约前245年），① 战国时期儒家重要代表人物，传统认为他提倡性恶论，但有学者根据《荀子》文本反对此看法，认为性恶论是他的后学提出的。② 《荀子》一书大约可分为三类：第一类是荀子手著，有22篇。③ 这22篇尽管不免有错简等问题，但它们反映荀子的思想；第二类是荀子弟子所记录的言行；第三类是荀子所整理、汇集的资料。第一第二类都是研究荀子思想学说的主要材料，第三类则只是间接材料。④

周公的重要事迹《尚书大传》有记载："周公摄政，一年救乱，二年克殷，三年践奄，四年建侯卫，五年营成周，六年制礼作乐，七年致政成王。"周公提出"敬德保民"主张，制礼作乐，建立典章制度，为周王朝统治奠下基础。他是中国礼乐文明的创建者和中华文明的奠基者，中国西周前文化的集大成者和孔子等诸子百家的先师。

荀子在阐论义理时，有时论述周公事迹。这对后世了解荀子的思想和周公的史事有重要的价值。下文分别就荀子、荀子后学对周公的论述加以阐述。

二、荀子对周公的论述

荀子所说周公之事包括：周公屏退成王，践履天子之位，平乱、封建，巩固周王朝；周公致政成王，北面为臣；周公为臣，是德才兼备的宰、大忠之臣，时时以德教化成王。

---

① 钱穆：《先秦诸子系年通表·附诸子生卒年世约数》，《先秦诸子系年考辨》，上海书店1992年版，第103页。

② 何志华：《〈荀子〉述〈孟〉考：兼论〈性恶篇〉相关问题》，《中国文化研究所学报》2015年第60期。

③ 它们是：《劝学》、《修身》、《不苟》、《荣辱》、《非相》、《非十二子》、《王制》、《富国》、《王霸》、《君道》、《臣道》、《致仕》、《天论》、《正论》、《礼论》、《乐论》、《解蔽》、《正名》、《君子》、《成相》、《赋》、《性恶》（何志华考证，《性恶》篇非荀子亲著，而是他的后学所为。见上引文）。

④ 廖名春：《荀子新探》，台湾文津出版社1994年版，第55页。

周公是位圣人。荀子还说了周公的外貌。

（一）荀子说周公践履周天子之位

1.《儒效》篇

荀子在《儒效》篇提到周公在灭殷、称王的几件大事：

> 武王崩，成王幼，周公屏成王而及武王以属天下，恶天下之倍周也。履天子之籍，听天下之断，偃然如固有之，而天下不称贪焉；杀管叔，虚殷国，而天下不称戾焉；兼制天下，立七十一国，姬姓独居五十三人，而天下不称偏焉。教诲开导成王，使谕于道，而能揜迹于文、武。周公归周，反籍于成王，而天下不辍事周，然而周公北面而朝之。天子也者，不可以少当也，不可以假摄为也。能则天下归之，不能则天下去之，是以周公屏成王而及武王以属天下，恶天下之离周也。①
>
> 成王冠，成人，周公归周反籍焉，明不灭主之义也。周公无天下矣，乡有天下，今无天下，非擅也；成王乡无天下，今有天下，非夺也：变势次序节然也。故以枝代主而非越也，以弟诛兄而非暴也，君臣易位而非不顺也。因天下之和，遂文、武之业，明枝主之义，抑亦变化矣，天下厌然犹一也。非圣人莫之能为，夫是谓大儒之效。②
>
> 武王之诛纣也，行之日以兵忌，东面而迎太岁，至汜而泛，至怀而坏，至共头山而山隧。霍叔惧曰："出三日而五灾至，无乃不可乎？"周公曰："刳比干而囚箕子，飞廉、恶来知政，夫又恶有不可焉！"遂选马而进，朝食于戚，暮宿于百泉，厌旦于牧之野，鼓之而纣卒易乡，遂乘殷人而诛纣。盖杀者非周人，因殷人也。故无首虏之获，无蹈难之赏，反而定三革，偃五兵，合天下，立声乐，于是《武》、《象》起而《韶》、《护》废矣。四海之内莫不变心易虑以化顺之，故外阖不闭，跨天下而无蕲。当是时也，夫又谁为戒矣哉！③

以上三段，荀子说了周公的一些重大事迹：一是周公与武王伐纣，出兵便犯了"兵忌"（冲太岁，遇江水暴涨、城墙倒塌等），三天遭到五次灾祸，霍叔对此很惊恐，认为出师不利，言下之意要回师。那时是宗教迷信笼罩的年代，面对"五灾"而产生恐惧感的，不只霍叔一人，应该在将士中也普遍存在着，这对他们的心理产生严重的消极影响，甚至挫伤他们的锐气和斗志。周公面对这种情形，冷静地从商纣内部形势分析，指出商纣杀比干，囚箕子，让飞廉、恶来执政，内部已分崩离析，现在伐纣是天赐良机！因此，周公没改变伐纣的决心。他的一番话，极大加速了进军的速度，最后成功灭纣。④ 二是灭商纣之后，周公制礼乐，治天下，而天下太平。三是武王死了，成王年幼，周公为了系属天

---

① 王先谦：《荀子集解》，中华书局1988年版，第114~115页。
② 王先谦：《荀子集解》，中华书局1988年版，第115~117页。
③ 王先谦：《荀子集解》，中华书局1988年版，第134~137页。
④ 游唤民、汪承兴、贾再友、游柱然：《元圣周公全传》，新华出版社2014年版，第53页。

下，摒开成王，承继武王，履天子之位。他这样做的目的是巩固周王朝。当时人民没有闲言，诸侯们都来效劳，他的威望之高，可见一斑。四是周公杀了管叔，迁走朝歌殷之顽民。五是周公封建诸侯，建立七十一个诸侯国，其中姬姓的就有五十三个。六是他等成王行冠礼后，便归周反位。顾颉刚认为，荀子所谓周公称王不在周，而是在他东征时，身当主帅，统筹全局，分遣将领，秉着最高的威权，成了实际的王。① 周公教诲开导成王，使成王承袭文王、武王的功业，然后他把天子之位还给成王，自己北面称臣。荀子称赞周公传天子之位给成王，不是禅让；成王当了天子，不是夺取，而是"以枝代主"，是由于客观环境权变情势的变化。"这分明说武王死后，武、庚、管、蔡叛变之际，周公无论在名义上或在实际上都是王；直到他归政之后，成王才做了实际的王。"这叫做"君臣易位"；所谓"天子也者，不可以少当也，不可以假摄为也"，意周公称王本无所谓摄位。② 荀子特地称赞周公是圣人（大儒）："非圣人莫之能为，夫是谓大儒之效。"

2. 《王制》篇

《王制》篇推崇周公是王者，所治之国能一统天下：

荀子在该篇里根据君王的德行、推行政策，而把君王、国家分为五等：王、霸、安存之君、危殆之君、灭亡之君；王国、霸国、安存之国、危殆之国、灭亡之国。荀子这种分法，可能受到春秋战国时期"五至"论思想的影响。③

荀子把周公当成第一等的"王"、王天下之人，可见荀子对周公推崇备至：

> 古之人有以一国取天下者，非往行之也，修政其所莫不愿，如是而可以诛暴禁悍矣。故周公南征而北国怨……东征而西国怨……安以其国为是者王。④

荀子只举周公作为"王者"代表，而没有举其他圣君明君，可见周公在荀子心目中有极重要的地位。荀子认为周公是凭"修政其所"而非用侵略的方法，治理国家，结果天下百姓都希望被他统治，此即孟子所说："得天下有道：得其民，斯得天下矣"（《孟子·离娄上》）、"以德行仁者王，王不待大，汤以七十里，文王以百里"（《孟子·公孙丑上》）之说。

这里顺便讨论荀子提到的"法后王"。到底"后王"指谁呢？学者对"法后王"约有六种推测。李桂民在《荀子思想与战国时期的礼学思潮》一书整理了这些看法：第一种是唐代杨倞提出来的，认为荀子的"后王"指时王或近时之王。第二种是清代刘台拱和王念孙提出的，认为"后王"指文王和武王。第三种是章太炎在《訄书·尊荀》中提出的，说"后王"指孔子。第四种是任继愈、张季平等提出的，认为"后王"指文、武、

① 顾颉刚：《周公执政称王——周公东征史事考证之二》，郭伟川编：《周公摄政称王与周初史事论集》，北京图书馆出版社 1998 年版，第 18 页。

② 顾颉刚：《周公执政称王——周公东征史事考证之二》，郭伟川编：《周公摄政称王与周初史事论集》，北京图书馆出版社 1998 年版，第 19 页。

③ 有关先秦五至论的内涵及其与帝道、王道、霸道的关系，详杨兆贵：《先秦"五至"论与帝道、王道、霸道说——由〈鹖冠子·博选〉篇说起》，《古代文明》2009 年第 3 期。

④ 王先谦：《荀子集解》，中华书局 1988 年版，第 173 页。

周公和孔子（总结、接受第二、三种看法）。第五种认为"后王"指的是包含周成王在内的西周盛世贤王。第六种是陈登元提出，"后王"指夏商周三代圣王。①

"后王"当指周公。《儒效》篇说："言道德之求，不二后王。道过三代谓之荡，法二后王谓之不雅。"② 意思是人有以道德来问的，以不外于后王的事告他。道过三代以上叫做浩荡难信，治法外于后王的叫做不正。因为周道是继承夏道和殷商之道，又不应超过夏、商、周三代，因此，"法后王"应该是周道中的人，而最能代表周道的人就是奠定周代礼乐制度的周公。

（二）荀子说周公是德才兼备的宰、大忠之臣

荀子说周公在成王能继承文、武之业后，就归政成王，自己北面称臣。周公为臣，是臣子的理想的典范。

1.《王霸》篇

《王霸》篇指出周公是德才兼备的理想的相：

《王霸》篇指出君王"致爱其下而制之以礼"，使"君臣上下，贵贱长幼，至于庶人，莫不以是为隆正。然后皆内自省以谨于分，是百王之所（以）同也，而礼法之枢要也"。这样，"君人者、立隆政本朝而当，所使要百事者诚仁人也，则身佚而国治，功大而名美，上可以王，下可以霸"，君王制礼、善于择贤，"能当一人而天下取"，任用的相是德才兼备的仁人，那么君王自身安逸，国家治理上轨道，进可成为一统天下之国，次可成为霸国。周成王就任用周公为相，"既能当一人，则身有何劳而为，垂衣裳而天下定"，③周朝一统天下。

因此，荀子在本篇此处指出：周成王是明君，能重用周公，周公是仁人，则用得其人，所以成王可以"身佚而国治"、"垂衣裳而天下定"。反过来说，周公是位德才兼备的相，能帮助成王治理天下。

《王霸》篇认为"人主者、天下之利势也。得道以持之，则大安也，大荣也"，君王占据天下之利势，一位有仁德的君王，采取什么的治国措施至关重要，因此，"义立而王，信立而霸，权谋立而亡。三者，明主之所谨择也，仁人之所务白也"。遵守王者的办法，就称王于天下；遵行霸者的办法，就能称霸于诸侯；遵行使国家灭亡的办法，国家就会灭亡。另外，君王择相很重要，"善择之者制人，不善择之者人制之"。④ 若择贤用能，国家会一统天下，否则可以倾覆。君王能制礼行义，用人得当，那么，"故君人者，立隆政本朝而当，所使要百事者诚仁人也，则身佚而国治"。商汤用伊尹、周文王用姜尚、周武王用召公、周成王用周公旦云云，说明君王择用贤相而天下治的道理与事实。

---

① 李桂民：《荀子思想与战国时期的礼学思潮》，中国社会科学出版社 2012 年版，第 66～67、70～71 页。

② 王先谦：《荀子集解》，中华书局 1988 年版，第 146 页。

③ 以上一段《荀子》引文见王先谦：《荀子集解》，中华书局 1988 年版，第 222 页。

④ 以上一段《荀子》引文见王先谦：《荀子集解》，中华书局 1988 年版，第 202、209 页。

2. 《臣道》篇

《臣道》篇说周公是大忠。荀子说：

> 有大忠者，有次忠者，有下忠者，有国贼者：以德复君而化之，大忠也；以德调君而补之，次忠也；以是谏非而怒之，下忠也；不恤君之荣辱，不恤国之臧否，偷合苟容，以之持禄养交而已耳，国贼也。若周公之于成王也，可谓大忠矣；若管仲之于桓公，可谓次忠矣；若子胥之于夫差，可谓下忠矣；若曹触龙之于纣者，可谓国贼矣。①

荀子把臣分为四等：大忠、次忠、下忠、国贼。他在本篇这样看周公：一是称赞周公是大忠，所谓大忠，是"以德复君而化之"，以道德教化君王，使君王接受德化。二是说周公对成王来说是大忠，意即周公在复政给成王后，他当了成王的臣子，而对成王起着"大忠"之效："以德复君而化之"，周公还不断教导成王。这和《儒效》篇、《周书》所记的周公教诲成王的记载基本相同。

3. 《君子》篇

《君子》篇称周公为圣，成王对周公无所不听。荀子说：

> 论法圣王，则知所贵矣；以义制事，则知所利矣。论知所贵，则知所养矣；事知所利，则动知所出矣。二者，是非之本，而得失之原也。故成王之于周公也，无所往而不听，知所贵也。桓公之于管仲也，国事无所往而不用，知所利也。吴有伍子胥而不能用，国至乎亡，倍道失贤也。故尊圣者王，贵贤者霸，敬贤者存，慢贤者亡，古今一也。②

该篇指出成王对周公无所不听，因为他知道什么是可贵的，即知道周公此人是极可贵的。荀子把周公当成圣王，"论法圣王，则知所贵矣"，议论效法圣王，就知道什么人应该是可贵的。成王知道周公是圣人，所以对周公无所不听。"尊圣者王"，因此，成王能称"王"。可见，本篇所说周公是圣人，同时是成王的臣子。

其次，荀子认为君王尊崇圣人，治理国家，就可称王天下；尊重贤人的，可以称霸天下；敬重贤人的，国家可以保存；轻视人圣的，国家就会灭亡。由此可见，圣人、贤人对于一个国家来说起着极重要的作用。正是周成王对于周公无所不听，所以国家得以安定、安然统治天下。从中可以看出荀子认为周公是圣人，是一位治国之人。

《君子》篇旨在论述为君之道，同时强调了君王的权威与作用。文章指出：天子拥有至高无上的权威，"天子无妻"、"执至重，形至佚，心至愈，志无所诎，形无所劳，尊无上矣"，而要具备并维护这种权威，君王最重要的是要效法古代圣王，用"义"来判断政

---

① 王先谦：《荀子集解》，中华书局 1988 年版，第 254～255 页。
② 王先谦：《荀子集解》，中华书局 1988 年版，第 452～453 页。

事，即"法圣王"、"以义制事"，按等级关系的准则来治理社会，要"刑赏得当"，不能"刑过罪"、"爵逾贤"，尤其不能按宗族论罪，不能以门第举贤。只有真正做到"尚贤使能，等贵贱，分亲疏，序长幼"，① 才能形成巩固、安定的政治局面，才能形成并巩固天子的独尊地位。②

从以上三篇可见荀子特别重贤，指出"故尊圣者王，贵贤者霸，敬贤者存，慢贤者亡，古今一也"（《君子》），比孟子说"尊贤使能，俊杰在位，则天下之士皆悦而愿立于其朝矣"（《孟子·公孙丑上》）高卓，孟子只从用贤的有利之处来对君王作出规劝。荀子此文的字里行间里隐隐透出些许警告的意味：君王若不用贤，结局就是亡国，自古至今，没有一个君王能自外于此。其实荀子的目的就是创建他心中理想的社会，上能政通人和，下可各得其所，井然有序。

最后，简谈荀子对君、臣的看法：荀子认为君王的主要职责在于修身和用人，在为政和用人方面，他认为君王的主要职责体现在这几方面：第一，确立正确的政治原则。君王所遵行的政治原则，即荀子所说的礼义之统。第二，建立贤人政治，注重相职的人选、重用相。荀子认为君王不能事事躬亲而没有安逸，所以君王必须重用可以胜任的贤人辅佐。第三，荀子主张君王在选拔人才上有一定的原则和标准，即"任人唯贤"的原则和对礼的恪守为标准。只有君王不论亲疏贵贱，唯贤是务，国家才能维持长久。

（三）荀子谈周公其他方面

荀子在《荀子》其他篇章提到周公其他方面，使世人对周公有更多认识。

1.《非相》篇

荀子在《非相》篇用了大量历史事实，彻底否定和批判了相术。他指出周公的身高和外形："文王长，周公短"，周公非常矮。"周公之状，身如断菑"：周公的样子，身体如同一棵死树桩。③

也许我们读了这样的文字，对周公的外貌深感意外、失望？他和我们心目中高大的形象是否相去甚远？关中大汉怎么会如此矮小？也许荀子为了反对相术，所以特地也把他心目中的圣者周公的外貌写得如此难看？

2.《解蔽》篇

《解蔽》篇是荀子阐释其认识论的重要篇章，他指出人们在认识上的通病是"蔽于一曲"，犯了片面认识的错误。这种错误又往往源于人们的"私其所积"、"倚其所私"，只偏爱自己掌握的知识，只把自己掌握的知识作为依据。荀子列举了夏桀、殷纣、唐鞅、奚齐、墨子、宋子等人受蒙蔽的情况及其产生的恶果，证明了解除蒙蔽的必要。关于解除蒙蔽的方法，荀子提出，最关键的是建立一个正确的标准，把握事物的各个方面，认真地加以比较权衡，以获得正确的认识。而这个正确的标准，荀子称之为"道"。只要掌握了

---

① 以上一段《荀子》引文见王先谦：《荀子集解》，中华书局 1988 年版，第 453 页。
② 方勇、盛敏慧：《荀子鉴赏辞典》，上海辞书出版社 2012 年版，第 508 页。
③ 王忠林：《新译荀子读本》，台湾三民书局 2009 年版，第 66 页。

道，就可以"坐于室而见四海"、"恶有蔽矣哉？"荀子具体说明了掌握"道"的方法是"虚一而静"。① 荀子说：

> 昔人臣之蔽者，唐鞅、奚齐是也。唐鞅蔽于欲权而逐载子，奚齐蔽于欲国而罪申生，唐鞅戮于宋，奚齐戮于晋。逐贤相而罪孝兄，身为刑戮，然而不知，此蔽塞之祸也。故以贪鄙、背叛、争权而不危辱灭亡者，自古及今，未尝有之也。鲍叔、宁戚、隰朋仁知且不蔽，故能持管仲而名利福禄与管仲齐；召公、吕望仁知且不蔽，故能持周公而名利福禄与周公齐。②

该段重点指出"以贪鄙、背叛、争权而不危辱灭亡者，自古及今，未尝有之也"，把周公、召公、太公、鲍叔、宁戚、隰朋当作不蔽于"贪鄙、背叛、争权"的代表。因为周公不蔽，所以，周公很有"名利福禄"。可见，荀子把周公当作"不蔽"的榜样。

三、荀子后学对周公的论述

《荀子》最后六篇应是荀子弟子所编撰，其情况与《论语》有些相似处，着重记述师生的言论。③《大略》篇、《宥坐》篇、《尧问》篇都有记周公之事。《大略》篇记："文王诛四，武王诛二，周公卒业，至成康则案无诛已"，说周公完成一统天下的大业。《宥坐》篇只记"周公诛管叔"一事。这三篇记载周公最详细的是《尧问》篇。这篇文章记载几件事，其中之一是伯禽将归于鲁，周公问伯禽之傅有关伯禽的德行。师傅回答说伯禽有三个优点："其为人宽，好自用，以慎。"周公批评师傅把缺点说成优点：

> 以人恶为美德乎！君子好以道德，故其民归道。彼其宽也，出无辨矣，女又美之。彼其好自用也，是所以窭小也。君子力如牛，不与牛争力；走如马，不与马争走；知如士，不与士争知。彼争者，均者之气也，女又美之。彼其慎也，是其所以浅也。闻之曰："无越逾不见士。"见士问曰："无乃不察乎？"不闻，即物少至，少至则浅。彼浅者，贱人之道也，女又美之。④

周公认为伯禽有三个缺点：一是他对人宽大，赏赐就不加分别。二是他喜欢靠自己的才智行事，这使他浅陋无知、胸怀狭窄。三是他谨慎，却使他孤陋寡闻。后两者的结果相同，使伯禽心胸狭隘、孤陋寡闻，不能重用贤能、放眼天下。因此，周公认为师傅没有尽应有的责任，混淆是非。他指出自己是文王之子、武王之弟、成王之叔，但是他自己是这样礼待贤士：

---

① 以上可参考方勇、盛敏慧：《荀子鉴赏辞典》，上海辞书出版社 2012 年版，第 439 页。
② 王先谦：《荀子集解》，中华书局 1988 年版，第 390~391 页。
③ 张西堂：《荀子真伪考》，台湾明文出版社 1994 年版，第 138~151 页。
④ 王先谦：《荀子集解》，中华书局 1988 年版，第 548~550 页。

　　吾于天下不贱矣，然而吾所执赞而见者十人，还赞而相见者三十人，貌执之士者百有余人，欲言而请毕事者千有余人，于是吾仅得三士焉，以正吾身，以定天下。吾所以得三士者，亡于十人与三十人中，乃在百人与千人之中。故上士吾薄为之貌，下士吾厚为之貌。人人皆以我为越逾好士，然故士至，士至而后见物，见物然后知其是非之所在。戒之哉！女以鲁国骄人，几矣！夫仰禄之士犹可骄也，正身之士不可骄也。彼正身之士，舍贵而为贱，舍富而为贫，舍佚而为劳，颜色黧黑而不失其所，是以天下之纪不息，文章不废也。①

　　周公指出自己求贤若渴，是改变自己孤陋寡闻的不二之方；通过求士，使自己有了是非判断的标准；他着重阐明自己的广求天下士之道：他拿着礼物去拜见的尊长有十位，还礼会见的有三十位；用礼貌接待的士有一百多位，想要向他提意见而他请他们把事情说完的有一千多位。他在这些人中只挑选三位贤士——他不是在十人三十人之中挑选贤士，而是在上百上千人之中挑选到这三位贤士。周公指出对待不同士人，对他们的礼貌要不同：对上等的士人，对他们的礼貌轻些；对下等的士人，对他们的礼貌重些。这样，贤士就八方云集。荀子所要表达的是统治者要抛开故步自封的待士态度，做到求贤若渴，广泛接纳天下之人，并在其中选择对国家有用的人才。

　　根据历史记载，伯禽的一些治国理念或经验、方法最初似乎未能达到周公的要求，因此周公对他谆谆善诱，教以治国之方。《论语·微子》记周公对伯禽说："君子不施其亲，不使大臣怨乎不以。故旧无大故，则不弃也。无求备于一人。"② 周公提出四点看法：一是君子不怠慢亲族，二是不让大臣抱怨没被信用，三是老臣故人没有发生严重过失，就不要抛弃他们，四是不要对某一人求全责备！③ 其中第二点就是要伯禽重用大臣贤能，这和《尧问》篇所说的相同。我们可以从这里看出：第一，周公的家教。周公曾为天子，封建诸侯，以屏翼周室，巩固周王朝。他对儿子的教育也离不开这一目标，教授伯禽在履行诸侯之职时，应该注意一些重大举措。周公对伯禽的教导，可视为我国有史记载的家教第一人。《论语·季氏》篇记孔子对其子伯鱼的教育，④ 通过伯鱼自述，可见孔子家教的一斑：孔子把自己平时关心、研读的传授给儿子，并加以指导。同样，我们看到周公也是这样教育伯禽的。第二，可见周公重视族群关系、重用贤能、不对人求全责备的思想。他自己亦起着很好的示范，如"一沐三握发，一饭三吐哺"（《史记·鲁周公世家》），惟恐怠慢人才。这举动不仅被后人广为称颂，而且为历代执政者树立了礼贤下士的楷模。

　　历史证明，伯禽在周公的教导下，终于成功治理鲁国。周公敉平武庚、奄之乱后，封

---

　　① 王先谦：《荀子集解》，中华书局 1988 年版，第 550~551 页。此段记周公告诫伯禽当鲁君应注意一些举措，《韩诗外传》卷第三"周公践天子之位七年"章也有基本相同的记载，周公告诉伯禽要以"谦"德治国。《说苑·敬慎》篇所记的内容和《韩诗外传》几乎相同。

　　② 朱子：《四书章句集注》，中华书局 1983 年版，第 187 页。

　　③ 杨伯峻：《论语译注》，中华书局 2011 年版，第 196 页。

　　④ 《论语·季氏》篇记孔子对其子伯鱼的教育：陈亢问于伯鱼曰："子亦有异闻乎？"对曰："未也。尝独立，鲤趋而过庭。曰：'学《诗》乎？'对曰：'未也。''不学《诗》，无以言。'鲤退而学《诗》。他日，又独立，鲤趋而过庭。曰：'学礼乎？'对曰：'未也。''不学礼，无以立。'鲤退而学礼。闻斯二者。"陈亢退而喜曰："问一得三，闻《诗》，闻礼，又闻君子之远其子也。"（见朱子：《四书章句集注》，中华书局 1983 年版，第 173~174 页）

建诸侯。由于鲁国地处东夷势力中心，地理位置很重要，加上鲁国是周公长子伯禽的封国，因此周公对此特别重视，他在伯禽适鲁就职前多次与伯禽谈话，《论语·微子》、《荀子·尧问》、《史记·鲁周公世家》、《吕氏春秋·贵公》、《说苑·至公》等都有记载。周公教导伯禽当鲁君后，要以公心治国，勤政尚贤，尊重当地风俗，对殷人采取怀柔政策。① 伯禽到鲁国后，切实领会、贯彻了周公的教导，成功治理鲁国，收到屏卫周室的效果，达到封建的目的。

四、后世对荀子论述周公材料的评论

荀子对周公事迹进行论述，尤其是说周公曾代成王而为天子一事，是否史实，有史学的重大价值？后世学者对此事有不同的看法。

我们先简视一下一些宋儒对此事的看法。《荀子·尧问》篇记周公批评伯禽的师傅认为伯禽"好自用"是美德，这会导致伯禽心胸狭隘、孤陋寡闻，进而说明自己热心求贤待士。周公这种求贤若渴的形象，已深入人心。② 但王安石批评荀子不明白法重于人的道理，认为荀子笔下的求贤的周公与三代圣王治道"立善法"的精神相背离："是诚周公之所为，则何周公之小也！夫圣人为政于天下也，初若无为于天下，而天下卒无以不治者，其法诚修也。"③ 王氏认为荀子说周公求贤若渴，不符合圣人善以立法而为政的理想，圣人重视立善法，一立善法，则没必要广求贤士。

程颐批评荀子说周公践天子之位，是不晓君臣之分的大义。他反驳荀子说周公"履天下之籍，听天下之断"："周公位冢宰，百官总己以听之而已，安得践天子之位？"④

王安石、程颐等作为宋代理学家的代表，他们对荀子周公论的批评指责，与他们所处的时代及个人的思想有密切关系。王安石基于他自己侧重变法的主张而批评荀子称周公求贤若渴，程颐严于君臣之分，批评荀子强调周公践履天子之位一事。⑤ 这说明了时代（宋代中央集权、君权高涨等政治因素）、思想（宋儒的关怀重点和先秦儒有些不同）不同，对同样人物的历史评价也就不同。同时说明：义理与史实有时不可并存，有时一些思想家为了阐释一己之见而不惜扭曲史实，把史事当作阐释义理的工具。这种现象历史上无时无之。⑥

---

① 游唤民、汪承兴、贾再友、游柱然：《元圣周公全传》，新华出版社 2014 年版，第 111~113 页。

② 三国时期曹操《短歌行》也称赞"周公吐哺，天下归心"，并说自己学习周公，以周公为榜样，希望天下士能帮助自己，一统天下。可见，周公求贤若渴的形象深入人心。

③ 王安石：《王文公文集》，上海人民出版社 1974 年版，第 302 页。

④ 程颢、程颐：《二程遗书》，上海人民出版社 2000 年版，第 287 页。

⑤ 刘涛：《宋人视垣中的〈荀子〉周公论》，《社会科学战线》2010 年第 2 期。

⑥ 如《韩非子》一书里有不少关于古史的材料，都是韩非作以阐释其学说的工具。韩非搜集不少有关孔子的言行，把他的言行当作阐释自己法、术、势学说的工具，孔子也就成了韩非学说的代言者，详杨兆贵：《先秦古籍关于孔子论述的分析》，台湾"清华大学"硕士学位论文，1999 年，第 97~110 页。不仅韩非对孔子如此，其他学派如《庄子》也这样看孔子，详杨兆贵、梁健聪：《诸子思辨视野下的孔子形象——庄子及其后学对孔子的论述》（《南都学坛》（人社版）2014 年第 5 期）。蒙文通先生认为诸子对同一古史有不同的看法，是由于地域不同，所以观念有异，思想家对同一历史人物、历史事件自然有不同阐释。他认为古史主要有海岱、三晋、南方（即鲁学、齐学、晋学、楚学）的不同，这三大地域就有明显的不同的思想观念。详蒙文通：《经史抉原》，巴蜀书社 1995 年版，第 88~98 页。

一些宋儒批评荀子对周公的论述、质疑他所说的真实性。近现代学者在研究周公事迹时，看法却和这些宋儒迥异，一些学者信从《荀子》的记载，相信周公曾践履天子之位，称王摄政。顾颉刚说："在许多对于周公称王的解释里，荀子的话要算是最坚定、最直捷的一个说法了。"他批评宋儒说："就为了'君臣大义'给宋儒宣传得愈来愈深彻猛烈，他们在伦理观念上已绝不容许大圣的周公有称王的悖乱行为。"① 金景芳《周公对巩固姬周政权所起的作用》把《荀子·儒效》篇"周公屏成王而及武王"云云当作文章定调。② 郭伟川说："不能否认王莽之前至少有两种世所公认的大儒经典及后来的相关论述，曾经十分明确地述及周公称王的事。"③ 两种经典指《荀子》与《礼记》。可见，有些现代学者认为荀子有关周公称王的说法是史实。

可见时代、思潮、思想家的个人思想不同，都影响他们对一些史事的真实性的看法。那么，荀子所说的周公之事，到底是史事，还是杜撰？有些宋儒不赞成荀子的看法。那么，荀子所说的周公事迹是否史实？进而言之，荀子与宋儒都是思想家，思想家首重阐释义理，而史事则居其次。那么，我们应该怎样看待义理与史实的关系？吕思勉先生把经义与史事分开看的观点足为我们参考。他说："予谓九流之学，其意旨在成一家之言，本非修订古史；而春秋、战国时所传古事，亦实多茫昧之词。"即使儒书《孟子》、《尚书大传》、《史记》所记尧舜禅让之事，"特孔门之经说耳"，而非事实之真相。要知道古史真相，"固不得不就百家之说，披沙拣金，除去其主观之成分以求之"，而"欲除去主观之成分，固非通知其书之义例不可。此则读书之所以贵方法也"。④ 吕先生的看法独具只眼。当然，在分析周公史事真伪时，我们可以充分利用记载周公的第一手史料——《周书》周公诰文、金文——以内在逻辑来论证。由于传统学者（尤其自秦汉以来）深受君臣观念影响，历代注家对《周书》诰文的作者到底是武王、周公还是成王的看法纷纷。居今之世，我们不再为君臣观念所束缚，应该实事求是、就史论史来分析。先哲时贤如顾颉刚、刘起釪、杜勇、郭伟川⑤等先生尽了很大努力，结合《周书》、金文等文献，论证了周公称王之事。笔者赞同他们的看法。可见，我们对待诸子论记古史的史料价值，当分别处理。荀子对周公事迹的论说，对研究周公、周初史事，具有重要的史学价值。

五、结　语

总上所论，荀子及其后学对周公极其尊崇。荀子所记、论周公之事包括：当周武王去世后，周王朝面临极严峻局势，周公毅然屏退成王，自立为天子，平乱封建，巩固周王

① 顾颉刚：《周公执政称王——周公东征史事考证之二》，郭伟川编：《周公摄政称王与周初史事论集》，北京图书馆出版社1998年版，第19、42页。

② 金景芳：《周公对巩固姬周政权所起的作用》，郭伟川编：《周公摄政称王与周初史事论集》，北京图书馆出版社1998年版，第63页。

③ 郭伟川：《周公称王与周初礼治》，郭伟川编：《周公摄政称王与周初史事论集》，北京图书馆出版社1998年版，第188页。

④ 吕思勉：《经子解题》，华东师范大学出版社1995年版，第31页。

⑤ 详杜勇：《〈尚书〉周初八诰研究》，中国社会科学出版社1998年版；郭伟川：《两周史论》，北京图书馆出版社2006年版，第61~167页。

朝。周公是一圣人，所治之国必一统天下。等周王朝政权稳固后，周公致政成王，北面为臣。周公与成王的身份、地位互换，既非禅让，也非夺取。周公为臣后，尽其职责，是德才兼备的宰、大忠之臣，还时时以德教化成王。成王对周公无所不听。荀子还说了周公身子矮、身形如死树桩。荀子后学《尧问》篇说周公批评伯禽之傅，把伯禽的三个缺点说成优点，进而说明自己求才若渴。

荀子及其后学对周公的论述，后世由于时代背景、学术思潮等不同，有些思想家对这些材料的真实性有不同看法，一些宋儒认为不可靠，不赞成荀子的看法。但近现代学者结合传世文献与金文进行考证，认为荀子的记载符合史实。可见，荀子及其后学对周公论述的材料不仅有思想史的意义，而且有史学价值。这是难能可贵的。

（作者单位：澳门大学教育学院、香港浸会大学语文中心）

朝鲜王朝的"仁祖反正"与君统礼讼

——兼论中国儒家礼制对朝鲜王朝的影响

□ 许 颖

1623 年，以庶子承统的光海君李珲（1608—1623 年在位），因其倒行逆施被废黜，李倧（1595—1649 年）代之成为朝鲜李氏王朝第十六任君主，庙号仁祖。针对此事，明朝的官方文献《明实录》记载："朝鲜国王李珲为其侄李倧所篡。"① 在明人眼中，这是毋庸置疑的"篡逆"行为。② 然而，在朝鲜的历史叙述中，此事却被称为"反正"。李倧即位时，从统序上越过其叔叔李珲，认为自己的法统直接上承自其祖父宣祖李昖（1552—1608 年），造成了"以孙继祖"的局面③，进而引起了朝鲜宗庙祭祀上的礼制大争论。

这场争论，事关君位的合法性问题，也关乎朝鲜与明朝廷的关系问题。争论诸方都大量援引传统儒家经典和中国历代皇位继承故事。对此已有部分学者加以研究④，但一般的讨论多侧重中朝双边关系和明朝的态度，对朝鲜国内史事着墨不多，对这场争论的文化内

① 《明熹宗实录》卷 33，天启三年四月戊子，台湾"中央研究院"历史语言研究所，1963 年，第 1739 页。直到天启五年，明熹宗才迫于形势，遣使册封李倧为朝鲜国王（《明熹宗实录》卷 56，天启五年二月）。

② 参见杨效雷：《中朝关系史上的一次所谓"史册辩诬"》，《东北史地》2011 年第 5 期。杨效雷在此文中列出了明清两代史料中关于朝鲜仁祖的矛盾之处，认为《明史》中关于朝鲜仁祖的史料是"因屈从番邦之请而产生的伪史料"。本文认同此观点。

③ 《朝鲜王朝实录》第 34 册《仁祖实录》卷 1 [天启三年（1623 年）三月十四日，学习院东洋文化研究所刊，1961 年，第 3 页]："王大妃下教书，若曰：……绫阳君【讳】宣祖大王之孙，定远君【琈】之第一子也……可即大位，以继宣祖之后。"

④ 例如，高明《〈朝鲜情形疏〉与明臣对"仁祖反正"之政策》（《韩国研究论丛》2004 年）以毕自严《朝鲜情形疏》为核心，分析了晚明朝臣对此事的态度及当时的外交关系状况。黄修志《清代前期朝鲜围绕"仁祖反正"展开的书籍辩诬》和杨艳秋《〈大明会典〉〈明史〉与朝鲜辩诬——以朝鲜王朝宗系辩诬和"仁祖反正"辩诬为中心》二文都是从"辩诬"的角度论述此事在清朝的发展。夫马进《明清时期中国对朝鲜外交中的"礼"和"问罪"》（《明史研究论丛》2012 年）一文指出明朝将对"仁祖反正"的处理当成了外交上的筹码，以册封李珲换取朝鲜更加旗帜鲜明地亲明反满。

涵理解不够。在史料采信方面，过去的研究也多关注朝鲜礼学家文集中的文章，对于《朝鲜王朝实录》中丰富的礼学讨论关注不够。彭林在《中国礼学在古代朝鲜的播迁》一书中指出："这是一种缺乏宗法常识的无知之论。"① 我们认为并非如此。本文将以《朝鲜王朝实录》为线索，结合中国传统礼制和明朝史实，对这场礼学论战进行重新复原和进一步分析。

一、论战的根源：光海君的身份问题

万历二十年即朝鲜宣祖二十五年（1592 年）四月，日本关白丰臣秀吉率军侵略朝鲜，史称"壬辰倭乱"。② 四月丁巳（二十八日），距离首都不远的忠州失守，平壤岌岌可危。面对倭乱，宣政殿右副承旨申磼上书请求立储。③ 在群臣的建议之下，第二天，宣祖立李珲为世子。④ 万历二十二年（1594 年），宣祖第一次上疏明朝，请封世子。但是，由于李珲并非长子，这次册封并没有得到大明朝廷的认可。⑤ 此后，宣祖屡次上书请封，也都因为李珲是次子没有得到大明朝廷的支持。⑥ 明朝廷所虑在于，废长立幼可能带来社会动荡："况倭奴窥伺未已，该国积弱未振，一朝乱常拂经，恐东国之忧，不在日本，而在萧墙矣。"⑦

万历三十六年（1608 年），宣祖李昖病薨时，谕世子光海君李珲曰："爱同气如予在时，人有谗之，慎勿听之。以此托于汝，须体予意。"⑧ 群臣根据前代实录，提出王世子

---

① 彭林：《中国礼学在古代朝鲜的播迁》，北京大学出版社 2005 年版，第 243 页。

② 《朝鲜王朝实录》第 27 册《宣祖实录》卷 26，万历二十年（1592 年）四月十三日，第 319 页。

③ 《朝鲜王朝实录》第 27 册《宣祖实录》卷 26，万历二十年（1592 年）四月二十八日，第 319 页。原文是："人心危惧，非建储，无以镇服。请早定大计，为社稷长远之图。"

④ 《朝鲜王朝实录》第 27 册《宣祖实录》卷 26，万历二十年（1592 年）四月二十九日，第 319 页。

⑤ 《朝鲜王朝实录》第 30 册《宣祖实录》卷 181，万历三十二年（1604 年）十一月二十五日，第 379～382 页。光海君与其兄临海君都是恭嫔金氏所生，仁嫔金氏也有三子，分别是义安君、信城君和定远君（即仁祖之父）。由于恭嫔和仁嫔都不是嫡妃，所以此五子都是庶子。宣祖有嫡子永昌大君，但是出生较晚，下文还会再提及。彭林《中国礼学在古代朝鲜的播迁》一书中指出临海君和光海君是孪生兄弟，此说不实（第 241 页）。根据李朝宗谱《璿源录》，临海君生于壬申年（1572 年），光海君生于乙亥年（1575 年）。

⑥ 《朝鲜王朝实录》第 30 册《宣祖实录》卷 181，万历三十二年（1604 年）十一月二十五日，第 379～382 页。第二次上疏是万历二十三年，这次上疏，明朝政府仍然认为立光海君为储宜缓："果其贤声益彰，劳绩允著，国势之式微丕振，人心之推戴弥坚，则姓讳自当安逊避之分，姓讳亦无复溺爱之嫌，父子兄弟之间，大顺且安。尔时乃议请封，亦未为晚。"第三次上疏是万历二十四年，明朝政府认为长子临海君并未失德，而光海君若真贤能，必更不敢僭越，最终以"但临海君，长子也，既未有显然可指之过，光海君，次子也，又未有赫然可见之功"拒绝。第四次上疏是万历三十一年，同样也被拒绝。万历三十二年，明朝政府驳回了第五次上疏，指出："该国屡请建储，朝廷久不与决者，正以立长，为古今常经，不可轻议故也。"

⑦ 《朝鲜王朝实录》第 30 册《宣祖实录》卷 181，万历三十二年（1604 年）十一月二十五日，第 381 页。

⑧ 《朝鲜王朝实录》第 30 册《宣祖实录》卷 221，万历三十六年（1608 年）二月一日，第 784 页。

应当即刻即位。但是由于自己的身份一直没有得到明朝的肯定，李珲不许。群臣反复劝了多次，他才决定即位。①

虽然光海君李珲始终没有得到来自明朝的世子封号，但迫于局势，大明朝廷还是于万历三十七年（1609年）正式册封他为朝鲜国王。② 他即位之后，采取了一系列铲除异己的措施，包括处死宣祖长子临海君、流放宣祖嫡子永昌大君等。永昌大君是宣祖仁穆王后唯一的儿子，也是宣祖唯一的嫡子。由于永昌大君出生较晚（1606年），李珲被立为世子时，他还没有出生。虽然光海君已经即位，永昌大君的嫡子身份却一直未曾被人遗忘。光海君五年（1613年），仁穆王后的父亲（即永昌大君的外祖父）延兴府院君金悌男，意图拥立永昌大君为王。光海君发现后，处死了金悌男，并将永昌大君流放至江华岛，后来被江华府使杀死。③ 这一系列措施让光海君坐稳了国王之位，也为后来被"反正"留下了口实。④

光海君被正式册封为王，是明朝、后金、朝鲜和日本四股势力互相作用的结果。起初，由日本发动的万历朝鲜战争，为光海君成为世子提供了时机，他的才能也在此时得到了宣祖以及明朝政府的赏识。但与此几乎同时，万历皇帝也同样面临着立长还是立幼的"国本之争"——万历二十九年（1601年），明神宗立长子朱常洛为太子，三子朱常洵为福王。有了国内的这一场旷日持久的争议，明朝政府更不可能支持朝鲜国王废长立幼的请求。由于宣祖晚年有了嫡子，立嫡子为世子的势力在朝中兴起，明朝政府在光海君即位之后仍然一直拖延，迟迟不对其册封。但是，此时东北亚的局势已经发生了变化，后金的兴起改变了这一地区的势力平衡，明朝借册封拉拢光海君，实际上也是为了牵制后金，巩固边疆。

二、论战的本质：王权合法性问题

由于光海君的即位曾经得到明朝册封，其王权合法性得到过确认，所以，在他被仁祖李倧取代后，所有的礼学争论便首先要解决仁祖君统的来源问题，即他应当以宣祖为父，抑或以宣祖为祖？礼官、礼学家和权臣在多轮论争中，或列举经书条文，或以宗主国明朝

---

① 《朝鲜王朝实录》第32册《光海君日记》卷1，万历三十六年（1608年）二月二日，第1页。他指出："按实录，睿宗升遐，储位未定。故贞熹王后即日定策立成宗，与今日异矣。"群臣则坚持说："自古帝王无不勉行此礼。盖以宗社之重，不可以罔极之情而有所获已也。群下之情，莫不闷迫。伏愿裁抑至情，亟行大礼。"李珲仍不许。群臣又曰："大位不可一日暂旷，舆情不可一向牢拒。而臣等至再陈请，未蒙准许，臣等不胜忧闷罔极之至。伏愿特念宗社之重，速举应行之礼。"

② 《朝鲜王朝实录》第32册《光海君日记》卷17，万历三十七年（1609年）六月二日，第176页。

③ 光海君即位之后的措施，参见尹铉哲、刘吉国：《试论光海君的世子身份问题与即位初期的政策》，《延边大学学报》（社会科学版）2012年第1期。

④ "仁祖反正"之时，都承旨李德泂认为可以按照此前优待被废的燕山君一样，优待被废的光海君，但是仁祖之母启运宫表示："逆魁弑父杀兄，淫烝父妾，戮其庶母，囚其嫡母，百恶具备，何可比于燕山？"这显然是在光海君的所作所为之上又添油加醋了一番［《朝鲜王朝实录》第34册《仁祖实录》卷1，天启三年（1623年）三月十三日，第2页］。

皇帝故事相比附，其核心都围绕宗法制度上的"为人后"展开。

（一）称考之争

第一次礼学论争出现于李倧即位之初。由于群臣皆避光海君不谈，称李倧直继宣祖，对本生父母应该如何称呼就出现了分歧。当时一部分人认为，应该称王父定远君李琈（此时加封为定远大院君）为考。另一部分人则认为，称"考"并不恰当，应以叔侄相称。

在这次礼学论争之初，双方都援引了中国汉朝宣帝继承昭帝的故事。论争的核心问题是"继统"。李倧所继之统有二，一为君统，二为宗统。

支持称李琈为考的礼官指出汉宣帝是汉昭帝的侄孙，以孙继祖位，正与李倧继承宣祖之事相同。① 汉宣帝称史皇孙为考，名正言顺，只是称"皇考"则"名位太隆"，被程子称为"失礼乱伦"。所以，可以"称考而不加皇字，称子而不加孝字，别立支子，以主其祀。祀典封号，一依德兴之例，则重宗统报本生之道，似为两尽矣"②。这样做的目的，是希望做到"重宗统"（对亲生父母降服）和"报本生"（承认血缘关系）的两全。去掉"皇"字尊号只称"考"，看似降了一等，实际上却保存了"考"的称号。

反对称考的金长生，则从宗统的角度，指出帝王继统皆是父子之道。③ 他认为，汉宣帝如称父亲为"皇考"，则犯了"以小宗合大宗之统"的毛病。他指出，汉宣帝与李倧都是上继祖父之统，不能以私亲上继于祖。虽然以孙继祖之后，称自己的父亲为考并不妨害伦理上的次序，但是如果入继的是小宗，再尊自己的私亲为考和祖考，那么就会乱了正统，相当于别立宗派，"为二本，其为害礼乱伦甚矣"。以此推之，则李倧对李琈称考，于继大统则是"害义之甚"④。金氏建议对定远君称叔父，就是希望转移小宗，让仁祖继承大宗，名正言顺。

彭林支持金长生的看法，他举《汉书·武五子传》中的礼官建议，认为昭帝与宣帝有父子关系。⑤ 但事实上，《武五子传》中，也记载了有司建议称史皇孙为"皇考"的说法。⑥ 根据《汉书·韦贤传》"今高皇帝为太祖，孝文皇帝为太宗，孝景皇帝为昭，孝武皇帝为穆，孝昭皇帝与孝宣皇帝俱为昭"的说法，昭帝和宣帝昭穆相同，在礼制上确认了他们是祖孙关系，而不应是父子关系。⑦

① 《朝鲜王朝实录》第 34 册《仁祖实录》卷 2："今日之事，与汉宣帝略同，宣帝继昭帝之后，以侄孙承从祖也。其于本生史皇孙，不得不称考，悼考之称，其谁曰不可？惟其立陵园，不置后，称考而又加皇字，名位太隆，未免嫌贰，故程夫子谓之失礼乱伦，是实防征之意，非以考字为非也。"[天启三年（1623 年）五月三日，第 30 页]

② 《朝鲜王朝实录》第 34 册《仁祖实录》卷 2，天启三年（1623 年）五月三日，第 30 页。"德兴"指宣祖的生父德兴大院君。

③ 《朝鲜王朝实录》第 34 册《仁祖实录》卷 2，天启三年（1623 年）五月三日，第 30 页。原文是："帝王之礼，莫严于继统，虽兄之继弟，至于叔父之继侄者，皆有父子之道焉。"

④ 《朝鲜王朝实录》第 34 册《仁祖实录》卷 2，天启三年（1623 年）五月三日，第 30 页。

⑤ 彭林：《中国礼学在古代朝鲜的播迁》，北京大学出版社 2005 年版，第 246 页。

⑥ 《汉书》卷 63《武五子传》，中华书局 1962 年版，第 2748 页。

⑦ 《汉书》卷 73《韦贤传》，中华书局 1962 年版，第 3120 页。

由于金长生选择性地忽略了汉宣帝和史皇孙、李倧和定远君实际上的父子关系不谈，李倧并不满意他的意见。①

礼曹判书李廷龟发现了这个问题。他指出，若以宣祖为父，对定远君称叔父与称兄都有缺憾。② 他提出应立支子主祀，而李倧在祭文中对定远君以父子相称。③ 最终，仁祖和李廷龟商定，祭文头辞写作："子国王讳，谨遣臣某官某，告祭于考定远大院君，伏以云云。"④

这次论争并未告终。9 月 11 日，弘文馆副提学郑经世等人再次进札，论"重宗统"等事，再次指出称大院君为考的做法"于尊重宗统、崇奉私亲之道，两得而无所失矣"。⑤ 但是，朴知诫、李宜吉的奏议又引出了新的问题。⑥ 朴知诫称："若称考则当斩衰三年，虽别立庙，亦有妨于宗统之义云"，指出如果称定远大院君为考，则当为之服斩衰三年，而这显然与此前群臣定下的折中办法相违，相当于没有降服。郑经世认为，这是失礼之甚。但李倧却认为"称考则不可无三年之丧"，讨论不悦而罢。⑦ 最终，礼曹的建议是："服则不可不降，而父母之名，亦不可废也。"此后两年间，虽有人继续上疏，但都被却之不纳。⑧

---

① 《朝鲜王朝实录》第 34 册《仁祖实录》卷 2，天启三年（1623 年）五月三日，第 30~31 页。原文是："李倧答曰：'凡人有祖，然后有父；有父，然后有身。岂有有祖而无父之理乎？礼官所见，似无失礼之事矣。'"

② 《朝鲜王朝实录》第 34 册《仁祖实录》卷 2，天启三年（1623 年）五月七日，第 33 页。原文是："殿下为宣庙之子，则定远于殿下，当为兄弟，何得谓之伯叔？殿下于宣庙，有父子之道，而无父子之名；于定远，有父子之名，而无父子之义。既不得以所生为父，而于所后，又无称考之地，则天伦阙矣。决不可为也。"

③ 《朝鲜王朝实录》第 34 册《仁祖实录》卷 2，天启三年（1623 年）五月七日，第 33 页。原文是："既封大院君，立支子，以显考书神主，而以主其祀，殿下祭文，书考而不加皇字，书子而不称孝字，则大纲领已正矣。"

④ 《朝鲜王朝实录》第 34 册《仁祖实录》卷 2，天启三年（1623 年）五月七日，第 33 页。

⑤ 《朝鲜王朝实录》第 34 册《仁祖实录》卷 3，天启三年（1623 年）九月十一日，第 51 页。

⑥ 朴知诫最初被称为"学问笃实，近日儒者，无出其右矣"（赵诚立语）。但经过议礼之后，被史臣称为："朴知诫，初有学问之名，及其出也，无适用之才，所见不明。议礼之际，未免执迷，虽谓之欺世可也。"（见《仁祖实录》卷 1，天启三年四月十二日）根据实录，仁祖曾于五月十日引见金长生、朴知诫，此二人的论争应该也是从此时开始。五月二十九日，金长生、张显光、朴知诫被任命为成均馆司业。在议礼中，朴知诫建议追尊大院君，配享宗庙，"物议骇之"，知诫遂辞职。后被复召，知诫乞免，仍持前见（七月一日）。虽然朴知诫辞职在外，但是因为力主追崇，仁祖仍对他有所眷顾。（1632 年 4 月 30 日仁祖传曰："司业朴知诫上来时，令本道监司给马。"）前引彭林之文也认为，朴知诫的奏疏"漏洞百出，不知所云"。实际上朴知诫本人的其礼学修养还不错，只是选择材料的出发点与金长生等人不同。彭文指出朴知诫误认为周当八庙一事，考朴知诫《潜冶集》原文，朴支持刘歆之说，认为文武世室不在七庙之中，周应有九庙，不存在理解错误（朴知诫《潜冶集》卷 7《章陵追崇疑礼辩第四》）。

⑦ 《朝鲜王朝实录》第 34 册《仁祖实录》卷 7，天启四年（1624 年）十月二十三日，第 152 页。

⑧ 前判官李咸亨于 1625 年 1 月 16 日上疏，请求追崇大院君，被政院却之不纳。12 月 3 日，幼学赵相禹上疏，认为应该称考于宣庙，亦被却之不纳："称宣祖以祢庙则可，称之以考则不可也。"

（二）丧制之争

第二次礼学论争便由三年之丧而起。此前，朴知诚已经提出，李倧应该为大院君服斩衰三年之丧，但是被评为失礼。1626 年 1 月 14 日，李倧之母启运宫卒，"三年之丧"的议题再次被提起。根据《仪礼·丧服》的规定，"父卒则为母"要服三年之丧，① 而"为人后者为其父母"只能服不杖期。② 若过继给他人为后，那他只能为其生父母服一年之丧。如此，则这场丧礼的服制便有三年丧、杖期、不杖期三种不同观点。

李倧坚持认为自己应该为母亲服三年之丧。但是礼曹则认为，应该服齐衰不杖期。③在此轮论争中，支持李倧的一方，主要是拥立李倧上台的主要人物之一兵曹判书李贵；认为不可服三年之丧的，主要有金长生、崔鸣吉、郑经世等人。

李贵认为，金长生将仁祖继承宣祖比做汉宣帝继承汉昭帝是不正确的。因为汉昭帝是宣帝的"四寸大父"即叔祖父，宣祖却是仁祖之祖。他们之间的亲疏关系不同。出于维护李倧即位的合法性考虑，李贵故意称大院君为宣祖长子，指出李倧即位不存在大小宗的问题。④ 而金长生等人将李倧继承宣祖其拟于"为人后"，是误解了礼文的本意。

李贵点出了当时朝臣处理此问题的标准有误。他指出："若如长生之论，称以叔父，则议以私亲之服，可也。既为称考、称子，而服则不杖期，是独于丧服一节，待以叔父也，此果合于《礼经》乎？"⑤ 于称呼持一标准，于丧服持另一标准，这显示出礼制的经权之变，也为礼学之争留下巨大空间。

虽然李贵迎合了李倧希望为母服三年的愿望，但他的措辞多有失当，令李倧不快："卿欲救正，而不知反陷君父于不孝之地。"⑥ 朝臣也指出李贵"愤辞怒气，呶呶于大庭之会，诟辱清流，践踏百僚，无所顾忌……言语折辱，夺是非而胶人口"⑦。

此后，副提学崔鸣吉、同知中枢府事郑经世分别上疏，试图从礼学经典中找出材料证

① 《仪礼·丧服》，郑玄注，贾公彦疏，阮元校刻：《十三经注疏》本，中华书局 1980 年版，第 1101 页。

② 《仪礼·丧服》，郑玄注，贾公彦疏，阮元校刻：《十三经注疏》本，中华书局 1980 年版，第 1106 页。

③ 《朝鲜仁祖实录》卷十一，天启六年（1626 年）一月十四日，第 252 页。原文是："礼，为人后者，为所生父母，服齐衰，不杖期，以其压屈于所后父母。况我主上，直承大统，上继宣祖。今此私亲之丧，宜有所压降，依礼文，当服齐衰、不杖期。议于大臣，则皆以为当云。"一月十五日，大司宪郑经世、大司谏洪瑞凤等人以《礼》"为人后者，为其父母期"一条复启，指出"圣上以支孙，入承大统，践宣庙之位，行宣庙之礼，与宣庙为一体……亲亲，恩也；尊祖，义也。义之所在，恩不得不屈"。但是仁祖不以为意。虽经再启、三启，仁祖亦不从。

④ 《朝鲜王朝实录》第 34 册《仁祖实录》卷 11，天启六年（1626 年）一月二十四日，第 258~259 页。原文是："今大院君，是宣祖之长子，而殿下之父，则应为合立之君，有何大小宗之可议，而使殿下不得以称父乎？"实际上，定远大院君是宣祖的第三子，光海君当初的世子之争，对象是长子临海君，根本未涉及定远大院君。而且宣祖还有嫡子永昌大君，李贵也略而不谈。如果一定要分大小宗的话，永昌大君才是大宗，定远大院君无疑是小宗。

⑤ 《朝鲜王朝实录》第 34 册《仁祖实录》卷 11，天启六年（1626 年）一月二十四日，第 258 页。

⑥ 《朝鲜王朝实录》第 34 册《仁祖实录》卷 11，天启六年（1626 年）一月二十四日，第 259 页。

⑦ 《朝鲜王朝实录》第 34 册《仁祖实录》卷 11，天启六年（1626 年）一月二十四日，第 259 页。

明仁祖为生母服三年之丧断不可行。

崔鸣吉指出，当前的情况，正是古人所谓的"受国于祖"及"圣庶夺嫡"，不应该拟之于"为人后"之礼。① 以史实观之，崔鸣吉的"圣庶夺嫡"说，在所有讨论中应最接近事实。金长生也指出，李倧继位属于"拨乱反正"，"天命人归，以支孙入继宣祖之统，名正言顺"，而并非如朴知诚所说是宣祖的嫡统。这与崔鸣吉的"圣庶夺嫡"说相近。②

郑经世也认为应服不杖期，他的上疏分为六条。其一提出所谓"入承"和"出继"其实并无区别。李倧之于宣祖，最初并不是应立之长孙，而是因为"丕应人徯，恭行天罚"而入承，所以应该是"为人后"无疑。其二批驳朝臣认为降服是权变之法，指出降小宗是礼文的规定。其三驳朴知诚和崔鸣吉等人"受国于祖"之论，指出仁祖非长非嫡，是支孙入承大统，依照礼制应当降服。其四指出治丧之主人与丧主不同，应命绫原君为丧主，不留"摄"字。其五指出成殡与成服之期等都已经逾制，葬期则决不可违。其六提出"议礼之家，有同聚讼"，希望仁祖在听讼之时能够有所辨别。③ 郑经世此次的上疏，实际上是对此前之礼讼的一次总结。他总结了此前礼讼中主要涉及的问题，并都引用礼书，一一作出评判。

经过群臣的一番讨论，仁祖是如何处理启运宫丧事的呢？他并没有听取金长生等人的意见服不杖期，而是服了杖期。这引得金长生、郑经世都上疏辞职。④

（三）庙制之争

1631年，因为宗庙的设置问题，第三次礼讼开始。按照礼制规定，宗庙中除了始祖之外，其余为父、祖、曾祖、高祖四亲庙。由于此前已经将其父大院君的称号定为"考"，所以是否将其列入宗庙祭祀，成为新问题。李倧提出，既然已经决定称宣祖为祖，那么祢庙就会空缺，所以他试图说服群臣，让其父大院君进入宗庙，补上空缺的祢庙的位置。值得注意的是，在此次争论中，依然没有任何人提及光海君的合法性问题。如果承认光海君的存在，那么宣祖庙无疑是祖庙，不存在应视宣祖庙为祖庙还是父庙的问题，更不存在昭穆错位的可能。与此前的争论一样，所有问题都基于宣祖应该是"祖"还是"父"。

朝鲜的礼臣在处理宗庙昭穆问题时，表现出了明显的尊朱崇宋倾向。大司宪张维指出：虽然宗庙昭穆的顺序历代意见不同，但是先儒早有折中之义。朱子的《周庙昭穆图》和《宋庙昭穆图》中，都是以继体为序，祖孙、兄弟都与父子无异。所以，应该以宣祖庙为第一代祢庙，其余类推。只是"庙可以为祖、祢，而名不可以为父子"罢了。⑤ 此前，金长生也援引《朱子大全》宋朝祫祭图，指出宋朝太祖、太宗异昭穆，帝王祭统应

---

① 《朝鲜王朝实录》第34册《仁祖实录》卷11，天启六年（1626年）一月二十五日，第260页。

② 《朝鲜王朝实录》第34册《仁祖实录》卷11，天启六年（1626年）一月二十五日，第262页。

③ 《朝鲜王朝实录》第34册《仁祖实录》卷11，天启六年（1626年）二月三日，第265~266页。

④ 《朝鲜王朝实录》第34册《仁祖实录》卷11，天启六年（1626年）二月三十日、三月十日，第274、278页。仁祖对金长生的辞职只回答曰"挽留可也"。

⑤ 《朝鲜王朝实录》第34册《仁祖实录》卷24，崇祯四年（1631年）一月二十八日，第612~614页。

称父子。①

因为朝臣反对，李倧希望可以通过奏请明朝来获得为父亲立庙的许可："廷臣若终始不从，则当奏请于天朝，若皇帝不许，则予亦无憾。"② 群臣对此皆上疏反对，语词激烈，他只以一句"勿烦"回应。③ 由于朝鲜礼制皆慕华夏，明朝的意见往往被认为是公论、定论，奏请明朝并得到支持，是李倧可以压制朝臣的最后手段。不仅如此，在此之前，副校理崔有海曾与明朝大臣宋宪讨论礼制，宋支持追崇的意见也得到了李倧的赞同。宋宪指出："贵国应有追崇之论矣……国君若无继后之处，则非有二本之嫌，追崇，何害于义乎？"④

1632 年 5 月 2 日，李倧举行追崇进册礼，为大院君上尊号曰"敬德仁宪靖穆章孝"，其王后尊号曰"敬懿贞靖"、谥号曰"仁献"，并派人前往明朝为大院君申请谥号。⑤ 随后，两人被移入章陵。5 月 14 日，李贵上札请上庙号，礼曹则认为章陵虽在四亲之数，却"未及昭穆之中"，不应议庙号之事。⑥ 但是礼曹的说法又引起了大臣的争论。大司谏李尚吉认为这是"防启之辞"。大司谏金尚宪则指出李贵"虽有社稷之功，若挟功骄恣，则终为社稷之忧也"⑦。1634 年 7 月 14 日，正式上庙号曰"元宗"，追崇之礼讼告一段落。⑧

在论战之前，李倧是庶出公子，背负"篡位"之名，而且未得到明朝政府的承认。经过论战，他成功地将"篡位"名分扭转为"继祖"名分，确立了自己作为宣祖继承人的合法地位，对于明朝政府的意见也渐趋淡化。可以说，这三场论战对于李倧来说，是非常成功的。

然而值得追问的是，这三场礼讼绵延近 20 年，朝臣们究竟为什么会义无反顾地反复进谏呢？李倧即位的合法性问题，难道不能通过其他途径得以解决吗？

三、论战的礼学依据：恩义之辨与公私之别

如上所论，在明朝政府眼中，光海君李珲是曾得到册封的国君，李倧废君自立，无疑就是篡位。所以，李倧论证自己即位合法性的第一步，就是要消解光海君的合法性，让自己名正言顺。随后，李倧便将自己包装成了宣祖唯一的继承人。由于朝鲜尊崇中国传统礼

① 《朝鲜王朝实录》第 34 册《仁祖实录》卷 11，天启六年（1626 年）一月二十五日，第 262 页。
② 《朝鲜王朝实录》第 34 册《仁祖实录》卷 24，崇祯四年（1631 年）四月二十一日，第 621 页。
③ 《朝鲜王朝实录》第 34 册《仁祖实录》卷 24，崇祯四年（1631 年）四月二十三日，第 622 页。
④ 《朝鲜王朝实录》第 34 册《仁祖实录》卷 23，崇祯三年（1630 年）十二月四日，第 606 页。此条中称"宋户部"，据后文记载，其名为宋宪。宋户部的事迹在明代历史中并无记载，李贵称其为"天朝有名文士"，李廷龟则不以为然，指出"中原亦无礼学之人，而宋宪者，乃是无名之人耳"。虽然礼臣大多反对宋宪，但是李倧对于宋宪的说法较为信服，可见其对于宗主国中国的礼学，是极为推崇的。
⑤ 《朝鲜王朝实录》第 35 册《仁祖实录》卷 26，崇祯五年（1632 年）五月二日，第 19 页。
⑥ 《朝鲜仁祖实录》卷二十六，崇祯五年（1632 年）五月十四日，第 22 页。
⑦ 《朝鲜仁祖实录》卷二十六，崇祯五年（1632 年）五月二十二日，第 23 页。
⑧ 《朝鲜仁祖实录》卷二十九，崇祯七年（1634 年）七月十四日，第 92~93 页。

制，所以争论各方都援引中国古代经典和历代皇帝继位故事，作为礼讼的论据。

被引用最多的古代经典是《仪礼》。礼学家和朝臣们大多引用《仪礼》中的丧服之制，来对当前的服丧时间、是否降服等提出己见。当然，这些引用有的切中文义，有的则略显牵强。被引用最多的皇帝即位故事则是汉代宣帝继承昭帝的故事，继承时的双方身份、对待亲生父母的称号，都是讨论的重点。

由于"反正"故意剥夺了光海君王位的合法性，按照《公羊传》中"为人后者为之子"的原则，李倧面临着称自己的祖父为考的尴尬情形。即便是李倧最终决定仍称宣祖为祖，他也无法合理地认自己的父亲为考。一是因为"子不爵父"，即自己不能因为地位提高了，就将死去父亲的爵位也提高。二则因为"恩义之辨"。

所谓"恩义之辨"，是中国政治哲学的一项重要内容。《礼记·大传》云："自仁率亲，等而上之至于祖，名曰轻。自义率祖，顺而下之至于祢，名曰重。一轻一重，其义然也。"意思是说，从恩情这个角度来看，从父亲起一直往上推到远祖，越远越轻；而从道义的角度上看，从远祖起一直往下推到父亲，越远越重。远祖在恩情上轻，道义上重；而父亲在恩情上重，道义上轻。国君继承王位，合法性自其登基之祖开始确定，并逐代相传，从这个角度上看，继位的国君，必须以所继承的大宗为重，这样治理国家；才不会因为亲族血缘关系而受到影响。而另一方面，爱父母是人的天性，自己的地位发生了变化，血缘关系却不会因此斩断。那么，恩与义之间的关系，在儒家经典中是怎样处理的呢？

《礼记·丧服四制》篇中提出："门内之治恩掩义，门外之治义断恩。"郭店楚简《六德》篇中也有："门内之治恩掩义，门外之治义斩恩"的说法。可见，在儒家看来，在"门内"，也就是私人领域，亲属之间的恩情更为重要，而在"门外"，即公共领域，则道义更为重要，有尊卑，有等差。《六德》篇中提出："为父绝君，不为君绝父；为昆弟绝妻，不为妻绝昆弟；为宗族疾朋友，不为朋友疾宗族。"显然，在《六德》篇的作者看来，"门内"之恩情更为重要，私人领域应当高于公共领域。从儒家的传世文献中，我们也可以找到支撑这种说法的思维轨迹：《大学》的八条目，便是从私德修养推及公德实践的路线。在儒家看来，私德是公德的出发点，次第上是由私入公，由"齐家"到"治国平天下"。《孟子》中提出："推恩足以保四海，不推恩无以保妻子。""推恩"便是在治理国家之时灌注对家人的仁爱和情感。那么，儒家对于私人领域的重视，是否可以作为李倧追崇其父亲的理由呢？

并不可以。首先，作为国君，李倧"门内"与"门外"的界限是模糊的。他继承宣祖的王位，不仅仅是权力的转移，同时也是身份的转换。作为宣祖之"后"，他实际上的身份已经从他亲生父亲的儿子和继承人，变成了他祖父的儿子和继承人，这样一来，君与父合二为一，"为父绝君"便无法实现。其次，正如郑经世等人所说："义之所在，恩不得不屈"。① 回到公私领域的问题上来说，无论儒家学者怎样强调亲情，"治国平天下"始终是更远的目标，公共领域才是儒家的终极关怀。李倧作为朝鲜国王，其即位能够被称作"反正"，也显示出了他的政治抱负，而实现他政治抱负的前提——他即位的合法性——正是从他和宣祖之间的继承关系中得来。

———————————

① 《朝鲜王朝实录》第34册《仁祖实录》卷11，天启六年（1626年）一月十五日，第253页。

四、结　论

　　综上所述，朝鲜王朝的"仁祖反正"论争，是朝鲜王朝围绕"篡位"事件的合法性而展开的礼制争讼。彼时正值其宗主国明朝万历至崇祯时期，东北亚局势动荡，后金和日本兴起，朝鲜成为三方势力笼络的焦点。虽然朝鲜政府在对明朝和后金的态度上有所摇摆，但在礼制方面，依然以华夏传统为准。中国宗法制度上，"父死子继"和"兄终弟及"历来存在分歧，也是历代皇权斗争的焦点。李倧即位之后，在尊崇生父、为母服丧、设立宗庙等礼制环节，完全受到明朝的礼制影响；而就此引用的争讼，则无不援引儒家经典和历朝皇帝继统史实。在论战过程中，朝鲜王朝的君主和朝臣，都对中国的经典非常熟悉，且表现出尊朱的倾向。朝鲜经学家引用儒经，以维护传统礼制；而仁祖李倧则引用儒经，以扩充自己的王权。最终，争论的双方互有让步，李倧追认其父李珲为元宗，论战告一段落。然而他的合法性论证并没有成功，在明朝的记载中，他依然被视为篡位者。直到清朝建立，朝鲜派使臣请求在《明史》中"辩诬"之后，这场争论才算真正停息。通过这场旷日持久的礼学论争，可以看到儒家经典和中国礼统礼制对朝鲜王朝的实质性影响。

　　　　　　　　　　　　　　　　　　　（作者信息：武汉大学国学院）

戴震人性论与孟、荀之异同

□ 张丽珠

戴震道德学的重心在于如何实践"善"？他认为只要通过工夫涵养对智性、情性加以"以学养智"和"以情絜情"之功，人便可以在实在界落实经验之"善"，此其理论轴心；然而经验行为之"善"之所以可能，还必须返本溯源地以人性之善、即人先天本具的善根为其根源，是以戴震学说的大前提持孟子之"性善"说立场。

戴震对于"性善"论并没有疑惑，故他未着墨于"性善"之辩证；他所论辩，皆在如何在现象界实现善？所以戴震紧扣人性论而来的"主智重学"工夫论，虽与荀子同皆重学、且同持"气质之性是性"立场；但其与荀子未具价值根源之人性论，实际上具有"有/无"道德创生义之人性论根本差异。而戴震之批判理学，主要在其与理学的最大殊异——经验进路，即双方存在"形而上/形而下"义理模式不同之根本殊别。戴震亟反对理学内向、主观存养之工夫论，他凸显经验视域而要求经验落实与客观事为。

惟学界颇以戴震批判理学，又持肯定气性之自然人性论立场，而将他判归荀子"性恶"一路；未能理解戴震是在"性善"前提下肯定气性，其撰作《孟子字义疏证》正以能落实善之实践自诩为孟子解人。总论戴震之义理旨归，是要建立起"非形上学"但强调道德创造性之思想体系。

一、迭有争论的戴震与孟、荀异同

戴震继宋明理学之后，以截然不同于理学的义理模式撰为《孟子字义疏证》，是其一生义理思想代表作。戴震自居孟子解人，自以为是更纯粹的孟学；然众知理学亦弘扬孟子性善思想，强调价值根源内在、挺立道德自觉，而戴震强烈攻讦理学，且其人性论兼涵道德理性和耳目口鼻等自然情性即荀子立言之气性。这一来遂导致后世诸多儒者质疑：戴震究是孟学、抑或荀学？此中具有极错综的复杂关系，故本文以厘清戴震人性论与孟、荀之异同为题旨，但也不可避免涉及诸多戴震与理学的思想比较。

关于儒学两大系——孟子与荀子，由于孟学获得理学主流极力发扬，朱熹《四书集注》自元代起并获科举建制主宰仕进之优势，"性善"说长期稳居儒学思想正宗；反之，荀子"性恶"说一向被从孟子对立面看待，如劳思光《中国哲学史》称荀子是"失败之儒者"、"背儒而近墨"，且言"就荀子之学未能顺孟子之路以扩大重德哲学而言，是为儒学之歧途"，甚至认为秦汉以后中国文化精神之弱敝，"内在枢纽，皆由荀学之病"①。此一现象或可自"广义的孟学"、"孟学系荀学"的角度加以理解。② 相对来说，清儒较看重荀学，也较肯定荀子传经之功，如汪中《荀卿子通论》称"荀卿之学出于孔氏，而尤有功于诸经。……六艺之传赖以不绝者，荀卿也。周公作之；孔子述之；荀卿子传之，其揆一也"③。刘师培《国学发微》也说："子夏、荀卿，皆传六艺之学者也，是为汉学之祖。"④ 此盖由于清代"崇实黜虚"的学术取向近汉远宋，清儒尤其不满理学独重《四书》、荒疏《五经》，导致"《五经》率皆庋阁，所研究者惟《四书》，所辨订者亦惟《四书》"。纪昀曾批评"明代诸儒注疏皆庋阁不观，《三传》、《三礼》尤几成绝学"。更批判明代二百余年悬为功令的敕修《四书大全》，"讲章一派从此而开，庸陋相仍。遂似朱子之书专为时文而设，而经义于是遂荒"⑤。故清学对汉学有复兴之功，继惠栋树立经解之"汉学"典范后，阮元亦曰："圣贤之道存于经，经非诂不明。汉人之诂，去圣贤为尤近。"⑥ 乾隆所设四库馆更俨然汉学家大本营。不过清儒尽管颇为汉学平反，并有提升自唐以下见黜千年的荀学况味，但直至光绪三十一年（1905 年）废科举止，《四书集注》的科举定式地位皆未动摇；缘"释经学"展开的儒家历代哲学建构，也还是沿袭"释孟"路线进行，如清代新义理学的代表思想——戴震《孟子字义疏证》及焦循《孟子正义》，仍然如此。

但是集乾嘉新义理学大成、堪称清代新义理学代表人物的戴震，⑦ 其所持论究是孟学或荀学？历来迭有争论。程瑶田说戴震性论"与荀子《性恶》篇相为表里"。章太炎答客问"戴震资名于孟子，其法不去欲，诚孟子意邪？"亦曰："极震所议，与孙卿若合符。"钱穆《中国近三百年学术史》也说："东原之有会于荀卿者至深矣！""东原之所指为性者，实与荀卿为近。"他认为孟子区别对待的义理之性（理）与气质之性（欲），都被东原"打并归一"了，且"孟子书中亦明明分说两境界，而东原必归之于一；又不归之于仁义，而必归之于食色，是东原之言近于荀子之性恶，断然矣！"⑧ 劳思光则认为戴震

———————————

① 劳思光：《中国哲学史·荀子与儒学之歧途》，香港中文大学出版社 1980 年版，第 277、288、292 页。

② 借刘又铭语。详参氏著：《荀子的哲学典范及其在后代的变迁转移》，《汉学研究集刊》2006 年第 3 期，第 1 页。

③ 汪中：《述学补遗》，《四部备要》第 545 册，台湾"中华书局" 1965 年版，第 6~7 页。

④ 刘师培：《国学发微》，台湾广文书局 1970 年版，第 3 页。

⑤ 上引分详《四书大全》提要，《四库全书总目》，台湾艺文印书馆 1979 年版，第 745 页；《周易大全》提要，《四库全书总目》，台湾艺文印书馆 1979 年版，第 124 页；《三鱼堂四书大全》，提要《四库全书总目》，台湾艺文印书馆 1979 年版，第 775 页。

⑥ 阮元：《西湖诂经精舍记》，《揅经室二集》（收在《揅经室集》），中华书局 1993 年版，第 547 页。

⑦ 论详拙著"清代新义理学三书"：《清代义理学新貌》、《清代新义理学——传统与现代的交会》、《清代的义理学转型》，由台湾里仁书局分别于 1999 年、2002 年、2006 年出版。

⑧ 程瑶田：《论学小记·诚意义述》，《续修四库全书》子部第 951 册，上海古籍出版社 1995 年版，第 643 页；章炳麟：《太炎文录·释戴》；钱穆：《中国近三百年学术史·戴东原》，台湾"商务印书馆" 1987 年版，第 358、362~363 页。

"非专取动物性为人之'性'，故与孟、荀之说皆异"①。现代学者或称戴震"孟皮荀骨"、"在清代完成了荀学的新版本"。② 故本文正为厘清戴震人性论与孟、荀之异同而发。

二、戴震人性论的依据——对理、气"去等级化"的内在一元

戴震在宇宙本体论上持"气本论"立场，迥别于理学主流之"理本论"：其虽略近张载气论，但与张载区别"天地之性/气质之性"之人性论决然不同。戴震的气本论系对理、气予以"去等极化"，此其兼涵德性与气性的自然人性论基础，亦其建构着重经验领域但具道德创生义的思想体系关键。故戴震之气本论、气性论与工夫论皆环环相扣、密不可分。

"气"在古代思想进程中被用以指陈一切客观的、具有运动性的存在。作为哲学概念的"气"，除有形质的空气、气息、烟气、蒸气等外；还涵摄"形气"之可独立于人类意识外的客观实在现象，如气势、气节、气通，以及"神气"之无穷运化、运动性概念等。所以除了具体的物质形态，可用直观性、经验性的感官觉知的有限存在外；气同时也是具有抽象逻辑范畴意义的概念——虽不能被直接看到，却是共同本质的概括，是构成宇宙万物和生命精神的本原，一种从具体进至抽象的概念。此概念不是理学主流"理本论"架构下、"理气二分"的无关价值或价值中立的气，更不仅是物理属性的物质存在而已；而是从"生生"之善出发，是与性、理、神等一贯而不可分的气论思想。

历来言气者，如《孟子》有浩然之气；《庄子》合心气为一而谓"游心于气"；《管子》（稷下道家）则以"精气"说明道之化生万物——"精气"是联系虚无无形的"道"和有形万物的关键，是使自然生命和道德生命、摄生问题和道德课题相联系的概念。此皆已触及气与人之生命和精神现象的关系讨论了。《淮南子》复以道统儒、法，而以"虚霩生宇宙"描绘一幅天人相通的宇宙图式，③ 把包罗万象的天文、地理、人事、政治、王道等万事万物都纳入此一相互关联、统一而具有共同遵循规律的"天人相应"宇宙论图式中。董仲舒则建立起儒家式的人天同构思维模式。他"以人合天"而突出"人理副天道"，又强调"唯人道为可以参天"、"唯人独能偶天地"，"天人相应"地完成了汉代的天人宇宙论图式理论。宋儒张载则是理学范畴中最早从宇宙论高度系统建立起"气本论"者，他提出"虚空即气"、"太虚即气"等太虚与气统一的命题。其气兼"有象"之形质与"不可象"之无穷运化，即"气兼有无"。他认为"气"与"太虚"是气的不同存在状态，气"不能不聚而为万物"之有形，与"万物不能不散而为太虚"之无形，乃同实异名，故曰"太虚无形，气之本体"。"知虚空即气，则有无、隐显、神化、性命，通一

---

① 劳思光说戴震"与孟子不同处在于其所谓'性'非专指人所异于禽兽之能力；与荀子不同处在于其所谓'性'亦包含'理义'"（详氏著：《中国哲学史·乾嘉学风与戴震之哲学思想》，香港中文大学出版社1980年版，第903~904页）。

② 刘又铭：《荀子的哲学典范及其在后代的变迁转移》，《汉学研究集刊》2006年第3期，第13页。

③ 《淮南子·天文训》曰："道始于虚霩，虚霩生宇宙，宇宙生气。气有涯垠，清阳者薄靡而为天，重浊者凝滞而为地。……天地之袭精为阴阳，阴阳之专精为四时，四时之散精为万物。"（刘安撰，高诱注：《淮南子》，卷3，台湾"中国子学名著集成"编印基金会，1978年，第1页）

无二。""聚亦吾体，散亦吾体。"① 故尽管我们不能否认气聚为宇宙万象时，其直观性色彩浓郁，"普遍的本质"被感性经验所包覆；但是气可聚为万物形质、亦可散为太虚，也可就其无象无迹而为万物本原、无穷运化之"神"而言。斯为"气一元论"、或"气本论"者之宇宙本体论思想。

惟理学"理本论"主流从形上学角度对"理/气"赋予"形上/形下"不同之价值位阶，气论思想长期未受重视；逮及明中叶，儒者始渐转向"以气为本"的宇宙本体论。如，罗钦顺言："理须就气上认取"。王廷相说："气也者，道之体也。""天地之先，元气而已矣！元气之上无物，故元气为道之本。"黄宗羲也立足心学而曰："天地之间只有气，更无理。所谓理者，以气自有条理故立此名耳！"王夫之言："理即是气之理，气当得如此便是理。"戴震亦曰："气化流行，生生不息，是故谓之道。""阴阳五行，道之实体也。"② 并皆采取事物之外别无理义的"气本论"立场，从形上视域逐渐转移重心到形下气化与经验世界。

戴震义理观正是从批判理学的形上学出发，首要破除理学的"理气二分"、"存理灭欲"思想。他持"气本论"立场，对理、气予以"去等级化"，转持"理气相即"的内在一元论，此其气论思想能具备道德创生义的内在因素。戴震认同张载"太虚即气"的气观，肯定"太虚"是"气"未聚时的本然状态，故其气论亦主"神气非二"、"形神不二"，兼有"神而化之"、"妙万物而为神"的价值于其中。他亦认为现象界万物虽有形散、形敝，但其气未尝灭；气与性、理、神，一体而不可分，气就是第一级概念的最高存有。曰：

> 在天地则气化流行，生生不息，是谓道；在人物，则凡生生所有事，亦如气化之不可已，是谓道。③

---

① 上引见张载撰，王夫之注：《张子正蒙·太和篇》，上海古籍出版社 2000 年版，第 89、87 页。另，本文系采区分气本论、理本论、心本论之理论模式，并未采取如牟宗三之诠释进路。牟氏之言如"神固不离气，然毕竟神是神，而不是气；气是气，而不是神，神与气可分别建立"。故其于张载所言"散殊而可象为气，清通而不可象为神"。系采取"区别"（而非"兼有"）神、气的角度，认为张载所言是"'不可以'有象迹者乃为'神'"之规定义。其又曰"清通无象之神"就是对立于有象之"气"、且为"气"之上的"太虚"本体，因此他严格区别有象迹声臭者为"气"，"不可象"者为"神"，故于张载之言"太虚无形，气之本体"，亦自区别体、用之进路，曰"'太虚'一词，是由'清通而不可象为神'而说者。……气以太虚——清通之神——为体"（上详牟宗三：《心体与性体》，第一册，台湾正中书局 1980 年版，第 442~444 页）。故其终以"太虚"、"神"为"体"，以区别于其所界定为"用"的"气"；对于张载之"太虚即气"，他只认同从体、用"不离"的角度，说以"太虚不离气"之谓也，故其认定张载并非气本论者。

② 罗钦顺：《困知记》卷下，《四库全书》第 714 册，台湾"商务印书馆"1985 年版，第 305 页；王廷相：《王廷相集·慎言》，中华书局 1989 年版，第 809 页，王廷相：《雅述》上，《四库全书存目丛书》子部第 84 册，台湾庄严文化事业公司 1995 年版，第 6 页；黄宗羲：《明儒学集·诸儒学案中四》，《黄宗羲全集》第 8 册，台湾里仁书局 1987 年版，第 1175 页；王夫之：《船山易学·周易外传》，台湾广文书局 1974 年版，第 963 页；戴震：《天道一》，《孟子字义疏证》卷中，台湾广文书局 1978 年版，第 1 页。

③ 戴震：《道一》，《孟子字义疏证》卷下，台湾广文书局 1978 年版，第 3 页。

在戴震的理论系统中，气不是物理属性之无关价值者，理、气不是程朱认为存有层不同的异质存在——"往来屈伸只是'理'也"，"凡物之散，其气遂尽，无复归本原之理"。① 而是"存在与价值不二"之"理气相即"，是兼有形而上性格之"神"寓乎其中的。故戴震从气论出发而欲建构"非形上学"的道德创造性学说，遂成为可能。

为何戴学聚焦于实在界、经验领域？盖他认为"凡有生，即不隔于天地之气化"，故义理学的目的在"就人伦日用举凡出于身者，求其不易之则，斯仁至义尽而合于天"②。所以他反对宋儒先验、超越的本体思想及其对"理"的超验认识，更反对以不同价值位阶去区别"道/器"与"理/气"。戴震不仅对形上、形下"去等级化"，他更转从气化流行的观点论道，认为"道"就是阴阳二气的生化流行——"一阴一阳，流行不已，夫是之谓道而已"③。因此对于《易系辞》言"形而上者谓之道，形而下者谓之器"，他据析名辨实的考据原则，强调所论是说"形"、不是"气"——"形乃品物之谓，非气化之谓。……'形而上'犹曰形以前，'形而下'犹曰形以后"④。他指出道、器之名只是品物的形状形成前后之异称，无涉价值高下判断；"形而上者"指未成形状前的状态，如"阴阳鬼神胥是也"⑤。故在理学体系中，属于"形而下"的阴阳气化，其与"形而上"之"道"具有不同价值等级；但在戴震理论系统中，其为不具等级贬抑义的"形以后"之谓。

如此一来，理学用以区别"道/器"和"理/气"的形上、形下界限，就被戴震取消了。故戴震曰：

> 道有天道、人道，天道以天地之化言也，人道以人伦日用言也。
>
> 曰性曰道，指其实体实事之名。……故语道于天地，举其实体实事而道自见，"一阴一阳之谓道"、"立天之道曰阴与阳，立地之道曰柔与刚"是也。⑥

于此，形下经验界的人伦日用等"生生所有事"和气化流行的"实体实事"，都被戴震称为"道"；"道"不是寂然不动的形而上者，举凡天地之化、生生不息者皆"天道"，而"出于身者"则皆"人道"是也。于是宋儒卑视形下气化的"灭欲"理由，也一并被取消了；而"理"亦转成"举凡天地人物事为，求其必然不可易"之"诗曰'有物有则'"了。⑦ 故戴震认为吾人涵养道德、体现天理，皆应自"人伦日用"、"身之所行"

———————————————

① 程颐：《伊川先生语一》，《二程遗书》，上海古籍出版社 1992 年版，第 113、125 页。

② 戴震：《性二》，《孟子字义疏证》卷中，台湾广文书局 1978 年版，第 5 页；《道三》，《孟子字义疏证》，卷下，台湾广文书局 1978 年版，第 6 页。

③ 戴震：《孟子私淑录》，转引自余英时：《论戴震与章学诚》，台湾华世出版社 1980 年版，第 252 页。

④ 戴震：《天道二》，《孟子字义疏证》卷中，台湾广文书局 1978 年版，第 1 页。

⑤ 戴震：《原善》上，台湾世界书局 1974 年版，第 4 页。

⑥ 上引分见戴震：《孟子私淑录》，转引自余英时：《论戴震与章学诚》，台湾华世出版社 1980 年版，第 251 页；戴震：《道一》，《孟子字义疏证》卷下，台湾广文书局 1978 年版，第 4 页。

⑦ 戴震：《理十三》，《孟子字义疏证》卷上，台湾广文书局 1978 年版，第 8 页。

者加以实践。以此，他亟反对理学形而上的工夫进路，反对其主静居敬、澄治念虑等"复其初"说法，而转强调可供验证的客观、经验事为。是故理学偏重强调形而上性格的义理架构，到了戴震，就统统都被扭转到生活世界的"人物事为"、"日用事物当行之理"上来讲了。

由于戴震持内在一元的"理、气合一"立场，是以尽管他"以气论性"，其性论除道德仁义等"理义"外，还兼有耳目心知等血气情欲，但他仍然维持传统天道观"天人合德"之"天人合一"思想。其论曰：

> 自人道溯之天道，自人之德性溯之天德，则气化流行生生不息，仁也。由其生生有自然之条理，观于条理之秩然有序，可以知礼矣；观于条理之截然不可乱，可以知义矣。……惟条理是以生生。①

由于戴震持论"人道本于性，而性原于天道"②，故其道德观仍抱持天人联系的传统基调。他认为人心"悦礼义"的情性"自然"，最终必会归趋到天道"必然"——"归于必然，适完其自然"，"必然乃自然之极则"。③ 自然情性的极致表现，就是天道必然被实现，也就是合德于"惟条理，是以生生"的礼义。故其《原善》曰"有天德之知，其必然则协天地之常，莫非自然也"。就此而论，戴震与孟子"尽心→知性→知天"之"天人同德"，亦是同路。

反观荀子天道观，其"性、伪之分"正相应于其"天、人之分"。盖荀子抱持"天行有常，不为尧存，不为桀亡"之自然天道观，颇殊异于儒学尊天传统之天命立场。④ 荀子《天论》曰："治乱天邪？曰：日月星辰瑞历，是禹桀之所同也。……治乱非天也。时邪？曰：繁启蕃长于春夏，畜积收藏于秋冬，是又禹桀之所同也。……治乱非时也。……天有常道矣！地有常数矣！"荀子持"自然天"立场而强调自然规律，反对天有义理性或主宰性，他发扬事在人为、人的自主性。不过其《不苟》篇也说："君子大心则天而道。""诚心守仁则形，形则神，神则能化矣；诚心行义则理，理则明，明则能变矣。变化代兴谓之天德。"⑤ 于此似又矛盾地说明着至诚、仁义与天德的关系。因此在荀子主张"天人之分"的主流观点下，也有另持反对意见而谓荀子是"天人合一"者。但是荀子下文紧接着又说"此顺命以慎其独者也"，"善之为道者，不诚则不独，不独则不形"。则他虽言

① 戴震：《仁义礼智》，《孟子字义疏证》卷下，台湾广文书局 1978 年版，第 7 页。

② 戴震：《道一》，《孟子字义疏证》卷下，台湾广文书局 1978 年版，第 4 页。

③ 戴震：《绪言》卷上，台湾广文书局 1987 年版，第 26 页；戴震：《性七》，《孟子字义疏证》卷中，台湾广文书局 1978 年版，第 8 页。

④ "天人合一"可以就"心性论"、"宇宙论"两种进路言之：前者就人的道德创造与天道生化大德的内在性、合一性而言，如孟子"尽心→知性→知天"之强调道、理、心、性等形上精神实体之价值满盈、天人同德；后者如董仲舒一方面强调"以人合天"、"人理副天道"，另方面亦强调"唯人道为可以参天"，"唯人独能偶天地"之汉儒型理论。而荀子"明于天人之分"的自然天道观，显然与之皆不同。

⑤ 荀况著，王先谦集解：《天论》、《不苟》，《荀子集解》，台湾世界书局 1976 年版，第 205~207、26~28 页。

"顺天命"却主要落在个人修德上言，并非强调天人联系关系，故王先谦集解释"化"为"迁善"、释"变"为"改其恶"，"天德"则作为譬喻关系，言"既能变化则德同于天，驯致于善谓之化，改其旧质谓之变"。又曰："形非形于外也，形即形此独也。"① 要之，《不苟》并无足够证据推翻荀子《天论》所明白持说的天道自然立场。另外荀子也尝以"气"作为人与万物之间同感共应之潜存结构，其《王制》曰："水火有气而无生，草木有生而无知，禽兽有知而无义，人有气、有生、有知，亦且有义，故最为天下贵。"② 但学者杨儒宾认为荀子之气毕竟"是一种准物质、体质意义的气"，虽然也有交感的功能，但"这并不表示它可以成长、转化、主动地参与存在之流行"。③ 故以荀子"性、伪之分"印证其"天、人之分"，则荀子强调价值根源由外在学习，其心能知理而不能生理，能认知学习而不能生生条理，是以罕有强调人与宇宙之联系者。

职此，戴震涵礼义之善于"气质"、"形神不二"的气性论，其"自人道溯之天道，自人之德性溯之天德"、"在天为气化之生生，在人为其生生之心"的天人合德立场，④ 殊异于荀子。而其主张"分于阴阳五行以成性"的人性自然"悦礼义"，且终必归趋到"天道"礼义之实现，虽因其认识论强调"天地人物事为"、"有物有则"等客观事理、物理而具有经验色彩；但他未受经验主义局限，他系由吾人"生生之心"和"悦礼义"之禀气"自然"，进论"气化生生"和自然条理（即"仁"）之天道"必然"，他所认识的天道寓有主观价值在其中。故他尽管从"气本论"出发而与理学殊途，但亦同趋于《中庸》"知性→知天→与天地参"的"道"之实践历程，以及孟子强调"尽其心者知其性也，知其性则知天矣！"⑤ 因此尽管评价不一，戴震自己确是以《孟子》解人自居的。

三、戴震"性善"论前提下之与孟、荀人性论异同

戴震人性论确自孟子"性善"思想出发，但他反对理学诠释孟子"性善"思想的理论架构——凸显形而上学的"性即理"、"即心求理"等概念与命题；唯面对理学数百年的主流优势，他采取激烈的语言方式欲推倒理学，因此招来强烈批评声浪与质疑，甚至被疑为假名孟子而借荀子思想攻讦理学。然尽管对于戴震是否更纯粹的孟学具有争议性；但是戴震的人性论确实是以孟子"性善"说为基础及出发的。他与理学之辨，不在性之"善/恶"殊见；而在对于"如何实现善?"具有道德进路的"形上/形下"殊别，则确然无疑。

孟、荀思想分歧不止一端，但其大本无疑在"性善/性恶"之德性"固有/外铄"上。孟子"性善"论强调价值根源内在，仁义善性皆"我固有之，非由外铄"；荀子则自先

① 荀况著，王先谦集解：《不苟》，《荀子集解》，台湾世界书局 1976 年版，第 28~29 页。

② 荀况著，王先谦集解：《王制》，《荀子集解》，台湾世界书局 1976 年版，第 104 页。

③ 杨儒宾：《儒家身体观》，台湾"中央研究院"中国文哲所，2003 年，第 72 页。

④ 戴震：《仁义礼智》，《孟子字义疏证》卷下，台湾广文书局 1978 年版，第 7 页。

⑤ 分详赵顺孙：《中庸纂疏》，《四书纂疏》，台湾学海出版社 1977 年版，第 119 页；赵顺孙：《孟子纂疏》，《四书纂疏》，台湾学海出版社 1977 年版，第 521 页。《中庸》言曰："唯天下至诚，为能尽其性；能尽其性，则能尽人之性；能尽人之性，则能尽物之性；能尽物之性，则可以赞天地之化育；可以赞天地之化育，则可以与天地参矣！"

天、后天区分"性/伪"而强调"化性起伪",持论"其善者,伪也"。"礼义者,是生于圣人之伪,非故生于人之性也。""无伪则性不能自美。"① 因此戴震"礼义之为性"立场,② 自属孟子"性善"一路;本文在此大前提下,讨论其人性论与孟、荀之异同。

(一) 戴、孟同持"礼义为性"的"性善"立场

孟子尝借"人禽之辨"以论人之性善,曰"人之所以异于禽于兽者几希,庶民去之,君子存之。舜明于庶物,察于人伦,由仁义行,非行仁义也"③。此中"由仁义行"所意含的德性内在,即孟子用以说明人禽之别的"几希"之微;由此,后世每以"性善"之固有德性与"人禽之别"联系思考,而自德性的角度理解人禽之辨。

戴震同样强调性善,也认同道德普遍性,其言"孟子曰'心之所同然者,谓理也、义也,圣人先得我心之所同然耳。'于义外之说,必致其辨,言礼义之为性,非言性之为理"④。于此,戴震一则表明他和孟子同持理义是"心之所同然"的"礼义之为性"立场,所以他能理解孟子因持善性固有理念,故于"义外"之说必致其辨;另则戴震也提出在其思想体系中重要理论的"理之为性,非言性之为理"⑤。此说具有双重作用:既表明其自然人性论立场,复批判理学"性即理"之说。盖朱子"中和新说"后,"性、情二分"架构下的"性即理"(即戴言"性之为理"),"性"是喜怒哀乐未发、未有形气杂染而纯乎天理者,故"全性是理";此亦理学家反对以气质为性的根据。至于戴震所主"理之为性",则"性"的逻辑范畴大于"理",理为性所涵但只是性中一部分;性除"理义"外,还包含血气心知情欲等不属理义的"非理义"部分,斯即理学未予肯定的"气质之性"。戴震正是由此性论范畴歧见,批判理学错说孔孟。

要之,戴震认同孟子性善思想,但不满久居思想界主流的理学释孟模式。那么戴震如何理解孟子"性善"说?

其一,他站在孟子立场,反对荀子性恶说。戴震说孟子"明礼义之为性",明言认同孟子所说仁义出于性;不满荀子"性、伪之分"之"遗礼义",以性与礼义相隔阂。故他批评"荀子之见归重于学,而不知性之全体。……于礼义与性,卒视若隔阂不可通"⑥。并自问荀论"其蔽安在?""何以决彼之非,而信孟子之是?"他回答以:

> 曰:荀子知礼义为圣人之教,而不知礼义亦出于性。知礼义,为明于其必然,而不知必然乃自然之极则,适以完其自然也。就孟子之书观之,明礼义之为性。举仁义礼智以言性者,以为亦出于性之自然,人皆弗学而能,学以扩而充之耳!荀子重学也,无于内而取于外;孟子之重学也,有于内而资于外。⑦

① 荀况著,王先谦集解:《性恶》、《礼论》、《荀子集解》,台湾世界书局1976年版,第289~291、243页。
② 戴震:《性二》,《孟子字义疏证》卷中,台湾广文书局1978年版,第5页。
③ 赵顺孙:《离娄下》,《孟子纂疏》,台湾学海出版社1977年版,第460页。
④ 戴震:《性二》,《孟子字义疏证》卷中,台湾广文书局1977年版,第5页。
⑤ 戴震:《绪言》,台湾广文书局1987年版,第17页。
⑥ 戴震:《性六》,《孟子字义疏证》卷中,台湾广文书局1977年版,第8页。
⑦ 戴震:《性七》,《孟子字义疏证》卷中,台湾广文书局1977年版,第8页。

戴震肯定礼义是吾人性中固有，是"人皆弗学而能"者；批评荀子仅知礼义为"圣人之教"，是"无于内而取于外"者。他并取譬"岂可云己本无善、己无天德，而积善成德如罍之受水哉？"又说"荀、扬所谓性者，古今同为之性，即后儒称为气质之性者也，但不当遗礼义而以为恶耳！"① 所以其谓礼义是人性自然，而落实实践是经涵养后之人性"必然"，即"必然"德性是"自然"人性之完成。

其二，戴震所理解的孟子"性善"说，区别人、禽的礼义乃由人"扩充其知"臻至。意即：第一，善之实践，须经"扩而充之"之功。第二，人禽之别的关键在人能"学以扩而充之"之智性，不在德性。因为根据实际经验，禽兽之雌雄、亲子及同类相处，不止"怀生畏死"之"私于身"动物本能而已，而是"及于身之所亲"之能推其爱——"爱其生之者及爱其所生，与雌雄牝牡之相爱、同类之不相噬、习处之不相啮，进乎怀生畏死矣。一私于身，一及于身之所亲，皆仁之属也"。此皆"合于人之所谓仁义者矣"②。然则人禽何别？戴震指出禽兽"不能开通"；人则"能扩充其知，至于神明，仁义礼智无不全也"，故"人以有礼义异于禽兽，实人之知觉大远乎物。此孟子所谓性善"③。斯即戴震自得的、能得乎孟子确解者。

因此戴震认为讲论孟学，应将重心置放在"扩充"；而非理学家为凸显重德而区别"义理之性/气质之性"的"存理灭欲"上。其论曰：

> 人之心知异于禽兽，能不惑乎所行，即为懿德耳。……孟子言人无有不善，以人之心知异于禽兽，能不惑乎所行之为善。且其所谓善也，初非无等差之善，即孔子所云"相近"，孟子所谓"苟得其养，无物不长；苟失其养，无物不消"。所谓"求则得之，舍则失之，或相倍蓰而无算者，不能尽其才者也"。即孔子所云习至于"相远"。"不能尽其才"，言不扩充其知而长恶，遂非也。④

性善既是固有，为何经验之善不一定被实现？戴震认为因善质之具"初非无等差"，所以还有待后天涵养之"扩充"即在"量"上扩充，始能对善之实践具有保证性。其论以人固有善质但量有"等差"为说，实与理学"理本论"之"理一分殊"架构下，强调人之道德本体乃天理之具体而微，其本体自足而万善皆备、不假外求，两者间存在"德性/才性"之极大差异性。故戴震与理学，宜自两种截然不同的思想体系与理论结构之"释孟学"角度来加以理解。

戴震以智性说人禽之别，并强调"善"是践履结果，须重视实在界的客观条件与变动因素；而智性因其气性主张：人性由分于阴阳五行而来，"人与百物，偏全、厚薄、清浊、昏明，限于所分者各殊"，故人之智愚具有"量"之等差。不过才量虽有等差，人之

---

① 戴震：《性七》、《性八》，《孟子字义疏证》卷中，台湾广文书局1977年版，第5页。
② 戴震：《性二》，《孟子字义疏证》卷中，台湾广文书局1977年版，第4~5页。
③ 戴震：《性四》、《性二》、《性八》，《孟子字义疏证》卷中，台湾广文书局1977年版，第7、6、10页。
④ 戴震：《性二》，《孟子字义疏证》卷中，台湾广文书局1977年版，第6页。

心知却能觉、能开通——"心之所通曰知，百体皆能觉，而心之知觉为大"。"性能开通，非不可移"，所以"仁义礼智非他，'心之明'之所止也，'知'之极其量也"。① 只要加以"学"的涵养即"以学养智"，便能"就其昧者牖之明而已矣！"② 便皆能落实善之实践。其后焦循复提出"能知故善"说，亦主张"以己之心通乎人之心，则仁也；知其不宜，变而之乎宜，则义也"。③ 强调"惟人能移，则可以为善矣！""惟其可引，故性善也。"④ 所以心知之"趋时行权"是为实践善的重要条件。晚清康有为亦同此调，曰："人道之异于禽兽者全在智。"⑤ 此皆强调因时变通的智性与道德判断的重要性。故戴震之突出"扩充其知，以至于神明"的重智观，认为正是发挥"孔子，圣之时者"精神，是实现孔子"智且圣"之"始条理"、"终条理"以及"能不惑乎所行，即为懿德"。并以之诠释孟子"凡有四端于我者，知皆扩而充之矣，若火之始然，泉之始达"以及"得其养"、"尽其才"。⑥ 此戴震之与理学重德而轻气质至言灭欲主张，显然是不同的路数。

（二）戴、荀同持气性论而"性恶/性善"之立场有别

气本论颠倒了程朱的理气关系，强化对于客观物理的探索；明清儒者立足在渐成趋势的"气本论"上，逐渐扩大学术效应到各层面的理论建设，譬如方法论之讲求经验实证、人性论之依"气性"一路建立、工夫论之强调客观事为等。这一来学术发展于是出现了新局面，以视于过去的理学旧典范，可说对于"形上/形下"视域之各有侧重。惟"气本"与"气质"是两个不同的概念。"气本"强调"气"为宇宙万物及世界本原，是作为哲学最高范畴的概念；"气质"则强调以气论性，指万物化生所禀受之气，即万物散殊时各有厚薄、偏全、刚柔、清浊等禀受不同之得气，张载之谓"游气纷扰，合而成质者，生人物之万殊"者也；亦戴震之谓"古人言性，但以气禀言"。"其言性也，咸就其分于阴阳五行以成性"之"分而有之不齐"而言，故为"气化之于品物"，阴阳已成形质之"形以后"者。⑦ 不过虽然张载之"气本论"殊异理学之"理本论"主流；其人性论则仍归诸理学"性理"一路，认为若以"气质之性"言性，将沦为"人与物等"。故他反对从"以生为性"的自然人性即气性谈道德价值，区别"天地之性/气质之性"地建立了"气质之性，君子有弗性者焉"的理学根本命题。⑧ 是故"气本"与"气质"之持论立场

① 戴震：《性二》、《性四》，《孟子字义疏证》卷中，台湾广文书局 1977 年版，第 6、7 页。

② 戴震：《性五》，《孟子字义疏证》卷中，台湾广文书局 1977 年版，第 7 页。

③ 焦循：《性犹杞柳》，《孟子正义》，台湾文津出版社 1988 年版，第 734 页。

④ 焦循：《性善解一》、《性善解三》，《雕菰集》，台湾鼎文出版社 1988 年版，第 128 页。

⑤ 康有为：《康子内外篇·仁智篇》，蒋贵麟编：《万木草堂遗稿外编（上）》，台湾成文出版社 1978 年版，第 24 页。

⑥ 以上分详赵顺孙：《万章下》、《公孙丑上》，《孟子纂疏》，台湾学海出版社 1977 年版，第 481~482、396 页。

以上分详张载撰，王夫之注：《张子正蒙·太和篇》，上海古籍出版社 2000 年版，第 96 页。

⑦ 戴震：《理七》，《孟子字义疏证》卷上，台湾广文书局 1977 年版，第 4 页；戴震：《性二》卷中，台湾广文书局 1977 年版，第 5 页；戴震：《天道二》，《孟子字义疏证》卷中，台湾广文书局 1977 年版，第 1 页。

⑧ 张载撰，王夫之注：《张子正蒙·诚明篇》，上海古籍出版社 2000 年版，第 137、135 页。

不必然关联，如罗钦顺持"即气即理，绝无罅缝"之"气本论"立场，但仍认同朱子"心性之辨"之"心性二分"，① 即此思维。

关于气质之性，除出土的郭店楚简《性自命出》、上博简《性情论》等足证早期儒家亦重视情性外；② 荀子是儒家中最为人知的"以气论性"者。《性自命出》言"道始于情，情生于性"。又言"喜怒哀悲之气，性也"。"好恶，性也。所好所恶，物也。"皆以情论性，且以为道德实践必以"情"为出发，曰："凡人唯有性，心无定志，待物而后作，待悦而后行，待习而后定。"③ 荀子则对"性"取材质义，其"性"系就人禽所"同"的自然倾向言，譬如"饥而欲饱，寒而欲暖，劳而欲休"，即《性恶》篇所言"若夫目好色、耳好声、口好味、心好利、骨体肤理好愉佚，是皆生于人之情性者也；感而自然，不待事而后生之者也"。所以从生理性言，尧舜和桀跖、君子和小人实无二致——"凡人之性者，尧舜之与桀跖，其性一也；君子之与小人，其性一也"。"材性知能，君子、小人一也；好荣恶辱、好利恶害，是君子、小人之所同也。"故偏就"情性"论性的荀子，认为人在德性上没有那么自主性，性不是价值根源；其根源在于外在的师法礼义陶铸，曰"凡治气养身之术，莫径由礼，莫要得师"。④ 他强调惟礼教能使人如钝金之砻厉然。

至于戴震，则其人性论既不同于张载、罗钦顺等之于气本、气质分别对待，但亦殊别于荀子。戴震强调人性论与气本思想密切关联，其人性论亦自气化角度出发，曰："举凡品物之性，皆就其气类别之。人物分于阴阳五行以成性，舍气类更无性之名。""人物以类滋生，皆气化之自然。"⑤ 是以其所谓性者，"分于阴阳五行以为血气心知，品物区以别焉，举凡既生以后所有之事、所具之能、所全之德，咸以是为其本"⑥。清楚表明其性论范畴，涵盖"既生以后所有之事、所具之能、所全之德"。故戴震在"理之为性"外，兼重情性而凸显对"情"之观照。故其论"理"，曰："使无过情，无不及情，之谓理。""苟舍情求理，其所谓理，无非意见也。"又曰："古圣贤所谓仁义礼智，不求于所谓欲之外，不离乎血气心知。"⑦ 皆可见其"情、理并重"而重视气化流行。但是戴、荀虽然

---

① 论详罗钦顺：《困知记》，《四库全书》第 714 册，台湾"商务印书馆" 1985 年版，第 1、87 页。

② 关于《性自命出》的作者，说者不一；但笔者以为其与《中庸》一系心性论者颇有观点分歧处。《性自命出》重"情"的自然人性论立场，凸显对"情"的看重，其所强调的道德理性亦呈现"天→命→性→情→道"的联系，"道"与"教"之所起，皆息息相关于人之"情"而生，极强调情与道、性间的密切关系。于此并可佐以郭店楚简《语丛二》之"爱生于性"、"欲生于性"、"智生于性"、"恶生于性"、"喜生于性"、"惧生于性"等语。故相较于思孟理学一系受到压抑，甚至蔑视的情欲，所论并不相侔。

③ 《性自命出》简 1，丁原植：《郭店楚简：儒家佚籍四种释析》，台湾古籍出版公司 2004 年版，第 9 页。

④ 上引分详荀况著，王先谦集解：《性恶》、《荣辱》、《修身》，《荀子集解》，台湾世界书局 1976 年版，第 294、291~292、38、16 页。

⑤ 戴震：《性八》、《性一》，《孟子字义疏证》卷中，台湾广文书局 1977 年版，第 9~10、3 页。

⑥ 戴震：《性一》，《孟子字义疏证》卷中，台湾广文书局 1977 年版，第 3 页。

⑦ 戴震：《理五》，《孟子字义疏证》卷上，台湾广文书局 1977 年版，第 2~3 页；戴震：《性二》，《孟子字义疏证》卷中，台湾广文书局 1977 年版，第 6 页。

"以气论性"具有亲近性；惟两人在"性善/性恶"根本立异下，其于人是否内具超越的道德本心？价值根源是否内在？所论迥异。以此，前论戴震屡屡批判荀子"性、伪分离"之否定人内具超越道德本心；而荀子偏就以气质说性，只是戴震性论的一部分，两人的殊异性不能忽略。

此外，戴、荀两人对于情欲的看法及主张，亦明显不同：

传统儒学素视"欲"为恶源，有"欲恶"论传统。① 历来儒家论性，不论思孟理学所代表的、非自人类自然生命特征说的义理之性，或是荀子"生而有耳目之欲"所代表的材质之性，几乎都对人欲采取"欲恶"的负面看法。此盖由于传统儒学往往将"欲"、"私"、"利"紧密联系，凡耳目口鼻声色之感官嗜欲和富贵福泽之利欲追求等"人欲"，都被指向"天理"对立面，所谓"落在方所，一人之私也"②。故人欲向为儒者罕言、讳言，甚至耻言。荀子即以"公"与"义"结合，要求"以公义胜私欲"③。而在儒家长期"贵义贱利"之"严辨义利"、"崇公抑私"主张中，也都强调以"天理之公"压抑"人欲之私"，此一模式并内在为儒学长时期的思想基调。因此荀子根基于"性、情、欲同质"之理论架构的"性恶"说，④ 实是偏落在感官嗜欲等人欲以言的"欲恶"论，其论性便言"今人之性，生而有好利焉，顺是，故争夺生而辞让亡焉；生而有疾恶焉，顺是，故残贼生而忠信亡焉；生而有耳目之欲、有好声色焉，顺是，故淫乱生而理义文理亡焉"，于此，性之好利、疾恶、耳目之欲、声色之好等以及其所导向的争夺、残贼、淫乱，甚至"犯分乱理而归于暴"之行为差失，皆指向放纵"人欲"之"人生而有欲，欲而不得，则不能无求；求而无度量分界，则不能不争"⑤。故荀子"性恶"说之所谓"恶"者，即指"欲恶"；其所流露的，是荀子反对追求人欲之于人欲负面看法。

宋儒更强化"理/欲"的对立关系，至以"存理灭欲"为教。⑥ 固然理学家所说的"无欲"并非否定耳目口鼻等感官嗜欲及喜怒哀乐之情等；其所要"尽去"者，是"不

---

① 譬如《论语》中子路问成人，子曰："若臧武仲之知，公绰之不欲，卞庄子之勇，冉求之艺，文之以礼乐，亦可以为成人矣。"又曰："枨也欲，焉得刚？"所论皆对于"欲"采取负面否定态度。又如季康子患盗问于孔子，孔子对曰："苟子之不欲，虽赏之不窃。"也以上位者之欲为窃盗祸乱根源。另外《易传·损卦》曰："君子以惩忿窒欲。"《礼记·曲礼》曰："欲不可从"，《乐记》亦曰"夫物之感人无穷，而人之好恶无节……灭天理而穷人欲者也"。至于理学家所要求的"无欲"（周敦颐《通书·圣学》）、"心如明鉴止水，无一毫私欲填于其中"（朱子论《通书》）。"圣人之教必欲其尽去人欲，而复全天理也"（《晦庵集·答陈同甫第八书》卷36），对于人欲，那就更是深恶痛绝了。

② 黄宗羲：《与陈乾初论学书》，《陈确集》，中华书局1979年版，第149页。

③ 荀况著，王先谦集解：《修身》，《荀子集解》，台湾世界书局1976年版，第22页。

④ 荀子曰："性者，天之就也；情者，性之质也；欲者，情之应也。……欲不可去，性之具也。"（荀况著，王先谦集解：《正名》，《荀子集解》，台湾世界书局1976年版，第284页）

⑤ 以上分详荀况著，王先谦集解：《性恶》、《礼论》，《荀子集解》，台湾世界书局1976年版，第289、231页。

⑥ 例如周敦颐曰"无欲故静"，《二程遗书》也说："不欲则不惑；所欲不必沉溺，只有所向便是欲。"（《二程遗书》卷15，上海古籍出版社1992年版，第4页）"人于天理昏者，是只为嗜欲乱着他。"（《二程遗书》卷2上，上海古籍出版社1992年版，第48页）逮及阳明亦曰："圣人之所以为圣，只是其心纯乎天理，而无人欲之染。""学是学去人欲，存天理。"（《阳明传习录》，上海古籍出版社2000年版，第195、200页）皆标举"存理灭欲"之教。

当"的人欲即不合天理的"私欲",而并不是"仰事俯畜"的生养之道。故朱子尝曰:
"饮食者,天理也;要求美味,人欲也。""合道理的是天理,循情欲的是人欲。"① 但是对
于超过基本生养以外、"循情欲"的私利私欲等,理学家确是以"培壅本根,澄源正本"之
态度加以极力防堵。② 如象山言"名利如锦覆陷阱,使人贪而堕其中"。阳明亦言"功利之
毒沦浃于人之心髓","良知只在声色货利上用功"。③ 皆明言私利之不可。然而 17 世纪以
降的情欲觉醒,标示着国人在思想进程上迈入了一个新的里程碑;从宋明理学到清代新义理
学,清儒在"性/情/欲"看法上有了显著转向。从宋儒言"性其情"④ →清儒言"理原诸
情"、"以情论性";⑤ 从理学"存理灭欲"→戴震"通情遂欲"等,⑥ 在在标示了儒学义
理的重大转向。故戴震对待情性之私、利、欲等已经摆脱两橛对立的"公义/私利"模
式,而自其间复区别出一个"不害义"的求私(个人)利层次,即颜元之谓"正其谊以
谋其利,明其道而计其功",戴震之谓有生皆愿"备其休嘉"者也,亦即后来严复所强调
"义利合,民乐从善"的新道德标准。⑦ 故一个不相干于害义而容许满足个人甘食美服、
富贵利达的一己利欲空间即"求利而不害义",已被清儒赋予追求正当性,是为清代义理
学突破传统儒学的新论。

故戴震之于"理/欲"对立模式突破,对于情欲之处理态度,与荀子两相径庭。戴震
一再辨明血气、心知、情欲等种种气质之性非恶;人之所以有"恶",在其"失"——
"欲之失为私,私则贪邪随之矣;情之失为偏,偏则乖戾随之矣;知之失为蔽,蔽则差谬
随之矣。不私,则其欲皆仁也,皆礼义也"⑧。唯此处"私"非指公、私对言下之个人
义;而是指害义之偏私。戴震强调不得因噎废食地以其差失而罪及本原,并另标举"通

---

① 黎靖德编:《朱子语类》,中华书局 1986 年版,第 224、2015 页。

② 朱熹:《答陈同甫》第四书,《晦庵集》,《四库全书》1144 册,台湾"商务印书馆"1985 年版,
第 32 页。

③ 《象山语录》,上海古籍出版社 2000 年版,第 37 页;《阳明传习录》,上海古籍出版社 2000 年版,
第 225、295 页。

④ 宋儒之"性其情"主张,要求"以性之理节其情。"程颐曰:"喜怒哀乐爱恶欲,情既炽而益荡,
其性凿矣!是故觉者约其情使合于中。正其心,养其性,故曰性其情。"(程颐:《颜子所好何学论》,《二
程文集》,《四库全书》1345 册,第 682 页)

⑤ 戴震强调"理原诸情",曰:"古之言理者,就人之情欲求之,使之无疵之为理。""理也者,
情之不爽失也;未有情不得而理得者也。""情之至于纤微无憾是谓理。"(《后序》,《孟子字义疏证》卷
下,第 14 页;《理二》,《孟子字义疏证》卷上,第 1 页;《东原集·与某书》)凌廷堪则"以情论性"
地从情之"好恶"出发,曰"性者,好恶二端而已。""好恶生于声色与味,为先王制礼节性之大原。"
"好恶者,先王制礼之大原也。"(凌廷堪:《好恶说上》,《校礼堂文集》卷 16,第 1、3 页)

⑥ 戴震曰:"圣人以通天下之情,遂天下之欲。""一人之欲,天下人之所同欲。""遂己之欲者,
广之能遂人之欲;达己之情者,广之能达人之情。道德之盛,使人之欲无不遂,人之情无不达,斯已
矣!"戴震:《才二》,《孟子字义疏证》卷下,台湾广文书局 1976 年版,第 2 页;戴震:《理二》,《孟
子字义疏证》卷上,台湾广文书局 1976 年版,第 1 页;戴震:《权一》,《孟子字义疏证》卷下,台湾广
文书局 1976 年版,第 10 页。

⑦ 以上分见颜元:《四书正误》卷 1,《颜李丛书》,北京四存学会,1923 年,第 6 页;戴震:《答
彭进士允初书》,《孟子字义疏证·附录》,台湾广文书局 1978 年版,第 4 页;严复:《原富》按语,《社
会剧变与规范重建——严复文选》,上海远东出版社 1996 年版,第 342 页。

⑧ 戴震:《才二》,《孟子字义疏证》卷下,台湾广文书局 1978 年版,第 2 页。

情遂欲"之新道德观,曰:"遂己之欲者,广之能遂人之欲;达己之情者,广之能达人之情。""道德之盛,使人之欲无不遂、人之情无不达,斯已矣!"他认为在"不害义"的大前提下,个人情欲是可以被合理满足的——"惟有欲、有情、而又有知,然后欲得遂也,情得达也"①。由此显见戴、荀二人对情欲之思考不同,理论建构亦复有别。

(三) 戴震以"本质义/历程义"区别"性善/善"

戴震自诩为孟子解人,认为宋明理学错说孔孟,期以所撰《孟子字义疏证》导正长期来偏重形上面而未能正视生活世界的偏颇。关于"善"之实践,戴震认为道德学应该努力的方向,不是高论侈言"灭欲",致与现实隔阂;而是如何引导性中理义以外的、血气心知情欲等理学所谓"气质之性"的"非理义"部分。他持信只要通过涵养工夫,人人皆可以发扬道德自主性,皆可以从德性之蒙昧状态进至圣智之境。故戴震对于"性善"与"善"采区别对待方式。"性善/善"实有"本质义/历程义"之属性及哲学范畴殊异,亦如董仲舒论"性有似目,目卧幽而瞑,待觉而后见,当其未觉,可谓有见质,而不可谓见。今万民之性,有其质而未能觉,譬如瞑者待觉,教之然后善;当其未觉,可谓有质而不可谓善"②。人虽具善质但未可遽言善;善犹有待于"扩而充之"之"极其量",始可在经验层被落实。故戴震在"性善"说大前提下,不复辩证"性善"与证体;其理论重心全在论"善"之完成实践。

戴震论善,乃以"人能全乎理义"之"乃语其至,非原其本"即"终善"为目标。③虽然学界或谓戴震混淆了善之本质义与历程完成义,实则正坐其不解戴震本以完成历程实践的"善"为理论宗旨,因此毋须致力于孟荀性善、性恶之辨,他是聚焦在"释孟学"上,集矢和理学进行形上、形下之辨。明乎此,可以进论戴震论"善"之经验实践即其工夫论。

戴震的工夫论紧扣人性论而发,故以下先以图示说明其人性论范畴及与孟、荀异同:

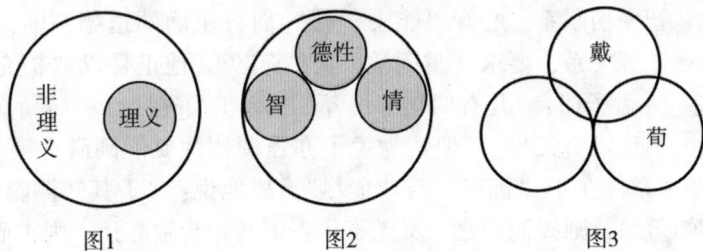

图1. 戴震性论兼涵道德仁义等"理义"范畴和血气心知情欲等"非属理义"范畴;
图2. 戴震自然人性论兼涵德性、智性、情性等;图3. 戴震性论与孟、荀之异同

戴震性论除涵盖理义等德性范畴外,还包含自然人性中不属于德性范畴者,如智性、情性等;而既皆性中所有,便不能说气质之性非性,更不能主张要"存理灭欲"。因此戴

---

① 上引皆见戴震:《才二》,《孟子字义疏证》卷下,台湾广文书局1978年版,第2页。
② 董仲舒:《深察名号》,《春秋繁露》,台湾"商务印书馆"1976年版,第166页。
③ 戴震:《理十三》,《孟子字义疏证》卷上,台湾广文书局1978年版,第8页。

震的工夫论，主要就是以非属理义范畴的气质之性为其涵养对象，并以经验进路的客观事为，反对理学主观存养的"去欲"、"复初"等主张。

在戴震义理系统中，同属自然人性的德性、智性、情性间存在何种关系？善之实现为什么可能？他首先发挥孟子之言"理义之悦我心，犹刍豢之悦我口"，认为孟子"非喻言也"，而是强调人情自然悦理义——"其好是懿德也，心知之自然"①。戴震指出孟子并未歧人情与德性为二，存在乎一性中的德性、智性、情性等本即同趋，"孟子所谓性、所谓才，皆言乎气禀而已矣！""孟子矢口言之无非血气心知之性，孟子言性曷尝自歧为二哉？二之者宋儒也。"故戴震曰："理义之悦心，犹味之悦口、声之悦耳、色之悦目之为性。""理义在事情之条分缕析，接于我之心知，能辨之而悦之。"② 所以为什么心知能辨且悦礼义？那是因为自然如此的情、智、德等皆"分于阴阳五行以成性"；既皆以天道为根源，则只要通过涵养以去蔽，其终必定也同趋汇归天道即"必然"之礼义。所以戴震认为"善"之最终能被实现，正是一种"悦礼义"的"自然"人情归宗到"必然"天德的极致表现——"性之德，其归于必然也。归于必然适全其自然，此之谓自然之极致"③。所论亦近于早期儒家性论郭店楚简《性自命出》之谓"始者近情，终者近义"④。皆在理学标榜的天命性理外，另以自然人性补充了人道与天道的联系；强调自然情性在道德实践中的积极作用。

唯要从自然人性归趋到必然天道，即欲完成"善"之历程实践，其间还须经工夫涵养。因为人情、心知和理义间虽有内在联系；但心知有时"有蔽"、人情有时"有私"——"心知之自然，未有不悦理义者，未能尽得理合义耳！"⑤ 故其"未能尽得理合义"处即德性之"始乎蒙昧"，即是戴震认为道德学所要努力的地方。因此还必须落实"去蔽"与"去私"的工夫涵养，才能使性中"理义"范畴外的"非属理义"部分，具备正确的道德判断和无私的道德意愿，始能完成道德之善。戴震的工夫论，便是针对德性与智性关系提出"以学养智"主张，以及对于德性和情性关系提出"以情絜情"主张。

戴震认为德、智密切联系，心知要能去"蔽"而行正确的道德判断，才能完成善之实践，故他绾合德、智关系，要求"重问学，贵扩充"⑥。他正是以"扩充其智"发扬孟子的"扩充"说——孟子曰："凡有四端于我者，知皆扩而充之。……苟能充之，足以保四海；苟不充之，不足以事父母。"他认为孟子亦强调德性要能圆满开展如"火之始然，泉之始达"，其必要条件在于"扩充"与"能尽"，故他说："于其知恻隐，则扩而充之，仁无不尽；于其知羞恶，则扩而充之，义无不尽；于其知恭敬辞让，则扩而充之，礼无不尽；于其知是非，则扩而充之，智无不尽。仁义礼智，懿德之目也。"⑦ 因此心知之明成

---

① 戴震：《理八》、《理十五》，《孟子字义疏证》卷上，台湾广文书局 1978 年版，第 5、12 页。

② 戴震：《才一》，《孟子字义疏证》卷下，台湾广文书局 1978 年版，第 1 页；戴震：《理六》，《孟子字义疏证》卷上，台湾广文书局 1976 年版，第 3 页；戴震：《性二》，《孟子字义疏证》卷中，台湾广文书局 1978 年版，第 6 页。

③ 戴震：《原善》上，台湾世界书局 1974 年版，第 6 页。

④ 丁原植：《郭店楚简：儒家佚籍四种释析》，台湾古籍出版公司 2004 年版，第 9 页。

⑤ 戴震：《理十五》，《孟子字义疏证》卷上，台湾广文书局 1978 年版，第 12 页。

⑥ 戴震：《理十四》，《孟子字义疏证》卷上，台湾广文书局 1978 年版，第 10 页。

⑦ 戴震：《性二》，《孟子字义疏证》卷中，台湾广文书局 1978 年版，第 6 页。

为实践德性之善的关键——"昔者暗昧，而今也明察，是心知之得其养也"。"德性始乎蒙昧，终乎圣智。……德性资于学问，进而圣智，非复其初，明矣！"① 戴震正是以此"德性资于学问"说修正了理学"德性之知，不假见闻"的德、智为不相干说法。② 至于情、理关系，则戴震一方面"尊情"地要求以情验理，曰："使无过情，无不及情，之谓理。"③ 另方面又要求"以情絜情"——"以我之情，絜人之情，而无不得其平"为出发的絜矩之道，④ 以保障对"理"的道德判断正确性，防节情欲流于偏私不当。戴震继明代"重情"文风后，复以义理学的理论高度，"尊情"且重"我情"（包含己欲与己所不欲）地赋予"人情"在道德实践上正面意义。他强调"凡有血气心知，于是乎有欲……于是乎有情。生养之道，存乎欲者也；感通之道，存乎情者也"⑤。戴关怀理学以阶级伦理结合"存理灭欲"主张，有可能造成"其责以理也，不难举旷世之高节，着于义而罪之"之道德迫害，如"尊者以理责卑，长者以理责幼，贵者以理责贱，虽失谓之顺；卑者、幼者、贱者以理争之，虽得谓之逆"，如此则"未有任其意见而不祸斯民者"。⑥ 故他以"尊情"及"我情"作为人、我的感通之道，既能防节不当情欲，又能避免"舍情求理，其所谓理无非意见也"。⑦ 亦是对理学"黜情"观的重要突破。

综上，戴震工夫论主要针对性中固有理义以外的非理义范畴，施以"以学养智"、"以情絜情"的涵养之功，以保证性能如理即善之落实。亦如董仲舒之言"米出于粟，而粟不可谓米；玉出于璞，而璞不可谓玉；善出于性，而性不可谓善"。"性者，天质之朴也；善者，王者之化也。无其质，则王教不能化；无其王教，则质朴不能善。"⑧ 因此对戴震而言，荀子《性恶》所言"今诚以人之性固正理平治邪？则有恶用圣王、恶用礼义哉？"正是混淆了"性善/善"之本质与历程义。再者，戴震认同性中有"善质"之"善"的倾向，是否也意味承认性中有恶质？此亦涉戴震对理学"存理"与"灭欲"关联性、必要性的质疑与恶源解释。对此，戴震虽认为性中包含情欲等"非属理义"范畴，但亟反对将人性本质的情气、人欲视为恶源；他强调"恶"是"有失"者，譬如偏私害义的"有私"与"有蔽"，"欲不失之私，则仁；觉不失之蔽，则智"。⑨ 故他主张道德课题在于防失、不在防欲，且与理学工夫论具有"扩充/复初"之别。

至于戴震以"善"之历程完成发挥孟子"性善"说，并致辩于荀子及理学体系，然其涵"耳目百体之欲"即人禽所"同"的性论，是否即孟子论性？——尽管孟、告之辨"生之谓性"，孟子曾以人性之"异"于犬牛者为强调，又言无仁义礼智"四端"者，"非人也"⑩。则是孟子确有标举"德性"作为"人/非人（禽兽）"之用意；惟戴震学

---

① 戴震：《理九》、《理十四》，《孟子字义疏证》卷上，台湾广文书局 1978 年版，第 5、10 页。
② 《二程遗书》卷 25，上海古籍出版社 1992 年版，第 3 页。
③ 戴震：《理五》，《孟子字义疏证》卷上，台湾广文书局 1978 年版，第 3 页。
④ 戴震：《理二》，《孟子字义疏证》卷上，台湾广文书局 1978 年版，第 1 页。
⑤ 戴震：《原善》上，台湾世界书局 1974 年版，第 6 页。
⑥ 戴震：《理十》、《理五》，《孟子字义疏证》卷上，台湾广文书局 1978 年版，第 6~7、3 页。
⑦ 戴震：《理五》，《孟子字义疏证》卷上，台湾广文书局 1978 年版，第 3 页。
⑧ 董仲舒：《实性》，《春秋繁露》，台湾"商务印书馆"1976 年版，第 171 页。
⑨ 戴震：《原善》上，台湾世界书局 1974 年版，第 5 页。
⑩ 赵顺孙：《公孙丑上》，《孟子纂疏》，台湾学海出版社 1977 年版，第 395 页。

说补充了人之所以具备德性原因的另一思维，即"人以有礼义异于禽兽，实人之知觉大远乎物"者，戴震认为这才是孟子"性善"说长期未被学界抉发的底蕴。故戴、孟性论范畴是否相同？仁智互见；而戴震虽然在重学工夫论上亲近荀子，但他认同孟子性善说，并欲以"非形上学"体系之道德学和理学争取"释孟学"正统地位，则确然无疑。

四、结　语

继"仁礼兼重"、"仁智兼备"的孔子之后，对儒学理论具有开拓性的，主要有孟子挺立德性的"仁学"体系初步建立，以及荀子发扬智性的"礼学"继承。清儒戴震处在儒学长期孟学正宗氛围下，亦通过"释孟学"之自居更纯粹的孟学诠释者，以建构当代哲学思想；他不满理学性理思想的形上学模式及"存理灭欲"主张，所撰《孟子字义疏证》以一种"发狂打破宋儒家中《太极图》"的姿态，[1] 欲另建"非形上学"而强调道德创造性的思想体系。

惟戴震与偏言气质之性、重视智性而隆礼重学的荀子，亦有若干亲近性，由此遂衍生出戴学究是孟学、或荀学的争议性。实则戴震认同孟子人具超越的道德本心之说，而持论从本质义说的、人固有礼义等"善质"的"性善"论；只是其学说重心不在证立性善，而在论证如何实现善？盖性善与善存在"本质义/历程义"之殊别，戴震认为确保德性实践即"善"能被实现，才是道德学的目标。故戴震的气论思想是以超越的道德本心为基础的"理气一本"；其理论结构迥异乎荀、告之自然人性，并批评"荀子二理义于性之事能，儒者之未闻道也"，"（告子）贵性而外理义，异说之害道者也"。[2] 极显然的，戴震用以导正气质之性的工夫论虽有部分亲近荀子，但具有道德创生义的戴学，绝不能被划归荀学一路。

戴学从经验世界与现实关怀出发，主要针对理学进行反省。他所要破除的理学思想，在本体论上，是理学自形上学角度说的、"理/气"存有层不同之"理气二分"，以及相应于此的，对人性论排除"气质之性"而偏言"义理之性"的性理说；在工夫论上，则是理学主观存养的"存理灭欲"、"复其初"等形而上进路。故戴震先直捣黄龙地对理、气采取"去等级化"的"即气即理"、"理气合一"主张，因此他从气本论出发而强调道德创造性的思想体系，因"神气不二"、"形神不二"之兼有形而上性格，遂成为可能。其人性论，则相应于气化流行而强调自然人性，兼涵"理义"范畴的德性以及"非属理义"范畴的智性、情性等；其工夫论，主张涵养德性须针对德性、智性、情性的天性联系，"以学养智"、"以情絜情"地增进道德判断与道德意愿。戴震正是通过"非形上学"体系的《孟子字义疏证》，想和理学争取"释孟学"正宗。

（作者单位：台湾彰化师范大学国文系所）

──────────

[1]　当戴震馆于朱珪家时，自言其在山西方伯署中时，尝伪病十数日，起而语方伯曰："我非真病，乃发狂打破宋儒家中《太极图》耳！"段玉裁谓其时戴震即在造《绪言》也。（详段玉裁：《经韵楼集·答程易田丈书》，台湾大化出版社 1977 年版，第 55 页。）

[2]　戴震：《原善》中，台湾世界书局 1974 年版，第 12 页。

梁启超的思想转向与其三种修身书

——兼论梁启超的修身思想

□ 彭树欣

梁启超的思想在"五四"时期发生了明显的变化，那就是对传统文化的回归，其中的一个重要标志，就是《欧游心影录》的发表。于是学界一般把"五四"时期当作梁启超思想的一个重要的分水岭。当然，从大的思想定位来说，是不错的。其实，他这种思想的转向，不是一次性突变（即"一战"后欧游的触发）完成的，而是有一个渐变的过程，可以追溯到 20 世纪初，其标志是放弃"新民"思想，转而重视儒家修身之学，并先后编纂、出版了三种修身书，即《德育鉴》、《节本明儒学案》、《曾文正公嘉言钞》。陈来的《梁启超的"私德论"及其儒学特质》和翟奎凤的《梁启超〈德育鉴〉思想研究》已提到梁的思想转向与前两种书的关系，但未展开专门论述。① 故这三种修身书在梁启超思想发展中的价值和意义值得进一步探讨。

一

1898 年 9 月，轰动一时的戊戌变法失败。于是梁启超流亡到了日本，并继续探索救国救民的道路。通过对变法失败的反思，他认为，要有新国家，必须先"新民"，于是在 1902 年创办了《新民丛报》，并连续发表《新民说》系列文章，阐述其新的理论探索。所谓"新民"，意在培养新式现代国民，塑造平民人格。按照梁氏的设想，新民必须兼具中西道德文化素养。所谓"新"有二义："一曰淬厉其所本有而新之，二曰采补其所本无而新之。"② 前者是指发扬光大中国旧有的道德、文化，后者是指吸收、融入西方新的道德、文化。但在实际的思想建构中，《新民说》主要是用西方的道德、法律观念来塑造国

---

① 陈来：《梁启超的"私德论"及其儒学特质》，《清华大学学报》（哲学社会科学版）2013 年第 1 期，第 52~71 页；翟奎凤：《梁启超〈德育鉴〉思想研究》，《社会科学战线》2011 年第 10 期，第 25~29 页。

② 梁启超：《新民说》，《饮冰室合集·专集之四》，中华书局 1989 年版，第 5 页。

民，并希望全体国民以此自新。然而，到了《新民说》写作的后期，梁启超认识到了"新民"本身的艰难。这一认识的产生，当然有他平时对现实的观察和思考方面的因素，而其"新大陆之游"，则是一个重要的触媒。

1903 年正月，梁启超应美洲保皇会的邀请，开始游历美洲。美洲新大陆之游为梁氏打开了一个新鲜而广阔的西方世界。他既目睹了它的文明和繁荣，也洞察到了它存在的种种问题和弊端。这使他对原先理想中的西方世界不得不重新审视。其中在旧金山华人区的考察，对他触动尤为激烈。如旧金山华人区会馆之多，令其吃惊；各会馆的运作也仿照西人党会之例，似乎非常文明和缜密。然而他发现，华人只学到了文明的形式，其本质依旧未改变，华人区仍是旧时的中国社会。旧金山之行，使梁氏亲身体会到了国民改造之不易，使他不得不重新思考"新民"问题。因此旅行结束后，他写了一篇《论私德》。这是《新民说》后期的一篇重要文章，作者意欲修补其前期过于西化的主张。该文的出现，标志着梁启超"新民"思想乃至整个德育思想的转变。

《论私德》认为，道德的革新，不是仅接受西方的道德学说就可以成功的。即使读尽西方哲人之书，只能说有"新道德学"，而不能说有"新道德"。道德是行，而非言。因此，梁启超转而求助于中国传统的道德学说，即儒家修身之学。此时他实际上回到了儒家"修齐治平"的思路，即以修身为本，然后推己及人乃至家国天下。其德育思路可以说是发生了根本性的转变：由重国民的改造转为重士人的培养。因他看到改造普通民众不是一朝一夕所能成功的，而且尤为艰难，于是将目光转向了社会精英（士人），认为应先塑造精英，再影响民众。然而吊诡的是，梁启超的"新民"思想在"五四"启蒙思潮和 20 世纪三四十年代的大众化运动中，得到了继承和发展，而他极力弘扬的士人修身传统——中国德育的优秀传统却反而逐渐丢失了。一个国家道德的培养和改造，虽有多个方向，但主要还是自上而下的，这是中国古代德育的一个传统。因此梁启超的这一思路，对当代中国的道德建设仍具有一定的参考价值。

写于 1903 年的《论私德》，是梁启超的德育思想由"新民说"回归儒家修身之学的前奏。之后，他于 1905 年又编纂了《德育鉴》和《节本明儒学案》。而 1916 年编纂的《曾文正公嘉言钞》则是这一思路的延续。此三书对古代儒家修身之学加以专门整理，从而推动了儒家修身之学在现代的发展。这在中国近现代学术史上可说是一个创举。其实《新民说》的出现，只是梁启超在 20 世纪初向西方寻找国民改造资源的一次尝试，虽反响较大且风行，实则在其思想发展中不过是一个小小的插曲而已。梁启超德育思想的根基主要还在中国传统的修身之学中，而这被我们长期忽视了。

二

梁启超在 20 世纪初思想的转变，还有一个潜在的思想背景，那就是其家庭和本人一直奉行着儒家修身之学。其实，正是梁启超日益浸染其中，其生命才得以涵养，人格才得以陶铸。这种个人的生命行为、道德行为，乃其生命骨子里的东西，在某种程度上来说，对其思想的形成、演变才是最为根本性的。所以梁氏的德育思想，虽经过了具有探索性的、新潮式的"新民说"阶段，但为时短暂，最终还是回归于传统儒家修身之学。

梁启超的故乡广东新会偏居一隅，历史上一贯文化落后，但在明代出了一位心学大家陈白沙。陈氏心学，开有明一代学术之端绪；其学以修身为主，偏重内圣，注重人格涵养。一代大家在这一民风彪悍之地向导士风，化民成俗，功显当时，且泽及后世。故直至清后期，新会人仍延续着陈白沙的思想脉络，乾嘉考据时风熏染不到。梁启超的祖父、父母乃至自己无疑受到了这一传统潜移默化的影响。

梁启超的祖父梁维清是一名秀才，秉承白沙心学传统，在日用酬酢间践行儒学，砥砺人格。他以宋明义理、名节教导后辈，日与后辈言古豪杰哲人嘉言懿行，而尤喜举亡宋、亡明国难之事津津乐道之。父亲梁宝瑛是一位乡绅，也持守着儒家内圣外王之道，甚至形成了自己的人生哲学："先君子常以为所贵乎学者，淑身与济物而已。淑身之道，在严其格以自绳；济物之道，在随所遇以为施。"① 母亲赵夫人，知书达理，相夫教子，谨守家风，以贤孝闻名乡里。祖父、父母的善言善行、精神人格如时雨之化，渐渐滋养着梁启超早年的德性生命，并培植了其修身之学的根基。

梁启超真正关注修身之学是在万木草堂受教康有为时期。康氏的修身之学主要禀自其师朱九江；朱氏之教，德性和学问并重，授学者以"四行五学"。其中，"四行"即是德性之学，包括敦行孝弟、崇尚名节、变化气质、检摄威仪。此外，康有为隐居南海县西樵山达四年之久，独力为学，以陆王心学和佛学自修自证。康氏教学重德育，居其教学内容十之七，尤喜以孔学、佛学和陆王心学教学者。受此影响，梁启超开始着力读修身之类的书，如《明儒学案》就是常读的。

梁启超对儒家修身之学有一个认识、感悟、体证的过程。他在很小的时候，就接触到了《曾文正公家训》，受到了一定的刺激。稍大一点，读全祖望写的黄宗羲、顾炎武两篇墓志铭，则受了较大的刺激。古代儒家哲人的修身智慧如电光石火，初在梁启超幼小的心灵中闪耀。梁启超真正开始在修身上着意用功，是1900年因读《曾文正公家书》而发的，当时感觉是"猛然自省"。这在梁启超的人生修养中，应是一个标志性的事件，他开始深刻反省自己，觉得"养心立身之道断断不可不讲"。② 此年，梁启超设日记自修，以曾文正之法，凡身过、口过、意过皆记之，而每日记意过者，乃至十分之上。在清宣统与民国期间，他仍以曾国藩的修养方法进行自我修养。通过自己的探索，并借鉴古代儒者的修身经验，他最终形成了自己常用的修身法门：一曰克己，二曰诚意，三曰主敬，四曰习劳，五曰有恒。

尽管梁启超常研究西学、史学等知识性学问，但从未丢弃过这种生命的学问——修身之学，甚至1897年在湖南时务学堂任教时，修身之学成为其教学的重要内容之一。如他撰写的《湖南时务学堂学约》共10节，其中立志、养心、治身、乐群4节与修身相关。因此，当20世纪初他意识到"新民说"难以在现实中真正实行时，其德育思想自然而然转向了自己深有体会、深受其益且轻车熟路的儒家修身之学上来。

三

中国古代修身之学构成了中国传统文化的内核，构筑了中国传统社会的根基。这正是

---

① 梁启超：《哀启》，《饮冰室合集·专集之三十三》，中华书局1989年版，第127页。

② 丁文江、赵丰田：《梁任公先生年谱长编（初稿）》，中华书局2010年版，第111~112页。

中华文化之所以能够代代相传的根本原因之所在。因此梁启超 20 世纪初思想的转向，乃是对中国传统文化的根本性回归。因此，《德育鉴》、《节本明儒学案》和《曾文正公嘉言钞》虽是"述而不作"，但其价值不可低估。其实，梁氏将其修身思想寓于此三书的编纂之中。其编纂的兴趣和目的已不再如《新民说》着眼于"道德学"的体系化建构，而在于指导学者如何修行，即重修养工夫的梳理。但这并不意味其本身毫无理论性，只是其根本性主张乃是所谓理论即在实践工夫中。

首先我们来看《德育鉴》，梁启超首先从古代儒家大量的修身言论中，理出了总体的道德修养的步骤和方法，包括：一曰辨术，二曰立志，三曰知本，四曰存养，五曰省克，六曰应用。然后将先秦、两宋、明清儒家（尤其是陆王心学家）的修身言论分类摘录其下，并加按语以引申、指点。这其中的每一个内容，几乎都是直接面对修养工夫本身，而不是绕出去讲许多空洞的理论。如辨术，是讲辨别个人行为的动机。这是儒家修身的第一步。儒家修身是为了完善自我，这个过程是一个不断去掉"私心"、"私我"，回归"本心"、"本我"的过程。在儒家看来，这个"本心"、"本我"就是道德主体，在本质上是为民众服务、为社会尽义务的。所谓辨术，就是人己、公私、义利、诚伪之辨，即辨别行为的动机是自私自利，还是利人利他，目的是去私而为公，消除"小我"而成就"大我"，最后达到人我一体、天人合一的完满状态。这些摘录的修身之言以及梁氏的按语，先论辨术的重要性，然后再讲具体的下手工夫和对治方法。《德育鉴》可说是既有修证的步骤和方法，又有许多工夫指点语（即按语）。此书看似以摘录古代修身言论为主，但绝不是一个大杂烩，让人无所适从，而是能让人据此去实际用功。《德育鉴》不像后来的一些概论性哲学或伦理学著作，以所谓的西式理论，过滤掉了古人原创性的智慧，而是既有自己理性概括，又保存了古人的原创性，且具有很强的现实向度和实践向度。

《节本明儒学案》和《曾文正公嘉言钞》则是对《德育鉴》内容上的丰富，可以当作后者的补充读本。两者在编纂上的特点是重具体的工夫之语的摘录。《节本明儒学案》的内容仅为原本《明儒学案》的四分之一，其与原本的最大区别在于：后者主要是一部学术史著作（修身之言散布其中），而前者则完全是一本修身指导书。如何将一部学术史著作改造成一本修身指导书，梁启超作了一番精心取舍的工作。此种取舍，体现了梁氏的良苦用心，即处处彰显节本在修身指导上的价值取向。如其中一条取舍原则，是舍科学之语而取道学之言。在梁启超看来，科学和道学有明确的分界："道学者，受用之学也，自得而无待于外者也，通古今中外而无二者也；科学者，应用之学也，藉论辨积累而始成者也，随社会文明而进化者也。"① 梁氏认为科学有二，一是物的科学，一是心的科学；而心的科学又包括哲学、伦理学、心理学等，他特别指出这些皆属科学而不属道学的范围。他又认为近世智育日进，而德育日弊，其主要原因是人们崇拜科学而蔑视道学，甚至误认科学为道学。节本的编纂，正是为有利于德育，而不是为增进智育。因此，对于原书大部分内容如关于理气、性命、太极、心体等内容，因属"心的科学"的范围，一概不抄，而专抄"治心治身之要"②。此外，该书还加有梁氏指点工夫的一些眉批，进一步丰富了其实践性。

① 梁启超：《节本明儒学案》，商务印书馆 1916 年版。
② 梁启超：《节本明儒学案》，商务印书馆 1916 年版。

《曾文正公嘉言钞》的编纂，则出于梁启超对曾国藩为人上的师法。在梁氏看来，曾国藩是中国乃至世界的不世出之大人物，但他"非有超群绝伦之天才"，而于同代诸贤中"最称钝拙"，且"终身在拂逆之中"。曾氏之所以取得立德、立功、立言三不朽的成就，关键在于他修身有成："其一生得力，在立志自拔于流俗。而困而知，而勉而行，历百千艰阻而不挫屈，不求近效，铢积寸累。受之以虚，将之以勤，植之以刚，贞之以恒，帅之以诚，勇猛精进，艰苦卓绝。如斯而已，如斯而已。"① 因此梁氏认为，曾国藩的修身之学是人人都可学的，可以做每个人的人生楷模。因此，他从《曾文正全集》中，将有关修身工夫的精要之言摘抄出来，成此修身格言集之书。其摘录原则无他，只在于"自便省览"，"但求实用"②，即指导人们切实修养用功。

这三种书是梁启超对古代儒家修身之学在现代的第一次总结和融合：《德育鉴》可视作为中国现代第一部儒家修身概要之作，《节本明儒学案》可算是一部断代的修身言论集，《曾文正公嘉言钞》则是一部儒家个人的修身言论集。梁启超可说是现代整理、弘扬儒家修身之学的第一人。

四

既然是指导人们修身，则必然涉及如何读这类修身之书的问题。读书法与修身也有密切的关系。其实，将读书法当作修身的内容，早在朱熹就已开始了。《朱子语类》中有专门讲读书法者，其大部分内容与修身相关，如主张读书要居敬持志、虚心涵泳、切己体察等，皆关乎修身涵养。因此，梁启超关于修身书如何读的内容，也是其修身之学的题中之意。《德育鉴》中的按语、《节本明儒学案》中的眉批，不少内容本身就有导读的性质。此外，书中也偶尔有指点读法的，如《德育鉴》云："本编不可以作教科书，其体裁异也。惟有志之士，欲从事修养以成伟大人格者，日置座右，可以当一良友。"③ 就是说，读古人之书，如其人在旁，将他视为一良友，日日得其督促并付之践履。再如《曾文正公嘉言钞》云："则兹编也，真全国人之布帛菽粟，而斯须不可去身者也。"④ 就是说，要把此书当作日用之物，时时记于心、践于行。

到了20世纪20年代初，梁启超持续关注此类修身之书，并进一步丰富了其读法，且提出了新的研究方法。可说是他对修身之学的进一步发展。

在那个时代，面对社会的严峻和险恶，梁启超进一步认识到修身之学的价值。他说："据我个人的实感，则现代一般青年所应该特别注意者如下：第一，我们生在这种混浊社会中，外界的诱惑和压迫如此其厉害，怎么样才能保持我的人格，不与流俗同化？第二，人生总不免有忧患痛苦的时候，这种境遇轮到头上，怎么样才能得精神上的安慰，不致颓丧？第三，我们要做成一种事业或学问，中间一定经过许多曲折困难，怎么样才能令神志

① 梁启超：《曾文正公嘉言钞》，商务印书馆1916年版。
② 梁启超：《曾文正公嘉言钞》，商务印书馆1916年版。
③ 梁启超：《德育鉴》，《饮冰室合集·专集之二十六》，中华书局1989年版。
④ 梁启超：《曾文正公嘉言钞》，商务印书馆1916年版。

清明精力继续？这三项我认为修养最要关头，必须通过做个人才竖得起。"① 那么，如何进行修养呢？梁启超认为：除了靠实践上遇事磨练外，平日需有一点预备功夫，否则事到临头，哪里能应用得起？平日功夫不外两种：一是良师益友的提撕督责，二是前言往行的鞭辟浸淫。良师益友，可遇不可求；而前言往行，存在书册，俯拾皆是，这主要是修身之类的书。

那么，这类书应如何读呢？梁启超在《读书法讲义》中提出守约和博涉两种读法，以守约为主，博涉为辅。所谓守约法，是所谓"任凭弱水三千，我只取一瓢饮"，关键要饮得透，具体做法是：看见一段话，觉得犁然有当于心，或切中自己的毛病，便将其在心中、口中念到极熟，体验到极真切，务使其在"下意识"中浓熏深印，那么，临起事来，不假勉强，自然会应用。应用过几回，所印所熏，越加浓深牢固，便成为一种人格力。这也是朱熹主张的读书法：熟读深思，反复沉潜，虚心涵泳，久之自然有得。所谓博涉法，是认定几件大节目作修养中坚，凡与这些节目引申发明的话，多记一句，加深印象。最好是备一个随身小册子，将自己欣赏的话抄出，常常浏览，以便熟记。

总体而言，梁启超有关读书法诸说，属于生命性读书的范围。所谓生命性读书，是指读书乃为滋润自己的生命、提升自身的人格境界而读。这种读书，是在与经典的心灵交流中，去体味自己真实的存在，去洗涤自己心灵上的污垢，去开启自己愚钝的心智，从而使身心愉悦、精神境界得以提升。② 此种读书，目的既非为功利，也非为求知，乃在自我的转化、精神的修炼。所以读书本身即是身心修养。

此外，对于修身之学，梁启超提出了不同与知识性学问的研究方法。他说："一、文献的学问，应该用客观的科学方法去研究。二、德性的学问，应该用内省的和躬行的方法去研究。"③ 所谓文献的学问，这里是指广义的史学，属于知识性学问；所谓德性的学问，即是修身之学。因此，梁启超对于胡适用知识论研究中国哲学是持反对态度的，他认为胡适讲宇宙论和人生观"有些格格不入"，"什有九很浅薄或谬误"④。因为这些内容乃属修身之学，用西方知识论式的科学方法是讲不好的。在梁氏看来，中国古代哲学大部分是修身之学（或曰德性的学问、生命的学问），应该要用体验、躬行的方法去研究。这在方法论上，和胡适是针锋相对的。后来中国哲学史研究的主流是朝着胡适的方向去发展的；而梁启超提出的研究理路本是中国古代哲学发展的主流方向，之后的马一浮、熊十力、梁漱溟对这一理路也有相当的自觉，如马一浮的《复性书院讲演录》以"六艺一心"的思路讲国学，虽然其总体构架是西式的，但骨子里乃是体验躬行的研究路向。只是这一理路没有发展出一套研究范式出来，故对中国哲学史研究影响甚微。在中国哲学史研究面临种种

---

① 梁启超：《读书法讲义》，《饮冰室合集》集外文（下），北京大学出版社 2005 年版，第 1357 页。

② 按：拙见以为，就读书目的而言，大抵有三种读书法，除生命性读书外，还有功利性读书和知识性读书。所谓功利性读书，是指为得到实际的功利而读，如为了考试、升学或仅仅为写论文、报课题而读。所谓知识性读书，是指为纯粹的求知而读，是科学研究的基础，目的在获取知识或信息。

③ 梁启超：《治国学的两条大路》，《饮冰室合集·文集之三十九》，中华书局 1989 年版，第 110 页。

④ 梁启超：《评胡适之〈中国哲学史大纲〉》，《饮冰室合集·文集之三十八》，中华书局 1989 年版，第 60 页。

问题的今天，梁氏提出的理路是值得重新检讨的。

我们认为，对于修身之学，如果不去反躬体认、修持涵养，即使建立了一套中国哲学或儒家哲学的体系，也无关乎身心修养，无关乎德性生命、精神生命，所谓传统文化的复兴或儒学的复兴，也只能是"纸上谈兵"，走不出学院，无法深入人心，深入社会。因此，在世风日下、人心不古的今天，于道德建设而言，梁启超的这三种书及其修身思想仍是极富价值、且值得重新关注的。

（作者单位：江西财经大学人文学院）

"我注六经"与"六经注我"*

——伽达默尔视野中的经典诠释

□ 魏 琴

"我注六经"和"六经注我"是中国哲学中两个重要的哲学命题，也是现代中国哲学学科体系之中的两个重要学术概念，人们通常将其理解为我们在进行经典诠释之时对待文本的两种不同方法和态度，而缺乏从本体论的层面对两者的地位和相互关系进行深层的反思。在本篇文章中，笔者从伽达默尔的哲学诠释学视域出发，将"我注六经"和"六经注我"视为我们在理解和诠释文本之时会同时出现的两个现象，对两者在理解和诠释当中的不同维度给予揭示。笔者认为，"我注六经"和"六经注我"不仅仅是我们在理解和诠释文本之时所持的主观态度，而是我们的理解和诠释行为本身的内在结构，两者同时存在，不存在非此即彼的选择。

一、对"我注六经"和"六经注我"的历史考察

"我注六经"和"六经注我"这两个命题源于心学大师陆象山，是对旁人"何不著书"之问的回答：

> 理宗绍定三年（1230 年）己丑，夏四月，江东提刑赵彦悈重修象山精舍。云："道在笃行，不在空言，道在反求，不在外务。彦悈壮岁从慈湖游，慈湖实师象山陆先生。尝闻或谓陆先生云：'六经当注我，我何注六经。'"①

由此可见，陆象山并没有从如何解经的意义上谈论"我注六经"和"六经注我"，根本不涉及任何具体的经典诠释方法问题，而是在求道入圣的心学层面上思考注释经典有没有必要。② 如香港中文大学的刘笑敢先生所言，现代学人将"我注六经"和"六经注我"理解为经典学习和诠释的两种不同态度和方法，这实在是一种"活用"和"误用"，而更

---

* 本项研究受到国家留学基金的资助，特此致谢。

① 陆九渊：《陆九渊集》，中华书局 2008 年版，第 522 页。

② 参见朱人求：《正确理解"六经注我，我注六经"》，郑晓江等主编：《六经注我——象山学术及江右思想家研究》，社会科学文献出版社 2006 年版，第 283~286 页。

能代表两种注释和诠释方法的应该是"庄子注郭象"和"郭象注庄子"的这一说法。①在思想和学术历史的嬗变中,"我注六经"和"六经注我"早已脱离了陆象山原初的心学语境,有了更为宽泛的含义和使用。但正是陆象山在其心学视域中,第一次将"六经注我"作为一个独立的命题提出来,陆象山在此对圣人之书虽没有完全否定,但认为每个人开显自己生而有之的天心仁体才是人生中最为重要的事情。"因而在读书上,陆九渊便反对一味讲学读书,说'六经皆我注脚',强调'尽信书不如无书'。并且,陆九渊对自己的这一读书理论是颇为自得的,他自命为这是得了曾子的不传之学。"②

冯友兰晚年也曾谈论过"我注六经"和"六经注我"之间的关系:"自己明白了那些客观的道理,自己有了意,把前人的意作为参考,这就是'我注六经'。不明白那些客观的道理,甚而至于没有得古人所有的意,而只是在语言文字上推敲,那就是'我注六经'。只有达到'六经注我'的程度,才能真正地'我注六经'。"③ 冯友兰显然也不是在经典注释方法这一层面上使用"我注六经"和"六经注我"的,而是将"我注六经"理解为阅读的初级阶段,即语言文字的推敲阶段,而将"六经注我"理解为已经把前人的思想与自己融会贯通这一更高的境界。冯友兰先生还特别强调,只有达到"六经注我"的程度才能真正地做到"我注六经",不仅对"六经注我"在价值层面上给予了更高的地位,而且已经自觉到"我注六经"与"六经注我"实际上并不是截然分开的,而是处于一种内在的相互关联之中。

刘笑敢先生在《诠释与定向——中国哲学研究方法之探究》一书中,将"我注六经"和"六经注我"作为中国哲学研究当中两种不同的定向提了出来,认为"我注六经"是一种历史的、文本的取向,而"六经注我"是一种现实的、自我表达的取向,前者更适合严肃的文本诠释和学术研究,而后者更适合思想者创建和表达自己的思想。刘笑敢先生认为这两种定向在古代的注释作品中普遍存在,现代学人在做学问的时候应该提高对两种不同定向的自觉意识,因为不同定向有不同的工作内容和评价标准,甚至还有一些极为对立的因素,所以不能将两者混淆起来。④ 刘笑敢先生将"我注六经"和"六经注我"作为重要的学术概念提了出来,强调"两种定向"之间的区分,体现了现代学人在进行中国哲学研究之时一种方法论的自觉。

中国有着久远的解经传统和浓厚的经典意识,但中国却始终没有发展出一门真正意义上的哲学诠释学,也没有从本体论的层面对理解和诠释行为进行过反思。笔者认为,"我注六经"和"六经注我"的关系问题体现的是读者与文本之间的关系这一根本性的问题,因此不应该将其局限于中国的解经传统之中来理解。伽达默尔的哲学诠释学并不是一门关于如何进行文本诠释的"技艺之学",而是从哲学的层面上分析理解和诠释行为究竟如何发生,不是从价值上定位哪个维度更重要,而是要从现象学角度描述和反思我们的理解和诠释行为的内在结构。因此,将"我注六经"和"六经注我"这两个重要的学术命题置

---

① 参见刘笑敢:《诠释与定向——中国哲学研究方法之探究》,商务印书馆 2009 年版,第 68 页。

② 刑舒绪:《陆九渊研究》,人民出版社 2008 年版,第 53 页。

③ 冯友兰:《我的读书经验》,肖东发、杨承运编:《北大学者谈读书》,北京图书馆出版社 2005 年版,第 45 页。

④ 参见刘笑敢:《诠释与定向——中国哲学研究方法之探究》,商务印书馆 2009 年版。

于伽达默尔的哲学诠释学视域中予以考察，不仅十分契合，而且很有必要，契合是因为伽达默尔的诠释学明确地处理过类似的问题，而必要是因为我们需要突破传统和方法的局限，对其进行本体论层面的反思。

二、哲学诠释学视域当中的"我注六经"

如上文所言，在历史的流变中"我注六经"和"六经注我"的涵义早已脱离了陆象山原初的心学语境①，有了更为宽泛的使用②，早已不再局限于是我们在进行经典诠释时所持的两种不同态度，而是更为宽泛地关涉我们如何处理与经典之关系这一根本问题。本篇文章对"我注六经"和"六经注我"这两个术语的应用正是在其宽泛的意义上使用的。笔者认为，无论是"我注六经"还是"六经注我"所蕴含的都是我们与文本的关系究竟如何这一核心问题，而且这里的文本还不是一般意义上的文本，而通常指的都是经典文本。具体来说，在伽达默尔的哲学诠释学视域中，"我注六经"和"六经注我"可以理解为我们面对文本之时所必然会出现的两个不同维度。

首先，有必要对伽达默尔的"文本"概念进行说明。伽达默尔的诠释学之所以不同于施莱尔马赫和狄尔泰的方法论意义的诠释学，极为关键的一个原因是伽达默尔对"文本"③ 概念本身有着极为不同的理解。从内容上看，伽达默尔的"文本"指的不仅仅是文字书写的文本，而且还包括艺术作品、音乐作品等历史流传物。从存在方式上，伽达默尔不是将其把握为一个语言学意义上的完成之物，而是强调其对读者的开放性和意义生成的未完成性。伽达默尔强调，文本的意义并没有在作者的原意中得到终结，而是永远对读者开放着。在阅读和诠释文本的时候，我们所把握到的意义不仅仅包含文本自身的意义，而是已经含有了阅读者本人的视域和诠释。伽达默尔更为强调的是文本意义的开放性，对历史主义者和方法论诠释学只求把握文本原意的倾向持批判态度的。伽达默尔认为，哲学诠释学意义上的"文本"并不是一个自身封闭的意义系统，而是对读者无限开放的意义生成场域。"不过，这一点具有根本的重要性。文本的意义超越它的作者，这并不是暂时的，而是永远如此的。因此，理解就不只是一种复制的行为，而始终是一种创造性的行为。"④ 从这一意义上说，在伽达默尔的哲学诠释学视域中，严格的方法论意义上的"我注六经"实际上是不可能存在的，因此伽达默尔无数次强调自己的哲学诠释学并无意成为一门关于诠释的"技艺学"，其目的并不是去追求如何更好地把握文本的原意，而是为文本意义的进一步生成开放空间。在伽达默尔这里，"我注六经"不是一个方法论上的技术问题，而是理解和诠释行为本身的内在结构。

如上所述，伽达默尔关注的焦点是文本的意义生成，对如何把握文本的"原意"兴

---

① 参见朱人求：《正确理解"六经注我，我注六经"》，郑晓江等主编：《六经注我——象山学术及江右思想家研究》，社会科学文献出版社 2006 年版，第 283~286 页。

② 参考刘笑敢：《诠释与定向——中国哲学研究方法之探究》，商务印书馆 2009 年版，第 60~79 页。

③ "文本"的德文词为 Text，英文词为 text。

④ 伽达默尔：《真理与方法》（I），洪汉鼎译，商务印书馆 2009 年版，第 419~420 页。

趣不大。那这是否意味着文本没有自己的 "原意" 呢? 这样是否会导致一种相对主义的诠释后果呢? 刘笑敢先生曾经有如此担忧: "这种强调理解创造性, 强调与作者不同的理解, 反对追求更好的理解, 的确可以引向仅以 '不同' 为标准的倾向, 差异性成了最高或最后的价值标准, 从而否定了较好的、较准确的理解的必然性与可能性。这可能导致学术研究中仅以标新立异为宗旨而不讲证据和逻辑的有害倾向, 尽管这不是伽达默尔的 '本义'"①。即使是在西方, 伽达默尔的这种文本思想也不乏批评者, 比如方法论诠释学的代表人物贝蒂, 以及接受美学的代表人物赫斯等。针对这种疑难, 伽达默尔本人在多处场合为自己辩护, 认为自己虽然强调对文本解读的开放性和多样性, 但并不主张对文本解读的任意性。事实上, 在其代表著作《真理与方法》中, 伽达默尔就反复强调文本的 "他者性", 即要将文本作为一个需要尊重的他者来对待, 而不应该用自己的前理解去同化文本。这里存在某种微妙的东西, 一方面伽达默尔并没有像历史主义者那样为了达到对文本意义的客观理解而取消阅读者本人的前理解和视域, 但又反对阅读者完全用自己的前理解和视域去同化文本的意义。"谁想理解, 谁就从一开始便不能因为想尽可能彻底地和顽固地不听文本的见解而囿于他自己的偶然的前见解中——直到文本的见解成为可听见的并且取消了错误的理解为止。谁想理解一个文本, 谁就准备让文本告诉他什么。因此, 一个受过诠释学训练的意识从一开始就必须对文本的另一种存在有敏感。但是, 这样一种敏感既不假定事物的 '中立性', 又不假定自我消解, 而是包含对我们自己的前见解和前见的有意识同化。我们必须认识我们自己的先入之见 (Voreingenommenheit), 使得文本可以表现自身在其另一种存在中, 并因而有可能去肯定它实际的真理以反对我们自己的前见解。"② 由此可见, 伽达默尔非常重视 "我注六经" 这个维度, 反对对文本进行任意性的解释, 在理解文本之时我们虽然不可能真正地消除理解者本人的前见, 但是理解者必须倾听文本所发出的声音以检验自己的前见是否合理, 因此理解者对文本的理解虽然不是以把握文本的原意为归属, 但是理解者在理解的过程中必须尊重文本本身, 否则根本就谈不上 "视域融合", 只可能是 "同化"。

在伽达默尔的诠释学视域中, 他不太关注理解和诠释的具体方法和技艺问题, 因此方法论层面上的 "我注六经" 在他那里谈得不多③, 但是它作为理解现象的一个根本性维度, 是我们在进行文本理解和诠释之时一个必须承认的本体论前提, 如果没有这一前提, 根本就谈不上所谓的 "融合", 因为没有一个与阅读者自身不同的文本视域在那里, 那么就只存在阅读者自己的独白, 根本就不可能发生真正的融合。因此, 伽达默尔的哲学解释学虽说有可能导致相对主义和主观主义的后果, 但伽达默尔本人的初衷却不是如此。在这一点上, 国内伽达默尔诠释学研究专家洪汉鼎先生也曾作过相关的澄清: "因此, 就文本理解来说, 我们决不能像实用主义、解构论和后现代那样否定文本的事情本身的存在, 文本尽管可以在不同时代作不同的理解, 但它仍是同一个文本。"④

———————————————

① 刘笑敢:《诠释与定向——中国哲学研究方法之探究》, 商务印书馆 2009 年版, 第 16 页。
② 伽达默尔:《真理与方法》(I), 洪汉鼎译, 商务印书馆 2009 年版, 第 382 页。
③ 包括解释学循环方法, 概念史梳理方法等。
④ 洪汉鼎:《文本, 经典与诠释——中西方经典诠释比较》,《深圳大学学报》(人文社会科学版) 2015 年第 2 期, 第 21 页。

伽达默尔哲学学意义上的"我注六经"指的是对文本本身的尊重，这种将文本作为一个"他者"来倾听和学习的态度不仅体现在对经典文本的解读和诠释当中，而且应该推及一切阅读和理解行为当中，即使是那种旨在创建自己思想和学术体系的"六经注我"也应该首先是建立在对原有文本的尊重和吸收之上，如果没有这一学习和吸收过程，只是单纯地以别人的文本来论证自己的观点，那显然有"贩卖私货"的嫌疑，这根本不是伽达默尔意义上的"意义生成"，而只是这个人思想的独白。伽达默尔对"文本"本身的理解不同于前人，强调文本意义的开放性和生成性，但是这并不意味着阅读者可以任意地解释文本，文本本身的视域应该得到阅读者的尊重，文本意义的进一步生成应该是建立在对文本本身视域的尊重这一基础之上。也就是说，所有的"六经注我"都必须建立在"我注六经"这一工作基础之上，没有"我注六经"对文本的吸收和融合，根本就不会有"六经注我"。这种对经典文本和流传物的尊重不仅对于严肃的学术研究来说非常重要，对于任何想要推陈出新进行思想创建的人来说都应该是十分必要的。

三、伽达默尔哲学诠释学视域中的"六经注我"

相对于"我注六经"这一个维度，"六经注我"这一与之相对的维度在伽达默尔的哲学诠释学中的地位似乎更为凸显。因为在面对文本之时，伽达默尔虽然十分强调尊重文本本身，强调阅读者不能用自己的前理解去"同化"文本，但是归根结底伽达默尔更加看重的是文本视域和阅读者视域的"融合"，而不是单纯对文本视域和原意的追求。伽达默尔认为，文本的意义并没有终结，因此没有必要以追求作者原意为归属，而应该将自己的视域与之融合，推陈出新，使得文本的意义进一步得以生成和扩充。由此可见，虽说伽达默尔的哲学诠释学中并不缺乏"我注六经"这一维度，但却是以"六经注我"这一维度为其最终归属的。

如上文所述，伽达默尔认为文本的意义并没有终结，而是处于一种意义生成的开放性之中。文本的意义之所以能够脱离作者的原意，得以进一步生成，原因正在于读者将自己的前理解带了进来，任何的理解和诠释肯定都带有阅读者和诠释者自己的视域和前理解。文本的作者和读者之间不仅存在个体的差异，而且可能存在巨大的时间距离，读者在理解文本的意义之时必然已经将自己的实际生活体验带了进去，不完全是按照作者的原意来理解文本。正是在这一点上，伽达默尔将自己的哲学诠释学与施莱尔马赫和狄尔泰等前辈的方法论意义的诠释学区分开来，因为方法论诠释学的最终目的是如何更好地把握文本的"原意"，在这个过程中为了达到对文本意义的客观性把握，诠释者必须使用一系列诠释方法和技艺，完全将诠释者自己的前理解和前见搁置起来。但是，在伽达默尔这里，前理解和前见作为理解过程中必然会出现的一个环节，不仅不应该将其消除，而且要将其纳入哲学的层面上进行反思和对待。伽达默尔认为，前理解和前见不仅不是阻碍我们把握文本意义的障碍，而且正是因为阅读者有其自己的前理解和视域，才使得文本的意义可以对阅读者开显出来。伽达默尔常常说，柏拉图和亚里士多德的确伟大，但是他们的伟大也只能通过我们对其阅读和诠释才能够对我们显现出来。相对于方法论诠释学对前理解的消极态度，伽达默尔对阅读者的前理解和视域持一种比较肯定的看法。但是，伽达默尔虽然对前理解和前见的地位在哲学诠释学中给予了肯定，认为它是理解环节中必不可少的一个因素，但这并不意味着前理解一定会带来某种积极的成果，只是强调前理解和前见并不像之前的方法论诠释学所认为的那样一定会妨碍对文本意义的把握。"所以，'前见'（Vorurteil）其实并不意味着一种错误的判断。它的概念包含它可以具有肯定的和否定的价值。"①

与"我注六经"对文本本身的尊重不同，"六经注我"显然更为强调阅读者和诠释者自己的视域和前理解。这里有一点需要反复澄清，伽达默尔意义上的"六经注我"不应该仅仅停留在"每个人对文本都有不同的解释"这一肤浅的层面上，而应该理解为"视域融合"的一个结果。所谓的融合，必然是一个双向的过程，如果只是文本来同化我们，或者说我们去同化文本，那么根本就没有所谓的"视域融合"。文本本身的视域和阅读者自身的视域都应该在本体论上得到同等的尊重，缺乏其中之一都是不可能达到真正意义上的"视域融合"。因此更为具体地说，"六经注我"在这里应该被理解为阅读者在与文本进行对话和吸收之后达到的一种超越自己原本视域的状态。达到视域融合之后，"六经"已经是我与之进行对话和融合之后的"六经"，而"我"也已经在和文本对话之中得到了某种丰富和提升。在这一点上，要强调一下伽达默尔和陆象山之间的差异，陆象山从其心学视域出发，认为"六经"中的内容实质上潜存于人的良知良能之中，因此最为重要的事情是发动本心。但是伽达默尔强调的是人的有限性，认为每个人的视域都有自己的局限性，因此需要与经典打交道，在阅读和吸收经典的过程中让自己受到教化和得到提升。因此，"六经注我"实际上是一个需要我们不断去阅读和诠释各种经典的过程，不断地去克服自身的局限性。

"视域融合"这一表面上看起来十分和谐和圆融的术语，事实上在进行过程之中充满了内在的张力。一方是有着时间间距的文本的视域，另一方是当下性的阅读者的视域，两者想要对话乃至达到视域融合，里面必然存在一定的紧张关系。伽达默尔对此也有明确的论述："与历史意识一起进行的每一种与传承物的照面，本身都经验着文本与现在之间的紧张关系。诠释学的任务就不在于以一种朴素的同化去掩盖这种紧张关系，而是有意识地去暴露这种紧张关系。正是由于这种理由，诠释学的活动就是筹划一种不同于现在视域的历史视域。历史意识是意识到它自己的他在性，并因此把传统的视域与自己的视域区别开来。但另一方面，正如我们试图表明的，历史意识本身只是类似于某种对某个持续发生作用的传统进行叠加的过程，因此它把彼此相区别的东西同时又结合起来，以便在它如此取得的历史视域的统一体中与自己本身再度相统一。"② 因此，我们究竟能够达到何种程度上的"视域融合"，这是一个十分具体的问题。尤其是当我们进行经典阅读和诠释的时候，我们常常会发现，进入一个几千年前的文本视域绝对不是一件容易的事情，我们一定要求助于一些具体的诠释方法才能够做得到，比如考据学的方法、文字学的方法、音韵学的方法等，因此虽说伽达默尔反复强调自己的诠释学不是方法论意义上的诠释学，但是只要落实到具体的诠释工作当中必然会求助于一些确定的诠释学方法。国内很多学者对此也有相应的反思，彭启福先生曾经撰文讨论过这一点，认为由于伽达默尔更多的是在本体论的层面上谈论"视域融合"，因此在方法论上存在某种天然的缺陷，并提出"视域融合

---

① 伽达默尔：《真理与方法》（I），洪汉鼎译，商务印书馆 2009 年版，第 384 页。

② 伽达默尔：《真理与方法》（I），洪汉鼎译，商务印书馆 2009 年版，第 433~434 页。

度"这一命题对其进行方法论的补正。① 由此可见，要达到所谓的"六经注我"这一高度，绝对不是一件轻而易举的事情，里面肯定有着细密的"我注六经"工作需要去做。

伽达默尔的哲学诠释学理论虽然存在某些内在的张力，但是正是伽达默尔第一次从本体论的高度将阅读者和诠释者自身的视域和前理解进行了澄清，这种澄清对我们更好地认识"理解"以及诠释这一普遍现象有着重要的意义。在与传统的流传物和经典文本打交道的过程中，其实始终都有我们自己的前理解和视域在其中发挥作用，我们对此应该达到自觉的认识。受过哲学诠释学熏陶的人应该对自己的前理解更为自觉，在与文本进行对话的过程中要对自己的前见进行检验，消除不合理前见。在诠释文本的时候，诠释者应该更加克制，防止自己的前理解对文本进行同化，而应该始终都将文本作为一个他者来尊重。但是，对于读者自身所带有的前理解，应该始终都要给予肯定，任何想要彻底消除前理解的客观主义倾向都是一种幻想。其实，前理解在理解和诠释过程之中的作用和角色，也就是作为个体的诠释者本人在理解和诠释之中的角色。

总之，在伽达默尔的哲学诠释学中，"六经注我"是理解和诠释当中必然会出现的一种现象。对这一现象，我们不应该对其进行贬低和否定，而应该看到其存在的必然性和合理性。如果在进行经典阅读和诠释的过程中只强调"我注六经"这个维度，只强调对文本的尊重和文本原意的把握，那么必然会阻碍文本意义的继续生成。"我注六经"虽然是一个我们必须时刻坚持的维度，但同时对"六经注我"这一维度也应该高度地自觉和重视。因为我们阅读经典最终还是为了能够拓展和提升每个人的生命，将传统的意义融入当下的实际生活体验当中，而不是固执地维护某种过去的传统。

四、小结：中西比较视域中的"我注六经"和"六经注我"

在伽达默尔的哲学诠释学视域中，"我注六经"和"六经注我"是我们在理解和诠释文本之时同时具有的两个不同维度，两者同时并存，不是一种非此即彼的对立关系。如冯友兰先生所言，要想真正地做到"我注六经"其实需要我们达到"六经注我"的层面，仅仅从字面和语法入手而缺乏内在体验和生命体悟是做不到这一点的。而要想达到"六经注我"这种状态，首先我们得理解和吸收经典中的东西。两者相互促进，互为前提。

中国有着两千多年的解经历史和解经传统，经典诠释在历代思想家的工作中都占据着极为重要的位置。比如"述而不作"的大思想家孔子，在教授学生之时，并没有像西方的思想家那样开宗明义地创建自己独立的学术思想体系，而只是对《诗》、《书》、《礼》、《乐》等经典进行诠释。历代学人即使有自己独特的思想洞见，也往往携裹在对经典的注释当中，比如郭象注释的《庄子》和朱熹的《四书章句》，"我注六经"这一解经传统始终占据着核心地位。所以当心学大师陆象山说出"六经皆我注脚"之时，世人皆有语出惊人之感。但是，如果我们从哲学诠释学的视域出发，将"我注六经"和"六经注我"视为我们和文本打交道时的两个本体论维度，那么我们可以反观到，即使在古代的经典诠释传统之中，"我注六经"和"六经注我"都是古人在注释经典之时必然会出现的两个维

---

① 参见彭启福：《视域融合度——伽达默尔的"视域融合论"批判》，潘德荣、付长珍主编：《对话与批判——伽达默尔诠释学思想研究》，安徽人民出版社 2009 年版，第 98~108 页。

度。郭象所注的《庄子》，明眼人一看就知道是《庄子》在注郭象。所以很多貌似"我注六经"的工作，里面自觉或者不自觉地就有了"六经注我"的东西，而最终注释出来的必然是一个"视域融合"的成果。在中国的思想发展历程中，"我注六经"一直是思想文化中的主流，历代学人自觉或者不自觉地都在进行"我注六经"的工作，公开宣称自己在做"六经注我"工作的人尚属异类。笔者认为，正是因为中国经典诠释传统对"六经注我"这一维度的不自觉和贬抑，因此才导致中国思想几千年的发展始终笼罩在经学的氛围当中，只是到近代受西学冲击才有所改变。

相比较而言，西方的思想和学术发展基本上是由哲学问题所推动的，西方人擅长就问题本身作思辨的思考，而不会将自己局限在前人的话语系统之中。比如柏拉图和亚里士多德有直接的师承关系，但亚里士多德并没有模仿柏拉图的"对话法"，而更偏向于用分析和演绎的方式去论述自己的思想。当然，也有例外，比如基督徒对《圣经》的阅读和诠释，但这已经不是纯粹思想和学术范围内的问题了。就诠释学在西方的发展而言，也已经经历过两次转向，第一次是从一门特殊方法和技艺转化为人文学科的普遍方法，施莱尔马赫和狄尔泰就是在做这方面的工作，第二次转向是海德格尔和伽达默尔对其进行的本体论改造，诠释学从方法论意义的东西被提升到本体论的层面。西方诠释学发展的历程，就是理解者对自己在理解和诠释行为当中的角色和作用逐渐自觉的过程。因此，即使是在带有"保守主义"倾向的伽达默尔这里，最终强调的还是"视域融合"，"六经注我"的地位始终都更为凸显。

（作者单位：武汉大学哲学学院）

文史考证

上古中国的时间意识、时令文本与时节礼仪

□　薛梦潇

　　时间与空间是人类活动的基本框架。《淮南子·齐俗训》曰："往古来今谓之宙，四方上下谓之宇。"① 人类的时间意识蕴含着对自我存在与社会存在的定位。在古代中国，时间从来都不仅仅是可被测量的钟表时间，而更多地被赋予社会意义与神圣内涵。②

　　本文的讨论围绕时间意识及其表达方式的变迁展开。具体而言，上古中国的先民如何认识时间？如何把握时间与人事的关系？如何塑造时间的社会性格？本文的主要考察时段是先秦至两汉，这是时间意识产生与构建的第一历史阶段。同时，研究时段也将稍稍下延至中古初期。

一、时间的意象：天文·物候·季节

　　至晚在新石器时代末期，上古中国的先民就已制造出观测时间的媒介，并寻求个体生命在宇宙秩序中的定位。1987 年，河南濮阳西水坡 45 号墓葬考古发现了蚌壳龙虎图。该墓葬是仰韶文化第一阶段的遗存，距今约 6000 年。墓室正中壮年男子骨架头南足北，骨架左右两侧是用蚌壳摆塑的龙、虎图案，龙右虎左。距骨架 0.35 米处发现了两根人的胫骨，胫骨西侧有一堆被人为塑成三角形的蚌壳。（见图 1）③ 除 M45 的蚌壳龙虎图之外，第二组蚌图摆塑于距 M45 约 20 米处的一个浅地穴中，图案有龙、虎、鹿和蜘蛛等。第三组蚌图发现于第二组蚌图南面 25 米处的灰沟中，图案为虎与人骑龙的形象。④ 后两组蚌图的意义尚有待研究，但第一组 M45 蚌壳龙虎图所反映的天文学意象却十分明确。

　　骨架北部的两支胫骨是北斗的图像表达，意为斗柄；其西侧三角形蚌壳堆意为斗魁。

① 高诱：《淮南子注》卷 11，国学整理社：《诸子集成》（七），中华书局 2006 年版，第 178 页。

② Gerald James, Whitrow, *What is Time*? Oxford University Press, 2003.

③ 濮阳市文物管理委员会、濮阳市博物馆、濮阳市文物工作队：《河南濮阳西水坡遗址发掘简报》，《文物》1988 年第 3 期，第 3 页。

④ 濮阳西水坡遗址考古队：《1988 年河南濮阳西水坡遗址发掘简报》，《考古》1989 年第 12 期，第 1059 页。

斗柄指东，斗魁指西。《鹖冠子·环流》有"斗柄东指，天下皆春"的说法。① 以人的胫骨而非蚌壳来指示斗柄，反映了"测影"的本义，《周髀算经》有云："髀者，表也。"② 斗柄与斗魁所指东西两向，与骨架左右两侧的龙、虎图案相对应。龙、虎的布列方位，反映的即是东西"二陆"的天文学概念。③《史记·天官书》曰："东宫苍龙，房、心。"又曰："参为白虎。"④《说文》称："龙……春分而登天，秋分而潜渊。"⑤ 苍龙又被称为"辰"，《左传·昭公元年》曰："商人是因，故辰为商星。"⑥ 参、商不可能同时获见于天，因此是判定春秋二分的标准星象。由西水坡 M45 龙虎图案所见，仰韶文化时期的先民已认识参、商二星的运行规律，能够把握春分与秋分这两个时间节点。若进一步将墓主骨架也考虑在内，那么整个 M45 所呈现的排布状态很可能是"盖天说"的反映，⑦ 这便将人与时空有机融合于一体。

相对于"两分"，夏至与冬至的观测稍难。距今约 2100 年的山西襄汾陶寺遗址，考古发现了疑为"观象台"的 ⅡFJT1 基址。遗迹背依陶寺中期大城内道南城墙，向东南接出一个大半圆形建筑。该遗迹有三层夯土台基，第三层台基柱缝基础墙基上部表面挖出 10 道槽缝，将墙基上部平面"分割出 11 个夯土方块 D1~D11，加上墙基本身的夯土版块 D12、D13，柱缝基础墙基上部平面共可见 13 个方块"（见图 2）。⑧ 为验证该建筑的天文观测功能，山西考古队在原址复制模型，自 2003 年 12 月 21 日冬至至 2005 年 9 月 24 日秋分，进行了一年半的实地模拟观测：东 2 号缝对应于冬至时的日出方位，东 7 号缝对应于春秋分时的日出方位，东 12 缝对应于夏至时的日出方位，其他各缝都对应于一年之中两个时日的日出方位。⑨ 由此，至晚在龙山文化后期，"两分两至"都已被观测出来。

分至四中气的历法被商人继承。⑩ 卜辞中的"四方神"与"四方风"可能就是分至四中气之神，但尔时四中气的历法尚未与季节结合起来。⑪ 甲骨卜辞只见"春"、"秋"二季，例如：（1）庚申卜，今秋亡丞之？七月。庚申卜，今春亡丞？七月。（《乙》8818）（2）惠今秋？于春？（《粹》1151）于省吾认为，后世的春夏秋冬"四时"观念要至西周晚期才出现。⑫ 观察上述对贞卜辞可知，春、秋这两个季节概念与农业种殖和收获

① 黄怀信：《鹖冠子汇校集注》卷上，中华书局 2004 年版，第 76 页。

② 程贞一、闻人军：《周髀算经译注》，上海古籍出版社 2012 年版，第 38 页；伊世同：《量天尺考》，《文物》1978 年第 2 期；王小盾：《中国早期思想与符号研究——关于四神的起源及其体系形成》，上海人民出版社 2008 年版，第 876 页。

③ 冯时：《河南濮阳西水坡 45 号墓的天文学研究》，《文物》1990 年第 3 期。

④《史记》卷 27《天官书》，中华书局 2014 年版，第 1546、1559 页。

⑤ 许慎：《说文解字》卷 11 下，中华书局 1963 年版，第 245 页。

⑥ 孔颖达：《左传正义》卷 41，阮元校刻：《十三经注疏》，中华书局 1980 年版，第 2023 页。

⑦ 冯时：《河南濮阳西水坡 45 号墓的天文学研究》，《文物》1990 年第 3 期，第 56~60 页。

⑧ 中国社会科学院考古研究所山西队、山西省考古研究所、临汾市文物局：《山西襄汾县陶寺中期城址大型建筑 ⅡFJT1 基址 2004—2005 年发掘简报》，《考古》2007 年第 4 期，第 12 页。

⑨ 中国社会科学院考古研究所山西队：《陶寺中期小城大型建筑基址 ⅡFJT1 实地模拟观测报告》，《古代文明研究通讯》2006 年第 29 期。

⑩ 薮内清：《殷历に关する二、三の问题》，《东洋史研究》第 15 卷第 2 号，1956 年。

⑪ 冯时：《殷卜辞四方风研究》，《考古学报》1994 年第 2 期。

⑫ 于省吾：《岁、时起源初考》，《历史研究》1961 年第 4 期，第 102~103 页。

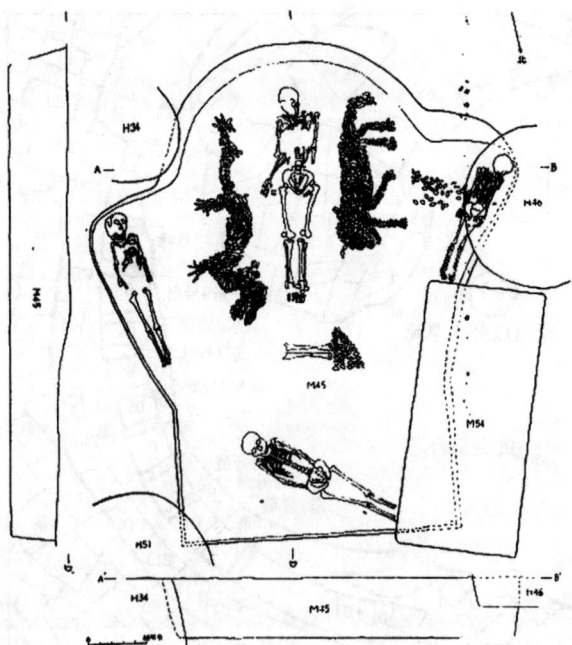

图 1　濮阳西水坡 M45 平、剖面图
（资料来源：《河南濮阳西水坡遗址发掘简报》，《文物》1988 年第 3 期，第 4 页）

相关。据学者研究，殷历的春、秋两季，根据的是农业作息的周期。春季是作物生长期，相当于后世的夏秋季节；殷历秋季是农闲时期，相当于农历冬春之季。① 总之，卜辞中的"春"与"秋"似尚不具备"政统"、"天命"等神圣意义，而是一对朴素的自然时间概念。

　　顾炎武曰："三代以上，人人皆知天文。'七月流火'，农夫之辞也。'三星在天'，妇人之语也。'月离于毕'，戍卒之作也。'龙尾伏晨'，儿童之谣也。……若历法，则古人不及近代之密。"② 西周与春秋时期的历法不如后世精密，与三代之前一样，仍主要依靠天文来观测自然时间的各个节点。《国语·周语》载称："夫辰角见而雨毕，天根见而水涸，本见而草木节解，驷见而陨霜，火见而清风戒寒。"③ 除天文之外，"草木节解"、"陨霜"等物候也成为记录自然时间的参照与表达时间变化的意象。春秋时期的鲁国，用动物（鸟）征候标志两分两至四立这一年中最重要的八个时间节点的来去。《左传·昭公十七年》称："玄鸟氏，司分者也。伯赵氏，司至者也。青鸟氏，司启者也。丹鸟氏，司闭者也。"另一个典型的例子就是《诗·豳风·七月》。"有鸣仓庚"、"七月鸣鵙"、"四

　　① 冯时：《殷历季节研究》，《中国科学技术史国际学术讨论会论文集》，中国科学技术出版社1992 年版，第 6~7 页；《殷代农季与殷历历年》，《中国农史》1993 年第 1 期；《百年来甲骨文天文历法研究》，中国社会科学出版社 2011 年版，第 252~257 页。

　　② 黄汝成：《日知录集释》卷 30 "天文"条，上海古籍出版社 2006 年版，第 1673 页。

　　③ 徐元诰：《国语集解》，中华书局 2002 年版，第 63~64 页。

图 2　观测点夯土基础与柱缝基础局部图

（资料来源：《山西襄汾县陶寺中期城址大型建筑 Ⅱ FJT1 基址 2004—2005 年发掘简报》，《考古》2007 年第 4 期，第 11 页）

月秀葽，五月鸣蜩"、"五月斯螽动股，六月莎鸡振羽"、"十月蟋蟀，入我床下"等文字，① 即以物候为序叙述一年的农事与风俗。这种以物候序时叙事的方式源远流长，并未因历法的日渐精确而消亡，汉晋乃至中古时期的文学作品中仍往往采用物候作为表达时间的意象与符号。

正是由于对物候的重视，自然征候的异常遂成为引人注目的现象，并作为一种"历史书写"被载于竹帛。这一类事例多见于《春秋》与《左传》。《春秋·隐公九年》载："三月癸酉，大雨，震电。庚辰，大雨雪。"同年《左传》曰："书，时失也。"杜预注谓："夏之正月，微阳始出，未可震电；既震电，又不当大雨雪，故皆为时失。"② 鲁用周正，三月正好是夏之正月，不应出现"震电"与"大雨雪"天气。同理，《春秋·成公元年》曰"二月，无冰"，亦是征候反常的历史书写，故杜预注曰："周二月，今之十二月，而无冰，书，冬温。"③ 类似的情况还见于《春秋·僖公三十三年》："陨霜不杀草，

---

① 孔颖达：《毛诗正义》卷 8，阮元校刻：《十三经注疏》，中华书局 1980 年版，第 389、390、391 页。

② 孔颖达：《左传正义》卷 4，阮元校刻：《十三经注疏》，中华书局 1980 年版，第 1734 页。

③ 孔颖达：《左传正义》卷 25，阮元校刻：《十三经注疏》，中华书局 1980 年版，第 1892 页。

李梅实。"周正十一月即夏正九月，深秋时节本应万物凋零，此月霜降不能杀草，反而"李梅实"，故被当作灾异记录下来。

虽然在天文、物候等时间意象的表达方面与史前时代相比变化不剧，然而，西周末叶，从春秋两季到春夏秋冬"四时"的确立过程中，关于"时间"如何产生这一问题，出现了"圣人授时"或"神明制时"的诠释。《尚书·尧典》所记"四仲星"虽合乎早商时代的星象，① 但这篇文字却可能出自东周时人之手，其主旨便是"（尧）命羲和，钦若昊天，历象日月星辰，敬授人时"②。与尧命羲仲、羲叔等四人分镇四方近似，出土文献长沙子弹库楚帛书乙篇对"四时"产生的解释，则为伏羲命令四子分守四方，"未又（有）日月，四神相戈（隔），乃步（步）以为岁，是隹（惟）四寺（时）"。③ 战国中期的郭店楚简《太一生水》亦认为"四时"的形成是神明、阴阳运作的结果："太一生水，水反辅太一，是以成天，天反辅太一，是以成地。天地〔复相辅〕也，是以成神明。神明复相辅也，是以成阴阳。阴阳复相辅也，是以成四时。（简1~简2）"④

在"四时"出现与神化的同时，季节的社会属性与文化内涵也随之形成。《春秋·隐公元年》起首云："春，王正月。""春"、"王"与"正月"俱含"春秋大义"。《左传正义》对此作了解释：

> 言"王正月"者，王者革前代，驭天下，必改正朔，易服色，以变人视听。……三代异制，正朔不同。……正是时王所建，故以"王"字冠之，言是今王之正月也。"王"不在"春"上者，月改则春移，春非王所改，故"王"不先"春"。"王"必连月，故"王"处"春"下。周以建子为正，则周之二月三月皆是前世之正月也，故于春每月书"王"。王二月者，言是我王之二月，乃殷之正月也。王三月者，言是我王之三月，乃夏之正月也。既有正朔之异，故每月称王以别之。⑤

其中，作为季节之一的"春"，不再是单纯的自然时间（农业时间）概念，而具备了"正朔"、"三统"的象征意义，成为"神圣的时间"。

由上，自史前时代以至先秦时期，通过日升月落、斗转星移、草木荣衰等天文现象与自然征候测算时间，感知时节的往复。在认识与掌握自然时间的过程中，创造出"圣人授时"的传说，使原本朴素的自然时间成为"社会存在"的一种形态。如上引史料所示，"春非王所改，故王不先王"，这一历史书写已然揭示了人间最高统治者在时间序列中的位置。那么，同样作为社会存在形态之一的人，如何处理自身与时间的关系？时间的神圣化又经历了哪些过程呢？

---

① 参见李约瑟：《中国科学技术史》第四卷第一分册，科学出版社1975年版，第168页；龚惠人：《尧典四仲中星起源的年代和地点》，中国天文学会年会论文集，1978年。
② 孔颖达：《尚书正义》卷2，阮元校刻：《十三经注疏》，中华书局1980年版，第119页。
③ 李零：《楚帛书研究》，中西书局2013年版，第57、61页。
④ 荆门市博物馆：《郭店楚墓竹简》，文物出版社1998年版，释文第125页。
⑤ 孔颖达：《左传正义》卷2，阮元校刻：《十三经注疏》，中华书局1980年版，第1713页。

二、从时节礼俗到时令文本

物候的异常使人有意追寻其中缘由，对自然灾异进行诠释。《春秋》称昭公四年（前538 年）春正月"大雨雹"。《左传》于此条下记载了大夫申丰的一段话：

> 圣人在上，无雹。虽有，不为灾。古者日在北陆而藏冰，西陆朝觌而出之。其藏冰也，深山穷谷，固阴沍寒，于是乎取之。其出之也，朝之禄位，宾、食、丧、祭，于是乎用之。其藏也，黑牡、秬黍以享司寒。其出之也，桃弧、棘矢以除其灾。大夫命妇丧浴用冰。祭寒而藏之，献羔而启之，公始用之，火出而毕赋，自命夫命妇至于老疾，无不受冰。山人取之，县人传之，舆人纳之，隶人藏之。夫冰以风壮，而以风出。其藏之也周，其用之也遍，则冬无愆阳，夏无伏阴，秋无苦雨，雷出不震，无灾霜雹，疠疾不降，民不夭札。今藏川池之冰弃而不用，风不越而杀，雷不发而震。雹之为灾，谁能御之？《七月》之卒章，藏冰之道也。

申丰认为藏冰与出冰作为庄重严肃的贵族礼制，其存废直接影响四时气候的正常与否，即"其藏之也周，其用之也遍，则冬无愆阳，夏无伏阴，秋无苦雨"，而雨雹为灾的原因就在于"今藏川池之冰弃而不用"。进一步而言，申丰其实是藉藏冰之道失"以谏失政"。[①]由此可见，春秋时期的鲁国贵族已然意识到人事与自然异象的相关性。

防止灾异出现的措施便是使人的活动顺应时间的提示、符合自然的节律。《左传·桓公五年》曰："凡祀，启蛰而郊，龙见而雩，始杀而尝，闭蛰而烝。"礼制需要响应天文与物候的征兆。同时生产活动的作息也需要依时节而行。《左传·庄公二十九年》曰："凡土功，龙见而毕务，戒事也；火见而致用，水昏正而栽，日至而毕。"龙星角、亢二宿在清晨见于东方之时，为夏正九月（周十一月），此时农事已毕，可以从事修补都邑之类的土功（"戒事"）。心宿（大火）晨出东方，正值夏正十月初，此时可"致筑作之物"。"水昏正"即初昏时水星营室位于正中，这一星象当夏正十月，意味着可以正墙筑版（"栽"），星宿"营室"即得名于此。除此条记载之外，《春秋·隐公九年》载，"夏，城郎"，《左传》谓"书，不时也"。《春秋·成公十八年》曰："八月，筑鹿囿"，《左传》曰"不时也"。又，《左传·僖公二十年》载："春，新作南门。书，不时也。凡启塞，从时。"以上见诸史乘的记载表明，土功的作息时间在春秋时期已约定俗成。

值得注意的是，《国语·周语》提到"《时儆》曰：'营室之中，土功其始。火之初见，期于司里。'"[②]所谓"《时儆》"，意味着东周早期之前就已存在合人事于天道的规范性时令文本。而从传世时令文本观之，这些大约成书于战国秦汉之际的文献绝非无本之木。《吕氏春秋》"十二纪首"与《礼记·月令》规定季夏"不可以兴土功"，直到仲冬十一月仍有"土事无作"之禁。上引数条被史笔视为"不时"的土功记录，与《月令》的规定之间没有任何龃龉。至于礼制的时节忌宜，《吕纪》、《月令》的记载亦渊源有自。

---

① 孔颖达：《左传正义》卷 42，阮元校刻：《十三经注疏》，中华书局 1980 年版，第 2034 页。

② 徐元诰：《国语集解》，中华书局 2002 年版，第 65 页。

《国语》载称，宣王不行籍田礼，虢文公谏曰：

> 日月底于天庙，土乃脉发。先时九日，太史告稷曰："自今至于初吉阳气俱蒸，土膏其动。弗震弗渝，脉其满眚，谷乃不殖。"稷以告王曰："史帅阳官以命我司事曰：'距今九日，土其俱动，王其祗祓，监农不易。'"王乃使司徒咸戒公卿、百吏、庶民，人除坛于籍，命农大夫咸戒农用。先时五日，瞽告有协风至。王即斋宫，百官御事各即其斋三日，王乃淳濯飨醴。及期，郁人荐鬯，牺人荐醴，王裸鬯，飨醴乃行，百吏、庶民毕从。及籍，后稷监之，膳夫、农正陈籍礼，太史赞王，王敬从之。王耕一墢，庶人终千亩。①

天子籍田的礼制传统，最晚可追溯至西周早期的"令鼎"，上有"王大耤（藉）农于諆田（《集成》2803）"的铭文。② 如下表（表1）上引文段提到的籍田前后仪节的时间安排，可与后世月令文献对观：

表1 《周语》与《月令》的"籍田礼"

	《周语上》	《月令》
1	日月底于天庙③	日在营室
2	王即斋宫，百官御事各即其斋三日	先立春三日，大史谒之天子
3	百吏、庶民毕从	天子亲载耒耜，措之于参保介之御间，帅三公九卿诸侯大夫，躬耕帝藉
4	王耕一墢，庶人终千亩	天子三推，公五推，卿诸侯九推

可见，《月令》对籍田礼的仪节描述与周代礼制相合，而并非出于学者的构设。

早期中国的时令文献种类并不单一，其间既有历时性差异，也存在共时性差异。传世文献中，《夏小正》的成书年代相对更早。《史记·夏本纪》曰："孔子正夏时，学者多传《夏小正》。"④ 虽以"夏"为名，但不可能是夏代遗作。不过，《夏小正》的历法非常古老，从三月开始，所记星象就逐渐比《月令》同月星象出现得更早，至六月初已较《月令》早了一月，故有学者推测《夏小正》是"十月历"的代表。⑤ 李学勤从卜辞和金文中找到了与《夏小正》"雉震呴"、"夏有煮祭"及"执陟攻驹"等物候、礼制相关的内容，以此证明《夏小正》的成书年代不会晚至战国。⑥ 综合来看，《夏小正》可能作于西

———————————

① 徐元诰：《国语集解》，中华书局2002年版，第15~18页。
② 中国社会科学院考古研究所：《殷周金文集成》（修订增补本），中华书局2007年版，第1472页。
③ 天庙，营室也。"日月底于天庙"，即日月俱至营室。
④ 《史记》卷2《夏本纪》，中华书局2014年版，第109页。
⑤ 陈美东：《论〈夏小正〉是十月太阳历》，《自然科学史研究》1982年第4期。
⑥ 李学勤：《〈夏小正〉新证》，《古文献丛论》，中国人民大学出版社2010年版，第165~174页。

周至春秋末年之间，但它记录的星象、物候和礼俗，渊源至少可以追溯到商代。①

除年代较早之外，《夏小正》作为"物候历"的特征也更为明显，文本平实地记述了各月的物候、星象与礼俗。与之性质相似的是《逸周书·时训解》。黄怀信考证此篇春秋时期即已流传。②《时训解》以二十四节气为纲，其对物候的记载更接近于《吕纪》与《月令》。③

相较于"物候历"，大约成篇于战国中期的《管子·玄宫》，④ 内容与思想已丰富很多。历法上，一方面将一年分出 30 节气，各占 12 日；另一方面又划分出"五和"、"八举"、"七举"、"九和"与"六行"五个时节。《玄宫》是目前所见最早的以"五行"配"四时"的时令文献。⑤ 除《玄宫》之外，《管子》收录的时令文本还有《四时》、《七臣七主》、《五行》、《轻重己》诸篇。它们的共同特征在于：（1）有整齐的五行配置；（2）不仅规范农事生产的节律，同时为君主及上层贵族的礼仪提供时节参考；（3）蕴含明确的灾异观念。这三个特征《夏小正》并不具备，却为战国秦汉之际的《吕纪》、《淮南子·天文训》、《淮南子·时则训》和《月令》所承继。

《吕纪》、《淮南子·天文训》、《淮南子·时则训》、及《月令》是四篇内容相仿的时令文献。与《管子》诸篇相比，首先，统一了历法，未采用《管子》的"三十时"，而以建寅之月为岁首孟春，将一年划分为四时、十二月、廿四节气，配以五行，中央土行虚设。其次，《吕纪》对《管子》诸篇的"时令"（时节忌宜）部分进行了整合。再次，因为是十二月时令，故违令灾异部分势必在《管子》诸篇的基础上进一步细化，被分配给了每个月。⑥ 总之，从历时性角度看，自《夏小正》至《吕纪》、《月令》，随着阴阳、五行、灾异学说的渗透，时令文献的核心内容——时节忌宜，不再是就事论事的记述，而被构设为一套结构整齐的哲学话语体系。

从共时性差异的角度看，无论是九州幅裂的战国时期抑或大一统初现的秦汉帝国早期，由于自然条件与人文风俗的地域性差异，不可能存在一部通行"天下"的时令文本。出土文献如临沂银雀山汉简可证，"三十时"的时令系统仍在齐鲁地区流传。然而，不同时令文本的共存并不意味着各版本之间没有竞争。至晚在西汉元成之前，以《吕纪》、《月令》为代表的时令文献最终取得"王官月令"的独尊地位，并跻身儒家经典之列。⑦

---

① 陈遵妫甚至认为有些内容是夏代流传下来的，其整理者可能是杞国人或居住在夏墟沿用夏历的人。参看氏著《中国天文学史》第一册，上海人民出版社 1980 年版，第 200 页。

② 黄怀信：《逸周书源流考辨》，西北大学出版社 1992 年版，第 115 页。朱右曾等学者还指出，该篇原名《时训》，最初无"解"字。参看氏著《逸周书集训校释》，《皇清经解续编》第四册，上海书店 1988 年版，第 688 页。另有学者据用韵情况推测《时训》言灾异的部分是汉人所增。参看周玉秀《〈时令〉、〈时训〉与〈时训解〉——〈逸周书·时训解〉探微》，《兰州大学学报》2004 年第 4 期，第 50 页。

③ 黄怀信、张懋镕、田旭东：《逸周书汇校集注》，上海古籍出版社 2007 年版，第 583~613 页。

④ 金谷治：《管子の研究》，岩波书店 1987 年版，第 248 页。

⑤ 金谷治：《管子の研究》，岩波书店 1987 年版，第 232 页。白奚与金谷治有同样的看法，即《幼官》是时令与五行相结合的最初尝试。参见氏著《中国古代阴阳与五行说的合流——〈管子〉阴阳五行思想新探》，《中国社会科学》1997 年第 5 期，第 28 页。

⑥ 薛梦潇：《秦汉时期月令文献的整合与经典化》（待刊）。

⑦ 薛梦潇：《"五音"配置与齐、楚月令源流》，《江汉考古》2015 年第 5 期。

综上所述，先秦时期不同版本的时令文献是对各地域时令礼俗的总结与提炼。时令文本的理论化、哲学化，其实也是"时间神圣化"的表现与途径。时间之所以神圣，除了需要理论构设之外，还需要通过仪式将神圣性外化。

三、时令仪式

如前述，春秋战国时期创造出"神明成岁"和"圣人授时"的传说，从而推动了神化时间的进程。与此同时，随着"四时"的确立、十二月历的普及，时间的概念进一步细化，与时间相关的神祇被不断制造出来，时间神祇的祭祀及与时间相关的仪式也应运而生。

1. 春分朝日与秋分夕月

日神崇拜是世界古老民族普遍具有的信仰。舞阳贾湖裴李岗遗址、河姆渡遗址、三星堆遗址、金沙遗址、大汶口遗址均出土有太阳形器或日月纹饰。[1] 郑州大河村仰韶文化遗址所出陶钵口沿上绘有 12 个太阳纹饰，[2] 或可与《山海经》中的《大荒南经》、《大荒西经》的日月传说对观。《大荒南经》曰："羲和者，帝俊之妻，生十日。"《大荒西经》曰："有女子方浴月。帝俊妻常羲，生月十有二。"[3] 已有学者指出，"十日"与"十二月"都是历法概念，前者可能与东夷民族的"十月太阳历"有关，后羿射日的传说蕴含着周年十月制的历法改革。[4]

周年十二月制确立后，至少在楚地就诞生了十二月神。长沙子弹库楚帛书幅面外圈绘有 12 个神祇，每边 3 个。每个神祇分别有一段题记，叙述各月忌宜，据此可知它们是十二月神。李学勤提出这可能与式法六壬十二神相关。[5]

史前时代的日月祭祀仪式已不可察，战国时期楚地是否进行十二月神的祭祀亦不可知，但这种日月祭祀传统自周代一直绵延至明清。《国语·周语上》曰："古者先王既有天下……于是乎有朝日、夕月以教民事君。"[6]《礼记·玉藻》曰："（天子）玄端而朝日

① 河南省文物研究所：《舞阳贾湖》，科学出版社 1999 年版，第 223 页；浙江省文物管理委员会、浙江省博物馆：《河姆渡遗址第一次发掘报告》，《考古学报》1978 年第 1 期；四川省文物管理委员会等：《广汉三星堆遗址二号祭祀坑发掘简报》，《文物》1989 年第 5 期；成都市文物考古研究所：《成都金沙遗址的发现与发掘》，《考古》2002 年第 7 期，第 10 页；山东省文物管理处：《大汶口》，文物出版社 1974 年版。

② 郑州市博物馆发掘组：《谈谈郑州大河村出土彩陶上的天文图像》，《河南文博通讯》1978 年第 1 期。

③ 袁珂：《山海经校注》，北京联合出版公司 2014 年版，第 323、341 页。

④ 王小盾：《中国早期思想与符号研究——关于四神的起源及其体系形成》，上海人民出版社 2008 年版，第 627 页。

⑤ 李学勤：《再论帛书十二神》，《湖南考古辑刊》第 4 辑，岳麓书社 1987 年版。李零认为此即"转位十二神"，参见氏著《中国方术正考》，中华书局 2006 年版，第 151 页。另参刘信芳：《出土简帛宗教神话文献研究》，安徽大学出版社 2014 年版。

⑥ 徐元诰：《国语集解》，中华书局 2002 年版，第 33 页。

于东门之外"，① 明确规定了朝日的礼服与地点。从《汉书》记载来看，汉代天子的日月祭祀基本符合礼书的说法。《武帝纪》称："十一月辛巳朔旦冬至，立泰畤于甘泉，天子亲郊见，朝日夕月。"② 汉武帝于一天之内朝日夕月的做法，其实并不合礼制。《大戴礼·保傅》曰："天子春朝朝日，秋莫夕月"，③ 日月祭祀分行于春秋。由于春、秋这两个时间仍显模糊，于是汉晋的礼学家遵从郑玄之意，将朝日定于春分、夕月定于秋分。《三国志·魏书·文帝纪》载，黄初二年春正月"乙亥，朝日于东郊"④，魏文帝的祭日时间遭到了南朝宋礼学家的批评，以为"正月，非其时也"⑤。春分朝日于东郊、秋分夕月于西郊的礼制，至唐代中期最终确定下来。⑥

2. 五神

《月令》以勾芒、祝融、蓐收与玄冥分司春夏秋冬四时。四神的这一组合在《左传·昭公二十九年》即已可见：

> 有五行之官，是谓五官，实列受氏姓，封为上公，祀为贵神。社稷五祀，是尊是奉。木正曰勾芒，火正曰祝融，金正曰蓐收，水正曰玄冥，土正曰后土。⑦

由上可知，勾芒等"五官"是受以尊奉的"五祀"。《山海经》亦出现了勾芒、祝融和蓐收。《西山经》曰："神蓐收居之……西望日之所入。"《海外南经》曰："南方祝融。"《海外东经》曰："东方勾芒。"⑧ 不仅中原有五神之说，南方楚国亦视之为一组相辅相成的神祇。《楚辞·远游》曰："撰余辔而正策兮，吾将过乎勾芒。……遇蓐收乎西皇。"⑨据此，五神与金木水火土"五行"及东南西北中"五方"配伍是毫无疑问的，由于春秋战国时期已有五方配四时的观念，故或可推测在月令文献形成之前，就已有勾芒等"五官"分主四时的传统。

当然，以"五神"作为季节神祇而受祀的礼制，可能要晚至西汉末年方被付诸实践。元始五年（5年），王莽案《周礼》"兆五帝于四郊"之文，对群神加以归并与分类，并在居摄元年（6年）始行"四时五郊迎气"礼制。王莽确定的季节神祇包括：中央帝黄灵后土、东方帝太昊青灵勾芒、南方炎帝赤灵祝融、西方帝少皞白灵蓐收，以及北方帝颛顼黑灵玄冥。⑩ 这是一种"五帝"与"五神"相结合的形式。降至东汉，虽然遵从"元始故事"，但"迎气"祭祀中的季节神已变为单纯的勾芒、祝融等"五神"，而不再与

---

① 孔颖达：《礼记正义》卷29，阮元校刻：《十三经注疏》，中华书局1980年版，第1473页。
② 《汉书》卷6《武帝纪》，中华书局1962年版，第185页。
③ 王聘珍：《大戴礼记解诂》卷3，中华书局1983年版，第53页。
④ 《三国志》卷2《魏书二·文帝纪》，中华书局1982年版，第77页。
⑤ 《宋书》卷14《礼志》，中华书局1974年版，第348页。
⑥ 东京大学东洋文化研究所藏《大唐开元礼》卷25，汲古书院1973年版，第152页。
⑦ 孔颖达：《左传正义》卷53，阮元校刻：《十三经注疏》，中华书局1980年版。
⑧ 袁珂：《山海经校注》，北京联合出版公司2014年版，第189、235页。
⑨ 洪兴祖：《楚辞补注》，中华书局1983年版，第170页。
⑩ 《汉书》卷25《郊祀志下》，中华书局1962年版，第1268页。

"太昊"等"五帝"牵扯在一起。①

勾芒等"五神"在两汉之际国家祭祀制度中地位的确立，直接影响到了季节神在墓葬画像中的出现。1976 年考古发掘的洛阳卜千秋墓是西汉后期的墓葬。墓室壁画中，不仅绘有青龙、朱雀、白虎这一类传统固有的"四灵"主题形象，而且还绘有勾芒和蓐收这两个先秦秦汉墓葬不常见的神祇。②（见图 3、图 4）1978 年发掘的新莽时期的洛阳金谷园墓，后室壁画出现了完整的"五神"。据贺西林的观点，脊顶平棋凹入处嵌有四壁画砖，由北向南第二块，描画的即是"后土治四方"的主题。东壁南段两砖分别绘有勾芒与蓐收（见图 5），北壁东端砖上绘有祝融，北壁中部两砖则绘有玄冥。③

图 3　洛阳卜千秋墓墓门内额上方"勾芒"

（资料来源：贺西林、郑岩主编：《中国墓室壁画全集》1，河北教育出版社 2011 年版，图版第 9 页）

3. 颁朔与颁时令、读时令

日、月、五神代表着不同的时间意象。对这些神祇进行祭祀，是外化时间神圣性的手

---

① 《续汉书·祭祀志》，中华书局 1965 年版。

② 洛阳博物馆：《洛阳卜千秋墓发掘简报》，《文物》1977 年第 6 期。对于神祇的定性有不同说法，孙作云认为是方相氏，傅朗云认为是天神豕韦，萧兵认为是雷雨神封豨。本文从贺西林之说，主张该神祇即勾芒。相关研究参见孙作云：《洛阳西汉卜千秋墓壁画考释》，《文物》1977 年第 6 期，第 17 页；《文物》编辑部：《关于西汉卜千秋墓壁画中一些问题》，《文物》1979 年第 11 期；萧兵：《卜千秋墓猪头神试说》，《中原文物》1981 年第 3 期；贺西林：《洛阳卜千秋墓墓室壁画的再探讨》，《故宫博物院院刊》2000 年第 6 期。

③ 洛阳博物馆：《洛阳金谷园新莽时期壁画墓》，《文物资料丛刊》九，文物出版社 1985 年版。贺西林、郑岩主编：《中国墓室壁画全集》1，河北教育出版社 2011 年版，第 18~19 页。

图 4　洛阳卜千秋墓主室后壁山墙上层中央"蓐收"

（资料来源：贺西林、郑岩主编：《中国墓室壁画全集》1，河北教育出版社 2011 年版，图版第 2 页）

图 5　洛阳金谷园墓后室东壁南端"勾芒"

（资料来源：贺西林、郑岩主编：《中国墓室壁画全集》1，河北教育出版社 2011 年版，图版第 32 页）

段之一。除此之外，历朔、时令的颁布与宣读，同样是增益时间神圣性的一种方式。通过这种方式，神圣的时间被上下阶层共同感知。

据《春秋》、《左传》记载，"颁朔"之制至少在诸侯辖境是得以施行的。《礼记·玉藻》曰："（诸侯）皮弁以听朔于大庙。"① 在先秦礼制建筑中，太庙无疑具有最高的宗教神圣性。《礼记·杂记》云："成庙而衅之"，"衅屋者，交神明之道也"。在祖灵的注视下"颁朔"，表达的是"孝子归美先君，不敢自专"的情怀。② 然而，秦汉帝国成立后，"颁朔"之仪开始与宗庙剥离，改在王宫正殿进行，宗教性下降，世俗性增强。

随着《月令》对两汉政治文化的渗透，"明堂颁时令"取代"颁朔"而成为最具神圣性与仪式感的时间传递方式。《白虎通》描述汉代的明堂曰："明堂上圆法天，下方法

————————————

① 孔颖达：《礼记正义》卷 29《玉藻》，阮元校刻：《十三经注疏》，中华书局 1980 年版，第 1474 页。

② 《春秋公羊传注疏》卷 13，阮元校刻：《十三经注疏》，中华书局 1980 年版，第 2268 页。

地，八窗象八风，四闼法四时，九室法九州，十二坐法十二月，三十六户法三十六雨，七十二牖法七十二风。"① 明堂的每一处细节无不透露出"时间"概念。天子按照时节在明堂的相应宫室之中"班时令"，使明堂成为演示自然界与人类社会运转的宇宙坛场。这种仪式感与象征意义已经超越了"太庙听朔"的内涵。

不仅明堂颁时令，东汉还确立了"读时令"礼制。《礼仪志》载称："每月朔旦，太史上其月历，有司、侍郎、尚书见读其令，奉行其政。"② 宣读时令的制度虽然几经存废，但不绝如缕。曹魏"常行其礼"，③ 晋怀帝即位后，遵从旧制，"临太极殿，使尚书郎读时令"④。东晋时期，南北朝廷读时令之事均见诸史载。《南齐书》载，冬十月庚申立冬，武帝"初临太极殿读时令"⑤。《隋书·礼仪志》称：

> 后齐立春日，皇帝服通天冠、青介帻、青纱袍，佩苍玉，青带、青裤、青袜舄，而受朝于太极殿。尚书令等坐定，三公郎中诣席，跪读时令讫，典御酌酒卮，置郎中前，郎中拜，还席伏饮，礼成而出。立夏、季夏、立秋读令，则施御座于中楹，南向。立冬如立春，于西厢东向。各以其时之色服，仪并如春礼。⑥

由上，北齐的"读令"礼制毫不逊色于江左，服色谨遵《月令》，而御座朝向等仪节，也充分体现了《月令》所谓天子随"时"而动的精神。入唐后，贞观十四年春正月，"初命有司读时令"⑦。武则天时期，"御通天宫之端扆殿，命有司读时令，布政于群后"⑧。玄宗时，开元二十五年"以十二月朔日于正殿受朝，读时令"。正殿当指含元殿。次年"夏四月己亥朔，始令太常卿韦縚读时令于宣政殿，百僚于殿上列坐而听之"⑨。按《通典》，"后孟月朔日，御宣政殿，侧置一榻，东西置案……岁除（余？）罢之"⑩。肃宗恢复其礼，之后读令之制又废，故文宗时"宰臣王涯、路随奏请依旧制读时令"⑪。

在天子礼制、国家仪典塑造"神圣时间"的同时，基层社会也流行着构建时间神圣性的仪式或法则。例如，《太平御览》引《韩诗章句》曰："溱与洧方涣涣兮，谓三月桃花水下时，郑国之俗，三月上巳于此水招魂续魄，祓除不祥。"⑫

《论语》也提到"暮春浴乎沂，风乎舞雩"的礼俗。至汉代，按《礼仪志》，三月上

① 陈立：《白虎通疏证》卷 6，中华书局 1994 年版，第 265~266 页。

② 《续汉书·礼仪志上·合朔》，中华书局 1965 年版，第 3101 页。相关研究参见王梦鸥：《读月令》，《政治大学学报》1970 年第 21 期。

③ 《晋书》卷 19《礼志上》，中华书局 1974 年版，第 588 页。

④ 《晋书》卷 5《怀帝纪》，中华书局 1974 年版，第 125 页。

⑤ 《南齐书》卷 3《武帝纪》，中华书局 1972 年版，第 55 页。

⑥ 《隋书》卷 9《礼仪志》，中华书局 1973 年版，第 188 页。

⑦ 《旧唐书》卷 3《太宗纪》，中华书局 1975 年版，第 51 页。

⑧ 《旧唐书》卷 22《礼仪志》，中华书局 1975 年版，第 867 页。

⑨ 《旧唐书》卷 9《玄宗纪》，中华书局 1975 年版，第 208、209 页。

⑩ 《通典》卷 70《礼三十·沿革三十·嘉礼十五》，中华书局 1988 年版，第 1926 页。

⑪ 《旧唐书》卷 17《文宗本纪》，中华书局 1975 年版，第 554 页。

⑫ 《太平御览》卷 18《时序部三》，中华书局，第 92 页。

巳"官民皆絜于东流水上,曰洗濯祓除去宿垢疢为大絜"①。祓除之礼乃为顺应阳气布畅,但《月令》却并未收录此礼。不过《月令》阙载,不影响三月祓除之俗通行于不同地域、贵贱阶层。

民间时节礼俗中甚至存在不少与《月令》等时令经典相悖的内容。例如,《风俗通义》曰:"五月盖屋,令人头秃。"② 至唐代演变为"俗讳五月上屋,言五月人蜕,上屋见影,魂当去"③。按《月令》,仲夏五月"可以居高明,可以远眺望,可以升山陵,可以处台榭"。两相对比,五月不得上屋的民俗恰于《月令》的说法相反。

又如,《月令》"五祀"规定:春祀户、夏祀灶、季夏祀中霤、秋祀门、冬祀行。新蔡葛陵楚简、包山 M2 楚简、九店 M56 楚简与睡虎地 M11 秦简等楚地简牍,均有"五祀"祭祷内容,故"五祀"名称及组合,可能在战国中期以前即已存在、固定。④ 周家台M30 秦简《日书》记载了一条"主岁"神祇的配置:"置居火,筑囚、行、炊(灶)主岁,岁为下。(简 299 壹)"⑤ 睡虎地秦简乙种《日书》亦称:"祠五祀日","丙丁灶,戊己内中土,甲乙户,壬癸行,庚辛门(简 40 贰)"⑥。从这两条秦简内容来看,将"祀灶"配于"火"与"丙丁"日,原理与《月令》完全相同,略作推导,亦可将"祀灶"与"夏"季勾连起来。⑦《白虎通·五祀》解释说:"夏祭灶。灶者火之主,人所以自养也。"⑧

然而汉晋史料却表明,民众将"祀灶"的时间改为年终腊祭之日。《后汉书·阴识传》载:"宣帝时,阴子方者,至孝有仁恩,腊日晨炊而灶神形见,子方再拜受庆。家有黄羊,因以祀之。自是已后,暴至巨富,田有七百余顷,舆马仆隶,比于邦君。……故后常以腊日祀灶,而荐黄羊焉。"⑨ 东汉以降,外戚阴氏一姓的腊日祭灶习俗,很快受到普遍追捧。《荆楚岁时记》称"俗人所竞尚"。

五月上屋之讳与腊日晨炊以黄羊荐灶的风俗,自汉延续发展至唐而不辍,说明普通民众对时节、时令的把握自成"小传统"。而且,"小传统"也逐渐进入上层社会的视野。五月上屋之忌被收入上奏隋文帝的《玉烛宝典》,腊日祭灶之俗则进入了皇子教材《初学记》。《岁时部·腊》"晨炊"条下,即释之以阴子方黄羊荐灶之事。⑩

已有学者注意到,汉代以后作为经典的皇家《月令》与各地域本土时令之间的联系

① 《续汉书·礼仪志上》,中华书局 1965 年版,第 3110 页。

② 王利器:《风俗通义校注》,中华书局 2010 年版,第 564 页。

③ 《酉阳杂俎》卷 11《广知》,《全唐五代笔记》第二册,三秦出版社 2012 年版,第 1606 页。

④ 宋华强:《新蔡楚简初探》,武汉大学出版社 2010 年版。

⑤ 湖北省荆州市周梁玉桥遗址博物馆:《关沮秦汉墓简牍》,中华书局 2001 年版,第 125 页。

⑥ 睡虎地秦墓竹简整理小组:《睡虎地秦墓竹简》,文物出版社 1990 年版,第 236 页。

⑦ 彭浩认为,睡虎地秦简乙种《日书》的"祠五祀日"已体现了"五祀"与"四季"的互配。参看氏著《睡虎地秦简"王室祠"与〈齎律〉考辨》,《简帛》第 1 辑,上海古籍出版社 2006 年版,第 242 页。杨华也认为,按照十天干顺序看,睡虎地《日书》"五祀"顺序与《月令》一致。参见氏著《"五祀"祭祷与楚汉文化的继承》,《古礼新研》,商务印书馆 2012 年版,第 395~396 页。

⑧ 陈立:《白虎通疏证》卷 2,中华书局 1994 年版,第 79 页。

⑨ 《后汉书》卷 32《阴识传》,中华书局 1962 年版,第 1133 页。

⑩ 《初学记》卷 4《岁时部下·腊第十三》,中华书局 2004 年版,第 85 页。

与差别。① 学者就已试图对不同来源的时令知识加以整合。上揭《玉烛宝典》即是一例。《隋书·杜台卿传》曰："开皇初，被征入朝。台卿尝采《月令》，触类而广之，为书名《玉烛宝典》十二卷。至是奏之。"② 《玉烛宝典》以《月令》为底本，广采《荆楚岁时记》、《异苑》等所载时令风俗。这一做法，显然有助于融合时令文本与时间意识的"大传统"与"小传统"、"旧传统"与"新传统"。而之后的官修类书，如《初学记》、《太平御览》等，亦贯通上下、海纳百川，都不排挤与经典相斥的基层礼俗。

四、结　语

在古代中国的思维世界中，时间不仅仅是一种自然常态、一种外生变量，还是连续性的社会创造。③ 至晚新石器时代，社会上层阶级就已在墓葬中用天文星象构拟出个体生命的宇宙秩序。从史前时代至春秋战国，天文与物候作为最直接的观测对象，被长期当作表达时间观念的意象。随着观测经验的累积、历法的日渐精密，时间知识被整合为不同面貌的时令文本。起初出现的是农业指导性很强的物候历，进入战国时代，在阴阳五行灾异学说的包装下，从朴素的时节忌宜中衍生出俯仰应天、作息顺气的哲学理论。"民时"不再是单纯的农业时间，而是圣王依据天地律动授于臣民的社会时间、政治时间。

时间的神圣，一方面表现在时间成为王权御民的工具。利用"圣人制历"、"敬授民时"的传说，智识阶层构筑了一个"天—人君—万民"的时间传递体系；另一方面，时间理论与时令文本为仪式的展开提供了参照。仪式所揭示的实际上是一个群体的价值。④ 无论上层精英还是基层社会，都不遗余力地借助祭祀、禁忌等途径，增添时间的仪式感与不可触犯的权威性。尽管与时间相关的礼仪存在"大传统"与"小传统"之别，但二者之间并非不可逾越。

时令文本的内容与受众并非一成不变。战国秦汉之际，时令文本由农作手册升格为施政指南。汉代尤其是东汉以降，由王官月令又衍生出《四民月令》、《荆楚岁时记》、《玉烛宝典》等记录与规范民间时令习俗的著作。而在道教兴起、佛教征服中国之后，宗教的时间观开始普及。普及过程与其说是新传统对旧传统的"冲击"，毋宁说是旧传统对新传统的"消化"。关于这个问题，留待今后研究。

（作者单位：武汉大学历史学院）

---

① 王利华：《〈月令〉中的自然节律与社会节奏》，《中国社会科学》2014 年第 2 期；余欣、周金泰：《敬授民时之往复：汉唐敦煌的皇家〈月令〉与本土时令》，童岭主编：《皇帝·单于·士人——中古中国与周边世界》，中西书局 2014 年版。

② 《隋书》卷 58《杜台卿传》，中华书局 1973 年版，第 1421 页。

③ 帕特里史·贝尔特：《时间、自我与社会存在》，陈生梅、摆玉萍译，北京师范大学出版社 2009 年版。

④ Monica Wilson: *Nyakyusa Ritual and Symbolism*, American Anthropologist, 1954（2），p. 241.

楚"柱国"及相关问题研究

□ 靳腾飞

柱国，这一独具楚国特色的官名，最早出现在战国时期。目前学术界对楚官"柱国"的专题研究较少，关于柱国的论述也多散落在相关的文章和著作中，① 虽然取得了一些成绩，但还需要进一步考察研究，如柱国早期的职能，柱国和大司马的关系，柱国的演变等问题。本文将从这几个方面，对"柱国"作进一步研究与探讨。

一、柱国由来与早期职能问题

史籍中关于"柱国"的最早记载出现在《战国策·楚策一》："昔者叶公子高，身获于表薄，而财于柱国，定白公之祸，宁楚国之事，恢先君以掳方城之外，四封不侵，名不挫于诸侯。……故彼崇其爵，丰其禄，以忧社稷者，叶公子高是也。"② 这段引文中最关键的是"财于柱国"四个字，这四个字中最重要的是"柱国"二字。

自汉代以来人们对此处的"柱国"主要有两种解释：一是指官称。如南宋鲍彪认为是"柱国以子高为材"，江户时期的日本学者安井衡认为是"为柱国以裁制楚国之事也"③。二是指都城，缪文远先生认为是"叶公散财于楚都之意"④。这段话是莫敖子华向楚威王历举楚国历史上有功于社稷的名臣，叶公子高属于"崇其爵，丰其禄，以忧社稷者"。从前后文的背景来看，"崇其爵"应与"身获于表薄"相对应，言叶公身份地位尊贵。"财于柱国"在《吕氏春秋·分职》中有相对应的记载："白公胜得荆国，不能以其

---

① 郭沫若：《关于〈鄂君启节〉的研究》，《文物参考资料》1958 年第 4 期；左言东：《楚国官制考》，《求索》1982 年第 1 期；张正明：《楚文化志》，湖北人民出版社 1988 年版，第 212 页；李玉洁：《楚史稿》，河南大学出版社 1988 年版，第 215~216 页；唐明礼：《试论楚令尹的特点以及与中原各国之相的异同》，《南都学坛》（社会科学版）1991 年第 2 期；缪文远：《战国策新校注》，巴蜀书社 1998 年版，第 345 页；顾久幸：《楚制典章——楚国的政治经济制度》，湖北教育出版社 2001 年版，第 40 页；骆科强、宁立庆：《楚官称"柱国"考》，《喀什师范学院学报》2005 年第 4 期；谭黎明：《论春秋战国时期楚国中央军事职官及其演变》，《吉林师范大学学报》（人文社会科学版）2008 年第 2 期；罗运环：《出土文献与楚史研究》，商务印书馆 2011 年版，第 178 页。

② （西汉）刘向集录，范祥雍笺证：《战国策笺证》，上海古籍出版社 2006 年版，第 808 页。

③ （西汉）刘向集录，范祥雍笺证：《战国策笺证》，上海古籍出版社 2006 年版，第 812 页。

④ 缪文远：《战国策新校注》（修订本），巴蜀书社 1998 年版，第 444 页。

府库分人……九日，叶公入，乃发太府之货予众。"① 此处言叶公进入楚都，把太府的财货分给众人。那么"财于柱国"的"财"应为财物或散财之意，而非指"材"或"裁"。故此处的"柱国"应指都城，而非官称。

《战国策》中的"柱国"往往指重要的都城，"言其于国，如室有柱"②。如《战国策·齐策三》载："国子曰：'安邑者，魏之柱国也；晋阳者，赵之柱国也；鄢郢者，楚之柱国也。'"③ 安邑、晋阳、鄢郢均为三国重要的都城。白公之乱在楚惠王十年（前479年），属春秋末期，在此之前，柱国应该指都城。

后来柱国由都城演变为一种官称，对于柱国之官最初的具体职能，左言东认为："战国时期，随着兼并战争的日趋激烈，为了保卫首都，楚、赵两国都设置了称为'柱国'的高级武官。柱国，原是战国时期首都的通称，后来成了保卫首都的武官职称。"④ 由于柱国本义为"都城"，所以左言东认为柱国后来演变为保卫首都的官职。这种说法乍一听好像有些道理，但史籍中并没有柱国作为保卫首都武官的记载，而且所载楚柱国的职能也均为统领对外战争，唐明礼认为："柱国之官，自设置以来就是外出统兵作战的，是武官之职。"⑤ "柱国"的设置可能只是为了彰显任职者对国家的贡献和重要性，"言其于国，如室有柱"。因此并不能确定"柱国"之官最初的职能就是保卫首都。柱国设立之初，就与大司马关系密切，对柱国职能、地位的考察研究，可从柱国与大司马的关系入手。

二、楚怀王时期柱国和大司马的关系

楚怀王时期，柱国明确作为一种职官而存在。史籍中对"昭阳伐魏"一事记载的不同，是导致柱国和大司马关系模糊不清的主要原因。昭阳，楚怀王时期柱国，怀王六年（前323年），昭阳率兵攻魏，后又移兵攻齐，齐王派使者陈轸成功游说昭阳，昭阳退兵。《战国策》、《史记》和出土的《鄂君启节》对此事均有记载，但对昭阳身份的记载不尽相同。为了便于分析，先把三则史料罗列如下：

> 《战国策·齐策二》："昭阳为楚伐魏，覆军杀将，得八城，移兵而攻齐。陈轸为齐王使，见昭阳，再拜贺战胜。起而问：'楚之法，覆军杀将，其官爵何也？'昭阳曰：'官为上柱国，爵为上执珪。'陈轸曰：'异贵于此者何也？'曰：'唯令尹耳。'陈轸曰：'令尹贵矣，王非置两令尹也。……今君相楚而攻魏，破军杀将，得八城，不弱兵，欲攻齐。……官（冠）之上非可重也。'"⑥
>
> 《史记·楚世家》："（楚怀王）六年，楚使柱国昭阳将兵而攻魏，破之于襄陵，得八邑。又移兵而攻齐，齐王患之。陈轸适为秦使齐，齐王曰：'为之奈何？'陈轸

① （战国）吕不韦著，陈奇猷校释：《吕氏春秋新校释》，上海古籍出版社2002年版，第1667页。

② （西汉）刘向集录，范祥雍笺证：《战国策笺证》，上海古籍出版社2006年版，第616页。

③ （西汉）刘向集录，范祥雍笺证：《战国策笺证》，上海古籍出版社2006年版，第615页。

④ 左言东：《楚国官制考》，《求索》1982年第1期。

⑤ 唐明礼：《试论楚令尹的特点以及与中原各国之相的异同》，《南都学坛》（社会科学版）1991年第2期。

⑥ （西汉）刘向集录，范祥雍笺证：《战国策笺证》，上海古籍出版社2006年版，第564~565页。

曰：'王勿忧，请令罢之。'即往见昭阳军中，曰：'愿闻楚国之法，破军杀将者何以贵之？'昭阳曰：'其官为上柱国，封上爵执珪。'陈轸曰：'其有贵于此者乎？'昭阳曰：'令尹。'陈轸曰：'今君已为令尹矣，此国冠之上……今君相楚而攻魏，破军杀将，攻莫大焉，冠之上不可加矣。今又移兵攻齐，攻齐胜之，官爵不加于此；攻之不胜，身死爵夺，有毁于楚。……此持满之术也。'"①

《鄂君启节》："大司马昭阳败晋师于襄陵之岁……"②

对于上述材料中柱国和大司马的关系，目前学术界主要有以下不同的观点和看法。缪文远先生认为："以鄂君启节铭文与《史记·楚世家》文互证，可知柱国即大司马……大司马总军政，与柱国当是一官之异名。"③ 骆科强认为："'柱国'不是官名，而应该是官名的代称，是'令尹'和'大司马'的总代称。"④ 谭黎明则认为："柱国是因战功而封，以表示其尊贵和对国家的贡献，是一种荣誉的称号。任大司马者可以同时任上柱国，但大司马当中不一定都是上柱国。"⑤

《史记》中昭阳伐魏时官为柱国，而《鄂君启节》的铭文则明确记载了此时昭阳为大司马。缪文远先生根据这两处材料的记载互证，因而判定"柱国即大司马"。这种"二重证据法"虽具有很强的实证性，但忽略了楚国当时具体的情况。这一时期的楚国官制既有柱国又有大司马，二者可能为不同的官职，此时的昭阳可能官为大司马且兼柱国之职；二者也可能是对同一官职的不同称呼，此时的柱国是对大司马的尊称，但并不是所有的大司马都可以称为柱国。因此并不能直接断定柱国与大司马相同。骆科强的说法也有不当之处，虽然柱国有可能是大司马的代称，但从陈轸和昭阳的对话中可知柱国的地位是低于令尹的，所以柱国不可能是令尹和大司马的总代称。而且柱国应该是楚国军功晋升系统中的职官名称，"覆军杀将，官为上柱国，爵为上执珪"，而非代称。谭黎明的说法虽然没有错误，但并没有明确说明柱国和大司马到底是什么关系。

解决这一问题的关键在于弄清楚此处的柱国和大司马是否为同一职官。如果柱国和大司马是两种不同的职官，但二者同属于军事职官，应有地位高低之分，那么此时的昭阳身兼柱国和大司马的可能性较小。如果二者为同一职官，那么大司马和柱国就是对同一职官的不同称呼。从陈轸和昭阳的对话中可知，柱国是因军功授予，仅次于令尹，而在柱国出现之前大司马是楚国的最高武官，地位也仅次于令尹。因此可以推测此时的柱国应当是统治者为了授予有功的大司马更高的荣誉，而对大司马的一种尊称。

这种情况类似于汉初相国和丞相的关系。《汉书·百官公卿表》云："相国、丞相皆秦官，金印紫绶，掌丞天子助理万机。秦有左右，高帝即位，置一丞相，十一年更名为相国，绿绶。"⑥ 相国，又称相邦，为百官之长，始于三晋，是由各国正卿执政被称为"相

① 《史记·楚世家》，中华书局1982年版，第1721~1722页。

② 于省吾：《"鄂君启节"考释》，《考古》1963年第8期。

③ 缪文远：《战国策新校注》（修订本），巴蜀书社1998年版，第345页。

④ 骆科强、宁立庆：《楚官称"柱国"考》，《喀什师范学院学报》2005年第4期。

⑤ 谭黎明：《论春秋战国时期楚中央军事职官及其演变》，《吉林师范大学学报》（人文社会科学版）2008年第2期。

⑥ 《汉书·百官公卿表》，中华书局1962年版，第724页。

国" 而演变出的官称。丞相出现晚于相国, 秦国首先设立丞相, 《史记·秦本纪》载: "(秦武王) 二年, 初置丞相, 樗里疾、甘茂为左右丞相。"① 丞相设立最初是为了分化相国的权力, 由多人担任。至汉初, 只保留一个丞相, 后改为相国, 《史记·萧相国世家》载: "汉十一年……上已闻淮阴侯诛, 使使拜丞相何为相国, 益封五千户, 令卒五百人一都尉为相国卫。"② 作为丞相, 萧何已为百官之长, "相国" 只是刘邦对萧何的一种尊称和封赏, 以彰显其对于国家的重要性, 绿绶表明其地位更加尊贵。丞相与相国虽然荣誉地位不同, 但职能相同, 二者均 "掌丞天子助理万机", 萧何在任相国以后职能也没有大的变化, 因此史籍中对萧何既可称相国又可称为丞相, 前者只是一种荣誉称呼。楚怀王时期的柱国和大司马也应是这种关系, 柱国只是对大司马的一种尊称, 二者实为一职。《史记》和《鄂君启节》的记载虽然不同但并不矛盾, 只不过是不同的史料对昭阳称呼不同。《战国策》中并没有记载昭阳伐魏时为柱国, 司马迁在编撰《史记》时很可能依据了其他史料的记载。

柱国和大司马的这种关系源于此时楚国具体的国情, 昭阳伐魏发生在怀王前期, 此时楚国继威王之世尚属强盛。楚威王时期, 四处征战, 扩张领土, 楚国达到了战国时期的顶峰。为了有力推行兼并战争以及应对齐、秦等强敌的军事威胁, 楚国统治者必然加强对武官的重视, 因而授予有功的大司马更高的荣誉, 尊称为柱国。此时的昭阳官为大司马, 且被尊为柱国, 后世不同的史料对其官称记载的不同, 才造成今人解读的困惑。

三、楚襄王时期柱国的演变情况

柱国和大司马还有见于同一条史料的情况, 而且职能不同, 这说明二者的关系发生了变化。

> 《楚策二·楚襄王为太子之时》载: "上柱国子良入见……王发上柱国子良车五十乘, 而北献地五百里于齐。发子良之明日, 遣昭常为大司马, 令往守东地。"③

子良, 楚襄王时 (前298—前263年) 上柱国, 这条史料记载了楚襄王从齐归国即位时, 齐国派使者按照之前的约定来求取楚东地, 楚襄王与子慎以及子良、昭常、景鲤三位大夫商议对策的事情。这则史料中, 在询问对齐之策时, 柱国子良最先受到楚襄王的召见, 而且 "王发上柱国子良车五十乘, 而北献地五百里于齐", 可见此事中的柱国子良是负责军事外交和领兵作战的重要职官。而同为大夫的昭常提出了防守的建议, 在被楚襄王任命为大司马后, 昭常 "往守东地"。由此可知这一时期的 "大司马" 也为重要的军职, 具有统兵的职能。但从柱国子良和大司马昭常在这一事件中的不同分工以及被召见的顺序可以看出, 这一时期楚国的柱国和大司马已经分离为两种不同的职官, 而且职能并不相同。柱国子良主要负责对齐国的军事外交和领兵作战, 而大司马昭常则承担守护国土的职

---

① 《史记·秦本纪》, 中华书局1982年版, 第209页。
② 《史记·萧相国世家》, 中华书局1982年版, 第2017页。
③ (西汉) 刘向集录, 范祥雍笺证: 《战国策笺证》, 上海古籍出版社2006年版, 第833~834页。

能。此时柱国的地位应高于大司马，已成为楚国最高的军事职官。

这种变化很可能与怀王以来楚国不断衰落，外部危机不断加深的历史背景相关。楚襄王时，随着怀王客死在秦，楚国国势迅速衰落。秦国掠取了楚国的大片领土，公元前278年，白起拔郢，襄王被迫迁都至陈，楚国内忧外患，形势更加危急。面临外部强国的威胁，统治者自然加强对外的军事力量，进一步提升军事职官的地位。曾为大司马尊称的柱国此时就独立出来，外出统兵作战，并取代司马成为楚国的最高武官。

《战国策》中还有一条史料同见柱国和司马两种官职。

《韩策·史疾为韩使楚》载："（史疾）曰：'今王之国有柱国、令尹、司马、典令，其任官置吏，必曰廉洁胜任。'"① 对这则史料中的柱国、令尹、司马、典令，学界有不同的看法。缪文远先生认为："柱国，即大司马，楚最高军职。令尹，楚军政长官，相当于他国之相。司马，主军事。典令，盖主出纳王命。"② 骆科强把此句断读为"今王之国，有柱国令尹、司马典令"，将"柱国"释为"令尹"、"司马"的总称，"典"作动词用。他认为"柱国"最早是作为"都城"的代称，其后可能是因为令尹和司马都住在都城，所以"令尹"和"司马"也可称为"柱国"，它表示"令尹"和"司马"地位的重要，犹如都城一样，是国之支柱，今之谓栋梁是也。③

如按缪先生所言，此处的柱国即大司马，而其后又列出司马之职，有重复之嫌。因为司马和大司马同为一职，前者是对后者的简称，两者是在不同场合的不同称呼。"司马"源于周制，为楚国所借鉴，是主管军事的官职，后被称为"大司马"，以区别于增设的左、右司马。如《左传·襄公十五年》载："芴子冯为大司马，公子橐师为右司马，公子成为左司马。"④《左传·襄公三十年》载："公子围杀大司马芴掩而取其室。申无宇曰：'王子必不免。善人，国之主也。王子相楚国，将善是封殖，而虐之，是祸国也。且司马，令尹之偏，而王之四体也。'"⑤ 如果此时的柱国就是大司马，那么史疾就没有必要再列出司马之职。此处柱国和司马并列出现，说明这个时期二者可能已经分离，柱国不再仅仅是对司马的尊称。

骆科强的断读虽有新意，但忽略了这句话的前后背景。史疾为了向楚王解释正名可以治国，故列举楚国的几种职官，"今王之国有柱国、令尹、司马、典令"，后面紧接着说"其任官置吏，必曰廉洁胜任"，"其"就是指这些列举出的官职。这句话的重点是指出担当这些楚官的人必须廉洁奉公，并能够胜任，故此处不应该仅指令尹和司马两种官职。而且令尹地位是高于柱国和司马的，这点无疑，所以柱国不应是令尹的代称。如果令尹和司马都可称为柱国，那二者又如何区别。此处史疾把柱国、令尹和司马并称，恰恰说明这个时期三者并不相同，不是同一职官。至于这条史料中柱国排在令尹之前，有两种解释：一种可能是这一时期在军中的官职地位，柱国在令尹之前，故这样排列。另一种可能是此处的柱国、令尹和司马指具体的人，即当时楚国任此三职的官员。史疾以此三人的实例向楚

① （西汉）刘向集录，范祥雍笺证：《战国策笺证》，上海古籍出版社2006年版，第1574页。

② 缪文远：《战国策新校注》（修订本），巴蜀书社1998年版，第861页。

③ 骆科强、宁立庆：《楚官称"柱国"考》，《喀什师范学院学报》2005年第4期。

④ 杨伯峻：《春秋左传注》，中华书局2009年版，第1022页。

⑤ 杨伯峻：《春秋左传注》，中华书局2009年版，第1178~1179页。

王阐释"正名"的作用，担任柱国的人可能因功勋卓著，德高望重而被史疾首先列举了出来，此处三者的排列与职位大小可能并无关系。

这条史料并没有明确的时间记载，史书中关于史疾的记载也仅此一例，但从其与楚王的对话中可知，其时间应在列子之后。"楚王问曰：'客何方所循？'曰：'治列子圉寇之言。'"① 列子，大约生活在战国前期，见于《汉书·古今人表》②，位于韩景侯（前408—前400年在位）和魏武侯（前395—前370年在位）之间，与郑子阳同时，"卒年当在公元前398年之前"。③ 史疾把列子的话奉为圭臬，可见列子之言在当时已受人推崇，史疾距离列子的年代可能较远。对照楚怀王时期柱国的特征，此时的柱国与大司马已经分离，成为两种不同的官职，与襄王时期柱国和大司马的关系相似，那么"史疾为韩使楚"的时间应不早于怀王六年（前323年），可能发生在襄王或襄王以后的时期。

四、战国末年柱国的战时性特征

战国末年，随着国家形势的日益严峻和亡国危机的不断加深，楚柱国的地位进一步发生变化，具有明显的战时性特征。在这一特殊时期，楚国可能并没有设置令尹，柱国成为楚国地位最高的职官。

《吕氏春秋·淫辞》中载"荆柱国庄伯令其父视日"，东汉高诱注："柱国，官名，若秦之有相国。"④ 楚国官制中没有相国，令尹就等同于他国之相，史籍中也常把令尹比附相职，而柱国地位仅次于令尹。此处高诱之所以把柱国比作秦之相国，不提令尹，可能是这一时期的楚国并没有设令尹，柱国成为仅次于楚王的最高职官，地位等同于他国的相。史籍中有载的楚国最后一任令尹是楚幽王时的李园，权力甚大，其后的哀王、楚王负刍和昌平君时期均不见令尹之职，因而柱国地位的此种变化应在幽王之后。

楚哀王上位两月就被襄王庶子负刍的门徒袭杀，那么庄伯的身份有两种可能：一是楚王负刍时期的柱国。这一时期楚国已到了灭亡的边缘，战争的胜负往往决定了国家的命运。而总领军政大权的令尹往往"取于贵族公子"，在这种特殊的战争环境下，以庶子身份篡位的负刍一方面为了控制政权，另一方面为了应对与秦国的战争，因而并未委任大臣担任令尹，此时柱国就成为楚国地位最高的官职。史籍中项燕为楚王负刍时期的最高军事职官，指挥楚国全部军队与王翦所率60万秦军对垒，兵败被杀，楚国也相继灭亡。由此推测，项燕应为此时的楚柱国，而"庄伯"当是项燕死后的谥号。《谥法》曰："谥者，行之迹也……是以大行受大名，细行受小名；行出于己，名生于人。"⑤ 据杜建民先生考证，周人创制谥号的初衷本无褒贬之意，只是为了尊祖敬宗，神事先王。而到了春秋战国

---

① （西汉）刘向集录，范祥雍笺证：《战国策笺证》，上海古籍出版社2006年版，第1574页。

② 《汉书》，中华书局1962年版，第941页。

③ 刘佩德：《列子学研究》，华东师范大学博士学位论文，2013年。

④ （战国）吕不韦著，陈奇猷校释：《吕氏春秋新校释》，上海古籍出版社2002年版，第1199页。

⑤ 黄怀信、张懋镕、田旭东：《逸周书汇校集注》（修订本），上海古籍出版社2007年版，第625~627页。

之际，礼崩乐坏，宗法制衰落，谥号才具有"惩恶劝善"的意义。① "庄"在《谥法》中为美谥，多形容死者生前好勇尚力，战功卓著："兵甲亟作曰庄。叡通克服曰庄。死于原野曰庄。屡征□伐曰庄。武而不遂曰庄。"② 以"庄"为谥，也恰与项燕生前的身份与功绩相符合，因此庄伯应当就是项燕的谥号。除此之外，庄伯还可能是昌平君时期的柱国。《史记》中载："荆将项燕立昌平君为荆王，反秦于淮南。"③ 此处的"项燕"据罗运环先生考证应是败逃的楚将或项氏其他为将者。④ 庄伯也可能是此人的谥号，他假借项燕之名立昌平君为荆王，"反秦于淮南"，作最后的抵抗。立昌平君者身为武将，可能被封为柱国，地位仅次于荆王。但这一政权存在时间较短，很快就被秦国攻灭。而且与项燕相比，败逃的楚将或项氏其他为将者无论是地位还是功绩都相差甚远，庄伯不太可能是这些人的谥号。由此可见，此处的庄伯当是项燕。在这一特殊时期，柱国具有明显的战时性特征。此时的楚国可能并没有设令尹，作为最高武官的柱国成为楚国的最高官职，这也与楚国晚期国势不断衰落，柱国地位不断提高的背景相契合。

这一变化情况，也可从秦末农民起义战争中柱国的设置进行佐证。起义之初，房君蔡赐被封为柱国，《张耳传》中载"相国房君"，也以柱国比作相国。卜宪群认为："《汉书·张耳传》称房君为相国，当是以柱国比相国，类似于战国时列国常以相职比附楚之令尹。"⑤ 而西晋的晋灼认为："《张耳传》言'相国房君'者，盖误尔，涉初号楚，因楚有柱国之官，故以官蔡赐。盖其时草创，亦未置相国之官也。"⑥ 这种理解是不对的，此时的柱国之官并不是草创，一是因为楚官制中本没有相国；二是由于特殊的战时环境，此时所设的柱国地位等同于过去的"令尹"。张楚政权建立后，仍要面对与强秦的战争，带兵打仗是最重要的，故其官职的设立多以武官为主，且多承袭旧楚军事职官。而楚国武官中地位最高者为柱国，因此为了拉拢一些实力较强的人物，多立其为柱国，统领军队作战。由于面临与战国末期相似的战时环境，这种情况很可能是对那个时候柱国地位的一种效仿与延续。

五、结　语

本文通过对文献中的楚官"柱国"进行研究考证，对这一官称产生、演变的情况有了新的认识与发现。史籍中"柱国"这一概念，最早见于楚惠王时期，本义指都城。其作为一种官称，最早见于怀王时期，是对大司马的尊称，类似于汉初相国与丞相的关系。此时的柱国和大司马是对同一官职的不同称呼，主要职能为外出统兵作战。楚襄王时期，柱国成为独立的官职，地位已高于大司马，成为楚国的最高武官。战国末年，随着亡国危

---

①　杜建民、崔吉学：《论谥号文化内涵的演变》，《史学月刊》1994 年第 5 期。

②　黄怀信、张懋镕、田旭东：《逸周书汇校集注》（修订本），上海古籍出版社 2007 年版，第 667~669 页。

③　《史记·秦始皇本纪》，中华书局 1982 年版，第 234 页。

④　罗运环：《楚国八百年》，武汉大学出版社 1992 年版，第 398 页。

⑤　卜宪群：《秦制、楚制与汉制》，《中国史研究》1995 年第 1 期。

⑥　转引自《史记·陈涉世家》，中华书局 1982 年版，第 1954 页。

机的不断加深，此时的柱国具有明显的战时性特征。楚幽王以后可能并没有设令尹，柱国成为地位最高的职官，这种变化可与秦末农民起义时期柱国的设置情况互相佐证。项燕应为楚王负刍时期的柱国，《吕氏春秋》中所载的"荆柱国庄伯"应当就是项燕，"庄伯"为项燕死后的谥号。

（作者单位：武汉大学历史学院）

论《碛砂藏》对《思溪藏》随函音义音切的修订

□ 李广宽

　　20世纪30年代上海影印宋版藏经会影印《碛砂藏》时，因底本残缺补配了《思溪藏》、《普宁藏》、《永乐南藏》等其他经本。所补《思溪藏》是北平松坡图书馆（今国家图书馆）藏本，清末杨守敬从日本访回，共补了341卷。① 据我们统计，其中203卷有随函音义，包含13428条音切，占影印本《碛砂藏》随函音义音切总量134111条的10%左右，数量可观。《思溪藏》在《碛砂藏》之前，二者同属宋元时期南方系统的大藏经，且存在传承关系。所以可以利用这203卷音义与《碛砂藏》同卷音义比较，来考察随函音义在传承过程中的变迁情况。随函音义最重视注音，本文考察音切方面的变化。

　　用来与《思溪藏》比较的《碛砂藏》随函音义，我们取自其覆刻本《洪武南藏》。《洪武南藏》是明代首部官版大藏经②，"是宋元刻版《碛砂藏》的覆刻本，又较《碛砂藏》新增入87函诸宗要典"③。覆刻是将"经板的刷印件，直接附在板材上进行雕刻"，可以说是原物再现，不过在编目、经文、版式等方面的个别地方也略有调整。④ 1999年四川省佛教协会影印了四川省图书馆所藏的海内孤本（原藏崇庆县上古寺），少数残缺部分补配了清代的《龙藏》。我们比对了《碛砂藏》与《洪武南藏》大量同卷音义，发现二者版面、字体完全一致，显然是覆刻。不过覆刻过程中亦偶有讹误和脱文，如《碛砂藏·大般若经》卷一音义"腼：时软反"条中"软"（Q1/9a），《洪武南藏》误作"漱"（H1/22）；卷九音义的最后一行（Q1/74b），《洪武南藏》脱（H1/194）。⑤ 好在这类错误基本上可以判断出来。可以说《洪武南藏》随函音义几乎再现了《碛砂藏》随函音义的原貌，完全可以代表《碛砂藏》与《思溪藏》进行比较。

――――――――――――――

　　① 参见李富华、何梅：《汉文佛教大藏经研究》，宗教文化出版社2003年版，第253页。

　　② "根据其镌刻于明惠帝建文年间"，当"改称《建文南藏》"（参见李富华、何梅：《汉文佛教大藏经研究》，宗教文化出版社2003年版，第375页）。但1999年影印时仍称《洪武南藏》，姑仍旧。

　　③ 参见李富华、何梅：《汉文佛教大藏经研究》，宗教文化出版社2003年版，第388页。

　　④ 参见李富华、何梅：《汉文佛教大藏经研究》，宗教文化出版社2003年版，第388~392页。

　　⑤ 括号内的字母、数字是音义的出处。Q1/9a，表示出自影印本《碛砂藏》（即《影印宋碛砂藏经》）第1册第9页上栏（若是"b"则表示下栏）；H1/22，表示出自《洪武南藏》第1册第22页。

　　上文指出，补配在影印本《碛砂藏》中的《思溪藏》随函音义共 203 卷，《洪武南藏》与之对应的经卷中，脱音义的 37 卷，补自《龙藏》的 17 卷，可以进行比较的音义共 149 卷。不过《碛砂藏》所补的《海龙王经》卷四音义（Q173/36b）与经文对应不上，当是影印时缀合错误，无从比较，故二者可比较的音义是 148 卷。

　　《思溪藏》这 148 卷音义中的音切总数为 10440 条，反切 6903 条，直音 3537 条。与《思溪藏》相比，《碛砂藏》省略的音切约 1600 条，主要是删减词条所致；增加的音切有 31 条，有些是增加词条而增，有些是为无注音词头增加注音而增。除去省略和增加的音切，《碛砂藏》的音切绝大多数与《思溪藏》相同，只有少数有修订，表现在外在形式、被注字和音切用字三个方面。外在形式的修订主要是简化，包括部分词条省略又音、省略显示音切来源的信息（如"泚：旧音直饥反"条中的"旧音"）、省略注音中的附加信息（如"彷徉：上音傍，平声"条中的"平声"）、改变二音说解方式（如"肪膏：上音方，下音高"改为"肪膏：方高二字"）等。这些与删减词条、简化词目、省略释义、省略字形说解一样，体现了《碛砂藏》对《思溪藏》随函音义的整体修订情况。关于这个问题，我们将另文讨论。被注字的修订有 34 条，都是订正有误字形，如"同：音同"（Q169/11b）被改为"桐：音同"（H57/284）。这些只涉及字形层面，无关其他，我们不作讨论。本文集中讨论音切用字的修订。

　　《碛砂藏》对《思溪藏》音切用字的修订，若以《广韵》音系作为参照系，大多涉及音类变化，少数音类不变。

一、涉及音类变化

　　音切用字的修订涉及音类变化的共 117 例，修订主要根据《广韵》音系，少数根据通语音变，偶尔根据方音。

1. 据《广韵》音系修订的音切共 106 例

　　一是被改音切原为误字，83 例。如：

　　蔓：音反。（Q283/14a）反⇒万（H99/297）①

按，蔓字《广韵·愿韵》无贩切，微母。《思溪藏》以非母阮韵"反"为直音字，误。《碛砂藏》改为微母愿韵"万"，是也。反字是万字的形近误字。

　　调戏：上徒巾反，调谑。（Q257/39b）巾⇒吊（H89/382）

按，调字《广韵·啸韵》徒吊切。《思溪藏》以真韵"巾"为切下字，误。《碛砂藏》改为啸韵"吊"，是也。巾字是吊字的脱旁误字。

　　挈船：上昔结反，或作刻。（Q472/75b）昔⇒去（H170/338）

按，挈字《广韵·屑韵》苦结切，溪母。《思溪藏》以心母"昔"为切上字，误。《碛砂藏》改为溪母"去"，是也。不过，昔字当是苦字的形近误字，《碛砂藏》改用的是同声母的其他字。

————————————

　　①　"反⇒万"表示"反"被改为"万"。若被改的不仅是反切用字，还涉及词目、释义等，则列出整个词条。

二是被改音切本属方音，4 例：

挫折：上则卧反，又七到反。（Q478/87a）到⇒卧（H172/466）

按，本条首音是字头本音，反切用字与《广韵》相同，又音是其通假字"到"字读音。①到字《广韵·过韵》卢卧切，《思溪藏》以号韵"到"为切下字，与宋词用韵中歌梭、豪宵两部合用的现象相同，是典型的宋代福建方音特点。②《思溪藏》及其随函音义继承于北宋时期刻于福州的《崇宁藏》，"歌豪相混"乃源于此。《碛砂藏》则据《广韵》改"到"为"卧"。

潜：侧焰反，焰字借声，谮也，毁也。（Q158/42b）⇒潜：侧禁反，谮也，毁也。（H54/54）

谶：楚店反。（Q210/87b）店⇒禁（H71/471）

谶：楚店反。（Q472/76a）店⇒潜（H170/340）

按，以上三例的被切字是《广韵·沁韵》庄组字，"潜"，庄荫切，庄母，"谶"，楚谮切，初母。《思溪藏》以艳韵"焰"、橹韵"店"为切下字，且指明"焰字借声"，反映的是沁韵（主要元音为 $\ast$ə）庄组字读同艳、橹韵（主要元音为 $\ast$a）③，也是福建方音。现代福建方音中沁韵庄组字的主要元音为 a，有别于非庄组字的 i 或 e，应该是古方音的遗留。如生母"渗"字在闽方言区的四地读音为：

厦门：$\begin{smallmatrix} sim\ 文 \\ siam\ 白 \end{smallmatrix}$　潮州：ts'am　福州：saiŋts'aŋ　建瓯：saiŋ④

《碛砂藏》则据《广韵》音系改艳韵"焰"、橹韵"店"为沁韵"禁潜"，同时删除了附加信息"焰字借声"。

三是被改音切本属异读，6 例。如：

妖蛊：下音野。（Q158/43b）野⇒㼛（H54/54）

按，蛊字《广韵·姥韵》公户切，见母。《思溪藏》以以母马韵"野"为直音字，《碛砂藏》则据《广韵》音系改为见母姥韵"㼛"。"以母马韵"本为蛊字的异读，如《文选·张衡〈西京赋〉》"妖蛊艳夫夏姬"句的"蛊"，李善"音古"，五臣"（音）也"，⑤分别读见母姥韵、以母马韵。又如《玄应音义》卷 3"蛊道"条的"蛊"注为"公户反，《声类》翼者反"⑥，分别读见母姥韵、以母马韵。《集韵·马韵》已增收蛊字的这一异读，即以者切。

---

① 随函音义有时以又音表示字头的通假字、形近字读音，如"揩：苦皆反，又上声"（Q169/51b）条的又音是形近字"楷"的读音。"挫㓲"相通例《思溪藏》还有：挫之：正作㓲，千卧反，刮㓲也（Q158/43a）。

② 参见鲁国尧：《宋代福建词人用韵考》，《语言学文集：考证、义理、辞章》，上海人民出版社 2008 年版，第 121 页。

③ 随函音义中盐添两个韵系有大量的混切，说明已经合并。主要元音的构拟参照《广韵》音系而来。

④ 参见北京大学中文系语言学教研室编：《汉语方音字汇》（第二版重排本），语文出版社 2003 年版，第 283 页。

⑤ 参见《六臣注文选》，中华书局 2012 年版，第 60 页。

⑥ 参见《中华大藏经》第 57 册，中华书局 1993 年版，第 159 页。

　　榛：上助巾反。(Q307/108b)　助⇒侧　(H107/531)

按，榛字《广韵·臻韵》侧诜切，庄母。《思溪藏》以崇母"助"为切上字，《碛砂藏》则据《广韵》改为"侧"。榛字读崇母本属异读。《思溪藏》的一例证据是：榛木：上助巾反，荒藜丛刺也，又侧巾反。(Q471/45b)《集韵·臻韵》已增收榛字的这一异读，即锄臻切。

　　四是被改音切本来与《广韵》的一个读音相同，改后则与另外一个读音相同，这个读音应该是当时的常用读音，4例。如：

　　㑛吮：上音朔，下辝软反。(Q299/42b)　辝软⇒食允　(H105/54)

按，吮字，《广韵·准韵》食尹切，《狝韵》徂兖切，又徐兖切，三音词义相同。《思溪藏》所注与《广韵》"徐兖切"同音，《碛砂藏》所改则与"食尹切"同音。现代北京话读 shǔn，继承的就是"食尹切"，这应该也是《碛砂藏》时代的常用读音。

　　鸯婆：上於郎反，下其主反。(Q465/29b)　郎⇒良　(H167/250)

按，鸯字，《广韵·阳韵》於良切，《唐韵》乌郎切，二音词义相同。《思溪藏》所注与《广韵》"乌郎切"同音，《碛砂藏》所改则与"於良切"同音。现代北京话读 yāng，继承的就是"於良切"，这应该也是《碛砂藏》时代的常用读音。

　　五是被改音切本属通语音变，6例。如：

　　瞿昙：上音衢，下音谈，仙人呼佛之姓氏。(Q128/61a)　上音衢，下音谈⇒劬潭二字　(H44/179)

按，瞿昙二字的注音都被修订，瞿字不涉及音类变化，是改用笔画简单的字形。昙字《广韵·覃韵》徒含切，定母。《思溪藏》以定母谈韵"谈"为直音字，反映的是咸摄一等重韵谈覃混并这一通语音变。《碛砂藏》则据《广韵》音系改为定母覃韵"潭"。

　　凝玄：上於陵反。(Q468/12a)　於⇒鱼　(H168/297)

按，凝字《广韵·蒸韵》鱼陵切，疑母。《思溪藏》以影母"於"为切上字，反映的是中古以后疑母字与影母字合流这一通语音变。《碛砂藏》则据《广韵》改为"鱼"。

　　挫锐：上磋卧反　(Q478/40a)　磋⇒则　(H172/342)

按，挫字《广韵·过韵》则卧切，精母（不送气）。《思溪藏》以清母（送气）"磋"为切上字，与《中原音韵》和现代北京话相符，属通语音变。《中原音韵·歌戈韵·去声》中挫字与送气的"锉剉莝磋"同音。现代北京话中挫字读送气音。《碛砂藏》则据《广韵》改"磋"为"则"。

　　此外，还有三例不能归为以上五种情况：

　　涕零：上音梯。(Q210/87b)　⇒涕：音剃。(H71/471)

按，涕字《广韵·霁韵》他计切，去声。《思溪藏》注为平声"梯"，很可能是受平声"零"的影响而造成的连读变调。《碛砂藏》则据《广韵》音系改为去声"剃"。

　　伛：乌梀反。(Q283/14a)　梀⇒禹　(H99/297)

按，伛字《广韵·麌韵》于武切。《思溪藏》以侯韵"梀"作为切下字，很可能是受字形影响所致。"伛"不是口语常用字，这类字的读音容易受字形影响，如"鼓浪屿"的"屿"，《广韵·语韵》徐吕切，与"叙绪序"等字同音，今北京话不读 xù 而读 yǔ，与其声符"与"相同。"伛"同声符的字许多都读侯韵，如"殴鸥讴瓯欧"，《思溪藏》所注大概受其影响。《碛砂藏》则据《广韵》音系改为麌韵"禹"。

欮诚：上<u>过</u>管反。（Q466/55a）过⇒苦（H167/543）

按，欮字《广韵·缓韵》苦管切，溪母（送气）。《思溪藏》以见母（不送气）"过"为切上字，可能实际语音中有此一读。中古以后偶有送气与不送气互转的现象，如上述的"挫"，又如"脍浍鲙会"等，《广韵·泰韵》古外切，见母，本为不送气音，今皆读送气。《碛砂藏》则据《广韵》改"过"为"苦"。

2. 据通语音变修订的音切共 10 例

一是被改音切本与《广韵》同音，7 例。如：

阓阓：上音还，下<u>携</u>对反。（Q128/61a）⇒阓阓：还会二字。（H44/179）

按，阓字《广韵·队韵》胡对切，匣母。"携对反"与《广韵》同音，《碛砂藏》改为直音"会"，匣母泰韵。泰队相混属通语音变。

匮：求<u>位</u>反。（Q250/82b）位⇒贵（H87/305）

按，匮字《广韵·至韵》求位切。《思溪藏》反切与《广韵》相同，《碛砂藏》将切下字改为未韵"贵"。未至相混属通语音变。

二是被改音切本属通语音变，1 例：

暨：居<u>弃</u>反，至也，及也。（Q169/26b）⇒暨：居<u>臂</u>反。（H57/304）

按，暨字《广韵·未韵》居豙切。《思溪藏》以至韵"弃"为切下字，《碛砂藏》改为寘韵"臂"。未至置相混属通语音变。

三是被改音切本有脱文或可能存在误字，2 例：

伥幛：□孟_{映韵}反，下正。（Q195/34b）⇒幛：侧更反。（H66/235）

按，幛字《广韵·映韵》猪孟切，知母。《思溪藏》脱切上字，留有一字空格。《碛砂藏》以"侧"为上字，同时改下字为"更"。"更"属映韵，不涉及音类变化。"侧"属庄母，庄知相混属通语音变。

疫病：上<u>乎</u>益反。（Q242/49b）乎⇒于（H84/149）

按，疫字《广韵·昔韵》营隻切，以母。《思溪藏》以匣母"乎"为上字，与以母语音相差较大。《碛砂藏》改为于母"于"，于以相混属通语音变。"乎"与"于"字形相近，乎字可能是于字的形近误字。

3. 据方音修订的音切仅 1 例

你：尼尔反，平声。（Q170/65a）⇒你：尔平声。（H58/27）

按，你字《广韵·止韵》乃里切，娘母。《思溪藏》以娘母"尼"为上字，以纸韵"尔"为下字，同时附注声调"平声"。本条出自《护命法门神呪经》音义，《思溪藏》对应经文为："畔柁你_{平声呼。下皆同。自此已下，字注平}_{上去人者，皆依平上去人声呼之。}"（Q170/60b）这是一段佛经呪语，是梵语音节的直接转读，为了准确表音，佛经翻译时往往附有注音或相关说明。随函音义附注声调乃源于此。《碛砂藏》改反切为直音"尔"，日母纸韵。纸止相混属通语音变，娘日相混则是吴方言的特点。今苏州话中"你"字的白读就是"尔"字的训读。①《碛砂藏》

———————————————————

① 参见北京大学中文系语言学教研室编：《汉语方音字汇》（第二版重排本），语文出版社 2003 年版，第 80 页。

刊于苏州，本条修订反映了当地的方音。

以上三种修订，依据方音的最少，仅 1 例，这是修订时无意中流露方音所致，而非有意为之。依据《广韵》的最多，共 106 例，主要是将不符合《广韵》音系的改从《广韵》，可以说《广韵》是音切修订的主要参照标准。依据通语音变的有 10 例，从数量上看远少于前者，但被修订的音切有 7 例本与《广韵》相符，这说明通语音变也是音切修订的参照标准之一。若从音切修订的选择对象看，更能看出修订者对通语音变的态度。

有误音切是被修订的最多一类，是重点修订对象，共 83 例，占修订总量 143 例的近六成。少数反映方音的音切也会被修订。而大量反映通语音变的音切则几乎不作为修订对象，据《广韵》而改的此类音切仅 6 例（见上文）。如《广弘明集》卷二十六音义（Q478/87a-b，H172/466-468）有 4 例音切被修订，3 例是有误音切①，1 例是反映方音的音切（即上文的"挫折"条），而反映通语音变的 7 例音切都未被修订，依次是：嶵：直利反（至祭相混）、蒭：昌朱反（初昌相混）、祈：正作祁，音祗（支脂相混）、缩：所谷反（屋烛相混）、糺：俱有反（有黝相混）、唵：音淡（全浊上去相混）、雉：直尒反（纸旨相混）。综观 148 卷用以比较的音义，《思溪藏》被《碛砂藏》继承的反映通语音变的混切，声类方面有：非敷相混、泥娘相混、船禅相混、影于相混、影以相混、于以相混、日以相混、知章相混、庄章相混、初昌相混、端定相混、透定相混、彻澄相混、精从相混、见群相混、溪羣相混；韵类方面有：东_冬相混（举平以赅上去）、东=钟相混、屋=烛相混、支脂相混、之支相混、之脂相混、支微相混、脂微相混、之微相混、鱼虞相混、队泰相混、代泰相混、佳皆相混、祭废相混、祭霁相混、至祭相混、支齐相混、脂齐相混、臻真相混、真欣相混、桓删相混、山删相混、黠辖相混、仙元相混、先仙相混、萧宵相混、阳合口唐相混、耕庚_相混、麦陌_相混、庚=清相混、锡昔相混、蒸清相混、职昔相混、尤幽相混、尤唇音侯相混、尤唇音虞相混、覃谈相混、合盍相混、覃咸相混、咸衔相混、洽狎相混、添盐相混、叶业相混；调类方面是全浊上去相混。可见，这类音切是修订者认可的，无需修订。

《广韵》音系继承于《切韵》。《切韵》成书于隋仁寿元年（601 年），它的音系基础是"公元 6 世纪南北士人通用的雅言"②。《切韵》在唐初被官方定为悬科取士的标准韵书，影响深远。《切韵》重在辨音，收字释义相对简略，唐代递有增修，增字加训、刊谬补缺，出现了一系列韵书。到了宋代，偃武修文，大崇文教，太平兴国二年太宗下诏详定《切韵》。景德四年有《校定切韵》，祥符元年有《大宋重修广韵》。《广韵》是《切韵》系韵书的集成之作，影响极大，以至于此前诸书逐渐散佚。《碛砂藏》修订《思溪藏》音切，主要依据《广韵》音系，是很自然的事。但是，宋代的实际语音已与这个音系有了较大差异，宋人笔记、诗词文用韵等材料都有反映。《思溪藏》随函音义中已大量存在反映各类通语音变的音切，亦有少量反映方音的音切。《碛砂藏》对其修订时，几乎不选择反映通语音变的音切，主要是因为它们与当时的实际语音相符，修订者视其为正常音变，另外也因为这类音切太多，若都据《广韵》修订，则改不胜改。

---

① 分别是："蛾：音（我）［俄］。""憚：徒（且）［旦］反。""齧：鱼（吉）［结］反。"按，（）内的是《思溪藏》的误字，［］内的是《碛砂藏》改正的字，下页脚注同。

② 周祖谟：《切韵的性质和它的音系基础》，《问学集》，中华书局 1966 年版，第 471 页。

关于方音音切的修订，《碛砂藏》是有选择的。《思溪藏》中有三类 8 例方音音切，歌豪相混 1 例、沁艳（添）相混 3 例、真蒸韵系相混 4 例。前两类的 4 例都被修订（见上文）。第三类的 4 例，《碛砂藏》因删减词条而省略了 1 例，其余 3 例都未被修订，即：

　　拯：之忍反。（Q359/9b、H127/297）拯其溺：上至忍反，拔也；下奴的反，沉溺也。（Q475/18b、H171/68）胤：音孕。（Q453/158b、H162/291）

　　拯字是《广韵》蒸韵系的上声字，孕字是去声字，韵尾为-ŋ；忍字是真韵系的上声字，胤字是去声字，韵尾为-n。这 3 例的同卷音义中都有被修订音切①，它们不被修订，唯一的可能就是与当地（苏州）的实际语音相符，是被认可的方音。这一方音现象一直延续到现在，现代苏州话中，真蒸韵系的字韵腹相同，韵尾都是-n。可见，方音音切修订与否的判断标准是当地的实际语音，歌豪相混、沁艳（添）相混反映的是福建方音，是《思溪藏》从《崇宁藏》中继承而来，与当地语音不符，所以全部被修订，而真蒸相混与当地语音相合，所以都被保留。

二、不涉及音类变化

　　音切用字的修订不涉及音类变化的仅 26 例。② 这些修订，有些是依据《广韵》或经文自带音切，有些是使注音更加明确，有些是改用笔画简单的字形或简单的注音方式，有些属于反切改良。

1. 据《广韵》而改，4 例

　　阿耨：下奴毒反。（Q280/9b）奴毒⇒内沃（H98/282）
　　森：音蔘，列翠之皃。（Q453/158b）⇒森：所今反，长木皃。③（H162/291）
按，耨字《广韵·沃韵》内沃切。森字《广韵·侵韵》所今切，"长木皃"。第二例不光注音改从《广韵》，释义亦改从。《碛砂藏》修订音切主要依据《广韵》音系，改用与《广韵》相同的反切用字是有意为之。

2. 据佛经自带音切而改，1 例

　　㗚：呼讫反。（Q170/65a）呼⇒诃（H58/27）
按，本条与上文据方音修订的"你"字条同出于《护命法门神咒经》音义，《思溪藏》对应经文为："婆啰㗚诃讫反摩遮哩尼。"（Q170/61a）本条所改乃据经文自带反切。

3. 将音切中的多音字改为单音字，2 例

　　犎牛：上古厚反，取牛乳也。（Q430/78a）后⇒候（H153/487）

---

　　① 各举一例："（玄）[沿]：音缘。""邵：（古）[市] 照反。""析诡：上先击反，剖析也；下（适）[过] 委反，诡，诈也。"
　　② 其中不包括俗字改为正字的这类修订，如闁闭、零零、莱桑、夹夾、図网、仾低、夲本、盖盖（每组前者为俗字，出自《思溪藏》，后者为正字，出自《碛砂藏》）。这些只属于字形上的规范，不涉及其他。
　　③ 本条切下字原文误作"令"。

禘：音弟，大祭也。（Q475/19a）弟⇒第（H171/69）

按，"䃩、禘"都是去声字，而音切中的"后、弟"《广韵》皆有上去两读。修订时参照的是《广韵》音系，为了消除分歧，改用单纯的去声字"候、第"，从而使其表音更加明确。

4. 改用笔画简单的字形（6 例）或简单的注音方式（1 例）

脾肾：上频弥反，下时忍反。（Q139/7b）频⇒平（H47/193）

戾：零帝反。（Q137/25a）⇒ 戾：音隶。（H46/474）

按，第一例改 16 画的"频"为 5 画的"平"。第二例改反切为直音，见字知音，无需拼切，注音方式简化了。上文的"阛阓"条、"你"条也是如此。《碛砂藏》对《思溪藏》随函音义的修订，大的趋势是简化，包括删减词条、简化词目、省略释义、省略字形说解等，改用简单字形和简单注音方式是有意而为。

5. 改良反切，10 例

反切的制作原理是以上字定被切字的声母，下字定被切字的韵母和声调。上字不用考虑韵母和声调因素，下字不用考虑声母因素。但是为了上下字拼切和谐，后世又不断有反切改良，如《集韵》改良《广韵》反切时采用了一批与被切字开合、等第、声调相同的切上字，清初潘耒的《类音》使用与被切字同呼的切上字、以元音开头的切下字。《碛砂藏》修订的反切用字，也有少量体现了反切改良，表现在以下四个方面。

一是改用与被切字同组声母或同声母的切下字，4 例：

敌：徒历反，阗也。（Q255/9a）历⇒的（H88/593）

薪藉：下子智反。薪藉，柴聚也。（Q173/60b）智⇒赐（H59/63）

沾渍：下在智反，浸渍。（Q453/158b）在智⇒疾赐（H162/291）

舌舐：下神只反。（Q86/40b）⇒舐：神氏反。（H31/248）

按，第一例的来母"历"被改为端母"的"，与定母"敌"同属端组字。其后两例的知母"智"被改为心母"赐"，与精母"藉"、从母"渍"同属精组字。第四例的章母"只"被改为禅母"氏"，与船母"舐"同声母。《碛砂藏》随函音义中船禅二母大量相混，已经合并，如船母"盾"被注音 34 次，"时尹反"32 次，"肾尹反、食允反"各 1 次，时肾二字属禅母。同组字的发音部位相同，同声母字的发音部位、发音方法都相同。将切下字的声母改与被切字（也是与切上字）同组后，上下字拼切时发音部位保持不变，容易切出音来；而改成同声母的字后，拼切时发音部位、发音方法都不变，更容易切出音来。

二是改用与被切字同开合的切上字，3 例：

噜：力古反。（Q430/41a）力⇒六（H153/389）

昏塾：都念反。（Q473/54a）都⇒丁（H170/431）

刾讇：上郎达反，下女感反，又尼咸反。（Q465/30a）⇒刾讇：上郎达反，下尼感反。（H167/251）

按，"噜"是合口字，"塾、讇"是开口字，原来的上字与其开合不同，改后则同。将切上字的开合改与被切字（也是与切下字）相同后，上下字拼切时唇形圆展保持不变，容易切出音来。

三是改用与被切字洪细相同的切上字，1例：

頍：古帖反。（Q430/56a）古⇒居（H153/429）

按，本例将洪音切上字"古"改为细音"居"，与被切字（也是与切下字）洪细相同，上下字拼切时开口度保持不变，容易切出音来。

四是改用无韵尾的切上字或元音开头的切下字，2例：

玁狐：上兄云反，下音胡。（Q290/28a）兄⇒虚（H101/495）

兰苑：下纡阮反，园苑也。（Q478/39a）阮⇒远（H172/341）

按，第一例改-ŋ韵尾（庚韵）的切上字"兄"为无韵尾（鱼韵）的"虚"，第二例改ŋ-声母（疑母）的切下字"阮"为元音开头（云母）的"远"。修订后的两个反切都是无韵尾的上字和元音开头的下字，这样一来二字可以直接连读为一音。这比前面几种更容易切出音来。清初李光地的《音韵阐微》广泛采用了这种改良方法。

《碛砂藏》之前已有反切改良，如《慧琳音义》、《群经音辨》、《集韵》。① 反切改良思想由来已久，《碛砂藏》音切修订中所体现的四种改良，当是修订者有意所为。

此外，还有两例修订原因不明：

金：七廉反，皆也。（Q466/18a）廉⇒簾（H167/450）

牵拽：下羊列反。（Q500/44b）列⇒别（H180/442）

以上各类修订，数量很少，都是个别现象，大量的同类型的音切并未被修订。如第一类所举"森"，《思溪藏》注音7次，音蔘4次，音参3次，《碛砂藏》除了因删减词条而省略1次"音蔘"外，其余6次只有上述1例被改。又如第五类所举的"藉"，《思溪藏》注音5次，都是子智反，《碛砂藏》只改上述1例。

与有误音切和与实际语音不符的方音音切相比，上述音切本不在修订范围，是修订者即兴所为，临时改订，所以数量有限，且不统一。这些零星修订也与出自众手有关。大藏经卷帙浩繁，对之前藏经继承过程中的修订工作非一人之力所能完成。《碛砂藏》对《思溪藏》随函音义不同经卷的修订，在删减词条、简化词目、省略释义、省略字形说解等方面存在着差异性，从中可以清楚地看出，修订工作出自众手。修订过程中不同修订者对某些问题有自己的看法，偶尔随机改订，是很有可能的。

三、小　结

《思溪藏》和《碛砂藏》相比较的148卷音义中，除去《碛砂藏》删减的和偶尔增加的音切，二者可以直接比较的音切约8800条。《碛砂藏》修订的音切仅143条，约占总数的1.6%，比例极低，这体现了两部藏经音切之间的传承关系。不过，修订数量虽少，但可以从中窥见当时的修订理念，依然有其价值。

---

① 参见丁锋：《慧琳〈一切经音义〉改良玄应反切考》，《如斯斋汉语史丛稿》，贵州大学出版社2010年版，第21页。张渭毅：《贾昌朝〈群经音辨〉改良反切的尝试及其对〈集韵〉的影响》，耿振生主编：《语苑撷英》，北京语言文化大学出版社1998年版，第77~93页。张渭毅：《〈集韵〉的反切上字所透露的语音信息（上）》，《南阳师范学院学报》（社会科学版）2002年第1期，第22页。

　　音切修订的主要参照标准是《广韵》音系。《广韵》是宋代的官修韵书，是《切韵》系韵书的集成之作，影响极大。音切修订自然据此。依据《广韵》修订的包括有误音切、方音音切、异读音切、通语音变音切等，共 106 例，占修订总量的 74%。这使得《碛砂藏》音切系统比《思溪藏》更接近《广韵》音系。

　　通语音变也是音切修订一个参照标准。《碛砂藏》依据通语音变修订的 10 音切有 7 例本与《广韵》相符，更重要的是，《思溪藏》中大量反映通语音变的音切几乎不被修订。它们与实际语音相符，是修订者所认可的。

　　依据方音修订的音切也有 1 例，数量太少，非有意而为，是修订时不经意间流露当地方音所致。

　　判断音切修订与否的一个重要标准是实际语音。与《广韵》不符，但与实际语音相符的通语音变和方音音切几乎不作为修订对象。《思溪藏》中有大量通语音变音切，被改从《广韵》的仅 6 例。《思溪藏》中反映方音的音切有三类，真蒸韵系相混与当地实际语音相符，都未被修订，而歌豪相混、沁艳（添）相混是从《崇宁藏》继承而来的福建方音，与当地实际语音不符，都被修订。

　　修订前后音类不变的音切有 26 例，可分若干小类，几乎都有其修订依据，但每类数量很少，都是个别现象。这是不同修订者根据各自的理解，即兴改订所致。

（作者单位：武汉大学古籍研究所）

《安老怀幼书》提要新证*
—— 《四库提要》新证之一

□　司马朝军　张晶晶

《四库全书总目》卷一百五《安老怀幼书》提要云：

> 《安老怀幼书》四卷，明刘宇编。宇字志大，河南人，成化壬辰进士，官至山西按察司副使。初，宋咸淳中，陈直撰《养老奉亲书》。元大德间，邹铉续为《寿亲养老新书》。黄应紫合为一篇刻之。宇于成化戊戌得其本，弘治庚戌重为刊行，改名《安老书》，仍为三卷。后六年丙辰，复得雪川娄氏《恤幼集》，又补刻于后，总为四卷，题曰《安老怀幼书》。雪川娄氏，明洪武、永乐间御医也，宇得之于其曾孙云。

提要略叙刘宇事迹及《安老怀幼书》成书经过，从最初的《养老奉亲书》到《寿亲养老新书》，最后乃成《安老怀幼书》，然其中细节仍有待订正。《安老怀幼书》实为《寿亲养老新书》与《恤幼集》二书合一而成，刘宇不过改名翻刻，《四库全书总目》称之为"编"并不合适。提要又称"刘宇官至山西按察司副使"，其实刘宇至正德间已先后出任兵部尚书、吏部尚书。提要称刘宇改《寿亲养老书》为《安老书》，"仍为三卷"，然《寿亲养老新书》实为四卷。刘宇攀附刘瑾，四处行贿。以当时社会风气推断，《安老怀幼书》乃书帕本。

本文拟以提要内容为线索，通过对刘宇生平及《安老怀幼书》成书过程等方面的详细探讨，以期对提要内容进行补正。

一、关于刘宇其人

刘宇，字志大，河南人①，成化八年（1472 年）进士。生平事迹详见《明史·阉党

---

　　* 本文为国家社科重点项目"清代文人专题研究"（项目批准号：13AZD047）阶段性研究成果。

　　① 《明史》明高儒《百川书志》，清万斯同《明史》、黄虞稷《千顷堂书目》称刘宇为颍川人，明雷礼《国朝列卿记》称其为河南开封府均州人，明黄景昉《国史唯疑》称："本是钧州，后避神庙讳，改禹州。"亦有史料称其为禹州人。明雷礼《皇明大政纪》有"文升与许进、刘宇皆河南人"之说。又颍川、均州、禹州在明均属河南，故本文大而化之，称其为河南人。

传》。

明黄景昉《国史唯疑》载："成化中，知上海县，治灼然，邑号神君。"① 弘治间，刘宇经大学士刘健推荐任右佥都御史，巡抚大同，开始贿赂权要之人，"私市善马赂权要"②。被兵部尚书刘大夏告发之后，孝宗派遣锦衣卫调查，刘宇通过贿赂锦衣卫得以免受惩罚。

正德初，刘瑾用事，刘宇通过焦方结交刘瑾。正德二年（1507年）正月便升为左都御史。刘宇为迎合刘瑾，摧折台谏，"请敕箝制御史，有小过辄加笞辱"③。又通过数额庞大的贿金，官职一路升迁至兵部尚书，加太子太傅。其子刘仁应试，刘宇通过贿赂刘瑾，使其子"内批授庶吉士，逾年迁编修"④。正德三年（1508年），调为吏部尚书。正德四年（1509年）入内阁预机务。刘宇生平实不光彩，一路升迁，与其贿赂手段不无关系。史书对其评价多为负面，"贿赂狼藉"⑤，"大坏朝政"⑥，"其人负虚名而寡实用，且擅作威福"⑦，诸如此类，不一而足。正德五年（1510年），刘瑾伏诛，刘宇亦罢官入狱。

从上可知，刘宇之官职并不只是至"山西按察副使"。《百川书志》、《千顷堂书目》、《续文献通考》等书载《安老怀幼书》为"山西副使刘宇编"。由上文可知，刘宇曾巡抚大同，后召为左副都御使。大同为山西治所，此书刻成之时应在此任上，故书目称山西副使刘宇。而提要称"官至山西按察副使"，盖曲解其意，有待修正。

二、《安老怀幼书》的成书过程

《安老怀幼书》共分四卷，首卷叙饮食调治诸论及四时摄养诸方。卷二首先论述事亲之道，列举历代名贤尊老事亲故事及善言嘉行，并载养生得道传闻轶事等，又论老年怡情悦性及膳食调理之法等。卷三载修身养性，药食调治，腧穴按摩等老年保健内容，并述及老年常见病医方三十余首，适应老幼妇孺的食治方九十余首。卷四则论述抚恤初生婴儿之法及医治小儿诸症之方。

历代书目关于《安老怀幼书》著录的情况大致如下：

> 明高儒《百川书志》卷十：《安老怀幼书》四卷，皇明山西副使河南颍川刘宇编。
> 清钱谦益《绛雪楼书目》卷四：《安老怀幼书》。
> 清钱曾《钱遵王述古堂藏书目录》卷六：《安老怀幼书》四卷四本。
> 清黄虞稷《千顷堂书目》卷十四：刘宇《安老怀幼书》二卷，字志大，颍川人，

———————————

① （明）黄景昉：《国史唯疑》卷四，《续修四库全书》史部第432册，上海古籍出版社2002年版，第69页。
② （清）张廷玉：《明史·阉党传》，中华书局1974年版，第7837页。
③ （清）张廷玉：《明史·阉党传》，中华书局1974年版，第7838页。
④ （清）张廷玉：《明史·阉党传》，中华书局1974年版，第7838页。
⑤ （清）张廷玉：《明史·阉党传》，中华书局1974年版，第7838页。
⑥ （明）陈洪谟：《治世余闻录》上篇卷三。
⑦ （明）陈建：《皇明通纪法传全录》卷二十六。

山西副使，弘治戊午序。

清万斯同《明史》卷一百三十五志一百九：刘宇《安老怀幼书》四卷，字志大，颍川人，山西副使。

《钦定续文献通考》卷一百八十四：刘宇《安老怀幼书》四卷，字字志大，河南人，成化进士，官山西按察副使。

《钦定续通志》卷一百六十一：《安老怀幼书》四卷，明刘宇编。

《钦定四库全书总目》卷一百五：《安老怀幼书》四卷，浙江朱彝尊家曝书亭藏本，明刘宇编。宇字志大，河南人，成化壬辰进士，官至山西按察司副使。

根据提要的内容可知，《安老怀幼书》并非刘宇所著，而是其将陈直、邹铉、娄氏三人之书合为一书刊刻付印。所以上面典籍载《安老怀幼书》为"刘宇编"实在有待商榷。下文将分三个层次对此详细叙述。

（一）一卷本《养老奉亲书》

《安老怀幼书》最早可追溯到宋陈直所撰的《养老奉亲书》①。其目为饮食调治、形证脉候、医药扶持、性气好嗜、宴处起居、贫富分限、戒忌保护、四时养老总序、春时摄养、夏时摄养、秋时摄养、冬时摄养、食治养老序、食治老人诸疾方、简妙老人备急方。可见该书讨论的是老人医药之法、四时摄养之道和食疗之方，以及老年养生及防病治病的理论和方法。

宋末元初，战火纷飞，黄应紫匆忙中在上杭县观得此书，"应紫侍七帙之母以行，咸淳庚午，寓上杭县斋，汀守刘审轩刊吕东莱《辨志录》，应紫与寓目焉。中间二则载春夏奉亲事，注云《养老奉亲书》，于是方知此书之名"②。其时为咸淳庚午年（1270年），盖因战火之故，此匆匆一面后，黄应紫无处再觅此书踪影，自言："自后司马倦游，意谓此书不可复得矣。"③ 直至大德乙巳（1305年）春，邹铉寄赠此书，如获至宝。元代张士弘序称其家藏有此书，仿之以奉其母食饮起居，咸得其宜，寿高八旬，而甚健康，则此书有益于人大矣。

（二）四卷本《寿亲养老新书》

邹铉，号冰壑，又号敬直老人，元大德中泰宁（今属福建）人，宋参知政事应龙世孙，其行履不可详考。尝于丹台山之阳筑"城南小隐"。邹铉在向黄应紫出示《养老奉亲

---

① 《养老奉亲书》者，《文献通考》、《宋史》载为《奉亲养老书》，《千顷堂书目》载为《寿亲养老书》。文渊阁本《寿亲养老新书》卷首提要："（陈）直于元丰时为泰州兴化令。《文献通考》载有直所著《奉亲养老书》一卷，而此本则题曰《养老奉亲书》，其文互异。然此本为至正中浙江刊本，犹据旧帙翻雕，不应标题有误，盖《通考》传写倒置也。"

② 陈直、邹铉：《寿亲养老新书》，《文渊阁四库全书》第738册，台湾"商务印书馆"1986年版，第285页。

③ 陈直、邹铉：《寿亲养老新书》，《文渊阁四库全书》第738册，台湾"商务印书馆"1986年版，第285页。

书》之后，不久又示之以续编。黄应紫①随即点校，并由危彻孙作序，于元大德丁未年（1307 年）刊刻出版。黄应紫对此书评价甚高，称嘉言懿行、雅事奇方，前书所未有者，灿然毕备。②

历代书目关于《寿亲养老新书》的著录情况大致如下：

> 明黄佐《南廱志》卷十八：《寿亲养老新书》四卷。
> 清丁丙《善本书室藏书志》卷十六：《寿亲养老新书》四卷，元至正刊本，承奉郎泰州兴化县令陈直撰，敬直老人邹铉编次，玉窗黄应紫点校。
> 清丁仁《八千卷楼书目》卷十：《寿亲养老新书》四卷，前一卷宋陈直撰，后三卷元邹铉续。
> 清黄虞稷《千顷堂书目》卷十四：陈直《寿亲养老书》一卷。泰州兴化令邹铉《寿亲养老新书》四卷。

邹铉在卷一陈直《养老奉亲书》饮食调养的基础上，又续保养、服药诸篇，罗列古今丸、丹、膏、散、酒、粥、糕、饼等具体方药与主治，并寝、兴、器、服、饮、膳、药石之忌宜，附妇儿食治诸方，使内容更加完备充实。

至正辛巳（1341 年），张士弘备员浙东宪使，于李子贞处得《寿亲养老新书》，自念"与其得之难，孰若传之广"③，遂于至正壬午（1342 年）命大量刊刻，希望"后世皆得观览，以尽事亲之道"④。

明代，此书传播更加广泛。方孝孺因重刊刻此书而作序曰：

> 贤王治蜀，德政既修，国内义安，群臣有奉《寿亲养老新书》以进者，览之终卷，叹曰：予以君亲之恩居万民之上，思有以佐吾民养其亲而未能，是书也，庶几可以佐吾民乎？乃命工刻之，而摹本以传，且教命臣序其首。⑤

高濂作《遵生八笺》，其"四时调摄笺"所录药品大抵本于是书。何乔新《椒邱文集》称："奉去《寿亲养老新书》一部，聊以备调膳之检阅。"⑥ 可见当时《寿亲养老新书》已多用于实践。

---

① 《四库全书总目》卷一百三《寿亲养老新书》提要称"周应紫"。然《安老怀幼书》提要、《善本书室藏书志》、《寿亲养老新书》原文序皆称"黄应紫"，盖《寿亲养老新书》提要之误也。
② 陈直、邹铉：《寿亲养老新书》，《文渊阁四库全书》第 738 册，台湾"商务印书馆"1986 年版，第 285 页。
③ 陈直、邹铉：《寿亲养老新书》，《文渊阁四库全书》第 738 册，台湾"商务印书馆"1986 年版，第 286 页。
④ 陈直、邹铉：《寿亲养老新书》，《文渊阁四库全书》第 738 册，台湾"商务印书馆"1986 年版，第 286 页。
⑤ （明）方孝孺：《逊志斋集》卷十二《寿亲养老新书序》，四部丛刊景明本。今按：此序似方氏代皇帝而作。
⑥ （明）何乔新：《椒邱文集》卷十六《与周守谟宪副》。

（三） 四卷本《安老怀幼书》

《安老怀幼书》并无创新，只是将《寿亲养老新书》与《恤幼集》二书拼凑合一。

成化戊戌（1478年），刘宇得黄应紫刊刻之《寿亲养老新书》，将四卷重新分为三卷，并改名《安老书》，于弘治三年（1490年）刊行。通过对比可知，《安老书》只是将《寿亲养老新书》的二、三卷合为一卷，又以第四卷为第三卷，在内容上未作任何更改。

不久，刘宇又从洪武永乐间御医娄居中之曾孙处得《恤幼集》一卷。该书主要记载小儿常见的疾病症状，并附理论与方药。如今已不见《恤幼集》之单行本，各类典籍亦无此书记载。弘治九年（1496年），刘宇将《恤幼集》补刻于《安老书》之后，合为四卷，题名《安老怀幼书》。

综上所述，宋陈直撰《养老奉亲书》一卷，之后邹铉续成四卷本的《寿亲养老新书》①。刘宇将《寿亲养老新书》的二、三卷合为一卷，刊刻出三卷本的《安老书》。《四库提要》称"仍为三卷"，未免失误。刘宇又将《恤幼集》一卷补刻于《安老书》之后，成为四卷本的《安老怀幼书》。由此可知，《安老怀幼书》不过是刘宇改头换面之后的翻刻。《四库全书总目》载此书为刘宇"编"，亦不恰当。

三、作为"书帕本"的《安老怀幼书》

（一） 书帕为礼

明时官场，盛行送书帕："历官任满，必刻一书，以充馈贻。"② 赠书以博风雅，赠帕以示礼节。据《明史》载："大学士李东阳生日，铎为司业，与祭酒赵永皆其门生也，相约以二帕为寿。"③ 明黄佐《泰泉乡礼》卷七"士相见礼·赘"载："冬用雉，死雉也，夏用腒，干雉也，左头奉之，今用书帕。"清张尚瑗《三传折诸》亦有记载："按明制：各省布政司朝觐各衙门，皆馈书帕，王者制礼，不绝人情，亦所以恤臣子之私，而通内外之好，自昔云然已。"④

可见书帕相遗，初时本是一种官场往来以示尊重的礼节，并无过多含义。然而，随着明朝官场日益腐败，官员作风不正，书帕渐渐演变为一种行贿的遮羞布。

（二） 书帕为贿

吴晗称："行贿用书陪衬，显得雅一些，有个专门名词叫书帕。"⑤ 明人徐树丕

---

① 明时有《寿亲养老新书》一卷本，乃胡文焕所刻，题"陈直撰"，其内容为四卷本《寿亲养老新书》之第一卷的十四、十五部分。

② 顾炎武：《日知录》卷二十，岳麓书社2011年版，第740页。

③ （清）张廷玉：《明史·鲁铎传》，中华书局1974年版。

④ （清）张尚瑗：《三传折诸》卷一《发币于公卿》。

⑤ 吴晗：《灯下集·唐顺之论明代刻书》，三联书店2006年版，第82页。

《识小录》载：

> 往时书帕，惟重两衙门，然至三四十金至矣。外舅宫詹姚公为翰林时，外官书帕少者仅三四金，余所亲见。此不过往来交际之常，亦何足禁？自今上严旨屡申，而白者易以黄矣，犹嫌其重，更易以圆白而光明者。①

明赵南星《再剖良心疏》亦载：

> 臣以为，防之自知州、知县始，然莫急于惩贪。今有司之贪已成风，而长安之书帕自十二金而至百金，有至二百封者，此皆何从而来？安得从贪？贪则多酷。既朘其脂膏，又加之毒痛，民安得不乱？②

顾炎武《日知录》卷十八"监本二十一史"条注亦云："昔时入觐之官，其馈遗一书一帕而已，谓之书帕。自万历以后，改用白金。"

从以上材料可知，用书帕作为行贿的陪衬，已逐渐成为一种普遍的现象。然而，这种现象从最初的官场礼节发展而来，还属"暗箱操作"，尚有掩盖，还未成为"共识"。至明朝后期，"书帕"泛滥，最终成为约定俗成的贿赂的代名词。明周顺昌《忠介烬余集》载：

> 一日晤同乡台肖诸公，云今年朝觐，书帕亦欲不受，何可使吾兄独为君子。弟云：但受无妨。若因弟而不受，正所谓独为君子也。大笑而别。由是观之，弟之为人侧目不言，可想见今日贿赂公行之世，私心自谓未必无小补云。③

明金日升《颂天胪笔》卷三"召对"：

> 有解曰：只要他人净，不管自己污，臣恶此名，素不爱钱而钱至矣。据臣两月内辞却书帕计五百有余金，以臣绝无交际之人，而有此金，余可知矣。

明史悼《恸余杂记》"贿赂之变"条："先帝痛恶者，贿赂……大者如银子多换金子，金子重换珠子，盈千盈万不可方物，即书帕不行而易以银杯，谓之上寿。"明王世贞《弇州史料》后集卷三十四：

> 万历十四年为给事中，滥受朝觐官员馈遗，已毕事，入会试场，请严禁书帕，人皆笑之，阴受利而阳收名，以欺天下耳目，此犹仕宦故习也。

---

① （明）徐树丕：《识小录》卷四《禁书帕》。
② 《文章辨体汇选》卷一百十八。
③ （明）周顺昌：《忠介烬余集》卷二《与文湛技书之》。

此外，"书帕"在《金瓶梅词话》、《醉醒石》等明代世情小说中亦多次出现①，含义再次扩大，不但暗指贿赂，亦成为金银什物的代称，成为民间的一种语言。

（三）作为书帕本的《安老怀幼书》

刘宇生平无著述，其任满、入京只能刻他人之书以充馈贻，这便是他刊刻《安老怀幼书》的原因。由此可推测，《安老怀幼书》实为书帕本②。从本文第一部分所考刘宇生平可以看出，刘宇一路升迁，不出贿、谗二途。笔者大胆推测，其刻《安老怀幼书》的目的，除了迎合当时官场风气，亦是以书帕作为掩饰，实行行贿之图。

官员往来，地方官入觐，需大量书籍以充馈遗，刻印量大。明耿定向《耿天台先生文集》：

> 乃今司府县官入觐者、公差来者、改调与起复者、督抚升任者，于各司私门纳贿，犹委曰不知，至盈筐书帕，公然送于署中，视为常规，曾不之禁。③

清姚之骃《元明事类钞》卷七"书帕长安"条："明赵南星疏：司选者，每遇退朝，群遮留讲陛讲，调至署则公书私书，阗户盈几，所谓'面皮世界，书帕长安'也。"④
清蒋超伯《南漘楛语》亦载：

> 明世苞苴盛行，但其馈遗必以书为副，尤以新刊之本为贵。一时剞劂纷如，豕鱼罔校。如陈埴《木钟集》，弘治中温州知府邓淮重刊；都穆《南濠诗话》乃和州知州黄桓所刻，其序云捐俸绣梓，用广厥传。似此不一而足。⑤

---

① 明兰陵笑笑生《金瓶梅词话》第三十四回："里面地平上安着一张大理石黑漆缕金凉床，挂着青纱帐幔。两边彩漆描金书厨，盛的都是送礼的书帕、尺头，几席文具，书籍堆满。"第三十六回："有平安进门就禀：今日有东昌府下文书快手往京里，顺便稍了一封书帕来……今因便鸿，薄具帖金十两奉贺，兼候起居。""蔡状元那日封了一端绢帕，一部书，一双云履；安进士亦是书帕二事，四袋芽茶，四柄杭扇，各具官袍乌纱，先投拜帖进去。"第五十八回："西门庆让至厅上叙礼。每人递书帕二事，与西门庆祝寿。"明东鲁古狂生《醉醒石》第四回："虽请个先生，不敢教他读一句书，写一个字，到得十三四，一字不识，这边钻馆，那边荐馆作做一个大学生，今日做破承明日做起讲，择日作文字，那一个字是他做的？先生只贪图得书帕，不顾后来，只儹半阶的摇摆是其所长而已。"第七回："凭着这说不省道不省毒心更有那打不怕骂不怕皮脸三七分钱三分结识人七分收入己上台礼仪不缺，京中书帕不少，混了五年也在科道中，寻个送他千两作靠山，又去吏部中用他几百两寻头分上也得个部属。"第十一回："一个穷书生，家徒四壁，叫他何处将来？如今人才离有司，便奏疏骂不肖有司，剥民贿赂，送程送脭，买荐买升，我请问他，平日真断绝往来，考满考选，不去求同乡，求治下，送书帕么？但只是与其得罪士，庶无宁得罪要津。"
② 据曹之先生《中国古籍版本学》统计，《四库全书总目》中共著录明代书帕本 20 余种，然其详目中并无《安老怀幼书》，有待补充。
③ （明）耿定向：《耿天台先生文集》卷二《劾吏部尚书吴鹏疏》。
④ （清）姚之骃：《元明事类钞》卷七。
⑤ （清）蒋超伯：《南漘楛语》卷二，《续修四库全书》子部第 1161 册，上海古籍出版社 2002 年版，第 286 页。

书帕本的大量刻印，费用浩繁，需要有雄厚的财力做后盾，官员们因财力不支，大多动用公款，其目的"无非借以结权豪、求名誉，而图升迁也"①，挥霍民脂民膏。官员入觐、述职，时间紧迫，因此书帕本多鲁莽就工，仓促付印，以至书帕本质量较差。《黄楼集》提要载："盖明代朝觐官入都，例以重货赂津要，其余朝官则刊书一部，佐以一帕。致馈，谓之书帕，其书即谓之书帕本。其仓卒不暇自刊者，则因旧官所刊，稍改面目而用之。"② 清叶德辉《书林清话》亦云："明时官出俸钱刻书，本缘宋漕司郡斋好事之习，然校勘不善，讹谬滋多。"③ 然而，不可否认，刘宇所刻《安老怀幼书》收录了几乎失传的《恤幼集》，使此医书再现于世，亦是其价值所在。

（作者单位：武汉大学中国传统文化研究中心）

① 《明宪宗实录》卷93《湖广按察司金事尚褫上疏》。
② 《四库全书总目》卷一七四，中华书局 1965 年版。
③ 叶德辉：《书林清话》卷七，上海古籍出版社 2008 年版，第 136 页。

清代长江下游区域的端午节研究

□ 张彦林　萧　红

　　端午节最早见于春秋战国时期，传承至今已有两千多年的历史了。史籍记载，"端午"一词最早见于晋代周处《风土记》，《太平御览》卷三十一引《风土记》："仲夏端午，端者，初也。"① 端午节的起源众说纷纭，主要有"纪念伍子胥说"、"纪念晋国大夫介子推说"、"纪念屈原说"、"纪念越王勾践说"、"恶日说"、"龙图腾祭说"、"夏至衍变而来说"等。② 端午本来是夏季的一个避邪驱毒的节日，在清代的长江下游"端午节"又称为"端阳节"、"重午"。此外，还有许多别名，如"夏节日"，盖是夏季最大的民俗节日。"天中节"盖古人认为，五月五日，阳重人中天。清朝长江下游的端午节除了江苏瓜州地区外基本都是五月五日。目前，有不少学者对端午节进行研究并取得了成果，"其中区域性端午节俗研究基本有两个趋向：一种以南北方来界定研究；一种个案研究，是以某个城市、县或更小的地区为研究单位"③。夏日新提及过长江流域颇有特色的端午习俗，但是，对清代长江下游区域的端午节俗深入研究者寥寥。

　　清代的长江下游地区是中国第一大河长江的九江、湖口至上海长江口区段，在行政区划上大体类似于如今的安徽、江苏的沿江两岸地区和上海市全境以及浙江北部，就是俗称的"江南"地域。中国古文化如果分为面向大陆和面向海洋的两大块，或西北和东南两大块的话，东南大块可以以吴越文化为代表。东南，面向海洋，江流纵横、水网密布、深水良港像宝石一般镶嵌在沿海一带。吴越文化不仅在地域上处于南北结合部，魏晋南北朝以后，北方大批士族和劳动民众南迁，带来了中原文化。④ 南北文化在这里交流融合，兼收并蓄多种文化因素，形成自己浓郁的地方特色。以下，笔者对清朝长江下游区域的方志进行甄别、梳理，总结上海、浙江、江苏、安徽四个地区的端午活动（见表1）。

　　① 周处：《风土记》，李昉编：《太平御览》卷三十一，上海古籍出版社1987年版，第85页。
　　② 桂遇秋：《端午小论》，方培元主编：《楚俗研究》第一集，湖北美术出版社1993年版，第168页。
　　③ 黄珍：《20世纪80年代以来端午节俗研究述评》，《苏州科技学院学报》2007年第3期，第122页。
　　④ 董楚平、金永平：《中华文化通志·吴越文化志》，上海人民出版社1998年版，第526页。

表1 清代长江下游区域的端午活动

下游地区	节日别称	长江下游地区相同习俗	四个地区特有的习俗
上海	"端午节""端阳节""天中节"	活动:"缚艾人""悬菖蒲艾叶""悬钟馗图""悬天师像""悬桃枝""贴门符""雄黄抹额""雄黄酒地辟蛇蚁""龙舟竞渡""焚苍术白芷芸香""采药物""收蛤蟆" 佩饰:"系长命缕""戴艾虎""佩符蒜""戴榴花""簪艾""佩香囊" 食俗:"食角黍""饮雄黄菖蒲酒"	"悬蓬鞭""悬楝枝""射柳""女僧剪纸""绣肚兜""插箸厅中验日影""戴健人""悬独囊蒜于胸""挂葫芦""食石首鱼"
江苏	"端午节""端阳节""重午"		"破火眼""悬蒜""悬楝枝""悬五毒牌""赠艾花、香珠、画扇""供石榴、蜀葵""赠茧子""浴百草汤""刻核桃""抢鸭""射柳""采茶叶""剪彩五毒符""绕绒五毒符""端午景""佩避瘟丹、雄黄荷包、独囊蒜""衣黄衫、服肚兜、佩钱文""佩丹符""戴健人""戴赤小豆""戴钗头符""食盐蛋""食石首鱼""食腊味""食甘蔗""食糖萝卜""食五毒菜""雄黄豆""赠水团""赠绿豆糕""赠枇杷"
浙江	"端午节""端阳节""重午""天中节""夏节日"		"破火眼""浴百草汤""称人""朱索五色卵""门贴五色花笺""买桃柳、葵、榴、丹碧""悬松枝""赠五毒扇""剪五毒符""五色瘟纸""送老虎花""钗头符胜""戴黄荼蘼""戴榴花""戴健人""雄黄袋""老虎头""簪桃结""佩虎符""食烧麦东须""食团子、乌馒""骆驼蹄糕祀先""食黄鱼""食鸭蛋""赠五色米团""赠绿豆糕""赠银鱼"
安徽	"端午节""端阳节"		"供蜀葵""放爆竹""插箸庭中测日影""捕乌蛇""送赤眼神""踏百草""五色符""米砂点额""剪彩帛黄豆为虎""佩五毒符""刻菖蒲系小儿衣襟""端午景""食麦酒、鲋鱼、子鹅、盐蛋""食鹅""食腌鸭子"

一、端午之"五"

"端"字有"初始"的意思,因此"端五"就是"初五"。《说文解字》这样解释"五"的,"五,五行也,从二,阴阳在天地之间交午也"①。段玉裁注:"水火木金土,

────────────

① 许慎:《说文解字》,中华书局 2013 年版,第 309 页。

相克相生，阴阳交午也。"① 又关于"午"，许慎认为："午，悟也，五月阴气午逆，阳冒地而出。"② 而按照历法，五月正是"午"月，因此"端五"也就渐渐变成了"端午"。在长江下游端午时节，不管是活动还是食俗，很多与"五"有关。含有五色的"五色卵"、"五色花笺"、"五色瘟纸"、"五色米团"以及五毒的有"五毒符"、"五毒菜"、"五毒扇"。

清康熙五十七年《钱塘县志》记载："五日为'天中节'。门贴五色镂纸。堂设天师、钟馗像。"③ "五色"指的是"青、赤、黄、白、黑"五色，古以此五色为正色。五色与五行相配，东方木色苍，南方火色赤，中央土色黄，西方金色白，北方水色黑。④ 五色代表"东、南、中、西、北"，分属"木、火、土、金、水"五行。古人常以五行说明宇宙万物的起源和变化。"天有五行，木火金水土，分时化育，以成万物。"⑤ 五行循环往复、周而复始、生生不息，演化万物。五色便有了辟邪、延续生命的寓意。五色代表的"五方"是希冀能够五方大吉、处处平安。所以五色缕也叫百岁索、长寿线、续命缕。

五毒是指蝎、蛇、蜈蚣、壁虎、蟾蜍五种毒物。端午节是中午的节日，一般人家的午餐都要精心安排："端午人家取银鱼、虾米、茭菜、韭菜、黑干杂炒，名曰'炒五毒'。"⑥ 以象征蜈蚣、蜘蛛等五毒全部被吃掉、消灭。有的地方为祛除五毒专门制作"五毒饼"，用模子压出蛇、蜈蚣、蝎子、蜘蛛、蟾蜍的图案，然后把"五毒"吃掉，就会保平安。除此，在长江下游端午节还有"悬五毒牌"、"贴五毒符"的习俗："明时以彩帛通草制五毒虫形状蟠缀大艾叶，上题于门，今则以五色纸折之使方，刻书五毒虫形，贴之门楣床沿，盖禳灾之义。"⑦ 记述明清时代苏州及附近地区的节令习俗的《清嘉录》亦载："尼庵剪五色彩笺，状蟾蜍、蜥蜴、蜘蛛、蛇、虺之形，分贻檀越，贴门楣寝次，能魇毒虫，谓之五毒符。"⑧

二、端午民俗活动

民俗活动是民众的心理和精神的聚焦，表达百姓的期盼和愿望，人们对生活中很多现象无能为力，容易把祸福吉祥依托于种种民俗活动上，在精神上有一种安慰作用。如："贴五毒符"、"悬钟馗图"、"贴天师像"、"悬桃枝"、"悬蓬鞭"、"悬楝枝"、"放爆竹"等是为了祛邪降魅。端午时分，在长江下游正处于梅雨季节，气候潮湿，容易滋生虫疫、疾病，"雄黄酒"、"焚苍术白芷芸香"、"悬艾叶"能驱虫，"浴百草汤"、"采百草"、"破火眼"能治病。端午前后，人们基本停止劳作，"龙舟竞渡"、"抢鸭"、

① 段玉裁：《说文解字注》，中华书局 2013 年版，第 745 页。
② 许慎：《说文解字》，中华书局 2013 年版，第 312 页。
③ 魏塽：《钱塘志》卷七，清康熙五十七年刻本，第 15 页。
④ 刘筱红：《神秘的五行：五行说研究》，广西人民出版社 1994 年版，第 150 页。
⑤ 王肃撰，廖名春、邹新明校点：《孔子家语》，辽宁教育出版社 1997 年版，第 66 页。
⑥ 捧花生编，潘宗鼎撰：《金陵岁时记》，广陵书社 2003 年版，第 26 页。
⑦ 捧花生编，潘宗鼎撰：《金陵岁时记》，广陵书社 2003 年版，第 26 页。
⑧ 顾禄：《清嘉录》，江苏古籍出版社 1999 年版，第 112 页。

"射柳"以调息欢庆。相较其他地区,长江下游的"龙舟竞渡"与"挂天师、钟馗图"更具特点。

(一)龙舟竞渡、抢鸭为乐

龙舟竞渡风俗全国各地几乎都有,不过仪式、规程、目的不同,北方主要用以祈雨,南方主要是表演娱乐。清代自顺治、康熙起,长江下游的端午节主要通过"龙舟赛"来庆节。江苏武进县、阳湖县有如此描写龙舟竞渡的热闹景象:"竞渡,谓吊屈平,要是水嬉遗意耳。龙舟处处有之,亦毗陵为盛。舟广不逾步,长约二丈许,彩楼三层,高至五六丈,飞行水上,倏忽往来,雪浪摇空,彩旗飐目,金鼓间作。"① 旖旎江南水乡,端午更要追求精神世界的满足:"五月端午,竞渡最佳。虽舟制草草,然有湖光山色相映带,画船箫鼓游行一片冰壶中,亦奇观也。"②

清朝江南经济繁盛,社会风气崇尚奢靡,在盛世光景,一年一度的龙舟会固然会奢华伤财。清光绪八年的《嘉定县志》认为:"端午前后数日,龙舟竞渡,精彩夺目。画船箫鼓,骈集喧阗,男女混杂,举国若狂,伤财败俗,莫此为甚。"③

吴越地区渔民喜欢在船尾养鸭,叫做"鸭后梢",象征着"有尾",也就是"有后"的寓意。鸭子是吉祥的象征。江南端午节龙舟会重"乐"不重"竞",人们将鸭子放在水中,众人争相追逐。抢到者是幸运者,能够平安顺利。清康熙十七年(1678年)《太仓州志》描述抢鸭取乐的习俗:"聚小西门渡看龙船,男女夹岸。好事者以鹅鸭投水,龙船人号水手跃出船入水,随鹅鸭出没,争得以为豪。"④ 苏州人袁景澜在《吴郡岁华纪丽》描写道:"画舫游客争买瓦罐掷诸河,视龙舟中人入水泅取,以为娱乐。"⑤ 掷土罐、砖瓦势必引起械斗,官府遂明令禁止。土罐入水即沉,而鸭子游来游去,各舟追逐,水花四溅,男女夹岸,争相呐喊助威,热闹非凡。有些地区借端午抢鸭活动来教习水战,一举两得:"端午向有龙舟之戏,因舟覆戒勿为。嘉庆初,总戎韩正国谓可借以教水战,选健卒数十人习之,放鸭中游,先至者任取之,自是以为常。"⑥

综上所述,清代长江下游地区"龙舟竞渡"主要偏重于观赏和娱乐。湖光山色、愉情赏目逐渐遮盖了龙舟竞渡祭祀避灾的原始意义。

(二)多元信仰:天师镇宅、钟馗驱鬼

端午节是一个祭祀祈福的节日,在长江下游地区,除了祭祀屈原外,还祭祀伍子

① 丁世良、赵放主编:《中国地方志民俗资料汇编·华东卷》,书目文献出版社1995年版,第466页。

② 丁世良、赵放主编:《中国地方志民俗资料汇编·华东卷》,书目文献出版社1995年版,第395页。

③ 程其珏:《嘉定县志》卷二,清光绪八年刻本,第158页。

④ 丁世良、赵放主编:《中国地方志民俗资料汇编·华东卷》,书目文献出版社1995年版,第411页。

⑤ 袁景澜撰,甘兰经、吴琴校点:《吴郡岁华纪丽》,江苏古籍出版社1998年版,第180页。

⑥ 丁世良、赵放主编:《中国地方志民俗资料汇编·华东卷》,书目文献出版社1995年版,第918页。

胥、张天师和钟馗等。早在汉代，百姓主要用朱索桃符以辟邪，朱索可以拴住人的魂魄，或圈住人的居处，以防止邪气入侵。后来，天师像逐渐取代朱索桃符。张天师为道教的创立者，道教尊为天师，降魔护道天尊。民间认为天师可以镇宅。每到端午，市肆绘画天师像而售之，百姓竞相购买，贴之中门，以避崇恶。除画像外，还有泥塑张天师，以艾为须，以蒜为拳，悬于门户上，称"天师艾"。① 宋代以后开始流行"天师符"。每逢端午节前夕，道教宫观便馈赠或出售天师符，贴于门楣以安定家宅。如《清嘉录》写道："朔日，人家以道院所贻天师符贴厅事以镇恶，肃拜烧香。至六月朔，始焚而送之。"②

钟馗是端午节的另一个驱除邪崇之神，传说钟馗曾赶走了缠着唐玄宗的病魔，具有辟邪神能。所以，每逢端午各户都购钟馗图，挂于门外以驱鬼。③ 明代以前民间的钟馗像主要用于岁末，端午挂钟馗像可能是明末清初才有的习俗。如《丹阳县志》所记载："'端午节'挂天师像，贴灵符，或挂钟馗像，《丹铅录》：世画钟馗于门，谓之辟邪。陆游《除夕》诗：'黎明人起换钟馗。'按，古皆于'除夕'挂门，即今之门神也。"④

长江下游地区的端午节，钟馗和关帝像、雷部神等一起悬挂，一方面反映了端午风俗元素的日益增多，另一方面也反映出端午中多元的民间信仰。在浙江的归安县有载："堂上悬张真人像或关圣、钟馗像。"⑤ 江苏人袁景澜在《吴郡岁华纪丽》说："今吴中五月朔日，俗例堂中悬钟馗画像一月，以祛邪魅。或有悬关帝像及雷部神将画轴者。盖五月为毒月，俗咸以神像镇宅也。"⑥ 清光绪十五年上海的《罗店镇志》详细描述："初五日为'天中节'，亦称'端午'。先期，僧家以黄标纸印佛像，道家以朱墨画符遍送人家，午时，贴之辟邪。女僧则以彩纸剪作诸毒物，谓之'送老虎'。悬天师符及钟馗像。"⑦ 从这段文字看，清代长江下游地区诸神信仰多元化，佛、道、儒三家和谐共融。

三、端午佩饰

端午期间，时处仲夏，百虫丛生，正是瘟疫、疾病高发之时。为了斩妖魔、止恶气，五日，镂艾虎，书朱符，簪蒲艾，采榴花，戴香囊，佩蒜符，挂葫芦，"瓶供端午景"比户皆是。这些习俗代代相传，沿用至今。在此笔者着重阐述独具长江下游鲜明特色的"戴健人"和"系长命缕"的习俗。

（一）戴健人

南宋以后江南物资丰盛，"苏湖熟，天下足"是长江下游盛况的缩影。到了清代江

① 杨立志、李程：《道教与长江文化》，湖北教育出版社 2005 年版，第 456 页。
② 顾禄：《清嘉录》，江苏古籍出版社 1999 年版，第 118 页。
③ 张海英：《中国传统节日与文化》，书海出版社 2006 年版，第 67 页。
④ 凌焯：《丹阳县志》卷二十九，清光绪十一年鸿凤书院刻本，第 3 页。
⑤ 李昱：《归安县志》十二卷，清光绪八年刻本，第 11 页。
⑥ 袁景澜撰，甘兰经、吴琴校点：《吴郡岁华纪丽》，江苏古籍出版社 1998 年版，第 166 页。
⑦ 王树荣：《罗店镇志》卷一，清光绪十五年铅印本，第 18 页。

南地区的经济地位就更加显现。经济基础决定上层建筑，江南的社会风气由此也发生变化，由朴素简约走向奢侈糜华，妇女的装饰也异彩纷呈。

清代的苏州有"绣市"之称。当时闺阁家家架绣棚，妇姑人人习针巧。在这种氛围中浸染，清代苏州妇女的女红水平较高，即使同一种饰品，样式形体也会雅致、精美。清代端午时妇女要佩带一种饰品，形状如小人骑虎，插在妇女发髻，也可以用来馈赠亲友。《常州府志》记载一种形状如人形的彩胜："妇人剪彩作人形，大仅如豆，谓曰'健人'。"① 又《锡金识小录》云："妇女以五彩为人，长寸许，曰'健人'。"② 还有形状为小人骑虎，另外加上蒜粽之类的健人。清乾隆二十六年《元和县志》曰："或并用金丝，又加以蒜粽之类，并为人以坐虎背，名曰'健人'。"③ "健人"一般用彩纸制作而成，富家贵族或镂造金银为之，玲珑成串，簪于髻鬟，即古之步摇。记录苏州风俗的《清嘉录》有详细记载："市人以金银丝制为繁缨、钟、铃诸状，骑人于虎，极精细，缀小钗，贯为串，或有用铜丝金箔者，供妇女插鬟。又互相献赉，名曰'健人'。蔡铁翁《吴歈》注：'插鬟金摇亦健人'。"④ 健人和艾人的性质是一样的，都能驱邪避疫。

（二）长命缕

端午节最早的辟邪饰品是长命缕。长命缕原本并非用来辟邪，就如古人结绳记事一般，是记录妇女完成纺织任务的标记。西汉永建年间，京城一场大瘟疫让五彩丝成了老百姓的护身符。后来逐渐演变，五月五日把五彩丝编缀成方形饰品戴在胸前，开始向装饰性发展。

长命缕在清代的长江下游最大的特点就是普遍性强，不同地区的名称多样、混杂不一。从材质角度，叫彩索、彩线、彩缕、彩藤、彩绳、彩丝、彩丝索、五彩缕、五彩丝、五色缕、五色丝、五色彩、五色绒、五色线、五色绳、红绿线、五色彩绳、五色彩缕、五色彩线、五色丝缕、丝绳、朱符等。从祈求延年益寿角度称为百索、百岁索、长寿线、长寿绳、长命线、长命缕、长庚缕、续命缕、续命丝、背符、五毒线、健线、牛绳等。浙江诸暨县系五色丝于臂，名曰"健线"，意思是说希望小儿长大力健如牛。还有成就他人良缘的说法，浙江江山县："是日也，用彩绳系小儿女臂以辟邪，至'七夕'剪彩绳以投檐溜，谓助鹊架桥。"⑤

从避免战争着眼叫辟兵。在长江下游多地称"长命缕"为"辟兵"，关于"辟兵"道家学派的重要代表《文子》一书中写道："兰芷以芳，不得见霜。蟾蜍辟兵，寿在五月之望。"⑥ 可见，五月辟兵很早就出现。东汉时期"辟兵缯"开始出现在端午时节。《艺文类聚》卷四引汉应劭《风俗通》："五月五日，以五采丝系臂者，辟兵及鬼，令

① 于琨：《常州府志》卷九，清康熙三十四年刻本，第9页。
② 黄印：《锡金识小录》卷一，清光绪二十二年刻本，第88页。
③ 许治：《元和县志》卷十，清乾隆二十六年刻本，第13页。
④ 顾禄：《清嘉录》，江苏古籍出版社1999年版，第109页。
⑤ 王彬、孙晋梓：《江山县志》卷一，清同治十二年文溪书院刻本，第25页。
⑥ 李德山：《文子译注》，黑龙江人民出版社2003年版，第152页。

人不病温，亦因屈原。"① 魏晋南北朝时期，战争连绵不断，这个时候"辟兵缯"很流行。"辟兵缯"用茧丝织成，染绣日月、鸟兽等形状，佩于胸前或系于臂上。"兵"是指五兵，即弓、矛、戟、剑、戈，代表战乱瘟疫。在长江下游多地称"长命缕"为"辟兵"，尤其是安徽省安庆地区。"安庆"即"平安吉庆"的意思，太平天国著名的战役"安庆保卫战"即发生在此处。《安庆府志》："五日，人家以蒲艾悬门户，小儿以雄黄点额，系彩丝于臂，云辟兵。"② 人民希望通过这种办法可以让孩子逢凶化吉。

总之，长命缕的名称、材质、形状不一，功效基本是一样的，都是为了驱灾避难、辟邪益寿、保佑安康，是端午节不可或缺的节日用品。

四、端午食俗

在清代长江下游地区，端午节除了食角黍、饮雄黄菖蒲酒的习俗之外，还有其独特的端午饮食。"五月江南碧苍苍，蚕老枇杷黄"，初夏端午的枇杷是应季时令水果。"糖萝卜"有清爽理气利湿的作用，吃粽子的时候搭配食用，可以促进消化。五月被称为"毒月"，毒虫肆虐、瘟疫爆发，而绿豆具有清热解毒的功效，"绿豆糕"称为长江下游地区端午必不可少的食品。骆驼蹄糕能辟邪禳毒，食五毒菜和雄黄豆也是灭五毒，保平安的希冀。"食石首鱼"、"食盐蛋"在清代的江南别具特色。

（一）食石首鱼

长江下游气候潮湿，河网纵横，被称为"鱼米之乡"。"饭稻羹鱼"道出了这一地区饮食的特点。鱼类是百姓喜爱的食品。端午时节馔具多用黄鱼。由于黄鱼出水能鸣，夜视有光，鳞色黄如金，所以叫黄鱼，又因其头盖骨内有豆大的两块硬骨，亦名石首鱼。黄鱼盛产于长江下游一代。每到鱼汛，举之如山，不能尽。

黄鱼肉味鲜美，极富营养，百钱足买十斤余，在清代是大众化食品。每到端午时节，虽家贫，必买以烹。在上海宝山："端午，食角黍、石首鱼、饮雄黄酒、看龙船。"③ 在江苏角黍必搭配石首鱼："'端午'为龙舟竞渡，户贴朱符，食角黍、石首鱼，饮雄黄、菖蒲酒，簪榴花、艾叶以辟邪。"④ 在浙江，端午肴膳必少不了黄鱼："端午，家家以雄黄、菖蒲泛酒，馔具多用黄鱼。"⑤ 安徽地区黄鱼较少，就选择骨鲠的"鲥鱼"以祀先赏节：端午食尚麦酒、鲥鱼、子鹅、盐蛋诸品，谓之"赏午"。⑥

先前，长江下游，每年到春季都有极旺盛的黄鱼汛期，渔民称之为"黄花鱼汛"。鱼汛一至，满洋皆是，绵亘数里。此外，在八九月间还有小汛，渔民称之为"桂花黄鱼"。在这样得天独厚的条件下，百姓即使典当衣服也要买鱼烹食，"楝子花开石首来，

---

① 欧阳询著，汪绍楹校：《艺文类聚》，上海古籍出版社 1999 年版，第 42 页。

② 曹士奇：《安庆府志》卷六，清康熙五十九年刻本，第 52 页。

③ 丁世良、赵放主编：《中国地方志民俗资料汇编·华东卷》，书目文献出版社 1995 年版，第 67 页。

④ 许治：《元和县志》卷十，清乾隆二十六年刻本，第 13 页。

⑤ 李昱：《归安县志》卷十二，清光绪八年刻本，第 11 页。

⑥ 朱大绅：《直隶和州志》卷四，清光绪二十七年活字本，第 32 页。

筐中絮被拥三台"呈现的是热闹鼎沸的黄鱼市景象。然而，现在海洋污染、过度捕捞，踏破沧海难觅一尾。野生黄鱼只能活在人的回忆里。

（二）食盐蛋

禽蛋营养丰富，是人类理想的营养库。然而鲜蛋不容易保存，用食盐腌制的方法是较长时间储存蛋的常用方法。早在南北朝时，农学家贾思勰的所著《齐民要术》中有制作盐蛋的方法："浸鸭子。一月任食，煮而食之，酒食具用，咸彻则卵浮。"① 盐蛋是佐食佳品，色、香、味俱全。北宋，词人秦观捎给苏轼盐蛋并附有诗云："凫卵累累何是道，点缀盘餐亦是欲。"苏小妹吃了盐蛋后赞誉："盐蛋剖开舟两叶，内载黄金白玉。"诚如，盐蛋煮熟以后，蛋清洁白如玉，蛋黄朱砂色，油露欲滴，香气扑鼻，风味别致。

长江下游地区盐卤食物风味独特，在清代，盐蛋是宴请宾客、佐酒下饭的家常菜品。《儒林外史》第十八回："又去买了些笋干、盐蛋、熟栗子、瓜子之类，以为下酒之物。"② 盐蛋不仅去火泻热，而且可以增强腿力，有益健康。俗语云："端午吃盐蛋，脚踩石头烂。"庆赏端午更是必不可少。安徽《直隶和州志》有语："'端午'食尚麦酒、鲥鱼、子鹅、盐蛋诸品，谓之'赏午'。"③

清代长江下游，盐蛋不仅是自家佐酒下饭的家常菜品，另一个重要作用就是端午佳节人们相互"馈赠"的礼品。我国自古都重视社会人际关系，即有邻里和睦，又有亲朋好友的人际和谐。赠送"盐蛋"，一方面表达感激之意，另一方面盐蛋圆圆滚滚，借以祝福亲朋能够和和美美，团团圆圆。浙江昌化县盐蛋搭配角黍送礼："男女采百草相斗为戏，亲邻或煮角黍并鸭蛋以相馈遗。"④ 又《菱湖镇志》所记："亲戚以绿豆糕、银鱼、灰蛋、黄鱼、角黍相遗。"⑤ 归安县赏节礼品更为丰富："端午，亲戚以绿豆糕、银鱼、灰蛋、角黍相遗。"⑥ 礼物是增进人们情感的催化剂，盐蛋是端午节互相馈赠的佳品。

五、小结与推论

在清代，"端午节"、"中秋节"、"春节"并称为三大节日，《王制·礼制》记载："广谷大川异制，民生其间者异俗"，习俗与自然地理环境紧密相关。清代长江下游地区河网交错，水域辽阔，稻谷满仓，鱼虾满塘，素称"鱼米之乡"。江南水乡泽国，既有汉民族共同的端午习俗特征，同时也糅进了自己的地域文化特色。富足的经济基础引起人文传统及社会的变迁。长江下游地区端午习俗内容祭祀性较弱，娱乐性成分强，

---

① 贾思勰：《齐民要术》，团结出版社 1996 年版，第 251 页。
② 吴敬梓：《儒林外史》，人民文学出版社 1958 年版，第 240 页。
③ 朱大绅：《直隶和州志》卷四，清光绪二十七年活字本，第 32 页。
④ 甘文蔚：《昌化县志》卷一，清乾隆十三年刻本，第 84 页。
⑤ 孙志熊：《菱湖镇志》卷十，清光绪十九年临安孙氏刻本，第 8 页。
⑥ 李昱：《归安县志》卷十二，清光绪八年刻本，第 11 页。

信仰多元化，风气奢华富丽，人情色彩浓重。

"射柳"习俗本是"匈奴、鲜卑"等北方少数民族鲜明的祭祀活动。在金代，射柳就与端午节"捆绑"一起。清代长江下游的上海、江苏也出现了"射柳"风俗。当时，"射柳"活动依然流行，观看群体众多。如清嘉庆十五年《重修扬州府志》记载："西校场演武斫柳，观者如堵墙。"① 清嘉庆二十三年《松江府志》："'重五'，军校藉柳于教场，谓以柳枝插地，数骑用划子箭或弓箭驰射"。② 又清宣统元年《太仓州志》："五日，武臣则率子弟于校场走马射柳"。③ "射柳"活动没有在长江流域传播开来，后来逐渐失传，究其原因，笔者推测如下：其一，射柳要求射击水平较高，在平民中难以传播开来；其二，射柳活动的参与者皆是男性，到晚清慈禧太后掌控着大清王朝的政权，以男性为中心的"射柳"活动便日渐式微；其三，清末社会风气更加开放，新的娱乐项目如"听书唱曲"和"西洋玩物"的涌入使"射柳"项目受冲击，逐渐淡出人们视野。

（作者单位：武汉大学文学院）

---

① 丁世良、赵放主编：《中国地方志民俗资料汇编·华东卷》，书目文献出版社 1995 年版，第 489 页。
② 宋如林：《松江府志》卷十二，清嘉庆二十三年刻本，第 61 页。
③ 缪朝荃：《太仓州志》卷十，清宣统元年太仓缪氏《汇刻太仓旧志五种》本，第 101 页。

清代传记制作与人物评价
——以黄恩彤各类传记为中心的思考

□ 王嘉乐

　　传记史料作为研究评价历史人物的直接史料，长久以来一直为学界所看重，冯尔康先生曾在《清代人物传记史料研究》中指出："大量的人物传记，对于人们认识历史，认识自身和家史，尤其是快速接受历史知识的价值，有着不可忽视的现实意义。"① 清代人物的传记史料，跟其他清代有关史料一样，数量十分庞大，官修的、私撰的、国家的、地方的林林总总，不一而足。陈捷先先生曾就有文字记录的清朝人物的数量进行过粗略的估计，认为必在 10 万以上。② 这其中，尤以官员传记为多，且同一官员往往拥有多类传记。传记扎根于其所处的现实社会，反映社会面貌的同时也受制于社会现实，因此，不同类型的传记文章，因制作方式、编撰者的不同以及种种来自社会条件的限制，其所呈现的传主形象也有着微妙的差异，这其中，传主主体性往往被各类传记话语所绑架，呈现出文本与现实之间的张力，左右我们对传主的评价。本文试图以晚清二品官员黄恩彤的各类传记为切入点，超越传记的客观性与真实性问题，分析各类传记的制作特点及其所展示的传主形象，文末以黄恩彤文集为中心，讨论其自我表达，并对人物评价方法进行反思。

一、国朝官吏：清国史馆列传中的黄恩彤

　　黄恩彤（1801—1883 年），原名丕范，字绮江，号石琴，别号南雪，山东宁阳人，道光六年（1826 年）中进士，曾先后任刑部主事、顺天府乡试同考官、广西乡试正考官、江南盐法道道员、江苏按察使、广东按察使、广东布政使、广东巡抚等职。道光二十六年（1846 年）褫职，仍留着英差遣委用，道光二十八年（1848 年）以同知候选，道光二十九年（1849 年）告养回乡。黄归田后热心宗族建设，曾办团练抵御捻军，活跃于地方社会。完成于清政府统治时期的黄恩彤官方传记主要有两份：一份是清国史馆所作的《国史列传》黄恩彤本传，收录于黄氏家谱《汶南黄氏世谱》（宣统

---

① 冯尔康：《清代人物传记史料研究》，商务印书馆 2000 年版，第 3 页。
② 参见陈捷先：《清代人物传记史料研究·序》，商务印书馆 2000 年版。

辛亥刻本）；另一份为《清国史》大臣画一列传后编中收录的黄恩彤专传。

官方为臣工立传，往往因循史书列传体例编修，以官员做官历程、升迁事迹为纲，按照时间先后排比史实，主要取材于官员履历档、上谕、实录以及地方开造呈送的政绩、功绩折等。谱载《国史列传》黄恩彤本传全文共计两千余字，纪事按年月先后排比，有些文字直接抄录吏部官员履历折、奏折朱批、上谕、实录原文，遣词用字与原档相近，较《清国史》中收录的传稿更为原始，传文叙事十分刻板，黄恩彤于每一职任上，凡有功过大体都有陈述，详略不同，但没有专为突出某一时段、某一事件的裁剪。有清一代，素有将史馆所作大臣列传录出，寄送子孙收藏的成规，《大清会典事例》载，康熙四十五年为开国功臣修传"俟作传毕，可录出分给其子孙各一通，令藏于家"，故谱载黄恩彤《国史列传》当为可信史料。

《清国史》系国史馆所编纂之本朝史书底稿，目前影印出版的《清国史》为刘承轩嘉业堂抄本，完成于1924年至1928年间，其中，列传部分共14934人，占全部抄本四分之三的篇幅。① 单从黄恩彤列传看，《清国史》（嘉业堂抄本）所抄出的黄恩彤传文确与《国史列传》不完全一致，行文更加简略顺畅，有颇多删削润饰的痕迹，或为国史馆传记定稿。但《清国史》传文的删削并未改变国史列传的基调和叙述策略，其所记载的黄恩彤形象与《国史列传》中的别无二致。

国史馆修传持论代表官方，在清代，能被宣付国史馆立传，本身即是一种至高无上的荣耀，对子孙乃至整个宗族而言都是莫大的光荣，正因如此，国史馆传稿在社会上有着较大的影响力，很大程度上引领着当时对传主评价的社会舆论。以黄为例，1842年6月，在鸦片战争江苏战场最危急之时，黄恩彤迁江苏按察使，仍留江宁布政使署任，他作为代表参与了中英南京谈判。谈判结束后，黄奉上命随广州将军伊里布赴粤，处理中英通商善后事宜，后来又成为耆英的助手和谋士。可以说，中国近代史上臭名昭著的中英虎门条约及以后的中美、中法条约的具体谈判工作，主要都是由黄恩彤负责的。但在国史馆黄恩彤传稿中我们可以清楚地看到，道光朝官方对黄这一系列条约谈判事宜的叙述基调，是非常积极正面的。关于虎门条约的签署，国史传稿如是记载：

> 比耆英至粤酌定善后章程，恩彤已先偕咸龄赴香港见夷首罗伯聃议税则，有成说矣，耆英条列以闻，部议如所请。新章自七月为始，税课岁增旧额百余万。闰七月，擢广州布政使，陈谢。朱批：一切妥为办理，抚绥事宜尤当不辞劳瘁，详慎认真，勉益加勉。②

可见不论是清朝的谈判要员还是各部堂官乃至道光帝，都没有意识到虎门条约协定关税所导致的关税自主权等一系列合法权益的丧失，却沾沾自喜于新议定的税额较以前为高，而实际上，清政府本是拥有单独改变税率的权力的，协定关税本身就是英方设置的陷阱。

关于中美条约的签订，俨然成为黄阻止美夷进京的手段，传稿中甚至连缔约一事都

---

① 参见《清国史》影印说明，中华书局1993年版，第1~9页。
② 《国史列传》，《汶南黄氏世谱》，宣统三年刻本。

未有提及，只载"二十四年正月，美夷顾盛呈请进京，恩彤随耆英赴澳门往复折办"。很显然，在大清国朝语境下，"美夷"进京是如此的严重，与此相比，缔结一个小小的条约以示"宽大"根本不值一提。而至于中法条约的签订，传稿中则完全不见相关记载。

到了黄恩彤入传县志之时，上述我们今天看来的失败交涉，俨然成为他值得称颂的赫赫功勋。原文如下：

> 时，英咭唎因违禁绝市，辄以兵舶数百艘骚于沿海，入江抵金陵，叩关求抚赏，大臣虽允其请，相持未决。恩彤亲见其酋，晓以利害，结以恩信，遂敛舶去。又随大臣赴粤增减税则，酌定善后事宜，且载《条约》，复市如初。会哗兰哂、咪唎坚诸国续有使臣至，抚之如英，均奉约惟谨。①

值得一提的是，县志列传中提及黄与美、法缔约，并非因时人认识到了条约签订对国政朝局的重大影响，而是认为缔约一事由黄恩彤辛苦办理，处置得当，值得称道。

民国初年，黄恩彤的污名化还未开始，国史传稿仍发挥着强大的影响力。成书于民国四年（1915年）的《山东通志》中收录有黄恩彤传记一篇，传文篇幅较小，有着明显删削自国史馆传文的痕迹，且文末注有"国史有传"字样，显然将入传国史作为黄的身份与名望的象征。这篇传文中并未记载黄参与中美、中法条约谈判的相关事宜，似将它们一并归入了通商善后事宜中（后文将详述）。

纵观上述各类传文，不难发现，"天朝"根本没把这些"不平等"条约放在眼里，整个朝野君臣上下均没有认识到这些条约会给中国社会造成怎样的损害，朝贡体制下的清政府也无法真正弄清国与国之间的正常关系，因此我们无法将条约的签订归咎于伊里布、耆英、黄恩彤等人的卖国，在皇朝体制下，黄恩彤等人不过是规矩做人勤谨办事的朝廷官吏。

二、皇清名宦、地方伟人：黄恩彤在县志中的形象建构

道光二十九年（1849年），黄恩彤告养回乡，不任朝廷实职，仅有虚衔，但凭借在晚清政坛的名望，黄在地方社会小有权势，他曾于道光三十年（1850年）、光绪五年（1879年）连续两次担任县志总纂。此外，黄恩彤还热心于宗族建设，归田后他积极组织建祠堂、修族谱，有清一代，汶南黄氏接连走出两代三位进士，是当地较为显赫的大族。作为地方精英的黄氏族人越来越多地涉足地方事务。光绪十三年（1887年），知县陈文显重修县志，黄恩彤长子黄师阎担任总纂。县志作为官方性公共历史记述，历来为地方官绅竞相染指，入传县志成为地方宗族彰显实力和提高声望的重要途径。《宁阳县志》连续三年由黄氏族人担任总纂，其谋篇论述，明显具有宗族观念渗透的痕迹。

光绪十三年版《宁阳县志》中共收录了六位黄氏族人的传记：黄恩彤传记收入

---

① 《明清宁阳县志汇释》（上册），山东省地图出版社 2003 年版，第 471 页。

《县志·列传》，黄恩澍、黄宝书传记收入《县志·文学传》，黄尚璨、黄宗皋传记收入《县志·笃行传》，黄宗凤传记收入《县志·耆德传》。另有两位黄氏女眷收入《列女传》，分别为黄宗献妻朱氏和黄丕兴妻李氏。这些传记无一例外地均被收进黄氏族谱《汶南黄氏世谱》中①。除此之外，黄氏族人的文章诗作大量收入县志《艺文》中，包括黄恩彤奏牍 2 篇、记 2 篇、序 1 篇、传 5 篇、论 1 篇、议 1 篇、说 2 篇、辩 2 篇、祭文 1 篇、碑文 5 篇、骈体文 1 篇、赋 1 篇、诗 20 首、词 4 首，黄恩澍传 1 篇、骈体文 1篇、诗 6 首，黄师闇碑文 1 篇、赋 1 篇，黄宝书赋 1 篇。②

黄恩彤列传为道光十三年黄师闇任总纂的《宁阳县志》首次收录，其笔法与传统列传十分不同，带有明显的家传痕迹和强烈的宗族意识，应是由黄恩彤的直系亲属所作。《县志列传》中的黄恩彤比国史馆列传中的形象更为丰满，首先增录黄中进士之前事：

> 生而岐嶷，颖悟性成。五岁偕胞弟丕节（后更名恩澍），入家塾读书，寓目不忘，有"神童"之称。年十五县试第一，学者考古复列首选，补邑诸生。益肆力于学，岁科试辄冠其曹，旋以优等食饩。③

此种描述传主自幼便带有伟人光环的撰写策略，与私家所撰的行状、墓志之类的传记文本笔法相同。

此外，《县志列传》对于黄参与中英、中美、中法等条约的签订，给予高度赞誉，已于前文详述，此处不再赘言。整篇传记随处可见对黄恩彤的颂谀之辞，且关于黄回籍之后的作为记载明显多于国史馆列传，对黄咸丰十年（1860 年）督办团练抵御捻军事，归田后为学讲学事，以及主持重修宁阳县志事多有赞辞：

> 咸丰中，淮匪北扰，（黄）两次奉命督办团练，首建分路分局之议，倡联村筑堡，人共为守，俾贼无所掠，久而自困，卒如其策。光绪壬午，重逢乡举执念，奉旨赏还二品顶戴，准与鹿鸣宴，年八十三卒。恩彤为人，玉色鹤立，眉目如画……归田后，定省余暇，为学益勤。荟萃贯串，陶冶百家弟子，从游者众，经其嘘呵，皆知名当时。本邑重修志乘，总司笔削，无不钦其精核。④

可见，县志人物传中的黄恩彤形象十分高大，突出了黄对地方社会的贡献。传文最后还对黄恩彤的兄弟子孙的成就进行了简单的描述，突出家族教养的一脉相承。如此，黄氏宗族观念对县志的渗透可见一斑。

另外，有一细节值得注意，道光二十六年八月，黄恩彤监临广东乡试，主试武闱，违例请旨赏给年老武生符成梅千把总虚衔，道光帝降旨交部严议，吏部议降三级调任，

---

① 参见《汶南黄氏世谱》，宣统三年刻本。
② 参见《明清宁阳县志汇释》，山东省地图出版社 2003 年版。
③ 《明清宁阳县志汇释·列传》，山东省地图出版社 2003 年版，第 469 页。
④ 《明清宁阳县志汇释·列传》，山东省地图出版社 2003 年版，第 469 页。

按道光朝的一般做法，黄应获降三级留任，随后很快开复，但道光帝却非常愤怒，降旨严斥，将其革职。查军机处上谕档，谕旨原文如下：

> 武生符成梅现年八十四，照例不应收考，黄恩彤滥准入考场，已属违制，且身为大吏，只知见好于人，擅开例制，代乞施恩，尤为谬。黄恩彤着即行革职，交着英差遣委用，所有该武生符成梅六十以后历科违例送考、收考之各学政、巡抚并着该部查去职名，严加议处，钦此。①

违例奏请年老武生职衔一事，一般而言本不是严重违例事件，但从上谕口吻可见，道光帝异常愤怒，认为黄"只知见好于人"，皇帝有此一怒，或许掺杂了对黄恩彤广州巡抚任上对内对外怀柔羁縻策略的不满，后文将对此加以讨论。这里想要指出的是，县志黄恩彤传稿的记载明显与事实不符，县志传文载："寻以主事武闱，为老生乞恩，有违定例，部议褫职，留粤差委"②。将黄褫职一事归到了吏部头上。反观国史馆传稿，对这件事的记载则非常明白准确："下部严议，部议降三级留任，奉旨褫职。"③由于无法判定国史馆黄恩彤传记录出传送地方的具体时间，所以无法判定县志传文写作时是否参考了国史馆传稿，且两篇传记在写作笔法、行文风格、遣词用句等种种方面确实没有互相因袭的痕迹，但即便县志传稿作于国史馆传稿之前，参看两文写作内容，县志传稿所记载的事件并不比国史馆传稿粗略，似乎不应偏偏在黄恩彤褫职这件事情上弄不清原委，故县志传文记载此事时故意曲笔的可能性更大些，县志传稿将黄褫职一事归于吏部议准，隐藏了道光帝对黄的愤怒不满，造成黄一直受到皇帝青睐重用的"美丽"误会，不至使其完美的一生留下污点。《县志列传》中的黄恩彤俨然一位皇清名宦、地方伟人。

纵观黄恩彤清末民初的各类正规传记文章，包括前述《国史列传》、《清国史》黄恩彤本传、《宁阳县志》黄恩彤列传，以及后文将提到的《山东通志》黄恩彤传、《清史稿》黄恩彤附传，县志中的传记有着明显的独立性，可以说是唯一一篇与国史馆传稿无关的文章，当然，我们可以认为县志传稿写作时间最早，还来不及受到国史馆传稿的约束，但值得注意的是，黄氏族人宣统三年重修族谱时，国史馆传稿与县志传文均被收录在内，谱载县志列传并未修改与国史列传相抵牾的内容，而是原样收录在内。故此，笔者认为，县一级的传记书写，有着相对较大的自由，诚然，这种自由或许会造成小范围的歪曲史实，但另一方面，也为我们看待历史人物提供了另外一个视角，不得不说，左右县志书写的能力在某种程度上代表了传主及其家族在乡野的声望和影响力，县志列传中的人物形象也更加贴近地方口传的历史记忆。笔者2014年曾走访黄恩彤故乡宁阳县蒋集乡添福庄村，村子里八成以上的居民都姓黄，这些黄姓族人的历史记忆选择性地跳过了黄恩彤被骂卖国贼的污名化时代，无一例外地夸赞祖先如何受

---

① 中国历史第一档案馆档案：《军机处上谕档》，道光二十六年十二月初二，第1条，盒号1114，册号1。

② 《明清宁阳县志汇释》，山东省地图出版社2003年版，第471页。

③ 《国史列传》，《汶南黄氏世谱》，宣统三年刻本。

到皇帝青睐，如何办事勤谨造福地方。这些事实不禁使我们思考"国论"与"乡评"之间的张力。

三、依违和战之间的无为官员：
脱离清朝话语的"他者"观察与后世评价

制成于民国初年的黄恩彤传记主要有两件，一件是收录于《山东通志》（民国四年排印本）《人物志》的黄恩彤传，另一件是录于《清史稿》祁塌①本传后的黄恩彤附传。《山东通志》始修于光绪十六年（1890年），成于民国四年（1915年），由曾任晚清刑部主事孙葆田任总纂，《人物志》中收录了黄恩彤小传，传文篇幅不长，明显删削自国史馆黄恩彤传稿，前文曾简单提及。与《清国史》黄恩彤传记的删改策略不同，通志列传重点保留了黄参与对外交涉的部分史料，占整篇传文的三分之一强。且将黄恩彤的疏陈海防策略进行了全文摘录：

> 欲靖外侮，先防内变。粤民性情剽悍，难与争锋，亦难与持久。未可因三元里一战，遽信为民足御侮也。该夷现虽释怨就抚，而一切驾驭之方与防备之具，均不可一日不讲。但当示以恩信，妥为羁縻，一面慎固海防，简练军实。尤必抚柔我民，所欲与聚，所恶勿施，以固人心而维邦本。庶在我有隐然之威，因以折彼嚣凌之气。②

虽《山东通志》传文并未对黄恩彤的政治策略进行评判，但显然有突出黄在鸦片战争前后对内外事务处理方式的意味。可见脱胎于皇清的民国时期，文献制作中对导致清朝走向败亡的鸦片战争及相关外交事宜表现出了迥异于清代的关注，但由于直接删削自国史馆传稿，故而未提及中美、中法条约的签订。

《清史稿》始修于民国三年（1914年），民国十六年（1927年）大致完稿，民国十七年（1928年）刊刻，主要资料来源于清国史馆编纂的本朝史书。《清史稿》黄恩彤传附于祁塌本传之后，全文篇幅不长，使用了跟《山东通志》黄恩彤传记相似的删改策略，重点突出黄恩彤于鸦片战争前后对内外事务的处理，亦对上述"疏陈海防策略"进行了原样摘录，用以代表黄对内对外的处事策略。值得一提的是，《清史稿》传文对黄恩彤褫职事的记载，道光二十六年黄恩彤因违例奏请年老武生职衔被革，前文曾提及。此次褫职异乎寻常，但前述《国史列传》、《清国史》、《宁阳县志》以及《山东通志》均未就原因进行深层次分析，《清史稿》传文则增录一事：

> 二十六年，英人争入城，议久不决，粤民愤不可谕，恩彤前疏不为时论所与，

---

① 《清史稿》（中华书局1993年版），记作"土+贡"。
② 《清国史》（嘉业堂抄本），第十册，大臣画一列传后编，卷一二四，中华书局1993年版，第879页。

被劾。①

道光二十六年（1846 年），广东发生民众围攻外国商馆等一系列民乱，结合此背景，《清史稿》撰者或认为道光帝不满于黄恩彤对内对外的软弱政策，借细故发作，因有此褫职。这样的叙述带有对黄恩彤软弱求和政策的不满，《清史稿》将黄恩彤传附于祁墫本传之后，祁于道光二十一年（1842 年）任两广总督，任职期间战和不定，立场游移，《清史稿》传文最后给予他的评价是"依违和战之间，苟全而已"②。史稿虽未单独评价黄恩彤，但黄与祁墫采取的是相似的政策，且附传于祁墫后，故此评价也当属于黄恩彤。

细究起来，黄恩彤道光二十五年任广东巡抚，二十六年褫职，仅在任一年，任职期间主要处理英人入广一事。此事牵涉多方利益，事态复杂，广州商民坚决反对英人进入广州城，但黄恩彤深知英方的军事实力远非清政府军以及广州官绅所能抵挡，且英广之间存在着重要的互利贸易关系，他认为英人对广州主要是通商要求，并非领土要求，鉴于双方之间复杂利害关联，断不应简单抵制英人入广，广州商民不满当局的软弱态度，掀起声势浩大的反入城运动。③ 广东任职期间，黄恩彤的处事方式很受争议，《（光绪）广州府志》中并未将黄恩彤传记收入宦迹传中，仅在卷八十一《前事略》中提及黄对英人入广问题的处理，兹录如下：

> 旧例洋人不许入城，自壬寅议款后，沿海各省多有任其入城者，至是，英吉利酋长以为请，总督耆英、巡抚黄恩彤将许之，而城内群议汹汹，讹言四起，广州府知府刘浔出行至双门底上街，有触其前驺者，按而扑之，百姓大哗，谓官但知庇夷，而不知爱民也，遂群入知府署中，焚毁仓库，掠夺财物，布政使傅祥麟亲往谕之，众始散。识者知粤民之敢于抗法蔑官者，始于此矣。④

《广州府志》此番论述将广州民乱的责任归咎于耆英、黄恩彤违背旧例，妥协于英方，允许洋人入城，明显不认同黄恩彤在英人入城一事上的处理。关于道光二十六年的民乱，只有《清史稿》黄恩彤传文中提及。但与《山东省志》传文类似，《清史稿》传文也没有提到中美、中法不平等条约的签署。

《清史稿》的言论极大地影响了后世对黄恩彤的评价，因其系官修史书，比较具有权威性，且简便易得，故近代以来大部分介绍黄恩彤的作品都会参考《清史稿》传文。某种程度上，是《清史稿》让1846 年前后广东喧嚣的民怨，以及在民夷关系中胼手胝足的黄恩彤走进了人们的视野。中华人民共和国成立后，爱国话语成为主流，人民斗争成为大肆宣扬的对象，在处理英人入广一事时，黄曾站在广州人民对立面，此事成了后世文献的主要攻击点。陈旭麓、方诗铭、魏建猷主编的《中国近代史词典》称黄

① 《清史稿》列传一百五十八，中华书局 1997 年版，第 11515 页。
② 《清史稿》列传一百五十八，中华书局 1997 年版，第 11522 页。
③ 中国史学会：《第二次鸦片战争》（一），上海人民出版社 1978 年版，第 145 页。
④ 史澄《（光绪）广州府志》卷八十一前事略七，清光绪五年刊本。

恩彤"污蔑广东人民性情彪悍，不足信赖御侮。1846 年广州人民反入城斗争时，被劾革职"①。王志民主编的《山东重要历史人物》称："黄恩彤认为广东人民结队横行，骄悍难削，粤患未已，不在外而在内也。极力反对爱国人民武装反侵略的斗争。"② 萧小丰、吕克坚、杨瑞贞主编的《中国一百奸佞图》则直接将黄恩彤"欲靖外侮，先防内变"的政论曲解为"欲阻止外国人的侵略，必须先消灭国内人民的反抗势力"，将黄描述成了一个"不惜出卖国家、民族的利益，以换取侵略者欢心"的佞臣。③ 可见随着时间的推演，事件被不断地放大，加入了后来人的想象，层垒地造就了黄恩彤的卖国形象。

"欲靖外侮，先防内变"一段，节选自道光二十六年三月三十日耆英、黄恩彤联名所上的奏折《两广总督耆英等奏报遵旨体查慎重妥办粤东民夷各项实在情形折》，原文篇幅较长，应是由黄执笔写就，主要为回应上谕："有人奏，广东匪徒滋事，因英夷欲进省城设立码头，人心不服，地方官出示晓谕，致有聚众滋闹之事。该省设立码头，自应顺民之情，不宜强民从夷等语。"④ 道光二十六年前后的广东，"民夷关系"十分紧张，黄在奏折中称：

> 自遭三元村事后，民怀隐恨，誓不准其入城……广州通商数百年，并无夷人进城之事，而民之于夷，无论妇孺皆呼为番鬼，不以齿于人类。故一旦骤闻其进城，则以为有紊旧制，群起而拒之。⑤

粤民对英人的憎恨还要从道光二十一年（1841 年）的三元里事件谈起，1841 年 5 月 29 日至 31 日，即英军占领北越秀山时期，爆发了一场以三元里为中心的民众抗英事件，检阅中文历史文献，对整个事件的描绘扑朔迷离，各执一词，以往也有许多近代史研究者进行过深入的研究，笔者在此无意对事件的史实进行考辨。事件起因是英军的暴行自然无可厚非，文献记载的纷繁说明英军的暴行在社会上形成了极大的恐慌和愤怒，而代表正义一方的三元里民众则成为救世的英雄，他们的力量则被放大宣传，且随时间的推移，调门越弹越高，有论者甚至宣称，若不是余保纯的劝解，拥有获胜能力的民众就有可能消灭广州城北的英军。这些宣传声势之高，从当时三元里之战结束不久后的长红，及战后《尽忠报国全粤义谕英夷檄》、《全粤义士义民公檄》等士子所写檄文中可见一斑。故此，1846 年前后英人入广的消息便激起了声势浩大的民怨民怒，从 1846 年耆、黄奏折中不难看出，甚至身处北京的道光帝也被这种宣传蛊惑，认为绅民武装足以抗英。时为广东巡抚的黄恩彤无疑是冷静的，他的文集中收录了一篇与江翊云讨论粤东民夷的书信，信中说：

---

① 陈旭麓、方诗铭、魏建猷：《中国近代史词典》，上海辞书出版社 1982 年版，第 633 页。

② 王志民：《山东重要历史人物》第四卷，山东人民出版社 2009 年版，第 65~66 页。

③ 萧小丰、吕克坚、杨瑞贞：《中国一百奸佞图》，新世纪出版社 1996 年版，第 201~202 页。

④ 中山市档案局（馆）、中国第一历史档案馆编：《香山明清档案辑录》，上海古籍出版社 2006 年版，第 537 页。

⑤ 中山市档案局（馆）、中国第一历史档案馆编：《香山明清档案辑录》，上海古籍出版社 2006 年版，第 538 页。

一二粗通文墨，不安本分，不晓事体，不知谁何之人，徒欲假借忠义之名自快一时之笔舌，今日标红单，明日出白帖，刊刻张贴，欲以空言戚黜虏之心，不知区区伎俩早被他族窥破，扬之则雄兵百万，按之实乌有，先生何益之有。①

将帅无能、兵弁无力、武备落后，清王朝根本不能战胜英"逆"，这是鲠在每位御外臣工之喉的刺，不相信三元里神话几乎等于放弃战胜的希望，想来看清时局的黄恩彤必不会好过，否则也不会在 50 岁上挂冠归田，且一归就是 20 年，再未任过重要实职。就彼时的状况来看，黄恩彤对英人入广问题的处理似乎无可指摘，广东的僵局也难再有高明的解决方法。"欲靖外侮，先防内变"，不过是黄针对道光二十六年的广东局势提出的一时之策，也不能完全代表他的内外策略。但不得不认可，黄恩彤确是一位"无为官员"，但那个衰败时代，如何"有为"却是一个难题。诚然，认清这个事实，远不比口诛笔伐一位卖国贼来得痛快。

四、文集中的自我表达：重读黄恩彤的生命故事

前文分析了黄恩彤的各类传记，并无意强调这些记述在多大程度上歪曲了事实，只想说明这些传记在制作过程中会被怎样的力量影响，以及我们的眼睛和思维会多大程度上被这些传记左右。若抛开这些"他者"论述的局限，黄恩彤此人又当如何评说？笔者试图从文集②入手，重新对他进行解读。

嘉庆六年（1801 年），黄恩彤出生在汶水南岸（兖州府宁阳县）一个传统家族中，宁阳县邑境狭隘，自明以降基本不通商贾，民风敦厚驯雅，重农贱商，尊儒慕学。黄氏一族明永乐二年（1404 年）初迁此地，族人敦本力田，以务农为生，并不富盛。黄恩彤所在的房支十分重视培养子孙的儒学修养，认为科举入仕方能光耀门楣，黄的祖父和父亲均曾接受过正规的儒学教养，但迫于生计，中途放弃了举业，耕田持家。到了黄恩彤这一代，终于小有资产，他与胞兄黄恩澍自小便在家中从师念书，父亲黄宗皋对他们要求严格，小小年纪，他们的诗文便在当地小有名气。道光六年（1826 年）、道光二十五年（1845 年），恩彤、恩澍先后中进士，一举震动乡野。进士及第后，黄恩彤签分刑部主事，此后，不论是在朝为官，还是在野为民，他身上始终保留着青少年时期家族教育中形成的性格。

他对土地有着强烈的感情，体恤耕农，热爱农事。这种感情，对生活在现代的我们来说，或许很难理解，那是一种对土地的归属感，它使人宽厚、悲悯，却又保守、封闭。黄长途跋涉前往南方任职的某年，偶于巴陵道中见有农人收获新熟的稻谷，他顿

---

① 黄恩彤：《知止堂集》（卷九），《清代诗文集汇编》（第 609 册），上海古籍出版社 2010 年版，第 80 页。

② 黄恩彤一生著作颇丰，少壮所作编为《知止堂集》，30~50 岁作品编入正集十三卷，50~60 岁作品编入续集六卷，又别为外集六卷，60 岁前作品编为《飞鸿集》，70 岁后所作编为《余霞集》。几乎每个人生阶段都有作品存留。

时忘记了长日的舟车劳顿，有感而发：

> 干风吹面如沸汤，炯炯烈日悬清光。早稻登场中稻熟，翻滕覆陇颓云黄。
> 农夫腰镰集厥事，颠蓑倒笠田中央。初披茎叶试铚刀，徐敲粒米倾筐箱。
> 时时惟髻饷黍肉，往往蓬发担壶浆。风燎日炙不辞瘁，嘻嘻但说年丰穰。
> 是岁楚南足田水，不雨半月犹汤汤。滑溇未逞腰脚健，冲泥顿觉芒鞋良。
> 闻说彭蠡溃近县，太守飞盖往堤防。幸免漂荡饱鱼鳖，便应报赛烹猪羊。
> 忆余少小事陇亩，督耕每至鱼泉庄。自添科名挂朝籍，年年玉粒分太仓。
> 伊谁胼胝供坐食，惭无寸补心彷徨。但祝苍苍均旱涝，于万斯年乐且康。①

农人获稻情境使黄恩彤忆起年少的耕作时光，体味农人辛苦的同时，他亦感受到身为官员的责任，这类诗词黄恩彤文集中并不鲜见。晚清的宁阳县旱灾、蝗灾不断，银贵钱贱，但政府租税不减，民人生活困苦，黄氏《余霞集》中有很多反映底层社会状况的诗文。② 作为地方社会颇有威望的士绅，他还曾代表阖邑士绅向上级呈文，禀请免除河工秸料归民间办理的新规。③ 若从体恤民间疾苦的角度看，黄恩彤无疑是个好官。弃官回籍后，耕作简直成为黄治疗官场疾痛的良方④，甚至为方便农桑，他还编辑整理了《桑蚕录要》、《农书录要》两书，《农书录要序》中称：

> 前明徐文定公所编《农政全书》，余既就蚕桑一门汰其繁复，辑为五卷，名曰《蚕桑录要》。今春偶暇，复取全书校勘一过，叹其广大悉备，惜不免博而寡要之失……即有志学稼如吾侪者，亦未免望洋兴叹，因而束高阁不观。夫农书之作，所以教民务本力稿，是必明白易晓，庶几简易可行，徒为是累牍连篇，繁征博引，是欲牖民而转以眩之，岂昔贤著书本意哉？爰竭两月之力，详加删并，一依《桑蚕录要》体例，厘分一十四卷，名曰《农书录要》，手缮成帙，以备观览。⑤

---

① 黄恩彤：《知止堂集》（卷四），《清代诗文集汇编》（第609册），上海古籍出版社2010年版，第27页。

② 如：《采料谣》反映河政归地方后，河工秸料由地方自行采送，给绅民带来的诸多困难与不便；《催租吏》从负责催收税款的县吏的视角，记录民人颗粒无收，无法交租的困顿生活；《谷贱》反映光绪壬午谷价大减，商贩来稀，谷滞难销，民以坐困；另有《南村有老民》、《冬暖》、《市无鱼》等都属此类反应底层民众生活情状的作品。详见《余霞集》，《清代诗文集汇编》（第609册），上海古籍出版社2010年版，第223~275页。

③ 黄恩彤：《代阖邑绅士禀请详免秸料公呈》，《余霞集》（卷三），《清代诗文集汇编》（第609册），上海古籍出版社2010年版，第263页。

④ 《五十生日自寿》（四首）中描述了黄恩彤不忍回忆在粤治边的种种，彼时炎热的天气与焦灼的心情相互映衬久久烙印于心，变成一块医不好的心病，幸得天恩得以贬官回乡，享受田园生活。《田园杂咏》（八首）描写了黄归园后愉快的耕作生活。凡此种种都体现了黄对土地和耕作的热爱。参见《知止堂集》（卷五），《清代诗文集汇编》（第609册），上海古籍出版社2010年版，第35~36页。

⑤ 黄恩彤：《知止堂集》（卷十一），《清代诗文集汇编》（第609册），上海古籍出版社2010年版，第100~101页。

但这种小农性格的另一面，则是故步自封，拒绝接受新鲜事物。上述序文最后称：
"原书所载屯田水利诸大政，非农夫所知，其泰西水法，亦非中土工师所谙，若荒政则
应别辑专书，故概置弗录。"连《农政全书》中西洋水法都不肯接受，也就不难想象，
为何黄在中法谈判时，会断然拒绝法方提出的"派中国使团赴法学习"的建议。就这
方面看起来，黄恩彤是那么的迂腐和顽固。

早期的家庭教养使黄恩彤成为儒学忠实的信徒，在文化界普遍质疑、批评八股文风
的晚清，力主八股文与古文诗赋异曲同工，为八股取士辩护①；他忠于他所服务的清
廷，为官勤恳清廉，黄道光六年签分刑部，刑部任上平反多起冤狱，从他为《补注洗
冤录》所作的序文中，不难看出他对刑部职任的重视，及其任上积累的丰富办案经验：

> 《洗冤录》检伤之书也。奈何人之冤莫大乎不得其死，更莫大乎为人所伤以致
> 死，呼号婉转，疾痛惨淡，行路所不忍闻，必官为检明其伤因，得其致伤之由与伤
> 之者之主名，首从次第以法绳之，而后死者瞑目而无所恨……独其事涉疑似，迹属
> 微茫，情既邻于真伪之际，伤复介乎隐现之间，死者既不能言，生者又无可证，豪
> 强思以避就脱纲，吏件欲以上下弄法，失讲于平日，取办于俄顷，既有神明难以臆
> 造，检伤不确，谳狱无准，流弊所极，曷可胜言。未明死者之冤，或致生者之枉，
> 一冤未了，一冤复生……余襄官比部，从事律馆例文，随时修改，而《洗冤录》
> 仍其旧本，未有增益，近莅粤东，乃见番禺令交君所刊《补注洗冤录集证》一书，
> 考订精详，足佐官书之所未备……司命者当奉为枕中之秘。因为序而归之，惟检骨
> 一法与检伤似同实异，辨之愈难，临之尤慎，轻启检而致蒸剔之惨死者，有知未必
> 不呼□求免也，就残骸以定疑似之伤，仁人用心不得不重虞出入也，是必先求众
> 证，再审真情，俟十得八九，然后凭一检以定案，虽未必百不失一，庶几鲜矣。昔
> 在滦阳，曾检一服毒妇人，不惟痕损互异，即肋骨亦多寡不符，参以他说，甫定
> 谳。古人所见亦有类此者，则笔之于书，以为骨骼之异，其检地之法，仅可姑存其
> 说，而徐查其用意之所在，尽信书不如无书，微乎微矣。②

从各种角度看，黄都是一位勤勉的好官，但勤勉并不意味着在任时处理任何事情上
都表现出色。鸦片战争后，黄恩彤开始主理对外交涉，面对外洋的坚船利炮，他呕心
沥血却又捉襟见肘，最终于道光二十九年沸腾的民怨中黯然离场。文集中黄氏提出的
他认为最好的御敌方法是通商，他认为"夷居西北极边，地冷人稀，向无田赋，其国
中一切经费全资商税，虽添设码头，如槟榔屿、噶喇吧、新嘉坡等，多至二十余处，
而尤以广州为第一"，"捐释前嫌，示以宽大，裁减陋规，明定税则，无事则抚以恩，

---

① 详见《吴小严制义序》、《送唐仲实解元会试礼部序》等文章，《知止堂集》（卷十一），《清
代诗文集汇编》（第609册），上海古籍出版社2010年版，第93~96页。
② 黄恩彤：《知止堂集》（卷十一），《清代诗文集汇编》（第609册），上海古籍出版社2010年
版，第90页。

有事则折以信，彼既灼然知用兵之害，通商之利，自当俯首帖耳，歌咏皇仁"。① 而今看来，黄恩彤的认识无疑是短视幼稚的。但即便如此，黄却是彼时大清帝国最为了解夷情的人之一，他曾跟《瀛寰志略》作者徐继畲讨论过西洋诸夷书②；归田后仍不断有人寄信向他请教夷情③；他曾读过《职方外记》、《荒外奇书》、《海国图志》、《杜还经形记》、《费信星槎胜览》、《学海类编》、《西洋地理志》等当时可以找见的，几乎所有前人所作的，记载国外情形的书籍。但很明显，这些并不能为他提供准确的资讯，他从中也无法得到救国的良方。

黄恩彤的保守和传统为许多近代史家所诟病，茅海建称黄"留下的《抚远纪略》、《知止堂集》中，找不到任何有益于中国社会进步的思想资料"，认为"他活的很长……但没有任何资料证明他的'抚夷'思想有何变化"。④ 而今看来，这类结论值得商榷，因为并非颠覆传统才代表着进步。《知止堂集》中收录有黄恩彤的两篇文论——《废封建论》、《井田论》，从这两篇文章中不难看出，黄恩彤经历了清末动荡，开始重新认识君权与政体，他认为"三代以上天下，为天下人之天下，是公的、万民的；三代以下天下，为帝王一家之私"⑤。这类言论根源自黄宗羲的《明夷待访录》，这部奇书于1673年初刻，是黄宗羲从其复国的艰难历程中得出的道理，其中对君权的新定义、以人为本位的思想极具刺激性，一度在清前期禁书运动的压力下沉寂，直到道光十九年（1839年）才再度出现刊本。⑥ 似乎不难想象挣扎于救国无方的黄恩彤在读到这部书时的震动，以至于他开始重新思考君权和天下，这是一种调整思想的动向。这种思想上的调整让我们看到传统中所蕴含的历久弥新的力量，在清季，《明夷待访录》经梁启超等人的鼓吹，掀动一代风潮，成为清朝末年言平等、民权、宪法的张本。

要言之，在评价近代历史人物时，我们往往过于在意他们开创的局面，而忽视了他们接续的传统，他们受怎样的教育成长，他们有怎样的理想抱负，他们渴望成为怎样的人？身处现代的我们不能总是站在高处，以居上位者的姿态审视他们，更应该走进历史的现场，给出公允的论述。

（作者单位：南开大学历史学院）

① 黄恩彤：《抚远纪略》，中国史学会编：《鸦片战争》（五），神州国光社1954年版，第486页。

② 黄恩彤：《与徐松龛中丞论西洋诸夷书》，《知止堂集》（卷九），《清代诗文集汇编》（第609册），第79~80页。

③ 如《答友人论弗兰西》、《再与友人论弗夷》、《答友人论日本》等收录在《余霞集》中的文章，详见《余霞集》，《清代诗文集汇编》（第609册），上海古籍出版社2010年版，第223~275页。

④ 茅海建：《天朝的崩溃：鸦片战争再研究》（修订版），三联书店2012年版，第568~569页。

⑤ 黄恩彤：《废封建论》、《井田论》，《知止堂集》（卷八），《清代诗文集汇编》（第609册），上海古籍出版社2010年版，第55~59页。

⑥ 详见王汎森：《权利的毛细血管作用：清代的思想、学术与心态》（修订版），北京大学出版社2015年版。

文学与文体

论李煜生命哲学对其词作的影响

□ 崔 萍 胡 浩

一、悲剧人生的文化解读

在大部分关于李煜早期生活的记述中，大多是侧重他的富贵安稳、才华横溢和伉俪情爱，田居俭在《李煜传》中就用"花月正春风"来形容李煜才华横溢的青少年时代。的确，正是在文山艺海中，李煜得到了从未享受过的欢乐和自由，他奋力求索，在书法、绘画、音乐、诗词等各方面都拥有极高的造诣，比如书法上，创制成自成一体的"金锉刀"笔法，"作颤笔樛曲之状，遒劲如寒松霜竹"①，"落笔瘦劲而风神溢出"②；绘画中的"铁钩索"画法，笔锋凌厉，神韵清爽，不拘一格。

李煜的诗词才华自不待言，父亲李璟的华彩文章和诗人气质对他起了潜移默化的作用。娶娥皇为妻后，二人十分恩爱，共同的兴趣和爱好使两人情意相投，从对方那里得到了最大的享受和满足。然而这些只是让李煜孤独、郁闷的心情暂时得到释放和缓解，使他的精神有所寄托而已，生活中始终有抹不去的阴影：李煜在兄弟中居第六，虽然他无意继位，但在封建帝王家庭中，长期受到长兄弘翼的猜忌，为避免杀身之祸，他自甘寂寞，产生消极避世的思想，他渴望逍遥自在，无企无求的生活，自号钟隐，别号钟山隐士，并在这一时期借诗词抒怀、明心志，解除精神上的压抑和生活中的苦闷。如《渔夫词》："浪花有情千重雪，桃李无言一队春。一壶酒，一竿身，快活如侬有几人。一棹春风一叶舟，一纶茧丝一轻钩。花满渚，酒满瓯，万顷波中得自由。"他对自己的闲情逸趣津津乐道，向往清心寡欲的生活，在《病起题山舍壁》中写道："山舍初成病乍轻，杖藜巾褐称闲情。炉开小火深回暖，沟引新流几曲声。暂约彭涓安朽质，终期宗远问无生。谁能役役尘中累，贪合玉龙构强名。"李煜渴望逍遥自在，无企无求的生活，但他特殊的身份、宫廷生活环境和封建礼教的束缚，却使他的这种需要难以满足。这一时期李煜写了许多关于宫廷生活的作品，他在其中表述着自己对于甜蜜爱情的陶醉和对皇家奢华生活的迷恋，抒发富贵闲愁，借以减轻政治上的阴影带来

---

① 陶毅：《清异录》，转引自田居俭：《李煜传》，当代中国出版社 1995 年版，第 71 页。
② 陶毅：《清异录》，转引自田居俭：《李煜传》，当代中国出版社 1995 年版，第 71 页。

的压抑。然而，无意争当皇帝的李煜却在 25 岁时，因 5 位兄长先后去世，阴差阳错地继承了王位。

公元 975 年，宋将曹彬攻下金陵，李煜"肉袒降于军门"（陆游《南唐书》），次年正月，到达宋汴京。此时，李煜正好 40 岁，开始了悲哀凄凉、屈辱悔恨的囚虏生活，从尊崇的一国之君到屈辱的囚虏，对于一个皇帝来讲，是一种难堪的人生体验。他被幽禁于汴京内的一座小楼上，完全丧失了人身自由，公元 978 年，他 42 岁生日时，被宋太宗派其弟赵廷美赐牵机药将其毒死。当李煜被杀的消息传至江南，已经做了 3 年大宋子民的南唐人，竟然"父老有哭巷者"（陆游《南唐书》），这也从另一侧面证明了李煜在南唐故国仍有深厚的影响。

李煜悲剧的命运实质及根源是社会历史发展的偶然性和必然相结合的产物。李煜生活的时代，正是中国社会分裂、战乱频繁的"五代十国"时期，民不聊生。南唐在其祖父李昇的励精图治下，国力强盛，然而到其父李璟时，因志大才疏、迂腐轻率，用人失误，国势式微、每况愈下。在这样的情况下，即使李煜不当皇帝，个人悲剧仍无法避免。在风雨飘摇的乱世，个人的力量实在微不足道，个人的命运更是难以把握，李煜也只能在情爱和文艺中得到暂时的解脱，最终免不了国破家亡的命运。

李煜悲剧的命运实质及根源又是文人与政治家相结合的产物。受儒家文化的影响，中国古代文人从小就接受诗学之道，富于儒家的性格情怀。"达则兼济天下，穷则独善其身"，这是古代士大夫一生遵循的人生命题。而"兼济天下"的人生信念，来源于儒家思想的精神追求和心理需要，欲"达"的主观愿望，与可"达"的客观现实往往互相冲突。文人大多是性情中人，这同时又是政治家的大忌。中国的文人，自古以来就有参政的愿望。出仕做官、经世济民，是每一个中国文人的梦想。但政治的本质与文学的本质往往是相反的，于是就有了文人们一次又一次的颓然引退。李煜则是相反，想隐退却不能，在风雨飘摇的时代，被推上了皇帝的宝座，文人和政治家不同的价值取向决定了他们的悲剧。

李煜悲剧的命运实质及根源更是其自身性格悲剧的产物。从总体上说，李煜的性格是和善、内向、懦弱的，也是多情的，徐铉在《吴王陇西公墓志铭》中说后主"本以恻隐之性，仍好竺乾之教。草木不杀，禽鱼咸逐，赏人之善，常若不及，掩人之过，惟恐其用。以致法不胜奸，威不克爱，以厌兵之俗当用武之时——偃王躬仁义之行"，他敏锐善感、率真自然、迂执痴情。李煜这种性格形成的因素是多方面的，荣格指出，性格是集体、文化积淀和教育方面对人潜移默化影响的结果，"集体无意识是从人的祖先的往事遗传下来的潜在记忆痕迹的仓库……是人的演化发展的精神剩余物"①。李煜继承了其父李璟"天生儒懦，素昧武威"的性情，同时南唐宫廷浓郁的文人氛围和封建仁爱思想等儒家集体无意识也对其产生深刻影响。李煜性格本身的悲剧性在于其内向的性格和多愁善感的气质，让其体味到更多人生的苦痛和存在的悲哀，这种孱弱悲凉的个性本身就是通向悲剧心态的。

他从当皇帝到做阶下囚，这是不以他个人意志为转移的命运必然，作为悲剧人物，在其鲜明的悲剧心态背后，蜿蜒连接着一代词人沉重的人生足迹和血泪斑驳的心路

---

① 钱谷融、鲁枢元主编：《文学心理学教程》，华东师范大学出版社 1987 年版，第 91~92 页。

历程。

二、儒士思想的深刻影响

才华横溢的李煜首先是一位儒士，南唐宫廷的文人气氛和封建仁爱思想等儒家集体无意识对其影响深刻，儒家"立德"、"立功"、"立言"的"三不朽"的价值观念成为他行为的准则。

"立德"指的是树立道德。作为皇帝的李煜宅心仁厚，对臣下宽宏，对百姓仁爱，他努力施善政，采取了一系列富国措施，受到当时及后来的历史学者的赞誉；"立功"是指为国为民建立功绩。他登上帝位时，面临南唐的破败衰微，渴望有所作为，他采取了一系列的实际措施，希望借此增强南唐国力，使自己地位巩固，留名后世；"立言"是指树立不朽的言论和学说，提出具有真知灼见的言论。这是李煜最初的选择和最后的归宿，在文学创作中满足其审美需要，实现自我超越，同时得到真正的不朽。

受"三不朽"思想的影响，李煜身为南唐皇帝，在治国方面还是采取了一些积极的措施。面对江山残破、国库日空、朝不虑夕的国家形势，他即位后，首先"大赦境内"，"罢诸路屯田使，委所属令佐与常赋俱征"①，又"罢驻郡屯田旧州县，委所属宰薄与常赋俱征，随所租入十分锡一，谓之率分，以为禄廪。诸朱胶牙税亦然"②。这种打击贪官、减轻赋税的政策，使南唐"公无遗利，而屯田佃民绝公吏之挠，刻获安业焉"③。这无疑是受到百姓欢迎，稳定南唐局势的正确措施。李煜对刑狱相当慎重，每每亲自过问，极力反对酷刑。据《钓矶立谈》（宋·史温撰）称："后主天性喜学问……其论国事，每以富民为务，好生戒杀本其天性。"陆游《南唐书》卷三亦载："宪司章疏有绳纠过讦，皆寝不下论，决死刑多从未减。有司固争，乃得少正，犹垂泣而后许之。尝猎于青山，还，如大理寺，亲录系囚，多所厚释。"这些治国施政的措施，对当时日益衰弱的南唐国势来说，确实起到了一定的积极作用。

李煜在对待宗室家族内部关系上也表现得较为宽厚，他即位后能团结兄弟，友善和睦，没有出现宫廷斗争。一次，李煜为其八弟饯行，作诗劝慰："咫尺烟江几多地，不须怀抱重凄凄。"（《送邓王二十六弟牧宣城》）接着，李煜又以兄长兼国君的身份对胞弟进行了一番规劝和教诲，他说："夫树德无穷，太上之宏规也；立言不朽，君子之常道也。"④ 十分明确地提出立德立言的人生价值观。

李煜的思想，正是在遵循着儒家的伦理规范，实施清正爱民的社会政治，同时努力保持着个人品行的端正。所以他说："无论民风强悍还是柔弱，只要有慈爱之心百姓就会诚心归顺；官吏无论廉正还是贪鄙，只要加强教导他们就能够一致向善。刑罚是政治的根本，一定要亲自处理；政治关系到百姓的生存福祉，一定要清明公正。如果执政大公无私，统率下属，奸邪诡佞的现象就自然消除了；对于善恶用心一目了然，又

---

① （宋）马令：《南唐书》。
② （宋）龙衮：《江南野史》。
③ （宋）龙衮：《江南野史》。
④ 转引自李中华：《浪漫人生——李后主的人生哲学》，华夏出版社1997年版，第15页。

怎么会混淆是非、颠倒黑白呢?"① 从这些话可以看出,李煜正是用儒家的圣贤之道来修身、齐家、治国的。

这种儒士的精神,使得李煜的词作在亡国前后期在审美本质上是一致的,并由此形成了李词雅隽朗丽的美学风貌和回肠荡气的美学力量。他试图通过振兴南唐来调解人生意识与现实的矛盾,但因为政治上的平庸无能决定了这种超越方式的失败,他最终完全移情于文学,试图通过文学创作来满足其审美需要,从而实现自我超越。

三、道家思想对其创作的影响

《庄子》的首篇是《逍遥篇》,徐复观在《中国艺术精神》中说:"游"象征了精神的自由解放,合于艺术的本性,"能游的人,实即艺术精神呈现了出来的人,亦即是艺术化了的人"。李煜深受道家思想的影响,在一生的艺术实践中,他游于书法,游于绘画,游于乐舞,游于词章艺术,获得了精神的自由与生命的快感。于是,在李煜的人生中,艺术不再只是一种功夫、技巧,它成了自由自在人性的展示,成了心灵审美观照,成了对生命意义的探寻,成为一种生存方式。

道家崇尚自然,有辩证法的因素,主张清净无为,反对斗争,提倡道法自然,无所不容,自然无为,与自然和谐相处,追求生命的本真状态,尽情尽性,展现自我独特的个性和生存方式。李煜信仰生命,至性至情,他言情坦白,一切都极情尽致。这种表达方式,随着李煜的人生经历,在他身上是越来越浓郁,越来越强烈。《老子》中说:"含德之厚,比于赤子。"赤子的积蓄是厚的,表现是真的,所以《老子》又主张说:"常德不离,复归于婴儿。"王国维认为"赤子之心"是作家创作中的真性情,是一颗未沾染世俗尘垢的坦诚之心,它深深地植根于人类的本性中。李后主的赤子之心体现在一种真诚、自然、不矫饰的人生态度上。李煜前期词多写男女情事,态度认真、投入、坦白、直率,所以尽管感情有深浅雅俗,境界也有华艳温馨,但大多写得形象鲜明、情景如现,特别是在写悼亡词时更是如此。964 年,李煜最爱的次子仲宣不幸夭折,受此打击,内心十分悲哀。《十国春秋》载:"初,仲宣殁,后主恐重伤惠后心,常默坐饮泣,因为诗以写志。吟咏数四,左右为之泣下。"② 其诗曰:"永念难消释,孤怀痛自嗟。雨深秋寂寞,愁重病增加。咽绝风前思,昏朦眼上花。空王因念我,穷子正迷家。"这些悼亡词大多因内心的悲伤,直抒胸臆,情感真实,自然真挚。李煜在亡国之后的词作也是如此,因人生经历的巨大变化,在《虞美人》、《子夜歌》、《望江南》、《浪淘沙》中,亡国之情和故国之思显得十分切实、深挚、凄苦,全是描写物是人非、江山易主的感受,作者在词中尽情地表现这些,不装假血泪淋漓,真率性情近乎天真,在中国词史上建构起了一座用血书写就的里程碑。刘毓盘先生说他:"于富贵时能作富贵语,愁苦时能作愁苦语。无一字不真,无一字不俊。"③ 就是基于这一点,

---

① 转引自李中华:《浪漫人生——李后主的人生哲学》,华夏出版社 1997 年版,第 15 页。

② (清) 吴任臣编撰:《十国春秋》,中华书局 1983 年版,第 284 页。

③ 刘毓盘:《词史》,上海书店 1985 年版,第 46 页。

而这些词"并不考虑封建君主的猜忌毒辣，把亡国的感受照实说出来"①，这些作品赤子之心，以情过人，眼界开阔，感慨深挚，决定了李煜在词史上的杰出地位。

道家"出世"隐遁隐退的思想在李煜身上也体现得十分明显，甚至成为他青少年时期的理想和信条。他曾在《秋莺》一诗中，借描写深秋残莺的孤寂、迷茫神态，抒发自己内心的彷徨、归隐情感："残莺何事不知秋，横过幽林尚独游。嫩草百层倾耳听，身黄一点入烟流。栖迟背世同悲鲁，浏亮如笙碎在缑。没更流连好归去，芦花凄冷蓼花愁。"他憧憬终生隐遁钟山，摆脱人间一切烦恼，与世无争，驾一叶扁舟，浪迹江湖，远离红尘，去过充满田园风味、怡然自乐的渔父生活。这种避世的思想，在李煜的一生中，成为超越苦痛的一种方式，然而他最终还是移情于文学，通过文学艺术创造来实现自我超越。

四、对佛教的迷恋和影响

佛教在唐代开始占据统治地位，在南唐，统治者亦十分信仰佛教。马令《南唐书》的《汉王传》中记载："时诸大王皆喜浮屠。"南唐时期，佛教十大宗派之一的禅宗在南方影响很大，在信佛的风气之下，李煜也是如此，常常研究佛教思想。宋代慧洪《林间录》云："李后主读'当明中有暗'注辞曰：'玄黄不真，黑白何咎！'遂开悟。"宋代普济《五灯会元》卷十载："江南国主为郑王时，受心法于法眼之宗。暨法眼入灭，复尝问师曰：'先师有什么了不起的公案？'"可见李煜对于佛法是何等专注、何等虔诚了。李煜在南唐境内各处大修佛寺，宣扬佛法，甚至宋军兵临城下，李煜还在静居寺中听法师讲"楞严圆觉经"。直至被俘至汴京，他仍"登普光寺，擎拳赞念，久之，散施缗帛甚众"（宋·马令《南唐书》）。李煜作为一个虔诚的佛教信徒，佛教思想既影响其人生，也渗透他的文学创作中。

佛教讲究的是"缘起性空，万有一体，诸行无常、诸法无我、涅槃寂静"之上，这种"空观"深入李煜的心中。"佛教一开始就把它的全部教义集中在这一个'苦空'观上。"②《子夜歌》中的"往事已成空"是后主一生的总结。佛教认为生命的存在就是苦，所以从一开始便浸泡在苦海里。有八苦：生苦、老苦、病苦、死苦、怨憎会苦、爱别离苦、求不得苦、五蕴炽盛苦。佛教认为，三界之内的众生，尤其是人道众生，都是随业因而感受苦果，所谓"千人千般苦，个个不相同"。佛教这种典型的"苦观"，在日薄西山、沦为阶下囚的李煜心中，更容易引起共鸣；再加上他天性儒雅懦弱，多情善感，因而他对"苦"的感受也就更精细入微，堪称"别有一番滋味在心头"。

在李煜的诗词中，与"苦"相关的字眼较多，词中大量出现"愁"、"恨"、"哀"、"泪"等意象，这正是对"苦"的切身体验，也是内心深处的直接反映。如："何处相思苦？纱窗醉梦中"；"琼窗梦留残日，当年得恨何长"；"空持罗带，回首恨依依"；"剪不断，理还乱，是离愁别是一番滋味在心头"；"多少恨，昨夜梦魂中"；"离恨恰

---

① 周振甫：《李煜》，《中国历代著名文学家评传》第二卷，山东教育出版社 1983 年版，第 808 页。

② 严北溟：《儒道佛思想散论》，湖南人民出版社 1984 年版，第 178 页。

如春草，更行更远还生"。以上这些充斥着"愁"、"恨"、"泪"的句子，实际上都是对愁苦体验细腻而又深刻的描写。至于《浪淘沙》所写："往事只堪哀，对景难排，秋风庭院藓侵阶，一任竹帘闲不卷，终日谁来？"其悲情苦意，则更令人酸楚。又如《虞美人》："问君能有几多愁？恰似一江春水向东流！"无限愁恨，无限悲苦，已经到了忍无可忍的、压抑不住的境地了。后主这一组苦难中的悲歌，既浓缩了他处在那个时代的内心悲凉，又深深打上了佛家"苦海无边"的深刻烙印。

佛教禅宗重视内心自我解脱，追求清凉幽静，空寂玄远的禅境禅趣。后主与诸多禅师交往，据《五代会元》（卷10）记载，后主与清凉文益禅师法嗣——清凉泰钦法灯禅师、报恩院法安慧济禅师、报恩院匡逸禅师、钟山章义远道钦禅师、净德院智筠达观禅师等交往甚密，并多次聆听他们讲法，因而受禅宗影响极大。后主作品中诸多描写禅境禅趣的句子，多运用"月"、"雪"、"山"等意象："樱花落尽阶前月"（《谢新恩》）；"蝶翻轻粉双飞，子规啼月小楼西"（《临江仙》）；"归时休放烛花红，待踏马蹄清夜月"（《玉楼春》）；"小楼新月，回首新月自纤纤"（《谢新恩》），一幅幅色彩淡雅、空寂幽美的画图呼之欲出。"小楼昨夜又东风，故国不堪回首月明中"（《虞美人》）；"无奈夜长人不寐，数声和月到帘栊"（《捣练子》）；"千里江山寒色远，芦花深处泊孤舟，笛在月明楼"（《望江南》）；"晓凉天净月华开，想得玉楼瑶殿影，空照秦淮"（《浪淘沙》）；"月寒秋竹冷，风切夜窗声"（《三台令》），月缺月亏，月冷月清，冷寂凄凉。清、寒、幽、寂的意境中，李煜一步步走向佛教清净的本心，达到深远幽静的禅境。

五、结　　论

王国维说："词人者，不失其赤子之心者也。故生于深宫之中，长于妇人之手，是后主为人君所短处，亦即为词人所长处。客观之诗人不可不多阅世，阅世愈深则材料愈丰富、愈变化，《水浒传》、《红楼梦》之作者是也。主观之诗人不必多阅世，阅世愈浅则性情愈真，李后主是也。尼采谓一切文学余爱以血书者。后主之词，真所谓以血书者也。宋道君皇帝《燕山亭》词亦略似之。然道君不过自道身世之戚，后主则俨有释迦、基督担荷人类罪恶之意，其大小固不同矣。"

由此可见，李煜的一生历经苦难：作为皇帝，他历经亡国的悲惨遭遇、命运的捉弄。作为中国传统的文人，他深受儒、释、道思想的影响，创作了不朽的诗篇，达到了前所未有的艺术高度。他的个人之愁已升华为国家之愁、人生之愁、生命之愁，他俯仰天地，纵观古今，在现实的破碎中重建精神的完整，故能超越自我和现实，显示出对人生普遍深沉的悲剧意识。

（作者单位：武汉大学国际教育学院、武汉大学外语学院）

张三丰的诗学思想及其诗歌创作[*]

□ 余来明　陶明玉

作为武当道派的开创者，张三丰在道教发展史上具有特殊地位，他在继承前代儒、道、释三教合一思想传统的基础上，进一步从修炼宗旨、修炼方法及价值观念等层面对其予以发展。[①] 从已有研究来看，对张三丰的研究主要集中在内丹学、武道思想、养生之道及生平考证等方面。本文从道教思想与文学的相互关系入手，对张三丰的诗学思想及其诗歌创作进行初步探讨。

一、“大道论”与“灵性说”

金元时期，道教步入其发展的第二次高潮，各种道派均得到了较大发展，流派纷呈，诸说并起。[②] 与此同时，历代以来针对佛、道二教的批评意见，也见诸各时期士大夫的笔端。针对传统知识世界中的反佛、道言论，张三丰一方面辩驳说：“小儒辈不过徒吹滥竽，未必有韩、朱之识见也。何以言之？韩、朱之辟二氏者，辟其非佛非老之流，非辟真学佛、老者也。”[③] 在张三丰看来，儒、佛、道三者的区别，在于各自以不同的方式认识和理解世界：“儒也者，行道济时者也；佛也者，悟道觉世者也；仙也者，藏道度人者也。各讲各的妙处，合讲合的好处，何必口舌是非哉！”[④] 其核心要义，乃在于强调不同教派在社会、人生的体察与指引方面的殊途同归，共济互补，一如《大道论》上篇末尾

＊ 本文为教育部人文社会科学重点研究基地重大项目（项目批准号：15JJDZONGHE017）、武汉大学自主科研项目阶段性成果，得到中央高校科研基本业务费、中组部“万人计划”青年拔尖人才计划支持。

① 张三丰的生活年代，学界颇多争议，此处以黄兆汉《明代道士张三丰考》（台湾学生书局1988年版）的说法为准。黄著广征史料，对张三丰的时代行迹、道派和著述等问题予以详细考订。同时，黄著认为，《张三丰先生全集》并非张三丰所撰，而是后人伪造。本文则取一般看法，以《道藏辑要》收录《张三丰先生全集》中时代与元末明初无明显冲突的作品为张三丰所作。

② 参见卿希泰主编：《中国道教史》（修订本）第三卷，四川人民出版社1996年版。

③ 张三丰：《大道论》上篇，《张三丰全集》卷一，浙江古籍出版社1990年版，第2页。本文所引张三丰著述，均据此版本，下引不再注明版本信息。

④ 张三丰：《大道论》上篇，《张三丰全集》卷一，第3页。

评语中所说的："长篇巨观，首探大道之源，而讲生人之理，与人生老病之故，引彼回头向道，修正治平，如古来英雄神仙，身名两树，忠孝两全，非同杨、墨、隐、怪。使人知此道亦儒道也，养汞培铅，无异乎居仁由义。"① 基于此，张三丰对道家修行提出了较高的要求："不拘贵贱贤愚、老衰少壮，只要素行阴德，仁慈悲悯，忠孝信诚，全于人道，仙道自然不远也。又须洞晓阴阳，深参造化，察其真伪，得阴阳之正气，觅铅汞之真宗，方能换骨长生，居不夜之天，玩长春之景，与天地同久，日月同明。此正大丈夫分内事也。"② 在他看来，只有在不废"人道"（即儒道）的同时修行"仙道"，才有可能得成正果。由此在儒、道二者间建立了相互沟通的桥梁。另一方面，张三丰也认识到，现实背景下道家之所以遭遇批评和反对，与自身存在的问题有一定关系："旁门邪径，御女采阴，服炼三黄，烧饵八石，是旁门无功也。又有以按摩导引，吐纳呵嘘，修服药草，为养生之方者，虽能暂去其疾，难逃老衰命尽，而被达人耻笑也。"③ 只从事所谓的"践修"而缺乏教理与精神，只会流于"旁门邪径"，致而影响道教在世人心目中的观感与评价。

基于上述认识，张三丰提出了自己道教思想的核心，即所谓"理综三教"的"大道论"。张三丰"大道论"的要义之一，则在于以"天性"、"天命"为主体的"童心"：

予也不才，窃尝学览百家，理综三教，并知三教之同此一道也。儒离此道不成儒，佛离此道不成佛，仙离此道不成仙，而仙家特称为道门，是更以道自任也，复何言哉！……夫道者，无非穷理尽性以至于命而已矣。孔子隐诸罕言，仙家畅言之，喻言之，字样多而道义微，故人不知耳。④

张三丰将天地万物之生衍归之于"道"，其对"真性"、"真命"可贵性的强调，虽是出于对修炼成仙的指导，却在实际上启发了一种"童心"之论："浑浑沦沦，孩子之体，正所谓天性天命也。"⑤ 而具此"童心"，是"成道"的必然之径："人能率此天性，以复其天命，此即可谓之道，又何修道之不可成道哉！"

由对"大道"的认识出发，张三丰认为，儒、佛、道三者虽然在修道的方式上有所不同，但在所成之"道"的本质上却是一致的：

夫黄老所传，亦正心修身、治国平天下之理也，而何诋为异端哉！人能修正身心，则真精真神聚其中，大才大德出其中。⑥

① 张三丰：《大道论》上篇，《张三丰全集》卷一，第4页。
② 张三丰：《大道论》上篇，《张三丰全集》卷一，第3~4页。
③ 张三丰：《大道论》上篇，《张三丰全集》卷一，第4页。
④ 张三丰：《大道论》上篇，《张三丰全集》卷一，第3页。
⑤ 张三丰：《大道论》上篇，《张三丰全集》卷一，第1页。
⑥ 张三丰：《大道论》上篇，《张三丰全集》卷一，第2页。

通过将仙家以保寿年、求长生之"道"等同于儒家的"君父仁义之心"，张三丰成功达成了儒、道的"一统"。

张三丰"大道论"的另一要义，是"时"的观念：

> 天地之间，至灵至贵者，人也；最忙最速者，时也；可大可久者，金丹也。①

在历史长流中，时间既是永恒的，又是时刻变动不居的。作为处身其中的人类，如何在瞬息万变的时间之流中体现价值，获得永恒，不仅是儒家士人关心的问题，佛、道中人同样无法回避。儒家讲求在世功名，佛家寄望来世因果，道家追寻长命永生。各家在目的上虽有不同，但对生命的体悟却是一致的。

道家追寻长命永生的法门，在于炼造金丹。而正是在炼丹之径的理解上，体现了张三丰"大道论"的真义：真正的金丹，并非靠"御女采阴"、"服炼三黄"、"烧饵八石"等"旁门邪径"获得，而是"生身固有之物"，通过修炼者心智的锻炼，"行反本归根之道"修得。而此一"反本归根之道"，与儒家的修身、佛家的积德是一致的：

> 夫此反本归根之道，又非邪径旁门之说也。世人以德行为先，阴功为本，察阴阳造化之机，求玄牝乾坤之妙，辨二八坎离之物，定金花水月之时，施降龙伏虎之威，明立命生身之处，其间致虚守静，他主我宾，日月交光，戊己为用，则丹成反掌矣。②

基于此，张三丰的"大道论"在思想实质上可以说与儒家的"性命"论有共通之处："一阴一阳之谓道，修道者修此阴阳之道也。一阴一阳，一性一命而已矣。《中庸》云：'修道之谓教。'三教圣人，皆本此道以立其教也。此道原于性、本于命。"③ "性"、"命"顺天尽理，方可得获"真道"。而究其根本之径，仍在于葆有"童心"："明朗朗天，活泼泼地，尽其性而内丹成矣。"④ "明朗朗"，"活泼泼"，与前面所说的"浑浑沦沦"，乃是天地万物未开化以前的状态，是得乎天、尽乎性的"赤子之心"。晚明李贽由崇信佛禅而倡论"童心说"，实与张三丰此论殊途同归。

综合上述，张三丰在思想上由以"真性"、"真命"为核心的"大道论"，发而为文艺上的"灵性"说，实属情理中事：

> 张子曰：《书》曰："诗言志。"注曰："在心为志，发言为诗。"是知志也者，乃人心中之灵性；诗也者，特灵性之流露也。神仙七返九还，炼此虚灵妙性，以成万古不死之谷神，见于日月光气之外则有象，隐于日月光气之中则无形。神之所至发为

---

① 张三丰：《大道论》中篇，《张三丰全集》卷一，第5页。
② 张三丰：《大道论》中篇，《张三丰全集》卷一，第6页。
③ 张三丰：《大道论》下篇，《张三丰全集》卷一，第6页。
④ 张三丰：《大道论》下篇，《张三丰全集》卷一，第7页。

诗，歌诗不同，灵性有各异也。①

儒者有儒者之心，僧佛有僧佛之心，仙人有仙人之心。"灵性"虽有不同，但只要是流露于心，也就自然能"妙句偶得"。

张三丰的"灵性"说，实际上涉及的是对中国传统诗论中诗歌"吟咏情性"命题的理解。汉代自《诗大序》提出"吟咏情性"之后，针对"性情"的不同解释，生发了各种不同的诗歌理论。从汉代的伦理教化之"情"，到六朝的"放荡"之"情"。宋代以后，经过邵雍、二程、朱熹等人的发挥，理学之"情"亦得到彰显。邵雍《伊川击壤集自序》将这种"性情"之说发挥得淋漓尽致：

> 予自壮岁，业于儒术，谓人世之乐，何尝有万之一二？而谓名教之乐，固有万万焉。况观物之乐，复有万万者焉。虽死生荣辱转战于前，曾未入于胸中，则何异四时风花雪月一过乎眼也？诚为能以物观物而两不相伤者焉。盖其间情累，都忘去尔。所未忘者，独有诗在焉。然而虽曰未忘，其实亦若忘之矣。何者？谓其所作，异乎人之所作也。所作不限声律，不沿爱恶，不立固必，不希名誉。如鉴之应形，如钟之应声。其或经道之余，因闲观时，因静照物，因时起志，因物寓言，因志发咏，因言成诗，因咏成声，因诗成音。是故哀而未尝伤，乐而未尝淫，虽曰吟咏情性，曾何累于性情哉！②

将诗作为"经道之余"，邵雍自然也是"情性"的自然流露。文中所说虽是儒家之"性情"，却典型反映了中国传统诗论中"性情"说的多面性：不同的主体，各有不同的思想，其"性情"自然也各不相同，其诗歌理论和创作也就面貌各异。张三丰所谓的"灵性有各异"，与此看法恰好一致。后来晚明公安派、性灵派诸人提倡"独抒性灵"，之所以能领一时之风尚，就在于其所倡导的"性灵"，符合晚明的时代风尚。

二、诗中自有真义在

张三丰论诗倡主"灵性"说，体现在诗学评论和诗歌创作中，对反映仙家"灵性"的作品颇具好感。

仙家主隐。《隐鉴》一篇，虽然未必是或者未必全是张三丰所作，但其中的某些论述，却能反映其思想的基旨。就所收人物而言，《隐鉴》都集中表现其人"恬退"、"恬静"、"寡欲"的一面，"隐趣"、"幽人趣"是其共同特点。又张三丰曾作《八遁

---

① 张三丰：《水石闲谈·诗谈（一）》，《张三丰全集》卷六，第 183 页。《诗谈》是否张三丰所作，虽有疑问，但就其主体而言，与张三丰的道家思想是一致的。因此本文在引述时，对其作品的可靠性不另作辨析。

② 邵雍：《伊川击壤集》卷首，《四部丛刊》初编本。

篇》，对那些隐处恬退的人物"志景仰"①。其中之义，正如篇中引述的仇远（号山村）的一首诗所说，"不是诗人即道人"②。缘于此，张三丰在摘录群仙妙句时，才会对那些体现隐逸风格的诗句特别偏爱，如"雨后新篁绿浸人，径趋深处避红尘"，"陶然何处不陶然，在地逍遥似在天"，"坛前有客难留我，心似闲云入翠微"③，"虎在门前鹤在庐，瑶笙宛转笛相如"④，"莫道幽居研炼苦，游心冥漠自空清"⑤，等等。

在今存《云水》前、后、三诸集中，体现隐逸思想的诗作俯拾皆是，而这也本是道流作诗的题中应有之义。如《甲子秋游燕京作》：

> 我不愿登黄金台，我只愿饮黄花杯。醒里昏昏忘天地，古今名利总尘埃。休驰骤，且徘徊，早将壮岁尘缘了，五岳三山归去来。⑥

宋元以降，中央朝廷以道士为官，分掌天下山观，使得道士群体急剧增加。比如元代著名的道士张留孙（1248—1321 年），弟子遍布天下，其时著名的道流如吴全节、陈义高、夏文泳、毛颖达、王寿衍、余以诚、孙益谦、陈日新、何恩荣、李奕芳、张嗣房、薛廷凤、舒致祥、张德隆、薛玄羲、徐天麟、丁应松等人，均从其学道，又有弟子三十八人，一时掌天下各地道教者，均出自其门下。⑦ 在此背景下，张三丰乐隐恶仕，其中自是别有一番深意。其生平行迹之飘忽不定，也正可与此种"乐隐"思想互为映照。

仙家好远游。张三丰称赏的诗句如"唤起眠龙出海门，须臾天际雨翻盆。长空一剑又飞去，请看东南树影昏"⑧，"昆仑万里天风送"，"神通八极闲游戏"⑨，均与传统道家不受时空限制的思维方式契合。李白被称作"诗仙"，也正是缘于其诗在言说内容上的仙道色彩。在张三丰所作诗中，类似不受时空限制的作品也颇为常见：

> 天鸡一唱海门开，日涌波涛出海来。万里眼光红不断，三山头脑绿成堆。遥闻

① 张三丰：《云水前集·尝作〈八遁篇〉并为八赞志景仰也今录其赞于此》，《张三丰全集》卷七，第 213 页。清初汪锡龄作《云水前集序》云："《云水前集》者，我三丰先生在元明间所作者也。"而其所作《云水后集序》则云："《云水后集》者，锡龄与先生相遇后所作者也。"由此而言，则《云水前集》为张三丰所撰或为可信，而《云水后集》则应当是后人伪托。

② 张三丰：《隐鉴·仇山村》，《张三丰全集》卷六，第 147 页。就内容来看，《隐鉴》一篇，应是张三丰文集的后代编者，借用张三丰的名义，搜集历代资料编写而成。

③ 以上均见张三丰《水石闲谈·诗谈（二）》，《张三丰全集》卷六，第 183 页。

④ 张三丰：《水石闲谈·诗谈（三）》，《张三丰全集》卷六，第 184 页。

⑤ 张三丰：《水石闲谈·诗谈（十一）》，《张三丰全集》卷六，第 187 页。

⑥ 张三丰：《云水前集》，《张三丰全集》卷七，第 193 页。

⑦ 参见吴澄《上卿大宗师辅成赞化保运神德真君张公道行碑》（《吴文正集》卷六十四）、虞集《张宗师墓志铭》（《道园学古录》卷五十）、袁桷《有元开府仪同三司上卿辅成赞化保运玄教大宗师张公家传》（《清容居士集》卷三十四）等文。

⑧ 张三丰：《水石闲谈·诗谈（二）》，《张三丰全集》卷六，第 183~184 页。

⑨ 张三丰：《水石闲谈·诗谈（六）》，《张三丰全集》卷六，第 184 页。

笙鹤从天降,只见云龙带雨回。别有飞仙挥鹿麈,令人企首望蓬莱。①

手持笙笛,胯骑仙鹤,已成为世俗想象中仙人的普遍形态。

骑鹤飞仙,可以说是每一个道士的理想。陶渊明《搜神后记》中记载的驾鹤升仙的晋代辽阳人丁令威,是道家崇奉的对象。张三丰有诗咏其人:

> 华表山高爽气凌,令威骑鹤此飞升。乍看雨脚从空至,未必云头阻我登。独立峰峦心旷远,遥观渤海兴奔腾。他年愿步丁公后,长啸蓬丘第一层。②

缘于此,在张三丰的作品中,"云"、"鹤"成了最常用的意象:"拍手长歌云鹤起,仙人冉冉来前矣"③,"水复山重路渺茫,此中应是白云乡"④,"两片飞凫轻似鹤,王官谷里过溪桥"⑤,"来日又从河内去,袖中携取太行云"⑥,"终日飞白云,至今护元宝"⑦,"石上弹琴思缥缈,云中飞鹤舞翩翩"⑧,"白云青霭望中无,已到仙人碧玉壶"⑨,"鹤驾高飞南嶂月,鸦声乱噪北邙秋。离离草色俱凋谢,早向云山问路头"⑩,等等。明人关于张三丰各种行迹的记述,与其诗中体现出的仙家气度一致。

张三丰作为武当道派的代表人物,由主张"理综三教"的"大道论",以"天性"、"天命"为核心的"童心"说,发展为以抒发"灵性"为基本特征的诗学观念,并由此创作出以体现道家道教思想精义为主要内容的诗歌作品,具有逻辑的统一性,是其思想发展的自然之势。

(作者单位:武汉大学中国传统文化研究中心)

---

① 张三丰:《云水前集·日观早起观日》,《张三丰全集》卷七,第197页。
② 张三丰:《云水前集·登华表山》,《张三丰全集》卷七,第192页。
③ 张三丰:《云水前集·丹岩山》,《张三丰全集》卷七,第197页。
④ 张三丰:《云水前集·雷泽晚行》,《张三丰全集》卷七,第198页。
⑤ 张三丰:《云水前集·游中条山》,《张三丰全集》卷七,第198页。
⑥ 张三丰:《云水前集·中州纪行》,《张三丰全集》卷七,第199页。
⑦ 张三丰:《云水前集·王屋山》,《张三丰全集》卷七,第199页。
⑧ 张三丰:《云水前集·嵩岳》,《张三丰全集》卷七,第199页。
⑨ 张三丰:《云水前集·终南呈火龙先生》,《张三丰全集》卷七,第203页。
⑩ 张三丰:《云水前集·道走河南公卿颇有闻余笑名者书此笑之》,《张三丰全集》卷七,第205页。

论明代文言小说

□ 陈文新

　　明代文言小说的主体是传奇小说。古文的传奇化，传奇小说集的陆续问世，中篇传奇小说的大量产生，构成明代传奇小说创作较为壮丽的景观。

一、古文的传奇化

　　中国古代的叙事性古文是从正史的人物列传发展来的。早期多以汇编成书的方式存在，如刘向的《列女传》、《列士传》、《孝子传》，嵇康的《高士传》，均为广泛流传之作。唐代的韩愈、柳宗元发起古文运动，单篇叙事古文日渐增多，如柳宗元《李赤传》、《种树郭橐驼传》、《梓人传》、《河间妇传》、《宋清传》，欧阳修《六一居士传》，苏轼《方山子传》，陆游《姚平仲小传》等。但知识阶层大量创作单篇叙事古文，却是在明、清两代。

　　所谓古文的传奇化，主要是就其题材选择和艺术表达而言。从题材选择来看，中国的正史负有"资治"的使命，只能记叙那些与天下兴亡有关的事件，即使是一个重要的历史人物，也并非他生活中的所有言行都可纳入正史。如果一个史家耽于趣味，热衷于记叙人物的"闲事琐语"，其作品也许因此备受偏爱，却不免被批评为"有乖史法"，即将正史写成了"小说"。比如《南史》卷三九《刘瑱传》，记鄱阳王被诛，其妃刘氏忧伤成疾，刘氏之兄刘瑱乃命陈郡殷蒨画鄱阳王生前与其所宠备极亲昵，"如欲偶寝"的情状，刘氏看了，骂道："斫老奴晚！"从此悲伤之情逐渐减弱，病也好了。钱锺书就此评道：

> 《南史》瑱传未及其他；此事虽资谈助，然单凭以立传入国史，似太便宜若人。《晋书》出于官修，多采小说；《南史》、《北史》为一家之言，于南、北朝断代诸书所补益者，亦每属没正经、无关系之闲事琐语，其有乖史法在此，而词人喜渔猎李延寿二《史》，又缘于此也。①

―――――――――

① 钱锺书：《管锥编》第 2 册，中华书局 1979 年版，第 723 页。

由此一例可见，"闲事琐语"如行侠、恋爱之类，是正史所忌讳的。(《史记》多载侠客，意在抒愤，魏晋以降，史家几视侠客如仇。《史记》又载司马相如、卓文君越礼放诞情事，亦颇遭后世非议。) 此外，孔子所不语的"怪、力、乱、神"，也同样为史家所不取。司马迁在《史记·五帝本纪》中指出：只有排除志怪题材，才能保持"雅驯"的风格。①

就艺术表达而言，正史记叙历史事实旨在揭示治理天下国家的原理，即"文以载道"之"道"。在实现载道的目的之外，一切多余的话都不必说。因此，正史的记叙不能太细腻，作者的兴趣不能专注于辞藻。刘知幾《史通·叙事》说：

> 夫国史之美者，以叙事为工；而叙事之工者，以简要为主。简之时义大矣哉！②

为了强调措辞简洁而叙事明晰的史家品格，刘知幾致力于区别"文"、"史"：辞赋可以"加练饰"、"事雕彩"，而史家如果也这样做，就不免"词类俳优"，丧失了应有的风度。

从题材选择和艺术表达着眼，我们注意到，元明之际的宋濂、高启，由于置身于一个钟爱卓荦不群的英雄和豪侠勇武之士的时代，他们的叙事性古文一致表现出传奇化的趋向，宋濂的《秦士录》、《王冕传》、《记李歌》、《李疑传》、《杜环小传》，高启的《南宫生传》、《书博鸡者事》、《胡应炎传》，都选择了磊落、豪放、孤傲、侠义的人物作为描写对象，衡量人物价值的尺度也偏离了儒家规范；在艺术表达上风格恣肆，注重与历史进程无关的细节，轶出了"雅洁"所限定的范围。这是传奇化的古文。永乐至成化 (1402—1486 年) 年间，整个时代的文化特征，可用"乡愿"来形容。由朱元璋尤其是朱棣钦定的御用理学，一方面阉割了知识分子的批判精神，另一方面缺少高水准的理论建树，它与这一时期大体良好的社会经济状况和士大夫阶层较为平稳的仕途相互呼应，培植了延续数十年的追求四平八稳的时代精神。在这样的背景下，传奇化古文几近销声匿迹。弘治、正德以降，随着士大夫阶层批判精神与理想主义情怀的弘扬，思想界与文学界沉寂的局面被打破，阳明心学风靡天下，前后七子意气风发。在叙事性古文中，陆续出现了一些颇有传奇风味的佳制，如马中锡《中山狼传》、董玘《东游记异》等，但尚未形成壮观的场景。16 世纪中叶，中国文化思想开始发生重大异动，其标志是阳明心学的分化。泰州学派所倡导的具有近代色彩的自然人性论，导致了对个人判断的重视，儒家道德和正统观念的约束力大为松弛。这样一种精神生活氛围，有力地推进了古文传奇化的进程。宋懋澄《九籥别集》中传奇化古文比比皆是，其他如蔡羽《辽阳海神传》，胡汝嘉《韦十一娘传》，袁宏道《徐文长传》、《醉叟传》、《拙效传》，袁中道《一瓢道人传》、《回君传》，无名氏《小青传》等，亦属佳作。

---

① 司马迁《史记·五帝本纪》云："而百家言黄帝，其文不雅驯，荐绅先生难言之。"参见《史记》，中华书局 1959 年版，第 46 页。

② 刘知幾撰，黄寿成校点：《史通》，辽宁教育出版社 1997 年版，50 页。

二、"三灯丛话"及其他

传奇小说集在明代的陆续问世较之古文的传奇化更引人注目，"三灯丛话"（瞿佑《剪灯新话》、李昌祺《剪灯余话》、邵景詹《觅灯因话》）则是其中的代表作。凌云翰《剪灯新话·序》说："昔陈鸿作《长恨传》并《东城老父传》，时人称其雄才，咸推许之。及观牛僧孺之《玄怪录》，刘斧之《青琐集》，则又述奇记异，其事之有无不必论，而其制作之体，则亦工矣。乡友瞿宗吉氏著《剪灯新话》，无乃类是乎？"凌云翰说得不错，瞿佑、李昌祺等一方面继承了唐人辞章化传奇的传统，另一方面也接受了宋代话本体传奇如《青琐高议》的滋养，就其基本品格而言，话本体传奇的色彩更鲜明一些。

传奇小说集的写作在明代曾一度受挫。《剪灯新话》约成书于洪武十一年（1378年），刊行于宣德初年（1426—1435年）；《剪灯余话》约成书于永乐十八年（1420年），刊行于宣德八年（1433年）。可以说，从明朝开国到宣德年间，这是传奇小说集创作的旺期。但好景不长，由于朝廷和社会舆论的干预，传奇小说集的创作迅速进入低谷。正统七年（1442年）二月，朝廷颁布了焚毁《剪灯新话》等小说的禁令，据清顾炎武《日知录之余》卷四《禁小说》：

> 《实录》："正统七年，二月辛未，国子监祭酒李时勉言：'近有俗儒，假托怪异之事，饰以无根之言，如《剪灯新话》之类，不唯市井轻浮之徒，争相诵习，至于经生儒士，多舍正学不讲，日夜记忆，以资谈论；若不严禁，恐邪说异端，日新月盛，惑乱人心；乞敕礼部，行文内外衙门，及提调学校佥事御史，并按察司官，巡历去处，凡遇此等书籍，即令焚毁，有印卖及藏习者，问罪如律，庶俾人知正道，不为邪妄所惑。'从之。"①

从社会舆论来看，传奇小说受到的批评亦甚严厉。陆容《菽园杂记》卷十三载："《剪灯新话》，钱塘瞿长史宗吉所作。《剪灯余话》，江西李布政昌祺所作。皆无稽之言也。今各有刻板行世。闻都御史韩公雍巡抚江西时，尝进庐陵国初以来诸名公于乡贤祠。李公素著耿介廉慎之称，特以作此书见黜。清议之严，亦可畏矣。"这是传奇作家的"身后"事。生前如何呢？沈德符《万历野获编》卷二十五载："闻邱（潈）少年作《钟情丽集》，以寄身桑濮奇遇，为时所薄，故又作《五伦》以掩之，未知果否？但《丽集》亦学究腐谈，无一俊语，即不掩亦可。"② 由此可见"清议"的压力之大。与此同时，这一时代的思想家也大声疾呼要对俗文学加以防范，比如当时声望最高的理学家薛瑄（1389—1464年），所著《读书录》"尝言乐有雅郑，书亦有之：小学、四书、六经、濂洛关闽诸圣贤之书，雅也，嗜者常少，以其味之淡也；百家小说、淫词

---

① 顾炎武著，黄汝成集释：《日知录集释》，岳麓书社1994年版，第1255~1256页。

② 沈德符：《万历野获编》，上海古籍出版社1959年版，第641页。按，《钟情丽集》当非丘濬所作，参见陈文新《文言小说审美发展史》第十六章第三节（武汉大学出版社2007年版）。

绮语、怪诞不经之书，郑也，莫不喜谈而乐道之，盖不待教督而好之矣，以其味之甘也。淡则人心平而天理存，甘则人心迷而人欲肆"①。在这种社会氛围中，文坛名流或社会地位较高的读书人不写传奇小说是合情合理的。（不妨一提的是，赵弼的《效颦集》成书于宣德年间，但直到嘉靖年间才刊刻问世。）至于与书坊往来甚至靠写通俗读物赚钱的下层文人，其写作一般不会受到朝廷注意，主流社会的舆论压力对他们不那么直接，从而可以继续其写作生涯。但毫无疑问，由于他们功力较差，又受赢利动机的驱使，所写作品实与《剪灯新话》等不属于一类，如雷燮《奇见异闻笔坡丛脞》二卷（有弘治十七年即 1504 年坊刻本），用语通俗，屡见病句。又如这一时期的中篇传奇小说，可能是作为面向市井的畅销读物来写的，只宜另作一类加以讨论。

时至嘉靖年间，随着社会精神生活氛围的逐渐宽松，唐人传奇又开始在社会上流布，各种选本陆续问世。如陆楫辑《古今说海》142 卷（有嘉靖二十三年即 1544 年陆氏俨山书院刻本），分说选、说渊、说略、说纂四部，其中说渊部所收六十四篇传奇，除两篇宋人作品、两篇明人作品外，大多为唐代小说名篇。王世贞编《剑侠传》，四卷三十三篇。其中唐代事凡十九篇，如《聂隐娘》、《昆仑奴》、《红线》、《扶余国主》（即《虬髯客》）、《嘉兴绳技》、《车中女子》、《宣慈寺门子》、《贾人妻》等；宋代事十一篇，如《洪州书生》、《荆十三娘》等，均为剑侠故事。王世贞编《艳异编》，正编四十卷续编十九卷，以故事的"艳"、"异"为采录标准，所选颇多传奇名作。还有《文苑楂橘》、《广艳异编》等。这些选集大多体例不严，真伪错杂，但迅速扩大了唐人传奇的影响，促成了"剪灯"类传奇小说创作的再度复苏。

这一时期传奇小说理论研究亦有重大进展，与班固、刘知幾、纪昀并称为四大文言小说理论家的胡应麟所取得的成就尤为卓越。其《少室山房笔丛·九流绪论下》将文言小说划分为六类，确认"《飞燕》、《太真》、《崔莺》、《霍玉》之类"属于"传奇"②；在传奇小说中，他又将唐人传奇和宋人传奇作了区分，并就《霍小玉传》等具体作品发表了真知灼见。他的研究成果对晚明人当有所启发。

在传奇风韵弥漫天下的晚明，传奇小说集的创作再度兴盛。嘉兴隐者钓鸳湖客撰《志余谈异》成书于万历（1573—1620 年）初年；邵景詹撰《觅灯因话》约成书于万历二十年（1592 年）。它们当然不是一流作品，但明清传奇小说至《聊斋志异》而臻于极境，这些小说集所起的承先启后的作用是不应忽略的。

瞿佑（1347—1433 年），③"佑"一作"祐"，字宗吉，号存斋，钱塘（今浙江杭州）人。年十四，和杨维桢《香奁八题》诗，为杨所叹赏。明洪武中，以荐历仁和、临安、宜阳训导，升周王府长史。永乐间，以诗蒙祸，被谪戍保安十年，遇赦放归。著作颇丰，有《香台集》、《咏物诗》、《存斋遗稿》、《乐府遗音》、《归田诗话》等二十余种，大多散佚。《剪灯新话》是他流传最广的作品，正集四卷，附录一卷，共二十二篇。

---

① 《四库全书总目》卷九十三《读书录》提要，中华书局 1965 年版，第 790 页。
② 胡应麟：《少室山房笔丛》，上海书店出版社 2001 年版，第 282 页。
③ 瞿佑生卒年据程毅中先生的考订。见程毅中：《明代小说丛稿》，人民文学出版社 2006 年版，第 1 页。

瞿佑是传奇小说作者，也是诗人。清初朱彝尊《静志居诗话》对他的诗很不恭维。在朱彝尊眼里，瞿佑的诗太乏风骨，缺少力量和气度。但明郎瑛《七修类稿》卷 33 却认为，身经战乱的瞿佑，其诗正不乏梗概之气："尝闻其《旅事》一律云：'过却春光独掩门，浇愁漫有酒盈樽。孤灯听雨心多感，一剑横空气尚存。射虎何年随李广？闻鸡中夜舞刘琨。平生家国萦怀抱，湿尽青衫总泪痕。'读此亦知先生也，噫！"①

朱彝尊和郎瑛各强调了瞿佑的一个侧面。这一事实表明，在元明之际的社会动乱中，瞿佑并不是单一型的人物。他见过风起云涌、雷霆震怒的巨变，建功立业的热切愿望也曾激励他以李广、刘琨自勉。他的抱负是宏伟的，而最终却化为泡影，留给他的只有横空的剑气和湿透青衫的泪痕，伴随他的只有浇愁的盈樽之酒。巨大的期望带来的是沉重的失落。钱谦益《列朝诗集小传》说他"有《漫兴》诗及《书生叹》诸篇，至今贫士失职者，皆讽咏焉"②。他的不平之鸣，曾感动过许多有相同遭遇的读书人。

《剪灯新话》在文言小说发展史上占有重要地位。

其一，瞿佑恢复了唐人传奇取材于当下人生的传统。这个传统，在宋元一度中断；《剪灯新话》则向现实敞开了怀抱，其情感内容，是瞿佑人生感受或直接或间接的抒发。小说对时代背景的交代，地点、年月、事件，往往非常准确，如《三山福地志》（卷一）："至正末，山东大乱，自实为群盗所劫，家计一空。时陈有定据守福建，七闽颇安。"《华亭逢故人记》（卷一）："至正末，张氏据有浙西，松江为属郡……吴元年，国兵围姑苏，未拔。"这表明，瞿佑关注的是他生活的时代，他并不热心于从古籍中寻找灵感。

其二，《剪灯新话》恢复了唐人传奇面向"无关大体"的浪漫人生的传统。瞿佑写爱情最多，其次是隐士，与唐人传奇相比，显然欠缺的是对侠的描绘。但他确曾热切地呼唤过豪侠，如《秋香亭记》："（瞿佑）记其始末，以附于古今传奇之后。使多情者览之，则章台柳折，佳人之恨无穷；仗义者闻之，则茅山药成，侠士之心有在。又安知其终如此而已也！"他幻想有一位许俊似的侠客为他夺回恋人。从总体上看，鲁迅《中国小说史略》的话还是对的：其"文题意境，并抚唐人"③。

其三，《剪灯新话》模拟唐人传奇，不无形迹太似之处。如《华亭逢故人记》之仿效李玫《纂异记·李生》，《龙堂灵会录》之仿效《纂异记·蒋琛》，均为著例。但瞿佑在艺术表现上也时见颖异。如《金凤钗记》（卷一）虽受《离魂记》、《齐推女》启发，但境界焕然一新。《太虚司法传》（卷四）所写"不怕鬼"的主题，此前相关名作甚多，瞿佑仍能别开生面。他写吴楚狂士冯大异"恃才傲物，不信鬼神"，因而遭到报复。一次，他被"头有二角，举体青色"的夜叉逼入一座废寺，虽"蹶然仆地"，仍傲然不屈。情节诙谐风趣，而大异的倔强性情亦活现于纸上。

瞿佑的《剪灯新话》在韩国、日本、越南等国长期盛传，比在中国更受欢迎和重视。朝鲜明宗时，已有《剪灯新话句解》刊行。现存的《剪灯新话句解》的版本，据

① 郎瑛：《七修类稿》，上海书店出版社 2001 年版，第 360 页。

② 钱谦益撰，钱陆灿编：《列朝诗集小传》，台湾明文书局 1991 年版，第 230 页。

③ 鲁迅：《中国小说史略》，上海古籍出版社 199 年版，第 146 页。

统计，就有不下九种。韩国小说的始祖、金时习的《金鳌新话》就是《剪灯新话》影响下的产物。《金鳌新话》的《万福寺樗蒲记》反映了《剪灯新话》中的《滕穆醉游聚景园记》和《富贵发迹司志》等的影响；《金鳌新话》的《李生窥墙传》是《剪灯新话》中的《渭塘奇遇记》、《翠翠传》、《金凤钗传》、《联芳楼记》和《秋香亭记》等的投影；《金鳌新话》的《醉游浮碧楼记》是模仿《剪灯新话》中的《鉴湖夜泛记》；《金鳌新话》的《南炎浮州志》是模仿《剪灯新话》中的《令狐生冥梦录》、《太虚司法传》和《永州野庙记》；《金鳌新话》的《龙宫赴宴录》是模仿《剪灯新话》中的《水宫庆会录》和《龙堂灵会录》。可以说，没有《剪灯新话》，就没有《金鳌新话》，虽然《金鳌新话》已是一部具有鲜明的韩国民族特色的作品。值得注意的是，壬辰倭乱时，《剪灯新话》与《金鳌新话》流传到日本，又对日本文学产生了巨大影响，日本小说《加婢子》、《雨月物语》就是在这两部小说的带动下产生的。这些事实表明，《剪灯新话》在韩国、日本、越南等国的小说发展史上占有重要的地位。

李昌祺（1376—1452 年），名祯，以字行。庐陵（今江西吉安）人。少负才名。明永乐癸未进士，授翰林庶吉士，参与编修《永乐大典》，以赅博著称。后以礼部主客郎中权知部事，外调任广西、河南左布政使。居官刚严方直。能诗文，有《侨庵诗余》、《容膝轩草》、《运甓漫稿》等。仿瞿佑《剪灯新话》作《剪灯余话》，凡四卷二十篇。

发挥道德训诫是《剪灯余话》中起主导作用的内容之一。罗汝敬《剪灯余话·序》说："兹所记，若饼师妇之贞，谭氏妇之节，何思明之廉介，吉复卿之交谊，贾、祖两女之雅操，真、文二生之俊杰识时，举有关于风化，而足为世劝者。"在罗序列举的例证中，"饼师妇之贞"、"谭氏妇之节"分别见于卷 1《长安夜行录》和《月夜弹琴记》。"何思明之廉介"见于《何思明游酆都录》（卷 1）。"吉复卿之交谊"见《两川都辖院志》（卷 1）。

李昌祺重视风教，同时也对才子风情津津乐道。李昌祺所欣赏的才子风情是才情、艳情与温文尔雅风度的融会。才情是不用说的，《剪灯余话》对每一位才子、佳人照例有几句极示推崇的交代，比如《田洙遇薛涛联句记》（卷 2）中的田洙："清雅有标致，书画琴棋，靡所不晓。诸生日与嬉游，爱之逾于同气，凡远近名山胜境，吟赏殆遍。"《江庙泥神记》（卷四）中的谢瑺："仪容秀整，风韵清高，略无寒儒迂腐态，群众咸喜之，相与弈棋饮酒，谈笑赋诗，唯恐生之或去也。"甚至《秋千会记》（卷四）中的蒙古青年拜住亦善填词。李昌祺在编织情节时亦有意安排和鼓励主角吟诗作赋。薛涛对田洙说："闻君倜傥俊才，雅能赋咏，何至作儒生酸乎？妾虽不敏，亦颇解吟事，今既遇赏音，而高山流水，何惜一奏！"于是二人连篇累牍地吟诗。由于男女主角时常大发诗兴，穿插进许多诗词，因此《剪灯余话》的篇数虽和《剪灯新话》相等，字数却几乎超过一倍。艳情即所谓男欢女爱。《剪灯余话》常对欢爱场景大加铺叙，甚至不避淫秽。

有一个现象值得关注：尽管李昌祺笔下的男女爱情主角（女鬼或女神排除在外）风流缱绻，似乎无拘无束，但他们（尤其是她们）却又同时是恪守道德操守的典范。这是经由一系列特殊的情节设计体现出来的：

其一，男女主角"风流"的前提是有过"父母之命"，虽然在许多情况下"父母之命"只是意向而没有形诸正式的聘礼。如《连理树记》：上官守愚之子粹奴与贾虚中女蓬莱，"同读书学画，深相爱重，贾妻戏之曰：'使蓬莱他日得婿如粹舍足矣。'归以告，守愚曰：'吾意正然。'遣媒言议，各已许诺"。

其二，婚事不谐，是由其他原因造成，并非当事人负心所致。如《鸾鸾传》："会颖家坐事，日就零替，鸾母悔之，以适缪氏。"《风尾草记》："会生姑与练姊娌参商，阳为怂恿，阴实沮之，故生父母犹豫。"

其三，女主角即使曾嫁过人，或者落人歹人之手，也决不至于失节。比如：鸾鸾先嫁缪生，缪生死，改嫁柳颖，依然处女，原来缪氏天阉，不能行夫妇之事。又如《芙蓉屏记》（卷四）：船夫谋害崔英，掳掠其妻王氏，但意在逼王氏为儿媳，因此王氏并未受到强奸的威胁。

其四，女主角既是才妇，又是贤妻。比如：鸾鸾"既归之后，孝敬奉于舅姑，雍和友于娣姒，遇婢仆以恩惠为先，相夫子以勤俭为本；乡邻之贫乏者，则随力相周；亲戚之往还者，则以礼相待。由是内外交誉，称道其贤"。

其五，当他们必须在生命与"节"、"义"之间作出选择时，能毫不犹豫地以生命的毁灭来达到崇高的伦理境界。《连理树记》叙元末动乱，盗杀上官粹一家，欲逼娶蓬莱，蓬莱举刀自刎。《鸾鸾传》叙柳颖为"贼"所杀，"邻舍奔告鸾，鸾走哭，负其尸以归，亲舐其血而手敛之，积薪焚颖，焰既炽，鸾亦投火中死焉"。李昌祺感叹道："节义，人之大闲也，士君子讲之熟矣，一旦临利害，遇患难，鲜能允蹈之者。鸾幽女妇，乃能战乱中全节不污，卒之夫死于忠，妻死于义。唯其读书达礼，而赋质之良，天理民彝，有不可泯。世之抱琵琶过别船者，闻鸾之风，其真可愧哉！"

勃兰兑斯说过："在文学表现的所有感情中，爱情最引人注意；而且，一般来说，给读者留下的印象最深。了解人们对爱情的看法及表现方式对理解一个时代的精神是个重要因素。从一个时代对爱情的观念中我们可以得出一把尺子，可以用它来极其精确地量出该时代整个感情生活的强度、性质和温度。"[①] 在《离骚》中，我们看到男女爱情成为象征；唐传奇作家则把爱情处理为相当纯粹也相当自然的感情生活；而在李昌祺笔下，风流韵事却以儒家伦常作为依托：一方面是极端的风流，另一方面又是极端的循规蹈矩。这种情形令我们联想到元代的《娇红记》和宋代的一部分话本体传奇。

邵景詹，生平不详。据《觅灯因话》小引自述，他号自好子，书斋名遥青阁。《觅灯因话》作于万历二十年（1592年），共两卷八篇，系仿瞿佑《剪灯新话》而作。

《觅灯因话》卷1《翠娥语录》有段关于魏晋风度的议论。邵景詹对魏晋风度的概括是否准确，姑置不论，重要之处在于，当晚明士大夫奉行个人主义，追求"浮靡"、"放旷"时，他大声疾呼，不加掩饰地对之加以指斥。他的自序说《觅灯因话》"非幽冥果报之事，则至道名理之谈"，有"补于正"，不是敷衍世人的门面话。

从《觅灯因话》中的八篇小说来看，作者对于儒家的人格境界是钦佩之至的：施济的救拔穷愁（卷一《桂迁感梦录》），孙恭人的贞贤（卷一《孙恭人传》），郭雄真的坚贞不屈（卷一《贞烈墓记》），妓女翠娥的"甘心对冰雪，不爱艳阳春"（卷一

①　勃兰兑斯：《十九世纪文学主流》第3册《法国的反动》第10节，张道真译，人民文学出版社1986年版，第221页。

《翠娥语录》），唐珏的忠义（卷二《唐义士传》）等，他都予以精心刻画；与之形成对照，他也鞭笞了刘生的奸诈（《桂迁感梦录》），姚公子的豪奢挥霍（卷一《姚公子传》），官吏的险恶残暴（《贞烈墓记》），杨琏真伽的贪求无已（《唐义士传》），铁胡二生的淫亵（卷二《卧法师入定录》）。高尚人格与私欲的矛盾构成《觅灯因话》的内容主体。

《觅灯因话》与白话小说关系颇深。八篇作品中，《桂迁感梦录》被冯梦龙改写成《桂员外途穷忏悔》，见《警世通言》第二十五卷；《姚公子传》被凌濛初改写成《痴公子狠使躁脾钱　贤丈人智赚回头婿》，见《二刻拍案惊奇》第二十二卷；《孙恭人传》与《英烈传》第三十二、三十三回中有关孙氏的情节略同，未知孰先孰后；《唐义士传》被周清源改写成《会稽道中义士》，见《西湖二集》第二十六卷；《卧法师入定录》被凌濛初改写成《乔兑换胡子宣淫　显报施卧师入定》，见《初刻拍案惊奇》第三十二卷。《觅灯因话》之所以为冯梦龙、凌濛初、周清源等赏识，是与邵景詹简明的道德命题分不开的。只是，邵景詹的态度较为严肃，而冯梦龙、凌濛初则可能并不那么认真，吸引他们的是因果报应中所包含的戏剧性。

邵景詹对辞采不感兴趣。他在自序中公开反对"逞文字之藻"，而把精力花在曲折故事的设计和描述上。其风格以质朴见长。

三、中篇传奇小说

中篇传奇小说是继承元宋梅洞《娇红记》的传统而形成的一个系列。据现存材料，明代第一个创作中篇传奇小说的，是《剪灯余话》的作者李昌祺。永乐十八年（1420年），他自序其《剪灯余话》，透露出一个信息：李昌祺写的第一篇传奇小说《贾云华还魂记》是个中篇，时在永乐十年（1412年），那时，他还未见到瞿佑的《剪灯新话》；七年后，他读到瞿著，爱慕不已，竟陆续写出了二十篇仿《剪灯新话》之作，并不再从事中篇传奇小说的写作。

永乐十年李昌祺写下《贾云华还魂记》，此后数十年间（1412—1480年），中篇传奇小说大体上是一片空白。其所以如此，一个可能的解释是：短篇传奇小说以其魅力拥有较多的作者和读者，中篇传奇小说未引起人们足够的关注。

明代中篇传奇小说的兴盛是在弘治（1488—1505年）以后。玉峰主人的《钟情丽集》可能产生于成化末弘治初，①《龙会兰池录》、《双卿笔记》、《丽史》、《荔镜传》、《怀春雅集》问世于弘治、正德间，至迟不晚于嘉靖初；嘉靖至万历年间（1522—1620年）先后产生了《花神三妙传》、《寻芳雅集》、《天缘奇遇》、《双双传》、《五金鱼传》。② 弘治以后中篇小说的创作进入繁荣期，其原因在于：一是正统七年（1442年）朝廷颁布了焚毁《剪灯新话》等小说的禁令，数十年过去，紧张气氛有所缓和；二是

---

① 陈益源认为《钟情丽集》撰于成化二十二年（1486年），见陈益源：《元明中篇传奇小说研究》，香港学峰文化事业公司1997年版，第66页。

② 关于各中篇传奇小说问世时间的考证，可参考陈益源《元明中篇传奇小说研究》，香港学峰文化事业公司1997年版。

中篇传奇小说作为一种畅销读物，因其可以赢利得到了书坊主的青睐；三是弘治以后，民风不如此前淳朴，色情小说易于流行。其中，第二个原因尤为重要。

明代中篇传奇小说，依据其问世时间和风格流变，可大体分为三个阶段。《贾云华还魂记》代表第一个阶段，其特点是：虽以《娇红记》为典范，却努力给男女主角安排一个团圆结局，还魂情节就是为达到团圆结局而设计的。《钟情丽集》及弘治、正德间问世的《龙会兰池录》等代表第二个阶段，大体依循《娇红记》轨辙，模拟痕迹至为明显。嘉靖、万历间的《花神三妙传》等代表第三个阶段，大量色情描写构成其显著特征，对《金瓶梅》这一类白话小说当有直接影响。

中篇传奇小说以元宋梅洞《娇红记》为起点，其题材处理、人物刻画的路数确与《西厢记诸宫调》相近；穿插大量诗词，也可视为对诸宫调唱叹部分的移植。它所关注的题材相当狭窄，仅限于艳情；它对白描不甚重视，因为艳情不太适合于真切地摹绘，诸宫调也未提供这样的艺术传统；它的人物带有病态意味，实质上的妓女与名义上的名门闺秀身份不能吻合。明代第一部中篇传奇小说是李昌祺的《贾云华还魂记》，尽管其作者有着相当好的文化素养，但当他依循《娇红记》的轨范来创作时，仍不免出现类似的情形，文学传统的惯性力量是不以人的意志为转移的。

就文化品格而言，弘治、正德以降的中篇传奇小说，实为通俗读物。其传播途径，一是单行出版，一是选入各种通俗类书，如《国色天香》、《燕居笔记》等。"此等读物，在明时盖极普通。诸体小说之外，间以书翰，诗话，琐记，笑林，用意在雅俗共赏。"① 以明末刊本《燕居笔记》（当为何大抡编）为例，书分上下两层，上层收《天缘奇遇》、《钟情丽集》、《花神三妙传》、《拥炉娇红》、《怀春雅集》这五部中篇传奇小说；下层除收诗词歌赋、文书联曲外，另有短篇小说二十六篇，乃《游会稽山记》、《金凤钗记》、《联芳楼记》、《滕穆醉游聚景园记》、《牡丹灯记》、《渭塘奇遇记》、《江庙泥神记》、《虾蟆牡丹记》、《周秦行纪》、《田洙遇薛涛联句》、《心坚金石传》、《节义双全传》、《刘方三义传》、《吴媚娘传》、《续东窗事犯传》、《琼奴传》、《爱卿传》、《雕传》、《张于湖宿女贞观》、《红莲女淫女禅师》、《杜丽娘慕色还魂》、《古杭红梅记》、《绿珠坠楼记》、《柳耆卿玩江楼记》等，多为传奇小说。从《燕居笔记》所选小说的题材来看，艳情居于核心位置。何以如此？"食色性也"，以艳情为中心，畅销的可能性较大。

面向市场的中篇传奇小说，其作者的文化层次总体上是不高的。玉峰主人、梅禹金等署名作者，情况稍好一些；大多数作者宁可"佚名"，很可能是书坊老板或其聘用的"俚儒"。他们无心于"十年磨一剑"，粗制滥造，情节和语言（包括诗词）雷同之处比比皆是，人物性格亦大体相仿。为了刺激读者的阅读兴趣，一些作者求助于色情描写，"不计其数"地批发"佳人"，笔墨污秽不堪，以致在中篇传奇小说作者内部也招致了反弹。《刘生觅莲记》、《双双传》等致力于改变这种恶习，尤其是《双双传》，它所预示的艺术前景是令人振奋的。套用闻一多评《春江花月夜》的表述，可以说，这是中篇传奇小说的"自赎"。

就中篇传奇小说在小说史上的影响来看，可以划分为两个层面：

① 孙楷第：《日本东京所见小说书目》卷6，人民文学出版社1958年版，第127页。

第一个层面是对才子佳人小说的影响。王重民《中国善本书提要》子部小说类设《绣谷春容十二卷》一条。提要指出：《龙会兰池全录》、《申厚卿娇红记》等"直开后来才子佳人派之源"。① 李梦生为《古本小说集成》之《五金鱼传》撰写前言，亦云："明中叶，文人创作中篇传奇故事增多，著名的如《艳异编》、《绣谷春容》、《国色天香》、《燕居笔记》等总集中所收的《刘生觅莲记》、《怀春雅集》、《钟情丽集》、《花神三妙传》、《天缘奇遇》等，《五金鱼传》亦为其一：这些小说多描写才子佳人的患难离合，以大团圆作结，不仅为当时盛行的话本小说提供了素材，也直接影响与推动了明末清初以天花藏主人等为代表的长篇白话才子佳人小说的繁荣，这是很值得重视的。"

第二个层面是对色情小说的影响。明中叶后的色情小说，按语言形式来划分，或用文言，如《如意君传》、《痴婆子传》，或用白话，如《绣榻野史》、《春灯闹》，甚至包括长篇的《金瓶梅》，它们主要受《花神三妙传》、《天缘奇遇》这类中篇传奇小说的影响，数量众多，一度泛滥成灾。

（作者单位：武汉大学文学院暨武汉大学中国传统文化研究中心）

---

① 王重民：《中国善本书提要》，上海古籍出版社 1983 年版，第 399 页。

思想文化进程中的明代八股文

□ 朱燕玲 郭皓政

关于明代八股文的分期，清儒李光地和方苞有不同意见，李光地说："明代时文，洪、永、宣、景、天为初，成、弘为盛，正、嘉为中，庆、历为晚。天启以后，不足录已。"① 方苞则云："明人制义，体凡屡变。自洪、永至化、治，百余年中，皆恪遵传注，体会语气，谨守绳墨，尺寸不逾。至正、嘉作者，始能以古文为时文，融液经史，使题之义蕴，隐显曲畅，为明文之极盛。隆、万间，兼讲机法，务为灵变。虽巧密有加，而气体荼然矣。至启、祯诸家，则穷思毕精，务为奇特，包络载籍，刻雕物情，凡胸中所欲言者，皆借题以发之。就其善者，可兴可观，光气自不可泯。"② 李光地分明代时文为四期，洪武至天顺为初期，成化、弘治为盛期，正德、嘉靖为中期，隆庆、万历为晚期，而"天启以后不足录"。方苞则视洪武以迄弘治为一期，正德、嘉靖为一期，隆庆、万历为一期，天启、崇祯为一期。同为四期，但李氏以成化、弘治为盛期，正德、嘉靖为中期，而方氏则以正德、嘉靖为明文极盛之时期，成化、弘治为恪遵传注之阶段。且方氏将天启、崇祯也分作一期，与李氏视为蔑如之态度大相径庭。

本文对明代八股文发展进程的考察，特别关注它与明代思想文化之间的密切关联——明代的思想文化如何影响八股文写作、八股文怎样体现明代思想文化的走向，分期参照方氏而稍有变化，大体划为三个阶段。从洪武至弘治年间的恪遵程朱传注，到正德、嘉靖年间的心学渗入八股，再到隆、万以降三教归一思潮对八股文的形塑。明代的八股文与明代的思想文化，两者之间的关联度之高，几乎可用息息相关来加以形容。

一、洪武至弘治年间谨守程朱传注

元代科举考试，《诗》主朱熹《诗集传》，《尚书》主蔡沈《书集传》，《周易》主程颐《易传》和朱熹《周易本义》，以上三经都可以兼用古注疏。《春秋》左氏、公

① （清）李光地著，陈祖武点校：《榕村语录 榕村续语录》，中华书局 1995 年版，第 527 页。
② （清）方苞编，王同舟、李澜校注：《钦定四书文校注·原书凡例》，武汉大学出版社 2009 年版，第 1 页。

羊、穀梁三传并用，再加入胡安国《春秋传》，《礼记》则专主古注疏。洪武年间，科举考试虽以程朱理学为鹄的，仍不废古注疏。洪武十七年（1384 年）三月戊戌，明太祖下令礼部颁行科举程式：

> 乡试八月初九日第一场，试《四书》义三道，每道二百字以上，经义四道，每道三百字以上，未能者许各减一道。《四书》义主朱子《集注》，经义，《诗》主朱子《集传》，《易》主程朱传义，《书》蔡氏传及古注疏，《春秋》主左氏、公羊、穀梁、胡氏、张洽传，《礼记》主古注疏。①

《诗》由朱熹《诗集传》与古注疏兼用改为专主朱熹《诗集传》，《周易》由程颐《易传》、朱熹《周易本义》和古注疏兼用改为专主程、朱之《易传》、《周易本义》，已经选择性废除了部分古注疏。

永乐十三年（1415 年）九月己酉，《五经大全》、《四书大全》及《性理大全书》修成。明成祖编纂三部大全的目的在于如"胡广所云之'合众途于一轨，会万理于一原'、'俾人皆由于正路而学，不惑于他歧，家孔孟而户程朱'的学术统一及明成祖所云'使家不异政，国不殊俗，大回淳古之风，以绍先王之统，以成熙皞之治'之思想统一"②，而达到这一目的的首选途径便是充分发挥国家体制的作用，以功名利禄招致天下英才。永乐十五年（1417 年）夏四月丁巳，明成祖即下令颁《五经大全》、《四书大全》、《性理大全书》于两京六部、国子监及天下府、州、县学。"于是，程朱之学不仅是科举的考试标准，也是明王朝肯定的思想形态了。"③ 自永乐年间《五经大全》、《四书大全》及《性理大全书》纂修告成并颁行天下，古注疏几乎废黜殆尽。

"大全"出而古注疏废，思想文化领域的这一重大转变，明人早已言及。何良俊《四友斋丛说》有云：

> 太祖时，士子经义皆用注疏，而参以程朱传注。成祖既修五经四书大全之后，遂悉去汉儒之说，而专以程朱传注为主。夫汉儒去圣人未远，学有专经，其传授岂无所据？况圣人之言广大渊微，岂后世之人单辞片语之所能尽？故不若但训诂其辞而由人体认，如佛家所谓悟入。盖体认之功深，则其得之于心也固，得之于心固，则其施之于用也必不苟。自程朱之说出，将圣人之言死死说定，学者但据此略加敷演，凑成八股，便取科第，而不知孔孟之书为何物矣。以此取士，而欲得天下之真才，其可得乎？呜呼！④

———————————————

① （明）王世贞撰，魏连科点校：《弇山堂别集》，卷八十一《科试考一》，中华书局 1985 年版，第 1543 页。

② 廖鸿裕：《明代科举研究》，台湾中国文化大学中国文学研究所博士学位论文，2008 年，第 135 页。

③ 陈来：《宋元明哲学史教程》，三联书店 2010 年版，第 286 页。

④ （明）何良俊：《四友斋丛说》卷三《经三》，中华书局 1959 年版，第 22 页。

陆容《菽园杂记》亦云：

> 朱子注《易》，虽主尚占立说，而其义理未尝与程《传》背驰。故《本义》于卦文中，或云说见程《传》，或云程《传》备矣。又曰：看其《易》，须与程《传》参看。故本朝诏告天下，《易》说兼主程、朱，而科举取士以之。予犹记幼年见《易经》义多兼程《传》讲贯，近年以来，场屋经义，专主朱说取人，主程《传》者皆被黜。学者靡然从风，程《传》遂至全无读者。尝欲买《周易传义》为行箧之用，遍杭城书肆求之，惟有朱子《本义》，兼程《传》者绝无矣。盖利之所在，人必趋之，市井之趋利势固如此，学者之趋简便亦至此哉！①

不仅古注疏濒临废绝，程颐《易传》也遭废黜，场屋经义一以朱说为去取，朱学成为举业的绝对正宗。永乐以降在科举考试中一律采用《五经大全》、《四书大全》及《性理大全书》，其直接后果是对经典的阐释高度一元化，其深远后果是造成了思想文化领域的僵死局面。盖读书人仅用功于几部科举教材，是不可能具有宽广视野和思想活力的。从学术统一到思想统一，这正是永乐所向往的目标。

作为朝廷意识形态之风向标的八股文，这一期间的最大特色即谨守程朱传注尤其是朱注。

八股文是明清两代科举考试的专用文体。明清两代的乡试、会试，最重要的测试内容，是要求士子依照严格的程式对儒家经典进行阐释。由此形成的考试专用文体，通称"制义"，此外还有制艺、经义、时文、时艺等名称。至于"八股文"，虽是从制义的结构与写法而来的一种俗称，却最为现代读者所熟悉。

作为文体，八股文兼具策、论等子部作品和诗、赋等集部作品的某些属性。其体制主要有两方面的要求：代圣贤立言；体用排偶。"代圣贤立言"具有论的意味，即传统所说的"义理"，不过并非表达自己的思想，而是模拟圣贤的口气表达圣贤的思想。"体用排偶"则是继承了诗、赋、骈文的修辞技巧，包括词句、辞藻、历史故事和典故的运用等，即传统所说的"词章"和"考据"。而形式上的要求更为细密，其篇章结构包括题头部分（破题、承题、起讲）和股对部分：股对部分为文章主体，正格由提比、中比、后比、束比等部分构成，每比分二股，共八股。提比后又有出题，中比、后比间有过接，束比后有大结。如此讲究章法和层次，既是为了考察逻辑推理能力，也是为了便于评分。启功说："八股文在反映思想上，吸取了'经义'的原则，即主要的是讲解经书中孔孟的道理。文章自然都要有次序、有条理、又有逻辑性，也就要有主题、有发挥。这就形成有破题、有起讲，到分条议论的分股。对偶、声调是古代文章的艺术手法，也是汉语文学技巧的一些重要组成部分，也逐渐纳入八股的做法中。又要了解应考人的政治头脑，就在文章最后安排一个'大结'，以起政策答案的作用。"② 不过八股文体的定型并非一日之功，其合成的过程相当漫长。

明代前期，即洪武至天顺时期，经义之文尚未形成稳定的体式："天顺以前，经义之文不过敷演传注，或对或散，初无定式，其单句题亦甚少。"① 这一时期的经义之文，在风格上大体以"简朴"为尚。用俞宪的话说，就是以"辞达为本"②。如黄子澄所作《天下有道则礼乐征伐自天子出》：

> 治道隆于一世，政柄统于一人。夫政之所在，治之所在也。礼乐征伐皆统于天子，非天下有道之世而何哉？昔圣人通论天下之势，首举其盛为言。若曰天下大政，固非一端；天子至尊，实无二上。是故民安物阜，群黎乐四海之无虞；天开日明，万国仰一人之有庆。主圣而明，臣贤而良，朝廷有穆皇之美也；治隆于上，俗美于下，海宇皆熙皞之休也。非天下有道之时乎？当斯时也，语离明，则一人所独居也；语乾纲，则一人所独断也。若礼若乐，国之大柄，则以天子操之而掌于宗伯；若征若伐，国之大权，则以天子主之而掌于司马。一制度，一声容，议之者天子，不闻以诸侯而变之也；一生杀，一予夺，制之者天子，不闻以大夫而擅之也。皇灵丕振，而尧封之内，咸懔圣主之威严；王纲独握，而禹甸之中，皆仰一王之制度。信乎！非天下有道之盛世，孰能若此哉。③

黄子澄（？—1402 年）为洪武十八年（1385 年）会元。他的这篇四书文，题目出自《论语·季氏》，首两句为："天下有道，则礼乐征伐自天子出；天下无道，则礼乐征伐自诸侯出。"破题二句，明破"有道"；承题承作者之意，不入圣贤口气；以"若曰"起讲，为八股文常用格式，起讲以后，体用排偶，入圣贤口气，围绕"有道之世"与"有道之时"正面发论。格调庄重典雅，语带台阁之气，作为八股文初创时期之作，规模已具。李调元誉之为"开国第一篇文字，足为万世楷式"④。梁章钜《制艺丛话》卷四："《书香堂笔记》云：录前明制义者，自以洪武乙丑科分宜黄子澄元墨为第一篇文字，解大绅学士批云：'庄重典雅，台阁文字。'徐存庵曰：'时未立闱牍科条，行文尚涉颂体，而收纵之机，浩荡之气，已辟易群英，况此为文章之始，自应首录，以存制义之河源也。'……按：各选本多以刘文成公基'敬事而信'题文为有明一代制义之祖，然是初体之尤者，其提一'机'字以为敬之原，衬一'势'字以为信之影，究未精的，故舍彼录此。"⑤

成化、弘治是明代八股文演变的重要时期。一方面，八股文的体制与格式在这一时

---

① （清）顾炎武著，黄汝成集释，栾保群、吕宗力校点：《日知录集释》（全校本）卷十六《试文格式》，上海古籍出版社 2013 年版，第 951 页。

② （明）张朝瑞辑：《皇明贡举考》卷一，《四库全书存目》史部第 269 册，齐鲁书社 1997 年版，第 458 页。

③ （清）梁章钜著，陈居渊校点：《制艺丛话 试律丛话》，上海书店出版社 2001 年版，第 51 页。

④ （清）李调元辑：《制义科琐记》（及其他一种）卷一《开国元墨》，中华书局 1985 年版，第 15 页。

⑤ （清）梁章钜著，陈居渊校点：《制艺丛话 试律丛话》，上海书店出版社 2001 年版，第 51 页。

期趋于成熟："经义之文，流俗谓之'八股'，盖始于成化以后"①；另一方面，这一时期的八股文风醇深典雅，被视为八股文"正体"。成化、弘治间的八股文作家以钱福、王鏊为代表，其中王鏊（1450—1524 年）被清初俞长城誉为"一代之俊英，斯文之宗主"②，所作八股文开创了一代文风。如其名篇《百姓足君孰与不足》：

> 民既富于下，君自富于上。盖君之富藏于民者也，民既富矣，君岂有独贫之理哉！有若深言君民一体之意以告哀公，盖谓：公之加赋，以用之不足也；欲足其用，盍先足其民乎？诚能百亩而彻，恒存节用爱人之心；什一而征，不为厉民自养之计。则民力所出，不困于征求；民财所有，不尽于聚敛。闾阎之内，乃积乃仓，而所谓仰事俯育者无忧矣；田野之间，如茨如梁，而所谓养生送死者无憾矣。百姓既足，君何为而独贫乎？吾知藏诸闾阎者，君皆得而有之，不必归之府库而后为吾财也；蓄诸田野者，君皆得而用之，不必积之仓廪而后为吾有也。取之无穷，何忧乎有求而不得；用之不竭，何患乎有事而无备？牺牲粢盛，足以为祭祀之供，玉帛筐篚，足以资朝聘之费，借曰不足，百姓自有以给之也，其孰与不足乎？饔飧牢醴，足以供宾客之需，车马器械，足以备征伐之用，借曰不足，百姓自有以应之也，又孰与不足乎？吁，彻法之立，本以为民，而国用之足，乃由于此。何必加赋以求富哉？③

文题出自《论语·颜渊》，破、承都用作者之意，"盖谓"以下入圣贤口气，围绕朱熹《集注》"有若深言君民一体之意"展开论述，分为起讲、出题、虚股、中股、后股、束股、大结等段落，体式完备，堪称八股文正体的典范之作。梁章钜《制艺丛话》卷四："李文贞公曰：或问王守溪时文笔气，似不能高于明初人，应之曰：唐初诗亦有高于工部者，然不如工部之集大成，以体不备也。制义至守溪而体大备。某少时颇怪守溪文无甚拔出者，近乃知其体制朴实，书理纯密，以前人语句多对而不对，参差洒落，虽颇近古，终不如守溪裁对整齐，是制义正法。如唐初律诗平仄不尽叶，终不如工部声律密细，为得律诗之正。""俞桐川曰：制义之有王守溪，犹史之有龙门、诗之有少陵、书法之有右军，更百世而莫并者也。前此风会未开，守溪无所不有；后此时流屡变，守溪无所不包。理至守溪而实，气至守溪而舒，神至守溪而完，法至守溪而备。盖千子、大力、维斗、吉士莫不奉为尸祝，而或讥其雕镂，疵其圆熟，则亦过高之论矣。运值天地之和，居得山川之秀。夹辅盛明，大有而不溺；遭逢疑贰，明夷而不伤。于理学为贤，于文章为圣，于经典为臣，于制义为祖，岂非一代之俊英，斯文之宗主

---

① （清）顾炎武著，黄汝成集释；栾保群，吕宗力校点：《日知录集释》（全校本）卷十六《试文格式》，上海古籍出版社 2013 年版，第 951 页。

② （清）梁章钜著，陈居渊校点：《制艺丛话 试律丛话》，上海书店出版社 2001 年版，第 56 页。

③ （清）方苞编，王同舟、李澜校注：《钦定四书文校注》，武汉大学出版社 2009 年版，第 25 页。

钦。"①《制艺丛话》卷十二引凌义远《名文探微》云："制艺之盛，莫如成、弘，必以王文恪公为称首，其笔力高古、体兼众妙，既非谨守成法者所能步趋，亦非驰骋大家者所可超乘而上。"②《钦定四书文》化治文录王鏊四书文 12 篇，居成化、弘治年间之首。就整个明代的四书文而言，仅少于陈际泰（58 篇）、归有光（33 篇）、金声（30篇）、唐顺之（21 篇）、黄淳耀（20 篇）、章世纯（14 篇），与胡友信入选篇目数量相等。其地位之显著由此可见。

嘉靖二十七年（1548 年），徐阶在《崇雅录序》中这样描述宣德至弘治年间的八股文风："在宣德以前，场屋之文虽间失之朴略，而信经守传，要之不牴牾圣人。至成化、弘治间，则既彬彬盛矣。"③ 清初方苞曾奉命编选《钦定四书文》，他对明初至弘治年间的八股文风气作了相近的概括："自洪、永以迄化、治，百余年中，皆恪遵传注，体会语气，谨守绳墨，尺寸不逾。"④ 徐阶和方苞的评议可以视为定论，而王鏊等人的八股文则为这一定论提供了具体例证。

有必要一提的一个重要事实是：即便是明代心学大师王守仁的八股文，在弘治时期，也同样谨遵朱注。《钦定四书文》化治文录王守仁四书文 3 篇，其中一篇是《诗云鸢飞戾天（一节）》："《中庸》即《诗》而言一理充于两间，发费隐之意也。盖盈天地间皆物也，皆物则皆道也。即《诗》而观，其殆善言道者必以物钦？今夫天地间惟气而已矣，理御乎气，而气载乎理，固一机之不相离也。奈之何人但见物于物，而不能见道于物；见道于道，而不能见无物不在于道也。尝观之《诗》而得其妙矣。其曰'鸢飞戾天，鱼跃于渊'，言乎鸢、鱼而意不止于鸢、鱼也；即乎天、渊而见不滞于天、渊也。为此诗者，其知道乎！盖万物显化醇之迹，吾道溢充周之机。感遇聚散，无非教也；成象效法，莫非命也。际乎上下，皆化育之流行；合乎流行，皆斯理之昭著。自有形而极乎其形，物何多也，含之而愈光者，流动充满，一太和保合而已矣；自有象而极乎其象，物何赜也，藏之而愈显者，弥漫布濩，一性命各正而已矣。物不止于鸢鱼也，举而例之，而物物可知；上下不止于天渊也，扩而观之，而在在可见。是盖有无间不可遗之物，则有无间不容息之气；有无间不容息之气，则有无间不可乘之理。其天机之察于上下者，固如此乎？"方苞评曰："清醇简脱，理境上乘。阳明制义，谨遵朱注如此。"⑤ 王守仁是弘治十二年（1499 年）己未科进士。王守仁的心学思想"衍

① （清）梁章钜著，陈居渊校点：《制艺丛话 试律丛话》，上海书店出版社 2001 年版，第 56页。

② （清）梁章钜著，陈居渊校点：《制艺丛话 试律丛话》，上海书店出版社 2001 年版，第 231页。

③ （明）徐阶：《世经堂记》，卷十二《崇雅录序》，《四库全书存目》集部第 79 册，齐鲁书社1997 年版，第 587 页。

④ （清）方苞编，王同舟、李澜校注：《钦定四书文校注·原书凡例》，武汉大学出版社 2009 年版，第 1 页。

⑤ （清）方苞编，王同舟、李澜校注：《钦定四书文校注·钦定化治四书文》卷四，武汉大学出版社 2009 年版，第 41~42 页。

于正、嘉而盛于隆、万"①，而在弘治时期，王守仁异于程朱的心学体系尚未完成。而尤为重要的是，八股文是一种考试文体，任何可能导致落选的尝试都是不明智的。王守仁谨守朱注，表明程朱传注作为举业正宗的地位不可动摇。

二、正嘉以降心学逐渐渗入八股

正德、嘉靖时期，明代八股文由成熟走向鼎盛。尤其是嘉靖时期，明代公认的八股文四大家，王鏊、唐顺之、瞿景淳、薛应旂，嘉靖间占了三家。又有八大家之说，指吴县王鏊、武进唐顺之、常熟瞿景淳、武进薛应旂、昆山归有光、德清胡友信、归善杨起元、临川汤显祖，嘉靖间占了四家。

阳明心学也兴盛于正德、嘉靖年间。吕妙芬认为，王阳明对作为科举取士标准的程朱学存在既依赖又排拒的暧昧态度，"一方面，程朱学曾是王阳明最认真学习的课题，规范着王阳明学说的重要内涵与进程，程朱之作圣精神也是王阳明仰慕学习的榜样；另一方面，程朱学又被王阳明批评为违离圣人之教、不契入道之方，也是阳明学说主要欲予纠正的内容，而程朱官学主导的科举士习更是王阳明主要攻击与纠正的对象"②。正德十三年（1518 年）七月，《古本大学》录刻成书，这是王阳明"首次公开而正式地反对朱子的学说"，"象征一个对立于程朱官学之阳明学派的成立"③。王阳明对官方认定的程朱之学不满，进而公开予以反对，招致了朝廷上下的围剿：

> （嘉靖元年十月乙未）礼科给事中章侨言："三代以下论正学莫如朱熹，近有聪明才智足以号召天下者倡异学之说，而士之好高务名者靡然宗之。大率取陆九渊之简便，惮朱熹为支离，及为文辞务崇艰险。乞行天下痛为禁革。"时河南道御史梁世骠亦以为言。礼部覆议，以二臣之言深切时弊，有补风教。上曰："然。祖宗表章《六经》，颁降敕谕，正欲崇正学、迪正道、端士习、育真才，以成正大光明之业。百余年间，人材浑厚，文体纯雅。近年士习多诡异，文辞务艰险，所伤治化不浅。自今教人、取士一依程朱之言，不许妄为叛道不经之书，私自传刻，以误正学。"④

章侨所谓"聪明才智足以号召天下者"，指的就是王阳明。明世宗对此作出的谕令是："自今教人、取士一依程朱之言，不许妄为叛道不经之书，私自传刻，以误正学。"重申程朱的独尊地位，将阳明心学定性为"叛道不经"，严禁天下私自传刻其书。嘉靖八年（1529 年）二月，明世宗命吏部集会群臣论议王守仁功罪，桂萼言⑤：

---

① （清）梁章钜著，陈居渊校点：《制艺丛话 试律丛话》，上海书店出版社 2001 年版，第 62 页。

② 吕妙芬：《阳明学士人社群——历史、思想与实践》，新星出版社 2006 年版，第 33 页。

③ 吕妙芬：《阳明学士人社群——历史、思想与实践》，新星出版社 2006 年版，第 43 页。

④ 《明世宗实录》卷 19，台湾"中央研究院"历史语言研究所，1962 年，第 568~569 页。

⑤ 《明世宗实录》未明言此处建言之人，据《明史·王守仁传》，知系桂萼所为，详见（清）张廷玉：《明史》卷一百九十五《王守仁传》，中华书局 1974 年版，第 5168 页。

　　守仁事不师古，言不称师，欲立异以为名，则非朱熹格物致知之论，知众论之不与，则著《朱熹晚年定论》之书，号召门徒，互相唱和。才美者乐其任意，或流于清谈；庸鄙者借其虚声，遂敢于放肆。传习转讹，悖谬日甚。……今宜免夺封爵，以彰国家之大信；申禁邪说，以正天下之人心。上曰："卿等议是。守仁放言自肆，诋毁先儒，号召门徒，声附虚和，用诈任情，坏人心术。近年士子传习邪说，皆其倡导。……所封伯爵，本当追夺，但系先朝信令，姑与终身。其殁后临典，俱不准给。都察院仍榜谕天下，敢有蹈袭邪说，果于非圣者，重治不饶。"①

　　桂萼因疑忌王阳明，试图免夺其封爵，申禁其学说。明世宗虽未削去阳明封爵，但不与恤典，且令都察院榜谕天下，不准传习阳明学说，如有敢犯，"重治不饶"。桂萼在大肆指斥王阳明之余，还不遗余力排挤阳明弟子。此种政治环境颇不利于阳明学派的成长。

　　阳明学既不能为官方容纳，当然也不能为举业所宗，所以，即使是阳明弟子，也有人始终不以心学入八股，如"季彭山本师承阳明，著书数百万言，皆行于世。夫宗阳明者，其说不能无弊，而大旨归于心得，是以可传。然终不以入时文，时文必宗考亭，考亭正宗也，象山旁支也。彭山制义恪守传注，谨严法度，阳儒阴释之语，无能涉其笔端，与口谈考亭而文词浮诞者相去远矣"②。阳明弟子之所以不以心学入八股，其中一个重要原因是，他们参加科举考试的目的，乃是为了被录取，而以心学入八股的结果，必然是落选。他们信奉心学，而不以心学入八股，所显示的是现实权衡的明智，而不是哲学信念的抉择。在这种现实权衡的背后，我们看到，程朱作为举业正宗的地位仍极其稳固。

　　与此形成对照的是另一种情形：如果以心学应试也不妨碍录取的话，阳明弟子无疑更愿意采用老师的见解。这种情形在正德、嘉靖年间的殿试中时有出现。"正德十一年，湖广乡试，有司以'格物致知'发策，先生（冀元亨）不从朱《注》，以所闻于阳明者为对，主司奇而录之。"③ "嘉靖二年癸未廷试，策问阴诋守仁。欧阳德，王氏弟子也，与同年魏良弼、黄直，直发师训无所阿附，竟登第。与探花徐阶善，共讲王氏学焉。"④ 严讷"为学不主章句，要以意绎圣贤之旨，而其归率体会于身心实践。弱冠时，喜阳明先生家言，每读一篇，必置几上一叩首。（嘉靖二十年）辛丑对策卷，盛推先生能继濂、洛绝统，主司者大不悦，为标数十语抨击。幸卷既入录，得不摈"⑤。阳明弟子以心学入策论，一方面是为了传扬师说，扩大心学的影响；另一方面也有与压制心学者抗争的意味。但他们选择在殿试时这样做，其实仍有现实的权衡。盖八股文评卷是匿名的，以心学入试，必然被刷且毫无社会影响；而殿试策的阅卷其实并非匿名，且读卷官中不乏偏袒心学

　　① 《明世宗实录》卷 98，台湾"中央研究院"历史语言研究所，1962 年，第 2299~2300 页。

　　② （清）梁章钜著，陈居渊校点：《制艺丛话 试律丛话》，上海书店出版社 2001 年版，第 62 页。

　　③ （清）黄宗羲著，沈芝盈点校：《明儒学案》卷二十八《楚中王门学案》，中华书局 2008 年版，第 634 页。

　　④ （清）李调元辑：《制义科琐记》（及其他一种）卷二《王氏学》，中华书局 1985 年版，第 61 页。

　　⑤ （明）赵用贤：《松石斋集》卷十五《光禄大夫太子太保吏部尚书武英殿大学士赠少保谥文靖严公行状》，四库禁毁书丛刊集部第 41 册，北京出版社 2000 年版，第 222 页。

者，以心学入试，不仅有可能被录取，即使被刷掉也可以造成广泛社会影响。这一事实表明，阳明心学已开始动摇程朱传注作为举业正宗的地位。阳明心学的弘扬，逐渐在国家体制内获得了一些支持。

正、嘉年间，阳明心学不仅影响了殿试策的写作，也影响到了八股文写作，一些八股文大家，如薛应旂、唐顺之、王慎中、许孚远等，其思想都或多或少地留有阳明心学的烙印。如唐顺之，其学案就被黄宗羲置于《明儒学案》卷二十六《南中王门学案二》。南中王门学派一般指广布于"南方"（主要指今江苏、安徽两省）的阳明后学一派。代表人物有王艮、钱德洪、王畿等，主要学者有薛应旂、唐顺之、徐阶等，多宗奉王阳明"致良知"之学。

并非偶合，嘉靖时期八股文"以古文为时文"的风气，即始于唐顺之，而大成于归有光。所谓"以古文为时文"，即将古文所注重的深刻思想、阳刚之气（气格）和丰富多彩的章法句法（篇章技法）融入八股文，以克服其平庸、板滞、柔缓之弊。韩愈、柳宗元以来的古文，由内容方面看，其实也是代圣贤立言，但因较多融入了个人心得，所以较有新意，又因不拘于对偶的句式和固定的章法，所以较有气势、较为活泼。"以古文为时文"，注重的是内容的深刻和表达的多样化。这一风气与阳明心学的兴盛同步，确得力于共同的思想文化氛围。唐顺之八股文名作甚多，如《子莫执中执中为近之执中无权犹执一也》：

> 时人欲矫异端之偏，而不知其自陷于偏也。盖不偏之谓中，而用中者，权也。子莫欲矫杨墨之偏而不知权焉，则亦一偏而已矣。此孟子斥其弊以立吾道之准也。且夫吾道理一而分殊，而为我之与兼爱，固皆去道甚远者也；吾道以一而贯万，而执其为我与执其兼爱者，固皆执一而不通者也。于是有子莫者，知夫杨墨之弊而参之于杨墨之间，以求执乎其中焉。盖曰其孑孑然以绝物如杨子者，吾不忍为也，但不至于兼爱而已矣；其煦煦然以徇物如墨子者，吾不暇为也，但不至于为我而已矣。自其不为为我也，疑于逃杨而归仁；自其不为兼爱也，疑于逃墨而归义。子莫之于道似为近也，然不知随时从道之谓权，以权应物之谓中，而杨墨之间，非所以求中也。徒知夫绝物之不可，而不知称物以平施，则为我固不为也，而吾道之独善其身者，彼亦以为近于为我而莫之敢为矣；徒知夫徇物之不可，而不能因物以付物，则兼爱固不为也，而吾道之兼善天下者，彼亦以为近于兼爱而莫之肯为矣。虽曰将以逃杨也，然杨子有见于我、无见于人，而子莫有见于固、无见于通，要之，均为一曲之学而已，知周万变者果如是乎？虽曰将以逃墨也，然墨子有见于人、无见于我，而子莫有见于迹、无见于化，要之，均为一隅之蔽而已，泛应不穷者果如是乎？夫为我一也，兼爱一也。故杨墨之为执一易知也；中非一也，中而无权则中亦一也，故子莫之为执一难知也。非孟子辞而辟之，则人鲜不以子莫为能通乎道者矣。①

《子莫执中执中为近之执中无权犹执一也》题出《孟子·尽心上》。破题二句，正面解析

---

① （清）方苞编，王同舟、李澜校注：《钦定四书文校注》，武汉大学出版社2009年版，第233页。

题中之意。承题五句，用作者之意，析孟子立言之旨。"且夫"以下为起讲，所论之意虽不出朱熹"子莫执为我、兼爱之中而无权"之论，然而辞气排荡，结构谨然，有韩愈、苏轼论辩文的遗风。《钦定四书文》正嘉文选录唐顺之文共 21 篇，在明代仅次于陈际泰、归有光、金声诸人。梁章钜《制艺丛话》卷五："林于川雨化曰：唐荆川顺之精于制义，有自为诗云：'文入妙来无过熟，书从疑处更须参。'此荆川自道其所得也。荆川有极巧之文，而其实不过是极熟。如'不揣其本而齐其末'两节，叠下两比喻，一反一正，文气流走不齐。荆川制作两扇时，使之齐中用两语递过，通篇读之，又只似流水不齐文法，此所谓巧从熟生也。文云：'且夫两物相形而高下异焉，所以辨其高下者，未尝不兼本末而较之也，故寸木之与岑楼，其高下至易知也。今也不复揣其下之平，而但取其上之齐，是寸木固可使之高于岑楼矣。今论礼者，不究其本而必曰礼食亲迎而已；论食色者，不究其本而必曰饥死与不得妻而已，是食色固可使之重于礼矣。任人之说，似亦无足怪者。虽然，此特自其一偏而言之耳，而非所以道其常也。何者？两物相形轻重异焉，所以辨其轻重者，未尝不等其轻重而较之也，故金之与羽，其轻重至易知也。今以一钩金之寡，而较一舆羽之多，而谓足以概金羽之轻重也，岂理也哉？今论礼者，不量其多寡而必曰礼食亲迎而已；论食色者，不量其多寡而必曰饥死与不得妻而已，如是而谓足以较礼与食之轻重，又岂理也哉？任人之论，其不可也，明矣。'俞桐川谓此等作法，成、弘、正、嘉间多有之，隆庆以后则绝响矣。"① 所谓"书从疑处更须参"，所谓"荆川自道其所得"，说的都是在内容方面"以古文为时文"必备的素养；所谓"文气流走不齐"、"通篇读之，又只似流水不齐文法"等，说的都是在表达方面"以古文为时文"所造成的特点。

薛应旂也是一位心学家。薛应旂（1498—约 1570 年），字仲常，号方山，武进（今江苏常州）人。嘉靖十三年（1534 年）举人，次年（1535 年）考取进士。曾任南京吏部考功郎中、浙江提学副使等职。黄宗羲《明儒学案》将薛应旂列入"南中王门"，是阳明心学的一支。薛应旂为考功时，曾经罢黜江左王学的代表人物王畿，以致王门后学不许其称王门中人。薛应旂之所以罢黜王畿，大概是为了维护阳明心学的纯粹，以免江左王学在援佛入儒之路上走得太远。正如黄宗羲所言，"先生盖借龙溪以正学术也"②。

薛应旂任浙江提学副使时，教诲诸生，并不强调遵依朱注，有时甚至明指朱注为非。何焯说："辛亥，薛仲常自南考功，督两浙学政，初考湖州，出'及其至也，虽圣人亦有所不知焉'，所奖者皆不依朱注'问礼'、'问官'解。考嘉兴，出'居敬而行简二节'，诸生凡用仲弓未喻夫子可字之意解者，厉声叱其浅陋，且以臆见，辩驳数百言。夫乡之士大夫，方趋致良知之新说，而使者又厌薄先儒，助之掘泥扬波。《桑柔》之五章，当时亦有为薛氏赋者乎！"③ 薛应旂提倡独立思考，反对盲从朱注，体现出阳明心学的显著影响。

薛应旂的"赐也女以予为多学而识（一章）"是一篇墨文，阐发了儒家"吾道一以贯之"的思想。李光地评曰："汉唐以下，学不知本，故所谓心学云者，往往为异氏所

① （清）梁章钜著，陈居渊校点：《制艺丛话 试律丛话》，上海书店出版社 2001 年版，第 64 页。

② （清）黄宗羲著，沈芝盈点校：《明儒学案》卷二十五《南中王门学案一》，中华书局 2008 年版，第 592 页。

③ 《两浙训士条约》，李国钧编：《清代前期教育论著选》（中册），人民教育出版社 1990 年版，第 291 页。

冒。知天下之大本而立之，则所以贯天下之道者此矣，文能见大意。"① 在《论语》题的写作中，畅发其心学家的见解，并得到李光地的认同，可见其见解不仅新颖，而且确有理据。

唐顺之、薛应旂两例主要反映了嘉靖前中期的情形。至嘉靖后期，阳明学日益兴盛，阳明弟子或后学中不少人身居显位，如李春芳与徐阶。在他们声势浩大的崇奉、推扬之下，阳明学为官绅、士子所广泛接受，心学对八股文的渗透也就愈发普遍了。

三、隆万以降道释杂入制义

顾炎武《日知录》卷十八《破题用庄子》云：

> 隆庆二年会试，为主考者厌《五经》而喜《老》、《庄》，黜旧闻而崇新学，首题《论语》"子曰由诲汝知之乎"一节，其程文破云："圣人教贤者以真知，在不昧其心而已。"始明以《庄子》之言入之文字。自此五十年间，举业所用，无非释、老之书。②

《日知录》卷十八《举业》云：

> 东乡艾南英《皇明今文待序》曰：呜呼！制举业中始为禅之说者，谁与原其始？盖由一二聪明才辩之徒，厌先儒敬义诚明、穷理格物之说，乐简便而畏绳束，其端肇于宋南渡之季，而慈湖杨氏之书为最著。国初，功令严密，匪程、朱之言弗遵也，盖至摘取良知之说，而士稍异学矣。然予观其书，不过师友讲论、立教明宗而已，未尝以入制举业也。其徒龙溪（王畿）、绪山（钱德洪）阐明其师之说，而又过焉，亦未尝以入制举业也。龙溪之举业不传阳明、绪山班班可考矣。衡较其文，持详矜重，若未始肆然欲自异于朱氏之学者。然则今之为此者，谁为之始与？吾姑为隐其姓名，而又详乙注其文，使学者知以宗门之糟粕为举业之佣者，自斯人始（万历丁丑科杨起元）。③

梁章钜《制艺丛话》卷五引俞桐川之言，亦云：

> 以禅入儒，自王龙溪诸公始也；以禅入制义，自杨贞复起元始也。贞复受业罗近溪，辑有《近溪会语》一书，故其文率多二氏之言，艾东乡每以为訾。乃文之从禅入者，其纰缪处固不堪入目，偶有妙悟精洁之篇，则亦非人所及，故归、胡以雄博深

---

① 转引自田启霖：《八股文观止》，海南出版社 1994 年版，第 414 页。

② （清）顾炎武著，黄汝成集释，栾保群、吕宗力校点：《日知录集释》（全校本）卷十八《破题用庄子》，上海古籍出版社 2013 年版，第 1057 页。

③ （清）顾炎武著，黄汝成集释，栾保群、吕宗力校点：《日知录集释》（全校本）卷十八《举业》，上海古籍出版社 2013 年版，第 1054~1055 页。

厚称大家，而贞复与相颉颃，其得力处固不可诬也。贞复尝入侍经筵，崇志勤学，几于醇儒，又以扶丧哀毁，感寒成疾，近于笃行，其可议者独在文耳。然披沙得金，凿石成璞，宝光自著于宇宙，乌得以一家之论掩之哉？①

从这些文献可以得出结论：以《庄子》之言入制义始于隆庆二年（1568 年），以禅宗之说入制义始于万历五年（1577 年）。杨起元开以禅宗之说入制义之先例。

杨起元（1547—1599 年），字贞复，别号复所，广东归善人。学于罗汝芳。万历五年（1577 年）进士。以禅入制义，在杨起元的作品中不止一例。如其"子曰君子不器"一文，题目出自《论语·为政》。朱熹集注曰："器者，各适其用，而不能相通。成德之士，体无不具，故用无不周，非特为一材一艺而已。"杨起元破题云："圣人论全德者，自不滞于用焉。""全德"见于《庄子·德充符》。用"全德"一词，指代"成德之士，体无不具"，是用禅宗话头解读孔子。该文大结云："君子之学，为心不为体，故不器也。虽然，稷养，契教，夷札，夔乐，皆不必相能，而亦不囿于器，当于心原辨之矣。"心原，犹心性。佛家视心为万法之源，故有此称。再如其"《诗》云鸢飞（二节）"一文中，有"徇生寂灭"之语，也是出自佛典。② 在以上例证之外，梁章钜《制艺丛话》卷六也指出："'耕也馁在其中矣，学也禄在其中矣。'旧说但言学中有禄，故食不必谋，惟杨贞复起元文偏言学中有禄，故谋道者易兼谋食，虽似翻案，却是的解。文云：'所以养有道之士而为所学之验者，此禄也；所以杂谋道之心而为所学之累者，亦此禄也。盖既有得禄之理，益不可有得禄之心。一有得禄之心，则是学也，乃谋食之精者耳，是以君子而兼小人之利也，耻孰甚焉。'如此逼其下句，更为警切。其实非翻案，只就旧说斡进一层耳。"③ 这种写法，也与禅宗倡导的思维方式有关。

缘何"代圣贤立言"的八股文中会出现释、道言语？这与阳明心学在明代的逐渐盛行有莫大关系。宋儒严辟二氏的立场，至明代心学盛行时，渐次松动。④ 就基本立场而言，王学对二氏仍保持警惕，不过，佛老在人生意义、心性工夫方面的深度发掘，又使得王学信奉者试图吸取二氏的优长以深化其理论。三教合一论由此成为言心学者共同的倾向。《四库全书总目》卷一百二十五《望崖录》提要云："是书内篇一卷皆谈佛理，自称以三教归一，与林兆恩、屠隆所见相同。盖明中叶以后，士大夫之所见大抵如斯。"⑤ 《澹思子》提要云："是篇乃其讲学之书，多浸淫于二氏。盖万历以后，士大夫操此论者十之九也。"⑥ 《知非录》提要云："盖心学盛行之时，无不讲三教归一者也。"⑦ 明中叶心学盛行以后，三教归一之论逐渐风靡天下。依照郑宗义的研究，心学之所以易于导向三教合一，是由其自身

① （清）梁章钜著，陈居渊校点：《制艺丛话 试律丛话》，上海书店出版社 2001 年版，第 72 页。
② 上述两篇八股文均选自俞长城编《可仪堂百二十名家制义》。见刘孝严主编：《中华百体文选》第 10 册《八股文》，中国文史出版社 1998 年版，第 293、298~299 页。
③ （清）梁章钜著，陈居渊校点：《制艺丛话 试律丛话》，上海书店出版社 2001 年版，第 86 页。
④ 郑宗义：《明末王学的三教合一论及其现代回响》，吴根友主编：《多元范式下的明清思想研究》，三联书店 2011 年版，第 186~188 页。
⑤ 《四库全书总目》卷一百二十五《望崖录》提要，中华书局 1965 年版，第 1074 页。
⑥ 《四库全书总目》卷一百二十五《澹思子》提要，中华书局 1965 年版，第 1074 页。
⑦ 《四库全书总目》卷一百三十二《知非录》提要，中华书局 1965 年版，第 1124 页。

之理论特性所决定的。首先，心学首重之本心，具有"能"、"觉"、"明"、"寂"、"感"、"神"、"虚"、"空"、"无"等形式特性（formal character），此非儒学所独有，而为三教所公认；其次，儒者使本心在作用上把这些特性充分呈现的工夫，以及对于本心的内省，亦与二氏相通；最后，自我的探寻（self inquiry）乃王学的首要旨趣，而佛、老亦同属于自我探寻的学问。由此，言心学者更倾向于察照三教之所同，甚至，他们也承认心学之所以能透悟至此高妙之境，与心学以二氏作为参照攻错紧密相关。① 陈致也认为制义中用禅老之言，一个重要的因素即是由于王学本身有合会三教的理论蕴涵，而阳明的门人弟子及其追随者较阳明更进一步，试图论证二氏本为道学，不应被排斥于正学之外，在观念上为二氏之学厕入科举作好了铺垫。②

正、嘉年间，随着阳明学的渗入八股，程朱理学的举业正宗地位即已受到冲击，隆庆二年（1568 年）与万历五年（1577 年）庄、禅之说相继进入制义，程朱理学的举业正宗地位日益不保。万历十五年（1587 年），礼部尚书兼翰林院学士沈鲤等题奏言：

> 自臣等初习举业，见有用六经语者，其后以六经为滥套，而引用《左传》、《国语》矣，又数年以《左》、《国》为常谈，而引用《史记》、《汉书》矣，《史》、《汉》穷而用六子，六子穷而用百家，甚至取佛经道藏，摘其句法口语而用之。凿朴散淳，离经叛道，文章之流弊，至是极矣。③

万历二十二年（1594 年）八月癸丑，礼部上言：

> 今科取士，专以纯粹典雅、理明词顺为主，如有掇拾佛老不经之谈及怪句险字混入篇内者，定勿收录，俟朱墨卷解部，本部及科臣详阅，有违式者遵旨除名。④

万历二十九年（1601 年）六月，礼部奏云：

> 宋儒传注，我朝所颁，以正士习。乃近日每遇一题，各立主意，愈新愈怪，大可骇人。以后务照传注，止宗一说，其偏诐之甚，至于传注皆庋，叛道不经，本部查系房考某官，同主考官一并参治。又查二十八年题准，迩年文体日益险怪，至于悖朱注、用佛语、讽时事，尤离经畔道之最者。如科场解到试卷有犯各款者，部、科尽数摘出，题参斥革，仍将主考及本房分别降罚。屡旨严切，永宜遵守。⑤

---

① 更为详尽的论述，可参阅郑宗义：《明末王学的三教合一论及其现代回响》，吴根友主编：《多元范式下的明清思想研究》，三联书店 2011 年版，第 188~195 页。

② 陈致：《晚明子学与制义考》，《诸子学刊》（第 1 辑），上海古籍出版社 2007 年版，第 389 页。

③ （明）王世贞撰，魏连科点校：《弇山堂别集》卷八十四《科试考四》，中华书局 1985 年版，第 1596 页。

④ （明）黄儒炳：《续南雍志》卷六《事纪》，台湾伟文图书出版社有限公司 1976 年影印，第 390 页。

⑤ （明）王圻：《续文献通考》卷四十五《选举考·举士三》，现代出版社 1986 年版，第 679 页。

万历三十年（1602 年）三月，礼部尚书冯琦上言：

> 国家以经术取士，自《五经》、《四书》、《二十一史》、《通鉴》、《性理》诸书而外，不列于学官，而经书传注又以宋儒所订者为准。此即古人罢黜百家、独尊孔氏之旨。自人文向盛，士习浸漓，始而厌薄平常，稍趋纤靡；纤靡不已，渐骛新奇；新奇不已，渐趋诡僻。始犹附诸子以立帜，今且尊二氏以操戈。背弃孔、孟，非毁程、朱，惟南华、西竺之语是宗是竞。以实为空，以空为实；以名教为桎梏，以纪纲为赘疣；以放言高论为神奇，以荡佚规矩、扫灭是非廉耻为广大。取佛书言心言性略相近者窜入圣言，取圣经有"空"字、"无"字者强同于禅教。语道既为踳驳，论文又不成章。世道溃于狂澜，经学几为榛莽。臣请坊间一切新说曲议，令地方官杂烧之。生员有引用佛书一句者，廪生停廪一月，增附不许帮补，三句以上，降黜。中式墨卷引用佛书一句者，勒停一科，不许会试，多者黜革。伏乞天语申饬，断在必行……①

明代前期严格以程朱传注取士，至此，佛经道藏、诸子百家之言泛滥于八股，虽朝廷一再申禁，也难以遏止。于慎行更言：

> 先年士风淳雅，学务本根，文义源流皆出经典，是以粹然统一，可示章程也。近年以来，厌常喜新，慕奇好异，《六经》之训目为陈言，刊落芟夷，惟恐不力。陈言既不可用，势必归极于清空，清空既不可常，势必求助于子史，子史又厌，则宕而之佛经，佛经又同，则旁而及小说，拾残掇剩，转相效尤，以至踵谬承讹，茫无考据，而文体日坏矣。原其敝始，则不务经学所致尔。②

连小说都已进入八股，八股的内容，确实离程朱传注越来越远了。

从以上情形可见，万历年间在八股文风演变史上是值得关注的一个时段。梁章钜《制艺丛话》有多处涉及此一话题，如卷十二："钱吉士曰：万历癸未以前，会元墨卷多平淡之篇。平淡而兼深古，惟成、弘以上有之。正、嘉以来，或兼雄浑，或兼敏妙，或兼圆熟，各自成家，亦各有宗派，然皆有平淡之风。癸未以后，或太露筋骨，或太用识见，一时得之，似诚足以起衰懦、破雷同，然于平淡两字相去已远矣。久而厌之，复求平淡，则又以低腐为平，浅薄为淡，而三等秀才之文，骎骎乎有会元之望矣。"③《制艺丛话》卷六："徐存庵曰：嘉靖以前，文以实胜；隆、万以后，文以虚胜；嘉靖文转处皆折，隆、万始圆，圆机，田、邓开之也，后渐趋于薄矣；嘉靖文妙处皆生，隆庆、万历始熟，

---

① （清）顾炎武著，黄汝成集释，栾保群、吕宗力校点：《日知录集释》（全校本）卷十八《科场禁约》，上海古籍出版社 2013 年版，第 1058~1059 页。

② （明）于慎行：《谷山笔麈》卷八《诗文》，中华书局 1984 年版，第 86 页。

③ （清）梁章钜著，陈居渊校点：《制艺丛话 试律丛话》，上海书店出版社 2001 年版，第 233 页。

熟调，汤、许开之也，后渐入于腐矣。"①《制艺丛话》卷五："（俞桐川）曰：盛集近王，中集近霸。王之道，正大和平，霸之道，幽深奇诡。隆、万中集也。然癸未以前，王之余气，己丑以后，霸之司权。盖自太仓先生主试，力求峭刻之文，石簣因之，遂变风气。是故丙戌者王霸升降之会也。丙戌鲜有名家，独钱季梁士鳌精实简贵，有承先启后之功焉。"② 万历年间的思想文化界，其特色是冲决束缚，八股文的写作亦然。

天启、崇祯时当明朝末期，朝政已成鱼烂之势，八股文则新变愈多。戴名世云：

> 迨于天启、崇祯之间，文风坏乱，虽有一二钜公竭力撑拄，而文妖叠出，波荡后生，卒不能禁止。③

《明史》亦云：

> 启、祯之间，文体益变，以出入经史百氏为高，而恣轶者亦多矣。虽数申诡异险僻之禁，势重难返，卒不能从。④

晚明八股文的新变，主要体现在以下四个方面：第一，程朱理学失去一统地位，心学从总体上压倒程朱理学，老庄、禅宗等也错见于其间。第二，体式结构和文章技法方面变体盛行。第三，文题逐渐流于琐细。这一时期八股文题的显著变化，是截搭题的流行。所谓截搭题，是于经文中不当连而连，不当断而断，割截而成的八股文题。"但这类出截搭题法是怎么来的呢？因为整段整章的题，前代人几乎都作过了，考生念过，遇到同题，可以抄用。考官很难记得那么多，辨别那么快。于是出这种缺头短尾、东拉西扯的题，可以杜绝考生抄袭的弊病。"⑤ 第四，生造之语渐多，文风奇诡、峭拔。

万历后期以至崇祯年间，面对八股文风的嬗变，虽然朝廷多次下诏厘正文体，但其变化趋势却难以遏制。究其原因，郭正域认为是"士从好而不从令也"⑥。袁宏道也认为："举业之用，在乎得隽。不时则不隽，不穷新而极变，则不时。是故虽三令五督，而文之趋不可止也，时为之也。"⑦ "时文"的称谓，从一个侧面反映了八股文写作与时代风尚之间的紧密联系。其中坊刻八股文集的盛行，对晚明八股文风影响甚巨，当时就有"一

① （清）梁章钜著，陈居渊校点：《制艺丛话 试律丛话》，上海书店出版社 2001 年版，第 87 页。

② （清）梁章钜著，陈居渊校点：《制艺丛话 试律丛话》，上海书店出版社 2001 年版，第 83 页。

③ （清）戴名世撰，王树民编校：《戴名世集》卷四《庆历文读本序》，中华书局 1986 年版，第 106 页。

④ （清）张廷玉：《明史》卷六十九《选举志一》，中华书局 1974 年版，第 1689 页。

⑤ 启功、张中行、金克木：《说八股》，中华书局 2000 年版，第 8 页。

⑥ （明）郭正域：《合并黄离草》卷十八《福建程录序》，四库禁毁书丛刊集部第 14 册，北京出版社 2000 年版，第 59 页。

⑦ （明）袁宏道著，钱伯城笺校：《袁宏道集笺校》卷十八《时文叙》，上海古籍出版社 2008 年版，第 703 页。

省一科之风气，定于主司；天下数科之风气，定于选本"① 的说法。八股文随着思想文化的变迁而变迁，大局如此，仅仅对写作八股文的考生加以申斥是不管用的。

（作者单位：武汉大学哲学学院、海南师范大学文学院）

① （清）吕留良：《吕晚村先生文集》卷五《东皋遗选今集论文三则》，《续修四库全书》集部第 1411 册，上海古籍出版社 2003 年版，第 160 页。

论天河与牛郎织女传说的演进

□ 肖 波

　　夜色中的牵牛织女星，被璀璨的银河阻隔。这一河之隔，成就了牵牛织女聚散离合的动人传说。因为有天河，牵牛织女才相望而不得相聚，被迫分居两地；又因为天河可渡，可架桥，他们有了相会的可能。那么，是谁造成了隔河分离的状态，又是谁促成了跨河晤面？这是传说背后的推动力量，也是本文要逐一探讨的要素。

一、天河：河的阻隔与爱的企慕

　　河是爱情发生的最佳场所之一。《诗经》开篇云："关关雎鸠，在河之洲。窈窕淑女，君子好逑。"① 即以河中沙洲上的鸟儿起兴，寄托求偶而不得的忐忑心情。到了《汉广》篇，则直抒对汉水游女的思慕："南有乔木，不可休思。汉有游女，不可求思。汉之广矣，不可泳思。江之永矣，不可方思。"② 汉水边美丽的女子让人心动不已，可惜为水所隔，求而不可得。《蒹葭》篇云："蒹葭苍苍，白露为霜。所谓伊人，在水一方。溯洄从之，道阻且长。溯游从之，宛在水中央。"③ 佳人在水的另一边，无论顺水还是逆水，都不能游到她身旁。河流阻隔了爱情，使得有情人辗转反侧，寝食不安，心痒难挠，于是留下了动人心魄的美丽吟唱。
　　有阻力，就更有动力。有河的阻隔，就有渡河的冲动。"子惠思我，褰裳涉溱。"④ 从佳人的角度来看，是希望意中人大胆地过河，区区一条河流，如何能够挡住真正的爱情？"谁谓河广，一苇杭之。"⑤ 黄河那么宽广，一束芦苇就能航行到对岸，其动力便在于对岸佳人的召唤和牵挂。
　　《诗经》诸多名篇涉及河流与爱情，以至有学者将之总结为文学中的"隔河情结"，其初始原因在于："水之阻隔为不同民族间的男女通婚带来极大的不便。青年男女不能在本部落内部寻求自己的伴侣，只能把目光投向隔水相望的远方。因不能亲见，只能在想象

① 《诗经·周南·关雎》，周振甫：《诗经译注》，中华书局 2002 年版，第 1 页。
② 《诗经·周南·汉广》，周振甫：《诗经译注》，中华书局 2002 年版，第 3 页。
③ 《诗经·秦风·蒹葭》，周振甫：《诗经译注》，中华书局 2002 年版，第 180 页。
④ 《诗经·郑风·褰裳》，周振甫：《诗经译注》，中华书局 2002 年版，第 123~124 页。
⑤ 《诗经·卫风·河广》，周振甫：《诗经译注》，中华书局 2002 年版，第 90 页。

中建构理想的偶像。"①

隔河情结不独为东方所特有。据钱锺书先生考证，西方浪漫主义有所谓企慕之情境："古罗马诗人桓吉尔云：'望对岸而伸手向往'，后世会心者以为善道可望难即、欲求不遂之故。德国古民歌咏好事多板障，每托兴于深水中阻。但丁《神曲》亦寓微旨于美人隔河而笑，相去三步，如阻沧海。近代诗家至云：'欢乐长在河之彼岸。'"② 东西方都将河流阻隔视为爱情的障碍，同时也是爱情发展的动力。可望难及，欲求不遂，更让人心动不已。

在造船业和架桥术不发达的时代，河流的阻隔不易逾越，有情人常被分隔两岸，相望而不得相会。这种阻隔成为凡夫俗子难以克服的障碍，造成了诸多悲剧。"夹河为婚，期至无船，摇心失望，不见所欢。"（《易林·屯》之《小畜》）"为季求妇，家在东海，水长无船，不见所欢。"（《屯》之《蹇》）"家在海隅，桡短流深，企立望宋，无木以趋。"（《观》之《明夷》）③ 几则故事透露，婚事因水的阻隔而不得成全，伤心徒叹奈何的现象并不少见。因为水深且广，又无处觅船，明知爱人在对岸，却只能望水兴叹。牵牛织女的情形不正与之相似么？

然而，河的阻隔不是绝对的，总有勇者尝试突破、冒险。《庄子》里有一个故事："尾生与女子期于梁下，女子不来，水至不去，抱梁柱而死。"④ 男女约好在桥下相会，虽然河水暴涨，将二人生死相隔，却隔不断尾生与爱人相见的信念。结局悲壮，但迸发着一种力量，不是迂腐固执，而是忠于爱情、至死不渝。再大的困难，也无法战胜爱人的决心；再深广的河水，也淹没不了对爱的期待。

在人间，河流是浪漫爱情的发生地，也是异地婚姻的阻隔带；人们对河对岸的风景人物满怀憧憬，又因渡河之难而哀伤叹气。那么，投射到天上，夏夜星空中的银河会是怎样的障碍？想必更加深广，更加不可逾越吧！上古时代，人们命名的牵牛星和织女星，恰好分别在天河东西两岸。当他们成为人格化的星神，面对滔滔天河，会是什么样的心态？

最直接的反应是愁苦无奈。《古诗十九首》写得比较委婉："盈盈一水间，脉脉不得语。"六朝诗人则说得比较直白，不约而同地替牵牛织女担忧："牵牛难牵牛，织女守空箱。河广尚可越，怨此汉无梁。"（李充《七月七日》）"昭昭清汉晖，粲粲光天步。牵牛西北回，织女东南顾。华容一河治，挥手如振素。怨彼河无梁，悲此年岁暮。"（陆机《拟迢迢牵牛星》）"迢川阻呢爱，修渚旷清容。弄杼不成藻，耸辔鸶前踪。"（谢惠连《七夕咏牛女诗》）河川阻隔爱人，空间上的分离引发长时间的思念期盼。

离别是悲苦的，天上人间皆同此理。而且，很多人认为人间和天上是相通的。天河又称天汉、云汉、银汉、河汉、星津，传说从人间乘船可以到达，八月浮槎的故事即是典型。刘禹锡诗云："九曲黄河万里沙，浪淘风簸自天涯。如今直上银河去，同到牵牛织女家。"（刘禹锡《杂曲歌辞·浪淘沙》）因为有了人间河流与天河连通的可能，除了像严

① 夏维波、杨宇：《中国文学中河桥意象与性爱主题的文化阐释》，《东北师大学报》（哲学社会科学版）1999年第4期。
② 钱锺书：《管锥编》第一册，中华书局1979年版，第123~124页。
③ 以上三则转引自钱锺书：《管锥编》第一册，中华书局1979年版，第124页。
④ 《庄子·盗跖》，陈鼓应：《庄子今注今译》下册，中华书局1983年版，第779页。

君平这类高人推算出有凡人到达天宫、一窥牵牛织女之外，更重要的是，织女可以下凡，牛郎可以上天，天人之间的交往通道打开了。牛郎织女面临的问题是，他们在人间可以做幸福和美的夫妻，男耕女织，生儿育女，其乐融融；到了天上，却被迫分离，银河横亘，无法逾越。人们不禁要问：银河为什么要隔开有情人？是谁在阻挠这对恩爱夫妻？天河是一条巨大的鸿沟，也是一个矛盾的载体。克服了天河所造成的障碍，牛郎织女的故事才能往前推进。

二、阻力：女方划出天河

牵牛织女为什么被隔开？这是一个很容易被追问的问题。古人试图从多个角度来解释，答案有许多种，较为一致的地方在于：这不是由于自然的不可抗力，而是人为造成的。拆散牵牛织女这对有情人的，并不是不可逾越的河流本身，而是幕后的人。是谁在操纵有情人的命运呢？主要的说法有两类：一是织女的父母，二是织女本人。

先看第一类。织女是天女或天孙，是顶级富贵人家的成员，家庭背景不同寻常；她善织，心灵手巧，美丽贤淑，被视为纺织女神、巧手女神、司爱女神。而牵牛呢？在天上是一介普通的星神，没有特别的家庭背景；在人间是贫苦的放牛娃，没有帅气的长相，也没有一技之长。这样的两个人，为什么会相爱？如何能够结合？就算在一起，能长久么？首先要过的一关是：父母能同意么？特别是女方的家长，会把宝贝女儿嫁给一穷二白的小子么？《述异记》解释为：天帝怜惜织女独居无欢，把她嫁给河西牵牛郎，牛女婚后贪欢，织女竟荒废纺织之事，天帝大怒，责令织女归河东，仅一年一见。宋人张耒将此事吟咏成一首古体诗：

> 人间一叶梧桐飘，蓐收行秋回斗杓。神宫召集役灵鹊，直渡银河云作桥。河东美人天帝子，机杼年年劳玉指。织成云雾紫星衣，辛苦无欢容不理。帝怜独居无与娱，河西嫁与牵牛夫。自从嫁得废织纴，绿鬓云鬟朝暮梳。贪欢不归天帝怒，谪归却理来时路。但令一岁一相见，七月七日桥边渡。别长会少知奈何，却悔从来欢爱多。忽忽万事说不尽，烛龙已驾随羲和。河边灵官催晓发，令严不管轻离别。空将泪作雨滂沱，泪痕有尽愁无歇。我言织女君莫叹，天地无穷会相见。犹胜姮娥不嫁人，夜夜孤眠广寒殿。①

这种说法影响很广，特别是在士人阶层中。牵牛与织女的合与分，都由织女的父亲——天帝一手操纵。合，是因为可怜织女独处无欢；分，则因其贪欢废织。织女需要夫妻之欢，天帝需要纺织劳作，二者发生矛盾时，天帝的威权遏制了织女的愿望，于是牵牛、织女被迫分离。这个无可奈何的结局让人反复咏叹，他们对织女寄予了复杂的情感，并因时代不同而呈现不同的特征。"唐代诗人对织女的相思和别怨寄以最大的同情，而宋代诗人却把织女写成一个绿鬓云鬟朝暮梳洗，光爱打扮，贪欢任性的女人了。唐人重情，

---

① （宋）张耒《七夕歌》，李逸安、孙通海、傅信点校：《张耒集》（上册），中华书局1990年版，第37页。

他们重视的是织女渡桥前的喜悦和还愁明日分享的惆怅，他们所同情的是织女的寂寞心情。宋人重理，因此他们重视的是织女的废织纴，他们所责备的是不努力工作和不服从权威（天帝）的织女。"① 独处无欢、贪欢废织，是织女性格和经历的两面，唐人、宋人各执一端。两者比较，独处无欢是情的一面，是几乎所有人都能体会到的；贪欢废织是理的一面，是可以克服的。如果织女婚后不废织纴，而是仍然辛勤工作，跟牛郎做寻常夫妻，天帝还会将他们分开吗？答案很简单，即使天帝不去拆散牛郎织女，也会有人出面来做这件事。是谁呢？织女家族的另一位家长——王母娘娘。

王母娘娘强力分开牛郎织女，是民间最流行的说法。罗永麟综合各地流行的有关牛郎织女的传说为：

> 织女是王母娘娘的外孙女，在天上织云彩，牛郎是人间的一个看牛郎，受兄嫂虐待。一天牛告诉他，织女和别的仙女要到银河沐浴，叫他去取一件仙衣，织女找衣服的时候，他去还给她，并要求和她结婚，她一定会答应。牛郎就照样做了。织女和牛郎结婚后，生一男一女，王母娘娘知道了，把织女捉回去。牛又告诉牛郎，他可把它的皮披在身上，追到天上去。等牛郎挑了两个小孩追到天上时，王母娘娘拔下发簪在织女后面一划，就成天河，把这一对夫妻隔开了。但他们隔河相望啼泣，感动了王母娘娘，于是允许他们每年七月七日相会一次。相会时由喜鹊架成桥。②

这应该是目前牛郎织女传说的主流。日本学者小南一郎根据汉族牛郎织女传说整理出其情节梗概，涉及牛女分隔的内容亦是：王母娘娘派天兵天将抓走织女，牛郎披上牛皮挑着儿女追赶，"正当牛郎眼看要追上带着织女回去的王母娘娘时，王母娘娘拔下玉簪儿往背后一划，忽然出现一道天河，把牛郎隔开。这样牛郎和织女就在天河两岸，不能住在一块儿了。他们成为牵牛星和织女星"③。

王母娘娘为什么要横加干涉呢？传说里一般都没点明，只说要捉织女回天上。如果要追问，最直接的推断是：织女应在天上，而牛郎在凡间，二人不属于同一个世界。换句话说，牛郎和织女门不当、户不对。以王母娘娘为代表的织女家族认为二人不般配，牛郎不配娶织女。"牛郎娶织女，实际是娶天帝之女，于门户并不相配，于是，二者都要付出沉重的代价。"④ 王母娘娘拔簪转身的那一划，是古代社会家长对子女婚姻干涉的缩影。父母之命、媒妁之言，既促成了婚姻，又是对婚姻的专制，最不合理的地方在于，婚姻的直接当事双方没有自主权。当子女的意愿与父母的想法发生冲突时，父母常常占上风，甚至是绝对权威，子女被迫牺牲个人的意志和感情，悲剧亦因此而发生。著名的叙事长诗《孔雀东南飞》，讲述的就是焦仲卿、刘兰芝这对恩爱夫妻被焦母活活拆散，最后两位有

---

① 王孝廉：《牛郎织女的传说》，《中国牛郎织女传说·研究卷》，广西师范大学出版社 2008 年版，第 112 页。

② 罗永麟：《试论牛郎织女》，《中国牛郎织女传说·研究卷》，广西师范大学出版社 2008 年版，第 64 页。

③ ［日］小南一郎：《中国的神话传说与古小说》，孙昌武译，中华书局 2006 年版，第 12 页。

④ 侯佩锋：《"牛郎织女"神话与汉代婚姻》，《名家谈牛郎织女》，文化艺术出版社 2006 年版，第 210 页。

情人双双殉情的人间悲剧。梁山伯与祝英台的凄美爱情也是埋葬于祝父的固执。这样的事情不仅发生在传说中，现实生活里也不少见。比如陆游，本与表妹唐婉相爱，却生生被母亲拆散，二人在四十年后重见，仍情深意长，然而只能留下百转千回、欲说还休的两首《钗头凤》，让人叹惋。父母干预子女婚姻的事情并不鲜见，所以关于王母娘娘划银河隔断牛女的想象显得顺理成章。以天帝、王母娘娘为代表的家族威权，是影响牵牛织女结合的最大阻力。

再看第二类。当天帝或王母娘娘强行干涉牛郎织女的婚姻时，织女表现得出奇的顺从与平静，几乎没有任何反抗。这是很奇怪的，难道是因为织女特别孝顺？似乎不全是。试想一下，如果织女的家族一点也不作梗，天帝、王母毫不干涉，牛郎和织女就会过得幸福吗？他们的婚姻会持久吗？看看他们的相遇吧，牛郎听老牛的话，偷了织女的仙衣，织女无可奈何，才嫁给牛郎。二人不是一见钟情，不是两情相悦，也没有媒妁之言，更没有父母之命；他们的婚姻既不符合人情世俗，又不是自由恋爱；既没有社会基础，又没有感情基础。这样的婚姻牢靠么？牛郎使了诡计迫使织女成亲，织女是被逼的，她会心甘情愿跟牛郎么？牛郎有什么魅力或手段能让织女死心塌地与他长相厮守呢？好像没有。

从织女的处境来看，她是有离心倾向的。相对贫穷农妇生活而言，天庭的贵族生活应该更值得留恋和选择。一旦摆脱束缚，有自由选择的机会时，织女会何去何从？回归天庭还是滞留人间？显然，天上胜于人间。所以，终结牛郎织女婚姻关系的，很可能是织女本人。织女被迫嫁给牛郎，心不甘情不愿，一旦有离开的机会，自会弃牛郎而去。牛郎苦追，她本能地设法阻拦，拔簪划出银河，也是顺理成章的事。

对于大多数穷苦的"牛郎"来说，他们无法阻止女方强势家族的阻挠，也无法阻止织女的离开。他们能做的，是藏好织女的仙衣，不让她发现。可是这样的日子能持久么？牛郎都没有信心，故事讲述者也没有信心。所以，终有一天，织女找到仙衣，飞回天上。同情牛郎的人试图给出另一种解释，比如说织女婚后好吃懒做，与牛郎经常吵架，最终分开。① 但这不符合大家对织女形象的理解，也没有传播接受的民意基础。

造成织女下凡又飞天传说的深层原因，大约在于牛郎的弱势，和下层民众的精神胜利法，而这恰是诸多民间故事的通例。"男性在故事中都处于被动接受爱情的地位，是女性对他们的垂怜与赠予，而且投赠者的地位都比受赠者的地位高得多。这样，故事中爱情的幻想性质就极其明显了：男同胞们盼望着天上掉下个林妹妹，而且在这个幻想中，男性萎缩的因子也是很显然的。萎缩中的男性进行爱情幻想的对象肯定是美轮美奂，而他们在爱情关系中行动能力的缺失，以及爱情的难以把握，极有可能给予故事一个聊以慰藉的尾巴。"②

无论是女方家族还是织女本身，阻力的深层原因是双方的不对等，既有出身背景的不对等，也有感情投入的不对等，所以，牛郎织女之间最终被一条波涛汹涌的河流所阻隔。天河能够被跨越吗？有克服阻力的因素出现吗？

---

① 《织女变心》，《民间故事》1985 年第 7 期。

② 邱福庆：《中国爱情文学中的牛郎织女模式》，《名家谈牛郎织女》，文化艺术出版社 2006 年版，第 112~113 页。

三、合力：帮牛郎跨天河

人们不忍心看到牛郎织女一直分居河东河西，便想方设法替他们圆场：先是说牛郎织女互相思念对方，长期的相思相望感动天帝或王母娘娘；接着获得织女家族的许可，二人一年一度相会于鹊桥。促成牛郎织女相传的原因，既有直接当事者的争取，又有多重力量组成的外在合力的推动，其中，老牛的间接指引和喜鹊搭桥最为关键。

牛郎孤苦无依，无智无勇，老实巴交，这样一个一无所有的穷小子能与美丽灵巧的织女结一段姻缘，得益于与他相依为命的老牛的指引。老牛帮助牛郎躲过嫂嫂的毒害，兄弟分家时坚决跟了牛郎，指导牛郎安家、偷织女衣服、娶织女为妻，临死时叮嘱牛郎可披牛皮上天。可以说，牛郎的每一步发展都是在老牛的指导和帮助下实现的，直到最后披着老牛的皮追织女到天上。牛郎能够从人间到天上，与织女同列仙班，是老牛一手策划和支持的。"故事中出现的老牛，是一个帮助受苦主人的形象，它乐于助人，神通广大，无私奉献。它的出现，丰富了原故事的情节，也表现出人们对受难者的同情和支持。"① 老牛是牛郎织女故事的导演与红娘，是二人婚姻的见证人与推动者。

老牛为什么会不遗余力地帮助牛郎？牛在农业社会具有不可替代的重要地位。"人们赋予牛的神奇性，是人类对牛的尊重和崇敬的反映……民间故事中的牛郎者，善于饲养役使耕牛者也。"② 这是对老牛帮助牛郎原因的一种解释。牛郎是放牛娃，时间久了对牛有感情，关爱牛，而老牛知恩图报，故帮助牛郎。"牛和人成了亲密无间、相互帮助的朋友。人们展开艺术想像的翅膀，让耕牛对牛郎说话。老牛第一次说话，让牛郎知道了兄嫂虐待他的事实；老牛第二次说话，充当了月下老人的角色，让牛郎得到仙女为妻；老牛第三次说话，死后剥皮，牛皮成了童话般的飞毯，载着牛郎飞上天庭去寻见妻子。老牛无论生前还是死后，始终是牛郎的忠实而神奇的朋友。"③ 可以说，老牛是牛郎织女传说的第一推动力量。

牛郎追织女上天庭，即使没有追上，也较之以前有了形势上的重要变化：其一，牛郎能够从人间到天上，具备了凡人所没有的神力，与凡夫俗子拉开了距离，而与神仙天人拉近了距离，因而与织女的身份不再是天壤之别，织女及其家庭关于牛郎出身的强烈不满或许能有所缓和与改善。其二，牛郎带着一双儿女一同上天，织女及其家族即使不接受牛郎，可在情理上，无法拒绝无辜的孩子，织女作为母亲，尤其不应抛开孩子不管，因此，牛郎占据了道义的上风。

基于上述两点原因，织女家族有了接受牛郎的可能。但是，态度又不可能剧烈转变，毕竟太没面子，于是便有了折中的可能——不能长相厮守，但得一年一度相会。如何相会

---

① 傅瑛、丁爽：《中国牛神话传说初探》，《名家谈牛郎织女》，文化艺术出版社 2006 年版，第170 页。

② 张余：《家园之龙：牛·鹊·蛛——牛郎织女故事解析》，《名家谈牛郎织女》，文化艺术出版社 2006 年版，第 188~189 页。

③ 张余：《家园之龙：牛·鹊·蛛——牛郎织女故事解析》，《名家谈牛郎织女》，文化艺术出版社 2006 年版，第 188 页。

呢？牛郎织女怎样才能跨过波涛汹涌、深不可测的天河？这时，喜鹊出场了，成千上万的喜鹊架起一座桥梁，让牛郎和织女跨河相会。

关于鹊桥的最早记载是在汉代。西汉时期的《淮南子》云："乌鹊填河成桥，渡织女。"① 东汉时期的《风俗通义》云："织女七夕当渡河，使鹊为桥。"② 这种说法在文人诗中时常出现，历数朝而不衰。如："情语雕陵鹊，填河未可飞"（庾肩吾《七夕诗》）；"槎来人泛海，桥渡鹊填河"（李峤《奉和七夕两仪殿会宴应制》）；"秋近雁行稀，天高鹊夜飞。妆成应懒织，今夕渡河归"（沈佺期《七夕》）；"一道鹊桥横渺渺，千声玉佩过玲玲"（徐凝《七夕》）；"鸾扇斜分凤帷开，星桥横过鹊飞回。争将世上无期别，换得年年一度来"（李商隐《七夕》）。到宋代，乌鹊填河的传说更加盛行，出现了专门咏七夕的词牌《鹊桥仙》，诸多著名词人填过此词。宋人罗愿进一步对鹊桥传说作出解释："涉秋七日，（鹊）首故皆髡。相传以为是日河鼓与织女会于汉东，役乌鹊为梁以渡，故毛皆脱去。"③ 如此看来，鹊桥相会的传说已深入人心。

关于乌鹊搭桥的主体，较为普遍的看法是喜鹊。但也有学者提出：乌鹊不是单指喜鹊，而是指乌鸦和喜鹊。因为北方人喜欢乌鸦，讨厌喜鹊，南方人恰恰相反，后来南北交融，遂将二者并称，后又简称鹊桥。④ 这一观点细分了南方与北方民俗的差异，不过随着时间推移与文化融合，喜鹊填河的说法最终被广泛接受。

为什么是喜鹊呢？其原因大约有以下三点。

其一，鹊与家庭密切相关。在《诗经》时代，鹊巢即被为家庭的象征。《召南》的第一篇名为《鹊巢》："维鹊有巢，维鸠居之。之子于归，百两御之。维鹊有巢，维鸠方之。之子于归，百两将之。维鹊有巢，维鸠盈之。之子于归，百两成之。"⑤ 此诗被解读为国君之婚配。《毛诗序》："《鹊巢》，夫人之德也。国君积行累功，以致爵位。夫人起家而居有之，德如鸤鸠，乃可以配焉。"《笺》："起家而居有之，谓嫁于诸侯也。夫人有均壹之德如鸤鸠然，而后可配国君。"⑥ 只有鸠才能住进鹊巢，只有有德之夫人才能配得上诸侯国君，鹊巢被比作国君之家。《陈风·防有鹊巢》："防有鹊巢，邛有旨苕。谁侜予美？心焉忉忉。"⑦ 朱熹解释为："此男女之有私而忧或间之之词。"⑧ 鹊巢之句在这里也用以比喻男女私情。从上古时代起，人们就关注鹊和鹊巢，并用鹊象征爱情与完美的家庭。

其二，鹊建筑技艺高超。《淮南子》："鹊识岁多风，去乔木，巢傍枝。"⑨《博物志》："鹊巢门户避太岁，此非才智，任自然也。"⑩ 鹊筑巢比较讲究，对树枝、方位皆有所选

———————————

① （唐）白居易、（宋）孔传：《白孔六帖》，见卷九四"填河"条下引《淮南子》。（宋）陈元靓《岁时广记》卷26引《淮南子》云："乌鹊填河成桥而渡织女。"

② （东汉）应劭撰，吴树平校释：《风俗通义校释》，天津人民出版社1980年版，第414页。

③ （宋）罗愿：《尔雅翼》卷十三，黄山书社1991年版。

④ 宣炳善：《汉代牛郎织女传说与乌鹊母题的变化》，《中国牛郎织女传说·研究卷》，广西师范大学出版社2008年版，第280~290页。

⑤ 见周振甫译注：《诗经译注》，中华书局2002年版，第18页。

⑥ 见周振甫译注：《诗经译注》，中华书局2002年版，第19页。

⑦ 见周振甫译注：《诗经译注》，中华书局2002年版，第196~197页。

⑧ （宋）朱熹：《诗集传》，上海古籍出版社1980年版，第83页。

⑨ 见（宋）李昉等编：《太平广记》卷461，中华书局1961年版，第3778~3779页。

⑩ （晋）张华：《博物志·物性》，祝鸿玉译注：《博物志新译》，上海大学出版社2010年版，第92页。

择。朱熹的解释更为直接："鹊善为巢，其巢最为完固。"① 鹊善于筑巢，其巢坚固结实。李炳海推论："早在汉代，人们已经发现，鹊巢在方向的确定和位置的选择上都合乎建筑科学，喜鹊在鸟类中是这方面的佼佼者。既然如此，在幻想的神话世界中，赴天河搭桥的重任就落在喜鹊上了。"② 赵逵夫断言："很早的传说中，喜鹊就是架桥的能手，筑巢的巧匠，是百鸟中的鲁班。"③ 如此看来，喜鹊搭桥，技术上毫无问题，它正是合适的专家型人选。

其三，喜鹊寓意吉祥，是喜庆的征兆。鹊之前冠以喜字，体现人们对其喜爱之情，"举头闻鹊喜"（冯延巳《谒金门》）是较为普遍的心态。"时人之家闻鹊声皆以为喜兆，故谓灵鹊报喜。"④ "人们在婚嫁场合，用'喜鹊登梅'的大红剪纸装点洞房，或贴于窗户，或盖于嫁妆，取'喜上梅（眉）梢'的吉祥寓意。这种民俗广泛流传，深入人心，即使平常听到喜鹊叫也会认为有喜事发生。"⑤ 喜鹊在民间广受欢迎，还被作为相思鸟，以寄托相思之情。《淮南万毕术》："鹊脑令人相思。"高诱注："取鹊脑雌雄各一，道中烧之，丙寅日入酒中饮，令人相思。"⑥ 鹊脑成了入药之物，居然令人相思，也算是奇方了，虽不知是否有效，却可见出鹊在人心中的相思属性。不仅如此，鹊还有夫妇感情信息的特异功能。《神异经》："昔有夫妇将别，破镜各执一半。妻与人通，镜化为鹊，飞至夫前，夫乃知之。"⑦

总之，鹊被赋予了种种灵性，可维系和美家庭，可传情达意，寄托相思，又善建筑，技艺高超。用李炳海先生的话说："在心理状态上，它表现的是期待、盼望，是对未来的向往和希冀；在情感样式上，它抒发的是相思、怀念，是深沉而强烈的爱；在人际关系上，它反映的是两性之间的交往、结合，是对家庭的构建和整合。喜鹊多方面的象征意义经常交织在一起，往往出现重叠。"⑧ 正因为如此，喜鹊被历史和民众挑选出来，完成为牛郎织女架桥的光荣任务，"鹊桥"成了牵线搭桥的普遍代称。

牛和鹊进行正能量接力，帮助平凡的牛郎克服了天河的阻力，与织女有了相聚的机会；作为阻力的一方，织女家族作了让步，允许她与牛郎一年见一次面；围绕天河这一分合矛盾载体，阻力与合力进行了抗争与较量，最终达成妥协，于是鹊桥相会的七夕故事有了一个光明的结局。

（作者单位：武汉大学国家文化发展研究院）

① （宋）朱熹：《诗集传》，上海古籍出版社 1980 年版，第 8 页。

② 李炳海：《从鹊巢到鹊桥——中国古代文学中的喜鹊形象》，《求索》1990 年第 2 期。

③ 赵逵夫：《连接神话与现实的桥梁——论牛女故事中乌鹊架桥情节的形成及其美学意义》，《北京社会科学》1990 年第 1 期。

④ （五代）王仁裕：《开元天宝遗事》，《开元天宝遗事十种》，上海古籍出版社 1985 年版。

⑤ 韩娜：《"鹊"、"桥"在牛郎织女传说中的民俗意义》，《长春理工大学学报》（高教版）2009 年第 1 期。

⑥ （明）李时珍：《本草纲目》卷 49 引。

⑦ 《太平御览》卷七一七，中华书局 1960 年版，第 3197 页。

⑧ 李炳海：《从鹊巢到鹊桥——中国古代文学中的喜鹊形象》，《求索》1990 年第 2 期。

经济、社会与文化

幕阜—罗霄山区经济开发历程中的小民生计与封禁政策[*]

□ 陈新立

　　幕阜—罗霄山区地跨湘鄂赣三省，山雄水秀，林奇谷幽，自然资源丰富多样，文化积淀深厚，但是经济发展长期落后。山区复杂的生态环境，是历史时期山地社会的民生与国计活动的基础。本文试图通过梳理本山区土地、水等资源开发利用的历程，探析本山区经济开发进程中生计与生态、开发与安全之间的冲突。通过考察冲突背后复杂的人地矛盾、社会矛盾关系，研究山民生计模式与山区开发政策的演变脉络。

一、幕阜—罗霄山区自然环境的特点

　　湘、鄂、赣三省交界的幕阜山脉和罗霄山脉北段（以武功山为界），居吴头楚尾之界，当闽粤之冲，北接湖北兴国州、通城、通山、崇阳，东瞰江西武宁、义宁、萍乡、万载，南至武功山。平均海拔 1000 余米，最高峰约 1800 米。幕阜—罗霄山区是赣江与湘江的分水岭，其中，幕阜山呈西南至东北方向延伸，绵延达 200 多公里。幕阜山脉山势呈西北向东南阶梯式倾斜，在不同区位山势地貌各有差异，西部奇峰林立，东部坡面开阔平缓，南部群山绵亘。

　　幕阜—罗霄山区属于亚热带湿润大陆气候。山区气温、降水、植被随海拔变化呈垂直梯度差异。冬春山区云雾较多，春夏降水丰沛，光照充足。山区森林资源和矿产资源丰富。幕阜—罗霄山区的地质构造属于扬子板块北缘构造断褶带，山体母岩成分主要由酸性变质岩和花岗岩组成，岩石风化形成本区偏酸性土壤。本山区土壤呈垂直分布，1550 米以上分布着山地草甸土，海拔 900 米至 1550 米之间分布着山地黄棕壤，海拔 900 米以下为山地黄壤，丘陵河谷地带分布着人类长期耕作形成的水稻土。

　　* 本文为教育部哲学社会科学研究重大课题攻关项目"中国山区开发与发展的历史研究"（项目批准号：13JZD038）的阶段性研究成果。

二、幕阜—罗霄山区土地资源的开发

1. 幕阜—罗霄山区的土地资源开发

山区土地资源，尤其是可耕地资源有限，土地贫瘠。湖北通山县"田少山多，稻不足食，土甚瘠也。幸有山粮之可疗饥，且有山货之可利用"①。府学教授吴朝凤在《安泰义仓记》中称万载县"山多田少，民食多仰给邻县"②。湖北兴国州"州境山多"，"山不可种稻"，"故稻虽荆土所宜，而兴国则非诸杂粮不赡也"③。萍乡县地处山陬，田土瘠薄，"山居十之七，田居十之三。此三分之内，又大半高者在陂，低者在坑"④。

幕阜—罗霄山区的农业开发活动，至迟出现在晋代。据东晋葛洪所撰《幕阜山记》记载，幕阜山顶开辟了石田，建造了水渠："绝顶有石田数十亩，堘渠隐然。"⑤ 表明幕阜—罗霄山区地势较高的地方，很早就出现了小规模的溪水灌溉农业。施由民研究认为，从唐代中后期开始，由于鄱阳湖平原地区人地关系紧张，江西丘陵与低山地的农业垦殖不断拓展，兴修水利工程。其中，地处幕阜—罗霄山区的赣西袁州亦围筑了不少梯田⑥。唐元和四年（809 年）李将顺镇守袁州时，从筑渠堰从南山引水入城，灌溉农田二万。宋太平兴国五年（980 年）张忠定公咏在白泉的上游用大木修建陂堰，凿破冈山，灌近郭田十五里，共税二千七百余亩。⑦ 宋绍兴十六年（1146 年），江西袁州知州张面己发现江西良田主要分布在丘陵冈地，必须通过兴修陂塘保障农业生产："江西良田，多占山冈，望委守令讲陂塘灌溉之利。"⑧ 南宋时，吉水诗人杨万里在《观小儿戏打春牛》诗中写道："大田耕尽却耕山，黄牛从此何时闲？"⑨ 表明南宋时，本山区旱地垦殖活动已使用黄牛耕作技术。山地农业的发展，促进了山区人口的休养生息。义宁州在宋初仅三千余户，至

---

① （清）罗登瀛、胡昌铭修，朱美燮、乐纯青纂：同治《通山县志》卷 2《风俗志·祥异》，《中国地方志集成·湖北府县志辑》第 29 册，江苏古籍出版社 2001 年版，第 83 页。

② 龙赓言纂：民国《万载县志》卷尾《文征·记》，中国方志丛书华中地方第 276 号，台湾成文出版社 1975 年版，第 2771 页。

③ （清）吴大训等修，陈光亨纂，刘凤纶、王凤纶续纂：光绪《兴国州志》卷 4《物产》，《中国地方志集成·湖北府县志辑》第 28 册，江苏古籍出版社 2001 年版，第 58 页。

④ （清）锡荣纂修：同治《萍乡县志》卷 6《艺文志·丈量田亩疏略》，中国方志丛书华中地方第 270 号，台湾成文出版社 1975 年版，第 419 页。

⑤ （晋）葛洪：《幕阜山记》，（清）曾春晖纂修：道光《义宁州志》卷 27 上《艺文·记》，清道光四年鉴悬堂藏版，第 1 页。

⑥ 许怀林：《江西历史上经济开发与生态环境的互动变迁》，《农业考古》2000 年第 3 期，第 110~120 页。

⑦ （清）高佐廷修、傅燮鼎纂：同治《崇阳县志》卷 2《建置志·陂塘》，《中国地方志集成·湖北府县志辑》第 34 辑，江苏古籍出版社 2001 年版，第 81~82 页。

⑧ 许怀林：《江西历史上经济开发与生态环境的互动变迁》，《农业考古》2000 年第 3 期，第 110~120 页。

⑨ （宋）杨万里撰，辛更儒笺校：《杨万里集笺校》卷 12《荆溪集》，中华书局 2007 年版，第 619 页。

嘉定间激增至三万一千余户。① 明宣德九年，江西省因岁歉发生饥荒，义宁州义民查元凯有能力捐积粟千石，开粥厂赈济流民。由此亦可窥见，义宁州山区农业生产达到一定水平②。

明清以前的传统农业社会里，幕阜—罗霄山区东西两侧的洞庭湖平原、鄱阳湖平原"土旷易垦，食物旋给"，成为经济开发的优先选择对象。而山地水、土壤等资源利用对资金、技术、劳动力等条件要求相对较高，山地开发的技术难度较大。在较长的历史时期里，往往处于"山泽之羡，率弃不理"的状态。

当平原地区人口增长超过了土地的有效承载能力，为了舒缓平原地区人地关系紧张的压力，出现流民涌入山地，进行早期山地开发的现象。早期的山地开发活动大多集中在水土资源条件较好、动植物矿产资源较丰富的低山丘陵河谷地带、山间槽地。

在传统农业社会中，农业垦殖开发活动实际上遵循农业经营投入产出比成本核算的原则，先易后难，形成从平原到丘陵、再从丘陵到山地的梯次开发路径。通常土壤资源条件相对较好、土地整治较易、经济效益较高的平原地区优先得到开发。只有平原地区良田沃土开发殆尽时，在人地关系紧张的压力之下，无地或少地的农民迫于生计，不得不背井离乡，进入深山老林中，从事农、林、工、矿业开发。吕璜在《南田弛禁议》中认为，中国古代的农业开发历程，是从平原扩展到丘陵山区："古之耕者，平原广隰而已。今则平陆不足，及于山陵之田，层级垦辟而上，可以蓄流泉，植嘉禾。虽山田而与平陆同科，其山形之陡峭者，流泉不能蓄，嘉禾不能植。于是种苞芦薯芋之属，不必耕地使平，因山之势，斜行旁上，皆可下种，皆可有收。"③

山地土壤温度较低，限制了农作物的生长周期和产量。在幕阜—罗霄山区，水稻只能种一季，产量偏低，缺乏经济效益。因此，山区不适合发展稻作农业，只宜种植旱地杂粮，发展经济作物种植。如湖南醴陵县"山阿之田地气冷，仅一熟。莳稻早不过立夏，晚不过芒种，晚亦两种。夹莳早稻缝中者，曰亚禾。另莳早稻获后者，曰翻子。农人终岁勤动，视他邑岁一熟者，尤为劳苦。山谷则种薯豆粟等杂粮及植茶麻，以资食用"④。乾隆年间，平江知县谢仲元在县内推广荞麦和番薯两种杂粮，以解决山县粮食不足。⑤

道光《义宁州志》认为，康熙盛世带来人口迅速增长，人地矛盾引发跨省际的流民问题，"迨自康熙三十年后，国家生齿日繁，闽广诸省之人散处各方"，闽粤流民涌入地广人稀租轻的义宁州分宁佃垦⑥。由于闽粤流民善于山地经营，经数年佃种耕作，家给人

① 龙赓言纂：民国《万载县志》卷4之1《食货》，中国方志丛书华中地方第276号，台湾成文出版社1975年版，第715页。

② （清）曾春晖纂修：道光《义宁州志》卷27《查元凯义民碑记》，清道光四年鉴悬堂藏版，第24页。

③ （清）吕璜：《南田弛禁议》，盛康：《清朝经世文续编》卷39《户政十一·屯垦》，光绪三年（1897年）光绪思补楼刻本，第110页。

④ （清）徐淦修，江普光纂：同治《醴陵县志》卷1《舆地志·山水》，中国方志丛书华中地方第283号，台湾成文出版社1975年版，第88页。

⑤ （清）张培仁等修，李元度等纂：同治《平江县志》卷2《艺文志·劝种杂粮示》，《中国地方志集成·湖北府县志辑》第29册，江苏古籍出版社2002年版，第377~378页。

⑥ （清）曾春晖纂修：道光《义宁州志》卷6《田赋》，清道光四年鉴悬堂藏版，第7页。

足，买田置产。棚民如潮水从一二府县，漫延至数省，"无山不垦，无陵不植"，成为幕阜—罗霄山区山地开发的主要动力①。

2. 幕阜—罗霄山区的水资源开发

山区丘陵冈地、河谷盆地的农业垦殖的拓展，必须依赖发达的农田水利灌溉工程的建设。山区水资源条件对经济开发形成制约。由于山区地形、地貌复杂、垂直性落差大，增大了山区水资源利用难度。如《通山县志》载：通山环邑皆山，且"溪皆陡急，积雨则易于冲决，虽殚开筑之力，难济旱潦之灾"②。江西省萍乡县"山间之水，流急而退速，非有陂以障截之，率朝盈暮涸，而田间之苗稿矣"③。

唐宋以来，幕阜—罗霄山区州县地方官积极开发利用山地水资源，兴建和维护水利设施。《唐书》记载，袁州城地势较高，而附近的秀江水位较低，袁州居民背靠秀江，饮用水和灌溉用水困难。由于取水不便，袁州府城经常发生火灾。唐元和四年（809年）李将顺镇守袁州时，从筑渠堰从南山引水入城，灌溉农田二万。袁州城火灾，亦自此减少。萍乡县东三十里有新江，唐咸通年间（860—874年）郡守颜遐福奏请开凿新江，以发展通往湖南的交通。另在萍乡县东二十里官道旁有寒泉，可灌溉农田，大旱不竭。④

《崇阳县志》记载：宋明时期，崇阳县历任地方官白泉陂，宋太平兴国五年（980年）张忠定公咏在白泉的上游用大木修建陂堰，凿破冈山，灌近郭田十五里，共税二千七百余亩。建炎年间白泉陂毁于战乱，绍兴年间，知县钱师仁修复陂堰。淳熙初，王侯溉条画规约，谓之陂条。淳祐年间，知县陈仲微将白泉陂改建为石堰。此后，明清历任地方官不时修补。石枧陂，县东十有七里，因石圳如枧得名。⑤ 早在唐代，永兴县（即清代兴国州）北就建设了水利灌溉工程长乐堰。⑥ 虽然史志中记载不多，但并不能由此断言以前修筑塘堰少。从清代方志统计来看，本山区各县数量众多的塘堰，应经历了一定的历史积累：据道光《义宁州志》统计，义宁州各乡陂共701所，塘540口。⑦ 据同治《通山县志》统计，通山县建有63处陂塘堰水利工程，其中陂17所、塘4口、堰42座。⑧ 光绪年间，兴国州各里兴建了塘258口，堰85座。⑨

---

① （清）吕璜：《南田弛禁议》，盛康：《清朝经世文续编》卷39《户政十一·屯垦》，光绪三年（1897年）光绪思补楼刻本，第110页。

② （清）罗登瀛、胡昌铭修，朱美燮、乐纯青纂：同治《通山县志》卷2《建设志·塘堰》，《中国地方志集成·湖北府县志辑》第29册，江苏古籍出版社2001年版，第98页。

③ （清）吴式璋：《新修湾陂记》，《守敬斋杂著》卷1《古文》，清光绪年间刻本，第30页。

④ （清）顾祖禹：《读史方舆纪要》卷87《江西五》，中华书局2005年版，第4047页。

⑤ （清）高佐廷修，傅燮鼎纂：同治《崇阳县志》卷2《建置志·陂塘》，《中国地方志集成·湖北府县志辑》第34辑，江苏古籍出版社2001年版，第81~82页。

⑥ （清）吴大训等修，陈光亨纂，刘凤纶、王凤纶续纂：光绪《兴国州志》卷3《塘堰》，《中国地方志集成·湖北府县志辑》第28册，江苏古籍出版社2001年版，第49~51页。

⑦ （清）吴大训等修，陈光亨纂，刘凤纶、王凤纶续纂：光绪《兴国州志》卷3《塘堰》，《中国地方志集成·湖北府县志辑》第28册，江苏古籍出版社2001年版，第49~51页。

⑧ （清）郑葵修、杜煦明、胡洪鼎纂：同治《通城县志》卷3《山川·塘堰》，《中国地方志集成·湖北府县志辑》第29册，江苏古籍出版社2001年版，第407~408页。

⑨ （清）曾春晖纂修：道光《义宁州志》卷3《山川》，清道光四年鉴悬堂藏版，第33页。

3. 幕阜—罗霄山区林特矿产资源的开发

山区内不同地方的地形地貌、土壤、水资源、气候存在差异性，因此在山地开发时，必须选择适宜的林特工矿开发模式，才能更合理、高效地利用山地经济资源，实现经济效益的最大化。《清史稿》总结南方山区棚民的开发方式主要有经济作物种植、矿业、手工业："各山县内，向有民人搭棚居住，艺麻种箐，开炉煽铁，造纸制菇为业。"①

茶叶阳光充沛，雨量充足，空气湿度较高，以红壤、黄壤、沙壤为主的丘陵山区。幕阜—罗霄山区地处亚热带丘陵、中低山环境，十分适宜茶叶生长，"茶又不宜于旷野平原，而宜于高山峻岭。崎岖硗埆，将来开垦种植，数千年不毛之地，皆为利薮。又贡献不及，赋税不增，植茶之利，数倍稼穑，贫转富，富愈富"②。因此，湖北蒲圻、崇阳等县山民的生计，大半仰赖于茶山。宋真宗初年，湖北崇阳县未析通城，张咏令县民砍茶树，改种桑树。元、明两代崇阳、通城免征榷茶之累，茶叶产量应少到不足征的水平。③ 湖北省蒲圻县西乡芙蓉山的山地气候十分适宜茶叶种植，山陕西商人每年赴羊楼峒买茶，留下了"茶乡生计即山农，压作方砖白纸封，别有红笺书小字，西商监制自芙蓉"的诗句，表明蒲圻县山农生计主要依赖茶叶种植。而蒲圻羊楼峒茶业发展，邻县湖北崇阳县山民生计大半仰赖于茶山。湖北崇阳县山多田少，山民生计全赖本县西部芙蓉山茶叶生产，故称"六水三山却少田，生涯强半在西川"④。"今四山俱种，山民借以为业，往年山西商客买于蒲圻之羊楼洞，延及邑西沙坪。"⑤ 至咸同年间，海外市场对红茶的需求，刺激崇阳县开发红茶生产，"近来崇之为利，则在红茶"⑥。江西义宁州是茶叶的集中产地，茶叶大半行销俄国。光绪三十年，知州尹葆衷劝绅富在浔、汉口岸设立行栈，随时发运售销。⑦ 印度茶兴起后，义宁州茶业滞销，地方官试图通过改良焙制技术，挽回利权。⑧

苎麻主要种植于南方丘陵山区的平地、缓坡地或平原地区的砂壤或粘壤土质。元代农

① （清）赵尔巽等：《清史稿》卷 120《食货志一·户口·田制》，中华书局 1976 年版，第 3484页。

② （清）高佐廷修，傅燮鼎纂：同治《崇阳县志》卷首《重修崇阳县志序》，《中国地方志集成·湖北府县志辑》第 34 辑，江苏古籍出版社 2001 年版，第 1~2 页。

③ （清）郑荧修、杜煦明、胡洪鼎纂：同治《通城县志》卷 8《杂税附·茶税》，《中国地方志集成·湖北府县志辑》第 29 册，江苏古籍出版社 2001 年版，第 470 页。

④ 劳光泰：道光《蒲圻县志》卷 4《风俗》，中国方志丛书华中地方第 345 号，台湾成文出版社1975 年版，第 274 页。

⑤ （清）高佐廷修，傅燮鼎纂：同治《崇阳县志》卷 4《食货志·物产》，《中国地方志集成·湖北府县志辑》第 34 辑，江苏古籍出版社 2001 年版，第 173 页。

⑥ （清）高佐廷修，傅燮鼎纂：同治《崇阳县志》卷首《重修崇阳县志序》，《中国地方志集成·湖北府县志辑》第 34 辑，江苏古籍出版社 2001 年版，第 1 页。

⑦ （清）刘锦藻：《清朝续文献通考》卷 392《实业考十五·商务》，王云五主编：《万有文库》第二集，商务印书馆 1936 年版，第 11418 页。

⑧ （清）傅春官：《江西农工商矿纪略》卷首《江西农工商矿纪略序》，清光绪三十四年石印本，第 2 页。

书《农桑辑要》介绍，苎麻主要种植在地气偏暖的南方闽蜀江浙诸省。① 明代徐光启的《农政全书》也认为"北地寒，不宜"种苎麻，只有"江南安庆、宁国、池州山地多有苎，要以江西、湖南及闽、粤为盛"。幕阜—罗霄山区是苎麻的主产地，"江西之抚州、建昌、宁都、广信、赣州、南安、袁州，苎最饶"②。而袁州府属万载县的苎麻生产，源起于东晋后期，至宋代，赣西山区的苎麻纺织已十分发达，呈现"鸣机织苎遍山家"的生产景象。③ 经过闽粤棚民在袁州府山地长达百余年的苎麻种植，使袁州成为苎种植和夏布生产的中心。棚麻最集中的万载县，"出产以夏布为大宗，其阔幅者年约出一万卷，狭幅约五六千卷，行销江浙等省"④。义宁州州牧翟凤仪刊发种麻法略，散给城乡绅士及收购丝麻各店，改良种麻方法。⑤ 至光绪二十九年，袁州府傅钟麟报称分宜县只适宜种植苎麻，出产以夏布为大宗，获利亦厚。惟无富商钜贾往彼收买。⑥ 光绪三十三年，万载县麻的生产达到一千八百余担，全县有一千余家作坊生产夏布。

宋代，江西义宁州山地木材资源得到开发，义宁成为山区重要的木材贸易中心之一。明代中后期，随着美洲农作物传入东南沿海福建等省，人多地少的闽粤地区在山地经济作物种植与山地经济开发中形成了山地经济模式。在人地关系紧张的压力下，以及山地经济开发的巨大经济利益刺激下，闽粤流民为了生计，大批涌入长江中下游空旷的山区，包括幕阜—罗霄山区开展蓝靛、苎麻种植等经济开发活动。万历年间地方官招民垦荒，数十万福建流民进入幕阜—罗霄山区。

早在唐代，该山区就已发现矿产资源。唐代，在通城县南七里锡山，旧产银矿，故又称银山。又因产锡，唐初曾设置锡山镇，山区经济开发带来的繁荣，使锡山镇升格为通城县。⑦ 宋代江西萍乡县等县山区煤矿亦得到开发利用，故宋代诗人戴复古的诗句，反映出煤炭在日常生活的应用："地炉燃石炭，强把故书看。"⑧

山区多样化的经济开发路径，使山区形成复合型多种经营的经济结构。这种经济结构具有一定的稳定性，可以增强山区社会对自然灾害的承受能力。如光绪三十一年，义宁州晚稻歉收，甘薯、洋芋减收，"幸茶子结实甚多，榨油出售，足补不足"⑨。

---

① （元）司农司撰：《农桑辑要》卷二《苎麻》，《续修四库全书》子部第 975 册，上海古籍出版社 2013 年版，第 103 页。

② （清）吴其浚：《植物名实图考》卷 14《隰类·苎麻》，中华书局 1963 年版，第 350 页。

③ （宋）欧阳修著，洪本健校笺：《欧阳修诗文集校笺》（上）卷 14《律诗·寄题沙溪宝锡院》，上海古籍出版社 2009 年版，第 438 页。

④ （清）刘锦藻：《清朝续文献通考》卷 392《实业考十五·商务》，王云五主编：《万有文库》第二集，商务印书馆 1936 年版，第 11418~11419 页。

⑤ （清）傅春官：《江西农工商矿纪略》卷首《江西农工商矿纪略序》，清光绪三十四年石印本，第 2 页。

⑥ （清）刘锦藻：《清朝续文献通考》卷 392《实业考十五·商务》，王云五主编：《万有文库》第二集，商务印书馆 1936 年版，第 11418 页。

⑦ （清）顾祖禹：《读史方舆纪要》卷 76《湖广二》，中华书局 2005 年版，第 3538 页。

⑧ （宋）戴复古：《石屏诗集》卷 2《萍乡客舍》，四川大学古籍整理研究所：《宋集珍本丛刊》第 72 集，线装书局 2004 年版，第 647 页。

⑨ （清）傅春官：《江西农工商矿纪略》卷首《江西农工商矿纪略序》，清光绪三十四年石印本，第 2 页。

三、清代幕阜—罗霄山区开发与封禁

1. 小民生计推动下的开山之议

明清时期，小民的生计是幕阜—罗霄山区经济开发的主要动力。无论是外来棚民，还是本地土民，为了谋求生计，持续地试图冲破国家的封禁山政策，开展山地经济开发活动。

明清时期，棚民是幕阜—罗霄山区经济开发中最活跃的主力军。"闽广云贵之山，十有八九皆属于官荒，所以闽广等诸省多棚民"，然而江西棚民，主要来自闽粤两省。① 许怀林在《江西历史上经济开发与生态环境的互动变迁》一文中认为，人口的持续增加，导致山区开发深入扩大。明末清初定居于袁州的闽人"赁山种麻，蔓延至数十万"②。据康熙年间万载知县施昭庭统计，从广东、福建两省流徙至万载县种山的棚民，累计达到三万余人。③ 雍正元年温上贵之乱后，经过江西巡抚裴率度清理保甲，江西棚民已达一万五千余户。④ 雍正四年，江西义宁州新编入籍棚民人丁一千三十一丁。⑤

乾隆九年，江西巡抚陈宏谋指出，康乾盛世时期，人口膨胀，"盛世滋生户口日繁，小民衣食之源，所宜急讲"。江西人口增长的压力，"人多地窄，得业最难。山溪岭侧，尺寸必争"。山民为了生计，冲破国家限制，围垦蚕食封禁山土地，形成了聚落，不断压缩封禁山的范围："附近居民渐于四围垦植，以资生计。今树艺已蕃，渐成村落。现在所立界牌封禁者，较诸从前已窄。"⑥ 光绪二十九年，江西巡抚柯逢时奏请开垦义宁、新昌交界的黄冈山土地，以利济小民生计。⑦

江西袁州府宜春县石围山有铜铅矿苗，屡有地方乡绅谋求开山采矿。嘉庆二十年，道光元年间，曾有生员林森等购买石围山，赴地方官府呈请开矿后，诈称官准试采，后经江西巡抚严饬府县查拿封禁。至道光八年，又有江西瑞州府上高县生员陈泰来赴提督衙门呈请开采石围山银矿，假称京控批准，私自招股开矿。清廷谕令两江总督蒋攸铦、江西巡抚韩文绮督饬袁州府宜春县严查禁止开矿，并将有矿苗的袁州府萍乡县叶丝冲山一并查禁。⑧ 道光十年三月，清廷谕蒋攸铦等，将宜春县辖登布里、松树壁、韩婆坳棚卜里等山

① （清）吕璜：《南田弛禁议》，盛康：《清朝经世文续编》卷39《户政十一·屯垦》，光绪三年（1897年）光绪思补楼刻本，第110页。

② 许怀林：《江西历史上经济开发与生态环境的互动变迁》，《农业考古》2000年第3期，第110~120页。

③ （清）赵尔巽等：《清史稿》卷477《施昭庭列传》，中华书局1977年版，第13012页。

④ （清）赵尔巽等：《清史稿》卷292《裴率度列传》，中华书局1977年版，第10313页。

⑤ 许怀林：《江西历史上经济开发与生态环境的互动变迁》，《农业考古》2000年第3期，第110~120页。

⑥ （清）陈宏谋：《请开广信封禁山并玉山铅矿疏》，贺长龄：《清朝经世文编》卷34《户政九·屯垦》，道光六年刻本，第50~54页。

⑦ （清）赵尔巽等：《清史稿》卷120《食货志一》，中华书局1976年版，第3508页。

⑧ 《清宣宗实录》卷158，道光九年七月戊午条，中华书局1986年版，第444~445页。

及萍乡县辖叶丝冲山概行永远封禁，不准开采。①

洋务运动时期，在自强求富的旗帜下，山区经济开发的热潮冲击着传统的封禁山政策。光绪三十二年，江西按察使柯逢时奏请将义宁州与新昌县交界的黄冈洞禁山弛禁，招民开山垦殖，清廷允准。随后，由署铜鼓营同知吴春鏴垫款试办，招集商民进山开发。由于黄冈洞禁山只有杂木，缺少有价值的经济林木，且道路未开，山木运不出去，森林资源难以利用。而开垦农田受到野兽践毁，难以防护。最后因为商民无人承揽开发事业，迫使江西巡抚胡廷乾奏请封禁，防止匪类潜匿禁山。②

清代桐城派古文大家昌璜认为，解决长江水患的根本办法在于申明封山之禁，封山则可遏止住水土流失。但是赵仁基认为山地垦殖活动不可禁。秦蜀楚吴诸省数百山地州县生民数千万，如果一概禁止山地开发，无法想象这数千万山民丧失生计来源的社会影响。山地垦殖不仅关系到山民生计，还影响到山区县域经济的发展。③

美国学者安·奥思本认为政府禁山封禁政策，主要是出于维护社会稳定，被迫允许无产小民谋求生计的小规模开垦禁山的行动。宣布封禁，饥民在荒年时进山垦种求食的活动仍被官府接受。④ 本固邦宁，小民生计与维持社会秩序稳定之间，并不存在根本性的矛盾。

2. 社会控制考量下的封禁山政策

幕阜—罗霄山区地处吴楚要冲，历来为兵家必争之地。如幕阜山古称天岳山，因三国时吴将太史慈拒刘表大军，营建幕于山顶，改称幕阜山。世传伍子胥曾屯兵于兴国州鸡笼山顶，南唐国王李煜曾屯兵于兴国州境内南城山。⑤ 建炎三年，金军南下，从黄州张家渡渡江后，从兴国军、大冶县山路进犯江西。⑥ 清前期，闽粤棚民是山区开发活动的经济主体，"福建、广东流民入江西，就山结棚以居，蓺靛叶、烟草，谓之'棚民'"⑦。

清顺治、康熙年间，清廷在镇压幕阜山区棚民起义后，对山区棚民进行了驱逐。如康熙十七年，清廷派兵前往三关九图等处驱逐棚民。康熙中期以后，幕阜—罗霄山区各县为了恢复生产，招民垦荒。闽粤棚民大量涌入山区，使幕阜—罗霄山区得到大规模开发。康熙年间，由于袁州棚民参与吴三桂之乱，"闽人朱毓吾与南丰揭玉卿等啸聚万众，倡乱于

① 《清宣宗实录》卷166，道光十年三月壬子条，中华书局1986年版，第579页。

② （清）胡廷乾：《江西巡抚胡廷乾奏为勘明江西义宁新昌交界黄冈洞禁山开办无利请仍封禁事》，中国第一历史档案馆宫中档附片，时间：光绪三十二年十月十一日，档案号：04-01-22-0067-026。

③ （清）赵仁基：《论江水十二篇》，盛康：《清朝经世文续编》卷113《工政十·水利通论》，光绪三年（1897年）光绪思补楼刻本，第17页。

④ ［美］安·奥思本：《丘陵与低地：清代长江下游地区的经济与生态互动》，刘翠溶、伊懋可主编：《积渐所至：中国环境史论文集》上册，"中央研究院"经济研究所，1994年，第371页。

⑤ （清）吴大训等修，陈光亨纂，刘凤纶、王凤纶续纂：光绪《兴国州志》卷2《形势》，《中国地方志集成·湖北府县志辑》第28册，江苏古籍出版社2001年版，第48页。

⑥ （清）吴大训等修，陈光亨纂，刘凤纶、王凤纶续纂：光绪《兴国州志》卷2《山川》，《中国地方志集成·湖北府县志辑》第28册，江苏古籍出版社2001年版，第45页。

⑦ （清）赵尔巽等：《清史稿》卷292《裴率度列传》，中华书局1977年版，第10312页。

袁之萍乡，号为棚贼"①。清廷对幕阜山区的棚民进行残酷镇压和驱逐。雍正元年，袁州棚民卷入台湾郑成功余部温上贵反清起义，使棚民被官府视为社会不稳定因素。②

闯入封禁山开展山地经济开发的流民，通常被地方官视为弃本逐末、唯利是图的莠民。雍正年间，两任江西巡抚对棚民评价较低。如江西巡抚裴率度指斥"棚民良莠淆杂，去留无定，或散居山箐，或为土民佣工垦地"。滑向传统社会的边缘，"往往出为盗"，引发地方社会秩序混乱。③ 雍正五年，江西巡抚迈柱对棚民的评价亦不高，"万载、宁州等地，棚民聚集，素好多事"④。所以，许多地方官从稳定社会的角度，强烈反对棚民开发封禁山。

面对开放禁山与封禁两种不同意见的争执，雍正帝的观点比较务实："当开则不得因循，当禁则不宜依违。但不存贪功之念，实心为地方兴利除害。何事不可为?"⑤ 清廷要求地方官秉公顺应时势，酌定是否封禁，地方官员讨论的结论，仍是封禁如初。

3. 环境安全考虑下的禁山之议

山区的山洪、泥石流以及滑坡等地质灾害，对山区人口聚集的城镇安全产生严重威胁。传统的风水观念与山地城镇的环境安全观念杂糅在一起，在维护城镇环境安全的实践中，演化成为对风水山林实行封禁的封禁政策。在传统风水观念下，认为山地县的县城周围的山，环绕通山县县城的罗阜山、白鹤山、石航山、枫梓山、马槽山、狮子山、两崖山、虾蟆山、虎脑山分别距县治里许至五里之间，同治《通山县志》强调："以上县治环列诸山，均关县治风水，历经封禁，不准垦挖耕种、凿石烧灰、开矿取煤。"⑥ 为警示后人，以垂永久，特刊碑示禁。

道光十六年，清廷认识到棚民在南方山地的开垦活动，带来了水土流失的问题，在江西实行限制棚民垦殖，驱逐棚民的行动。并查禁未经开垦的山地。御史陶士霖奏称："若棚民开山种植日渐加增，土松石碎，大雨冲刷，尽纳于下游河港之中。年复一年，必至淤塞河道。"⑦ 清廷饬令两江总督陶澍严饬所属各州县，"于棚民垦种处所，设法严密管束，或宽予限期，令其渐回本乡。其未经开垦之山，着即严行查禁"⑧。道光十七年，经两江总督陶澍严密查禁，棚民渐次限期回籍。无论公山私产，一概"不准其违例召租开垦"。而无棚民地方，则责成地方官在年终出具"并无棚民"的印结。⑨

道光二十九年，江西巡抚费开绶曾奏请禁止流民开挖江西袁州府矿山。但是仍有各处流民前往偷采开挖矿山，聚而不散。地方差役从中分肥，地方官驱逐不力。清廷派员前往

① （清）黄廷金修，萧浚兰等纂：《瑞州府志》卷20《艺文志·诸尉传》，中国方志丛书华中地方第99号，台湾成文出版社1970年版，第440页。

② （清）赵尔巽等：《清史稿》卷292《裴率度列传》，中华书局1977年版，第10313页。

③ （清）赵尔巽等：《清史稿》卷292《裴率度列传》，中华书局1977年版，第10313页。

④ （清）赵尔巽等：《清史稿》卷289《迈柱列传》，中华书局1977年版，第10254页。

⑤ （清）赵尔巽等：《清史稿》卷292《裴率度列传》，中华书局1977年版，第10313页。

⑥ （清）罗登瀛、胡昌铭修，朱美燮、乐纯青纂：同治《通山县志》卷2《地舆志山志》，《中国地方志集成·湖北府县志辑》第29辑，江苏古籍出版社2001年版，第53页。

⑦ （清）赵尔巽等：《清史稿》卷292《裴率度列传》，中华书局1977年版，第10313页。

⑧ 《清宣宗实录》卷288，道光十六年九月癸未条，中华书局1986年版，第443~444页。

⑨ 《清宣宗实录》卷296，道光十七年四月甲寅条，中华书局1986年版，第590页。

履勘查办。①

　　至道光三十年，棚民开山引发的环境问题引起清廷高度关注，御史汪元方指出，"浙江水灾多由棚民开山、水道淤阻所致"，要求浙江巡抚吴文镕饬属严查棚民垦山活动。道光帝认为江西湖广等省傍山沿江各州县难保没有私垦山田，导致水土流失的问题，谕令各省督抚通饬所属各府州县，一体严查棚民违禁开山私垦的行为。②

　　清代地理学家马征麟认为"山之所利，在于竹木茶果，而不在于菽麦稻粱"。山地开发，必然导致山民毁林垦荒。"开山之弊，苦其硗瘠，而致废膏腴。"因此，马征麟指责开垦山地是一种"损材木自然之利于己"的行为。③

　　但是，值得注意的是，闽粤棚民在山区开展的苎麻种植、造纸、采矿等不同的经济开发活动，对环境的影响是存在差异性的。如苎麻种植、竹木次生林种植等经营活动虽然改变了山地原始环境，但对山地生态影响的程度较低，对水土保持有一定的积极作用。

4. 洋务运动兴起后幕阜山区的经济开发

　　洋务运动兴起以后，清廷视矿产资源开发成为自强求富的重要手段之一，封禁山政策自此大为松动。萍乡煤矿作为幕阜—罗霄山区规模最大的煤矿生产中心，民间土法开采煤"已二百年，土井数百口"。1901年清末新政后，朝廷提倡实业，山区农务、矿务大兴。1901年京师设立农工商部后，各省陆续设立农工商矿局，引进近代科技，垦荒造林，兴办近代工矿业。宣统元年九月，劝业道开办森林处，购置农具及农林秧种，聘请日本农林师，采用近代林业技术培植庐山森林。④ 据广信府知府沈曾植委上报，义宁州"地广人稠，山多田少，谷食不足，代以山薯。山麓之间，亦开阡陌，未垦之土，实不多见"⑤。为了高效利用土地资源，宣传推广间作技术。在茶树旁隙地，套种黄豆、薯芋。⑥

　　光绪三十一年，商部委派乡绅刘景熙为矿务议员，设法提倡矿业。湖北汉阳铁厂拨巨资，采用近代机器开采江西萍乡煤矿。此后，汉冶萍公司又享有禁阻他人在附近开采的特权，限定矿区长二十里，宽十里。⑦ 官办官营企业的市场垄断地位，排斥民间私人资本投资矿业。

　　因此，民间资本只能投资小型煤矿，采取落后的土法开采冶炼，矿产资源利用水平低下，缺乏经济效益，失去了市场竞争力。再加上民间资本的局限性，使民间投资矿业难以持续发展。如义宁州泰乡四都石垄管煤苗甚旺，义宁州本地商民采取土法开采，资本不

---

　　① 《清文宗实录》卷17，道光三十年九月甲午条，中华书局1986年版，第238页。

　　② 《清文宗实录》卷20，道光三十年十月辛巳条，中华书局1986年版，第289~290页。

　　③ （清）马征麟：《长江图说》，盛康：《清朝经世文续编》卷113《工政十·水利通论》，光绪三年（1897年）思补楼刻本，第9页。

　　④ 陈锋主编：《晚清财政说明书》第6册《江西》，湖北人民出版社2013年版，第162页。

　　⑤ （清）傅春官：《江西农工商矿纪略》第1册《义宁州·农务》，清光绪三十四年石印本，第1页。

　　⑥ （清）傅春官：《江西农工商矿纪略》第1册《义宁州·农务》，清光绪三十四年石印本，第3页。

　　⑦ （清）刘锦藻：《清朝续文献通考》卷389《实业考十二·工务矿产·江西矿务纪略》，王云五主编：《万有文库》第二集，商务印书馆1936年版，第11376页。

足，屡无成效，兴辍无常。① 湖南平江县金矿在县城东黄金洞山坳中，矿区面积达四十八万亩，但因矿质不佳，中国的冶炼技术不过关，无法开发利用。②

洋务运动时期，近代农林、工矿技术引入，推动了幕阜—罗霄山区工矿业成为山区经济开发的主流。但是由官办官营企业的市场垄断，民间资本在资金、技术上的不足，使幕阜—罗霄山区开发的实效不彰。

四、山民生计与山区社会冲突

山民生计的最大困难是粮食无法实现自给，对山外商品粮存在依赖性，生计受制于人。崇阳县"岁稍不登，即仰食商贩。溪水不通大舟，米价腾贵，居民病之，俗有多三石，无处卖，少三石，无处买之说"③。山区粮食消费市场狭小的容量及其交通不便的缺陷，使山区粮食市场供需关系平衡缺乏弹性。因山田贫瘠，粮食不能自给，山地居民粮食依赖山外贩运。米价波动直接影响民生。山地农业生产对水资源的依赖性，使山民常因争水起衅。蒲圻县"往时农夫救旱，争水构讼，有怀勘断失当，辄酿命案者"④。崇阳县"旧藉陂堰，故岁有争水之讼，喜较锱铢，故兄弟多析灶，岁有饥馑，故贫户不无逋租，然上下忙钱粮则输将多恐后人"⑤。

乾隆八年二月，在湖南长沙府醴陵县东乡十都地方，连续三天在白昼发生了一系列抢劫奇案。这起抢劫案件暴露了社会冲突背后，山居棚民巨大的生计压力。乾隆八年二月二十六日至二十八日，连续三天在白天发生大规模的抢劫案，涉案人数极多，但并未伤害一人，抢劫的赃物只有稻谷，没有他物。二十六日三十人抢劫陆文卿家六十石谷；二十七日八十八人抢劫王孔章家六十石谷子，李连升家二十多石谷子，李则光家十石谷子；二十八日二十人抢劫张武臣家三十石谷子。经醴陵县查明，涉案罪犯系江西西萍乡县粤籍棚民李文高、黄良义、朱及先等人，案犯均供称，"俱系佃山开土种麻为生，今麻才出土，米贵乏钱籴买，饥饿无聊，系李文高起意，邀约过山抢谷"。而且案犯此前均系良民，并无犯案。⑥

此案并非个案，乾隆十六年，在闽浙交界浦城、江山二县棚民常年口粮，向来取给附近各村。由于江山县客商云集，粮食消耗大，粮食短缺，江山县棚民向县城富户强买米

① （清）刘锦藻：《清朝续文献通考》卷389《实业考十二·工务矿产·江西矿务纪略》，王云五主编：《万有文库》第二集，商务印书馆1936年版，第11375~11376页。

② （清）刘锦藻：《清朝续文献通考》卷390《实业考十三·工务矿产·江西矿务纪略》，王云五主编：《万有文库》第二集，商务印书馆1936年版，第11388页。

③ （清）高佐廷修，傅燮鼎纂：同治《崇阳县志》卷1《疆域志·乡原》，《中国地方志集成·湖北府县志辑》第34辑，江苏古籍出版社2001年版，第47页。

④ （清）劳光泰：《纂修蒲圻县志序》，道光《蒲圻县志》卷1，中国方志丛书华中地方第345册，台湾成文出版社1975年版，第4~5页。

⑤ （清）高佐廷修，傅燮鼎纂：同治《崇阳县志》卷1《疆域志·风土》，《中国地方志集成·湖北府县志辑》第34辑，江苏古籍出版社2001年版，第50页。

⑥ （清）许容：《湖南巡抚许容奏为酌办江西棚民李文高等越境抢谷一案事》，中国第一历史档案馆宫中档朱批奏折，时间：乾隆八年三月二十二日，档案号：04-01-01-0102-006。

谷，并强索酒食挑运而去。①

傅衣凌从南方山区棚民经济开发中的土、客冲突问题，揭示商品经济与自然经济两种经济形态之间的隐性竞争。②

至嘉庆年间，万载县棚民与土著之间社会关系依然十分紧张，据江西巡抚金光悌奏称，万载县棚民与土著"虽同处一邑之中，而土民向存歧视，不许棚籍迁居城内，亦不缔结婚姻，偶有结婚者，则土著亲族群相诟病，棚民因土著不与为伍，遂于同籍之人愈加亲密，而于土民亦存彼此之见"。但是历经百余年山地开发，棚民生计宽裕，经济地位的提高使棚民的社会地位有所改善，"土民不能别加凌辱"③。

五、余　论

清代是幕阜—罗霄山区经济开发的重要阶段。山区自然环境与资源条件存在地域差异和垂直差异，以及各地经济主体具有不同的生产技术方式及水平，组合成各地千差万别的生计模式。清前期，闽粤棚民将他们的生计模式带入幕阜—罗霄山区，有力推动了幕阜—罗霄山区各县经济作物种植与加工业、传统手工业及采矿业的广泛拓展，棚民成为山区重要的经济力量和社会力量。但诚如美国学者安·奥思本在《丘陵与低地：清代长江下游地区的经济与生态互动》一文所言："以丘陵开垦为基础的经济成长显然是不能持久的，它依赖的是消耗森林、表土、水和其他资源快于它们的复原，并且不断加速的消耗。"④小民生计驱动下的开发浪潮汇聚成为冲击国家封禁山政策、推动山区经济开发的持续力量，促使清代南方山区走向全面开发的重要阶段。不同生计模式的经济活动主体，对山地开发的路径各异，使经济开发活动对山地环境产生不同的影响。同时，山区开发活动对山区社会结构产生冲击，迫使山区社会在人地矛盾、不同群体的社会矛盾冲突中，进行适当的社会机制调适。

（作者单位：湖北省社会科学院文史所）

---

①　《清高宗实录》卷 393，乾隆十六年六月条，中华书局 1986 年版，第 166~167 页。

②　傅衣凌：《明清社会经济史论文集》，人民出版社 1982 年版，第 145~153 页。

③　（清）金光悌、汪廷珍：《江西巡抚金光悌、江西学政汪廷珍奏为查明万载县土籍棚籍童生分合考试实在情形及现在查办事》，中国第一历史档案馆宫中档朱批奏折，时间：嘉庆十二年五月二十四日，档案号：04-001-01-0505-018。

④　[美]安·奥思本：《丘陵与低地：清代长江下游地区的经济与生态互动》，刘翠溶、伊懋可主编：《积渐所至：中国环境史论文集》上册，"中央研究院"经济研究所，1994 年，第 381 页。

明代府州县城池的多种功能[*]

—— 以湖广地区为例

□ 孙 兵

　　说起中国古代城池的军事防御功能，人们并不陌生，学界历来对此也多有关注，相关成果已较为丰厚。[①] 对于城池在其他方面的意义、功能，学界却似乎缺乏足够的认识。作为重要的公共设施、城市外部环境的主要组成部分，城池容易与地方政治、军民生活发生多种联系，往往被加以改造和利用，从而兼具了政治、治安管理、防洪、风水等多方面的意义与功能。对此，中外学界虽不乏相关研究，但零散、粗略描述者多，全面、细致探究者少；且偏重于古都、名城，对于地方中小城市疏于考察。[②] 在城池的多种功能及其利用方面，地方上具体作何表现？如何评价城池对于古代城市的意义与作用？关于这些问题，学界目前的认识似乎还颇有欠缺。为此，本文拟以明代湖广府州县为例，详人所略，对上述城池多种功能及相关问题作一实证研究。[③] 不当之处，恳请方家教正。

一、政治功能[④]

　　古代的都城及地方各级治所城市，城门一带人流量大，信息传播快，往往成为官、民

　　[*] 本文系河北省社科基金项目"多维视角下的明代北直隶地区城池研究"（HB15LS009）、中国博士后科学基金面上资助（2015M581312）的阶段性成果。

　　[①] 主要成果如：施元龙主编：《中国筑城史》，军事谊文出版社 1999 年版；张驭寰：《中国城池史》，百花文艺出版社 2003 年版；吴庆洲：《中国军事建筑艺术》，湖北教育出版社 2006 年版；王兆春：《中国古代军事工程技术史》，山西教育出版社 2007 年版，等等。

　　[②] 据笔者管见，对城池多种功能作全面考察的仅有黄登峰《宋代城池建设研究》（河北大学博士学位论文，2007 年）一文。相关著述多为侧重探讨某一项功能，颇显零散，重要成果如：陈正祥：《中国文化地理》，三联书店 1983 年版；杨宽：《中国古代都城制度史研究》，上海古籍出版社 1993 年版；吴裕成：《中国门文化》，天津人民出版社 2004 年版；吴庆洲：《中国古代城市防洪研究》，中国建筑工业出版社 1995 年版；李志红：《唐长安城市景观研究》，郑州大学博士学位论文，2006 年。

　　[③] 关于湖广府州县城池的防御功能，可详参拙作《明代湖广地区城池修筑研究》，武汉大学博士学位论文，2011 年，第 104~118 页。

　　[④] 这部分内容可详参拙文《明代湖广府州县城池的政治功能——兼与"威权的象征"论商榷》，《河北师范大学学报》（哲社版）2015 年第 5 期。

交接的重要空间。对此，各级官府率皆加以利用，借城池设施以向民众传达某些政治意义。明代湖广各地亦是如此，据史志记载来看，一些府州县对城池的政治功能确实有所重视与利用，主要表现在以下三个方面。

其一，城楼、城门的兴废关乎官府形象、民心舆论，其兴建、维护富有政治意义。湖广各处城池率皆讲求规制完备，大多数城市皆于各门建楼，很多府、州城还屡次举办重修、增修等工程，对城楼、城门的维护也有所重视。特别是一些名城，素称古迹名胜的城楼、城门为数不少，大多受到了较好的维护。各地对城楼、城门设施多有重视，除了防御、交通、风水等方面的考虑之外，往往还蕴含了政治上的用意。首先，城楼、城门圮废失修不仅有碍观瞻，而且容易令人联想到地方之衰敝，施政之苟且。特别是一些地当要冲的府、州名城，多有权贵途经于此，若加以传扬，容易达于朝廷，所系非轻。因此，地方官对其加意维护，不仅"以壮观瞻"，粉饰太平，更堪为其卓有治绩的形象说明。再者，很多府州名城的城楼亦为一方名胜，往往成为官员与地方士绅交游唱和的惯常去处。地方官热心修护这些名胜，可以笼络士民之心，赢得好的口碑。

其二，改题门额之举多为官员政治理念之表达。各地城门的题名常有"忠孝"、"中和"、"迎恩"之类，或为地方官遵奉朝廷文治、教化政策的标榜，或为对朝廷的谀颂之辞。新官上任常有更易门额之举，既是对旧有题名的某种否定，亦为官员之个性、施政理念的表达。

其三，"寇乱"之际官民协力修城固防，不仅可以威慑"寇盗"之徒，也有利于和合官民关系、凝聚民心，稳定统治秩序。

二、空间划分功能

以城墙来划分、界定古代城市中不同等级、身份群体的活动空间，可能是其一种"原始的功能"①。所谓"筑城以卫君，造郭以守民"，内城将"君"与"民"分隔开来，外郭将"民"与"乡野之人"加以区分。古代城墙这种划分城市内部空间、界定不同群体生活领域的功能，实为墙垣的基本功用，与宫墙、坊墙、官署围墙等类似。② 就明代湖广的情形来看，各府州县城内多半由宗藩王府、官署、军营等官方设施占据，工商业等平民往往居于城外街区，以城墙划分的城居空间凸显了统治阶层之特权。

首先，先后成为明朝宗藩封地的十余处府、州，王府率皆占据了城内大量空间。③ 各处王府及其附属机构往往占地广大，致使当地衙署、居民等迁居他处。襄阳府城，正统初年置襄王府，占去城东南隅之大半，近于全城面积的四分之一，"府前避徙者千余家，其

① 早在新石器时代，氏族首领的府第大多环以城墙（围墙），工商各业、普通民众多居于城外。详参成一农：《中国古代城市城墙史研究综述》，《中国史研究动态》2007年第1期；[美]安·P.安德黑尔：《中国北方地区龙山时代聚落的变迁》，《华夏考古》2000年第1期。

② 详参李孝聪：《唐代城市的形态与地域结构——以坊市制的演变为线索》，李孝聪主编：《唐代地域结构与运作空间》，上海辞书出版社2003年版；李志红：《唐长安城市景观研究》，郑州大学博士学位论文，2006年，第28页；王保林、王翠萍：《"墙"与"街"——中国城市文化与城市规划探析》，《规划师》2000年第1期。

③ 可参阅李孝聪：《历史城市地理》，山东教育出版社2007年，第360~372页。

地甚旷"①。承天府城，洪武朝于西北隅开设郢王府（后改梁王府），弘治间于中心地带置兴王府（即后来的"龙潜旧邸"），嘉靖朝复多有增拓，占了城内北部近乎一半。② 加以宗藩支裔皆同城而居，府邸不断增多，使得各处城内日见局促，甚至有将官署、士民率皆排拒于城外的情形。武冈州城，自洪熙元年开设岷王府之后，支庶日众，至天顺年间宗藩府邸已多达 17 处。③ 其城周五里，城内"仅奠藩封、州治，而文庙、公署、商邸、民居环列在外"④。嘉靖二十九年，复于城东北添建外城一座，周一里六分，"以居藩裔"。嘉靖末年，苗寇为患，才增建南面外城，将官署、民宅等围护于内。宗藩占据城内而得以保障安全，城墙之内近乎成为其独享的"尊贵"领域。

置有宗藩王府的府州毕竟为数不多，对于包括其在内的大多数湖广府州县来说，城内有限的空间大多属于官吏、士绅（官员候选人）、驻防官军等"官方"群体，而从事工商等业的平民多有居于城外的情形。从汉水流域近 20 处府州县的情况来看，诸色官署廨舍、营房、官绅住宅与园圃往往占据了城内最优越、最重要的位置，并构成城内街区的主体；而众多商民百姓常聚居于关厢一带，从而形成了规模不一的城外街区（见表1）⑤。

表 1 　　　　　　　　　明中后期汉水流域部分府州县城的内外街道情况

城市	城内街道	城外街区
安陆府城	从岵街、阳春街、大十字街、小十字街、学前街	草市街、东街、后街、河街、寺下街、坛坡街、果园街、西门街
汉阳府城	建中坊：长街、南街	东阳坊、西阳坊、崇信坊、居仁坊、由义坊、循礼坊、大智坊
襄阳府城	大十字街、东门街、西门街、小十字街等；北半部多为居民区	西门外有马院口市、海子坊等较大片街区
德安府城	东门内正街、学街、龙门街、罗家湾、何家街、新街、仪卫司街、曲家巷等 20 余处	河街、布市口、应城街、塔坊、后街、南门冈街、牛集巷、米市街等 13 处
郧阳府城	民户数千家	西门外至少有五百余家
荆门州城	新街、十字街、后街、中街	城南、北各有一市
沔阳州城	三坊：十字街、小十字街、前街、后街、仓前街	二厢：河街、红花堤街
随州城	丁字街、城隍庙街	十字街、南关街、东关街、西关街、北关街

① 《明英宗实录》卷 51，正统四年二月癸亥。

② 详参鲁西奇：《城墙内外：古代汉水流域城市的形态与空间结构》，中华书局 2011 年版，第 294~295 页。

③ 《明一统志》卷 63《宝庆府·藩封》。

④ 此处及以下据道光《宝庆府志》卷 97《工书一·城郭》。

⑤ 此处主要参考鲁西奇：《城墙内外：古代汉水流域城市的形态与空间结构》，中华书局 2011 年版，第 292~448 页，列表据其第 362~364 页表 14、第 410~412 页表 16。

城市	城内街道	城外街区
景陵县城	十字街、学前街、三达街	河街、四通衢
潜江县城	县前一字街、十字街、通沔街、西河街、南仓东街、南仓西街	东河街
应城县城	东街、西街、南街、北街、大南门街、小南门街、大北门街、小北门街	西门外西河渡口附近
房县城	东街、西街、南街、北街	宣化、迎恩、德政、永宁等四坊，在城西、南，为居民区；东关市、西关市，为商业区
竹山县城	镇远、治安、清宁、太平、崇礼街等五坊；西街、南街、十字街、济农仓巷、便益巷、关王庙巷、火巷（三条）	柳巷、河街市、水巷
竹溪县城	衣锦、集贤、丛桂、迎恩等四坊，县前市、十字街市	东关市、西关市、南门市
保康县城	聚民街、聚贤街、聚众街	聚商街、兴市街、幽静街、迎恩街、南关市
郧西县城	拱北街、旧街、十字街	南门外有小十字街
上津县城	东街、北街	南街市、西街市

由此，以城墙为界，将不同等级、身份的群体及其活动空间大致区分开来：城内主要是行政、文教区及官绅居住区，城外多为商业、手工业等平民聚居区。宗藩、官、军、绅等得以优先入居城内，显然是统治阶层特权的一种体现，"权力正是通过某些群体的空间垄断以及将某些弱势群体排斥到其他空间而表现出来的"[1]。另一方面，这种布局也在很大程度上塑造了城市景观、环境的特色——城内规整有序的景象与城外街区之自由发展、杂乱无章恰成鲜明对照。[2]

---

[1] D. Sibley：*Geographies of Exclusion：Society and Difference in the West.* London：Routledge，1995，pp. 17-19. 按：明代各地官府似乎未曾明令限制商民百姓入居城内，但其某些举措想必起到了限制作用，如优先规划官方设施、提高城内地租等。商民聚居城外，一方面是因为受地形、财力等限制，不少城池规模较小（详参拙作《明代湖广地区城池修筑研究》，武汉大学博士学位论文，2011 年，第 82 页列表、第 92~97 页）；另一方面，这可能更多的是民间自愿的选择——城内谋生机会较少，地租、造屋等费用较高；城外则地价与课税较低，交通便利，城乡贸易活跃，使得谋生更为便利。详参鲁西奇、马剑：《空间与权力：中国古代城市形态与空间结构的政治文化内涵》，《江汉论坛》2009 年第 4 期；黄敬斌：《利益与安全：明代江南的筑城与修城活动》，《史林》2011 年第 3 期。

[2] 详参鲁西奇：《城墙内外：古代汉水流域城市的形态与空间结构》，中华书局 2011 年版，第 442 页。

三、治安管理功能

对于城池的治安管理功能，因为关系到寻常百姓的生活，久已是人所共知：城门定时启闭，军卒昼夜稽查，利于防范、缉捕寇盗奸宄，保障地方治安。城池的这项功用可满足日常的安全防御需要，或可视为其军事防御功能在平常的简易应用。

自明初洪武朝为始，各处府州级中心城市、边防要地率皆设立卫所、筑城守御①，由驻防官军掌管门禁、巡查、捕盗等治安事务，后世各朝皆奉行不移。② 限于史料，关于湖广各处驻军城池的日常治安管理不得其详，估计也不外乎这些例行事项。自明中期以至明末，武备趋于废弛，卫所衰颓、兵员空乏之势积重难返，各地多以老幼残疾者守城把门③，城防空虚、废弛之弊在湖广地区亦属常见。荆州府城，"路当冲要而门禁无防，城池不整，军士不操，奸盗自如，三卫指挥皆坐视不省"④。常德府城，"其守城、把门、窑局等处率皆空乏，暂签余丁充数"⑤。

明中期以后，在日渐深重的"寇乱"威胁之下，未设卫所驻防的普通州县也先后修固城池，加强门禁、守卫、巡查等日常防卫。武昌县，万历三年创建砖城，"旌麾舒列，扃钥是严，昼侦宵逻，铃柝是节"⑥。攸县，景泰间以民壮守城，"门以监焉"⑦。但寇患暂息、安全无虞之际，各地多有城池失修、防卫废弛的情形。桃源县，嘉靖年间，"城垣倾圮，防守且废"⑧。临湘县城，弘治间重修，"岁久而圮。嘉靖间，贼入县劫去库银七百余两"⑨。

总体上看，自明中期以后，不论是否驻军设防，湖广各地多有武备废弛、城池失修的情形，城池的治安管理功用往往未能发挥实效。⑩

四、防洪排涝功能

古代近水城市常常难免水患灾害，其修筑城池多有防洪排涝方面的考虑，使之成为军事防御与防洪工程的统一体。⑪ 古代城池的防洪体系通常由城池防御系统和护城堤防构

---

① 详参成一农：《古代城市形态研究方法新探》，社会科学文献出版社 2009 年版，第 220~226 页；拙作《明代湖广地区城池修筑研究》，武汉大学博士学位论文，2011 年，第 18~27 页。

② 《皇明条法事类纂》卷 49《禁肃城池门禁及军三民七修城》，科学出版社 1994 年版。

③ 正德《明会典》卷 27《户部十二·经费》。

④ 《明英宗实录》卷 69，正统五年七月壬寅。

⑤ 嘉靖《常德府志》卷 14《兵防志·戍守》。

⑥ 丘岳：《武昌县建城记》，康熙《湖广武昌府志》卷 12《艺文志》。

⑦ 嘉靖《长沙府志》卷 5《兵防纪》。

⑧ 陈坦：《重建鼓楼记》，万历《桃源县志》卷下《艺文》。

⑨ 隆庆《岳州府志》卷 6《军政考·城池》。

⑩ 详参拙作《明代湖广地区城池修筑研究》，武汉大学博士学位论文，2011 年，第 41~50、181~184 页。

⑪ 详参吴庆洲：《中国古代城市防洪研究》，中国建筑工业出版社 1995 年版，第 292~295 页。

成，明代湖广地区也皆如此。

湖广各处近水城市为防御水患而多方措置，多以固堤防水为要著，护城堤防成为保障城池的重要设施。如襄阳府城，濒临汉水，水患时发，历代皆以筑堤御水为要。明前期水患鲜少，官、民皆不重堤防。① 明中期以后，大水屡屡为患，乃至决堤破城。正德年间，"汉水大溢，破城三十余丈"。之后兴工修城，近城汉水沿岸更修砌泊岸，辅之子堤，构成了御水护城的多重保障。② 城西老龙堤尤为全城安危所系，嘉靖四十五年大水溃城即由溃堤所致。其后修筑的"子堤"包括了老龙堤的主体部分，万历初年更甃石加固，"自尔城居始安"③。其他近水城池也普遍重视修堤护城，这也是各地修固城防的重要内容之一。少数地方甚至以堤为城，对于堤防至为依赖。宜城县，"城始于宋孝武永初元年，筑大堤为之。周回十一里，历代仍旧，岁久颓夷"④。随州城，涢水泛滥为患。弘治年间，"知州李充嗣筑堤以御水，起自城西隅，环城而至城东隅，周五里许，复为垣于堤上，以为外城"⑤。

堤防之外，坚固的城墙也有良好的防洪功效。明中期以后，为了加强城防，湖广各地大多改建砖、石城，城墙愈加坚固耐久，防洪抗冲、防渗漏功效较好。⑥ 很多城池于城门之外增置月城（亦称瓮城）以提高防御能力，兼有防洪、防火等妙用。⑦ 不少地方还采取将城基加深培厚等措施以增强城垣的防洪能力。宜城县，嘉靖间展拓西城，"厚之基以御冲焉，崇之防以捍溢焉"⑧。兴国州，旧城屡圮，万历间重修，"掘旧址，入地深五尺，实以巨石基之，基以上则琢石鳞次而甃之"⑨。

此外，各近水城市多以护城濠池连通城内沟渠与近城河湖，沟通城内外各水系，其分流洪水、排泄积涝的功效也不可小视。襄阳府城，救生堤一带置有二牐，"一通于江，一达于濠。当水涸时，导之入濠；水涨时，放之于江。故水至堤无湍悍泛溢之患"⑩。常德府城，城内沟渠与城濠连通处置有三处"斗门"，"以泄城中之积水"⑪。潜江县，万历初改建砖城，设三处"石釰"以泄水⑫。尽管相关记载并不多见，以明中后期湖广各处城池水患之频繁⑬，相信很多濠池设施都会顾及防洪排涝的需要。

① 万历《湖广总志》卷 33《水利二》。

② 万历《襄阳府志》卷 16《城池》。

③ 光绪《襄阳府志》卷 6《建置志·城池》。

④ 万历《襄阳府志》卷 16《城池》。

⑤ 乾隆《随州志》卷 4《城池》。

⑥ 详参拙作《明代湖广地区城池修筑研究》，武汉大学博士学位论文，2011 年，第 89~92 页。

⑦ 参阅吴庆洲：《荆州古城防洪体系和措施研究》，《中国名城》2009 年第 3 期；《襄阳古城历代防洪体系的建设及减灾措施》，《中国名城》2013 年第 4 期。

⑧ 郭柱：《拓城记》，光绪《襄阳府志》卷 6《建置志一·城池》。

⑨ 吴国伦：《成城记》，光绪《兴国州志》卷 34《艺文志三·文录》。

⑩ 万历《襄阳府志》卷 24《水利》。

⑪ 嘉庆《常德府志》卷 7《建置考一·城池》。

⑫ 康熙《安陆府志》卷 4《建设志·城池》。

⑬ 详参拙作《明代湖广地区城池修筑研究》，武汉大学博士学位论文，2011 年，第 118~120 页。

五、便利民生功能

城池之设，既为军事防御，也务求适宜人居，所谓"内足以居止，外足以御侮"①。但城池难免会阻碍交通，给居民生活造成不便。不过就明代湖广的情形来看，不少府县开设城门往往讲求便利交通，颇有便民之效。

城门的基本用途即为便于人众、物货通行和出入。湖广各地四方城门往往并未强求居于正中，而多近于通途大路，"盖从其道所由适也"②。各地开设城门常常顾及居民樵汲、出行的便利。均州城，正门四座，"东曰宗海，左右设上、下水门，以便樵汲"③。武冈州，"正德十三年，知州龚震于治前凿城为门，上建谯楼，名曰新南门，以便民出入"④。为便于居民出入而开设的城门往往即以"便民"为名，各地皆颇为常见。益阳县城，万历初重修，设便门三座。⑤ 咸宁县城、衡山县城皆设有便民门。⑥

很多近水州县还多处开设水门⑦，以利于水运及内外水道流通。当阳县，万历初改建砖城，设水门五。⑧ 平江县城，隆庆元年增修，设水门多达六处。⑨ 为便利商民货运及出入，沿江地带往往多开城门。永州府城，西、南城外沿江一带水运、商贸繁兴，设有正西、正南、永安、太平、潇湘五门。⑩ 夷陵州城，西临长江，"东、南、北各一门而西独四门者，以城中无井，便于取水故也"⑪。再如长沙府城西面湘江而开四门，辰州府城南面临河而设三门，估计也是出于便利商民贸易等需要。⑫

此外，一些山区的县城苦于用水不便，常常为了引水而多方措置，乃至改造城池设施。城步县的情形颇为典型：

> 但城逼山麓，仅南门通巫水，而城中无井，百姓苦汲。（嘉靖）三十九年，广西叛苗攻城劫库，城步戒严。城中乏水，人情汹汹。四十五年，武冈判官、署城步知县徐机、教谕杨志礼相继请于上官，始拓南城，临巫水，增城东、西端各二十四丈，串楼各二十四间，引巫水入城。……（万历）二十六年，知县谌廷锦以城内居民不便汲，又开东南门，名曰慈济，引流至门。……复于南门外别造月城，引水入月城，以

---

① 刘宾：《新立城垣记》，光绪《湖南通志》卷41《建置一·城池》。

② 吴国伦：《成城记》，光绪《兴国州志》卷34《艺文志三·文录》。

③ 万历《襄阳府志》卷16《城池》。

④ 道光《宝庆府志》卷97《工书一·城郭》。

⑤ 崇祯《长沙府志》卷6《兵防·城池》。

⑥ 康熙《湖广武昌府志》卷1《建置志·城池》；乾隆《衡州府志》卷8《城池》。

⑦ 详参拙作《明代湖广地区城池修筑研究》文末附表。

⑧ 万历《承天府志》卷4《城郭》。

⑨ 康熙《岳州府志》卷7《城池》。

⑩ 道光《永州府志》卷1《舆地图·郡城图》；张勉学：《建永安门子城重修城楼记》，隆庆《永州府志》卷8《创设志·城池》。

⑪ 弘治《夷陵州志》卷3《城池》。

⑫ 嘉靖《长沙府志》卷5《兵防纪》；乾隆《辰州府志》卷7《城池考》。

备不虞。三十八年，知县竹密砌石渠，引水至慈济门外，开井以蓄水，筑垣以围之。四十二年，知县汪察移南城一百三十丈有奇，于巫水上又筑堤、水瀍以护城，改南门稍东数十步，又于城中卑下地开便河，引水自东城入，凿池以潴之，池周皆砌石。又自西城泄入巫水，民甚便之。①

自嘉靖朝至万历朝四十余年间，历任知县多次兴举工程，从改设城门、展拓城垣到修建月城、石渠，等等，皆为便利居民用水，对于民生问题予以相当的重视。

总体上看，湖广不少府县为便利商民出入、货运往往多开城门，从而在一定程度上缓解了城池阻碍交通、影响居民生活的情形。②

六、景 观 功 能

如前所述，明代湖广各地对城楼、城门多有维护，不仅富有政治意义，也是对其景观功能的重视与利用。特别是一些府、州等名城，城楼、城门及城池整体与各式建筑共同营造了风物宏丽的城市景象与浓郁的人文气息。

首先，壮丽高耸的城楼、城门常常被古人视为城市的标志性景观③，亦可登眺游玩，往往成为一方名胜。湖广一些府、州等名城素称古迹、名胜的城楼、城门为数不少，在明代皆受到了较好的维护。岳州府岳阳楼，"自宋滕宗谅求范仲淹撰记，楼名益重天下。国朝成化七年，都御使吴琛、知府吴节，嘉靖知府韩士英、李临阳前后皆修葺焉"④。荆州城，北城上有雄楚楼，始建于唐，杜甫曾于此赋诗，故而闻名。又有仲宣楼，为纪念汉末王粲而建，亦为古迹。⑤ 再如黄州府月波楼、长沙府碧湘门，皆为明代保存尚好的古迹名胜。⑥ 不少一般府县也增置城楼，以资登览游玩。永州府城，洪武六年重修，"门上各建重楼，复增创德胜楼、望江楼、鹦子楼、五间楼凡四座"⑦。辰州府城，弘治间修葺门楼，"又创二小楼，在府学东曰文游，在府城南曰凝翠"⑧。光化县，隆庆六年徙治建城，"城为四门，门各有楼，曰迎辉、登云、通江、拱辰。四隅各为小楼，曰揽翠、思贤、曙光、挹汉"⑨。此类城楼、城门作为风景名胜，经由诗文咏赞、众口颂扬，往往成为本地风物

---

① 道光《宝庆府志》卷97《工书一·城郭》。

② 关于古代城墙阻隔交通以及对城市经济发展的阻碍作用，较具代表性的论述如：马正林：《中国城市历史地理》，山东教育出版社1998年版，第82～84页；黄敬斌：《利益与安全：明代江南的筑城与修城活动》，《史林》2011年第3期。据笔者浅见，城墙阻碍城市经济发展的消极作用似乎不宜过度夸大。至少就明代湖广的情形来看，如前所述，对于工商业多集中于城外街区发展的不少府县而言，所谓城墙的"阻碍作用"并没有太大的实际意义。此外，多开城门等办法也多少可以减轻城墙阻隔交通之弊。

③ 参阅［美］凯文·林奇：《城市意象》，方益萍、何晓军译，华夏出版社2001年版，第61页。

④ 隆庆《岳州府志》卷7《职方考·古迹》。

⑤ 光绪《荆州府志》卷7《地理志·古迹》。

⑥ 万历《湖广总志》卷43《胜迹志》；嘉靖《长沙府志》卷5《名胜纪》。

⑦ 弘治《永州府志》卷1《城池》。

⑧ 乾隆《辰州府志》卷7《城池考》。

⑨ 万历《襄阳府志》卷16《城池》。

佳妙、文风浓郁的明证与象征。

城楼、城门及城池整体进而与各式建筑构成了蔚为壮观的城市景观。武昌县，隆庆间县治后建澄清楼：

> 大夫时一登焉，仰视俯盼，内则见其六街四衢，队分连合，阃阓如也；外则见其牧郊峒野，阳曜阴藏，芬芬如也；崇城则金汤百雉，言言如也；黉宫则宫墙数仞，雍雍如也；塔则巉险嶙峋，嶈如也；堤则踔跞交属，翼如也……壮哉观乎！①

宝庆府城，明人《登南城寻镇边堂旧址》诗云：

> 吾乡富山水，楼阁亦崔嵬。六岭峙城南，雉堞壮边陲。宋人爱登眺，一一亭其眉。画栋接飞梁，春色古今奇。上有镇边堂，六亭左右之。遥望石门翠，二水清涟漪。骚人题咏满，碑版光陆离。……②

可见，对于城池的景观功能，古人业已有所认识。而城墙更把城市包围、塑造为一个整体，它作为城内大部分视觉画面的重要内容与背景，对于城市景观统一感的形成具有重要作用。③

七、风 水 功 能

明代风水观念颇为盛行，其影响亦及于城池的选址、规划、营建等诸多方面。④ 另一方面，城墙的包围、阻隔往往影响城内庙学、衙署等建筑的风水，需要改造城池设施以资补救。明中期以后，此类改善风水之举在湖广等地颇为常见，而以设置文昌门、文昌阁之类尤为普遍。⑤ 由此，城池更被赋予了一些特殊的意义与功用。

在传统社会，儒学、文庙作为地方人文与士绅权利的象征，其选址、营建及风水利弊常常受到官员、士绅的高度重视。在他们看来，庙学风水关乎地方科举、文运兴衰，所系非轻。⑥ 儒学、文庙之前若有城垣阻碍极为不利，必须开一城门，使得城外之水与庙学

---

① 《澄清楼记》，康熙《湖广武昌府志》卷 12《艺文志》。
② 道光《宝庆府志》卷 97《工书一·城郭》。
③ 参阅李志红：《唐长安城市景观研究》，郑州大学博士学位论文，2006 年，第 29 页。
④ 参阅刘沛林：《风水：中国人的环境观》，三联出版社 1995 年版，第 203~220 页；芮沃寿：《中国城市的宇庙论》，施坚雅主编：《中华帝国晚期的城市》，中华书局 2000 年版；宋启林：《独具特色的我国古代城市风水格局——城市规划与我国文化传统特色》，《华中建筑》1997 年第 2 期。
⑤ 参阅黄志繁：《明代赣南的风水、科举与乡村社会"绅士化"》，《史学月刊》2005 年第 11 期；相睿：《明代山西城池建设研究》，东南大学硕士学位论文，2009 年，第 59 页。
⑥ 参阅陈新立：《风水说——汉阳府城市环境意识的流变》，《江汉大学文理学院学报》2010 年第 1 期。

"生气"相通。① 为此，湖广各地多有开文昌门、建文昌阁之举，以利于地方文运兴隆。德安府城，崇祯年间，"议开巽门以迎城东南之水，值时诎未果，于城上东南巽地建文昌阁三楹"②。辰州府城，弘治末年，"知府张濂改观澜楼（城东南角楼）为文昌阁，开文昌门"③。枣阳县，万历初"知县王应辰以城逼学宫，迁南门于文庙之前，为崇文门，建楼其上，为崇文楼"④。文昌门多位于城东南方，即周易八卦所谓的"巽地"，风水说认为这一方位尤利于科举、文运。⑤

风水观念对于城池的影响亦涉及其他方面。首先，风水说将河渠濠池皆视为城市"血脉"，认为濠池环绕流通也有利于文运兴隆。⑥ 荆门州，弘治年间，"城北故有池，其西、南、东三面则疏蒙惠水为池，筑闸启闭，此后科目甚利"⑦。也有为衙署风水而改造城垣格局的情形。石首县，万历年间，"知县徐镇以形家言，移县署于北城，以旧北门楼为谯楼，拓东北隅地，更立北门，面临大江，城加广焉"⑧。黄安县，万历间"知县李文芳因形家言，缩南城而小之"⑨。各地还在城上建置各式楼阁，以改善风水、镇邪祛灾。新宁县城，嘉靖初重修，"门之层楼，东、西、南面并加葺理，其北则峰峦少缺，改建拱极楼，高峙以补风气不足"⑩。新化县，永乐初年，"邑令萧侯因城南□若火旗，民罹灾患，即于南楼建阁祀水神以镇之，民赖以安"⑪。

八、结 语

对于古代城池的功能，长期以来学界多注重其军事防御方面，这是对其基本功能的准确把握，但似乎不够全面。城池的防御功能事实上仅在少数动乱时期发挥作用，而其他各项功能皆应用于平时，往往能持久地影响城市生活。从明代湖广城池的情形来看，这些功用对于古代城市的作用不可低估，特别是对城市生态环境富有多方面的积极意义。首先，

---

① 魏幼红认为，学宫前一般建有泮池，以汇聚"生气"。如果没有泮池，可以设法开城门，使城外之水的"生气"与学宫相通。但此说之文献出处她未作说明。详参其《官绅之间：试论明清时期江西府县城的"城门事件"——以吉安府城南门改建为中心》，《江汉论坛》2006年第6期。

② 光绪《德安府志》卷4《建置志·城池》。

③ 乾隆《辰州府志》卷7《城池考》。

④ 万历《襄阳府志》卷16《城池》。

⑤ 事实上，湖广各地庙学也多位于城东南部。对此，李孝聪先生释为明朝"从城市规划制度上要求向传统礼制复归"（见其《历史城市地理》，山东教育出版社2007年版，第385页）。据笔者浅见，庙学位置似乎主要受当时风水观念的影响。据前揭黄志繁、陈新立两文，明代赣南、汉阳府不少府、县学为改善风水而频频迁址，亦堪为佐证。其实传统礼制也浸染了风水观念，但二者也有冲突，前揭鲁西奇、马剑《空间与权力：中国古代城市形态与空间结构的政治文化内涵》文中即认为风水观念"在很大程度上'消解'了礼制的硬性规定"。

⑥ 详参吴庆洲：《中国古代城市防洪研究》，中国建筑工业出版社1995年版，第36~41页。

⑦ 乾隆《荆门州志》卷7《城池》。

⑧ 光绪《荆州府志》卷8《建置志·城池》。

⑨ 光绪《黄州府志》卷4《建置志·城池》。

⑩ 王宾：《新宁县筑城记》，万历《新宁县志》卷8《艺文志》。

⑪ 孙仲：《重修水晶阁记》，道光《宝庆府志》卷97《工书一·城郭》。

城池系统的防洪功能减轻了洪灾、积涝的危害，对于保障城市内外环境安全具有重要作用。而濠池、水门连通了城外河湖与城内河渠水系，兼有供水、排污、消防、航运、灌溉等功用，这些有利于营造良好的水环境，从而改善城市生态与人居环境。① 其次，城楼、城门及城池整体与各式建筑构成了宏丽的城市景观，城内行政、文教区及官绅住宅区的建筑率皆堂皇、规整，从而营造了浓郁的人文气息。最后，以城池设施来保障安全、加强城市管理，有助于形成安定、有序的社会环境。可见，城池设施作为城市外部环境的主要组成部分，对于维护城市生态环境具有相当重要的意义与作用。对此，中外学界现有的认识似乎还很不够，若能从这一视角多加探究，当可有助于推进城市环境史等新兴领域的研究。②

（作者单位：河北师范大学历史文化学院）

---

① 详参郑连第：《古代城市水利》，水利电力出版社 1985 年版，第 5～17 页。

② 近年来环境史研究渐趋兴起，但中国城市环境史的研究相对滞后，涉猎者不多，且集中于少数古都、名城，对于地方中小城市内外环境的细致考察较为欠缺。详参陈新立：《中国环境史研究的回顾与展望》，《史学理论研究》2008 年第 2 期。

清代的巡盐御史[*]

——清代盐业管理研究之三

□ 陈 锋

清代的巡盐御史，或称盐课监察御史、盐政监察御史、巡视盐课监察御史、巡视盐政监察御史、盐院，后来一般简称作"盐政"，系户部差遣至各盐区的最高盐务专官，无定品[①]。在清代的行政机构序列中，盐务官员是一个相对独立的序列；在盐务管理方面，巡盐御史是中央差遣至某一盐区的最高长官，地位隆崇，职责重要，而在某些时期、某些盐区又由地方长官兼署。值得专门对此进行研究。

一、"巡盐御史"与"盐政"的称呼

巡盐御史称作"盐课监察御史"、"盐政监察御史"、"巡视盐课监察御史"、"巡视盐政监察御史"、"盐院"等，是同一时期的不同叫法，没有疑义。至于什么时间将"巡盐御史"简称作"盐政"，史籍并没有明确的记载。如《历代职官表》称："国朝初承明制，各省置巡盐御史，后定为'盐政'，由特旨简充，其由都察院奏差者，亦以'盐政'名之。"[②] 又如《盐法通志》称："国初，各省置巡盐御史，后定为盐政。由特旨简充，其由都察院奏差者，亦以盐政名之。"[③] 亦可见周庆云《盐法通志》的说法是转述乾隆《历代职官表》。笔者在拙著《清代盐政与盐税》的初版中根据所见的史料，注意到乾隆年间将"巡盐御史"简称为"盐政"非常普遍，曾经概称："乾隆后简称'盐政'"。后来相关学者的论述，多采用是说。随着阅读范围的扩大，发现在雍正年间，已经有"巡盐御史"、"盐政"互称的现象，笔者在《中国古代盐业史·清代盐业》以及《清代盐政

* 本文为国家社科基金重大招标项目"清代财政转型与国家财政治理能力研究"（项目批准号：15ZDB037）阶段性研究成果。首席专家，陈锋。亦为武汉大学自主科研项目（人文社会科学 2016 年重点）研究成果，得到"中央高校基本科研业务费专项资金"资助。

① 按：巡盐御史虽然说无定品，但与地方大员的待遇一致，雍正八年，"定总督、河道总督、漕运总督、巡抚、观风整俗使、学院、巡盐御史、巡查御史、巡视台湾御史相见座次及文移均平行"。参见嘉庆《长芦盐法志》卷 13《职官上·官制》。

② 乾隆《历代职官表》卷 61《盐政》。

③ 周庆云：《盐法通志》卷 14《职官二》。

与盐税》的修订版中改为"雍正后一般简称作'盐政'"的表述①。但未作申论。

雍正初年，有关上谕和大臣的奏折中，"巡盐御史"、"盐政"的称呼已经交互出现，雍正三年上谕户部："去岁江浙海潮，冲溢沿海场灶，淹没之处甚多，两淮盐政所属地方，经噶尔泰奏闻，朕即发帑赈恤，并将雍正元年、二年灶户未完折价银四万余两悉行蠲免。其两浙盐政所属地方，该巡盐并未将被灾之处题报"②。这里用了"两淮盐政"、"两浙盐政"的称呼，又用了"该巡盐"的说法。在雍正四年的上谕中，又有"据两淮巡盐御史噶尔泰奏称"的说法。③ 雍正六年的一段上谕也颇为有趣，该年，户部议覆浙江总督李卫条奏盐务事宜，奉上谕："李卫平日为人直率，毫不瞻顾，出言多刻，性情骄傲，易于招怨，是以在朕前言其非者颇多，而其操守廉洁，办理事务为国家诚心出力，实所罕见。前因兼管盐务，曾奏请颁给盐政印信，部议屡驳不准。及李卫复将必当给印之处恳切陈奏，部议仍复不准。朕察其所奏有理，特降谕旨，准给。今户部于议覆两浙盐务本内，不称为'该督'，而称为'该盐政'，其为讥讽显然。及朕降旨意查问，知'该盐政'三字，乃司官张复所更改者。张复以新进小臣，擅敢于本稿之内讥讽封疆大吏，及奉旨察问，又复欺隐诡避，观此实系妄为无知之小人，一无可惜，断不可恕者，况张复本籍云南，或因李卫在滇之日曾有宿怨，或因有所党同献媚，是以挟私为此，其情甚属可恶，张复着革职，发回原籍，着该督抚严加约束，以为各部司官假公济私巧为播弄者之戒。"④

可以体味出，"盐政"的称呼在当时已经被官场所习用，因为有"部议屡驳不准"的故事。所以称"该盐政"才被雍正视为讥讽。所谓的"颁给盐政印信"，因是时的标准官衔依旧是巡盐御史，"盐政"当仍然是俗称。

雍正后期，在有关上谕和大臣的奏折中，已经多用"盐政"的称呼，如雍正九年上谕中即有"前据长芦盐政郑禅宝奏称"一语⑤，雍正十二年上谕中又有"户部议覆长芦盐政鄂礼"一语，等等⑥。在雍正十二年江苏布政使高斌的奏折中更称：

> 伏读上谕：盐政一官，职司催盐，运使一官，职司催课。又谕旨：朕之所闻如此。钦此。臣敬绎圣谕，知系臣下入告者查考未确之言。伏查盐政、运使之体制，有似巡抚、布政，凡催盐、催课以及办理一应事务，有协恭之职任，而无分理之责成。今两淮盐务历年课银，俱系年额年清，惟运盐则商人希图长价，故意延挨，必须盐政、运使秉公实力设法催攒，始克有济。若运使视催盐一事非其责任，势必将运盐之难独诿之盐政，不特无臂指之益，转多掣肘之虞，此正向来之积弊，相沿日久，遂至有盐政催盐，运使催课之议论，实系起于奸商惑听之浮言，并非设官定制之本意也⑦。

① 陈锋：《清代盐政与盐税》，中州古籍出版社 1988 年版，第 30 页；武汉大学出版社 2013 年版，第 27 页。《中国古代盐业史·清代盐业》，人民出版社 1997 年版，第 675 页。
② 《清世宗圣训》卷 28《蠲赈一》。
③ 《清世宗圣训》卷 30《积贮》。
④ 《清世宗上谕内阁》卷 67，雍正六年三月十五日。
⑤ 《清世宗上谕内阁》卷 104，雍正九年三月二十七日。
⑥ 《清世宗上谕内阁》卷 141，雍正十二年三月初九日。
⑦ 《朱批谕旨》卷 205 下《朱批高斌奏折》。

这里既说了盐政与盐运使的职司，以及盐政、盐运使与巡抚、布政使的比附，更多次将盐政与盐运使连称。但是，在现存档案中，雍正年间的有关奏折、题本，还没有发现用"盐政"职衔列名题奏者①，题奏的正式职衔依旧是巡盐御史。在乾隆元年的有关题奏中，也依然是用了巡盐御史，如乾隆元年六月十五日三宝的一份题本，职衔用的是"长芦巡盐御史三保"，户部对该题本的议覆亦称："该臣等查得，长芦巡盐御史三保疏称……"② 乾隆二年四月十五日三保的一份奏折，职衔用的是"调任两淮巡盐御史三保"③，乾隆三年二月二十九日，三保的一份题本，职衔用的是"巡视两淮盐政监察御史"④。

在乾隆四年的题本中，我们看到了变化，职衔直接用了"两淮盐政三保"的字样。⑤乾隆五年，用了"巡视长芦等处盐政三保"的字样。⑥ 之后，有关题本、奏折，则直接用"长芦盐政"、"两淮盐政"等列衔。⑦

通过上述梳理，可以知晓：在雍正年间，习惯上已经将"巡盐御史"简称为"盐政"，"巡盐御史"、"盐政"并用，但"盐政"还不是正式官衔。乾隆以后，则用"盐政"的官衔代替"巡盐御史"列名题奏。

值得注意的是，即使乾隆以后用"盐政"的官衔代替"巡盐御史"列名题奏，但其官印也仍然不是简单地用"长芦盐政"或"两淮盐政"。如乾隆十五年，"都察察院议准各盐政敕印"，其长芦盐政的官印印文及形制如下所示：

部颁满汉篆文一颗，文曰"巡按长芦盐政监察御史之印"。方一寸五分，直纽，纽有穿。印背右正书如印文，又"礼部造"三字。背左清文同。左侧正书乾字一千九百二十五号，右侧正书乾隆十四年六月　日。⑧

① 按：《朱批谕旨》卷205下《朱批高斌奏折》收录的奏折，虽然有"总理盐政、两江总督赵弘恩"，"管理两淮盐政布政使高斌"，"管理两淮盐政兼署江宁织造龙江关税务布政使高斌"的列衔，依然不是后来"两淮盐政"的官衔。又按：光绪《两淮盐法志》卷40《转运门·引目上》有"雍正十三年六月，两江总督赵宏恩、盐政高斌奏"字样，之前都是用的"巡盐御史"职衔，这里用的是"盐政高斌"。光绪《两淮盐法志》卷96《征榷考·商课下》，同一份奏折，用的是"管理盐政布政使高斌"。备参考。

② 档案，乾隆元年六月十五日三保题：《为遵旨察议长芦引地事》，中国第一历史档案馆藏，下注"档案"者均为该馆所藏。

③ 档案，乾隆二年四月十五日三保奏：《为奏明起程日期事》。

④ 档案，乾隆三年二月二十九日三保题：《为照品定俸以广皇仁事》。

⑤ 档案，乾隆四年九月二十六日三保题：《为奏闻事》。按：这与光绪《大清会典事例》卷221《户部·盐法》记载吻合。乾隆四年之前的一条记载称：雍正八年题准："长芦掣盐，令该御史按各商销售酱盐菜盐之期"，依旧用巡盐御史。乾隆四年题准："长芦盐引，令各商通融代销，盐政于批准之后，报部察核。"已经用了"盐政"的官衔。

⑥ 档案，乾隆五年十一月初十日三保题：《为遵旨察议具奏事》。

⑦ 按：在有些文献中，乾隆以后，对"盐政"官员的记载，也仍然有用"巡盐御史"者，如嘉庆《长芦盐法志》卷13《职官上》的记载："乾隆四年，巡盐御史官达疏称……"；"乾隆十二年，巡盐御史伊拉齐奏覆……"；"乾隆四十六年，巡盐御史伊龄阿奏言……"等。

⑧ 嘉庆《长芦盐法志》卷13《职官上》。

直至清末，正式的官衔或官印仍然不是"盐政"，这可以从宣统二年署两广总督袁树勋的奏折中得到印证，该年为了缴回官印，袁树勋奏称："窃准督办盐政大臣咨开，本处会同度支部具奏，各省督抚会办盐政，请缴销巡盐御史旧印一折，奉旨依议，钦此钦遵，咨行前来。查两广总督兼管盐政，咸丰八年正月奉部颁发咸字四百五号'巡视两广盐课监察御史'印信一颗。"① 很显然，"巡视两广盐课监察御史"只是"巡盐御史"的全称。

二、清代前期巡盐御史的差遣与职掌

巡盐御史统辖一区盐务，任期一年。其职掌概言之即："掌理盐政而纠其属吏征收督催之不如法者，以时审其价而酌剂之。凡盐赋之奏课与盐法之宜更者以闻。"② 其具体职掌，康熙《两淮盐法志》记载："巡盐御史旧有巡历所属行盐地方之例，恐官役藉端供应，致累商民，自康熙十年后，奉差各御史除称掣盐斤地方照旧亲掣外，一应盐法事务，责成该管官员，御史惟悉心综核，其循例出巡，通行停止。……巡盐御史任内征收盐课钱粮，题报起解，限定两个月到部，交库完纳，方准考核。……巡盐御史差满，任内库存钱粮，取接差御史甘结送部，方准考核。自康熙四年起，照例遵行。……奏销盐课盐引，该巡抚及巡盐御史开列各官职名，完欠分数，具疏奏报。"又称："御史之职掌，察两淮盐筴之政令，监临使司，平惠商灶。凡势宦豪猾占夺商利者，纠劾之；私鬻私贩，壅坏盐法者，扑治之；盐粮兑运，催督而疏通之；诸司之事有所兴革，咸请于御史审允之而后行，御史乃视其成，校其功，状殿最，参其德，行量其才艺而纠荐之。"③ 光绪《两淮盐法志》的记载略简："两淮巡盐御史巡视两淮盐课，统辖江南、江西、湖广、河南各府州县额引督销，察照户部所定运司、分司、场灶、官丁、亭户，严行卫所有司缉捕私贩。驻扎扬州，典吏十二人。"④ 巡盐御史掌管一区的盐政事务，两淮巡盐御史也兼理皇帝南巡接驾及诸文化事务。⑤

康熙《两淮盐法志》载有康熙七年对两淮巡盐御史的"敕命"，这是史籍所载的较早的一份"敕命"，在这份"敕命"中，首先强调"两淮盐务重大，于台员中慎简廉能，陛见而遣之"。同时，两淮巡盐御史还要"兼兑漕粮"。其次才是申明"察照户部所定运司、分司、场灶、官丁、亭户，照例统理。该管各府州县额引，照旧督销"，与后来对各盐区巡盐御史的"敕命"约略相同。⑥ 下面示列雍正《山东盐法志》所载雍正十年新任巡盐御史鄂礼的"敕命"：

　　兹命尔前往长芦，专理盐课，查照户部所定运司、分司、场灶、官丁、亭户，照

---

① 档案，宣统二年五月二十六日袁树勋奏：《为遵旨缴销巡盐御史旧印事》。

② 《清盐法志》卷5《职官门一·官制》。

③ 康熙《两淮盐法志》卷5《秩官》。

④ 光绪《两淮盐法志》卷129《职官门·官制上》。

⑤ 两淮巡盐御史参与文化事务，参见杜家骥：《清代扬州的盐务官》，冯明珠主编：《盛清社会与扬州研究》，台湾远流出版事业股份有限公司2011年版。

⑥ 康熙《两淮盐法志》卷8《诏敕》。

例统理。该管各府州县额引，照旧督销。凡边商、内商，正课、余盐引目，俱属尔征核。该管衙门官吏、胥役，宜严加约束，使恪遵法纪，无致作弊生事，扰害商民。……至于江海盐徒私贩公劫，严行卫所有司缉捕，防杜乱萌，但不许另外生事苛求，勿得将贫难小民负盐易食者概行扰害。如盐政有应会督抚衙门，须与参酌施行。所属行盐司道府州县官员，有怠玩溺职，贪取侵课，凡干涉盐政，应尔完结者，即行完结，应参奏者，具疏参奏，请旨处分。敕中开载未尽事宜，听而酌便请行。尔受兹委任，须持廉秉公，剔奸厘弊。通商裕国，斯称厥职。如或贪黩乖张，因循怠玩，贻误国计，责有所归，尔其慎之。①

其他盐区对巡盐御史的"敕命"，除了个别字句外，基本相同，再示列雍正八年对河东巡盐御史的"敕命"作为参考：

兹命尔前往山西河东等处，专理盐课，查照户部所定运司、分司、场灶、官丁、亭户，照例统理。该管各府州县额引，照旧督销。凡边商、内商，正课、余盐引目，俱属尔征核。该管衙门官吏、胥役，宜严加约束，使恪遵法纪，无致作弊生事，扰害商民。……至于盐徒私贩公劫，严行卫所有司缉捕，防杜乱萌，但不许另外生事苛求，勿得将贫难小民负盐易食者概行扰害。如盐政有应会督抚衙门，须与参酌施行。所属行盐司道府州县官员，有怠玩溺职，贪取侵课，凡干涉盐政，应尔完结者，即行完结，应参奏者，具疏参奏，请旨处分。敕内开载未尽事宜，听而酌便请行。尔受兹委任，须持廉秉公，剔奸厘弊。通商裕国，斯称厥职。如或贪黩乖张，因循怠玩，贻误国计，责有所归，尔其慎之。②

这种"敕命"，除了申明巡盐御史的各项职责外，也有相关的禁令以及与地方官员的协调。

对巡盐御史的"一年更代"或"一年瓜代"制，时人亦有指陈其弊者，谓"迨巡盐之头绪稍知，而一年之差期将届，急公之心不胜其营私之念"③。但"一年瓜代"之制，除个别情况外，在清代前期基本上没有变化。据康熙《两淮盐法志》的记载，两淮巡盐御史的任职如下：

李发元，直隶高阳人，进士，顺治二年任
李嵩阳，河南封丘人，举人，顺治三年任
张翮，山西高平人，进士，顺治四年任
王士骥，浙江山阴人，进士，顺治五年任

---

① 雍正《山东盐法志》卷 1《诏敕》。按：其中的"边商"、"内商"、"卫所"等词，显然遗留有明代的用语。
② 雍正《河东盐法志》卷 6《官职》。
③ 《清盐法志》卷 228《两广十五·征榷门》。

崔胤弘①，直隶长垣人，进士，顺治六年任

王士骥，浙江山阴人，进士，顺治七年任

张璿，山西阳城人，进士，顺治八年任

陈自德，辽东复州人，贡士，顺治九年任

姜图南，浙江仁和人，进士，顺治十二年任

白尚登，辽东铁岭人，贡士，顺治十三年任

周宸藻，浙江嘉善人，进士，顺治十四年任

高尔位，辽东籍临淮人，贡士，顺治十五年任

李赞元，山东大嵩卫人，进士，顺治十七年任

胡文学，浙江鄞县人，进士，顺治十八年任

郑名，直隶宁晋人，进士，康熙元年任

张问政，辽东广宁人，贡士，康熙二年任

赵玉堂，陕西麟游人，举人，康熙三年任

黄敬玑，山东曲阜人，进士，康熙四年任

马大士，直隶浚县人，进士，康熙五年任

宁尔讲，直隶永年人，进士，康熙六年任

郭丕，满洲人，康熙七年任

宋翔，直隶大兴人，进士，康熙七年同任

胡什巴，满洲人，康熙八年任

侯于唐，陕西三原人，进士，康熙八年同任

席特纳，满洲人，康熙九年任

徐旭龄，浙江钱塘人，进士，康熙九年同任

色克德，满洲人，康熙十年任

陈可畏，浙江山阴人，进士，康熙十年同任

聂尔古，满洲人，康熙十一年任

刘锡，满洲人，康熙十二年任

魏双凤，直隶获鹿人，进士，康熙十三年任

戈英，直隶献县人，进士，康熙十四年任

席珠，满洲人，康熙十五年任

郝浴，直隶定州人，进士，康熙十六年任，升太仆寺卿，十七年再任

布哈，满洲人，康熙十八年任

丹代，满洲人，康熙十九年任

堪泰，满洲人，康熙二十年任

裘充美，顺天昌平人，进士，康熙二十一年任

张志栋，山东潍县人，进士，康熙二十二年任

察纳哈，满洲人，康熙二十三年任

---

① 崔胤弘，为避雍正、乾隆帝之讳，后来的典籍改为"崔应宏"。参见光绪《两淮盐法志》卷131《职官门·职名表》。

舒书，满洲人，康熙二十四年任

噶萨里，满洲人，康熙二十五年任

陶士玉，浙江人，进士，康熙二十六年任

德珠，满洲人，康熙二十七年任

穆舒，满洲人，康熙二十八年任

吴达哈，满洲人，康熙二十九年任

喀拜，满洲人，康熙三十年任

观音布，满洲人，康熙三十一年任①

从以上两淮巡盐御史的任职所列，可以看出，两淮在康熙七年至康熙十年，有满、汉同任的情况。据康熙《两淮盐法志》记载，康熙七年，部院会议："嗣后盐差不分满、汉，应将六部郎中、员外郎及监察御史内选择贤能官员，每一差应差满、汉官各一员。"康熙八年，侍郎李棠馥条奏，"议停六部官员差遣。仍于满、汉御史内，每差满、汉御史各一员"。康熙十年，左都御史艾元征条议，"一差只用一官，将满、汉官名开列，钦点一员，不拘满、汉御史，俱带笔帖式前往"②。在山东、浙江、河东等盐区，巡盐御史也有满、汉同任的个例，如山东："康熙七年，定长芦等处盐差，于六部郎中、员外郎及御史内，每处差满、汉官各一员，笔帖式各二员"③。又如浙江这一时期的巡盐御史任职名录：敖哈，满洲人，康熙七年七月任；杨毓兰，河南新乡人，进士，康熙七年七月任。詹里布，满洲正黄旗人，康熙八年七月任；张凤起，山西翼城人，进士，康熙八年七月任。杭奇，满洲镶黄旗人，康熙九年七月任；常锡允，河南鄢陵人，举人，康熙九年七月任。噶尔泰，满洲正白旗人，康熙十年七月任；熊焯，陕西咸宁人，进士，康熙十年七月任。④ 再如河东："康熙七年，满、汉御史各差一员，笔帖式一员。至康熙十一年后，不分满、汉，止差一员。雍正元年，以川陕总督兼之。雍正三年，命复盐政，以陕西西安布政司管理。雍正四年，以西安按察使管理。雍正八年，西安按察使升授西安布政使，仍带管盐务"⑤。

清初，最早差遣巡盐御史的是长芦（山东盐区由长芦巡盐御史兼管）、两淮、两浙、河东等盐区，一般典籍大多记载有其沿革，乾隆《大清会典则例》记长芦巡盐御史称：长芦盐"以长芦盐政总理，驻扎天津，兼辖山东（原按：系钦差御史巡视，一年更代）"⑥。乾隆《山东通志》记载巡盐御史之职掌与变迁较详：

巡盐御史：驻扎直隶天津府，辖直隶全省；山东全省；河南之开封、彰德、卫辉、怀庆、归德五府；江南之宿州一州；铜山、萧、砀山、丰、沛五县。定例每岁一

① 康熙《两淮盐法志》卷5《秩官》。参见光绪《两淮盐法志》卷131《职官门·职名表一》。
② 康熙《两淮盐法志》卷5《秩官》。
③ 乾隆《山东通志》卷13《盐法志》。
④ 嘉庆《两浙盐法志》卷22《职官二》。
⑤ 雍正《山西通志》卷45《盐法》。
⑥ 乾隆《大清会典则例》卷45《户部·盐法上》。

差，监察御史由都察院开送吏部题请，间亦有大员特简者，通称巡按长芦盐院（顺治初，差监察御史一员。十年，停差御史，归运使管理。十二年，复差御史。康熙七年，定长芦等处盐差于六部郎中、员外郎及御史内，每处差满、汉官各一员，笔帖式各二员。十年题准，盐差御史不拘满汉，每处止差一员。十一年，定盐政归并各该巡抚管理，停差巡盐。十二年，复差巡盐御史。十六年，停止盐差笔帖式，如差满洲御史，仍带笔帖式一员。雍正元年，定各盐差笔帖式。嗣后停其差遣）。每岁以十月更替，春秋二仲，一至东省，盘查运司钱粮，赴泺关验坨秤掣（顺治元年题定，掣验引盐每月一次，二年题定，每季一次。康熙十二年后，巡盐御史每年冬季按临东省，赴泺关掣盐一次。雍正八年题定，春秋二季赴东秤掣）。凡山东运属衙门，皆听提调，诸州县事关盐法者悉由考核。①

一方面，巡盐御史的设置与差遣时有变更：顺治元年至九年，岁差监察御史为巡盐御史，顺治十年，停差巡盐御史，盐务责成各运司之盐运使管理。顺治十二年，因盐课多逋欠，运司权轻，难以纠劾，仍复旧制。康熙十一年，又裁撤巡盐御史，盐务由巡抚兼管。康熙十二年，又复差巡盐御史。② 另一方面，各盐区的情况，也并不一致。如两浙盐区，雍正四年，以巡抚兼理盐政，乾隆五十八年，复设盐政。③ 福建盐区，"定鼎之初，先设都转运盐使司，康熙中，增设巡盐御史，至乾隆时，事归总督"④。两广盐区，康熙三十年，"始设巡盐御史一人，三十二年停差，五十七年复设，会同巡抚督征，五十九年裁，命两广总督兼管"⑤。有的盐区也从未设置巡盐御史，归总督或巡抚兼管，四川、云南等区即是。

尽管巡盐御史一年瓜代，但也有在任内做出实绩者，如柯士芳，顺治二年巡盐长芦，"时土棍勾串东兵，冒充王府，私贩公行，官引壅塞。特疏除之，引盐以疏"。王星直，顺治二年任浙江巡盐御史，"疏陈盐政要务在招商疏灶二事。并请禁私贩以通商，定经制以起课，具有条理，皆见施行"。李发元，顺治二年任两淮巡盐御史，"时大兵新下江南，将以淮盐变价充饷，商情惶恐，发元力请于朝，有盐尽商散、恳示固结一疏，部议报可"。朱鼎延，顺治三年任河东巡盐御史，"疏请招商，以苏引派户口之累"。刘秉政，顺治九年任河东巡盐御史，"招商足额，引派户口之累悉除"。顾如华，康熙二年巡盐两浙，"时商灶交困，一切盐鹾陋规皆厘革"。噶尔泰，雍正二年巡盐两淮，"是年七月，范堤为海潮所决，死者四万九千余人，奏蠲其未完折价。时当湖广督臣杨宗仁禁价之后，商灶失利，噶尔泰奏明海潮淹没，灶煎不继，盐少价贵，成本倍增，请得随时价运售，不得定盐

① 乾隆《山东通志》卷13《盐法志》。

② 《清盐法志》卷5《职官门一·官制》。周庆云：《盐法通志》卷14《职官二》。按：据康熙《两淮盐法志》卷5《秩官》记载，康熙十一年十月，确实有裁撤巡盐御史之议，但"命下遵行之后，两淮盐课，安徽巡抚已征解过五十余万两，随经直、浙抚臣咸以巡抚事繁，多不能分身兼理。议将四盐差停其归并巡抚，仍照旧例差遣御史，按年更换，差满回日考核具奏。其余各省向系巡抚兼理者，仍应照旧"。从前面罗列的两淮巡盐御史的任职情况，也可以看出没有间断。

③ 嘉庆《两浙盐法志》卷21《职官一》。

④ 道光《福建盐法志》卷6《职官》。

⑤ 周庆云：《盐法通志》卷15《职官三》。

价以亏商，亦不得高抬时价以病民。商灶日有起色"。郑禅宝，雍正五年官山东巡盐，"上盐务事宜六款，又续陈十款，凡官制考成、优商恤灶、防弊缉私诸善政次第举行，宽严相济，一时盐法澄清，口碑载道"①。

当然，所谓的巡盐御史一年瓜代或任期一年，只是通例，也有特殊的个例，如三保曾经连续担任长芦巡盐御史二年，两淮巡盐御史二年，从前面的档案材料中已经可以窥察到。準泰更是连续担任两淮盐政三年，在乾隆七年，準泰奏称："奴才自乾隆五年六月间蒙皇上天恩，差办两淮盐务，得以瞻仰天颜，迄今已逾二载。兹又钦奉特旨，再留一年。"②

三、清代后期巡盐御史设置的变化

道光元年，巡盐御史的设置在总体上又有较大变化。该年奏准：长芦盐务，专设盐政管理（兼辖直隶、山东、河南等处）；两淮盐务，专设盐政管理（兼辖江西、湖广、江宁、安徽等处）；两浙盐务，浙江巡抚管理（兼辖江西、江苏、安徽等处）；福建盐务，闽浙总督管理；两广盐务，两广总督管理；河东盐务，山西巡抚管理（兼辖山西、陕西、河南等处）；四川盐务，四川总督管理；云南盐务，云南巡抚管理；陕西汉中府盐务，陕西巡抚管理；甘肃花马小池盐务，陕甘总督管理；贵州盐务，贵州巡抚管理。是时，已由起初的向各盐区差遣巡盐御史，明显地转向由各该总督、巡抚兼管。

道光十年和咸丰十年，又前后议裁长芦、两淮等处盐政，巡盐御史也就完成了它的历史使命。咸丰十年后，各盐区的隶属情况如下：

> 长芦——直隶总督
> 山东——山东巡抚
> 两淮——两江总督
> 两浙——浙江巡抚
> 两广——两广巡抚
> 福建——闽浙总督
> 河东——山西巡抚
> 陕西汉中府——陕西巡抚
> 甘肃花马小池——陕甘总督
> 云南——云南巡抚
> 贵州——贵州巡抚
> 四川——四川总督③

---

① 周庆云：《盐法通志》卷 19《职官七》。
② 档案，乾隆七年八月十九日準泰奏：《为恭恳恩准陛见跪聆圣训事》。
③ 参见同治《钦定户部则例》卷 30。按：据《清朝续文献通考》等书记载，两淮盐务改归两江总督管理，时在道光十年。《清盐法志》记为道光十七年。

由这一变更而导致的相应变化，较为突出的就是在各行盐口岸设立督销等局，如两淮引地即设有 4 个督销局：湖北汉口督销局，下设分销局 9，子店 13，缉私卡 24；湖南长沙督销局，下设分店 20，子店 1，缉私卡 7；江西南昌督销局，下设分销局 2，分栈 5，缉私卡 17；安徽大通督销局，下设分销局 9，缉私卡 13。

晚清咸丰年间"军兴以后，各省多设督销、官运等局，运司之权既分，而盐道一职尤成虚设"①。仍以两淮引地为例，太平天国起义攻破武昌，占领长江沿线后，南运道梗，所有淮盐行销引地，均为川、粤侵占。同治三年，两江总督、盐政曾国藩议复淮岸，在淮盐总汇之区设立淮盐总栈（扬子淮盐总栈），于重要销盐区域创立督销总分各局。

两淮盐区的淮盐总栈和各地的督销局，在晚清的混乱格局下，其管理及收支各款均有其独特之处，依据晚清江苏财政说明书加以说明。

淮盐总栈"为场、运两商交易之枢纽，其初商自主之，官为督率而已。厥后淮引畅行，始立官栈，檄监司大员管理其事。垣商由场运盐至栈，储之于仓，运商买盐挨轮派售，悉以牌价为定。""该栈经曾文正公明定章程，法良意美。"该栈之管理，"员司丁役用人极多，局面阔大，故总办一差，素有优美之名。闻从前银钱互易，市价上落之际，沾润颇丰。自蒯道禀定薪水、公费，总办每月额支银一千二百两，会办每月二百两，此外悉数归公"。该栈之收款主要有四项：栈用、余利、卤耗、缉费。"栈用者，系场商按订单售盐引数，每引捐钱一百四十文，并于官运江滁北盐项下一律照收，以为栈中员司薪水、公费、勇丁各役口粮、各项杂支，并拨济巡警、学堂、牛痘、义渡经费之用。""余利者，出自北盐。查皖岸江运北盐，先饬海分司垫发成本，捆盐储备，再由运司会栈按档分批派委，领运到栈，给商缴价订运。惟所缴牌价系属钱款，而支解各项，钱少银多，如值钱贵银贱之时，以钱易银，除开支外，尚有盈余，即为此盐余利。从前钱价昂贵，盈余较多，除由栈开支各款，并奉提解练兵经费、宁属师范学堂等项。近年则钱价日落，不独无余利可收，解支无着，尚恐亏及成本钱粮。""卤耗者，亦出于江滁北盐。由海分司于发盐时，每包照栈秤九十一斤半秤交，而本栈以八十八斤过掣，其余所多盐斤，以备沿途及存仓后走卤失耗之虞。其后船户包装、包卸，存仓亦随收随掣，卤耗无多，每收北盐一档，江滁并计约可得余斤、卤耗各一票。余斤则由皖局派委，缴价领运，所收售价，另册开报，余钱列收栈用。卤耗则由该栈详请盐院颁发护照，派委运皖，赴局销售，每票计盐一百二十引。所有售价，除由皖局扣收厘金、报效、加价等项外，其余移解到栈，历将收支半年造报一次，详请盐院咨部核销。惟从前定章，北盐两月派运一档，故卤耗亦两月一票，通年约计有六票之数。三十年，铁大臣饬查改章，运盐以收仓为断，销盐以捆掣为断。北盐档分既无一定，则卤耗之收亦无一定。""缉费者，系该栈于光绪二十九年起，大举缉私，初无丝毫经费，全恃彼时钱价高昂，各项盈余，以资应付。嗣因钱价日落，各项盈余，日见短绌，若不宽筹缉费，殊觉难乎为继。自整顿缉私后，岸销大畅，岁增二十余万引。三十一年，蒯前办禀奉盐院批饬运司，谕四岸运商，捐助缉费。迨至三十二年三月，始行定案，饬运商自三月起，于订单请运时，按引捐缴缉费库平银一钱六分，由淮南总局按引代

① 《清盐法志》卷 146《两淮·职官门》。

收，按月转解到栈。通年订交五十万引上下，约可收银八万两。此外，又由运司协济五千两及沙漫洲缉私局功盐售价，拨入济用，系为水陆各师月饷、员弁薪水、口粮及各项额支、活支之款。"该栈之支款，"亦分四类：其属之栈用者，则为员司薪水、公费，勇丁各役口粮，以及栈中一切杂支，并拨给学堂、巡警暨牛痘、义渡各局经费。其属之余利者，则有提解练兵经费、摊认善后局经费，并由栈支给哨官差弁薪水、巡防油烛、北盐仓等处岁修，又拨补巡警不敷经费暨救生局局用各项。其属之卤耗者，则为提拨财政局暨常镇道咨领各款，系分解各该处经收。又有运盐水脚等项，并开支员弁薪水、刷备交单簿扇，以及浦勇节赏、添置操衣、员司抚恤等项。至于学堂、义塾、校士馆、养济院、育婴、保婴、官医、牛痘等局，与夫各庙香火，亦经分别拨给。其属之缉费者，则为各轮船、帆船、红巡舢板各船及水陆各队弁勇公费薪饷，专系缉私所需，并附沙局功盐各项开销。此该栈支销大略情形也。余如学堂、巡警、善举支款，亦各从类别报册具登"①。

各省区的督销局，如鄂岸督销局（湖北督销局，汉口督销总局），创设于同治三年，"当时因淮盐引地尽食川盐，遂于汉口设督销总局，派道员杜文澜筹办。而武穴、德安、新堤等处分局，亦相继设立。然荆襄一带久为川盐飞洒，虽迭申划界分销之议，究以淮盐色质皆逊于川，又系板价，而川价因时增减，较便民情，以致川畅淮绌，销路不广。光绪十年，复令樊城、沙市、沙洋、朱河四分局及川界销淮之各子店锐减售价，所有应收各款，亦照川税章程，无非注意敌川，自保淮盐之藩篱。又恐运道遥远，凡在川界销淮者，另外加贴水脚。又将应行归淮之一半钱文，扣存鄂局，垫补不敷。自是以后，淮销渐有起色。计淮界总分局六、边界分店九、川界分局七。既虑川灌，兼防北私，盖所以筹画布置者密且周矣"。该局之收款，除正课、新课仍由运司经征外，"其专归督销汇收者，一曰盐厘，每引收六两四钱八分，内减厘加课一两一分三厘，经费二钱，楚厘一两八钱，九江关税一钱四分，淮厘二两二钱七分八厘一毫，淮军协饷一两四分八厘九毫。一曰新厘，每引八钱。一曰加价，先后七次，每引共收八两二钱八分七厘五毫。此外又有淹消盐厘、淹消新厘、复价、川界销淮盐价行用等名目。淹消之盐，每引收半厘，三两二钱四分，新厘亦折半收四钱。复价一项，系同治七年曾将盐厘减收一两，现又收回八成，故曰复价，计每引八钱，惟只淮边两界扣收，川界饬免。盐价按斤核算，所有川界销淮之樊城、老河口两局，每百斤售九八钱四千二百文，另收底串钱每千二十文，沙洋、沙市两局，每百斤售银二两七钱，沙市另收行用银一钱六分，沙洋另收公费行用足钱一百十九文二毫"。该局之支款，"分解、支两项。其报解者，如汉口税务司、两淮运司、江宁藩司、湖北善后局、湖北盐道、江宁财政局、扬子盐栈，皆查照案据分款备解者也。支款除借垫各数另归清结不计外，所有发还商本、总分各局店公费、水陆缉私、弁勇薪粮、川运水脚、各地方文武津贴、功盐赏号种种开支，亦多筹之于先，与经常意义适合。……至员司、勇役额数，每员每名支项若干详载报册，不能殚述。约举全年支销连解款并计，总在二百五十五六万两之谱"②。

————————————

① 《江苏宁属财政说明书》第 125 章《扬子淮盐总栈》。
② 《江苏宁属财政说明书》第 127 章《湖北督销局》。

湖南督销局（湘岸督销总局），创设于同治三年，设长沙省城，"光绪二十七年，湖南巡抚俞廉三奏办粤盐官运局配销淮盐，寻又于耒阳、菱河、花碗岗、永顺、里耶等处，分设川粤盐斤抽税卡，无非阻遏邻私，畅销淮引之意。计总局一，分销局十八，配销分局暨抽收邻税卡共七，子店在外"。该局之收款，除正课、新课由淮运司经征不外，"其由湘岸征收者，一曰盐厘，请咨环运时，每引预缴银一两，轮销后，又缴三两八钱七厘。一曰减厘加课，每引一两一分三厘。一曰经费，每引二钱。一曰新厘，一曰八成盐厘，即复价，每引皆收八钱。一曰加价。共九项。每引合收八两一钱六分，余斤、羡余等加价不在其内。又有淹消盐厘、淹消新厘局费、缉私岸费、新加缉费、学堂、善堂、备荒各经费，川、粤邻盐加税，或折半征收，或分别拨提，数目畸零，不可枚举"。该局之支款，"解款居其多数，若论开支，每年不过二十七八万两。缘两淮运库、江宁、湖南藩库，以至鄂省、九江、上海、北洋圩栈，皆有仰给湘岸之款。除上年摊还秋操借款银五万三千八百余两，应归临时支销不计外，其经常拨解者，据上年报告，已有二百八十万余两，洵他岸之所无也。至薪公饷项，曾奉部饬，准归局用列支，计总局总办一员，月支薪水银二百两，嗣于光绪三十四年，于和盘托出案内，按月加给公费银一千两，会办一员，月支银一百两，湖南盐法道，月支银七十五两，员绅四十四员，月共支银一千二百八十两有奇。此外各分局所、五旗水师、宝庆缉私营、各卡旱队共员司三百三十五员名，丁勇连总局一千四百二十名，每员每名支数若干，均详报册"①。

江西督销局，"同治二年，江路肃清，经曾文正公招商认运，复办淮盐，先设总局于省会，继设分局于吴城。嗣因清界缉私，于吉安、饶州、抚州、九江等府添设分局，复于南昌府属之义宁州，九江府属之端昌县各设一分栈，饶州府属之安仁、万年二县各设一子店，九江府属之德化县设立两子店。统计西岸总局一，分局五，分栈二，子店四"。该局之收款，"按西岸科则，梁盐、碱盐每引售银二十八两三钱六分，连商本在内。若北盐顶梁，成本较增，奉准每引加收给商银三钱，每引共售银二十八两六钱六分。售价后除将商本随时发还该商承领外，余皆统收分解。一曰减厘加课并经费银，每引收银一两二钱一分三厘。一曰盐厘，每引收银四两九钱二分七厘。一曰环运预厘，每引收银二两。一曰新加盐厘，每引收银八钱。一曰八成盐厘，每引收银八钱。一曰第一次筹饷加价，每引收银八钱。一曰第二次续加价，每引收银八钱。一曰第三次赔款加价，每引收银一两九钱二分。一曰第四次续因赔款不敷加价，每引收银九钱六分。一曰第五次抵补药税加价，每引收银一两四钱四分。江南要政加价，每引收银七钱二分。此外，又有缉私经费，每引收银五钱五分，由局扣收局用，每引收银三钱，宜黄新军缉费，每引收银一钱三分，育婴经费，每引扣银一分，小轮经费，每引收银四分，商盐公仓租资，每引扣银六厘四毫。以上各项收款，大率名义缘起，总分各局均系一律照办"。该局之支款，"所收款目，历循向章，分解各省。如续加价、三加价、四加价、第五次抵补药税、销盐省分加价等款，则解江西藩库兑收。预厘内除拨解运库、克萨款及溢销外，江西厘金内除摊拨各款外，以及解江南财政局之皖厘项下拨解北洋协拨盐厘等款，则解北洋淮军银钱所兑收。如新厘内新案偿款，三加价内新案偿款，缉费内西岸提款每年五千两等款，则解江宁藩库兑收。如皖厘内解金陵溢销，皖厘金陵溢销加价、减厘加课并经费，甘肃新饷划抵新疆赔款，甘饷改拨云南铜

① 《江苏宁属财政说明书》第126章《湖南督销局》。

本，新增边防改拨赔款，奉省俸饷，东北边防经费，英德俄法借款并加镑，瑞记洋款，闽厂造船经费改拨克萨款，零盐课费，零盐栈价，零盐解部加价，缉费内拨练兵的款每年三千两。溢销盐厘拨充江北饷银、溢销加价拨充江北饷银、解部抵补药税、加价补解溢销、预厘六分减平、功盐课厘、功盐加价等款，则解两淮运库兑收。如盐厘内之皖厘要政加价、产盐省分加价，缉费内拨充南洋大学堂经费，局费内拨解淮员薪水、筹饷加价、续加价、局费内之拨补用费等款，则解江南财政局兑收。又和盘托出案内，除提局款银三十万两，长存裕宁官银钱局生息外，又按月提义丰元平余银五百两，折息一百两，立成堂过盐挂号费银三百两，总办旧有薪水一百两一并充公，遵饬亦解财政局兑收外，另由驻赣裕宁官银钱局每月拨支总办津贴银一千六百两，现在此项津贴，经该局总办唐道目击时艰，每月报效一千两，于本年四月起，业已报院咨达在案。此外一总局五分局之局用、缉私内之各项支用，均系照章支销，报册可稽"①。

皖岸督销局，"本称招商总局，嗣改今名。专销南、北商盐，滁、来、全官运北盐，并搭销功盐、零盐"。"该岸引界广阔，同一行销淮盐境内，而南盐与北盐则又划分各界，如凤、颍、六、泗四府州属，则行淮北之盐，安、庐、滁、和、宁、池、太七府州属，则行淮南之盐。庐州府之合肥、庐江、舒城、无为、巢县，滁州所属之来安，安庆所属之桐城等八州县，又为北盐南运之专岸。星分绮错，不易稽查。故该岸销盐之畅滞，恒视缉私之勤惰以为转移。"该局支收款，"该局引岸，额运春秋两纲，南北商盐八百四十八票内，南盐春纲二百四十九票，秋纲二百四十九票，行销大通、芜湖、宣城、和州四处，每年开纲两次，由运司开办。北盐春纲一百七十五票，秋纲一百七十五票，行销桐城、运漕三河、合肥等处，每年亦开两次。由该局签派口岸盐船，自十二圩开江，经掣验卡查验，行抵到岸，挂号起仓，挨次轮销，每百斤售价银四两二钱九分，照章核收。盐厘、新厘、复价、报效、局费、缉费、加价各款，存局报解。其余商本银两，随时发还，一面由总局给咨环运后纲。此商盐收款之章制也。又滁、来、全官运北盐，给咨派员，赴扬栈领运，应缴成本银两，先由扬栈垫用，俟售出盐价，再行解还。每百斤售价，较商盐少银五钱，因该处邻私最多，故减价以敌之。每票应完盐厘等款，除复价、报效两款不收外，余与商盐科则一律。此官运收款之章制也。其余下关掣验、楚西两掣验卡、沙漫洲缉私局等处之功盐，以及运司零盐局之零盐，由该岸搭销，所收款目亦同"。该局之支款，"该岸销盐，每年奉派以九万引为定，遇闰加增十分之六厘。内解金陵盐款以七万二千引为度，解安省盐款以八万一千引为度。其七万二千引以外，八万一千引以内之九千引，应解金陵盐款提解运库存储。其八万一千引以外，九万引以内之九千引之款，尽数解交运库，专充江北兵费。惟盐厘一款，按年额以三十万两解税务司，系从每年三月十一日起，至次年三月初十日止为一年，按月提前尽数批解，无论何时解满额数，即行截止。如有余款，解交两淮运库。皖岸销盐解款，定章大略如此。其解江宁藩库者，则有官商两运新厘并入之偿款、加价，此款系按期提前批解。又有划解三成半报效等款。其解财政局者，则有江省偿款、海防加价、抵补药税、要政加价及藩库划出三成半报效，功盐、零盐所收等款。其解安省支应局筹议公所者，则有练军加价偿款、续添偿款两项加价等款。其解两淮运库者，则有溢销盐厘及解部之二文抵补药税、二成复价之充作海军经费、新旧商一半报效等款。至于八

① 《江苏宁属财政说明书》第128章《江西督销局》。

成复价，则支还淮商局用，缉费则系总分局员及丁役薪粮、公费，水陆缉私各项坐、活支之用。此该局解支之情形也"①。

江宁食岸督销局，"该局督销八岸食盐内，系江宁府属之上元、江宁、六合、江浦、高淳、句容、溧水等七县，扬州府属之扬子一县，凡八岸。以其专售食户，故亦名八食岸。其督销事宜，先由大胜关挈验卡兼办。至同治五年，始改江宁盐巡道经理，总局即设道署。所有缉私、收厘等事及瓜埠、泗源沟两分卡酌派员司，均归巡道主持"。该局之收款，"以盐厘加价为大宗。盐厘每引缴银二两二钱，由岸商照额认引数，按季完纳，缺则包缴，溢则加完。此收厘之科则也。至先后历次加价，第一次自光绪二十一年正月起，每斤加价钱一文，第二次二十七年十月起，每斤加钱一文，第三次三十四年八月起，抵补药税加收二文，江南要政加收一文，第四次宣统元年正月起，培养商灶每斤加收二文。至溢销引盐，例无定数。善后经费，除上、江两岸每引认捐银六钱外，余皆免缴。又六分减平一款，系专就杂支内核扣"。该局之支款，"如盐厘加价，分解宁藩司暨财政局。减平经费，或解交运司，或即在局内支用。督销因实缺道员无薪水，惟总分各局员司、勇役酌给薪工。计总局文案一员，月支薪水三十两，收支一员，薪水二十两，书识三名，每名十二两，亲兵杂役十名，月各支银四两二钱。又瓜埠、泗源沟两处，均设委员一员，巡船一只，书识二名，巡勇十二名，委员薪水二十两，书识六两，巡勇三两六钱。此外，伙食、房租、杂费，每月共需银八十余两，遇闰照加。此八岸支款之大概情形也。至岁入岁出，该局皆照定章，非有特别之举，未便就经常、临时两项强为划分"②。

以上示列的是晚清淮盐引岸管理的变化。当然，各种记载略有不同，但大致不差。兹依据周庆云《盐法通志》所记"汉口督销总局"，加以比较，其云："汉口居水陆之冲，地属汉阳，与府治、省垣相鼎峙，襟江带汉，面山背湖，故列肆蜂屯，连樯蚁附，为鄂省第一巨镇，分驻同知、通判及仁义、礼智两巡检。当淮纲全盛时，商运商销，不必由官督理。淮南鹾船率先集此，以转销各府州县，岁有定额。自粤贼煽乱，淮运道梗，楚省悉食邻私。其后武汉澄清，华夷互市，轮船上驶，设立江汉关，移驻汉黄德道于镇，商货日盛。……同治三年，规复淮纲旧制，凡各省淮盐引地，通行设局，由官督销，一切局务，遴委道员综理，以本省盐道为会办，于是即汉口立督销总局，并设挂号卡于汉水入江处之南岸嘴。如盐船到岸，必先赴卡挂号，始行寄仓，循序待销，或拨运各分局。湘盐过卡，亦需查验放行，以杜夹私之弊"。汉口督销总局下辖的局、店为：武穴督销分局、新堤分销局、德安府分销局、长江埠分销局、浙河分销局、罗田分销子店、麻城分销子店、黄安分销子店、河口分销子店、小河溪分销子店、应山广水驿子店、汉水垌冢分销子店、崇通商办子店、沙市分局、沙洋分局、朱家河分销局、樊城分销局、双沟子店、老河口分销子店、宜城子店、枣阳子店。③ 由此可知，在太平天国起义之前，汉口的食盐分销，主要有分驻同知、通判及仁义、礼智两巡检负责，甚至"商运商销，不必由官督理"。在太平天国起义失败，楚地规复淮岸后，则由督销局统揽一省之全局，盐道协助，各分局、子店经理一地之事物。这与此前的管理传统已经明显不同。

———————————

① 《江苏宁属财政说明书》第 129 章《皖岸督销局》。
② 《江苏宁属财政说明书》第 130 章《江宁食岸督销局》。
③ 周庆云：《盐法通志》卷 68《转运十四》。

四、巡盐御史的俸银、养廉银与其他收入

从总体上说，盐政官员的俸禄标准，基本上与其他行政官员的俸禄标准一致，养廉银标准则有所不同，可以参考笔者撰写的《中国俸禄制度史》清代部分①。清代官员的俸禄是按官品支给，由于巡盐御史"无定品"，其俸禄标准一般来说是按其差遣或兼任时的原品级支给。而且，差遣官员亦由原来的衙门支付，如长芦盐区巡盐御史，"俸银、俸米，例由在京衙门支领"②。但巡盐御史俸银之外的薪银，反而低于低级别的盐运使等官，蔬菜烛炭银、心红纸张银又高出许多。周庆云《盐法通志》记载：顺治四年议准，在外文职照在京文职，各按品级支给俸银外，"巡盐御史岁支薪银三十六两，蔬菜烛炭银一百八十两，心红纸张银三百六十两。盐运使岁支薪银一百二十两，心红纸张、蔬菜烛炭、修宅什物银各四十两。运同岁支薪银七十二两。运判、提举岁支薪银四十八两，心红纸张、修宅什物银各二十两，伞扇案衣、烛炭银均各十两。运司经历岁支薪银三十六两，知事岁支薪银二十四两，提举司吏目岁支薪银一十二两。库大使、巡检各岁支薪银一十二两"③。这是值得注意的。④ 清初在军需浩繁、财政紧张的情况下，曾经对官员的俸薪进行裁减，盐政官员的裁减范围和额度甚至超过其他地方官吏。如对官吏俸薪的裁减，据《清朝文献通考·国用四》记载，始于顺治十三年，该年"裁汉官柴薪银"和"直省文官蔬菜烛炭、案衣家具等银"，顺治朝对官吏俸薪的裁减有限，只是裁减柴薪银等项，不曾裁减官俸正额，到了康熙朝情况有所不同，三藩之乱爆发后，"军需孔急，凡内外大小臣工，各减月俸，以佐兵饷"⑤。盐政官员俸薪的裁减有所不同，据雍正《畿辅通志》"裁汰俸工规例"记载："长芦运司各官俸粮银两，自顺治十四年裁，其所裁之银，每年征解一百九十一两四钱一分二厘，至运司各衙门书办工食银两，自康熙元年裁，其所裁之银，每年征解银二百四十两。"其"裁汰俸粮心红纸张工食"记载："康熙七年四月，户部题定，盐院、运司、运同、运副、运判心红纸张银及门皂等役工食银，量留足用，其余全裁。康熙十四年，户部奉旨，将运司、运判俸银、心红纸张银，并各役工食银，暂行减半。"⑥ 又据《盐法通志》记载："康熙七年，户部咨覆长芦御史呈请公费。查满汉御史从前俱未有部给公费，今满汉御史既照各钞关例每月给公费银四两，汉御史亦应照例给公费银四两。任照关差例，满汉御史每月支粳米半斛。跟随人役各四名，每名每月支粟米半斛。笔帖式每员每月支公费银二两，粳米各半斛，跟随人役各二名，每名每月支粟米半斛。银在盐课内支给，米应移咨巡抚于该地方衙门仓内支领。（康熙）十四年，定两淮、两浙、长芦、河东四处心红纸张银两应裁一半，公费银两应全裁。粳粟米止御史一员，跟随人四名，每

---

① 黄惠贤、陈锋主编：《中国俸禄制度史》，武汉大学出版社 1996 年版。

② 嘉庆《长芦盐法志》卷 13《职官上·职掌》。

③ 周庆云：《盐法通志》卷 16《职官四》。按：《清盐法志》卷 7《经费门·俸廉》缺记。

④ 后来薪银等的裁减变动参见陈锋：《清代中央财政与地方财政的调整》，《历史研究》1997 年第 5 期。

⑤ 参见陈锋：《清代军费研究》，武汉大学出版社 2013 年版，第 315~325 页。

⑥ 雍正《畿辅通志》卷 37《盐政》。按：嘉庆《长芦盐法志》卷 13《职官上》的记载称，裁减实行于康熙七年及十四年。

年共支粳米三石，粟米十二石。十七年，全裁心红纸张银两，并停止粳粟米石。"① 这显然是有所区别的。

巡盐御史的养廉银，各区有所不同，长芦盐区于雍正元年奏准，巡盐御史岁支养廉银20000 两，于雍正六年奏拨岁修水师营城堡银 300 两，乾隆十四年奏裁归公银 5000 两，解交内务府充公，乾隆三十六年，奏明节省银 11700 两，发给商人承领办负。实际养廉银为每年 3000 两。② 这里的记载与嘉庆《长芦盐法志》所记相同："俸银、俸米，例由在京衙门支领。额支养廉银二万两，内奉裁归公解交内务府银五千两，天津水师营城堡岁修三百两，节省办公，按年交商请领银一万一千七百两。巡盐御史实岁支养廉银三千两。"③长芦盐政各官扣裁养廉银解交内务府，从乾隆十四年起形成惯例，我们查到的多份档案都有明确的记载，如乾隆五十六年长芦署盐运使稽承志的呈文："乾隆五十五年十二月初二日起，至五十六年十二月初一日止，盐院扣裁养廉银五千两，长芦运司、运同、运判共应扣裁乾隆五十六年养廉银七千一百二十两。又乾隆五十五年各项盈余银八千八百二两四钱四分二厘，共银二万九千二十二两四钱四分二厘，照数固封，差官小直沽批验所大使杜蓼于十二月二十二日起程，解赴总管内务府大臣台前交纳。"④ 从这里可以看出，除了扣裁养廉银外，其他盈余银两也一并解交内务府，构成皇室财政的一部分。

两淮巡盐御史的养廉银，最初议定的标准亦是 20000 两，其中，"奏准支给各商代办贡物银一万七千两，每年实支银三千两"。两浙巡盐御史的养廉银，最初议定的标准是10000 两，其中，"奏准支给各商代办贡物银七千两，每年实支银三千两。又兼管织造，例应支给盐规银一千六百两，内以一半例解内务府饭食等项外，实支盐规银八百两"⑤。也就是说养廉银也有相当多的部分扣裁，解交内务府，或为内务府办理贡物。同时，如果巡盐御史兼职，另有兼职的报酬。

俸银、养廉银之外的规礼银等其他收入，更是构成盐政官员的重要收入来源。我们在军机处录副档案中查找到两份道光二十八年呈报的山东盐区的"面封公费"清单，其支出为实惊人。

一份是《历任运司支用面封公费清单》⑥：

> 文纶，道光十九年正月至二十年三月任
> 薪水并放关银二万三千二百五十两

---

① 周庆云：《盐法通志》卷 16《职官四》。

② 《清盐法志》卷 28《长芦十九·职官门》。

③ 嘉庆《长芦盐法志》卷 13《职官上·职掌》。

④ 档案，乾隆五十六年十二月稽承志呈：《长芦盐政养廉银扣减解交呈文》。

⑤ 周庆云：《盐法通志》卷 16《职官四》。按：据查到的乾隆三十九年、嘉庆二十五年的两份相关收入支出档案记载，两浙盐政的养廉银均是10000 两，盐运使养廉银 2000 两，均未作扣裁。见档案，乾隆四十一年三月二十日三保题：《为恭报额引公费水脚分规银两事》；道光二年五月十二日英和题：《为恭报等事》。

⑥ 档案，道光二十八年十一月十七日，《历任运司支用面封公费清单》。呈报人不详。按："清单"为行书，应该是"录副"档案，非原清单。有些字不易辨识，有的字为简体字，如"宝清"之"宝"字即为简体，颇类似"室"字，在另外一份楷体奏折中，发现了盐运使宝清的记载，才予以确定。

节寿礼银三千两

程仪银三千两

宝清，道光二十年四月至二十一年二月署任二次

薪水并放关银一万三千九百五十两

节寿礼、铺垫、程仪银共六千六百两

王庭茵，道光二十年八月至九月任

薪水并放关银三千一百两

节礼等银一千二百两

程仪银一千两

何如兴，道光二十一年二月至二十二年八月任

薪水银三万一千两

节寿礼银五千四百两

王笃，道光二十二年八月至九月任

无支项

王镇，道光二十二年九月至二十三年三月署任

薪水并放关银九千三百两

节礼、铺垫、寿银三千四百两

方涛，道光二十三年三月至六月任

薪水并放关银六千二百两

陈功，道光二十三年六月至九月署任

薪水并放关银七千七百五十两

节寿礼、铺垫、程仪银五千五百两

陈士枚，道光二十三年九月至二十五年五月前后两任

薪水并放关银二万九千四百五十两

节寿礼银四千八百两

任钟，道光二十六年十二月至二十七年四月署任四次

薪水并放关银二万一百五十两

节寿礼、铺垫银共一万四千八百两

沈拱辰，道光二十五年六月至二十六年七月任

薪水并放关银二万一千六百五十两

节寿礼银二千四百两

程仪银二千两（指修街道）

刘源灏，道光二十六年八月至二十七年四月任

薪水并放关银五千六百五十两

节寿礼银一千八百两（此项该商供称二十七年四月还库）

韦德成，道光二十七年十二月至二十八年五月任

薪水并放关银六千二百两

节礼等银一千二百两

道光在这份清单上朱批："钦此"。并没有表示其他的意见，可以想见是一种惯例。这些银两完全是俸禄之外的额外收入，即使第一项称为"薪水并放关银"，"薪水"二字也绝不是俸薪，"放关银"又称"放关规银"，也明显是一种规礼银。从这份难得一见的清单可以看出，盐运使所得大多数额巨大，且没有什么严格的一定的标准，第一位列出的盐运使文绀，任职一年，竟然收入三万两之巨，仅这一被认可的收入，其标准的俸薪、养廉银就不值得一提了。所以《红楼梦》里说林黛玉的父亲林如海被点任巡盐御史，是得了最阔的差，所以《水窗春呓》在谈及两淮盐官收入时称：

盐务盛时，盐政一年数十万，运司亦一二十万，南掣几十万，北掣较苦，亦二三万。三分司与南掣相仿。优差则泰坝五六万，永丰坝子盐、汉岸提课皆数万。即京饷、甘饷解员，亦数千金。又有官运一差，则视乎其人，盈绌不计矣。候补且有坐薪，皆数百金一年。各省作官，无两淮之优裕者①。

两淮由于是盐务大区，盐政官员所得超过山东等盐区是没有疑问的，但是否就是如许数额，笔记小说家言，可供参考。

再看另外一份《支送历任巡抚面封公费清单》②：

经额布，道光十九年五月至七月任

公费银一万两

程仪等银五千六百九十两

杨庆琛，道光十九年七月至十月任

公费无收项

---

① 欧阳兆熊、金安清：《水窗春呓》卷下，"盐务五则"条，中华书局 1984 年点校本，第 77 页。

② 档案，道光二十八年十一月十七日，《支送历任巡抚面封公费清单》。呈报人不详。按："清单"为行书，应该是"录副"档案，非原清单。有些字不易辨识。

托浑布，道光十九年十一月至二十二年十月前后两任
公费银三万五两

麟魁，道光二十二年六月至九月署任
公费银二千二百两
程仪银一千两

王笃，道光二十三年正月至二十四年十二月署任三次
公费银等六千两
程仪银二千两

梁宝常，道光二十三年四月至十二月任
公费银一万两
程仪银三千两

崇恩，道光二十四年三月至二十七年十一月前后两任
公费等银四万两
程仪银三千两

陈学恩，道光二十七年十一月署任
公费下无收

张澧中，道光二十七年十一月任
公费银一千两

徐泽醇，道光二十八年六月任
公费无收项

这一份清单也很有价值，只有个别巡抚任期很短，没有收项，其他多寡不等。道光在这份清单上朱批："钦此"。并没有表示其他的意见，也可以想见是一种惯例。由于地方官员有管理盐务的职责，所以有所谓的"公费"收入。

（作者单位：武汉大学中国传统文化研究中心）

深惭事业属虚浮
——清初吏胥生活情状研究

□ 王雪华

中国古代的官员们留下了大量的个人文集、日记、文钞等，使今人对他们的官宦生涯和生活状态有较多的了解，而我们对于数倍于官员的吏胥之生活状态所知不多，也罕有吏胥亲手写就的文字材料存世（由吏而入仕为官者除外），这就使我们对吏胥的了解都来自于官员和绅士等主流群体的记录，形成了奸胥、猾吏、衙蠹等一面倒的印象，这是否与吏胥的真实生活状态相符呢？幸而有清初上海县吏姚廷遴所撰年谱性回忆录《历年记》保留至今（收入《清代日记汇钞》，上海人民出版社 1982 年版），记录了明清鼎革之际作者由著姓大族子弟而遭遇贫穷，以致屈身县吏的经历及其目睹的情形，为后世提供了难得的研究资料。

有关《历年记》及其作者姚廷遴，学术界已有所关注，取得了部分研究成果，他们就姚廷遴的吏胥生活、上海地方司法活动、望族兴衰、地方人士的国家观等进行了有价值的研究①。本文以此为基础，继续分析《历年记》这一文本，透过与主流文献不尽相同的视角，从一名吏胥的立场出发，来考察清初吏胥的职业生活、生存环境、经济状况、文化素养和价值取向等，以对吏胥这一人群以及清初的时代特点有多方位的、更符合实际的认识。

一、缺乏认同感的书吏生涯

姚廷遴，字纯如，生于崇祯元年（1628 年），卒于康熙三十六年（1697 年）之后，松江府上海县人。其祖父姚永丰曾任明朝太医院御医。叔祖姚永济是万历朝进士，官至浙

---

① 主要研究论文有：［日］佐伯有一：《明清交替时期胥吏像一斑》，《东洋史论丛——中村治兵卫先生古稀纪念》，刀水书房 1986 年版；［日］岸本美绪：《〈历年记〉所见清初地方社会生活》，《明清交替与江南社会》，东京大学出版会 1999 年版；［日］岸本美绪：《清初上海地方人士的国家观——以〈历年记〉为例》，中国社会科学院历史研究所等编：《第三届中日学者中国古代史论坛文集》，中国社会科学出版社 2012 年版；肖卫华：《论明清交替时期上海"望族"的兴衰——以〈历年记〉为例》，《理论月刊》2004 年第 4 期；徐忠明：《清初绅士眼中的上海地方司法活动——以姚廷遴〈历年记〉为中心的考察》，《现代法学》2007 年第 3 期。

江左布政使，"家甚丰腴"①，鼎革之际，其巨额家产被兵丁劫走，至顺治时，叔祖年已九十余，仍步履健硕，远近视为人瑞。叔祖对入清之后的姚氏家族，仍帮助甚多。姚廷遴6岁开蒙读书，自13岁父亲病故后，便"任情放荡，顽梗异常"②，无心向学。16岁时为叔祖所拘管。18岁开始学做生意，卖咸肉、开米店。后由叔祖出资助其定亲，于25岁成亲，入赘谈家，显然，此时姚家经济上已现窘境。30岁时，他家老仆人与其两位堂兄商议："看来我家官私还有，不如将大官（指姚廷遴）进一房科。"③ 叔祖的两位孙辈希望他们的堂弟能进入县衙当差，"一可识熟衙门人面，二可习熟文移律例，后日好去作幕，每年可得百金，比处馆者差几倍"④。对于姚廷遴而言，这是一次重要的选择。

他先是入县衙供招房，边当差边随老吏徐翰远学律例。所谓供招房，又称取供房、供房，康熙朝孙鋐曾言："供房书手，每每先事哄吓愚民，不论曲直，尔边置酒馈送，官府未审而彼之腹已饱矣"⑤，显然供招房是与刑狱有关的专门科房，其职责是录写长官的讯问，及原被告、证人的陈述、证词等。两年后，因与师傅徐翰远之子、同在供招房的徐仲爵相处不睦，遂从朋友唐君聘、倪习之之言，转入兵房，三个月后见事情难办而除去兵房卯簿。又两年，趁新旧知县交接之际，再管刑房。再二年，即康熙二年，姚廷遴被知县擅自改为工房吏，而他不愿转工房，遂被县令收监，直到递交了愿充甘状书才得释。康熙四年十二月，姚廷遴自觉在官府当差不易，便回到乡下，放弃习吏。不料时隔一个月，县公差人来，找他回去修理一些工程。康熙五年九月，有满洲章京来上海巡视，县令要修缮满洲公署，又请姚廷遴担当修理事务。康熙七年，姚廷遴41岁，他坚决拒绝了县衙的差事。此后就在家设馆授徒、务农等。

姚廷遴在县衙任吏职十余年间，其所办事情多为例行差事。如任兵房吏时，要及时处理提督下达的任务。转工房吏后，需修理县衙，备办日用物品，遇到上级官员到上海县巡视时，要修缮桥梁、道路、公署等。每到岁暮，"凡行过事件，各上司俱要岁终册"，为了赶时间，有时只好请人私自帮助书写完成。

清人有言："天下事莫不起于州县"⑥，如同上边千条线，下边针一根，朝廷之种种事务都要通过州县落实。而身处县衙的书吏自然辛苦异常，除了例行事务，还要完成上级下达的紧急任务。在姚廷遴任兵房书吏时，正是军事状况多发的顺治朝，涉军无小事。顺治十六年十一月，马提督到吴淞，向上海县要船只50艘，而知县正在府城，一时无主，姚廷遴只得自己前去提拿船只，并当天送往吴淞。不料走出郎家桥，船户竟四散而去，只拦住二十六七艘船。经过千辛万苦，终于抵达吴淞，管事的人对他说；"十六日老爷准要过浦，五十个舡，少了一个砍你的头！"⑦ 他与同去的差人连夜赶回上海，此时知县已回。于是重新派发船只，于十五日扎营于界浜渡口。牟姓参将又说船内还需垫草，姚廷遴只有

———————————

① 叶梦珠：《阅世篇》卷5《门祚二》，上海古籍出版社1982年版，第129页。

② 姚廷遴：《历年记》，《清代日记汇抄》，上海人民出版社1982年版，第53页。

③ 姚廷遴：《历年记》，《清代日记汇抄》，上海人民出版社1982年版，第74页。

④ 姚廷遴：《历年记》，《清代日记汇抄》，上海人民出版社1982年版，第75页。

⑤ 孙鋐：《为政第一篇》卷2《时宜·待人·取供房》，《四库全书存目》史部第262册，齐鲁书社1997年版。

⑥ 徐栋辑：《牧令书》自序，清道光二十八年刊本。

⑦ 姚廷遴：《历年记》，《清代日记汇抄》，上海人民出版社1982年版，第78页。

将岸边人家的十余堆稻草搬抢而去。一番辛苦后，得到 20 两酬银。经过这次事情，姚廷遴自觉以心粗胆壮的个性，难以做好兵房之事，并且不愿担惊受吓、承受过大压力，于是由其大伯（即叔祖之长子）手书一封，除去兵房卯簿。

姚廷遴对其在供招房和刑房所办差事记载不多，除兵房事务外，着墨最多的是任职工房书吏之时。此时他已入县衙四年，有的事情已能独当一面地办理，故记载此间事情较多。

康熙二年十月，姚廷遴被即将离任的县令改为工房书吏，而他并不愿入工房，在被收大铺后才不得不到工房当差。康熙三年四月，"安缉大人王巡临南汇地方，是余承值，一人兼管供应铺设，繁难异常。忙有半月，费一百三十金，又为槽刀误事受累"，结果是向县衙赔偿了三十副槽刀，此次竟费银四十多两。五月，火药局都司催提各县杉炭，姚廷遴既要为解送杉炭价格事去苏州官署相谈，还要搭棚烧炭，五日内烧得一千斤，星夜装船发走，总算太平。而松江府华亭、娄县、青浦三县的经承书吏，因无法如期完成任务，俱受责三十板，"惟我有炭到，抚台面谕，发局验收"①。七月，镇守苏州的祖大将军回京，需要大船数百，小船数千，惊天动地，调船甚急。但姚廷遴似乎并未参与其事，毕竟书吏是分班轮值。九月，听闻江宁巡抚韩世琦要到上海巡视，县衙的人忙作一团。至十一月，韩世琦才到松江府各县。姚廷遴负责铺设民房，收拾守府衙门演武场，巡抚到来之际，又将厨子分派到各衙门，宰猪、羊、鸡、鹅、鸭，分配米、烛、炭等至通宵达旦。接待过程中头绪繁多，万分忙碌。待抚院一行兵马走后，经清点，少了绣帐、被子、银镶杯及槽刀等物件若干。此番接待费银 150 两，无处开支。此时，正值岁末，公务颇为繁忙，"凡行过事件，各上司俱要岁终册。千难万难，独余一人承值，倩人书写"②，因为同科房的七八个书吏都被抚院责打后关禁，他只有请人帮忙处理。

官府对姚廷遴这几年当差的考评如何呢？康熙三年十一月二十四日，姚廷遴由所承值的南汇，赶到松江府城参加考评，"登答许久，幸而太平"。但是，抚台说："本官填你懒惰，免你几个板子。"③ 这才自知所获考评并不好。姚廷遴本就不愿做工房吏，想必有时干起活来消极怠工，故而巡抚说他懒惰。

尽管考评一般，交纳银两所得的书吏差事仍在继续，有时候在完成任务时还需要配合知县应付上司。康熙四年大年初六，知府衙门就遣人到上海，向县册房要该县应差图分册④，向工房要府志一部，一起送巡抚衙门，以便查对。姚廷遴遍觅城中，并无府志，只得买县志一部呈上。知县又将他叫到后衙，与他商议："抚院要册子，计开应差、免差者，其意要官儒图一体当差也。若论抄筑海塘，自然应你去登答。只说本县自十六保起、三十保止，共有三百余图数，内有二十八、二十九、三十等三保，因吴淞淤塞，向系荒图，漕粮通是没有的，止征白银尚且完不起，那里还当得杂差？若问起官儒图，你只说：虽是奉旨与民一体当差，但本官在地方，未免作养他一番……你去只说是新到房科，上年

---

① 姚廷遴：《历年记》，《清代日记汇抄》，上海人民出版社 1982 年版，第 87 页。
② 姚廷遴：《历年记》，《清代日记汇抄》，上海人民出版社 1982 年版，第 89 页。
③ 姚廷遴：《历年记》，《清代日记汇抄》，上海人民出版社 1982 年版，第 88 页。
④ 册房职司绘制全县地籍图和赋税册。

事俱不晓得。"① 上海知县考虑到本县利益，于是教姚廷遴如何应付上司，以逃避部分差役。此次松江府差戴二如、上海县差冯伯先又被知府重打三十大板，姚则幸免。后来为迎接镇江大将军李显贵，姚廷遴又被派修理县衙、桥梁、道路、烟墩、城垣等，其间受到官府凌虐，被收监，并罚没钱财若干。自此他心灰意冷，萌生出退役之念。

然而，知县衙门有紧急事务时还是希望姚廷遴能出手相助。康熙五年九月，县中又派管班来传他，因朝廷遣章京3员及笔帖式2人，巡视江南，驻扎上海，于是县里亟须修理衙门公署，给上级以好的接待条件和印象。这次工作仍然十分辛苦，他每日要安排几十名匠夫轮值，如木匠、泥水匠、锯匠、漆匠、铜铁匠、糊裱匠等。"每夜油烛，总甲支应，至天明放出。昨日值匠小夫、三铺总甲，又拨每铺三十名，逐名点进，余一身承应几百人，半月不合眼，手中不停笔，廿名听差，星飞摄取物件。此时各色铺户亦苦极。二十五日，出公署，竟睡一日。"② 此次上级巡视，不但苦了衙门中人，还累及城中各商铺。待满官走后，知县将承办任务的书吏叫进后衙，了解此次开支情况，并慰劳他们说："你们五个书办，真正劳苦费心了，本县把十五两银子赏你，你们去谢个天地，大家饮一会安心酒。"③ 谁知竟有令他们为难的事情等在后面，县令的意思是，此次章京到县，接待所用物资及馈送方面的费用约有500两银无处开支，于是竟要放在材料一项中列支。比如姚廷遴只领过料价80两，就要附带另加供应银72两。他们只得照此连夜造册，然后上报知府衙门。

从《历年记》所讲述的情形来看，姚廷遴少年时在父亲病亡后有过逆反期，他"心散气浮，口无好语"④，顽皮放荡。青年时期因叔祖将他入赘妻家，曾记恨叔祖，打算自此不再回家，可知其意气傲然之心性。进入县衙习吏后，为了所经办的差事，他还是很注重和长官以及各级书吏处好关系，比如康熙三年，为顺利完成火药局所要杉炭，他特意备礼送给火药局局官父子，由于父子二人各有衙门，他便备礼两份，"两边俱要使用，有管班、门子、长随各役，局内有验炭、称炭、筛炭、药匠等费，又送钱振公藕粉、桂花饼、凉鞋、糕饼等项，共约费数金。解过即有批回"⑤。因朋友的疏通，姚廷遴得以与火药局局官之子钱振公一起饮酒，不料"甚相知，有意气"⑥，于是此次办差颇为顺利。又有江宁巡抚韩世琦一行来上海巡视，姚廷遴见其打头站的差官易于交往，便送银四两，他竟然不收，说："只要不误，就是好的，何苦要你银子？"⑦ 看来清初官场也不乏清廉者。在他为抚台巡视上海而承值南汇期间，南汇营的守备和阮姓把总对姚廷遴也很关照，凡是上面要求办理而一时难以完成的事情，他们就命营中的管班前去帮助，说："姚纯如在那里忙，你们通去帮衬一帮衬，若要银子，到我处来领。"⑧ 于是营中几人，尽力前往料理。看来，姚廷遴还是有些人缘和办事能力的。但还是有曹姓管马人，向姚索银，"将余并粮

① 姚廷遴：《历年记》，《清代日记汇抄》，上海人民出版社1982年版，第90页。
② 姚廷遴：《历年记》，《清代日记汇抄》，上海人民出版社1982年版，第94页。
③ 姚廷遴：《历年记》，《清代日记汇抄》，上海人民出版社1982年版，第95页。
④ 姚廷遴：《历年记》，《清代日记汇抄》，上海人民出版社1982年版，第53页。
⑤ 姚廷遴：《历年记》，《清代日记汇抄》，上海人民出版社1982年版，第88页。
⑥ 姚廷遴：《历年记》，《清代日记汇抄》，上海人民出版社1982年版，第88页。
⑦ 姚廷遴：《历年记》，《清代日记汇抄》，上海人民出版社1982年版，第89页。
⑧ 姚廷遴：《历年记》，《清代日记汇抄》，上海人民出版社1982年版，第89页。

房直至四鼓，逼去银共十两，得银后即曰：'快收拾，我们要去了！'"① 他也只得应付了事。

姚廷遴在而立之年屈身县衙习吏，表明姚氏家族入清以后已走向衰落，不过，姚廷遴并未活在富贵门第的虚名中，而能观时达变，经商、习吏、务农、训蒙，努力挽救现状。并且，由于叔祖的影响，还是给姚廷遴带来了有益的社会关系。至顺治十六年叔祖去世之前，都能给予姚廷遴经济上和人脉关系上或显或隐的关照。顺治九年四月，叔祖之长子63 岁大庆时，"有张提督、韩理刑、姚知县，俱来拜门生、认年侄孙者、通谱者。上台显要如张抚台、黄江院、张按台等，时常馈送，来礼必重，门墙重新热闹，余亦大有利益"②。同年十二月，叔祖 90 大庆，"其日天色又好，本县文武多官及乡绅士庶，及别郡门生故旧亲戚，男女毕集，称觞拜贺，拥挤一日，家晏戏酌而散。先期二伯在京师，亦归请酒数日而止"③。叔祖在世时，既能给家族带来经济依靠，又能维持很多社会关系。此后，姚家由盛而衰，"自此盛后，再不能见此光景"④，不禁令姚廷遴感叹气运盛衰，倏尔变幻！七年后，其叔祖去世时，松江提督、府厅官、吴淞赵总兵都前来祭奠，陆知县主持，虽然尚能维持一时，不过姚家上下自知风光不再。姚廷遴写有怀念叔祖的五言诗一首："忆昔繁华日，时叨雨露新。画堂铺锦绣，书阁毓麒麟。维识妍和丽，安知贱与贫？可怜今寂寞，回首泪沾襟"⑤，感怀家族的兴衰。

姚廷遴在回顾自己当初入县衙习吏时说："自此沦落十五年，后悔无及。"⑥ 他之后悔，恐怕既有对自己未能振兴家族、一事无成的抱憾，也是为书吏生涯中所遭辛苦和屈辱感到不值。在清朝前期，官场享乐风气尚不及后半期普遍，吏治较好，对吏胥的管束自然严格，对吏胥的打压也十分明显，而这在世家子弟姚廷遴看来，就有些不安和不满了。康熙三年十一月，江宁巡抚韩世琦一到松江府，就私行亲访，重惩府县两级吏役，"府县各役重责五十起八十止，共二十五名"⑦，显然抚台大人已事先对衙门情况有所掌握，此番就是要整治吏役。十二月，韩抚台又到上海县拿兵房、工房书吏开刀，予以重惩，也是各打 50~80 下，并关在衙署中发审。姚廷遴则"幸无人告发而免"⑧。非但韩世琦重惩书吏，上海知县也执行上级指令，将工房的七八个同事都收禁，"又奉严禁，不许如前滥差"⑨，幸而此时姚廷遴刚好返乡。

两江总督、"清官第一"的于成龙在康熙二十一年到任后，也是严打衙蠹、土豪，"拿去千人，到必三十板，枷号三月，死者居多"⑩。所言"衙蠹"中，必有胥役在内。康熙二十五年，江宁巡抚赵士麟上任后，也有整饬吏治之举，府县官都很惊惧，不敢舞

① 姚廷遴：《历年记》，《清代日记汇抄》，上海人民出版社 1982 年版，第 89 页。
② 姚廷遴：《历年记》，《清代日记汇抄》，上海人民出版社 1982 年版，第 69 页。
③ 姚廷遴：《历年记》，《清代日记汇抄》，上海人民出版社 1982 年版，第 69 页。
④ 姚廷遴：《历年记》，《清代日记汇抄》，上海人民出版社 1982 年版，第 69 页。
⑤ 姚廷遴：《历年记》，《清代日记汇抄》，上海人民出版社 1982 年版，第 78 页。
⑥ 姚廷遴：《历年记》，《清代日记汇抄》，上海人民出版社 1982 年版，第 75 页。
⑦ 姚廷遴：《历年记》，《清代日记汇抄》，上海人民出版社 1982 年版，第 88 页。
⑧ 姚廷遴：《历年记》，《清代日记汇抄》，上海人民出版社 1982 年版，第 89 页。
⑨ 姚廷遴：《历年记》，《清代日记汇抄》，上海人民出版社 1982 年版，第 89 页。
⑩ 姚廷遴：《历年记》，《清代日记汇抄》，上海人民出版社 1982 年版，第 115 页。

弊，吏胥中"有名目者俱远避，我本县从未有如是之寂静。皂隶要寻蠢笨者，站班、跟随、快手、吏书，革去三分之一"①。不过此时姚廷遴早已不再习吏，也就没有压力，转换了立场。但是，当他记新上任的上海县令时说："新县公到任后，犹将各役吊打，正身缘事他出，必将其家小阱在门楼上，亦泼横之极矣!"② 还是对某些官员的过分行为有所指责。

作为一个书吏的姚廷遴，其当差的生活并不顺遂。每当差事一到，容不得延迟半刻，还经常挨打、被罚，甚至收监。有几次事件，其他书吏被打，他则侥幸脱免。但任工房吏时，几次都因小事而被收监。一次是他不愿做工房吏被关押，直到他签下愿意留在工房的字据才罢休。另一次是为工部事忙碌，大概长官不满意，反被"收大铺"。

康熙四年十二月发生的事情，是压垮骆驼的最后一根稻草，当时邹知县从苏州回，要姚承担一部分修公费，"甚急，将我收大铺"。其间，对他有哺乳之恩的姑母前来探望，见此情景，伤心落泪而去，姚廷遴反过来心疼姑母，自叹"可怜可怜"！此次关押了18天，放出后被迫上交公费银50两、布30匹、银烛1对、绸衣数件和黄珠数粒，才算完结，姚言："可见官府之贪。"③ 经过此番折腾，姚廷遴自觉"旧岁跋涉，异常辛苦"，故再也"不愿至县"④，他要辞掉县中的差事。但是在康熙五年正月，有差人奉签来找姚廷遴，"因县公要我管比各项修理"。姚深感无奈，只得对官府实言相告："二年多费，欠营债百金，难于措处，若充役在县，将何抵补?"⑤ 在临时管事一个多月后，姚廷遴去意已定，此次返家之后，绝意再不至县。康熙六年初，县衙陈姓工房吏多次禀官，要姚回去处理未完之事，被其大兄（即叔祖之长孙）出面婉拒。

从清代文献中，我们能看到大量的各级长官对吏胥"朝笞暮辱，颐指而气使"的描述⑥，而当时吏胥也认为自己所习之事不够体面，尤其是对那些尚具文化良知的人来说，习吏是一个痛苦的过程。姚廷遴在他的日记中，以沉痛的心情回首30岁入县衙当差的经历时说："自此沦落十五年，后悔无及。"⑦ 40岁时，"觉得大半生虚度，涉历异常辛苦，而至此尚一事无成"⑧。51岁时，则言："劳心廿载，不独一事无成，抑且皆不遂意，虽气运之盛衰，亦人事之得失耳。"⑨ 60岁时，赋诗慨叹："花甲俄惊六十秋，深惭事业属虚浮"⑩。可知，姚廷遴对习吏生涯严重缺乏认同，在官府任书吏并没有给他带来体面，更无论成就感，他青年时代有过的热望和理想终归于幻灭。

---

① 姚廷遴：《历年记》，《清代日记汇抄》，上海人民出版社1982年版，第123页。
② 姚廷遴：《历年记》，《清代日记汇抄》，上海人民出版社1982年版，第103页。
③ 姚廷遴：《历年记》，《清代日记汇抄》，上海人民出版社1982年版，第93页。
④ 姚廷遴：《历年记》，《清代日记汇抄》，上海人民出版社1982年版，第93页。
⑤ 姚廷遴：《历年记》，《清代日记汇抄》，上海人民出版社1982年版，第93页。
⑥ 鲁一同：《胥吏论四》，盛康辑：《皇朝经世文续编》卷28，台湾文海出版社1987年影印本。
⑦ 姚廷遴：《历年记》，《清代日记汇抄》，上海人民出版社1982年版，第75页。
⑧ 姚廷遴：《历年记》，《清代日记汇抄》，上海人民出版社1982年版，第95页。
⑨ 姚廷遴：《历年记》，《清代日记汇抄》，上海人民出版社1982年版，第111页。
⑩ 姚廷遴：《历年记》，《清代日记汇抄》，上海人民出版社1982年版，第129页。

二、文化素养、生存环境及价值观念

如果对《历年记》细加分析，便不难发现自姚廷遴幼年时代起，他的父祖就是以一个富贵人家子弟的标准在教育和培养他，给予他良好的启蒙教育。6 岁时，父亲筵请浙江人赵新台为之开蒙，教读《大学》。其父对他要求甚严，还提前在家教读，一旦读音不准，就遭父亲责备。随赵新台学习三年后，改去周浦外祖家师从蔡淡然学《孟子》，蔡淡然是当地小儿科名医蔡承泉之子，同馆学习的还有其小舅等 5 人。次年，又返家继续从赵先生读书，因为赵先生能赏识他，另眼相看他："从赵先生几年，坐必案右，书必训熟，凡有点心必分惠之，凡遇寒暑必体谅之，推爱尊重，与众生不同，所以相得。" 11 岁，从姚先生读《诗经》。12 岁，从陆先生读完《诗经》，并开讲"四书"。13 岁，从罗三官读古文，始开笔写文章。14 岁，师从老儒瞿警臣，瞿先生的弟子中成才者多。自 13 岁时父亲病亡后，姚廷遴即无心向学，关系欠佳的祖母也说他"素性顽劣"①，至 16 岁时因母亲暂回娘家，他只得住进叔祖家，由叔祖拘管，命其从东阳卢先生读书，不久改徐先生教读。姚家在明朝末年时家境富裕，姚廷遴的外祖父家也是富贵之家，其姨夫、姨母自外回乡时，"跟随快舡四只，从者廿人，极盛极美之礼，撒金如土之用，外祖如接官府，亲戚靡不喝采"②。因此，姚廷遴有条件接受良好的私塾教育，相继跟随多位老师从学。

少年姚廷遴也开始交友，并乐于结识志气相投的人。14 岁时，与瞿先生门下的韩雨泰、朱修可二人"年齿相若，情义相投，意气相合"，只是此二人俱入县学，"余不肖，及今犹恨也"，事后他悔恨当年没有用功读书。15 岁时，他开始和朋友外出宴饮，"夜必饮酒，更深而归"③，而此时正是大饥馑的年代。当他夜晚回家走到家门口的馆驿桥时，必有死尸几具，或在脚下踢过，或从身上跨过。他也看见了人吃人的惨相。相比之下，他的富裕生活并无大的改变。这年五月，有朋友沈烈卿前来和他结盟，"沈家计富厚，父母惟一子，少年毕姻，意气慷慨，情义相投，家中财帛任其所为"，他们相距不远，便于往来答拜，"彼此往来，遂成知己，因择十友而盟焉。此时王室凌夷，人情叵测，非党不行"④。明季流行文社，少年的姚廷遴也乐于入社。不久，沈烈卿被县公拿去，筹划了几个月的结社随之瓦解。

尽管姚廷遴描述自己读书不甚用功，不乐举业，又任情放荡，但是，他欣赏友人的"意气慷慨"，欣赏大伯家外孙杨于宣"眉清目秀，志大性聪，有心腹，有情意……待余甚厚，曾盟于皓月之下，期我于云霄之上，愧余不肖，负彼初心"，可见他曾是一个个性明朗、善交友、冀图成功，也有过一番雄心壮志的少年。直到 60 岁大寿时，他回顾少时所经历的繁华，赋诗云："检历欣看度已周，依稀重忆少年游。黄金抛掷思难复，赤壤轻遗委不收。无限关情终是幻，每深感慨忆沈浮。栖迟南土柴门迥，幸有相知慰白头。"⑤

① 姚廷遴：《历年记》，《清代日记汇抄》，上海人民出版社 1982 年版，第 50 页。
② 姚廷遴：《历年记》，《清代日记汇抄》，上海人民出版社 1982 年版，第 46 页。
③ 姚廷遴：《历年记》，《清代日记汇抄》，上海人民出版社 1982 年版，第 51 页。
④ 姚廷遴：《历年记》，《清代日记汇抄》，上海人民出版社 1982 年版，第 52 页。
⑤ 姚廷遴：《历年记》，《清代日记汇抄》，上海人民出版社 1982 年版，第 130 页。

他的那些相知相慕的朋友也有贺寿诗，"世泽簪缨门第远，家声诗礼德星俦"，"羡君风雅擅名流，文种书香孰与俦"，"逸怀不减陶彭泽，幽吟何逊杜工郎"，赞其显贵的门第，将他的诗作比做杜甫。

他的父亲和祖父早年对他的期许，一定是希望他成为一个能继承门第的人，不意遭逢明清鼎革，叔祖家的巨额家产被败残军抢劫，"一家内遭数千人乱抢，百号舡装载，三昼夜不停，余剩者还有论换之货，其富可知矣"①。父母的金银细软之物，也被荆兵掠走。随着叔祖的去世，姚家更加衰落下来。而姚廷遴入官府做书吏，是面对现实的不得已之举，这显然不是他的父祖着意培养他的目标所在。

人生多变，世事无常。姚廷遴由一个年少轻狂的贵公子，一变而为生意人，再变为县衙书吏。他不得不放下傲气，面对现实，希望通过习吏，进而入幕，以获得年薪百两的经济报偿，这要比做塾师的收入高得多。但是，即便如此务实的愿望也很难实现。最终他的后半生是做农民、塾师，这是一个普通读书人所能做的事情。

康熙七年，当41岁的他结束了不安定的衙门生活后，回到南乡岳母家中，在家开馆授徒，有弟子四五人，应是家中晚辈及邻家子弟。他一直断断续续开馆，有时在家，有时在外。直到65岁时，还在教授生徒，"其年因无事，孙男三元又要读书，故开馆在家，甚适余意"②。次年，继续在家坐馆，晚年的他颇为乐意教孙男读书。68岁时，他还在谈仁甫家开馆，至次年即收有9个学生，谈家是他入赘所在的妻家。看来年近七旬的姚廷遴身体尚能支撑。他每次所收学生都在4人至9人之间。

塾师的收入十分微薄，只能补贴家用，他后半生的30年间，还有一笔是务农所得的收入。这30年里，虽然生活并不富裕，但还算安定，务农所得加上塾师的收入，尚能维持一家生活。

在姚廷遴辞去县吏之后，他有了时间和心情外出游玩。康熙八年正月，是年42岁，他偕同长子，往城隍庙、丹凤楼、真武台、积善寺等处游玩，不禁感觉城乡确有差别。此次，他的大兄、二兄（即叔祖之孙）也都有几日陪同出游，还一起喝酒，"直饮至夜半而止，故乡同气，怡然在念"③。姚还是一个有些生活情趣的人。三月，又在水山前欣赏演戏五本。64岁时，有戏班在小庙前演戏四本，看戏的人很多，但他家只有大女儿和二妻嫂前去听戏。十多天后，在西边三官堂内又有演出，但他正为康定官家官司事忙碌。似乎这两次看戏的机会他都错过了，而他特意记录下来，可知在上海乡下听戏的机会并不为多。

人的一生总是免不了疾病的折磨。康熙二年秋，上海疫病流行，"连村合户俱病倒"④，姚廷遴的妻子、岳母、三弟都感染重病，母亲病亡。处理完母亲的后事，他自己也大病一场，一度很危急。深秋时分，妹夫过世，妹妹亦大病。康熙二十年，时年54岁的姚廷遴患上疟疾，近一年才痊愈，人已"形销骨立，面有黑色，而气血极矣"⑤。据

① 姚廷遴：《历年记》，《清代日记汇抄》，上海人民出版社1982年版，第58页。
② 姚廷遴：《历年记》，《清代日记汇抄》，上海人民出版社1982年版，第142页。
③ 姚廷遴：《历年记》，《清代日记汇抄》，上海人民出版社1982年版，第99页。
④ 姚廷遴：《历年记》，《清代日记汇抄》，上海人民出版社1982年版，第85页。
⑤ 姚廷遴：《历年记》，《清代日记汇抄》，上海人民出版社1982年版，第114页。

《历年记》所载，康熙二十五年，嘉兴、秀水两县疫症盛行，传说吃甘蔗即可痊愈，一时甘蔗贵极，有人到松江和上海来收购甘蔗。① 康熙二十六年夏，上海痢疾盛行，姚廷遴也染上疾患，多方求医无效后，他给自己下处方，用当归、泽泻、黄芩、木通四味煎服，很快医好了痢疾，正所谓医儒同道，有些医家奥旨，非儒不能明。晚年时，姚廷遴时犯胸痛，痛则一身冷汗。不过，从他69岁还在设馆授徒来看，姚廷遴的身体状况大体不差。

姚廷遴的一生中，16岁之前多在上海县城姚家宅邸中生活、读书，18岁之后卖过腌肉、开过1年米店，又经营农业，与人分种田地。25岁入赘谈家，与南乡的岳母家一起生活。30岁时入县衙习吏，共有11年的时间。最后30年是务农，兼做塾师，居住在东乡。他也参与解决了不少民间的诉讼纠纷，这应与其在衙门做过书吏、熟悉诉讼程序有关。在其一生中，在县衙做书吏是令他感到心酸、后悔的事情，但仍然是他一段重要的职业生涯，由此他见识了官场中的人和事，增加了人生阅历。

从姚廷遴所写《历年记》来看，做过书吏的他，并非如官绅士大夫笔下可憎的"狗吏"形象，而是一个心态正常、有良知和正义感的人。他欣赏被康熙帝誉为"清官第一"的两江总督于成龙，以及上海知县史彩、江宁巡抚赵士麟、江宁巡抚汤斌、两江总督傅遮遍等人的廉政作风。他亲眼见过去世前两个月来到上海的于成龙，说他"身长面白，须鬓皓然"。他对于成龙的评价最好，"公正严明，清察利害，各府县官畏极，从来见上司未尝如是"②，"今上御极以来，贤才济济，好官莫如两江总督于成龙……才干非凡，一丝不染，布衣菜饭，操凛冰霜，上任时经由本省地方，住宿饭店，禁绝两省官员迎接及送供应馈遗陋习"③。可贵的是，他认同于成龙公正严明的气概，说于成龙更胜过明朝的海瑞，并记下了于氏家贫及身后的情形。于成龙去世前一日还坐堂理事，身后只留下少量的米、银、字画和衣物，姚廷遴感叹这位二品大员的清贫"古来所稀有"。江南、江西两省的百姓对他的死哀恸不已，放声哭拜，这也是过去没有的事情，江宁城甚至罢市数日。人们还欲捐银安葬于成龙，被于成龙的夫人及儿子拒绝。显然，姚廷遴是以褒扬的笔法在记录此事。说到新任江苏巡抚赵士麟，认为他对府县官十分严厉，使他们不敢舞弊，又能及时办理衙门词讼及钱粮，吏胥也被革去三分之一，而署内从未有过的寂静严肃。对于书吏出身的知县史彩，姚廷遴也赞赏他为政严明，当他离任时，百姓极力挽留，因不舍而哭泣，"满县人如失父母"④。同时，指责在灾害面前漠视百姓生死的知县陈之佐的行为"残忍"，"酷虐异常，打人不论大小，概必四十"⑤，终因贪污漕粮，被疏题革职。他还批评两江总督范承勋在康熙三十三年上任时，接受上海县为迎接他办的大型迎接活动，张彩色绸缦，红毯铺地，摆满汉宴，百人伺候，数百人迎接，场面豪华奢侈。离开时，知县所送礼金、犒赏、土仪之类，件件照收，县中费银五千两。海关官特备豪华游船而来，摆酒于船内，演戏饮酒而去，亦花五百两银。姚廷遴大胆地写道："作用如此，做到两省总

① 姚廷遴：《历年记》，《清代日记汇抄》，上海人民出版社1982年版，第122页。
② 姚廷遴：《历年记》，《清代日记汇抄》，上海人民出版社1982年版，第115页。
③ 姚廷遴：《历年记》，《清代日记汇抄》，上海人民出版社1982年版，第168页。
④ 姚廷遴：《历年记》，《清代日记汇抄》，上海人民出版社1982年版，第125页。
⑤ 姚廷遴：《历年记》，《清代日记汇抄》，上海人民出版社1982年版，第107页。

督,下僚送礼,一概全收,贪婪极矣。自称文正公之后,岂料文正公之子孙,有如是不肖哉!"① 认为有愧范文程之子的名声。此时,姚廷遴虽然已经离开衙门,但他习吏时的价值取向应与此相去不远。

上述讨论可知,康熙朝虽有吏胥为害朝政的现象,但从《历年记》所记情形看,官府对吏胥的管理还是有一定效果的,与清代中期以后出现的某些重要衙门的吏胥家赀巨亿、索诈牟利、吏胥的承充要收顶首银等相比,康熙朝的情形还是要好得多。此时吏胥非但不能富贵家庭,有时还要倒贴财物,职业压力很大,这也是姚廷遴宁愿回乡务农,或做清贫的塾师,也坚决不做衙门吏胥的原因。

透过十万言的《历年记》,我们发现姚廷遴的一生,始终有一个沉重的心结,即对家道中落之前繁华生活的留恋和今生无力振兴姚氏家族的苦恼。他经常慨叹世事无常,转瞬即逝,"世有繁华靡丽,顷刻而化为冰消瓦解;风波万丈,转睫而形影皆无"②。他在60岁那年的记载中说:"余思六十年来涉历多矣,经见亦多矣,忽然成老翁。惟是家业倾颓,不能复振,吁嗟命耶,抑亦数耶?"③ 他始终不愿接受家族衰败的现实,不满意自己一生虚度,他一定对自己未能走科举功名之路,以致无法维系著姓大族的地位而心生悔意。试想一下,如果仅仅是出身平凡的农家,他还会写作年谱或回忆录吗?世事沧桑变化,实乃人生之必然。

(作者单位:武汉大学历史学院)

---

① 姚廷遴:《历年记》,《清代日记汇抄》,上海人民出版社1982年版,第148页。
② 姚廷遴:《历年记》,《清代日记汇抄》,上海人民出版社1982年版,第70页。
③ 姚廷遴:《历年记》,《清代日记汇抄》,上海人民出版社1982年版,第129页。

"䖢月""蜖月""虫月"考*

□ 张建民

时间乃录文纪事第一要素,对于历史研究而言,其重要性毋庸赘言。另一方面,中国古代的纪时系统又相对复杂,以月份为例,除直接以一至十二的数字和干支为序外,尚有许多代称,约略估算,十二个月的代称数以百计。不仅如此,同一代称在民间还有一些通俗的写法、用法,无疑进一步增加了释读的复杂程度。顾炎武《日知录》载:"山东人刻《金石录》,于李易安《后序》'绍兴二年玄黓岁壮月朔',不知'壮月'之出于《尔雅》,而改为'牡丹'。凡万历以来所刻之书,多'牡丹'之类也。"① 由此可见,因不识月份代称而误读历史文献的现象,古代已经存在,而民国以后,识古称者见少,更易发生误解。本文所述"䖢月"、"蜖月"、"虫月",即属此类一例,② 特考释如下,失当之处,还望方家教正。

一、契约文书用"䖢月"、"蜖月"、"虫月"例

(一)湖北天门熊氏契约文书用例

最初见到"䖢月"、"蜖月"、"虫月"等纪月名称,是在湖北天门县岳口镇(行政区划及名称以当时为准,以下同)上堤熊氏契约文书中,而且数量颇多,涉及契约文书种类亦广,在田地房屋买卖契约、田地租佃契约、银钱借贷契约中都有使用。③ 契约文书所及时间范围以清代为主。分别示例于下。

---

* 本文为教育部哲学社会科学研究重大课题攻关项目"中国山区开发与发展的历史研究"(项目批准号:13JZD038)阶段性研究成果。

① (清)顾炎武:《日知录》卷十八。"绍兴二年玄黓岁壮月朔"乃宋李清照《金石录后序》文末之时间落款,原文为"绍兴二年玄黓岁壮月朔甲寅易安室题"。干支纪年各有复杂的别称,壬年称玄黓,子称困敦。又,八月为壮,皆出自《尔雅·释天》。

② 《历史档案》2008年第2期载苟德仪《清代〈南部县档案〉中"虫月"等名称考释》一文,论证虫月为六月,丝月为四月。

③ 时为2004年,在整理这宗契约文书的过程中,曾长期受困于"䖢月"、"蜖月"、"虫月"的释读,并因此多次赴天门岳口等地进行田野考察。

1. 田地房产等买卖契约例

嘉庆二年（1797年）金茂先兄弟大卖基地墙垣铺面楼房，买主熊星六，立契具体时间为"嘉庆二年朒月初一日"①。这是今见较早用"朒月"纪月的契约文书，乾隆以前用者甚少。

嘉庆十年（1805年）刘粹中叔侄卖出祖遗白田，买主熊兴祥，契约落款为"嘉庆拾年朒月廿日，立大卖白田约人刘粹中仝侄大善笔"（参见附图1，藏契3-0431）。

嘉庆十九年（1814年）《万天武卖田赤契》，落款为"嘉庆拾九年虫月初九日，立大卖约人万天武约人笔"（藏契3-0250）。

道光元年（1821年）张正榜父子将基地菜园一形卖给熊葵园，契约落款为"道光元年朒月廿八日，立大卖约人张正榜笔"（藏契3-0565）。

道光十二年（1832年）钱张氏将南湾垸白田一形卖与熊宗义，赤契落款为"道光十二年蜥月初四日立永卖田约人叔光起代笔"（参见附图2，藏契3-0033）。

同治八年（1869年）陈协泰卖出自造房屋，买主熊兴祥，契约落款为"同治八年朒月初十日协泰笔立"（藏契3-1727）。

2. 田地租佃契约例

道光十二年（1832年）张永元租种熊宗义名下陈昌垸白田三形，租佃契约落款为"道光拾式年虫月初六日张永元笔"（藏契3-1702）。

道光十六年（1836年）熊大廷租种义庄熊宗义名下白田三形，立契具体时间为"道光十六年蚕月廿二日"（藏契3-0501）。同年钱乐朋租种义庄熊宗义南湾院白田二形，立契具体时间为"道光拾六年蜥月初二日"（参见附图3，藏契3-1229）。

道光十七年《张后司租田字》，立字的具体时间为"道光十七年朒月初八日"（藏契3-0477）。

与田地租佃契约相关的，还有名为"保租"的契约。具体内容是："立保租字人鲁贵坤，今保到义庄熊宗义名下皇田垸白田共二十一亩七分三厘，如有改换、遗失、□搁田亩，应坤清理。此据。"立契时间为"道光十六年朒月二十三日"（藏契3-1217）。

3. 银钱借贷类契约例

嘉庆十七年（1812年），谭蔼堂借到熊兴祥号口平纹银二千四百两，每月八厘起息，立契时间为"嘉庆十七年朒月初二日"（藏契3-1416）。

道光二十五年（1845年）《李福平借字》，立字时间为"道光式十伍年朒月廿式日"（藏契3-1456）。

同治元年（1862年）熊韶南借本族公项内九九钱十二串，言定每年每月三分行息，不得短少。字据落款为"同治元年朒月廿六日韶南笔"（藏契3-1720）。

———————————

① 《金茂先等大卖基地墙垣铺面楼房契》，藏契号3-0577。为节省篇幅，以下引用契约文书，一般只随文加圆括号注明契约收藏号，即"藏契×—××××"或"藏契××××××"，不再另加页下注。另外，以下凡引用湖北天门县岳口镇上堤熊氏的契约文书，亦省去其具体地域信息。

借据之外，银钱来往用的会票同样使用"朒月"代称。如嘉庆年间的《郑封五会票》，落款为"嘉庆六年朒月十六日封五笔"（藏契 3-1382）。再如道光年间的《谦和布店会票》，落款为"道光廿七年朒月拾八日谦和布店立"（藏契 3-1464）。

仅就笔者整理的湖北天门县岳口镇上堤熊氏契约文书言之，在首批 1700 余件契约文书中，上述三种名称以"朒月"出现次数最多，达 184 次，"虫月"次之，计 126 次（其中包括写作"蚅月"者），①"蚏月"较少，约有 15 次。

除了岳口镇上堤熊氏契约文书，天门县其他地方的契约文书亦有用"朒月"、"蚏月"、"虫月"代称的，例如黄氏契约文书中的《沈大洪永卖水田契》，立约时间为"道光廿年虫月二十一日"（藏契 3-1584）；《吴美玉卖田契》的立约时间则为"道光三十年朒月十三日"（藏契 3-1585）等。

（二）其他地区契约文书用例

天门县之外，今见湖北省境内民间契约文书中有用"朒月"或"蚏月"、"虫月"名称纪月的还有黄冈县、黄陂县、麻城县、罗田县、黄梅县、蕲水县、英山县、武昌县、汉阳县、汉川县、孝感县、应山县、巴东县、大冶县、兴国州和崇阳县等十数个州县，可以说绝大多数发现清代和民国时期契约文书的州县，都有"朒月"、"虫月"或"蚏月"的代称。其中，黄冈、黄陂、兴国州、大冶等州县与天门县一样，"朒月"、"蚏月"、"虫月"三种代称均有，麻城县、孝感县、崇阳县有"朒月"、"虫月"二种代称，巴东县仅见"虫月"一种代称，其余各州县则仅见到用"朒月"一种情况。

以大冶县为例，如"同治十三年虫月初七日"立《姜万卉全收柯进典买地钱字》，卖地时间是同治十三年十月十六日（藏契 5-8263）。"宣统二年朒月十八日"立《柯大铨大卖水田契》，买主柯坤元（藏契 5-8272）。"民国十四年蚏月廿五日"立《柯愈星借钱字》，债主柯大义，"限至次年蚏月中完钱取字"（藏契 5-8266）。

再如孝感县，"同治七年朒月廿五日立"《李登友退佃字》，佃价钱十三串五百文（藏契 5-4524）。"民国十四年虫月十四日"立《万作恺兄弟卖塘边峣契》，买主熊福润（藏契 5-4502）。

所见民间契约文书绝大多数是民间书写的契纸，极少数为官府刊印的官契纸，在数量有限的官契纸中，也能够看到"虫月"等代称。"光绪二十七年虫月二十日立"孝感县《熊福宏卖水田官契》，买主熊赐受，用的就是"布政使司官契纸"（藏契 5-4491）。

所见民间契约文书用"朒月"、"蚏月"、"虫月"纪月的情况，绝大多数出现在契约文书末尾的立约时间处，亦见到少量在契约文书的行文中用"朒月"纪月的情况，后文将引用其具体内容的乾隆五十七年（1792 年）十一月十六日立《彭群瞻卖房屋基地赤契》（藏契 3-0590）之外，还有民国三十六年（1947 年）五月初九日立《武昌县余东亮记脱离东佃字》（藏契 5-5113），该字据称："计批田价限至本年朒月内交清，其余（在）

---

① 四件写作"蚅月"的契约，除前揭道光十六年蚅月二十二日《熊大廷租田字》之外，还有道光十四年蚅月十二日《张文潢永卖瓦屋基地基园禾场水田白地赤契》（藏契 3-1348），道光十六年蚅月二十二日《熊亨书、李祖芳租田字》（藏契 3-0507），道光十六年蚅月二十二日《曾祖进租田字》（藏契 3-0510）等。

〔再〕议。"相对于田地房屋等买卖契约而言，银钱借贷契约在正文中用"朒月"的情况似乎要多一些。如：嘉庆十四年（1809 年）三月十五日立《熊秉衡会票》（藏契 3-1390）：

> 言定每月每两加乙分五厘行息，现至本年朒月对日，本利交还不爽。

他如道光八年（1828 年）十二月二十六日立《夏楚畹借字》（藏契 3-1311）："言定照月壹分伍厘行息，限次年朒月对日，本利一并交讫，不得短少。"道光二十一年（1841 年）九月三日立《熊泽南借字》（藏契 3-1481）："言定每月壹分生息，限至次年朒月归还。"咸丰二年（1852 年）四月十五日立《朱莲塘借字》（藏契 3-0644）："言定壹分行息，限至本年朒月还清。"

另有值得关注的是，在天门县还发现了一处较为特殊的使用"虫月"代称的场合——天门县河上龙潭渡口之"功德碑"碑文，虽然刻石不甚规整，文字亦不多，内容却也耐人寻味。其文云：

> 公议：凡属往来客商，或远或近，不取分文；如其车轿六畜，只照旧章取钱，不得苛刻。每逢年节，虫月十五起，正月十五止。①

此乃至今所见唯一非纸本的"虫月"文字，堪称珍贵。

"朒月"、"蛡月"、"虫月"等代称主要在民间使用，而且基本上限于手写，少见有正规的印刷体使用。新近发现一份田产买卖契约，即光绪二年（1876 年）湖北罗田县《王又承兄弟大卖水田官契》（藏契 6-0116），出现了非手写亦非普通印刷体的"朒月"代称。该契约在卖主落款画押之旁，又另外添加有一行文字："丙子朒月十六日税。"这应该是对投税时间的标注。其中，"丙子朒月税"五字为钤加直行朱文，"十六日"三字则是墨笔直行填写，勉强算是一个非手写"朒月"的例证。"蛡月"一例，见于清道光刊本《孝义真迹珍珠塔》，对白中有"他是蛡月十五还椰（乡）的，信上写得明明白白"②一语。

辛亥革命之后，"朒月"、"蛡月"、"虫月"等纪月名称并未因改朝换代或"近代化"而被革除，不仅在民间契约文书中仍然常见，官府颁发的《验契凭照》、《买契》等官样契约文书格式中，也照样填写，一直持续到民国末年。田产买卖契约如：天门县《李正恒永卖渔田契》，买主陈豹哥，立契时间为"民国廿一年虫月初九日"（藏契

---

① 龙潭古渡曾是来往天门县城的交通要道，至今仍有行人借此过往，只是已经颇为萧条，不复当年繁盛，河水亦污染严重。功德碑石有二，竖立在南岸入口处，左右各一。左首碑额题"永垂万古"，右首碑额题"同结良缘"。所载内容主要是为修渡口、渡船捐资的众人姓名及捐资数额，如"熊炳南一千"、"收岳口叁拾三串"等。左首碑文还载有简明扼要的公议过渡条规。由于石碑下部埋在地中，一时不能窥其全貌，故未见碑刻的具体时间。该碑系在天门进行田野调查时发现，同行且提供帮助的有天门市博物馆副馆长周文等同志，借此机会，谨致谢意。

② （清）佚名《孝义真迹珍珠塔》（清道光二十九年维扬三槐堂刊本），《续修四库全书》集部第1745 册，上海古籍出版社 1995 年版，第 522 页。

5-4657）。天门县《李延祥卖湖田契》，买主李寿彰，落款为"民国二十二年朏月廿九日李延祥字"（藏契 5-7715）。1948 年武昌县《徐昭【土堂】卖山地约》，落款为"民国叁拾七年蚏月廿日卖"（藏契 5-8029）等。田地租佃契约则如"民国十八年虫月初十日"立《李前勖等租田字》（藏契 3-1770）。"民国式拾九年虫月初二日立"《刘正元补归字》（藏契4-1879）。"民国式拾九年朏月十一日"立《刘□富补归字》（藏契 4-1880）等。

前面所举天门县岳口镇上堤熊氏契约文书诸例证，都是田产买卖契约、租佃契约或银钱借贷契约。其实，分关文书亦见到用"朏月"代称的例子，湖北应山县《徐氏契约文书底册》① 录有徐国柄、国椿、国栋兄弟分关文书，立字时间即为"民国二十二年朏月十五日"（藏契 5-9724）。值得一提的是，孝感县有一份非常罕见的《李柳氏招夫抚幼字》，立字时间亦用了"朏月"代称，落款为"民国甲□年朏月念日立"（藏契 5-0394）。

湖北之外，目力所及有限，但相邻的湖南、四川诸省区，分别见有数量不等的使用"朏月"、"虫月"代称的民间契约文书。湖南如临湘县郑奉德卖田塘官契，落款时间为"光绪三十一年朏月初四日"②。四川南部县现存清代档案中，有若干件契约文书出现了"虫月"的用法，时间在光绪元年（1875 年）至光绪三十三年之间。③

由于视野局限，尤其民间俗例丰富及其不确定性众多，现在还不能确定曾经有过"朏月"、"蚏月"、"虫月"这些用法或写法的地域范围，以及这些用法或写法在哪些地方较为普遍，亦无法判断出现这些用法或写法的时间断限。尽管如此，已然可见其所及时间之长，覆盖空间之广。

二、"朏月""蚏月""虫月"即十二月

朏、蚏、虫等字，皆可在有关工具书中查到。"朏"，辽行均《龙龛手鉴·肉部第四》载："朏，俗。胆，正。七余反，胆虫也。"④《康熙字典》引《篇海类编》云："子余切，音沮。朏虫也。"⑤ 此后吴任臣的《字汇补》等，给出的解释基本一致。或释"朏"为七余切，音蛆，即蛆虫。尽管释读并不完全一致，但均未见到与纪月份名称直接相关之释义。

"蚏"，《广韵》释云："蚏，蟚蚏，似蟹而小。"⑥《康熙字典》释"蚏"同"蚎"，音越，意同蠼，指蟚蚏，似蟹而小。⑦ 更早的《古今注》讲得颇为具体："蟚蚏，小蟹也，生海边，食土，一名长卿。"⑧ 浙江沿海州县之地方志，大多在物产项下载有蟚蚏一物，可食。亦未见有与纪月份名称相关之解释。

---

① 该《徐氏契约文书底册》应为当事人之一徐国栋所抄录留存。

② 藏契 DSC1466。

③ 苟德仪：《清代〈南部县档案〉中"虫月"等名称考释》，《历史档案》2008 年第 2 期。

④ （辽）行均：《龙龛手鉴》卷四。

⑤《康熙字典未集下·肉部》，上海书店 1985 年版，第 1093 页。

⑥ （宋）陈彭年：《重修广韵》卷五，四部丛刊三编景宋本。

⑦《康熙字典申集中·虫部》，上海书店 1985 年版，第 1202 页。

⑧ （晋）崔豹：《古今注》上，四部丛刊三编景宋本。

至于"虫月"之虫字，本为人们熟知的常用字，不过，除了彝族十八月历之外，工具书中亦未检阅到以"虫"字直接纪月的用法。①

进一步搜集天门岳口镇上堤熊氏契约文书的过程中，终于在新发现的相关契约文书中找到了释读、互证"朒月"、"蛨月"、"虫月"的突破口，加之随后搜集到的湖北其他州县契约文书中的直接例证，最终得以证明："朒月"、"蛨月"、"虫月"即腊月，亦即十二月。试分别考证如下：

（一）"朒月"即十二月

在后来新搜集到的天门县岳口镇上堤熊氏找补契约文书中，首先发现了"朒月"与十二月之间的关联。

例证一：乾隆五十六年（1791年）十二月，张莲峰、张翰周兄弟出卖天门彭市河夹街祖遗基地房屋，卖价白银八百两，每年纳粮叁升叁合陆勺七抄，推收过户。买主"熊彭公"，实即熊德九与彭群瞻二人公同购买所立之名。立契时间是"乾隆五十六年十二月二十四日"。② 将近一年之后，彭群瞻以"移就"为由，将此宗"熊彭"二家公买产业中属于自己的部分（应为二分之一）卖与当初的合伙买家熊德九，卖价曹平元丝银五百两。立契时间为乾隆五十七年（1792年）十一月十六日。③ 彭氏卖契云：

> 立永卖杜绝前后房屋基地约人彭群瞻，有乾隆五十六年朒月内仝熊德九公买彭市同泰典基地房屋一座，四至墙垣、装修木石等项，均载熊彭公印契约内，今因移就，情愿请凭族中说合，出卖与熊德九名下全受成业……其每年纳粮数目，原载熊彭公契内，已经过户，无庸另载。（参见附图4）

需要强调的是，该契粘附有乾隆五十七年（1792年）正月湖北布政司颁发的布字辛1805号契尾，内中标明：业户熊彭公买张莲峰产业，价银八百两，纳税银二十四两。时间、买主、卖主、价银及税银等内容，皆可证实此契尾是为乾隆五十六年（1791年）十二月二十四日张莲峰兄弟卖基地房屋赤契所发。

将彭群瞻卖契和张氏兄弟卖契及官颁契尾的内容联系起来，不难看到其间的相互关系：乾隆五十七（1792年）年十一月十六日彭氏卖契所卖"乾隆五十六年朒月内仝熊德九公买彭市同泰典基地房屋"中属于自己的部分，正是乾隆五十六年（1791年）十二月二十四日张莲峰、张翰周兄弟所卖彭市河夹街房屋基地的一部分。换言之，乾隆五十六年（1791年）十二月二十四日张莲峰、张翰周兄弟所卖，即乾隆五十六年朒月内彭群瞻同熊德九所公买，所指乃同一宗交易，其时间应该是一致的。换言之，彭群瞻卖契所说"乾

---

① 鉴于三种纪月名称的共同之处是与"虫"字不无关联，笔者曾经查阅了中国古代关于治虫季节、除虫习俗、虫王信仰等方面的资料，如古老的八蜡信仰，满族的"虫王节"，青海民和"虫王"鳌的传说，彝族十八月历中的虫出月（七月）、虫鸣月（十二月）、无虫月（十四月）时历，湖北民间正月里以火炬照田以逐害虫之俗等，并未获得解决问题的直接线索。

② 乾隆五十六年十二月二十四日《张莲峰等卖房屋基地赤契》（藏契3-0569）。

③ 前揭乾隆五十七年十一月十六日《彭群瞻卖房屋基地赤契》。

隆五十六年朒月"即乾隆五十六年十二月。

例证二：前揭光绪二年（1876 年）湖北罗田县《王又承兄弟大卖水田官契》，契纸书立时间为"光绪式年拾式月初十日"，在卖主落款画押之后，契纸又注明了投税时间，具体文字为"丙子朒月十六日税"。其中，"丙子朒月税"为钤加直行朱文，"十六日"则是墨笔直行填写。光绪二年正值丙子年，也就是说，投税时间是在立契的当年。而正常情况下，契纸投税的时间不可能早于立契时间。具体到这份契约而言，投税时间也不可能晚于十二月底，因为，超出了十二月底，就不再是丙子年了。因此，该契的投税时间只能在光绪二年十二月十日至三十日之间，"丙子朒月十六日"，应即光绪二年十二月十六日。

更为直接的例证出现在后来陆续发现的湖北武昌、黄陂、天门、黄梅等县的民间契约文书中，更准确地讲，是出现在民国年间的查验老契和颁发官契的过程中。① 试以立契时间先后为序，列举例证如下：

咸丰八年（1858 年）朒月二十六日立武昌县《傅集林卖园地契》，买主傅银亨（藏契 5-8198），在 1929 年 11 月颁发的湖北省财政厅《验契凭照》中，"立契年月日"一栏填写为"咸丰八年十二月廿六日"，是朒月即十二月。

光绪二十二年（1896 年）朒月初八日立黄陂县《萧海初卖水田契》（藏契 5-5175），在民国三年二月十日颁发的湖北省财政厅《验契凭照》中，就将立契年月日填写为"光绪二十二年十二月初八日"，是朒月即十二月。

"洪宪乙卯年朒月二十四日"立天门县《蒋传秌卖水田契》，买主刘仲坤（藏契 5-8256），民国年间天门县颁发给刘仲坤的《买契》中，"立契年月日"一栏就填写为"乙卯年十二月廿四日"，是朒月即十二月。

"民国十七年朒月廿日"立黄梅县《钱德广卖水田契》，买主亲弟德明（藏契 5-7535），民国十八年黄梅县财政局颁发给钱德明的《买契》中，"立契年月日"一栏即填写为"民国十七年十二月廿日"，是朒月即十二月。

（二）"朒月"即腊月

前揭天门县岳口镇《金茂先等大卖基地墙垣铺面楼房契》（藏契 3-0577）记载，金茂先、德先兄弟以移就为由，将位于岳口镇下场到口头的祖遗基地墙垣铺面楼房等一应产业，全数出卖与熊星六为业，交易价格高达元丝银三千二百两，中人有刘允康、陈国宁、金一仕、金宅揆等九人，契约落款时间为"嘉庆二年朒月初一日"。金氏兄弟在正项交易之后，陆续还有包括索取"下圌润笔"费用、一再找补卖价等后续行为，而且都立有契据。其中，与交易正契同日写立的一份有关下圌润笔费用的契约，落款时间亦是"嘉庆二年朒月初一日"②。交易完成二十天后，即嘉庆二年（1797 年）十二月二十日，金茂先兄弟通过原中向买主找补卖价。值得庆幸的是，正是此次找补卖价所立的契约，为我们提

---

① 关于清末到民国年间的验契发照，另有专文论述，此不赘言。

② 该契约全文如下："立领下圌润笔人金茂先、德先，今将父置到口头堤内基屋一所，凭中卖与熊星六名下为业，熊备润笔下圌元银肆拾两整，系茂先弟兄收讫下圌。此据。凭原中金一仕、宅揆等。嘉庆二年朒月初一日金茂先笔"（藏契 4-1917）契中的原中金一仕、金宅揆二人应是金茂先、德先的父辈，在交易正契的凭中项下，写作"叔一仕"、"叔宅揆"。

供了互证交易时间的依据。该找补契约原文如下：

> 立找补约人金茂先仝弟德先，因移就，于腊月初一日将父置下街弟兄公产，凭中扫卖与熊星六名下为业，当日契明价足，今茂先弟兄浼原中向熊姓说合，熊念属相好戚谊，出备找补元丝银叁伯两，系茂先弟兄收讫。自找之后，永斩葛藤，无得异说。今恐无凭，立此找约为据。凭原中刘允康等。①

联系此宗买卖的正契及找价契的基本内容——交易产业、时间、中人等不难看出，三契所指同一宗交易的时间是"嘉庆二年朒月初一日"，亦即嘉庆二年"腊月初一日"。换言之，这里的朒月等于腊月，即十二月。

民国年间的查验老契和颁发买契过程中，亦可找到朒月就是腊月的直接证据。光绪十三年（1887年）朒月十五日立武昌县《唐融廷卖基地契》，买主杨万兴（藏契5-8885），在民国三年颁发的湖北省国税厅《验契凭照》中，"立契年月日"一栏填写为"光绪十三年腊月十五日"，是朒月即腊月。

宣统元年（1909年）朒月十六日立黄陂县《朱咏里卖水田契》，买主萧协丞（藏契5-5200），民国十八年（1929年）九月颁发给萧协丞的《买契》中，"立契年月日"一栏填写为"宣统元年腊月十六日"，是朒月即腊月。

宣统三年（1911年）朒月十八日立黄陂县《邓永盛卖水田契》，买主萧延源（藏契5-5065），民国三年二月官颁的《验契凭照》中，"立契年月日"一栏填写为"宣统三年腊月十八日"，是朒月即腊月。

（三）"蚏月"即"朒月"

1924年黄陂县王治华叔侄卖基地与汪蒂想，原契立契时间是"民国拾叁年蚏月廿二日"，在次年六月黄陂县颁发给汪蒂想的《买契》中（藏契5-5851），"立契年月日"一栏即填写为"民国十三年朒月二十二日"，是蚏月即"朒月"，亦即十二月。

（四）虫月即朒月

"民国十四年朒月二十一日"立黄陂县《冯得意等卖荒地契》，买主张训卿。在民国十六年八月黄陂县颁给张训卿的《买契》中，"立契年月日"栏目即填写为"民国拾四年虫月廿一日"，是虫月即朒月（藏契5-8221）。

（五）十二月即朒月

《验契凭照》誊写原契立契年月日时，不仅有将"朒月"、"蚏月"、"虫月"这些代称置换为腊月和十二月，或者"朒月"、"蚏月"、"虫月"之间相互置换的情况，亦有相反的做法，即将十二月誊写为"朒月"的。

道光二十六年（1846年）十二月二十七日立武昌县《余万青卖田地山场基址园林契》（藏契5-5902），在1914年10月22日颁发的湖北省财政厅《验契凭照》中，"立契

---

① 嘉庆二年十二月二十《金茂先等卖基地铺面楼房找补契》（藏契号4-1918）。

年月日"一栏誊写为"道光二十六年朒月二十六日",是十二月即朒月。

(六) 腊月即虫月

与上例将十二月誊写为"朒月"的情况类似,《验契凭照》还有把腊月誊写为"虫月"的。光绪二十二年（1896 年）"腊月廿八日"立黄陂县《王宏和卖地契》,买主肖幼元（藏契 5-5067）,在 1914 年 7 月 17 日颁发的湖北国税厅《验契凭照》中,就将立契时间填写为"光绪二十二年虫月二十八日",是腊月即虫月。

检阅众多的原契粘贴《验契凭照》或官颁《买契》的两联乃至三联契纸而后可知,民国时期查验老契或颁发新契之时,对誊写原契的立契时间并无统一的要求或规定,比如要求将月份代称换写为一月至十二月的数字写法或者相反。书手显然可以按照当时当地的习惯及自己的喜好而置换时间代称或者不加置换。除以上所举种种置换之外,原契之"朒月"被《验契凭照》和新颁官契照抄者就不在少数,如"光绪十八年朒月十二日"夏口县立《邓良秀卖麦田契》（藏契 5-5900）、"光绪二十四年朒月二十八日"立黄陂县《王少甫等卖基地赤契》（藏契 5-4771）、"光绪二十八年朒月廿六日"立黄陂县《王治银兄弟卖青苗麦地赤契》（藏契 5-5972）等。亦有契约的《验契凭照》"立契年月日"栏目空白者,其中有光绪三十三年（1907 年）十一月十五日立黄陂县《肖宗望卖地契》（藏契 5071）、"宣统二年朒月十八日大冶县"立《柯大铨卖水田契》（藏契 5-8267、5-8272）等契纸。而"民国十一年朒月十四日"立武昌县《方启泰等卖天补洲契》（藏契 5-8226）、"民国二十三年朒月二十八日"立黄陂县《余柏廷卖田契》（藏契 5-8225,买主余其寿）的官颁《买契》中,"立契年月日"栏目亦为空白。

以上所举"朒月"、"朓月"、"虫月"与腊月或十二月之间的相互关系,无论直接或间接、正向或反向,抑或互相交叉,最终共同指向一个结果,即"朒月"、"朓月"、"虫月"、"腊月"、"十二月"五者之间是互通的。同时,置换也好,照抄也罢,"朒月"、"朓月"、"虫月"这些用法大量出现在民国时期的官颁《验契凭照》和新颁官契纸中,是这些用法或写法持续得到社会——包括民间和官府承认的体现之一。

三、"十冬朒月"即"十冬腊月"

天门岳口镇上堤熊氏遗存的文书中,除了已先后整理的田产买卖、田产租赁、典当、借贷等契约文书,新近还发现有若干嘉庆、道光年间关于业佃、典当纠纷的案卷,或原件,或抄件。其中,有两处书写可作为"朒月"等于腊月的例证。

例证一,道光元年（1821 年）天门县发生了县人王怀控告监生孙世勋等恃衿揹占、伙差诈勒一案,王怀所呈《计抄四乡公首十条》之第一条为违禁盘剥,控词云:

> 嘉庆十七年十月内抄督部堂马大人示:凡贫民当物,自五两、五串以内者,或五两、五串以外者,除金玉珠宝贵重之物照常取息,其余不论何物,在本年十冬朒三个月内取赎,有减息二分者,有减息一分六厘者,甚有减为一分二厘者。又或在十冬朒

三个月内所当，次年取赎，均有分别减让之例，恩及贫民至详且悉。①

相邻月份连称以示时间范围或季节，在清代民间乃至官府均为常见，较多者为以"五黄六月"指暑夏的五月和六月，以"十冬腊月"指寒冬的十月、十一月和十二月等。② 文献用例如《颠倒语》云："十冬腊月秋蝉叫，五黄六月雪花儿飘飘。"③ 陶澍《查看海口运道并晓谕商船大概情形折子》云："据船户牙行金称各船常年载货北行，辘轳转运，至十冬腊三个月内各号船只始能收帮归次。"④《农言著实》云："嗣后无活的天气，九十冬腊悉照此。"⑤《清高宗实录》载：乾隆二十五年（1760 年）三月江南提督王进泰奏："请于十冬腊正四个月，即着现定分巡六营将备，各于分限内派员，坐驾小哨快船前往羊山、马迹一带游巡。"⑥《钦定大清会典事例》载光绪九年（1883 年）定《练勇局章程》云："十冬腊正四个月，缉捕紧要，应与五营水会联络一气，各立考勤簿，彼此会哨。"⑦ 正常的月份排序告诉我们：王怀《计抄四乡公首十条》内所谓"十冬脄三个月"，当即陶澍《查看海口运道并晓谕商船大概情形折子》中之"十冬腊三个月"，亦即《清高宗实录》王进泰奏、《钦定大清会典事例》之《练勇局章程》所谓"十冬腊正四个月"中之十冬腊三个月。此为"脄月"等于腊月的又一例证。

例证二，安肃雍与黄燮周兄弟在天门县北关合伙经营隆裕典铺，道光六年（1826 年）双方发生经济纠纷，后安氏将典铺卖与岳口熊兴祥，但纠纷并未了结，且互控至县。安肃雍方面的呈词中有"今春黄姓抽本辞贸，本月初三日安肃雍将典铺卖与熊兴祥为业……伊弟兄胆敢在于典柜横行让利，拼命吵闹……且水荒岁歉，又届残脄，在典阻扰乡民质当，祸患叵测。只得声明案下恳赏法究，饬差弹压，给示晓谕……"⑧ 等语。黄氏兄弟方

---

① 《抄录王怀赴司具控恃衿搢占一案稿·计抄四乡公首十条》（藏契 4-1984）。控词中的"督部堂马大人"应指嘉庆十六年（1811 年）出任湖广总督的马慧裕，虽然尚未查到"嘉庆十七年十月抄督部堂马大人示"的原文，但所说典当年终减让利息之事当非虚捏，且不止于湖广地区。道光六年（1826 年）十二月十九日《天门县正堂吴为晓谕事》（抄件）亦云："示仰县属居民人等知悉，尔等如有赴隆裕典质赎衣物者，一体仍旧质赎。除冬季照例减息外，毋得混听捏造揭帖之言，妄冀格外让利，滋生事端。"其他省区如江苏，《东华续录》记载：光绪二十八年（1902 年）十月李有菜奏："查新案赔款，江苏省奉派银二百五十万两……兹复查明，宁属各典向于本年冬腊两月让利放赎，典商既知恤民，亦当体其恤民之念转以恤商，拟将冬腊两月息钱免提，每年按十个月提取。"（朱寿朋：《东华续录》光绪一七六，光绪二十八年十月癸卯）

② "冬月"为十一月，许多文献都有明确记载，并非如有的论者所言无法明确所指。仅就以湖北地方文献言之，如《天门县志·岁时》："十一月称冬月，以冬至故也"。光绪《孝感县志》：十一月"俗称冬月。三冬皆冬，而独呼此月为冬月，当以'长至'故也。"民国《汉口小志》："十一月，俗称'冬月'。"同样的记载，亦多见于四川地方志，如民国《广安州志》、乾隆《雅州府志》、民国《雅安县志》、乾隆《广元县志》、乾隆《盐亭县志》、光绪《射洪县志》等。

③ （清）华广生：《白雪遗音》卷二《马头调·满江红》（清道光八年玉庆堂刻本），《续修四库全书》集部第 1745 册，上海古籍出版 1995 年版，第 94 页。

④ （清）陶澍：《陶云汀先生奏疏》卷十一《抚苏稿》，清道光八年刻本。

⑤ （清）杨秀沅：《农言著实》，清光绪柏经正堂刻本。

⑥ 《清高宗实录》卷六〇九，乾隆二十五年三月。

⑦ 《钦定大清会典事例》卷一〇三二《都察院·五城》。

⑧ 道光六年十二月《李载阳为欺懦无厌造贴倡乱声恳法究杜害事呈词》（藏契号 3-1369）。

面则禀称："安肃雍于本月初三日，乘生倩伙贾天质在汉办事未归，将生意蓦卖与熊兴祥独开。"① 安氏呈词及黄氏呈词的抄件并未抄写具呈时间，不过，仍可通过相关内容及文书加以推定：

其一，双方呈词中均述及"本月初三日"安肃雍将典铺"卖与熊兴祥"之事，据道光九年（1829 年）四月三日《安益源典等合开典铺合同》记载，熊氏"于道光六年十二月顶买天邑北关安隆裕典铺生理，更名熊玉祥，请帖开张"②。可知呈词中之"本月"，应即道光六年（1826 年）十二月，这也正是双方呈词互控的时间。

其二，天门县正堂吴在给李载阳呈词的批示中，有"时届岁除，恐扰民视听，候印先行示谕可也"。接着，吴氏果然专门为此事发布了谕示并饬差弹压，时间分别是"道光六年十二月十九日"和"十二月廿日"。③

联系相关诉词、文牍内容，不难判断安黄两家互控案的时间为道光六年十二月，加之天门县正堂批示中的"时届岁除"等语佐证，则李载阳呈词中的"又届残朒"，应即"又届残腊"之意。④

四、余　论

综上所述，"朒月"、"蜏月"、"虫月"就是腊月，亦即十二月，得到了来自清代和民国时期多方面例证的支持，可谓确凿无疑。尽管在成千上万件契约文书中搜寻论据颇为不易，然民间的通俗用法，最终还是通过民间文书找到了答案，正所谓解铃尚需系铃人。

正如前引顾炎武所述，古代已有不识月份代称而误读文献的现象，民国以后，用古称者见少，识古称者更少，误读几率增加。若简单的望文生义，或将"虫月"直接与虫事活动相联系，看到"蜏月"即联想到小蟹螯蜏，就有可能造成误解。而且，进一步思考问题——如果"牡丹之类"文献行世，给后世造成的困惑和影响或许更大。

接下来的问题是："朒月"、"蜏月"和"虫月"三者是和"腊月"一样，分别为十二月的代称之一，还是另有他意？限于篇幅，容另文论述。

2007 年 2 月初稿，2014 年 6 月改定

---

① 道光六年十二月《黄正位为术让蓦卖搭账匿吞恳讯究斧事禀词》（藏契号 3-1373）。

② 道光九年四月三日《安益源典等合开典铺合同》（藏契号 3-1433）。

③ 道光六年十二月十九日《天门县正堂吴为晓谕事》（抄件），藏契号 3-1370 等件。

④ "残腊"为中国古代常见的表达过年之前腊月的概念，如宋人王炎诗《壬申十二月二十八夜雷》云："残腊方淫雨，中宵忽怒雷。"（王炎《双溪类稿》卷九）再如清随缘下士《林兰香》第五十一回云："转眼过了残腊，是正统九年正月元日。"（随缘下士《林兰香》卷七，第五十一回）又如徐继畬《小序赠梁君问青》称："馆中度岁，残腊偶得少闲，辄作此序书于其后。"而写作时间正是"咸丰庚申嘉平二十八日"（徐继畬《松龛先生诗文集·文集》卷二）。三处所谓"残腊"，或直接与壬申十二月二十八、庚申嘉平二十八对应，或与正统九年（1444 年）正月元日顺时递进，所指十分明确。

附：

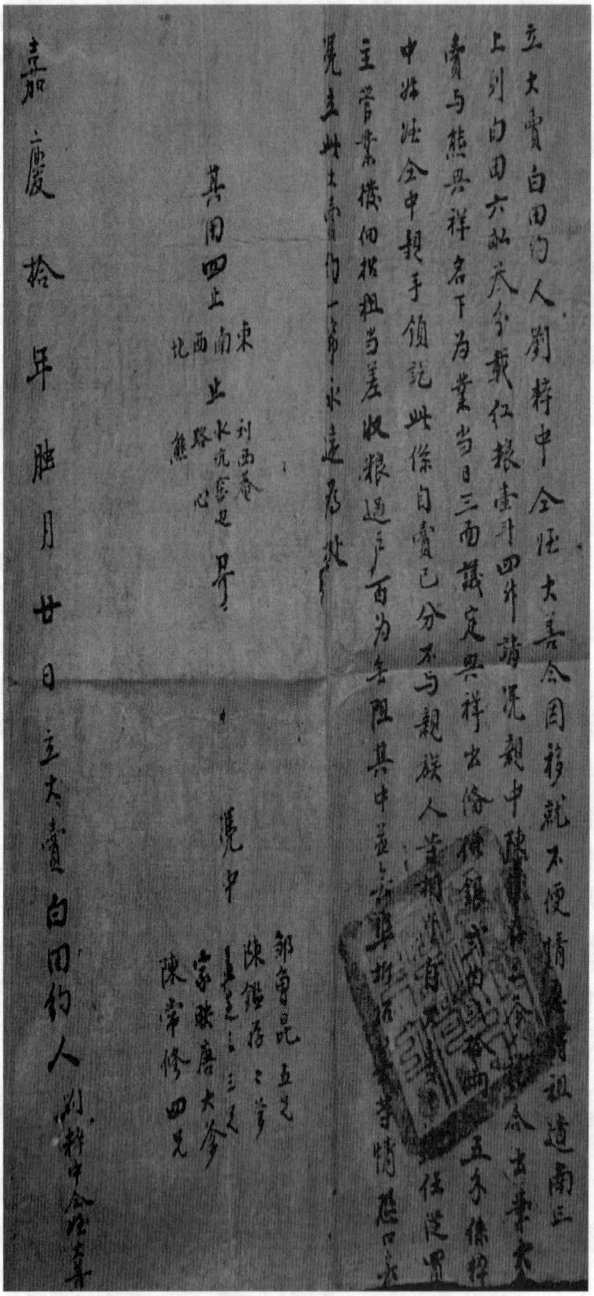
立大賣白田約人劉粹中仝侄大喜今因移就不便情[illegible]祖遺南三上則白田六畝叁分載仕粮壹斗四升請憑親中陳[illegible]出賣大賣与熊興祥名下為業當日三面議定興祥出[illegible]銀[illegible]五兩係粹中姪仝中親手領訖此係自賣已分不与親族人[illegible]任從買主管業[illegible]佃抵粗当差收粮過户百為無阻其中並無[illegible]等情恐口無憑立此大賣約一紙永遠為據

其田四止 東[illegible] 南止[illegible] 西[illegible] 北[illegible]

憑中 鄒曾昆 陳[illegible] 宗[illegible] 陳常修

嘉慶拾年肆月廿日立大賣白田約人劉粹中仝侄大喜

图 1 刘粹中等卖白田赤契

（藏契 3-0431）

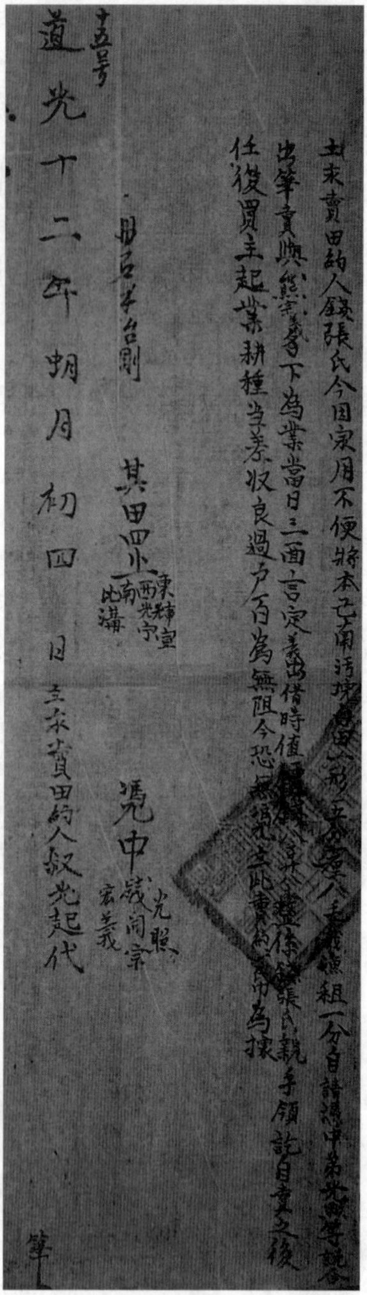
立永賣田約人錢張氏今因家用不便將本[illegible]自請憑中[illegible]等說合出筆賣與熊[illegible]名下為業當日三面言定[illegible]時值[illegible]錢張氏親手領訖自賣之後任從買主起業耕種[illegible]收良過户百為無阻今恐[illegible]立此永賣[illegible]為據

其田四止 東[illegible] 西[illegible] 南[illegible] 北[illegible]

憑中 錢光聰 錢尚宗 宏義

道光十二年捌月初四日 立永賣田約人錢光起代筆

图 2 钱张氏卖田赤契

（藏契 3-0033）

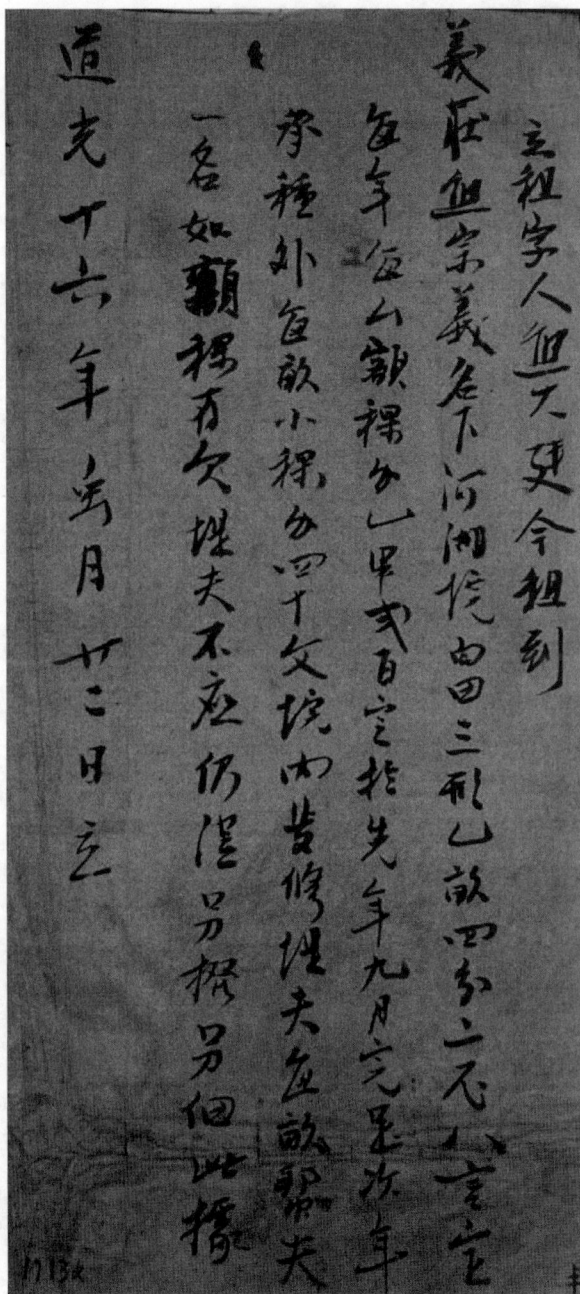

图 3　熊大廷租种义庄熊宗义白田契
（藏契 3-0501）

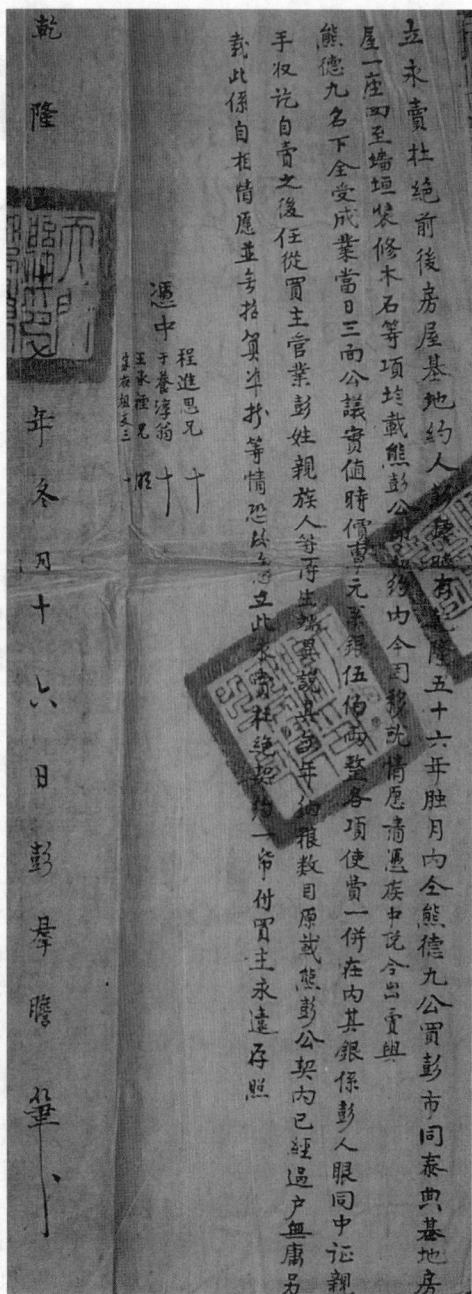

图 4　乾隆五十七年（1792 年）十一月十六日
彭群瞻卖房屋基地赤契（藏契 3-0590）

（作者单位：武汉大学历史学院暨中国传统文化研究中心）

民国时期河南的县财政与农业经济研究（1912—1937 年）[*]

□ 岁有生

在专制集权时代，国家财产悉操君主之手，地方不得赞否于其间。故只有国家财政（即君主财政），而无所谓地方财政。而地方之经济活动和公共事业，全仗人民"自谋自行"，"合力以举"[①]。各县衙门主要负责"刑名钱粮"，很少"计虑"和"经营"地方公共事务。随着清末民国财政制度的近代转型，县地方财政逐渐形成。从先前的国家单纯的赋税征收机构，一跃而为分担地方事权和享有税源的财政部门；其功能也随之变化，摆脱了传统社会单纯稳定的社会秩序职能，发展地方公益也纳入县财政的视野。

县地方财政的研究始自民国，研究内容也各有侧重。曹仲植和天倪重于制度梳理[②]，彭雨新、朱博能、杨世铭和吴长春等重于对财政收支中存在的问题及改进措施的阐发[③]，魏光奇强调其制度鼎革意义[④]，尹红群和李铁强则强调县财政的掠夺性[⑤]。这些研究使我们对民国县财政的运作概见全貌，但县财政对社会经济产生的实际影响及其效果仍是值得深入研究的问题。有鉴于此，本文以学界关注较少的河南为切入点，探讨 1912 年到 1937 年之间河南县级财政职能的扩张及其对农业经济产生的实际影响。因此，本文的着力之点

---

[*] 本文为国家社科重大项目"清代财政转型与国家治理能力研究"（项目批准号：15ZDB037）阶段性研究成果；国家社科项目"清末民初河南县域财政的变迁与地方社会研究（1901—1927 年）"（项目批准号：15BZS124）阶段性研究成果。

[①] 吴长春：《县地方经费之研究》，《财政经济汇刊》1932 年第 1 卷第 6 期。

[②] 曹仲植：《河南省地方财政》，（出版地不详）1941 年版；天倪：《河南省各县地方财务行政机构之沿革》，《河南政治》1936 年第 6 卷第 10 期、第 6 卷第 11 期、第 6 卷第 12 期、1937 年第 7 卷第 2 期。

[③] 彭雨新：《县地方财政》，商务印书馆 1948 年版；朱博能：《县财政问题》，正中书局 1943 年版；朱博能：《县审计问题及其改进》，《财政评论》1941 年第 5 卷第 3 期；《县地方预算问题及其改进方法》，《财政评论》1939 年第 2 卷第 6 期；杨世铭：《改进县财政之刍议》，《中国经济评论》1940 年第 2 卷第 4 期；吴长春：《县地方经费之研究》，《财政经济汇刊》1932 年第 1 卷第 6 期，等等。

[④] 魏光奇：《国民政府时期县国家财政与自治财政的整合》，《首都师范大学学报》2005 年第 3 期。

[⑤] 尹红群：《国民政府县财政政策演变论述》，《江西师范大学学报》2010 年第 5 期；李铁强：《现代国家建构中的县财政：以国民党统治时期的湖北省为例》，《长江论坛》2010 年第 2 期。

是：河南县财政职能如何变化，其所实施的农业措施有哪些，产生了什么样的效果？

一、民国时期河南县级财政职能的扩张

县地方财政滥觞于清末，形成于民国时期。在清朝的绝大部分时间内，无中央财政和地方财政之别。作为最基层的州县，对于田赋只有经征权，而在分配方面只能仰中央之鼻息，分润存留而已。而且，存留在国家田赋收入中，所占比例也较为有限，在20%左右。① 各县的存留支出类别大体相同，主要有祭祀经费、官俸役食、修缮经费、教育科举经费、河工经费、孤贫口粮和驿站经费等，但比重有别。以项城为例，该县存留总额为3792两。其中，官俸役食是大宗，为2402两，占州县存留的63%；祭祀经费数额为105两，占3%左右；孤贫口粮主要是指养济院经费，经费数额为70两，占总支出的2%；教育科举经费包括教谕和训导及其仆役的薪俸、廪生口粮以及会试盘费，其数额为233两，占存留的6%；河工经费为516两，为州县存留的14%；驿站经费为存留的11%。② 州县政务繁巨，但由于经制性经费有限，所以州县官只能权衡轻重缓急，将主要精力集中于刑名钱粮等事关国家稳定之要政方面。至于地方之众多公益事业，如经济活动和公共事业等与民生相关的领域，则付诸地方绅民合力以行。因此，清代绝大部分时间内，州县财政的职能，无外乎稳定社会秩序而已。

清末国家推行地方自治，将警察、学校、实业等事务交由州县管理，在资金来源上，明确提出"就地筹款"的原则，以"地方之财力办地方之事"，将这一部分经费的筹措和管理权也下放到州县，这标志着州县财政的滥觞。民国时期的历届政府承袭和发展了这一制度，在各县设置专门地方财政机构，自行筹措经费，以满足警察、教育、实业等各项事业的支出所需。在此背景之下，各县设置各种农事机构，以谋农业之改良和发展。

民国时期，河南各县最早的农业机构是劝农员和农事试验场。为督促各县农业改良，民国三年（1914年）十二月三日，北洋政府饬令各县设劝农员，"以勤朴圣贤、谙习农事经营业务，在二十五年以上者充之"。劝农员主要工作内容是，巡回演讲、分布种苗、教用农具、调查天灾虫害以及其他改良农事事项。③ 河南各县劝农员成立较晚，大致在民国十年（1921年）左右。④ 各县农事试验场成立时间也不尽相同。据统计，最早成立的为许昌、信阳和阌乡⑤，成立于民国五年（1916年），而鄢陵县农事试验场成立于民国十七

---

① 梁方仲：《中国历代户口、田地、田赋统计》，上海人民出版社1980年版，第424~427页。

② 宣统《项城县志》卷8，"田赋志"，宣统三年石印本，第9~12页。

③ 《劝农员章程》，《北洋政府公报》1914年第938期。

④ 各县劝农员设立时间不一，淮阳、阌乡、信阳成立于民国1921年，西华成立于1923年，正阳成立于1924年。见民国《淮阳县志》卷4，"民政上"，民国二十三年铅印本，第20页；民国《新修阌乡县志》卷4，"实业"，民国二十三年铅印本，第3页；民国《重修信阳县志》，卷7，"建设志三·实业"，民国二十五年铅印本，第8页；民国《西华县续志》卷7，"建设志·农业"，民国二十七年铅印本，第1页；民国《正阳县志》卷2，"实业志"，民国二十五年铅印本，第50页。

⑤ 民国《许昌县志》卷6，"实业"，民国十二年石印本，第2页；民国《重修信阳县志》卷7，"建设志三·实业"，民国二十五年铅印本，第8页；民国《新修阌乡县志》卷4，"实业"，民国二十三年铅印本，第1页。

年（1928年）①，淮阳县农事试验场则迟至民国十九年（1930年）始行设立。② 当然，各县农事试验场之试验地亩多寡，经费多少，职员名额以及实验成效亦有等差。

为统一管理各县实业行政，1924年北洋政府令各县设实业局，商承县知事办理全县实业行政事宜，并督促指导该县之实业进行事务。"各县实业局隶属实业厅，以局长一人，劝业员及事务员若干人组织之。劝业员、事务员名额，视该县实业事务繁简酌之。"③ 各县实业局大多在民国十三年（1924年）成立。④ 实业局成立以后，劝农员和农事试验场并入其中。

国民政府成立以后，于1927年12月将实业局改为建设局，建设局隶属建设厅，仍受县长之指挥监督，建设局职掌农林、水利、工商、交通、道路、市政、交通诸大端。内置局长一人，视事务之繁简，置技术员、事务员若干人。⑤ 各县建设局组织颇为不同。太康县建设局设局长一人，技术员三人，事务员二人，书记一人。内分农棉蚕桑渔牧、林务、工商矿、市政交通水利股、道路等五股，附属机关有农事试验场、苗圃、模范林场、平民工厂。⑥ 林县建设局设局长一人，技术员三人，事务员三人。⑦ 阌乡县建设局内组织，设局长一人，掌管局内一切事务；技术员二人，一名掌管农棉、蚕桑、渔牧及林业等项，一名掌管道路、水利、工商矿及市政等项；事务员二人，一人掌管卷宗及缮拟稿件，一人担任会计、庶务及其他一切事宜；另设书记兼雨量测量员一人，缮写文件并测量气候等事。⑧

1933年河南省根据国民政府行政院颁发的各省农业机关整理办法纲要，制定《河南省各县农业推广所组织章程》，将各县原有之农场苗圃，改设农业推广所，专司农业的改良和推广，并限于是年十二月底一律改设完竣。各县农业推广所置农事指导员一人至二人，并指定一人为主任，另设农村合作指导员和办事员各一人。⑨

1935年，国民政府"为谋县政府权力责任之集中，并充实其组织，以增进县政府效率起见"，在鄂、豫、皖、赣、闽等省实施裁局改科办法，将县政府所属公安、财政、教育、建设各局概行裁撤，将其职掌分别归并于县政府中之各科管理。县政府置秘书长一人，分设三科，以数字别之，各置科长。其中，教育、建设两项事务归并第一科。⑩

河南各县在民初已有水利分局及各县支局之设，各县水利支局"受该管县知事之指

---

①　民国《鄢陵县志》卷13，"实业志"，民国二十五年铅印本，第6页。

②　民国《淮阳县志》卷4，"民政上·建设"，民国二十三年铅印本，第20页。

③　《各县实业局规程》，《总商会月报》1924年第5卷第4号。

④　民国《修武县志》卷9，"财政"，民国二十五年铅印本，第46页；民国《河南阌乡县志》卷4，"实业"，民国二十一年铅印本，第1页；民国《重修信阳县志》卷7，"建设志三·实业"，民国二十五年铅印本，第9页。

⑤　《河南各县建设局规程》，《河南行政月刊》1927年第2期。

⑥　民国《太康县志》卷3，"政务志"，民国二十二年铅印本，第27页。

⑦　民国《林县志》卷4，"民政"，民国二十一年石印本，第3页。

⑧　民国《新修阌乡县志》卷4，"实业"，民国二十一年铅印本，第1页。

⑨　《河南省各县农业推广所组织章程》，《农业推广》1933年第5期。

⑩　《剿匪省份各县裁局改科办法大纲》，《中央周报》1935年第347期。

挥监督，掌管全县关于水利一切事务"①。然因经费支绌，率皆有名无实。1927 年河南水利分局改为河南水利局，各县所设支局一律取消，择河流较大水利较多之处，联合数县设一分局，其不甚重要县份暂不设置，计共设水利分局 48 处。1929 年 4 月，又将原设各水利分局按河流区域改组为淮河、白河、汝洪、汝颍、贾鲁、惠济、洛河、丹卫、漳淇、沙河、沁河 11 处。1930 年 4 月，复将水利分局更名为某河水利局，每月经费共计 40080 元，均由所管区域各县分摊。② 建设局成立后，水利事务也归其经管。

无论是劝农员、农事试验场、农业推广所，还是实业局与建设局等机构，其经费皆由县地方支给。③ 为筹措各项支出，河南各县设置了专门的县级财政管理机构。民国以前，州县经费主要是存留，其收支盈亏，均由地方官包办。清末举办新政，地方用款日渐增多，而筹划收支仍由知县主持。河南最早出现独立的县级财政机关，为民初设立的公款局。1912 年 5 月，河南省议会议决各县设立公款局，清理并管理县地方一切公共款项；而国家税与省地方税仍由县署经理。④ 1927 年，公款局改为厅委财务局。所有县政府附设之征收处、管理财政的房科、公款局等机构，一律取消，国家款、省地方款、县地方款统归其管理。⑤ 1929 年，财务局更名为财政局，其规制与财务局同。1933 年，根据《剿匪区内整理县地方财政章程》，各县设立财务委员会，管理一切地方公产公款⑥，省款归县政府征收。1935 年，各县实施"裁局改科"，将县政府所属公安、财政、教育、建设各局，分别归并于县政府之各科管理，财务委员会遂成为专门县的财政审核机关。⑦ 后又有经征处、县公库之设，在财务机构方面，逐渐向行政、会计、出纳、审计分立的联综制度过渡。⑧ 但是值得注意的是，当时各县并未有独立的税源，县财政收入来源无外乎省附加税、摊派、苛杂、省补助四种。⑨

由上可知，自清末以来特别是民国时期，各县的财政职能开始扩张，由清代单纯稳定社会的职能转变为维持社会秩序和发展公益兼具。各县将原先由地方社会承担的保卫、教育、经济等职责纳入其管理范畴。设置各种机构，并由地方筹集资金维护其运行。在农业方面，也设置劝农员、农事试验场、水利局、实业局、农业推广所、建设局等机构，由县财政支拨经费，以谋农业之发展。

————————————

① 《修正河南各县水利支局章程》，《河南实业周刊》1925 年第 3 卷第 34 期。

② 《水利》，《河南建设概况》，1933 年，第 1 页。

③ 《各县实业局规程》，《总商会月报》1924 年第 5 卷第 4 号；《河南各县建设局规程》，《河南行政月刊》1927 年第 2 期。

④ 《各县公署及公款局财政公开条例》，《河南财政月刊》1923 年第 7 期。

⑤ 民国《林县志》卷 5，"财政"，民国二十一年石印本，第 71 页；民国《正阳县志》卷 2，"财务志"，民国二十五年铅印本，第 32 页。

⑥ 民国《重修信阳县志》卷 10，"食货志二·地方公款之管理"，民国二十五年铅印本，第 2 页。

⑦ 《剿匪区各县裁局改科办法大纲》，《中央周报》1935 年第 347 期。

⑧ 中国第二历史档案馆：《民国史档案资料汇编》第五辑第二编《财政经济》（一），江苏古籍出版社 1997 年版，第 481~482 页。

⑨ 贾士毅：《如何完成自治财政之理想》，《财政评论》1943 年第 10 卷第 2 期。

二、河南各县的兴农措施及其效果

民国时期河南各县设置的劝农员、农事试验场、实业局和建设局等各种农业机构成立，实施了各种兴农措施，在传播和改良农业生产技术、兴修水利工程等方面，做了一定的工作。

（一）传播农业生产经验和技术

河南农业生产大多墨守成规，不思改良。"查乡农知识浅陋，对于农业改良，率多茫然。"①因此，传播农业生产经验和技术，是推进农业发展的必要一环。民国时期，历届政府进行了经常性或临时性的各种农业知识宣讲，帮助农民解决生产中面临的实际问题。

北洋政府成立后，在县一级设置了劝农员。劝农员深入各乡村了解农情，针对农业生产中存在的问题，提出各种解决方案，包括种植技术、养蚕方法、施肥方法和病虫害防治等。获嘉县劝农员在北区陶村、王靳村、北马营、周圪塔等村宣讲浸种利益，指出其具有"发芽很快"和"除去病患"两大优点。② 桐柏东一区上石门、下石门等村庄美棉很多，由于种植方法不当，获利不多，甚或亏本。针对此种情况，劝农员特别强调深耕的功效，既有利于"吸收多量的养分"，又可在开花结果时防止大风暴雨的吹打。③ 武陟县城东北四十余里之周村、耿村、马村等村仍用旧法养蚕，成绩恶劣，且有致完全失败者，于是劝农员将"催青、收蚁、饲育、给桑、除沙、上簇各法"详为演讲，民众莫不欣然乐从。④ 汜水县境内主要种植大小麦、玉蜀黍、粟棉与豆类等作物，劝农员指出栽培作物的种类不同，施肥方法亦应不同，"麦类肥料多喜窒素，玉蜀黍与粟棉则喜磷酸，至于豆类则酷好加里。喜窒素者则宜施用人粪尿与大豆饼等，喜磷酸者则宜施用过磷酸石灰骨粉与棉油豆饼等，喜加里则宜施用木灰与蒿灰等"⑤。汜水县任庄郎中沟马固一带，时值谷粟抽穗之期，常有一种白发病，乡农久为所困。劝农员告诫"见有心枯之叶及不实或变形之穗，宜速为切取而烧弃之"⑥，以防其传播。

除劝农员的定期宣讲之外，北洋政府也要求各县的农事试验场，于农暇时招集农民开设短期讲习会，期限至少在三个月以内。讲习内容主要是"作物学大意、养蚕学大意、畜产学大意、农产制造大意、棉产泛论"等⑦。

国民政府时期各县设立的农业推广所，在农场内设置"农民访问处"，由农业指导员负责指导，以备农民问询农业改良方法。为预防病虫害，多编印须知及麦类黑穗病预防方法，令农业推广所指导员携带赴乡，分散民间，广为宣传。⑧ 有时，为应付意外之灾，各

---

① 《西平县政治视察报告》，《河南政治视察》（第四册），河南省政府秘书处 1936 年，第 10 页。
② 《获嘉县劝农员四月份报告书》，《河南实业周刊》1923 年第 44 期。
③ 《桐柏县劝农员七月份报告书》，《河南实业周刊》1923 年第 2 卷第 3 期。
④ 《武陟县劝农员杨永怀五月份报告书》，《河南实业周刊》1923 年第 47 期。
⑤ 《劝农员朱璋七月份报告书》，《河南实业周刊》1923 年第 2 卷第 3 期。
⑥ 《劝农员朱璋七月份报告书》，《河南实业周刊》1923 年第 2 卷第 3 期。
⑦ 《河南各县建设局附设农事试验场章程》，《河南建设》1929 年第 2 卷第 3、4 期。
⑧ 《西平县政治视察报告》，《河南政治视察》（第四册），河南省政府秘书处 1936 年版，第 10 页。

县也会传播一些种植方法，以挽灾祲而厚民生。1928 年，河南旱蝗肆虐，秋禾减收，天久不雨，种麦无望。为减少灾害，各县政府将曾经北平中央农事试验场及河南省立农事试验场试种的"秋麦春种法"连同"盐水选种法"重加编印，翻印多份，分别派员驰赴四乡，使家喻户晓，实地仿效。①

（二）农业技术改良和推广

各县负责农业改良和推广的主要机构是农事试验场和农业推广所。民国成立之初，即有各县农事试验场之成立，但应者寥寥。1917 年 11 月，河南省政府重新厘定《河南县农事试验场暂行章程》，责成各县由县公款设立农事试验场，"专以改良本县农艺、森林、蚕桑、畜牧渔业各项事业，并普及农事上之新理新法于一般农民"②。国民政府成立后，令各县建设局附设农事试验场，主要负责农作物选育种杂交及各种栽培法、土壤改良、肥料分配、病虫害驱除与预防、农具应用与改良，药剂调治等事宜。1933 年河南省各县设立的农业推广所，"直接或间接繁殖优良种子种畜及树苗推广于农民，直接或间接举办各种农业展览会农产品比赛会及农业示范，提倡并扶助垦荒造林耕地整理及水旱与病虫害之防治等"。农业推广所除了推广其农业技术改良成果之外，也负有"推行农林试验研究机关及农业学校之优良成绩"之责。③

从实施情形看，各县基本上都设置了上述机关，试种和推广适合各县的农产品。但推广情形不一，有些县份做法富有成效，如西平县不仅扩充农场，改良种籽，且交换外地良种，进行推广。但有些县份办理效果较差，或无所作为，如灵宝、永城、临漳是也（见表1)④。

表 1　　　　　　**1934 年河南省政府调查各县农业改良情况一览表**

县名	办理农业改良情况
临漳	推广所成立未久，农业设施尚无成效
尉氏	农业由农业推广所负责办理，农场分蔬菜、棉作及品种繁殖三区
永城	农场两处，共地八十四亩，内分果树、蔬菜、花卉、蚕桑、普通作物及特种作物等六区，检选种植，适于当地需要

---

① 《训令各县建设局长照印秋麦春种法布告宣传以救旱荒由》，《河南建设》1928 年第 1 卷第 8、9 期。

② 《河南县农事试验场暂行章程》，《河南实业周刊》1924 年第 2 卷第 28 期。

③ 《河南省各县农业推广所组织章程》，《农业推广》1933 年第 5 期。

④ 此处主要参酌 1934 年和 1935 年河南省省政府组织的政治考察团的调查结果。该考察团分全省为六区，历时四个月，详细考察各县民政、财政、建设、保安、司法等落实情况，为了解河南的建设情况提供了详尽的资料；同时，这一时期也是河南政局相对稳定的时期，因此，农业改良也可视为是较有成效的时期；当时，政治视察团将各县分为三等，本文主要以二等县资料作为比较，可视为河南各县农业推广的一个平均水平。

县名	办理农业改良情况
西平	1. 扩充农场。原有第一农场 18 亩，因面积太小，试种各种作物不敷分配，1934 年地方财务委员会拨给建设局庙产 50 亩作为第二农场，共计 68 亩，分农作区、果树区、蔬菜区等，实验优良种子，换给农民试种，以改良其生产；2. 设立种籽交换所。在第一农场设立种籽交换所一处，以本地试验而得优良种籽，与外省或外县各农业机关之优良品种交换，以求农产品之实验改良
灵宝	农场有地 80 亩，内植枣树数百株，惟地多沙质，不宜农作，且离城太远（五六里），管理不便，已令改作林场，专事研究枣树，藉作农民模范
邓县	农场面积仅 22 亩，不足规定亩数，办理亦未切实；农业推广所指导员曹敦良任事半年有余，而该所设备诸多缺如

资料来源：《临漳县政治视察报告》，《河南政治视察》（第一册），河南省政府秘书处 1936 年，第 7 页；《尉氏县政治考察报告》，《河南政治视察》（第二册），河南省政府秘书处 1936 年，第 11 页；《永城县政治视察报告》，《河南政治视察》（第三册），河南省政府秘书处 1936 年，第 11 页；《西平县政治视察报告》，《河南政治视察》（第四册），河南省政府秘书处 1936 年，第 10 页；《灵宝县政治视察报告》，《河南政治视察》（第五册），河南省政府秘书处 1936 年，第 10 页；《邓县政治视察报告》，《河南政治视察》（第六册），河南省政府秘书处 1936 年，第 11 页。

（三）兴修水利工程

豫省位居中原，气候温和，本为宜农之区，"徒以河渠蓄泄无度，以致旱则赤地千里，潦则汪洋一片"[1]。为此，兴修水利以保旱涝无虞，遂成各县级一项要政。

水利诸项，除水利局外，尚有建设局负责。相对于农业改良来说，这一时期的水利兴修较有成效。在所统计的县份中，除邓县外，其他各县或疏浚旧有河道，或拟议疏浚，或提倡凿井，以利防洪和灌溉（见表 2）。

表 2　　　　　　　**1934 年河南省政府视察团调查各县水利工程一览表**

县名	办理水利工程情况
临漳	补修完浚漳河南岸老庄、砖寨营、前佛屯、油房、马庄、刘辛庄等村共长 1580 公尺堤工，北岸大呼村、砚瓦台、常家屯、邺镇等村共长 9153 公尺的堤工；疏浚第五区民生渠，计长 10 公里
尉氏	拟挖修太沟河 3680 丈；拟在县南双泊河上建高庙寨修石坝一座以束水势；拟疏浚县东自贾鲁河，全长 85 里，灌溉农田，以资补救
永城	疏浚减河一道，计长 25 公里；又挖王引沟长 66 公里，宋沟长 30 公里，韩沟长 35 公里，大涧沟长 35 公里，白洋沟长 15 公里
西平	1. 疏浚杀河；2. 修筑龙尾沟决口；3. 宣传凿井

---

[1] 《水利》，《河南建设概况》，1933 年，第 1 页。

续表

县名	办理水利工程情况
灵宝	有河流六道，即宏农河、好阳河、沙河、潦里河、木子河、马家河，水渠共有 73 道，可灌田 34300 余亩，沿渠各处引用河水推打石磨颇多，并新开有民有、李方等五渠，可灌田 490 亩；第四区焦村一带凿有土井 30 余眼，惟第五、六两区地多山岭，水利缺乏，宜多凿水井以资灌溉
邓县	湍、严、赵诸河，河身宽大，沙滩尤广，水利尚未办理，仅决口之处，筑修堤防

资料来源：《临漳县政治视察报告》，《河南政治视察》（第一册），河南省政府秘书处 1936 年，第 7 页；《尉氏县政治考察报告》，《河南政治视察》（第二册），河南省政府秘书处 1936 年，第 11 页；《永城县政治视察报告》，《河南政治视察》（第三册），河南省政府秘书处 1936 年，第 11 页；《西平县政治视察报告》，《河南政治视察》（第四册），河南省政府秘书处 1936 年，第 10 页；《灵宝县政治视察报告》，《河南政治视察》（第五册），河南省政府秘书处 1936 年，第 10 页；《邓县政治视察报告》，《河南政治视察》（第六册），河南省政府秘书处 1936 年，第 11 页。

民国时期各县政府在农业上所作的努力，致力于改善长期困扰中国农村的农业技术改良和水利失修之弊。但就实际效果观之，农业产量仍不尽如人意，农民生活改观不大。据统计，1918 年到 1933 年各种主要农作物产量均有下滑。1918 年小麦产量为 256330 千担，1929 年下降为 87371 千担，1933 年锐减为 24050 千担；棉花 1918 年无统计数据，1929 年为 4012 千担，1933 年为 315 千担；豆类 1918 年为 72892 千担，1929 年为 25799 千担；1933 年 17710 千担[1]。河南农民"一方面手胼足胝，极人世之辛劳；一方面食粗衣单，极人世之痛苦，过十九世纪欧洲农奴还不如的生活"[2]。

三、河南各县农政效果不彰之原因

民国时期，随着河南县级财政职能的扩张，各县设置诸多农事机构，实施各种兴农措施，但是仍未达到预期效果。农业产量仍然徘徊不前，甚至有所下滑。究其原因，主要如下：

（一）经费微薄

朱博能指出："各县地方支出，除教育费外，几无事业费之可言，有之亦为数极微，故各种事业不见如何之发达。"[3] 河南各县亦如此，且比他省更低。信阳县 1924 年县财政支出中，建设经费为 2075 元，占总支出 20651 元的 10%。[4] 汜水县从 1912 年到 1921 年，

---

[1] 张铭、孙中均：《生产建设声中的河南农业建设》，《河南政治》1934 年第 4 卷第 3 期。

[2] 张铭、孙中均：《生产建设声中的河南农业建设》，《河南政治》1934 年第 4 卷第 3 期。

[3] 朱博能：《县财政问题》，正中书局 1945 年版，第 12 页。

[4] 民国《重修信阳县志》卷 11，"食货二·县地方款之收入支出"，民国二十五年铅印本，第 1 页。

建设经费占总支出的比例平均为9%。① 到了国民政府时期，建设经费为县级政府的固定支出之一，但数量仍很微薄。在财务委员会时期，信阳县建设经费为8304元，占年度总支出224870元的3%②；获嘉县建设费为8544元，为年度总支出68853元的12%③；陕县建设经费为1710元，占年度总支出78341元的2%④；偃师建设经费为6505元，为年度总支出43002元的15%⑤。彭雨新先生统计了1935年到1942年度河南各县年均建设经费支出比重，其中建设、卫生及救恤费为全县总支出的5.53%，在所列的20个省中，排在第14位。⑥ 也就是说，与其他省份相比，河南各县的建设经费更行微薄。

反观用于农村社会稳定的公安、政警、保安等支出，高下立见。以获嘉县1935年的支出为例，总支出69953.24元，其中建设费总计8544元，公安费6385元，政警费3180元，保安费25794元。而建设费中，与农业有关的有农业推广所744元，农场680元，水利委员会1200元。⑦ 获嘉县的总支出可谓丰厚，但真正用于扶植农业的资金，仅为2624元，与用于维持农村社会稳定的公安、政警、保安费三项高达35359元相比，实则判若天渊。即便是在建设支出中，农业也仅占到30%。陕县情况也不令人乐观，1935年的预算中，总支出为78341。政务警察队经费5301元，警察所经费9792元，农业推广所经费180元，造林费330元。⑧ 与获嘉县相比，扶持农业资金年仅180元，更是少得可怜。

河南各县的建设费不仅微薄，而且各县的建设经费，主要是局内各职员之薪俸，很少有推行农业发展的经费。如获嘉县建设费分行政费、事业费二项，建设行政费岁支1236元，县政府第三科科长月支洋60元，技术员月支28元，书记员月支15元，合计月支103元，岁支1236元；建设事业费则有农业推广所岁支744元，内分薪水540元（主任月支30元，办事员月支15元），工资84元（勤务月支7元），办公费120元。苗圃岁支660元，内分工资516元，工头月支8元，工人每名月支7元，杂费144元；农场岁支684元，内分工资528元，工头月支8元，菜匠月支8元，工人4名，月支各7元，杂费156元。⑨ 获嘉县和农业有关的建设费，总计为3324元，其中薪资为2904元，占83%，办公费为420元，占17%。当然，办公费也并非全部是推行农业发展之经费。

不惟如此，这些有限的费用有时还会遭到克扣。据河南政治视察团报告，1934年8—11各月，永城农业推广所每月仅领75元，至12月及1935年元月，每月只领80元。查该县财委会发款凭单，推广所每月支经费144元，所余经费尽归县政府截留。⑩ 郏县农业推广所经费（1935年）按六成发给，该所职员2人，一人月支12元，一人月支8元，经费

---

① 民国《汜水县志》卷4，"赋役"，民国十七年铅印本，第16~20页。

② 民国《重修信阳县志》卷11，"食货二·县地方款之收入支出"，民国二十五年铅印本，第1~3页。

③ 民国《河南获嘉县志》卷6，"赋役下"，民国二十四年铅印本，第19~21页。

④ 民国《陕县志》卷7，"财政"，民国二十五年铅印本，第1~2页。

⑤ 民国《郾师县风土志略》，"财赋"，民国二十三年石印本，第39~41页。

⑥ 彭雨新：《县地方财政》，上海商务印书馆1945年版，第24页。

⑦ 民国《河南获嘉县志》卷6，"赋役下"，民国二十四年铅印本，第19~21页。

⑧ 民国《陕县志》卷7，"财政"，民国二十五年铅印本，第1~2页。

⑨ 民国《河南获嘉县志》卷6，"赋役下"民国二十四年铅印本，第19页。

⑩ 《永城县政治视察报告》，《河南政治视察》（第三册），河南省政府秘书处1936年，第20页。

甚是拮据。① 微薄的农业建设费，必使各项事业举步维艰。

（二）天灾人祸洊臻

河南作为绾毂南北之地，有着地域特殊性。"国家无事，则其民优游生息，而无边氓屯戍之劳；有事则戎马纵横，民膏血于原野，父子离散，室庐荡尽者比比也！"②民国时期，河南人民饱受战争、灾荒、匪扰之苦，几无宁日。诸如此类不胜枚举。"共和肇造，历十七年，战争无宁岁。中州之民，既被兵革之祸，重以天灾人事，颠连困苦，而无所籲告。"③ 1929 年，赴豫南查灾的王瑚在报告书中称："……河南全省有灾，报不胜报，亦查不胜查……历年兵去匪来……"梁章钜在《豫南饥民记》中记载："……二十余年遭兵燹，继以大旱成巨灾……甫入境，睹惨状而不忍前。"④ 中原大战之后，河南进入短暂的稳定时期，但不久复陷日寇入侵之战火。其间灾荒、土匪并至，安宁之日甚少。

因此，《河南建设述要》的编纂者指出："豫省民智固闭，地方瘠苦，凡百庶政，推治维艰。平时犹然，战时更甚。……凡百建设，每以军事变化，辄致功亏一篑，尽废前功。建设难，战时建设更难，战地建设为尤难。"⑤ 诚为对河南天灾人祸导致建设艰难的疾首痛心和无奈。

（三）地方官员的"拿钱吃饭"主义

地方官员是各种政策的执行者，官员的个人操守是为政策成败之关键。在官场中，"拿钱吃饭"主义者不乏人在，矫饰政绩，欺上瞒下，借机渔财，无所不为。君列指出：河南官场中玩忽政令成风，"只知道对付上司的公事，不事实地工作，记得有一次建设厅向各县询问建设状况，某县建设局报告说：苗圃扩充多少亩，公路筑有多少里，农事试验场有多么大，吹得颇有生气，及厅内派人视察，所报告都是虚假的"⑥。各县县长之作风，甚至在公开会议上遭到指责。时任河南省政府秘书长的方其道在 1934 年 2 月 12 日河南省府纪念周报告上，尖锐地批评一些县长"不负责任，不讲是非，无论万事万物均以对付了事，一切都抱定瞒上不瞒下的宗旨，上面的令文雪片飞来，他的呈文也雪片飞出，实际上一件事也没有办"⑦。更有甚者，一些官员以做官为发财捷径。邓县县长徐声铭任内，各项要政，均无成效。且贪渎成性，借做寿敛财。1934 年 6 月 15 日公然做寿，分寿礼为福、禄、寿、喜四等：福 20 元，禄 15 元，寿 10 元，喜 5 元。并令各区分派各保，按每保丁银之多寡，定寿礼之等级，合计收礼在万元以上。⑧ 当然，所有官员也并非全然如此，但的确也不乏人在。部分县级官员的玩忽政令和贪渎成性，必会使各种政策的实施大打折扣，了无成效。

---

① 《令郏县、宝丰、鲁山等县改进农业推广所》，《河南省政府公报》1935 年第 1463 期。
② 《序二》，《河南政治视察》（第一册），河南省政府秘书处 1936 年，第 1 页。
③ 《序二》，《河南政治视察》（第一册），河南省政府秘书处 1936 年，第 1 页。
④ 《中国农村的病状》，《河南中山大学农科季刊》1930 年第 1 卷第 2 期。
⑤ 《序》，《河南建设述要》，河南省政府建设厅 1935 年编印，第 1 页。
⑥ 君列：《建设新河南声中关于县地方建设的几段话》，《河南政治》1931 年第 1 卷第 1 期。
⑦ 方其道：《河南各县县长的一个总批评》，《河南政治》1934 年第 4 卷第 3 期。
⑧ 《邓县政治考察报告》，《河南政治视察》（第六册），河南省政府秘书处 1936 年，第 20 页。

四、小 结

1949 年河南人均工农业生产总产值居全国 28 位，是全国最落后的省份之一。① 而农业落后的原因，论者主要归结于农业生产的自然条件日趋恶化、耕作方式的粗放、灾荒的频繁、国家的残酷盘剥、封建租佃关系的束缚和牵制。② 而本文主要从县级财政制度的实施过程来审视这一结果。

自唐宋以降，国家设官止于州县，当时的国家几乎不为县以下提供公共物品和福利保障，乡村救济靠宗族，秩序靠伦理，司法靠民间调解，治安靠乡绅。自清末推行新政始，在自治的旗号下，各县建立了较为健全的机构，承担着治安、司法、建设、救济等政治、经济和社会职能，改变了国家政权在乡村社会中的软弱状态。但从农业方面看，效果仍然不彰。

财政体制的制度化和合理化为什么仍然解决不了传统中国面临的老问题，我们不妨分析一下县财政体制的真实意蕴。县财政建设之最终目的，不仅在于增进一县地方人民生活之富裕，且须振兴地方上之公有事业，以求有助于整个国民经济的发展。③ 但从各县财政支出比重看，民国时期的县财政对农业扶植力度较小，反而把大量的支出用于骚扰农村并为农村所痛恨的各种保卫团体上，对于农业的侵扰远远大于对农业的扶持，徒耗来自于农业经济领域中的有限资金。从财政制度近代化的变迁过程中，不难看出各级政府对制度形式革新的热情，而对制度精髓的漠然视之。这种深层心理也许更能解释兴农措施不少而农业依然改观很少的原因。再加上河南各县的经费更属微薄，以及天灾人祸洊臻等因素，河南农业经济落后于全国绝非偶然。

（作者单位：武汉大学历史学院、商丘师范学院经济与管理学院）

---

① 郭豫庆、冯宛平等：《近代河南经济的演变》，《史学学刊》1985 年第 4 期。
② 王天奖：《从单产看近代河南的农业生产》，《史学月刊》1991 年第 1 期。
③ 金锡璋：《论我国县财政之整理》，《建设》1943 年第 2 卷第 1 期。

民国时期两湖地区中农的收支结构

□　林源西

关于近代以来中国的农村经济，20 世纪 80 年代以来国内的学术界有"倒退说"、"停滞说"、"发展说"三种观点，① 而关于农民生活，学界的主流观点认为近代农村是普遍贫困的，包括一些持发展论观点的学者，比如徐秀丽认为我国近代的粮食亩产量已经大致恢复到清代盛世水平，但"农民生活以及全体人民的生活无疑是十分贫穷的"②。近十几年来，有一些学者提出了不同的观点，比如慈鸿飞认为 20 世纪 30 年代华北的农民人均收入相当于 90 年代全国农民的年均纯收入，郑起东则认为民国时期华北农民的生活出现了改善的趋势，在衣食住用的演变上都体现了农民生活水平的提高，消费结构和消费水平接近于 19 世纪的法国、20 世纪的波兰。这些观点引起了较大争议，一些学者如刘克祥、夏明方等提出了商榷甚至是颇为尖锐的批评。③

近些年来，有不少学者通过深入研究农家的收支状况来认识近代以来农民生活水平，但是研究的区域具有明显的不平衡性，集中在华北和江南地区。此外，全国性及其他区域的研究亦有一定数量的论著问世。④ 就本文所涉的两湖地区而言，涉及农民收支状况的

---

① 对这三种观点的总结与评价，参见张丽：《关于中国近代农村经济的探讨》，《中国农史》1999 年第 2 期。

② 徐秀丽：《中国近代粮食亩产的估计——以华北平原为例》，《近代史研究》1996 年第 1 期。

③ 参见慈鸿飞：《二十世纪前期华北地区的农村商品市场与资本市场》，《中国社会科学》1998 年第 1 期；郑起东：《近代华北的农业发展和农民生活》，《中国经济史研究》2000 年第 1 期；刘克祥：《对〈近代华北的农业发展和农民生活〉一文的质疑与辨误》，《中国经济史研究》2000 年第 3 期；夏明方：《发展的幻想——近代华北农村农户收入状况与农民生活水平辨析》，《近代史研究》2002 年第 2 期。

④ 华北的研究除前述郑起东、刘克祥、夏明方的论争外，另有傅建成：《二十世纪上半期华北农村家庭生活费用分配结构分析》，《中国农史》1994 年第 3 期；侯建新：《民国年间冀中农民生活及消费水平研究》，《天津师大学报》2000 年第 3 期；郭谦、王克霞：《20 世纪二三十年代山东农家收支状况及其影响》，《山东经济》2006 年第 6 期；李金铮：《收入增长与结构性贫困：近代冀中定县农家生活的量化分析》，《近代史研究》2010 年第 4 期。江南的研究如曹幸穗：《旧中国苏南农家经济研究》，中央编译出版社 1996 年版；周中建：《二三十年代苏南农家收支状况研究》，《中国农史》1999 年第 4 期；郭爱民：《二十世纪二三十年代长三角农家收支、净余率与商品率的计量考察：来自吴江开弦弓村的经济分析》，《社会科学（上海）》2010 年第 8 期，等等。全国性的研究如王玉茹、李进霞：《近代中国农民生活水平分析》，《南开经济研究》2008 年第 1 期；张东刚、关永强：《1930 年前后中国农家收支状况的实证分析》，《华中师范大学学报》（人文社会科学版）2009 年第 3 期；关永强：《近代中国农村收入分配与消费差异研究》，《安徽史学》2009 年第 4 期。其他区域的如黄正林：《民国时期甘肃农家经济研究——以 20 世纪 30—40 年代为中心》，《中国农史》2009 年第 1、2 期，等等。

研究较为少见。① 华北和江南地区研究较为集中的主要原因之一是这两个区域资料较为丰富，在 20 世纪二三十年代有大量的农村调查数据可供使用，著名的如李景汉的定县调查、日本满铁的农村调查等，而其他区域这样系统的调查较为缺乏。目前就全国而言，能让我们了解民国时期各地农户家庭经济状况的系统性资料，非土改调查资料莫属。本文所使用的材料就是以土改时对两湖地区中农的家庭经济调查数据为主。按照土改时的划分标准，中农大部分是占有土地并靠自己劳动来维持生活的自耕农，② 是农村中的中产阶层。通过对中农的分析，我们一则可以了解两湖农村中自耕农的经济状况，二则可以结合民国其他调查资料，深入认识占农村绝对部分的中农以下阶层（主要为贫农、雇农）的生活水平，并以此推断出民国时期两湖地区农户的一般生活水平。

根据中南军政委员会土地改革委员会的调查数据，抗日战争前，湖北二十个乡中农占总户口的 33.57%，湖南十五个乡中农户占总户口的 29.59%。从抗战前到共和国成立，中农的比例总体上变化不大，1948 年，湖北中农户比例为 31.70%，湖南为 32.97%。中农的占地比例与其户口比例相当。1948 年，湖北二十个乡、湖南十五个乡的中农的耕地分别占所调查区域总耕地的 31.91%、29.77%。从人均耕地上看，中农占有耕地不多，湖北、湖南分别是 2.05 亩和 1.51 亩。③ 此数与 20 世纪 30 年代土地委员会所调查的鄂湘两省总人均耕地相当，但略低于农民人均耕地。④

一、两湖地区中农的收入结构

农业无疑是农民最主要的收入来源，但是由于两湖地区人均耕地并不足以维持家庭的生计，副业劳动也异常重要。在一些耕地严重缺乏的地区，副业甚至成为农户主要的生产活动，如湖北京山县境内范家岭，"该村由于受地理的限制，人烟稠密，耕地较少，平均每人不到半分地。范鹏程是范家岭最大的户，也只有三十多亩地，全家十几人，人平没有三亩地。因而范家岭的人，光靠种田，是难以维持生活的。为了生活，每家都经营着一种或几种常年副业或季节副业，以补耕地收获之不足。……人称范家岭为小汉口。其中以开粉坊的为最多。由于人们农兼商搞得好，副业门路多，相应的人们的生活比较富裕，连最

---

① 就笔者所见，涉及近代两湖地区农户收支状况的研究主要是李金铮的《近代长江中游地区农家的收支对比及其相关因素——以 20 世纪 20—40 年代为中心》，《学海》2002 年第 4 期。另有其他时期的如闫富东：《清代江汉平原普通农户收入状况分析》，《中国社会经济史研究》1999 年第 1 期；常明明：《20 世纪 50 年代前期中国农家收支研究——以鄂、湘、赣 3 省为中心》，《中国经济史研究》2008 年第 1 期。

② 土改时，中共对中农的划分标准是："中农许多都占有土地。有些中农只占有一部分土地，另租入一部分土地。有些中农并无土地，全部土地都是自己租入的。中农自己都有相当的工具。中农的生活来源全靠自己劳动，或主要靠自己劳动。中农一般不剥削别人，许多中农还要受别人小部分地租债利等剥削。但中农一般不出卖劳动力。另一部分中农（富裕中农）则对别人有轻微的剥削，但非经常的和主要的。"参见《怎样分析农村阶级》，人民出版社 1963 年版，第 7 页。

③ 中南军政委员会土地改革委员会：《中南区一百个乡调查统计表（内部资料）》，1953 年，第 12、14、36、38 页。

④ 土地委员会调查的数字是：湖北人均耕地 1.91 亩，湖南 1.66 亩；湖北农民的人均耕地是 2.51 亩，湖南 2.78 亩。参见土地委员会：《全国土地调查报告纲要》，1937 年，第 23、24 页。

穷的范正举也不愁吃穿"①。

不同的经济条件会对农户的收入结构产生重要影响,参见表1:

表1   **1948 年湘鄂两省各地区普通中农收入结构(单位:折合稻谷市斤)**

省别	地区类型	农业收入	副业收入	特产收入	总收入	副业收入占总收入百分比
湖北	平原地区 5 个乡	291416	49793		341209	14.59
	丘陵地区 6 个乡	282093	127239	6508	415839	30.59
	山区 2 个乡	128527	4467		132994	3.6
	湖区 1 个乡	49737	8259		57996	14.24
	总计	751772	189758		948038	20.14
湖南	平原地区 2 个乡	140598	36245		176843	20.49
	丘陵地区 8 个乡	318894	174936		493830	35.42
	山区 3 个乡	113740	80460		194200	41.43
	总计	573232	291641		864873	33.73

资料来源:中南军政委员会土地改革委员会编:《中南区一百个乡调查统计表(内部资料)》,1953年,第286~289页。

先从副业说起。从表中看,总体上,湖南中农的副业收入在总收入中的比重要远超过湖北,其中原因,当是湘省中农的人均耕地低于鄂省。一则,以湘省中农的人均耕地水平,需要更多的副业收入才能维持家庭成员的生活;二则,由于土地少,湘省的中农相比于鄂省中农,有更多时间花在副业上,从而得到更多的副业收入。从自然环境上看,各类型地区副业收入比重,除了鄂省平原区与湖区相当外,其他相差较大。值得注意的是,同样是山区,两省中农副业收入比重相差悬殊,由于缺乏资料,未知其中缘由。

中国农村传统的副业如饲养家畜、纺织等,在两湖农村亦是普遍的副业。"湖南省农家副业分布以饲养家畜最为普遍,几乎无县无之",除此之外,各地根据自身不同的自然条件和社会经济环境有不同的副业,如"湘中各县之纺纱织布,洞庭湖沿岸各县之捕鱼采莲,湘东浏醴一带之鞭炮夏布,湘南各县之造纸张,湘西之制油,均素负盛名"②。在湖北,农村副业中,除饲养家畜外,以纺织最为普遍,渔业其次,其余有养蚕、挑贩、砍柴、驾船等,皆非普遍之副业。③一般情况下,饲养家畜、纺织等普遍副业收入并不高,"只能提供油盐衣料零星费用"④。而基于某些自然资源或技能的副业则收入较高,比如

① 范守佐:《庄秀山浩劫范家岭》,中国人民政治协商会议京山县委员会文史资料研究委员会编:《京山文史资料》1987 年第 6 辑,第 51 页。
② 实业部国际贸易局:《中国实业志》(湖南省),第二编,1935 年,第 85 页。
③ 湖北省政府秘书处统计室编:《湖北省年鉴》,1937 年,第 154~159 页。
④ 湖南省土地改革委员会:《茶陵县庙市乡典型调查材料》,1952 年,湖南省档案馆藏,全宗号:145,目录号:1,案卷号:125。

湖北省鄂城县邓平乡大块地村中农王波云承租湖业，1948 年打鱼、打荷、挖藕副业收入折合稻谷 1100 斤，占家庭总收入的 21.5%，而纺织、养猪、养鸡的收入合计仅折稻谷 700 斤。同村的贫农王大琴为本族看公山得收入折谷 2575 斤，占了家庭收入的 37%。① 另如浏阳县三口乡中农何海山 1936 年做木工收入折谷 3200 斤，占总收入的 50.07%。② 对邓平乡 9 户典型中农的调查显示，副业收入占家庭总收入百分比最高的为王波云，为 35.1%，副业项目为纺织、养猪、养鸡、打鱼、挖藕、打荷叶；最低的为牛衷昇，占 2.1%，副业仅为纺织一项。③ 值得一提的是姚家湖村中农邹少亭，其父在武昌裕华纱厂当工人，1948 年收入折谷 9000 斤，占了家庭收入的近七成，农业收入仅占了二成（本年其田地受水淹大减收），农业在邹家反倒成了"副业"。邹家在 1948 年有 8 口人，有耕地 15.19 亩，人均 1.9 亩，略低于上文提到的湖北省中农人均耕地，但"生活一贯富裕"，在土改前期一度被划为富农。从这方面来说，工业上的工资收入相对于农业收入是有绝对优势的，费孝通对吴江开弦弓村的研究表明，村中蚕丝工厂工作的妇女因工资收入提升了地位，以至于她们的丈夫或父亲不得不牺牲他们的权威。④ 另如江苏太仓县遥泾村有一户仅拥有 2.6 亩耕地的 10 口之家，有四人进当地的纱厂工作，"生活水平甚至高于村中耕地较多的富农"，另有一户完全没有耕地的人家，夫妻双双进厂工作，"生活较村中的中农为优"。⑤ 这些例子反映出发展工业对增加农民收入的意义。

再来看农业收入。稻谷是两湖农产品的大宗，除了旱地占多数的鄂北及山区，稻谷在农民的实物收入中占绝对优势，如黄陂县方梅区 122 农户各项作物产量比例，稻谷为 74.62%，大麦为 8.81%，小麦为 4.98%，花生为 4.56%，蔬菜为 2.33%，荞麦为 1.24%，棉花为 0.41%，其他（包括豆子、芝麻、萝卜、高粱等）为 1.81%。⑥

湖南省更是稻谷的生产大省，在民国时期仍然有大量输出，20 世纪 30 年代，通过长沙、岳州海关输出的湘米最高达 1323454 担。⑦ 因此，稻谷不仅是湖南农民的主食，更是现金收入的来源之一。但从经济价值上来说，稻谷不如经济作物高。随着近代以来农村商品市场的发展，两湖地区农户也越来越重视经济作物的种植，如湖北省，"交通便捷，运输易办，故业农者对于出产上多不注全力于稻粮，而汲汲经营丝、麻、茶、棉、油、漆等业"⑧。因此，经济作物的收入在湖北农民的收入结构中占有较高的比重。以 1948 年鄂城邓平乡几户中农为例，牛家湾农民牛衷昇有水田 4.85 亩，收稻谷 2878 斤，亩均 593.4

① 《关于（鄂城县第一区）邓平乡土改后经济调查报告之三——九户典型中、贫农经济情况》，1952 年，湖北省档案馆藏，档案号：SZ37-01-0042-001。

② 湖南省土地改革委员会：《浏阳县三口乡调查材料》，1952 年，湖南省档案馆藏，全宗号：145，目录号：1，案卷号：93。

③ 《关于（鄂城县第一区）邓平乡土改后经济调查报告之三——九户典型中、贫农经济情况》，1952 年，湖北省档案馆藏，档案号：SZ37-01-0042-001。

④ 费孝通：《江村经济》，商务印书馆 2001 年版，第 198~199 页。

⑤ 曹幸穗：《旧中国苏南农家经济研究》，中央编译出版社 1996 年版，第 138~139 页。

⑥ 中央人民政府农业部计划司编：《两年来的中国农村经济调查汇编》，中华书局 1952 年版，第 267 页。

⑦ 朱西周编：《米》，中国银行经济研究室，1937 年，第 149 页。

⑧ 刘大钧：《我国佃农经济状况》，太平洋书店 1929 年版，第 82 页。

斤，地 5 亩，棉麦合计折谷 3113.50 斤，亩均 622.7 斤；王家院子农民王永怀，有水田 3.9 亩，全年收谷 2681 斤，亩均 687.4 斤，地 6.55 亩，棉麦折谷 5174 斤，亩均 789.9 斤。这两家农户的旱地亩均收益都超过水田，棉花在其中起到了决定性的作用。同样，经济作物收入在湖南一些农户的收入结构中占有相当的比重，如茶陵县庙市乡经济作物中，以大蒜、棉花、生姜为大宗，"大蒜平均年产廿万斤，约折合稻谷六十万斤。棉花平均年产皮棉花二万四千斤，约折合稻谷廿万斤。生姜平均年产十五万斤，约折合稻谷十五万斤。三种综合起来年产总值稻谷九十万斤"。全乡粮食作物平均总产量（包括稻谷、红薯、毛芋）约折合稻谷一百二十万斤，经济作物的收益相当于粮食作物的 75%，占了农民农业总收入的 44%。[①] 我们具体地来看几个中农的例子（见表 2）。

表 2　　　　1948 年茶陵县庙市乡 9 户典型中农收入结构（单位：折合稻谷市斤）

户主	农业收入			占总收入百分比	副业收入	占总收入百分比	总收入
	粮食作物	经济作物	合计				
谭运连	5912	2713	8625	82	1890	18	10515
谭次生	3249	2067	5316	85	935	15	6251
周承恩	3977.5	2288	6265.5	88.1	850	11.9	7115.5
刘回生	4167	1200	5367	86.1	865	13.9	6232
刘武俅	6538	4652	11190	95.7	500	4.3	11690
谭顺连	3173	2691	5864	86.9	460	7.3	6324
谭石仔	3844	1725	5569	89.1	680	10.9	6249
邓官生	3954	1940	5894	87.9	808	12.1	6702
谭送生	4497	1686	6183	88.3	833	11.7	7106
平均	4367.9	2329.1	6697	88.5	869	11.5	7566

资料来源：湖南省土地改革委员会：《茶陵县庙市乡典型调查材料》，1952 年，湖南省档案馆藏，全宗号：145，目录号：1，案卷号：125。

说明：粮食作物包括稻谷、红薯、毛芋；经济作物包括大蒜、棉花、生姜，其中以大蒜为大宗；7 户副业为养猪，其余两户不明。

这 9 户中农，在 1948 年总共拥有耕地 75.8 亩，人口总计 45 人，人均耕地 1.68 亩，大致相当于湖南全省中农总体上拥有的人均耕地。但是，在家庭总收入中，副业收入所占比重远远低于表 3 提到的平均水平，这要得益于经济作物的种植。9 户中农经济作物种植的具体情况如表 3：

————————

[①]　湖南省土地改革委员会：《茶陵县庙市乡典型调查材料》，1952 年，湖南省档案馆藏，全宗号：145，目录号：1，案卷号：125。

表3　　　　　　　　**1948 年茶陵县庙市乡九户典型中农种植经济作物情况**

农户	大蒜		棉花		生姜		总计收益（折谷斤）	占家庭总收入百分比
	种植面积（亩）	收益（折谷斤）	种植面积（亩）	收益（折谷斤）	种植面积（亩）	收益（折谷斤）		
谭运连	1.6	1950	1	763			2713	25.8
谭次生	1.5	1500	1	567			2067	33.1
周承恩	1.7	1500	1.4	688	0.1	100	2288	32.2
刘回生	1.2	1200					1200	19.3
刘武俫	2	3000	2	1652			4652	39.8
谭顺连	1.2	1800	1	891			2691	42.6
谭石仔	0.6	720	1	745	0.2	260	1725	27.6
邓官生	0.8	900	0.8	500	0.3	500	1940	28.9
谭送生	1	1200	0.8	486			1686	23.7
户均	1.29	1522.22	1	699.11	0.067	95.56	2329.11	30.8

资料来源：湖南省土地改革委员会：《茶陵县庙市乡典型调查材料》，1952 年，湖南省档案馆藏，全宗号：145，目录号：1，案卷号：125。

从表 3 中看，9 户中农中，经济作物收入占家庭总收入最高的达到 42.6%，最低者也有 19.3%，总体上，这 9 户中农有三成的家庭收入来自经济作物，对湖南农户来说，这是相当可观的数字。但是，我们将这 9 户中农的经济收入与上文提及的庙市乡总体情况作比较，就会发现，这 9 户中农经济作物占家庭农业总收入的 34.78%，要低于庙市乡 44% 的总体水平。换言之，中农在经济作物方面的投入要低于其他一些阶层。庙市乡全乡人均耕地 1.51 亩，是土地较为缺乏的地区，通常情况下农民需要从土地外获取维持家庭生计的收入，但是该乡的副业和手工业并不发达，土改前这两项收入仅占全乡农民总收入的 11% 左右，大大低于表 3 中湖南省的平均水平，这意味着庙市乡的大部分农户仍然需要从土地中获取维持家庭生计的收入。该乡单位面积稻谷平均产量为 520 斤，"大蒜单位产量约五百斤，而每百斤即能换谷三百斤，较种植稻谷收益加倍"。中农的经济条件较好，在种植粮食作物的同时，尚有能力经营高成本的大蒜种植，但对土地更少、经济条件较差的贫农来说，缺乏这样的条件。迫于生存的压力，为了获取大蒜的高利润，贫农可能会减少甚至放弃粮食作物的种植，这将大大提高经济作物占他们收入结构的比例。

庙市乡与上文提及的湖北京山县范家岭的农民的收入结构在两湖虽不具普遍性，但具有典型性，它们代表两湖一些严重缺乏耕地的地区农户家庭增加收入的两种方式，一是扩大经济作物的种植，二是扩大副业的经营，两者都与市场直接关联。近代两湖地区的工业虽然有所发展，但是发展有限，且分布极不平衡，因此，虽然工业工资收入相对于农业收入有较大优势，但是只有极少部分的农民有机会在工厂就业。绝大多数的少地农户，只有通过农村商品市场来实现家庭收入的扩大，这也是学界提出"市场经济应是我国农村经济的唯一取向，舍此没有出路"① 的原因。总体上说，湖南中农在经济作物上的投入不如湖北。以二省平原区为例，1948 年湖北省 5 个乡中农的旱地产量占到全年总收入的 38.11%，而湖南省 2 个乡仅为 5.11%。② 显然，湖北平原区以棉花为主的旱地经济作物占到了中农总收入中相当大的比重。

两湖各地农户根据不同的自然条件和社会经济环境，收入结构亦会有所不同，但通常来说，湖南省农户的收入中，粮食作物占绝对优势，但是由于人均耕地少，副业成为家庭收入最重要的补充；湖北的中农收入中，虽然粮食作物亦占主要地位，但不占绝对优势，经济作物和副业对家庭收入具有同样重要的作用。

二、两湖地区中农的支出结构

作为农村中的中产阶层，中农没有能力消费奢侈品，也不似下层的贫农要把相当一部分收入用作缴纳地租。中农的家庭支出主要是生活支出，纳税，生产投资，及其他诸如教育投资、人情往来、医药等非常规支出（参见表 4）。

表 4　　　　　　　1936 年、1948 年两湖普通中农家庭支出结构（单位:%）

省别	年份	生活支出		纳税		生产投资		其他支出	
		占总收入	占总支出	占总收入	占总支出	占总收入	占总支出	占总收入	占总支出
湖北	1936 年	63.74	76.01	5.37	6.41	0.84	1.01	12.71	16.57
	1948 年	66.09	70.27	15.15	16.10	0.66	0.71	12.15	12.92
湖南	1936 年	79.85	82.02	5.55	5.84	5.01	5.14	6.81	7.00
	1948 年	80.00	77.12	9.27	8.93	5.21	5.02	9.26	8.93

资料来源：中南军政委员会土地改革委员会：《中南区一百个乡调查统计表（内部资料）》，1953 年，第 300~303 页。

说明：湖北省 14 个乡 120 户，1936 年总收入折合稻谷 1166142 市斤，总支出 894045 市斤；1948 年总收入 948038 市斤，总支出 891625 市斤。湖南 13 个乡 117 户，1936 年总收入 830648 市斤，总支出 808715 市斤；1948 年总收入 864873 市斤，总支出 897193 市斤。

由表 4 可知，生活支出在中农的所有支出中占了绝大部分。湖北省中农的生活支出占了总收入的 60% 以上，湖南省的数字更是达到了 80%。常规性生活支出的主要项目是食物和衣服，这其中食物的支出占了绝大部分。在某些地区，食物支出甚至几乎消耗中农的全部收入。根据一份调查，土改前湘潭县某村 17 户中农一年总支出折合米 106007 斤，总收入 60262.11 斤，食物支出（包括米、油、盐、菜）58977.66 斤，占总支出 55.64%、总收入的 97.86%。这 17 户中农人均拥有耕地 1.31 亩，使用耕地 1.70 亩，副业缺乏，仅

---

① 慈鸿飞：《二十世纪前期华北地区的农村商品经济与资本市场》，《中国社会科学》1998 年第 1 期。

② 中南军政委员会土地改革委员会：《中南区一百个乡调查统计表（内部资料）》，1953 年，第 286~289 页。

喂养畜禽一项，主要经济作物为大豆，但产量不多，仅占总收入的3.1%。[①] 在耕地缺乏的情况下，农户的家庭收入依然严重依赖粮食作物，这是这17户中农收支严重不平衡的原因。中农的食物支出几乎占了总收入的全部，这其中可能还有因收支严重不平衡而压低了食物消费的因素。这在两湖乡村是一个比较极端的例子，但也从侧面反映出中农支出结构的严重失衡。

表5中，9户中农的食物和穿衣支出占总收入的64.13%，与表4中1948年湖北省中农生活支出比例大致相当，这意味着食物和穿衣几乎是中农常规性生活支出的全部。衣服属耐用品，一年中的花费不多，食物消费支出大致要占到生活支出的90%以上。

表5　　　　　　　　　**1948 年鄂城县邓平乡 9 户典型中农食物和穿衣支出**

户主	家庭人口	项目					
		食物支出（折谷市斤）	占总收入比例	占总支出比例	穿衣支出（折合稻谷市斤）	占总收入比例	占总支出比例
王玉勤	4	3105	47.26%	52.01%	450	6.85%	7.54%
范木清	5	2830	63.04%	63.31%	160	3.56%	3.58%
邹少亭	8	6905	53.24%	51.56%	750	5.78%	5.60%
王子丹	11	6740	77.40%	75.96%	197	2.26%	2.19%
王波云	6	2830	55.20%	57.97%	160	3.12%	3.28%
王才同	5	3689	58.88%	62.49%	250	3.99%	4.24%
牛衷昇	5	3950	64.58%	68.02%	332	5.43%	5.72%
徐宝丰	12	9475	67.06%	72.08%	720	5.1%	5.48%
王永怀	6	3758.5	44.32%	55.83%	423.5	4.99%	6.29%
平均	6.89	4809.17	59.40%	62.47%	382.5	4.73%	4.97%

资料来源：《关于（鄂城县第一区）邓平乡土改后经济调查报告之三——九户典型中、贫农经济情况》，1952年，湖北省档案馆藏，SZ37-01-0042-001。

两湖地区中农食物结构主要为稻米、蔬菜、食盐、油、肉类。我们以前文提及的湘潭县某村为例，17户中农全部食物消费折合米58977.66市斤，其中主食稻米消费47424.8斤，占食物总消费的80.41%；油消费275.9斤，占0.47%；食盐消费2422.2斤，占4.11%；菜消费8854.76斤，占15.01%。[②] 调查中没有"肉类"一项，可能并入"菜"这一项中，但如前文所述，这17户中农收支严重不平衡，不是必需品且价格较贵的肉类可能削减到忽略不计，同样，非必需品且价格较贵的油类消费亦是微不足道。我们再看一个例子，如表6：

---

① 中共湘潭县委办公室：《湘潭县土改前××村三联组九小组农村经济按家调查表》，1950年，湘潭县档案馆藏，全宗号：20，目录号：1，案卷号：5（长期）。

② 中共湘潭县委办公室：《湘潭县土改前××村三联组九小组农村经济按家调查表》，1950年，湘潭县档案馆藏，全宗号：20 目录号：1　案卷号：5（长期）。

表6　　　　　　　　　**1948 年长沙县磨盆乡 8 户中农食物消费结构**

项目	谷	油	盐	肉	食物总消费
数量（折合稻谷市斤）	61412	1984.6	2637.6	2141.4	68175.6
比例（%）	90.08	2.91	3.87	3.14	100

资料来源：湖南省土改委员会：《长沙县第八区磨盆乡典型调查材料》，湖南省档案馆藏，全宗号：145，目录号：1，案卷号：71。

表6中，"谷"这一项应是虚指，里面可能包括杂粮以及上文提及的"菜"一项，这些都属于能自给的食物。与湘潭县某村 17 户中农相比，这 8 户中农的食物消费结构要稍好，油与肉类占有一定的比例，但从比例上看，两者都是非经常性食品，特别是肉类，一般在某些诸如农忙、重要节日、招待客人等重要时候才会消费。在 30 年代的湘乡县，农民"习惯在废历每月初一和十五，买点猪肉吃，遇着端午节，和六月吃新期，也办荤菜的场合，照例休息一天，到了年终或元旦，家家都预备酒肉"①。另如茶陵县庙市乡中农谭石仔，1948 年消费肉类 61 斤，折合稻谷 518 斤，占食物消费的 12.68%，其中农忙消费 14 斤，清明、端阳、中元、中秋及春节五大节日消费 27 斤，待客 20 斤。谭石仔的肉类消费占食物消费比例在两湖中农中是比较高的，其食物支出占到总支出的 65.27%。②

从以上数据看，中农的饮食结构是较为单调的，生活水平较低。根据联合国粮农组织提出的标准，恩格尔系数（食物支出占总支出的比重）在 59% 以上的为绝对贫困状态，50%～59% 为勉强度日状态，40%～50% 为小康状态，20%～40% 为富裕状态，20% 以下为最富状态。③根据以上数据，两湖的中农大多属于绝对贫困，情况稍好亦仅勉强度日，而占两湖乡村大多数的中农以下阶层，生活必然更加困难，比如湖北黄陂县方梅区，"单以食米一项来说，每人以一年需米三六五斤计算，贫农亦仅够吃饭，油盐菜肴尚感困难。……一般贫农秋收后，即开始吃菜饭，上山挖棉桃蕨根作为粮食，一直吃到次年麦收"；④长阳县"居民颇多贫苦，丰收之岁，得常年食玉米者，犹为富裕之家，一遇荒歉，多有冻馁之虞，以油盐价昂，乡村平素之不得食油盐者颇多"；⑤40 年代末湖南长沙县崇礼堡乡"佃农每户岁入仅七六万元，其中半数须献给地主，若再除去人工、肥料等费，所入寥寥，不足一家温饱"⑥。

燃料支出是生活支出中的一项重要内容，但不少调查并未提及，原因在于农户所用燃料大部分为农闲时积累或为农作物的剩余，很少去购买。两湖乡村农户一般所用燃料，山区丘陵以木柴为主，平原区则以秸秆为主，如常德县，"烹饪燃料用稻草棉茎等，近山乡

① 谭日峰：《湘乡史地常识》，1935 年，第 86 页。
② 湖南省土改委员会：《茶陵县庙市乡典型调查材料》，1952 年，湖南省档案馆藏，全宗号：145，目录号：1，案卷号：125。
③ 张东刚：《近代中国消费需求结构变动的宏观分析》，《中国经济史研究》2001 年第 1 期。
④ 中央人民政府农业部计划司辑：《两年来的中国农村经济调查汇编》，中华书局 1952 年版，第 271 页。
⑤ 马鸿瑞：《湖北长阳概况》，《合作指导》1939 年第 7 期。
⑥ 孙本文、陈倚兴编：《长沙崇礼堡乡村调查》，1948 年，第 10 页。

者多采山柴，毋庸出资购入，冬季有时亦燃火取暖，燃料亦多自己拾取，点灯用煤油，山地用桐油，每年所费约一元五六角至二元"①。30 年代对湖南衡山师古乡 304 户的调查，燃料支出占生活费用的 9.1%，燃料种类为柴、煤油、木炭，其中能自给的柴的消费占燃料消费的 86.8%，煤油、木炭的消费占总消费的 1.21%。② 张培刚对湖北黄安县成庄村的调查中，燃料费单指购买者而言，24 户农家总费用为 64 元，占总收入的 1.77%，基本为地主和自耕农所花费，半自耕农和佃农或花费很少，或全无购买。③ 从这些例子可以看出，购买燃料在两湖农家的花费中占的比重很少。但是，农户自家积累燃料毕竟也需要花费时间成本，理应归入家庭收支的一部分，只是农户对这一块的支出缺乏具体的概念，这也使我们很难对燃料费用在两湖农户收支的比重有进一步的了解。

赋税在两湖中农常规性支出中居第二位。从表 4 看，民国后期两湖中农的赋税负担呈较快上升趋势。1936 年两省中农的赋税支出占总收入比例相当，在 5% 左右，应该说，这一比例是较低的，对农民的生活影响有限。到 1948 年，湖北省中农的赋税支出比例达到了 15.15%，湖南省略低，也将近 10%，负担大大加重，也必然对农民生活产生较大影响。中农大部分是拥有土地的自耕农，赋税中最大支出是田赋正税，但是随着民国后期各种捐税的推行，正税在赋税中的比例下降，附税的比例上升。湖北省的赋税支出比例要高于湖南，可能在于附税的征收要高于湖南，比如鄂城邓平乡 9 户典型中农 1948 年平均正税支出占农业收入的 7.56%，占总收入的 5.51%，附加税占总收入的 6.86%，总体赋税负担占总收入的 12.37%；④ 茶陵庙市乡 9 户中农平均正税支出占农业收入的 8.43%，占总收入的 6.68%，附加税占总收入的 1.03%，总体赋税负担占总收入的 7.71%⑤。根据王业键的研究，清末大多数地区和省份，田赋占土地产值的 2%~4%，只有在苏州、上海地区占 8%~10%。⑥ 由此可知，民国时期两湖中农赋税负担加重主要是在民国后期。

生产支出在中农所有支出中所占比例最小。生产支出项目包括肥料、种子、农具、耕畜等。中农的生产支出主要为肥料花费，表 4 中湖北 120 户中农生产投资全部为购买肥料支出，湖南 117 户中农 1936 年肥料花费占生产投资的 98.53%，1948 年占 96.86%，其余为修购农具的费用。⑦ 但购买肥料通常为农户生产所用肥料的一小部分，大部分肥料靠农户积累，贫穷的农户甚至完全不购买肥料，如邓平乡贫农邹传根，"水田耘草、旱地挑土，不买肥"，1948 年主要支出仅为修补农具，折合稻谷 50 市斤，占总收入不到 1%。⑧

① 陈建棠：《湖南常德县经济概况》，《国民经济月刊》1937 年第 1 期。

② 湖南省立衡山师范学校编：《衡山县师古乡社会概况调查》，1937 年，第 112 页。

③ 张培刚：《成庄村的农家经济调查》，《经济评论》1935 年第 10 期。

④ 《关于（鄂城县第一区）邓平乡土改后经济调查报告之三——九户中、贫农经济情况》，1952 年，湖北省档案馆藏，SZ37-01-0042-001。

⑤ 湖南省土改委员会：《茶陵县庙市乡典型调查材料》，1952 年，湖南省档案馆藏，全宗号：145，目录号：1，案卷号：125。

⑥ 王业键：《清代田赋刍论》，人民出版社 2008 年版，第 165 页。

⑦ 中南区军政委员会土地改革委员会：《中南区一百个乡调查统计表（内部资料）》，1953 年，第 272~275 页。

⑧ 《关于（鄂城县第一区）邓平乡土改后经济调查报告之三——九户中、贫农经济情况》，1952 年，湖北档案馆藏，SZ37-01-0042-001。

又如黄陂县方梅区"农民因为缺乏生产资金，无力大量购买肥料，一般使用草肥，以致产量没有达到最高的应产量"；① 武昌县"各村粪肥，均系人粪尿、菜饼麻饼、草木灰厩堆肥等天然肥料"以及"青草菜子、大麦蚕豆"等绿肥；② 湖南宁远县"肥料以厩肥石灰为主，或放禾草则不施放肥料，此外，花生枯、大粪、猪狗粪、草灰，俱为常用肥料"③。这些肥料除了少部分如菜饼、麻饼、石灰可能需要购买外，其他均可农户自家积累。

农具和牲畜由于使用日期较长，在未修复或购买的时候，其折旧为隐性支出，故有时候不会反映在调查数据中，如犁，"约二三年修整一次，泥田损犁嘴，砂田损犁背，每次约1角或4角"④。1948年，邓平乡王玉勤修整农具用20斤谷，范木清用52.5斤谷，王子丹用80斤谷，至多占家庭收入的1%左右。⑤

表4中有关生产投资的比例是偏低的，有些项目并未计入，比如种子的支出。在湘潭县某村，土改前17户中农的生产投资支出项目包括种子（价值折合稻谷1455.8市斤）、肥料（折合稻谷908.8市斤）、农具（折合稻谷318.2市斤）、工资（折合稻谷2021.84市斤），这些支出占总收入的7.81%。⑥ 尽管有少数农户的生产投资要占家庭收入的20%以上，如长沙县椰梨乡富农黄德林土改前总收入合谷390石，其中生产支出104.5石（包括长工工资42石、种子8.5石、肥料用谷30石、短工工资24石），占总收入的26.79%，⑦ 但对绝大部分农户来说，如果在生产上投入过多，生活就得不到保障，因此，生产投入很少会超过10%，这也成为近代中国农业发展的主要障碍之一。

农民的其他支出包括教育、人情往来、医药、信仰、婚丧嫁娶等费用，这些费用通常为不定期支出，但是有时候费用异常高昂，甚至会让一个较为富裕的家庭陷入困境。在苏南，一户有手艺（木匠）、劳动力富足（5口人中3个成年劳动力，1个辅助劳动力）的中等收入家庭，至少要节衣缩食10年之久才能办一次在当地认为比较"体面"的婚事，而经济条件较差的农户，可能会因此背上巨额债务，需要多年才能还清。⑧ 两湖地区同样如此，比如茶陵县庙市乡中农邓士□，原是富农，有田24亩，1938年其父亲过世，为办丧事负债，不得不卖田7亩多，其后又"嫁女讨亲死母亲"，先后又卖出去一些田，到1949年前，"只剩下6亩，5口人不够食用，尚佃进田1.4亩"。对贫困农户来说，婚丧费

① 中央人民政府农业部计划司辑：《两年来的中国农村经济调查汇编》，中华书局1952年版，第268页。

② 叶雅各审编、赵学诗计算：《武昌县农村调查统计表说明书（二续）》，《湖北建设月刊》1928年第6期。

③ 陈光煊：《湘南十二县农事调查》，《农业建设》1936年第4期。

④ 陈光煊：《湘南十二县农事调查》，《农业建设》1936年第4期。

⑤ 《关于（鄂城县第一区）邓平乡土改后经济调查报告之三——九户中、贫农经济情况》，1952年，湖北档案馆藏，SZ37-01-0042-001。

⑥ 中共湘潭县委办公室：《湘潭县土改前××村三联组九小组农村经济按家调查表》，1950年，湘潭县档案馆藏，全宗号：20目录号：1 案卷号：5（长期）。

⑦ 湖南省土地改革委员会：《长沙县椰梨乡土改前调查材料》，1949年，湖南省档案馆藏，全宗号：145，目录号：1，案卷号254。

⑧ 曹幸穗：《旧中国苏南农家经济研究》，中央编译出版社1996年版，第221~222页。

用更是巨大负担，如贫农龙毛仔母亲过世，六年不敢葬，1949年后才借了50元光洋，把母亲埋掉。① 这些支出虽然不是定期支出，但对普通农户来说，一旦发生，他们的生活可能就要拮据好几年，甚至就此陷入困境无法自拔，而且在农村社会里，婚丧支出关系到"面子"问题，由于舆论的压力，这方面的支出几乎没有节省的可能性。杂支中除了少部分为固定支出外，大多数具有较大弹性，如常德县农户的杂支："祭祖祀神，分清明冬至两节，季节以端午中秋旧历新年为最重，丰年娱乐，时邀戏班，就乡村演戏，新年时，玩灯赌博尚少，平时抽旱烟为消遣，迷信颇深，尤以妇女为甚。……一般之教育程度极低，子弟入学者颇少，约计每户一年杂用，约需大洋二十元，教育费在二十元中，不过占百分之一二。"② 在这些杂支中，除了祭祖祀神的支出较为固定外，其他各项都可以根据年景收成或家庭经济状况进行增减，甚至取消。但另一方面，两湖乡村在娱乐、教育方面的投入本身已经非常有限，比如衡山县师古乡304户农户在这两方面的支出仅占了总支出的0.29%。③ 在鄂西北，农民"子女很少有受教育的机会，其实他们也不觉得那是很紧要的"，娱乐方式也仅是"收获后唱戏谢神"。④ 即如经济条件较好之鄂东南，如蒲圻县，"农民绝少娱乐机会，间有于废历正月间，举行灯会，以资点缀"⑤。除了婚丧、医药支出，其他杂支通常能够反映农民农闲时生活的丰富性，但从支出比例看，两湖中农的农闲生活显然是单调的，而婚丧等支出常使农民家庭陷入困境，表明农户储蓄率偏低，家庭经济异常脆弱。

由以上例子可见，两湖地区的中农从支出结构所反映的生活状况普遍属于绝对贫困，情况稍好者也仅为勉强度日。英国经济学家托尼认为，20世纪30年代中国"有些地区农村人口的境况，就像一个人长久地站在齐脖深的河水中，只要涌来一阵细浪，就会陷入灭顶之灾"⑥。从收支对比上看，两湖地区的情况也不乐观。我们先看表7：

表7　　　　1936年、1948年两湖地区中农收支状况（单位：折合稻谷市斤）

省别	年别	总收入	户均	总支出	户均	剩余	户均剩余
湖北	1936	1066142	8884	894045	7450	172097	1434
	1948	948038	7900	891625	7430	56413	470
湖南	1936	830648	7099	808715	6912	21933	187
	1948	864873	7392	897193	7668	−32320	−276

资料来源：中南区军政委员会土地改革委员会：《中南区一百个乡调查统计表》，1953年，第286~289、298~301页。

---

① 湖南省土地改革委员会：《茶陵县庙市乡典型材料调查》，1952年，湖南省档案馆藏，全宗号：145，目录号：1，案卷号：125。

② 陈建棠：《湖南常德县经济概况》，《国民经济月刊》1937年第1期。

③ 湖南省立衡山乡村师范学校编：《衡山师古乡社会概况调查》，1937年，第112页。

④ 严仲达：《湖北西北的农村》，《东方杂志》1927年第60期。

⑤ 湖北省政府民政厅编：《湖北县政概况》，1934年，第18页。

⑥ R. H. 托尼：《中国的土地与劳动力》，转引自 J. C. 斯科特：《农民的道义经济学：东南亚的反叛与生存》，程立显等译，译林出版社2001年版，第1页。

从表 7 看，湖北省中农在 1936 年的经济状况较好，有较多剩余，而 1948 年户均剩余较 1936 年下降了近 200%，这里虽然可能有年景好坏的差别，但无疑这十多年湖北中农的经济状况是呈下滑趋势的。1936 年湖南中农的剩余不多，但收支大体平衡，1948 年的户均剩余同样出现大幅度下降，但是户均 276 市斤谷的亏蚀并非严重的赤字。总体而言，民国后期两湖中农的经济状况不断恶化，但 1948 年仍大体能做到收支平衡。然而从中农的支出结构上看，这种平衡极有可能是降低生活水平换来的。

两湖中农也不乏收支严重不平衡的例子，比如长沙磨盆乡 8 户典型中农，1936 年有 6 户出现亏蚀，户均亏谷 1993.58 市斤；1948 年 5 户户均亏谷 2110.9 市斤。① 磨盆乡因为贫富分化很严重，中农比较缺乏，这 8 户中农中有 3 户是佃中农。浏阳县三口乡的 9 户中农数据则是普通自耕农的状况，1936 年，有 4 户收支有所盈余，户均盈余折谷 484.75 市斤，另 5 户户均亏蚀 663.6 市斤；1948 年同样 4 户有盈余，户均盈余 518.75 市斤，另 5 户亏蚀 867.6 市斤，平均而论，9 户中农 1936 年亏损 153 斤，1948 年亏损 251 市斤。② 总体来说，三口乡的这 9 户中农在 1936 年和 1948 年经济状况略有下降，但变化不大。茶陵县庙市乡的情况较好一些，所调查的 9 户中农总共 18 组（1936 年、1948 年两个年份）中，收支相抵后出现负值的仅两组，1936 年户均剩余折谷 1452 市斤，1948 年户均剩余 745.89 市斤。但从这 9 户中农的消费情况看，情况也似乎并没有如收支情况显示得这么乐观，1936 年 9 户中农的食物支出占总支出都在 60% 以上，按恩格尔系数标准皆为绝对贫困，1948 年有 7 户食物支出占总支出的 60% 以上，另 2 户分别为 53% 和 54.42%，亦仅为勉强度日。③ 较高的剩余与超高的恩格尔系数形成强烈的对比，原因可能在于农民为了有所储蓄而尽量降低消费标准，同时也可以说明民国时期两湖地区农村消费内容的极度贫乏。同样，与 1936 年相比，1948 年庙市乡的这 9 户中农家庭经济状况显然出现了衰退。湖北鄂城县邓平乡的 9 户中农从抗战前到 1948 年，农户家庭经济也出现下滑。抗战前 3 年有 7 户中农收支有盈余，平均盈余折谷 1294 市斤，2 户收支平衡（盈亏不足 100 市斤），而 1948 年为 6 户有盈余，平均 705 市斤，2 户亏损，平均 482 市斤，1 户收支平衡。④

综上所述，两湖地区中农的家庭经济在民国后期呈现恶化趋势，但总体而言尚能维持收支平衡，一些大量种植经济作物及拥有高收入副业的中农，如市场行情好，则会有较多剩余，如上文的庙市乡中农；或者生活较好，如鄂城县邓平乡邹少亭（收入情况见上文），1948 年收支相抵尚亏 422 市斤谷，但是该户生活富裕，副食人均消费折谷 360 市斤，穿衣人均消费折谷 94 市斤，而其他 8 户中农副食人均消费折谷 130 市斤，穿衣人均

① 湖南省土地改革委员会：《长沙县第八区磨盆乡典型调查材料》，1953 年，湖南省档案馆藏，全宗号：145，目录号：1，案卷号：71。

② 湖南省土地改革委员会：《浏阳县三口乡调查材料》，1952 年，湖南省档案馆藏，全宗号：145，目录号：1，案卷号：93。

③ 资料来源：湖南省土地改革委员会：《茶陵县庙市乡典型调查材料》，1952 年，湖南省档案馆藏，全宗号：145，目录号：1，案卷号：125。

④ 《关于（鄂城县第一区）邓平乡土改后经济调查报告之三——九户中、贫农经济情况》，1952 年，湖北档案馆藏，SZ37-01-0042-001。

消费折谷 50 市斤,① 相差较为悬殊。

土改前的中国农村是金字塔结构社会,富裕阶层在农村总户数中占少数,在两湖地区,贫农及以下阶层大致占农村总户数的一半。② 民国后期,中农的经济情况在不断恶化,贫农及以下阶层的经济状况显然更不乐观。土改前中农的收支尚能保持平衡,我们可以推测,贫农及以下阶层的家庭经济或者收支不能平衡,出现较高赤字,或者为了维持收支平衡而极力降低生活水准。30 年代有人对鄂城五区 100 户农家进行调查,这 100 户农家的家庭经济收支有所盈余的仅 19 家,81 家出现亏蚀。如果以盈亏 10 元以内为收支平衡的话,21 户为收支平衡,11 户盈余,68 户亏蚀。③ 鄂城县为湖北省经济较好的县,土地肥沃,境内多湖,灌溉便利,且邻近武汉,交通便利。经济条件较好的地区尚且如此,其他条件较差的地区可想而知,如 1937 年有人对上湘西 190 户农家的调查中,平均每家收入 1161 元(法币),支出则为 1541.9 元,不敷 380.9 元。这 190 户农家每月平均家计费为 128.5 元,"已属最低之生活,今连最低之生活且不能维持,自惟有出诸借债一途矣"。190 户中有 113 户负债,负债户占到了调查户数的近六成,平均每户负债 415.3 元,占到每户年平均收入的 35.77%。上湘西各县,"虽辛勤终日,而乃难维持温饱者,所在皆是"④。再以土改调查邓平乡的 9 户贫农生活水平为例,这 9 户贫农 1936 年户均消费副食折谷 731 市斤,穿衣折谷 253 市斤,1948 年副食消费户均折谷 717 市斤,穿衣折谷 239 市斤,而中农在 1936 年户均消费副食折谷 1153 市斤,穿衣折谷 453 市斤,1948 年副食折谷 1095 市斤,穿衣折谷 383 市斤。⑤

我们从上文可知,两湖地区的中农,除了少数较为富裕的农民,一般情况下饮食结构都较为单调,即使因经济作物带来较大利润的茶陵县庙市乡中农,平时也很难吃到肉,仅在逢年过节或者招待客人时才会消费。贫农及以下阶层的生活状况必然更为糟糕,甚至能够吃饱饭的时间也仅在一年中的某些特殊日子,如据开国上将李志民(湖南浏阳人)回忆,李氏宗族"祀会"有三天隆重的春祭,"这三天春祭虽然是一种迷信活动,而且耗费了很多钱、粮,但对饥肠辘辘的我和穷乡亲来说,确也是难得的三天饱饭"⑥。因此,我们认为民国时期两湖地区的大部分中农维持温饱尚存在一定的困难,而对占两湖农村人口将近一半的贫农及以下阶层来说,所获得的收入可能无法糊口。

三、结　语

如我们前文所知,中农大体为自耕农,以上有关中农收支结构的论述大体上亦可作为自耕农的家庭收支状况。总体上说,普通中农的收支大抵能够做到平衡,一些有特殊副业

① 《关于(鄂城县第一区)邓平乡土改后经济调查报告之三——九户中、贫农经济情况》,1952年,湖北档案馆藏,SZ37-01-0042-001

② 中南区军政委员会土地改革委员会:《中南区一百个乡调查统计表》,1953 年,第 36、38 页。

③ 寄食:《鄂城五区里的一百户农家》,《西三纵队月刊》1934 年第 5 期。

④ 张宗禹:《上湘西各县农业经营与农业金融之初步研究》,《湖南经济》1948 年第 3 期。

⑤ 《关于(鄂城县第一区)邓平乡土改后经济调查报告之三——九户中、贫农经济情况》,1952年,湖北档案馆藏,SZ37-01-0042-001

⑥ 李志民:《李志民回忆录》,解放军出版社 1993 年版,第 14 页。

收入来源或者种植较高经济价值农作物的农户可能会有较多盈余，但是大部分中农剩余率不高导致中农整体储蓄率偏低，农户的家庭经济异常脆弱，一旦发生需要大量费用的意外事件，家庭经济就会陷入困境，有些农户甚至因此变卖田产无力回赎，进而成为农村中的贫困人口。

在中农的收入结构方面，农业占主要部分，由于人均耕地过少，副业成为家庭收入最主要的补充，一般中农的副业收入要占到家庭总收入的20%以上。同时，由于商品经济的发展，经济作物比粮食作物的利润高，农户也通常种植经济作物以增加家庭收入。在支出方面，食物支出占总支出的大部分，通常要在60%以上，以恩格尔系数的标准，属于绝对贫困。农户的食物种类较为单调，稻米、杂粮等主食在某些地区要占到食物支出的90%以上，副食通常为自家种植的蔬菜，肉类消费较少，一般在年节祭祀或者招待客人才会消费。赋税支出在农户家庭支出项中居第二位，民国后期，由于苛捐杂税的加重，赋税支出占总支出的比例迅速上升。在生产和教育的投入上，农户的支出非常低，两者合计通常不会超过10%，而这两者恰恰是农民家庭发展的途径。生产投资不足，农户只能维持传统的耕作方式，无法引入更有效率、更增产的生产技术和肥料，农业发展停滞不前，而教育投资的缺乏使农户缺少了向上流动的途径。相比于其他阶层，中农更加容易被土地束缚，一方面，相对于乡村的上层，中农阶层无法投入大量的资金让自己的子弟通过读书走出乡村；另一方面，相对于乡村的下层民众，中农又有土地保证其生存，没有离开乡村投入城市或者参加革命的动力。

慈鸿飞有关华北农村商品市场的研究所得出的结论无疑是正确的，缺少耕地的农户可以通过农村市场的发展加大对副业和经济作物的投入，以此增加家庭收入。但对两湖来说，民国时期农村市场发展的程度尚无法与江南、华北相比。湖北的经济作物特别是棉花虽然种植广泛，但纺织等农村副业并没有得到快速发展，经济作物大多作为原材料出口，无法给农户带来农产品的增值。对湖南来说，副业收入虽然占总收入的比例较高，但除了鞭炮等少数副业，其他行业在全国并没有优势，且不成规模，收益不多。因此，农村商品经济发展缓慢是两湖地区农村普遍贫困的重要原因。20世纪30年代前期是民国时期经济发展得最好的一段时间，但通过对华北、江南等区域农村经济的研究，大部分学者认为即使是这段时期农民的生活也是贫困的。本文所用资料虽然以土改调查数据为主，但通过对当时的追溯和30年代的一些调查资料的分析，我们认为30年代前期两湖地区农民的生活同样是贫困的。就经济发展程度来说，江南、两湖、华北在中国属于前列，这些区域农民生活的贫困也说明了整个中国农村社会普遍贫困的事实。但客观地说，当时中国经济正处于较快发展阶段，抗日战争的爆发阻断了其发展。由于战争的影响，1937年以后全国经济环境恶劣，农村社会的稳定无法保证，农村市场的发展更是无从谈起，加之军费开支导致农民负担加重，农民的经济状况也急剧恶化，这也成为中国革命胜利的主要原因之一。

（作者单位：武汉大学历史学院）

历史文化语义学

比较文化论文学

"不学诗,无以言"考论*

——概念史视野下的春秋时代

□ 严学军 孙 炜

《论语·季氏》记述陈亢(gāng)曾经询问伯鱼:"子亦有异闻乎?"他所说的"异闻"指不同于众的传授。陈亢以为,伯鱼是孔子之子,孔子私底下定会给他传授不一样的课程。伯鱼的回答显然出乎他的意料:

> 尝独立,鲤趋而过庭。曰:"学《诗》乎?"对曰:"未也。""不学《诗》,无以言。"鲤退而学《诗》。他日又独立,鲤趋。"学礼乎?"对曰:"未也。""不学礼,无以立。"鲤退而学礼。闻斯二者。

这里,孔子提出了"不学《诗》,无以言"和"不学礼,无以立"两个很重要的命题。"《诗》"就是《诗经》,"礼"是西周以来的行为规范和各种礼仪知识。"无以言"指不能很好地表达自己、与他人交流,"无以立"则是不能在社会上很好地立身处世。而学《诗》排在学礼之先。

孔子为什么说"不学《诗》,无以言"呢?《诗》和"言"有着什么样的关联?"无以言"指的又是什么?想要回答这个问题,必须弄清:第一,孔子是如何看待《诗经》的;第二,《诗经》在春秋时代究竟具有什么样的作用。

一、《诗》和《诗》教

《论语》中提及《诗经》的共有 8 处。最著名的一句话是:"《诗》三百,一言以蔽之,曰:'思无邪。'"(《为政》)"思无邪"是《诗经·鲁颂·駉》里的一句话,原文的"思"只是个语助词,并没有"思想"的意思,孔子截取这三个字并赋予其全新的含义,译成现代汉语就是"《诗经》的思想很正"。后世学者都接受了孔子的说法,但如何

————————————————————
  * 本文为教育部人文社会科学重点研究基地重大项目"近代新名词与传统重构"(项目批准号:13JJD770021)、国家社科基金重大项目"中华思想文化术语的整理、传播与数据库建设"(项目批准号:15ZDB003)阶段性研究成果。

理解"正",却又产生了分歧。程颐说:"'思无邪'者,诚也。"① "诚"就是真诚。朱熹不同意这种说法:"若言作《诗》者'思无邪',则其间有邪底多。盖《诗》之功用,能使人无邪也。"② 因此朱熹认为,"'思无邪',乃是要使读诗人思无邪也"③。还说:"所谓'无邪'者,读诗之大体,善者可以劝,而恶者可以戒。"④ 其实,朱熹的说法不完全对。据我们看来,这个"正"(即"无邪")实兼作诗与读诗两方面而言。自作诗方面言,《诗经》每一首作品都发乎性情,是诗人内心情感的真实流露,"正"就是"诚",质朴纯真,不虚饰,不做作,也就是真性情;自读诗方面言,读了这些作品,你会不知不觉受到作品从心灵流淌出的本真感情的熏染,在美的欣赏中臻于心灵的净化,提升了品学两方面的修为,自然也就归于"正"。即如朱熹很不喜欢的《桑中》、《溱洧》,在孔子时代大家也并没有将它们看作淫诗。孔子非常看重《诗经》中的纯真情感,因为这是人性深处的仁爱能够被激发的基础。"诗,可以兴,可以观,可以群,可以怨。迩之事父,远之事君,多识于鸟兽草木之名。"(《阳货》)"兴"是兴起、感发,是内心真实情感的激活和发散;"观"是观时政得失、民风厚薄、万物盛衰及诗人之志;"群"则是通过《诗》学会与人调处并结识同道;"怨"是一种适度的宣泄,并将内心的某些不满情绪转化为恰当的讽谏。如此,孔子才会说近可以用来侍奉父亲、远可以用来侍奉国君。

孔子希望通过学《诗》激发人最自然真实的情感,但并不提倡任由情感纵放宣泄,他推崇《诗经》作品情感中所蕴含的诚而有节,这与礼在本质上很吻合。《礼记·坊记》:"礼者,因人之情而为之节文、以为民坊(通'防')者也。"可为注脚。孔子说:"兴于《诗》,立于礼,成于乐。"(《论语·泰伯》)意指一个人修养品德必须经过三个阶段:先从学《诗》开始,激发出内心的真实情感;然后以"礼"约束之,使情感宣泄合于社会规范;最后用"乐"调节二者,使情感得以净化升华,一切行为举止都能自觉"发乎情,止乎礼",谐和一体,仿佛浑然天成。相反,若无"礼"的节制,任由情感宣泄纵放,人的行为就会失去依据,当然也就难以立身了。

孔子与子夏的一段对话也可以帮助我们了解孔门师徒是如何理解《诗》、礼关系的:

> 子夏问曰:"'巧笑倩兮,美目盼兮,素以为绚兮。'何谓也?"子曰:"绘事后素。"曰:"礼后乎?"子曰:"起予者商也!始可与言《诗》已矣。"(《论语·八佾》)

子夏是孔门中以文学见长并得到孔子亲口称许的弟子,对《诗经》有着不同寻常的领悟力。"巧笑倩兮,美目盼兮,素以为绚兮"出自《诗经·卫风·硕人》("素以为绚兮"不见于今本《诗经》),子夏不完全理解,向老师求教。孔子知道他只是不明白最后一句,所以回答"绘事后素"。《硕人》是卫国人赞美卫庄公夫人庄姜的诗,"巧笑倩兮,美目盼兮"形容庄姜笑起来一对酒靥很迷人,一双妙目黑白分明、顾盼生辉。而最后一句"素以为绚兮","素"指白色,"绚"是灿烂,意思是说庄姜天生丽质,只身着素装就已

---

① 见明胡广编《论语集注大全》卷二。
② 见《朱子语类》卷八十。
③ 见《朱子语类》卷八十。
④ 见《朱子语类》卷八十。

光艳夺目（此用钱穆、傅佩荣说。杨伯峻先生以为在白色底子上作画，恐于义未安）。孔子则用绘画作比方：绘画需要上各种色，最后则以白色线条勾勒或分布其间，映衬其他色彩，素色的作用是调节众色，没有素色的调节，也就没有画的精美。孔子用绘画说明庄姜为什么身着素装反而看起来更美的道理。而子夏突然由此联想到，"礼"不就是老师所说的素色吗？"礼"的作用不就是调节人的情感和言行举止从而使社会达到和美中正吗？从素装映衬美貌—素色调节众色—"礼"调节情感和言行举止，其联想、类比的跨度确实有些大，今天看来也略显牵强，但子夏确实富有想象力和启发性，无怪乎孔子称赞说："启发我思考的人是你啊！现在我可以与你谈论《诗经》了。"由这段对话了解到孔子师徒的看法是，学《诗》先于礼，为的是激发内心的真实情感；学礼后于《诗》，则是为了调节情感使归于正。《孔丛子》记孔子嫡孙子思教导儿子子上说："故夫子之教，必始于《诗》、《书》而终于礼乐。"可谓中的。

更重要的是，《诗经》的内在精神与礼乐在本质上是一致的。司马迁说："《国风》好色而不淫，《小雅》怨诽而不乱。"（《史记·屈原贾生列传》）"不淫""不乱"道出了《诗》之真谛，也道出了孔子为什么重视《诗》的原因。"温柔敦厚，《诗》教也。""温柔敦厚而不愚，则深于诗者也。"（《礼记·经解》）《诗》的价值就在于可用它来教化民众、改变民风民俗，使之归于"温柔敦厚"。这也是孔子所追求的"王化"。"子谓伯鱼曰：'女为《周南》、《召南》矣乎？人而不为《周南》《召南》，其犹正墙面而立也与？'"（《阳货》）孔子之所以特别强调学习二《南》，就是因为二《南》代表着"正始之道，王化之基"（《毛诗序》），是名副其实、泽被苍生的"王者之风"。这样一种"温柔敦厚"、"思无邪"（即"不淫"、"不乱"）的情感、风化，自然也符合孔子所倡导的仁爱精神。故孔子说："克己复礼为仁。"（《颜渊》）将自己的情感、欲望导向礼，能自觉合于礼，基本上就做到了"仁"。"子曰：'巧言令色，鲜矣仁。'"（《学而》）《诗经》的精蕴在于"思无邪"，言为心声，思想纯正了，心中就具备了"仁"，当然也就不会"巧言令色"了。

二、《诗》之应用

但这只说明了学《诗》的重要性，还不能说明不学《诗》为什么会"无以言"。在春秋时代，贵族及其子弟学习、诵读《诗经》应该是基本人文素养，那时候的《诗经》绝不只是诗歌作品总集，而是一个集政治、外交、社会生活等各种话语于一体的百科知识库，是当时社会政治话语体系的重要组成部分。诸侯会面，大臣向国君进言及大臣之间议事，使臣出使他国，都经常需要从《诗经》中汲取智慧、"断章取义"。一个有身份的贵族，若不懂《诗》、不通《诗》、不能用《诗》进行交际，就等于宣告自己没教养，听不懂别人话语，也就实际上丧失了一定的话语权。

先看《左传·襄公二十七年》的记载：

> 齐庆封来聘，其车美。孟孙谓叔孙曰："庆季之车，不亦美乎？"叔孙曰："豹闻之：'服美不称，必以恶终。'美车何为？"叔孙与庆封食，不敬。为赋《相鼠》，亦不知也。

庆封是齐国大夫，两年前和崔杼一同谋害了齐庄公，当上了齐国左相，后来又谋灭崔氏，执掌国柄。这一年他坐着豪华锃亮的马车来鲁国聘问，鲁国执政叔孙豹招待他，他很没礼貌；叔孙豹吟诵《诗经》中的《相鼠》，他也完全不懂。《相鼠》一共三章，专门用来讥刺无礼之徒：

> 相鼠有皮，人而无仪。人而无仪，不死何为？
> 相鼠有齿，人而无止。人而无止，不死何俟？
> 相鼠有体，人而无礼。人而无礼，胡不遄死？

这三章的最后每一句都咒骂庆封。宴席上"不敬"，说明不知礼；赋《相鼠》"不知"，说明不懂《诗》。第二年，庆封的家臣趁他不备发动袭击，他仓皇出逃鲁国，仍带着他的豪华座驾，叔孙穆子再次招待他，他依旧无礼，穆子很不高兴，"使工为之诵《茅鸱》，亦不知"（今本《诗经》没有《茅鸱》这首诗，估计与《相鼠》内容相近）。像庆封这样一个"二货"，即使位极人臣，但不知《诗》，行为又无礼，结果就可想而知了。后齐国向鲁国问罪，庆封逃往吴国，昭公三年楚破吴，为楚王所杀。

《论语·子路》记述了孔子一段意味深长的话："诵《诗》三百，授之以政，不达；使于四方，不能专对：虽多，亦奚以为？"意思是，让你处理政事，你不通晓《诗经》中所蕴含的治国理政的道理；让你出使其他国家，你不能用它应对外交事务，即使你能将三百多首诗都背下来，也是没有用的。这里，孔子实际上指出了《诗经》在现实社会中的两大具体应用：通过它学习国家事务，指导治国理政；能用它独自应对外交活动。事实上，《诗经》在春秋时期的政治和外交事务中有着不同寻常的作用。

《诗经·大雅·卷阿》"矢诗不多，维以遂歌"，毛传："明王使公卿献诗以陈其志，遂为工师之歌焉。"这可能反映西周时期民间诗歌采集时候的情况，后来"献诗陈志"为"赋诗言志"取代，这应该与《诗经》作品日益丰富和基本完备有关。最晚在春秋中期《诗经》就已经有了相对完整的文本。在此之前，贵族交往、议事、出使或接待使臣等，引诗、赋诗已相沿成俗，如果一个贵族不掌握并精通《诗经》这套话语，就与贵族身份不符。而且其他贵族会根据他所赋诗的内容，探知其志向、品行甚至未来的政治命运、家族兴衰。《汉书·艺文志》说："古者诸侯卿大夫交接邻国，以微言相感，当揖让之时，必称《诗》以谕其志，盖以别贤不肖而观盛衰焉。""别贤不肖"就是分出赋诗者的品行及修养的高下，"观盛衰"则是推知赋诗者个人的政治命运及家族兴衰。《左传》是记载春秋时期各国政治、军事、外交等重大历史事件的编年体史书，其中记述各国贵族称引或吟诵《诗经》的例子有上百条。这上百条的例子基本可以分为引《诗》、赋《诗》两大类。引《诗》其实就是用它指导治国理政，而赋《诗》就是用它独自应对外交活动。下面我们对此进行深入探讨。

三、引《诗》与赋《诗》

先说引《诗》。《诗经》蕴含着先代圣王明君、治国能臣在治理国家、教化民众等方面可以奉为法则的智慧和经验，即使是对暴政、宵小的讥刺也于时政有借鉴作用，所以，春秋时代的贵族几乎都从《诗经》中广泛汲取智慧和经验。据清代学者赵翼统计，《左传》中列国公卿引《诗》凡101条，左丘明自引及转引（孔子所引）48条，列国宴享歌《诗》及赠答70条（以上含逸诗14条，见《陔餘丛考》卷二）。刨除左丘明自引或转引48条，《左传》记载列国公卿论议、宴享、赠答引《诗》共171条（有些实际是赋《诗》），加上《国语》所引31条，总数已超过200条。说明春秋时代贵族引《诗》很平常，《诗》是他们政治外交生活中不可或缺的内容。

从具体引例看，公卿大夫引《诗》主要为了：

①用于阐述或证明自己的观点，表明言之有据。如《左传·闵公元年》：

狄人伐邢。管敬仲言于齐侯曰："戎狄豺狼，不可厌也；诸夏亲昵，不可弃也；宴安鸩毒，不可怀也。《诗》云：'岂不怀归，畏此简书。'简书，同恶相恤之谓也。请救邢以从简书。"

当时北方强敌狄族进犯邢国，为了说服齐桓公救邢，管仲（"敬"是谥）特意引《小雅·出车》中的"岂不怀归，畏此简书"两句来加强自己的论点。《出车》是歌颂周宣王时大将南仲率军平定猃狁、西戎的事，管仲征引这两句诗，就是要告诉齐桓公若要维护天子名望、团结诸夏、不废兵事，退狄救邢正是绝佳时机，所以齐侯听了马上同意出兵。

②用于劝谏，增强权威性。如《左传·僖公十九年》：

宋人围曹，讨不服也。子鱼言于宋公曰："文王闻崇德乱而伐之，军三旬而不降。退修教而复伐之，因垒而降。《诗》曰：'刑于寡妻，至于兄弟，以御于家邦。'今君德无乃犹有所阙，而以伐人，若之何？盍姑内省德乎！无阙而后动。"

宋公就是大名鼎鼎的宋襄公，子鱼是宋国有名的贤臣，与宋襄公同父异母。曹是小国，与宋国为邻，只因没有顺从宋国，宋襄公就包围了曹国。于是子鱼用当年周文王攻打崇国的事情教育宋襄公，希望宋襄公退兵回去修德行仁。"刑于寡妻，至于兄弟，以御于家邦"是《大雅·思齐》中的诗句，说的是周文王先给自己的妻子做出表率（"刑"通"型"，示范之义），再给自己的兄弟做出表率，对他们一视同仁，以此作为治理家族国家的原则（"御"，治理）。子鱼征引这几句诗，就是告诉宋襄公：与文王相比，您的德行还有欠缺，就凭这攻打曹国，能把它怎么样呢？这几句诗很有分量。《左传》没有记载宋襄公是否退兵，但应该是接受了子鱼的意见。

③评论事件，臧否人物，以为标的。如《左传·襄公三十一年》：

卫侯在楚，北宫文子见令尹围之威仪，言于卫侯曰："令尹似君矣，将有他志。虽获其志，不能终也。《诗》云：'靡不有初，鲜克有终。'终之实难，令尹其将不免。"公曰："子何以知之？"对曰："《诗》云：'敬慎威仪，惟民之则。'令尹无威仪，民无则焉。民所不则，以在民上，不可以终。……《卫诗》曰：'威仪棣棣，不可选也。'言君臣上下、父子兄弟、内外大小皆有威仪也。

令尹围是楚康王的弟弟，掌管着楚国军政大权，康王死，公子围不把继位的郏敖放在眼里，行为举止间显出他才是楚君的不二人选。卫国的北宫文子认为公子围虽可夺取王位，但一定不能善终。"靡不有初，鲜克有终"出自《大雅·荡》，意思是人人都重视有一个好开端，但很少有人坚持到最后。《荡》是伤叹周厉王暴虐无道的诗，意指公子围身为令尹而举止却像国君，就连开端也已很不注意。"敬慎威仪，惟民之则"出自《大雅·抑》，意为最高的统治者一定要谨慎对待自己的一言一行，因为它是天下人的表率。下面又引《邶风·柏舟》"威仪棣棣，不可选也"，意思是任何场合都有行为规范，人的举止应安闲端庄，不可轻慢随意。（此用朱熹说："选，简择也。"）这一段文字很长，北宫文子共引了五首诗的诗句，透彻阐述了什么叫"威仪"，充分论证公子围"虽获其志，不能终也"的推断。后公子围缢杀郏敖，当上楚王（灵王），但最终被同是康王弟弟的公子弃疾所杀，从而验证了北宫文子的预言。

再说赋《诗》。关于这个"赋"字，顾颉刚先生认为："春秋时的赋《诗》等于现在的点戏。"[①] 朱自清先生也以为："在外交的宴会里，各国使臣往往得点一篇诗或几篇诗叫乐工唱。这很像现在的请客点戏，不同处是所点的诗句必加上政治的意味。"[②] 而实际上，顾、朱二位先生所说的"点戏"在《左传》里应该叫"歌《诗》"。在享宴或接待他国使臣时，作为主人的一方有时会让乐工演奏、歌唱几首诗助兴（个别时候还有伴舞，乐曲选择上往往有某些寓意），但在《左传》中并不将这称作"赋《诗》"。如《左传·襄公四年》记载：

> 穆叔如晋，报知武子之聘也。晋侯享之，金奏《肆夏》之三，不拜；工歌《文王》之三，又不拜；歌《鹿鸣》之三，三拜。韩献子使行人子员问之……对曰："《三夏》，天子所以享元侯也，使臣弗敢与闻；《文王》，两君相见之乐也，臣不敢及；《鹿鸣》，君所以嘉寡君也，敢不拜嘉；《四牡》，君所以劳使臣也，敢不重拜；《皇皇者华》，君教使臣曰'必咨于周'……敢不重拜。"

穆叔（孟献子）是鲁国执政，去晋国名义上是答谢知武子三年前造访的事情，其实是朝觐晋侯。所以晋侯超规格接待穆叔，先用钟鼓演奏了《肆夏》等三首曲子，这是周天子用来招待诸侯牧伯的音乐；而后使乐工演唱《大雅》中的《文王》、《大明》、《緜》等三首诗，这是两国国君见面时演唱的曲子；还演唱了《鹿鸣》、《四牡》、《皇皇者华》。前三首，晋侯用天子音乐已是僭越；中间三首，等于用国君之礼招待穆叔。穆叔不拜，是表示自己不能接受。而演唱最后三首乐曲，穆叔认为符合自己身份，所以每一首演唱之后都行礼答拜。《左传·襄公二十九年》记载吴国公子季札访问鲁国，提出"请观于周乐"，鲁国乐工因此专门为季札演唱了全套《诗经》乐曲。这些都是由专业的歌唱者和伴奏者完成的。从中不难看出，"歌"是由"工（乐工）"演唱的，有音乐伴奏，与"赋"没有关系。

"赋"是吟诵，不唱，也没有音乐作背景。《汉书·艺文志》："不歌而诵谓之赋。"

---

① 见《古史辨》第三册。
② 见《经典常谈·诗经第四》。

从含义上说，"赋"就是"诵"。但从《左传》用例分析，"赋"和"诵"似乎还不能简单画上等号，它们之间小有区别，具体说有三点：第一，"赋"的主体多是公卿大夫。不是公卿大夫的，在《左传》中有三例：《左传·隐公三年》："卫庄公娶于齐东宫得臣之妹，曰'庄姜'，美而无子，卫人所为赋《硕人》也。"《左传·闵公二年》："郑人恶高克……郑人为之赋《清人》。"《左传·文公六年》："秦伯任好卒，以子车氏之三子奄息、仲行、针虎为殉，皆秦之良也。国人哀之，为之赋《黄鸟》。"而"诵"的主体多为乐工、"国人"、"舆人"。如《左传·襄公十四年》："（卫献公）使大师歌《巧言》之卒章，大师辞。师曹请为之……公使歌之，遂诵之。"《左传·襄公四年》："国人诵之曰：'臧之狐裘，败我于狐骀……'"《左传·僖公二十八年》："楚师背鄢而舍，晋侯患之，听舆人之诵，曰：'原田每每，舍其旧而新是谋。'"第二，赋《诗》主要是为了言志，而"诵"往往含劝谏、讽刺的意味。《说文》："诵，讽也。"《国语·晋语六》韦昭注："诵，诵读前世箴谏之语。"如《左传·襄公二十八年》："叔孙穆子食庆封，庆封氾祭，穆子不说，使工为之诵《茅鸱》。"第三，"诵"仅是诵读他人作品，而"赋"有时是自己的创作。《左传·闵公二年》："卫之遗民男女七百有三十人，益之以共、滕之民，为五千人。立戴公以庐于曹，许穆夫人赋《载驰》。"这里明确指出《载驰》的作者是许穆夫人。上所举《左传》隐公三年、闵公二年、文公六年三例恐亦作"创作"解。杨伯峻先生说："古人言赋诗固有二义，自作诗曰赋，诵前人之诗亦可曰赋。"① 可谓的论。

说到赋《诗》，不能不涉及两个重要问题：赋《诗》言志和断章取义。它们都与孔子所说"无以言"有关。

①赋《诗》言志。《左传·襄公二十七年》云："诗以言志。"不少人以为这个"志"就是"志向、抱负"，未免片面。前所举穆叔赋《相鼠》、郑人赋《清人》，表达的是讥刺；秦人赋《黄鸟》则是表达对三良的无比哀悼及对穆公的强烈不满。"志"的本义是"意"，指人内心真实的感情和想法。《诗》言志"是说诗歌真实表达了诗人内心的思想感情，当然包括诗人的志向、抱负。需要特别指出的是，因为赋《诗》者多是公卿大夫，执掌着一国的政治、经济、军事大权，所以他们所言的"志"往往不是个人之志，而是自己国家在政治上的某些愿望，也就是一国之志。个人之志和一国之志是有一定区别的，如《左传·襄公二十七年》记载：

> 郑伯享赵孟于垂陇，子展、伯有、子西、子产、子大叔、二子石从。赵孟曰："七子从君，以宠武也。请皆赋以卒君贶，武亦以观七子之志。"子展赋《草虫》。赵孟曰："善哉，民之主也！抑武也不足以当之。"伯有赋《鹑之贲贲》。赵孟曰："床第之言不逾阈，况在野乎？非使人之所得闻也。"子西赋《黍苗》之四章。赵孟曰："寡君在，武何能焉？"子产赋《隰桑》。赵孟曰："武请受其卒章。"子大叔赋《野有蔓草》。赵孟曰："吾子之惠也。"印段赋《蟋蟀》。赵孟曰："善哉，保家之主也！吾有望矣。"公孙段赋《桑扈》。赵孟曰："匪交匪敖，福将焉往？若保是言也，欲辞福禄，得乎？"

---

① 见杨伯峻编著：《春秋左传注》僖公二十四年注，中华书局2009年版。

赵孟（即赵文子赵武）是晋国正卿，自宋返晋路过郑国，郑伯在垂陇款待赵孟，郑国的几位卿大夫都参加了，赵孟提议郑国卿大夫赋《诗》，一方面协助国君完成待客事宜，另一方面也可了解他们的抱负。郑国执政子展率先赋《草虫》。《草虫》讲的是"未见君子"时，"忧心忡忡"、"忧心惙惙"、"我心伤悲"；与君子相见相聚之后则是"我心则降"、"我心则说"、"我心则夷"。这里将赵孟比作君子，表达了见到赵孟时郑国君臣的喜悦心情。伯有所赋《鹑之贲贲》（今作《鹑之奔奔》），其诗共两章，曰：

> 鹑之奔奔，鹊之强强。人之无良，我以为兄。
> 鹊之强强，鹑之奔奔。人之无良，我以为君。

据说这是讥刺卫宣公及夫人宣姜淫乱的诗，也许伯有原意是取每章头两句诗意，但即便如此，在此种场合赋此种诗，不只是对客人不庄重，对自己的国君也是大不敬。赵孟不好离间其君臣关系，仅批评其不该在外面赋"床第之言"。子西赋《黍苗》之四章。其四章曰："原隰既平，泉流既清。召伯有成，王心则宁。"子西将赵孟比作周宣王时的召伯虎，赞美他与楚国结盟使中原各国得免战争涂炭。《隰桑》表达的是"既见君子，云何不乐！""中心藏之，何日忘之！"子产以此表达郑国君臣很高兴见到赵孟并永远不忘他的恩德。《野有蔓草》大致和《隰桑》相近。《蟋蟀》表达的则是"岁月其莫"，人应该"好乐无荒"，但是想到自己的职责，还应该有所节制。诗的总体倾向是积极进取的，故赵孟说"吾有望矣"。《桑扈》赞扬君子是国家的栋梁、诸侯的榜样。最后一句"彼交匪敖，万福来求"（"彼"通"匪"）更富哲理意味，故赵孟说，如果一个人不傲慢骄纵，即使不想得到福禄，也是不可能的。从上面不难看出，"七子之志"中伯有、印段所表达的主要是个人之志而伯有尤甚。

仍以郑国为例，《左传·昭公十六年》记载晋国正卿韩宣子（起）到郑国聘问，归国前郑国六卿一起为宣子饯行。宣子提议六卿各自赋《诗》，他想借此了解郑国未来的打算。因宣子说的是"郑志"，故六卿赋《诗》言志所表达的都是国家之志。

> 夏，四月。郑六卿饯宣子于郊。宣子曰："二三君子请皆赋，起亦以知郑志。"子齹赋《野有蔓草》。宣子曰："孺子善哉！吾有望矣。"子产赋郑之《羔裘》。宣子曰："起不堪也！"子大叔赋《褰裳》。宣子曰："起在此，敢勤子至于他人乎？"子大叔拜。宣子曰："善哉，子之言！是不有是事，其能终乎？"子游赋《风雨》，子旗赋《有女同车》，子柳赋《萚兮》。宣子喜曰："郑其庶乎！二三君子以君命贶起，赋不出郑志，皆昵燕好也。二三君子，数世之主也，可以无惧矣。"宣子皆献马焉，而赋《我将》。子产拜，使五卿皆拜，曰："吾子靖乱，敢不拜德？"

子齹是郑国执政子皮之子，三岁时父亲去世，此时年甫六岁，但已经显出良好的文化素养。《野有蔓草》中"邂逅相遇，适我愿兮"、"邂逅相遇，与子皆臧"表达了子齹很高兴认识宣子并希望两国共同美好的愿望，所以韩宣子夸赞说"我看到郑国的希望了"。《羔裘》赞美郑国从前有一位大臣品行正直、勇武有力，是"邦之彦兮"，子产用它赞美宣子。《褰裳》反映的本是一位女子警告情人不要变心的话，特别是其中的"子不我思，岂无他人"、"子不我思，岂无他士"，隐含着这样的政治话语：如果晋国不给郑国提供保护，难道就没有别的国家提供保护？因郑国处晋楚两大国之间，晋楚都希望郑国归顺自己，所以韩宣子赶紧表态：有我在这里，还敢劳动您向其他国家寻求帮助吗？言晋国不会抛弃郑国。《风雨》与《野有蔓草》意思相近，《有女同车》是对宣子的赞美，《萚兮》表达的是郑国愿追随晋国、与晋国你唱我和。最难得的是郑国六卿所赋全是本国之诗，既表明了郑国愿意与晋国永结盟好的愿望，又传达出郑国君臣同心同德的决心。这与《左传·襄公二十七年》郑国卿大夫赋《诗》所流露出的不谐和之音形成了强烈对比。所以宣子说：我已看到郑国兴盛的希望了！你们奉国君之命给我送行，所赋的诗没有偏离郑国的志向，表达的全是友好的愿望。宣子所赋《我将》无疑是对郑国的政治承诺："我其夙夜，畏天之威，于时保之。"意思是，晋国会日日夜夜为郑国提供政治军事上的保护。一场可能放在今天会是很艰难的政治谈判在非常轻松的诗歌对话中就达到了完满的结局，这恐怕不能仅仅归因于《诗经》的文学魅力，而是《诗经》在春秋时代已经超出文学的范畴成为高度固化、浓缩的政治外交话语，并且附加了很多政治内涵及隐喻的缘故。

②关于断章取义。"断章取义"出自《左传·襄公二十八年》："赋诗断章，余取所求焉。""断章"指公卿大夫所赋不一定是一首完整的诗，有时只赋其中一到两章。《左传·文公四年》："卫宁武子来聘，公与之宴，为赋《湛露》及《彤弓》"，孔颖达疏："自赋者，或全取一篇，或止歌一章，未有顿赋两篇者也。"如果只是赋某一章，《左传》有时会详细记录，如前举郑国子西赋《黍苗》四章；又如《左传·襄公二十年》："季武子如宋……赋《常棣》之七章以卒"，所谓"七章以卒"就是自七章至最后一章，《常棣》共八章，所以季武子实际赋了七、八两章。"断章"是为了"取义"——取符合自己思想感情的内容，朱自清先生说："断章取义是不管上下文的意义，只将一章中一两句拉出来，就当前的环境，作政治的暗示。"① 但要说明的是：第一，这个"义"有时就是所赋诗句的字面含义，有时寓某种政治含义，像子大叔所赋《褰裳》。第二，所取之"义"并不是可以随意附加或更改的，而是以贵族社会对诗义普遍认可的诠释为基础的，也就是说，《诗》作为政治外交话语体系的一部分，其象征义或深层义应该是相对稳定的，一般不会出现赋者与听者理解不一致的情况。当然，在特殊情境下，赋诗者的人文素养与机变智慧起着至关重要的作用，因为赋什么诗、取什么"义"全看临场发挥，高明的贵族能将对方所赋诗中隐含的政治话语转化为自己的话语。如《左传·僖公二十三年》记述秦穆公宴请晋流亡公子重耳的事：

> 他日，公享之。子犯曰："吾不如衰之文也，请使衰从。"公子赋《河水》，公赋《六月》。赵衰曰："重耳拜赐。"公子降拜稽首。公降一级而辞焉。衰曰："君称所以佐天子者命重耳，重耳敢不拜。"

重耳流亡到秦国，秦穆公请重耳赴宴，重耳想带舅舅子犯去，但子犯认为自己的文化素养不及赵衰，举荐赵衰陪公子前往。宴席上，重耳赋《河水》（《诗经》无《河水》，杜预以为是"逸《诗》"）。《国语·晋语四》韦昭注："'河'当作'沔'，字相似误也。其

① 见《经典常谈·诗经第四》。

《诗》曰：'沔彼流水，朝宗于海。'言己反国当朝事秦。"韦注是对的。从《沔水》整首诗看，重耳应该是取首章："沔彼流水，朝宗于海。鴥彼飞隼，载飞载止。嗟我兄弟，邦人诸友，莫肯念乱，谁无父母？"据诗意，重耳希望秦穆公看在同为兄弟之国的份上（重耳的姐姐为秦穆公夫人，自己又娶了穆公女儿文嬴），能派兵护送自己回国平乱，自己一定会像沔水流向大海一样感恩秦国。而秦穆公所赋《六月》本是歌颂周宣王大臣尹吉甫平定猃狁、维护周室安定的诗，其中有"王于出征，以匡王国"、"王于出征，以佐天子"、"共武之服，以定王国"、"文武吉甫，万邦为宪"等句子。秦穆公的意思是他愿意像尹吉甫一样平定晋国内乱、安定周王天下，成为诸侯的榜样（当诸侯盟主）。而赵衰非常机智地接过话头，叫重耳拜谢秦穆公，并说："您将辅佐周天子的重任交给了重耳，重耳怎能不拜谢呢？"秦穆公希望自己辅佐周天子的话语被转换成了希望重耳将来能辅佐周天子，这很像打哑谜，内中隐喻，心照不宣。只有像赵衰这样具有深厚人文底蕴并精通《诗经》话语的杰出人物，才能在国家间的政治交往中游刃有余。

四、余论：关于"无以言"

以上我们全面分析了春秋时代贵族在政治外交场合引《诗》、赋《诗》的情况，虽然赋《诗》可能只流行了一百三十余年（《左传》有记载的第一例在僖公二十三年，最后一例在定公四年），而引《诗》的传统一直延续至孔子时代，孔子本人也多次引《诗》褒贬时政、臧否人物，如《左传·宣公九年》："孔子曰：《诗》云：'民之多辟，无自立辟。'其泄冶之谓乎？"《左传·昭公十三年》："仲尼谓子产于是行也，足以为国基矣。《诗》曰：'乐只君子，邦家之基。'子产，君子之求乐者也。"孔子之所以用《诗经》教导学生，至少出于两个目的：第一，希望弟子们完整地掌握这套话语体系，将来能够步入上层社会，成为国家的栋梁，用它实际指导治国理政。第二，增加人文素养，使言语表达富有文采，更好地推行自己的学说主张。《左传·襄公二十五年》记孔子说过："志有之：'言以足志，文以足言。'……言之无文，行而不远。"因此，孔子所说的"不学《诗》，无以言"的"言"绝不会指普通人日常的语言表达，而是指贵族阶层在正式场合中能用《诗》表达自己的思想感情及政治见解。从本文所举事例看，"无以言"之"言"应该包括了多方面的含义：其一，能用《诗》陈志。《诗经》作品，或赋，或比，或兴，大多感物起兴、托物表志。春秋时期，贵族阶层引《诗》赋《诗》，无论陈述个人之志还是一国之志，极少直露告白，或取诗篇原意，或断章取义，让听者自己去体悟。孟子云："故说《诗》者，不以文害辞，不以辞害志。以意逆志，是为得之。"（《孟子·万章上》）说的正是此意。其二，能用《诗》化民。前面说过，孔子虽看重《诗》可以"兴观群怨"，但更推崇蕴含其中的"温柔敦厚"、"不淫"、"不乱"，因为这是一种合于礼乐精神、可以激发仁爱之心的深层情感。用《诗》化民，可使民风民情归于淳厚平正、抑恶劝善。其三，能用《诗》治政。《诗经》作品蕴含了历代圣王明君、治国能臣在治国理政方面的智慧、经验及普通民众的所思所感，这无疑相当于一座思想库和知识库。许多贵族从《诗经》中汲取智慧和精神滋养。

综上所述，"不学《诗》，无以言"看似简单的陈述，其实有着极为丰富的思想内涵。尽管《左传》、《国语》等典籍记载的上层贵族所引、所赋的诗作只占《诗经》全部作品的一小部分，但我们有理由相信，在春秋时代，《诗经》早已超越了文学文本的意义而成为当时政治外交话语的重要组成部分，绝大多数诗篇或其中的一些章节都或多或少地被附加上了政治方面的含义或隐喻——这也是后来"《诗》学"得以成为专门之学的重要原因。

（作者单位：北京外国语大学外语教学与研究出版社、北京师范大学文学院）

明末晚清 Logic 的汉译历程*

□ 聂长顺　熊展钊

与西方相比，专门的逻辑之学，可谓中国传统学术的一大弱项。所谓中国古代逻辑学，实是在西方 Logic 的映照下被"发现"的。西方 Logic 概念的传入，无疑是中国学术现代化历程中的一个重要事件。关于这一事件，迄今学界尚欠着实、明晰的描述，是为此文。

一、明末：从"落热加"到"名理探"

关于西方逻辑学的汉文介绍，最早见于 1620 年刊刻的入华耶稣会士、意大利人高一志（Alfonso Vagnoni，1566—1640 年）著《童幼教育》。其卷之下西学第五有云：

> 费罗所非亚者，译言格物穷理之道，名号最尊。学者之慧明者文学既成即立志向此焉。此道又分五家：一曰落热加，一曰非西加，一曰玛得玛弟加，一曰默大非西加，一曰厄第加。落热加者，译言明辨之道，以立诸学之根基而贵辨是与非、实与虚、里与表。盖开茅塞而于事物之隐蕴不使谬误也。①

其中，"落热加"即拉丁文 Logica 之音译，"明辨之道"为意译。以高一志所述，"落热加"物理、数学、形而上学、伦理学并列，为"费罗所非亚"（Philosopia，今译"哲学"）的一个分支。

不久，来华的意大利耶稣会士艾儒略（Jules Aleni，1582—1649 年）所撰《西学凡》于 1623 年刻成，后由李之藻编为《天学初函》第一册。《天学初函》于 1628 年刻成，流播广远。②《西学凡》有云：

---

* 本文为教育部人文社会科学重点研究基地重大项目"近代新名词与传统重构"（项目批准号：13JJD770021）、国家社科基金重大项目"中华思想文化术语的整理、传播与数据库建设"（项目批准号：15ZDB003）阶段性研究成果。

① 钟鸣旦等编：《徐家汇藏书楼明清天主教文献》第一册，台湾辅仁大学神学院，1996 年，第 377~378 页。

② 笔者所据即《天学初函》第一册，台湾学生书局 1965 年影印，第 21~60 页。

　　理学者，义理之大学也。人以义理超乎万物，而为万物之灵。格物穷理，则于人全而于天近。然物之理藏在物中，如金在砂，玉在璞，须淘之剖之以斐禄所费亚之学。此斐禄所者立为五家，分有门类，有支节，大都学之专者，则三四年可成。初一年，学"落日加"。落日加者，译言明辩之道，以立诸学之根基，辩其是与非、虚与实、表与里之诸法，即法家、教家必所借经者也。①

　　其中，"落日加"为 Logica 的译名，与高一志的译名仅一字之差：音译，高氏为"落热加"，艾氏为"落日加"；意译，高氏为"明辨之道"，艾氏为"明辩之道"。

　　关于"落日加"的内涵与外延，《西学凡》有简明叙述：

　　落日加者，译言明辩之道，以立诸学之根基，辩其是与非、虚与实、表与里之诸法，即法家、教家必所借径者也。总包六大门类：一门是落日加之诸预论，凡理学所用诸名目之解；一门是万物五公称之论，即万物之宗类……；一门是理有之论，即不显形于外，而独在人明悟中义理之有者；一门是十宗论……；一门是辩学之论，即辩是非得失之诸确法；一门是知学之论，即论实知与憶度与差谬之分。②

　　同年，"西海艾儒略增译，东海杨廷筠汇记"的《职方外纪》亦于杭州刊刻。其卷二"欧逻巴总论二建学设官之大略"述曰：

　　学者自七八岁学至十七八岁，学成而本学之师儒试之，优者进于中学，曰理科，有三家：初年学落日加，译言辩是非之法；二年学费西加，译言察性理之道；三年学默达费西加，译言察性理。以上之学总名斐录所费亚。③

　　与《西学凡》相比，Logica 的音译未变，仍为"落日加"；意译则稍异，为"辩是非之法"。

　　就西方逻辑学东传而言，最须一提的是《名理探》的翻译与刊行。该书为中国士人李之藻（1569—1630 年）与来华葡萄牙耶稣会传教士傅泛际（Francois Furtado，1587—1653 年）于 1627—1630 年合译而成，凡十卷，1631 年刊刻于杭州，是中国乃至整个汉字文化圈的最早的一部汉文逻辑学专著。其底本是 17 世纪葡萄牙高因盘利（Coimbra）大学的逻辑学讲义 *In Universam Dialecticam Aristotelis*（《亚里士多德辩证法概论》）。

　　关于《名理探》的历史地位，徐光启的后人徐宗泽（1886—1947 年）1931 年秋所作《名理探重刻序》有所评述：

　　吾国于名理探一门，素鲜研究。古虽有邓析、惠施、公孙龙等之东鳞西爪，聊供

———————————

① 艾儒略：《西学凡》，1623 年，第 3 页。
② 艾儒略：《西学凡》，1623 年，第 3~4 页。
③ 艾儒略增译，李廷筠汇记：《职方外纪》，1623 年，第 3~4 页。

诡辩，持之非有故，言之非成理。至历代科举，来缚人智，障窒人心，士大夫空谈理论，趋重文辞，以致九流三教，并为一谈。明末西士东来，灌输西学。一六三一年，傅泛际与李之藻同译《名理探》，而我国于是始有亚氏之论理学，而理学始有形上形下之等级，而不凌乱矣。①

1931 年，上海徐汇光启社重刻《名理探》，凡五卷。1941 年 3 月，商务印书馆又将《名理探》作为"汉译世界名著"之一种出版发行。该书地位，由此可见一斑。

在逻辑术语的厘定方面，《名理探》可谓辞能达意。其所采用的学名当然主要是"名理探"。除此之外，该书还厘定了其他诸多译名（见表 1）。

表 1 　　　　　　　　　　　《名理探》中 Logica 译名

译　名	语　例
落日伽 推论名理	亚利因人识力有限，首作此书，引人开通明悟，辨是与非，辟诸迷谬，以归一真之路，名曰《落日伽》。此云推论名理，大旨在于推通（第 3 页）
辨艺络日伽	凡艺所论，或是言语，或是事物。言语之伦有三：一曰谈艺，西云额勒玛第加；二曰文艺，西云勒读理加；三曰辨艺，西云络日伽（第 8 页）
辨学	韫艺复分为二：一属辨学，其本分在制明悟之作用；一属修学，其本分在制爱德之作用（第 9 页）
名理之学	名理之学，以制明悟之用，固当贵于言语之艺（第 15 页）
名理推	名理推自为一学否（第 16 页）
名理学 致用之学 致知之学	名理学总一习熟，而兼明用二义。……为致用之学……为致知之学（第 25~26 页）

资料来源：李之藻、傅泛际译：《名理探》卷之一，杭州，1631 年。

康熙二十二年（1683 年），在华比利时耶稣会士南怀仁（Ferdinand Verbiest，1622—1688 年）编撰完成《穷理学》，于北京刊刻，并呈康熙皇帝。该书皇皇六十卷，堪称"明末清初中西会通的集成之作"。其中"《理推之总论》和《理辩五公称》两部分内容都引自《名理探》"②。

《名理探》在先，使后人不得漠视，至清末民国亦如此。光绪乙巳年（1905 年）冬，上海金粟斋刊行严复译《穆勒名学》。所据原本为英国逻辑学家弥尔（J. S. Mill，1806—1873 年）著 *A System of Logic，Ratiocinative and Inductive*。严复在其所加按语中，就 Logic 的译名问题作了简短论证。其中有云：

---

① 徐宗泽：《名理探重刻序》，《名理探》，商务印书馆 1941 年版，第 2 页。

② 尚智丛：《南怀仁〈穷理学〉的主体内容和基本结构》，《清史研究》2003 年第 3 期，第 73、80 页。

> 逻辑最初译本，为固陋所及见者，有明季之《名理探》，乃李之藻所译。近日税务司有《辨学启蒙》。曰探，曰辨，皆不足与本学之深广相副，必求其近，姑以名学译之。①

此外，1924 年，马良（相伯）在《致知浅说》卷之一中探讨 philosophia 和 logica 的翻译问题时，均曾提及《名理探》。②

对于《名理探》，不仅有评述者，亦有祖述者。1925 年 1 月中华学艺社出版的屠孝实著《名学纲要》，书名虽用"名学"，但书中却也用"名理之学"。作者于 1924 年 4 月所作《序》云：

> 名理之学，我国素不讲求，近年以来，识者始稍稍注重之。顾坊间善本，多系西籍，国人所著，鲜有佳者。严译穆勒名学，信而能达，允为良书。

1929 年 11 月，高佣著《名理通论》在（上海）开明书店出版。书中主要以"名学"指称 Logic，书名却谓"名理"。其原因虽在于作者强调"研究哲学须从名学下手，解决问题要合逻辑"③，但在哲学语境中使用"名理"二字，与《名理探》不无渊源。比屠、高二人更为明显沿袭《名理探》译名的，还有徐宗泽和景幼南。徐宗泽 1931 年秋所作《名理探重刻序》云：

> 名理探，东译论理学，又译音逻辑，为哲学之一份。哲学为研究事物最终之理由。理由非明思慎辨不可，故哲学以名理探为入门。④

在承袭"名理探"方面，景幼南有过之而无不及。他编著一逻辑书，名曰《名理新探》，1947 年 12 月由正中书局出版。其中有云：

> 本书名理新探之名，取引申义。明末清初，葡萄牙人傅泛际（Francisco Furtado）与李之藻氏初译西洋亚里士多德论理学之一部份为中文，称名理探，近有翻印本。⑤
> 名理学之名取引申义，包含语文思之种种、词句论辩等。⑥

如果说 1620 年高一志的《童幼教育》中的"落热加"及"明辨之道"是西方 Logica 东传中国及学名厘定的起点；那么李之藻、傅泛际的《名理探》则可谓此一轮西学东渐之顶点，且其影响超越明清，远及三百年后之民国学人。

---

① 严复译：《穆勒名学》（全七册）第一册，上海金粟斋，1905 年，第 2 页。
② 参见马相伯：《致知浅说》卷之一，《小引》，商务印书馆 1924 年版。
③ 高佣：《名理通论·序》，开明书店 1929 年版，第 1 页。
④ 徐宗泽：《名理探重刻序》，《名理探》，商务印书馆 1941 年版，第 1 页。
⑤ 景幼南编著：《名理新探》，正中书局 1947 年，第 7~8 页。
⑥ 景幼南编著：《名理新探》，正中书局 1947 年，第 16 页。

二、晚清：从"明论之法"到"名学"

在晚清的新一轮西学东渐中，Logic 的译名先见于早期英汉词典（见表2）。

表2　　　　　　　　　　　　　　　早期英汉词典中 Logic 译名

字典名	作者名	logic 译名	出版地（者）	出版年
英华字典（全1册）	［英］马礼逊 RobertMorrison 1782—1834	（无此条）	澳门： Printed at the Honorable East India Companys Press	1822
英华韵府历阶（全1册） English and Chinese Vocabulary, In the Court Dialect	［美］卫三畏 S. Well Williams 1812—1884	（无此条）	澳门： 香山书院	1844
英华字典（全二卷） English-Chinese Dictionary（in two volumes）	［美］麦都思 W. H. Medhurst 1796—1857	明论之法，推论明理之学（卷二 P802）	上海： 墨海书馆	1848
英华字典（全4册） English and Chinese Dictionary, with the Puntin and Mandarin Pronunciation	［德］罗存德 W. Lobscheid 1822—1893	思之理，理论之学，明理，明理之学，理学（卷三 P1124）	香港： Printed an Published at the "Daily Press" Office, Wyndham Street	1868
A vocabulary of the Shanghai dialect 上海方言词典 （全1册）	［英］艾约瑟 Joseph Edkins 1823—1905	（无此条）	上海： Presbyterian Mission Press	1869
英华萃林韵府（全2册） Vocabulary and Handbook of the Chinese Language, Romanized in the Mandarin Dialect（in two volumes）	［美］卢公明 Justus Doolittle 1824—1880	明论之法（卷一 P290）	福州： Rozario, Marcal and Company	1872
字语汇解（全1册） An Anglo-Chinese vocabulary of the Ningpo dialect	睦礼逊 W. T. Morrison	Logical, 有条理个，循序个（P279）	上海： American Presbyterian Mission Press	1876
英华字典（全1册） English and Chinese Dictionary	I. M. Condit	（无此条）	上海： 美华书馆	1882
华英字典集成（全1册） An English and Chinese Dictionary	邝其照 （生卒不详）	推论之法，学扩心思之法（P199）	香港：循环日报承印（1899）	1887

此外，自 19 世纪 70 年代以后，在一些汉文西书及报刊中，亦有关于逻辑学的介绍及学名厘定，如：

路隙、意法　1873 年花之安《大德国学校论略》说"太学院"的课程是有云：

> 性理即根所当然之理，中凡数类，一西音路隙，译即意法，乃论灵魂如何发出意思。在意思复分数端，且释是所以为是、非所以为非，论知觉一由五官而入，二由灵府所起，二者如何相合，论明之所以明。此中国未有之学，苦无名目，难以译出。如公孙龙以马喻马，以指喻指，仿佛近之，然所类者，不过入门之定名耳。夫意法乃由灵府所起，故各意思须从其法，凡出言作事胥奉之为宗师，略如几何之数，多非实有是形，然各物类总不出其范围之外也。①

详审之理　罗吉格　《中西闻见录》乃在入华美国传教士丁韪良（William A. P. Martin）、英国传教士艾约瑟（Joseph Edkins）主持下，1872 年 8 月创刊于北京。1876 年英国传教士傅兰雅（John Ferrier）在上海创刊的《格致汇编》，乃《中西闻见录》之"补续"②。艾约瑟在《中西闻见录》1875 年 4 月号上发表《亚里斯多德里传》，述及亚氏的十种著述，首列"详审之理"，并评价说：

> 其所谓详审之理者，在昔无人论及，斯学亚为首创之也。③

兹所谓"详审之理"，当指亚里士多德首创的逻辑学，其书名曰《工具论》。

该传记还介绍了亚里士多德的逻辑学三段论：

> 亚所立辩论之矩，盖其法每如升阶然。……西语名为西罗吉斯莫斯，而亚之此学则名为罗吉格也。④

其中，"西罗吉斯莫斯"是 Syllogism 之音译，"辩论之矩"为意译，而"罗吉格"则指 Logic。

辨学　有清一代，西方逻辑学的正式传入，则自艾约瑟译《辨学启蒙》开始。该书 1886 年冬于总税务司署印。原著为伦敦大学教授杰文斯（W. Stanley Jevons, 1835—1890 年）所作 Logic。该书为赫胥黎（Huxley）等人编写的 Science Primers（《科学启蒙》或《科学入门》）丛书之一种。

1898 年广学会出版的丁韪良著《性学举隅》中有"辩学"一名：

> 西国专论辩学者，其式甚繁。如周易卦爻之变化无穷，而无济实事者多。盖遇事

---

① 花之安：《大德国学校论略》，1873 年，第 24 页。
② 《格致汇编》1892 年春季号封面注曰："是编补续中西闻见录，上海格致书室发售。"
③ 艾约瑟：《亚里斯多德里传》，《中西闻见录》1875 年 4 月号，第 12 页。
④ 艾约瑟：《亚里斯多德里传》，《中西闻见录》1875 年 4 月号，第 12 页。

无须如此周折，如遇禽，查其为联掌，而水禽之；捕船，查其实为敌船，而充公；遇病人，恐其染，而避之。此皆捷径，无待辩论者也。若必欲条析缕分，则以推步之法揆之，亦无不可。①

其中的"辩学"，无疑是指 Logic（逻辑学）。"辨"、"辩"相通，"辩学"一名亦可归于"辨学"系列。

"辨学"一名，虽传播不广，但曾获得官方认可。1908 年，清学部尚书荣庆聘严复为学部编订名词馆（或谓"审定名辞馆"）总纂，致力于学术名词的厘定与统一。此项工作，凡历三年，至 1911 年，积稿甚多。其学部编订名词馆《中外名词对照表·辨学名词对照表》② 以"辨学"对译 Logic。其"定名理由"：

> 旧译辨学，新译名学。考此字语源与此学实际，似译名学为尤合。但《奏定学堂章程》沿用旧译，相仍已久，今从之。③

此外，还有王国维译《辨学》一书问世。

名学 在清末民初，影响最大的 Logic 译名是"名学"。此名见于严复译《天演论》（1898 年），其自序有云：

> 及观西人名学，则见其于格物致知之事，有内籀之术焉，有外籀之术焉。内籀云者，察其曲而知全者也，执其微以会其通者也；内籀云者，据公理以断众事者也，设定数以逆未然者也。乃推卷起曰：有是哉！是固吾《易》、《春秋》之学也。迁所谓本隐之显者，外籀也；所谓推见至隐者，内籀也，其言若诏之矣。二者即物穷理之最要途术也，而后人不知广而用之者，未尝事其事，则亦未尝咨其术而已矣。④

光绪乙巳年（1905 年）冬，上海金粟斋刊行严复译《穆勒名学》。所据原本为英国逻辑学家弥尔（J. S. Mill，1806—1873 年）著 *A System of Logic*，*Ratiocinative and Inductive*。严复按语有云：

> 逻辑，此翻名学。其名义始于希腊，为逻各斯一根之转。……本学之所以称逻辑者，以如贝根言，是学为一切法之法，一切学之学，明其为体之尊、为用之广，则变逻各斯为逻辑以名之，学者可以知其学之精深广大矣。逻辑最初译本，为固陋所及见者，有明季之《名理探》，乃李之藻所译。近日税务司有《辨学启蒙》。曰探，曰辨，

---

① 丁韪良：《性学举隅》，上海广学会，1898 年，第 35 页。

② 该表为学部编订名词馆所编《中外名词对照表》之一部分。据王蘧常编《严几道年谱》：1908 年"学部尚书鄂卓尔文恪公荣庆聘先生为审定名辞馆总纂。自此凡历三年，积稿甚多"。这些"积稿"后存于中华民国教育部。该表见于 http：//www. cadal. zju. edu. cn/book/13052871/1。

③ 《中外名词对照表·辨学名词对照表》，http：//www. cadal. zju. edu. cn/book/13052871/1，第 1 页。

④ 严复：《译〈天演论〉自序》，《天演论》，商务印书馆 1981 年版，第 3~4 页。

皆不足与本学之深广相副，必求其近，姑以名学译之。盖中文名字所函，其奥衍精博，与逻各斯字差相若。而学问思辨，皆所以求诚正名之事，不得舍其全而用其偏也。①

1902 年，由入华新教传教士创建的中国教育协会（The committee of the Educational Association of China）厘定、编纂的 *Technical Terms, English and Chinese*（《英华专业用语》）中收有 Logic 一条，译名"名学，辩学"②。1905 年，商务印书馆出版上海圣约翰书院教习颜惠庆编纂的《华英翻译捷诀》，其中 Logic 的译名为"名学；理学"③。

在此，"名学"当源于严复；"辩学"当源于艾约瑟；"理学"则早见于罗存德《英华字典》卷三。1898 年，格致书室出版傅兰雅编写的《理学须知》。该书所据底本和严复的《穆勒名学》一样，是英国逻辑学家弥尔的 *A System of Logic, Ratiocinative and Inductive*。亦即说，罗存德为 Logic 厘定的"理学"这一译名，在此得到了专业性运用。严复在 1905 年译成的《穆勒名学》中，提及了前朝的《名理探》和本朝的《辨学启蒙》，却仿佛不知道《理学须知》的存在。可见，《理学须知》一书问世后，并未引起多大反响。

三、日制"论理学"之入华

1862 年，日本幕府的洋书调所出版了堀达之助（1823—1894 年）主持编纂的《英和对译袖珍辞书》。其第 465 页有 Logic 一条，译名"论理术"。此后，日本学人创制或采用的 Logic 的译名有多种多样，如"论学"、"论科"、"致知学"、"理论学"、"明理学"、"论事矩"、"论法"、"推理学"、"格致学"等。其中"论理学"一名得以最后确立，并影响及中国。

日制学名"论理学"正式传入中国，乃是中日甲午战争之后的事情。1897 年，康有为编成《日本书目志》，1898 年由上海大同译书局刊行。其卷二"理学门"部分收录的日本逻辑学书目有二十四种。其中，除西周译《致知启蒙》、日下部三之介著《会议论法》之外，其余书目均以"论理"题名，如平沼傎郎著《通信教授论理学》、清野勉著《论理学》、三宅雄次郎编《论理学》、文部省藏板《论理学》等。④

甲午战后，中国掀起"西学东游"热潮。许多中国士人游历日本，并以日记、考察报告等形式向国人介绍日本教育情况。这些文本成为学名"论理"入华的重要载体，如：1900 年 3 月刊于福州的沈翔清所撰《束避日记》关于高等师范学校课程记述中有"哲学心理论理哲学史"⑤；1901 年关庚麟所作《参观学校图说》"官立高等师范学校"

---

① 严复译：《穆勒名学》（全七册）第一册，上海金粟斋，1905 年，第 2 页。

② The committee of the Educational Association of China：*Technical Terms, English and Chinese*, Shanghai：Presbyterian Mission press，1904，p. 258.

③ 颜惠庆编：《华英翻译捷诀》，商务印书馆 1905 年版，第 67 页。

④ 康有为编：《日本书目志》卷二，大同译书局 1898 年版，第 74~75 页。

⑤ 沈翔清撰：《束避日记》，1900 年，第 34 页。

预科教学科目中有"论理学"①；1902 年 10 月日本三省堂出版的京师大学堂总教习吴汝纶《东游丛录》的《学科课程表》中，亦录"高等学校"课程"论理及心理"、帝国大学文科大学哲学科课程"论理学及认识学"②；1903 年正月江南高等学堂发行的缪荃孙撰《日游汇编·日本考察学务游记》所记"高等学校大学预课"科目中，也有"论理及心理"。

学名"论理"之入华并发生实际影响，终究有赖日本专业书籍的翻译。最早从日本翻译西方逻辑学书者，当首推杨荫杭（1878—1945 年）。他以日文逻辑学著作为底本，于 1901 年译成《名学》一书，光绪二十八年（1902 年）年五月在东京日新丛编社出版，同年又在上海文明书局再版，易名《名学教科书》。杨荫杭虽沿用了严复创译的"名学"，却开启了中国翻译日本逻辑学书之先河。

最早在哲学译著中引进"论理学"的，当是陈鹏译《理学钩玄》一书。该书于光绪二十八年（1902 年）七月在上海广智书局出版，三卷两册，原著者是日本近代著名学者、思想家中江兆民（笃介，1847—1901 年）。书中有"论理学"内容。而最早在逻辑学专书中引进"论理学"的，则当首推《译书汇编》1902 年 10 月刊载的汪荣宝（1878—1933 年）译高山林次郎著《论理学》。同年 12 月，上海文明书局出版林祖同译《论理学达旨》。该书原为 1889 年日本哲学书院出版的日本学者清野勉著《归纳法论理学》。自此以迄民国初年，以"论理"题名的逻辑学书颇多，兹摘列如下：

① 《论理学问答》，富山房编、范迪吉等译，上海：会文学社，1903 年。
② 《论理学讲义》，服部宇之吉著，东京：合资会社富山房，1904 年 8 月。
③ 《论理学》（初级师范学校教科书），商务印书馆编译所编纂、杨天骥校订，上海：商务印书馆，光绪三十二年（1906 年）三月。
④ 《论理学》，高岛平三郎讲授，江苏师范编辑，江苏宁属学务处、江苏苏属学务处发行，光绪三十二年（1906 年）四月。
⑤ 《论理学》，大西祝著、胡茂如译，上海：泰东图书局，1906 年。
⑥ 《论理学教科书》，宏文学院编辑，宏文学院教授、女子大学教授高岛平三郎讲述，金太仁作译，东京：东亚公司发兑，1907 年 8 月。
⑦ 《最新论理学教科书》，服部宇之吉著、唐演译，上海：文明书局，光绪三十四年（1908 年）五月。
⑧ 《论理学》，韩述组编辑，上海：文明书局，光绪三十四年（1908 年）八月。
⑨ 《论理学讲义》（*Lectures on Logic*），蒋维乔编，上海：商务印书馆，1912 年 3月初版，1924 年 1 月七版。③

---

① 该图说后经增补，易名《日本学校图论》，于 1903 年出版。"论理学"见于图论第 68 页。
② 吴汝纶编：《东游丛录》，东京三省堂，1802 年，第 12、53 页。
③ 该书卷首小字云："商务印书馆出版《论理学纲要》一书，系日本文学士十时弥君原著，彼国福冈县教育会夏期讲习会尝取为教科书，请文学博士中岛力造君讲演。今即以中岛君之讲义译出，供本社讲义。惟原书中语过繁冗者，加以删节，以期简明。或有语焉不详者，更增补之。或引喻不适我国人者，改用适当之语。至《论理纲要》中已详者，则不再引申。略者，更补述之。读者宜与《论理学纲要》参看，则可互相发明矣。"

⑩《师范学校适用新制论理学》，姚建猷编辑，上海：中华书局，1916 年 10 月。

⑪《中华论理学教科书》，顾公毅编译，中华书局印行，1921 年 12 月。①

⑫《师范学校用论理学纲要》（*Essentials of Logic*），高山林次郎原著、李信臣译述，上海：商务印书馆，1925 年 5 月初版。

"论理学"来华并形成很大势力，不仅在于大量的译自日本的逻辑学书本身，更在于这些书几乎都是作为教科书被用于最正规的文化传承机制——学校教育。而承担逻辑学教育的首先是应聘来华的日本教习，其中最须一提的就是服部宇之吉（1867—1939 年）。清末"新政"的第一举措是重开京师大学堂。在新任管学大臣张白熙、总教习吴汝纶的运作下，日本东京帝国大学文科大学教授、文学博士服部宇之吉应聘，于 1902—1909 年在京师大学堂任师范馆正教习，主讲心理学等课程。自 1904 年正月起，开始教授逻辑学，并将其讲义稿本"稍事润色"，撰成汉文《论理学讲义》，于 1904 年 8 月交东京合资会社富山房出版，1905 年 12 月再版。该书版权页注"清国专卖所劝学会分社"（上海英租界河南路）字样。亦即说，该书是面向中国发行的。其凡例云：

> 一、予之以论理学讲授京师大学堂师范馆学生也，自本年正月始。中国既无适宜之课本，东西文课本又未便遽用之。盖学生虽颇解东文，然其程度不齐。西文则各随所好，或英，或德，或法，不划一也。故讲义皆予自草创而编辑之。……
>
> 二、予讲论理学，本定每星期四小时，约六月而可讫。然其间须经助教习之口译，则钟点不啻减其半矣。故本书止揭论理学最要纲目，其余则均在讲堂讲解铺陈之。
>
> 三、……予每讲讫一节，辄多发题目，所以使学生悟运用之妙也。……②

服部在京师大学堂师范馆教授论理学的情形，由此可略见一斑。

服部来华任教之所以最须一提，主要是因为：第一，它生动体现了西方近代论理学自日入华的文化传播路径。第二，这一传播过程是通过最正规的文化传承机制——学校，而且是学校中的首善之府——京师大学堂展开的。第三，他是清末应聘来华的第一位真正学者。第四，他在教学实践基础上，又有汉文论理学专著问世。

1908 年，韩述组编辑、出版了《论理学》一书。其凡例第二则云：

> 是篇纲目，悉因京师大学教授日本文学博士服部先生之论理学讲义，取其繁简适宜，条理井秩，便于学者肄习。惟原书只列最要纲目，本篇特逐条详为解释；且原书因授课日促，故归纳法中，所讲甚略，本书特加增之。务使学者备得应用之术。（他

---

① 该书《编辑大意》云："本书系取日本大濑甚太郎、立柄教俊合著之修订论理学教科书，编译而成。其原本根据（1）*The Logical Bases of Education*（2）*Elements of Logic* 二书甚多。""本书编译时，求其内容完备，有据日本今福忍及纪平正美诸氏书改译原本之处。"

② 服部宇之吉：《论理学讲义·凡例》，富山房 1904 年版，第 1 页。

书中易明之例，本书亦间采取。)①

亦即说，韩述组作为京师大学堂师范馆的学生，乃受服部宇之吉的亲传；而他所编辑出版的《论理学》，既是韩氏的学习成果，也是服部的教学成果。

当然，其他地方也有日本教习讲授论理学。如：1906 年，北洋大学堂暑假后设"师范科"，因师资短缺，权请直隶提学使顾问官日本哲学博士渡边龙圣为名誉教员，讲授生理、心理、论理、教育学、教授法、管理法诸科。渡边龙圣本是日本高等师范学校教授，1902 年应聘来华，任直隶师范学堂总教习。直隶师范学堂"是全国最早设立的师范学堂之一，招聘的日本教习最多，先后有 23 人"②。当时，各地多办师范学堂，而逻辑学是师范必修课，如果没有日本教习，则教学科目是很难完备的。

面对来势猛烈的日制"论理学"，也有人坚持沿用严译"名学"。1903 年上海文明书局出版的汪荣宝、叶澜编《新尔雅》即两名并用。其《释名》篇有述：

> 论人心知识之用于推知者，谓之名学，亦谓之论理学。察一曲而知全体者，谓之内籀名学，亦谓之演绎论理学。据公理以断众事者，谓之外籀名学，亦谓之归纳论理学。③

宣统三年（1911 年）四月科学会编译部刊行陈文编《中等教育名学教科书》凡例云：

> 一、英语 Logic，旧译"辨学"，和译"论理学"，侯官严先生译为"名学"。然以严译为善，今从之。
> 一、名学学语，近已分为二派：一严译，一和译。然严译自是汉文的义，非和译所能及。今本书从严译者十居八九。惟严书所无，及"积极"、"消极"、"肯定"、"否定"等字样，和译较为真切者，始从和译。④

经过短暂、零星的抵抗，"名学"成为陈迹，"论理学"一名得势。1921 年上海世界书局出版的郝祥浑编辑《百科新词典》：

> 【论理学】（Logic）　研究思想底形式的法则就是概念，判断，推论和研究法等的科学，叫论理学。⑤

1926 年商务印书馆出版樊炳清编纂的《哲学辞典》，是中国第一部哲学专业辞书。其中

---

① 韩述组编：《论理学·凡例》，文明书局 1908 年版，第 1 页。
② 刘宏：《中国近代教育改革中的日本影响——以直隶省师范、军事学堂为例》，《河北大学学报》（哲学社会科学版）2004 年第 2 期，第 15 页。
③ 汪荣宝、叶澜编纂：《新尔雅》，文明书局 1903 年版，第 75 页。
④ 陈文编：《中等教育名学教科书》凡例，上海科学会编译部，1911 年，第 1 页。
⑤ 郝祥浑编：《百科新词典》，世界书局 1921 年初版，1926 年五版，第 216 页。

Logic 的译名也被确定为"论理学"①。

就这样，19 世纪末 20 世纪初，"论理学"一名通过中国人的日本教育考察、汉译日书、来华日本教习等渠道传到中国，很快取代艾约瑟厘定的"辨学"、严复厘定的"名学"等，成为占据主导地位学科名，直到 20 世纪 40 年代以后其地位才逐渐被严复厘定的音译名"逻辑"所取代。不过，时至今日，"论理"仍然作为"逻辑"的别名，保留在一些主要的汉语词典、英汉词典之中。

（作者单位：武汉大学中国传统文化研究中心、华中师范大学历史文化学院）

---

① 樊炳清编：《哲学辞典》，商务印书馆 1926 年版，第 902 页。

概念体系史的研究方法[*]

□ 铃木贞美　著　梅定娥　译

一、力荐概念体系史的研究

　　生产力主义导致资源枯竭。从 20 世纪 70 年代开始，地球环境问题表面化，国际社会一致认为，人类的生存必须伴随所有生物的生存。虽然具体问题必须具体分析，但毫无疑问的是，我们必须重新审视以西方近代科学技术为手段的对世界的控制和以人类生存为中心的人类中心主义。很久以前，欧洲学者就已经开始呼吁脱离欧洲中心主义，整个学术界开始从近代价值观中寻求新的知·情·意的存在方式，即非人类中心主义（后人道主义）。尽管如此，如何从根本上重新建立相关的教育研究制度，其方法却并不明确。

　　有鉴于此，我一直提议考察东亚近现代知识体系以及由此支配的价值理念。理由正如上面所说，东亚各国在引进西方近代知识的同时，依据各地域所特有的文化、历史等诸条件，重构各自的"传统"，建立起各自独立的知识体系和价值观。只有对此特征进行考察，才能够进行东亚与欧洲近代的比较研究。

　　关键词一般是指考察某个对象时的核心用语，此时问题的关键不是那个语词的本身，而是语词的意义，即概念。英国剑桥学派的雷蒙·威廉斯（Raymond Henry Williams，1921—1988 年）的 *Keywords: A Vocabulary of Culture and Society*（1974），循着国际上历史学涉足文化史领域的方向，是一部探讨近代文化史上基本概念的形成过程的著作。在法国，米歇尔·福柯（Michel Foucault，1926—1984 年）致力于 19 世纪法国社会制度，特别是学校、精神病医院等支配、管理民众的机构，以及支配该制度的言说（discours）的历史性的研究，即对近代观念、各种制度进行批判。开此研究先河的是冈居朗（Georges Canguilhem）的《生命的认识》（*La connaissance de la vie*，1952，deuxièm edition revue et augumentée，1965，1971）。在德国，科泽勒克（Reinhard Koselleck，1923—2006）等编写的概念史事典《历史的基本概念》，把概念的变迁与社会史联系在一起。他们的工作虽各有特点，除了冈居朗以外，无不带有把近代基本概念与社会制度相联系并使之历史地相对

　　* 本文为教育部人文社会科学重点研究基地重大项目"近代新名词与传统重构"（项目批准号：13JJD770021）、国家社科基金重大项目"中华思想文化术语的整理、传播与数据库建设"（项目批准号：15ZDB003）阶段性研究成果。

化的倾向。而且，欧洲的这些研究似乎已告一段落。

但在东亚，概念史研究还刚刚开始。因为在东亚的汉字文化圈，人们运用中国传统概念对西方现代概念进行翻译，对各概念间的构成进行了很大程度的重组，并且这种重组经过 20 世纪一直持续到今天。而且，中国、日本、韩国有各自不同的文化史，第二次世界大战后的重组又带有各自不同的特殊性。只有对这特殊性进行考察，才能厘清现代概念系统的再编过程。

为了厘清这一点，必须对欧洲近代概念体系，以及传统的概念编制两方面进行研究。首先，欧洲诸概念引进过程非常复杂。19 世纪中期以前这些概念在中国南部海岸（十三行、香港、上海）被翻译，在日本进行重组，然后再流传到中国和朝鲜半岛。即，不管是研究范围还是研究方法，都比欧洲的同类研究广泛、复杂得多。

二、研究概念体系史的理由

这里所说的概念，虽然指的是文化圈的知识层所共同使用的词汇，但不得不考虑的是，它们和词汇之间还存在同义异音、同音异义、同义词等的区别。它们有各自不同的创立、流传、固定、变化的过程。固定下来的标准是被常用的词典、教科书类以及拥有众多读者的报纸、杂志等以某个固定的意思使用。

涉及概念问题时，经常会参照有影响的人士的定义，但个人的定义毕竟带有其个人的特点，每代人的知识背景不同，而且，语感及具体细部内涵也会因人而异。所以，考虑概念时，关键是把握其最主要的根干部分，为此，就必须先掌握概念间的相互关系，即与相对概念的关系，概念的构成，以至概念体系（conceptual system）。所以，对某个概念历史性的分析，就是对其体系的编制过程的分析。因此，即使只是围绕某个概念，也有必要不断对其在概念构成上的位置以及历史的变迁两方面进行考察。

知识体系很好地体现在各学问领域的概念体系中。它与支撑它的价值理念，以及其实际承载者——文化各制度的变迁史一起共称为概念体系史。虽然概念体系史构成文化史的根干，但它与词汇史、教育制度以及传播历史的研究相互支撑，只要掌握研究方法谁都可以参与。

同一个词汇，其意思会因地域的不同、历史阶段的不同而有变化，如果我们都按照今天的意义去理解，那就很容易导致误读。这一点是最基本的。所以概念史研究必须同时跨越所有领域。还有，如果现代甚至当代形成的分析模式与古代、中世的概念体系有异，也可以防止陷入方法性的错误。概念体系史研究，经常可以检验已有分析模式的历史性，在此基础上，很可能会对已有研究作出大幅度的调整。

举个例子。中国古代沿用至今的"封建"一词，基本是与中央集权的国家体制"郡权"相对，意即地方分权。人们对这两个词的关系有过复杂的议论。这一点，武汉大学中国传统文化研究中心的冯天瑜教授已经证实。日本人接受了作为对立概念的"封建""郡权"的意思，江户时代儒学者们曾反复议论幕藩体制中该如何运营幕府和诸藩的两层权力的关系。经过江户时代的发展，日本诸藩拥有了相对的自立性，所以强调藩的自主性的议论，强化日本是封建的论调，是此种意义上的封建制。明治维新时期的征兵告谕（1872. 11. 05）上有"恢复古代郡县"之词，废除身份制度，为全民皆兵制打下基础。明治维新一边打着"复古"古代律令制度的口号，一边为了建立现代的国民国家，进行各种各样传统制度的重组。这可说是一个很好的例子。

福泽谕吉等所谓明治启蒙思想家们，把封建理解为因职业分工制与世袭制而固定下来的阶级制度，指出明治维新就是对它的革命。20世纪20年代兴盛的马克思主义把它理解为继奴隶制之后的、建立在主从契约关系基础上的前近代的制度，是资本主义制度的前一个阶段。如此一来，"封建"这个概念按照立场的不同可以有三种不同的内容。迄今为止，在议论江户时代的封建制时，并没有明确区分这三种用法。无论是在土地所有制形态上，还是"士农工商"的身份制度上，与中央政权实行分封制的中国，以及封建领主在领地内享有绝对支配权的欧洲的 Feudalism 都是不同的，而人们并没有很好地认识到这一点。

在日本，贵族拥有的庄园等，经过中世的战乱，几乎都被大名或寺庙集中占有，所有权混乱，后丰臣秀吉和德川幕府通过检地进行了整理。德川幕府标榜公地公民，自己享有天皇授予的对全国土地的管理权，掌握改变或没收大名家分封地的权力，把各大名的领地委托给大名管理。幕府有直辖的武士集团，把财源地的矿山、山林等纳入自己的支配下（天领），并统一度量衡。

诸藩的财富来源是每年农村的年贡米，以石计算。这个制度称为石高制。诸藩的武士集团离开各自管理地，成为藩的官吏，在城下町居住，俸禄也全用米支给。明确区分了农、工、商、秽多、非人等身份（职业），各集团也各自由世袭的长官负责管理。原则上禁止各阶层间的移动，建立了各阶层的金字塔形的社会结构。为了方便大名的参勤交代，整理全国的道路、河流等交通网，幕府指定通货，市场开始得到发展。商人开始参与其中，进行米的买卖等。商品经济迅速活跃，社会逐渐变得以金钱为中心。

三、重新撰写文化史

德川幕府禁止信仰基督教，每家每户都必须在一个寺庙登记成为信徒，寺庙管理这些人的改宗（教）的记录，掌握着人口迁移等的动向。神社是村落团结的中心，所以当时的日本是神、佛并存的信仰状态。德川幕府公开承认朱子学，但在诸藩也活跃着信奉阳明学的"文学"，很多藩儒是折中派，吸收两派各自的长处。中国明代的古文辞派也传入日本，江户时代中期，第八代将军德川吉宗的私人顾问荻生徂徕就是学习古文辞派自成一家的，其学派曾风靡一时，并使汉诗在城市民众中流传开来。日本人喜欢的并不是中国尊重的《三体诗》，而是具有比较庄重格调的《唐诗选》，原因即在此。

从江户前期开始，城市居民（町人）中就出现了学儒的人，中期出现了崇拜太阳神的天道思想，人们认为这是神、儒、佛的根本。石田梅岩的石门心学认为不管是武士还是商人在对德的践行上都是平等的，这样，人们对身份等级制度的想法也出现了变化。随着文化状况的变化，"自由"在古代儒学用于表示反叛意义，但室町时期随着禅宗渗透到武家、武士文化中，佛教用语渗入到兵法、武术用语中，自由也有了随机应变的意思。如城市民众文化发达的元禄时期有"船运使得物资流通自由起来"（井原西鹤），江户中期有"城市中只要有钱什么都会很自由"，"四肢健全说话自由"等，其意义主要表示非常方便、便利，无障碍等，与今天的用法基本相同。后来"封建制"等于"没有自由的制度"，这样的固定观念的产生，乃是因为夸大了明治时期对江户时代的"身份秩序""四民平等"的改革影响所致。

日本共产党的历史学家们，虽然认识到帝国宪法中规定了天皇地位的同时高度发展了资本主义，但是，为了与 1932 年的纲领相一致，他们把当时的日本社会规定为天皇和地主阶级支配的"（半）封建制"。这一点直到 20 世纪 80 年代才得以改变，这种说法长期导致了近代史分析的错误。

近代家族制度中家长的权限很大，这种制度第二次世界大战后很长时间被称为"封建制"，并在此基础上进行议论。事实上，在日本，江户时代社会各阶层各有自己的家族制度：为了家族的繁荣，强化家长的权限，并不看重血缘的主家、分家的关系，养子制度等。明治时期，参照法国的民法，引入了长子继承制，这种重新改革后的制度统一在各个阶层固定下来。但是，平民阶层，为了把长子送入大城市出人头地，废长立幼的事也时有发生。20 世纪初，特别是城市的新中间层（官僚、教师、企业管理者等工资生活者）中两代同堂的家庭增加，到了 20 世纪 30 年代，城市居民中七成的家庭都是两代人以下（第二次国势调查）。这些数据很好地说明了概念研究与新的精神文化史、生活文化史研究的开拓关系。

概念（体系史）虽是以其自身为对象，但又不止于此。它敦促精神、生活史的再编，从而敦促人文、社会各具体领域的再编。当这些成功的时候，我们就可以检验它的有效性了。

四、学问制度的变迁

在近代知识体系的建立上，日本的综合大学最具有代表性。1867 年东京大学创立当时，有"法、理、文、医"四个系。1886 年改组后创立帝国大学，除了上述四系外，加设了工科大学，三年后，又设立了农科大学。这种综合大学（university）的设置当时在国际上是很少见的。采用的虽是单科大学的形式，但由文部省统一管理，这模仿的是欧洲的综合大学。但其教学倾向，很明显，与其说是基础学科，不如说是实用主义。

这种帝国大学的模式是由 1885 年 12 月就任的第一代内阁总理大臣伊藤博文（1841—1909 年）创立的，目的是为了培养官僚及广义上的工科技术人员。1882 年为了研究国家体制问题，伊藤博文视察欧洲，在维也纳学习。他访问了德国法哲学、法国法制史的德语圈中反主流派法学者劳伦斯·冯·斯坦因（Lorenz von Stein，1815—1890 年），听取的讲义中不但有欧洲先进国法律还有先进的大学制度，使他回国后有了参考。

帝国大学的编制与欧洲综合大学的区别在于，第一，没有欧洲大学的支柱专业即基督教神学部。1872 年的学制，也曾考虑设立皇学（皇室的学问）和汉学的"教科"来取代欧美大学的神学部，但 1886 年东京大学集中了（西）洋学系的学问，设立时只有法、理、文、医 4 个专业，并没有皇学等专业。其原因可能是因为文部省内皇学派和汉学派尖锐对立争执不下，让洋学派有机可趁。后来，加藤弘之出任东京大学总理（一开始只有法、理、文三个系，1981 年增加医学系）时，1882 年设立古典讲习科（3 年制）专门进行和、汉古典研究。1886 年帝国大学设立时又将其废止。毕业于此的落合直文，为皇国史观的国文学教育、出版发挥了很大的作用。

1905 年，帝国大学在文科大学哲学系内新设立宗教学专业，由姊崎正治执讲。宗教学附属于基督教神学，一般由神学者执教。所以这一点从国际视点来看也是比较独特的制度。这意味着，作为知识的体系，日本的人文学在发展过程中包含着以儒、道为代表的东亚"宗教"和日本的神道研究。

第二次世界大战时期日本的人文学之所以被国家神道所覆盖，其原因可上溯至此。但是，这种制度，如果妥善经营的话，也可以将诸宗教置于人类各种行为中，对其进行相对化。

帝国大学编制的第二个特点就是包含工科大学、农科大学。1854 年工学作为统一计算包含潜在能量、热、力、工作量等的概念使用，1855 年格拉斯哥大学钦定设置教授。在封闭的空间里，能量的总量不变（能量守恒定律）。随后又发现了某个机关只要工作，就一定会向外散发热量，不可能有永远持续不断工作的机关，分子扩散的任意度的尺度熵持续增大等各种规律。后来，支撑着产业革命的蒸汽机与电的工学（engineering）成为理学（natural sciences）的一个领域，但在英美及德国，工学基本在专科大学教授。

最初把"energy"一词意思解释为"inherent power"（1807 年）的是英国物理学家托马斯·杨格（Thomas Young, 1773—1829 年）。卢纳·笛卡儿（René Descartes, 1596—1650 年）在《哲学的原理》（*Principia Philosophiae*, 1644）一文中把物体冲突时物体重量和速度的积称为运动量（quantitas motus），运动量被保存。但是，莱布尼茨（Gottfried Wilhelm Leibniz, 1646—1716 年）相对于静力学（statics）中潜力（vis mortua），把重量和速度的 2 次方的量称为活力（vis viva），并尝试将其公式化（$mv^2/2$），两派之间进行了很长时间的论争。18 世纪达朗贝尔在他的《动力学论》（Jean Le Rond d'Alember, Traité de dynamique, 1743）里指出，物体运动效果可以从持续时间和移动距离两个方面来看，不同方面得出的结果也不同。至此，这个问题才暂时得以解决。而且，达朗贝尔杰出的贡献是抹去了牛顿力学中基督教信仰的斑点，开辟了通向无神论的道路。1807 年法国革命军的将军卡诺（Lazare Nicolas Marguerite Carnot, 1753—1823 年）提倡把位置能量、潜在能量称为"隐藏的活力"。三年后，杨格使用"energy"一词。但是，杨格的用例并没有影响力，同时使用的还有"power"一词。

事实上，卡诺把潜在能量与产生利润的东西进行类比。对热力学作出贡献的克劳修斯（Rudolf Julius Emmanuel Clausius, 1822—1888 年）也用"能率""效率""支出"等产业社会用语来阐释热力学。即热力学的创始者们是用产业革命时期的"经济"来类比热力学的。后来，弗里德里希·冯·恩格斯（Friedrich Engels, 1820—1895 年），在其未完稿《自然辩证法》（Dialectics of Nature）中指出"工作"的概念，是通过热力学由经济学引入了物理学中的。[1]新学问创立初期，其基础概念只能从外部借用。用的是类比手法，那么这个概念与原概念之间的差别是显而易见的。但是，随着学术范围的扩展，当初的类比被忘却，借来的概念被看作是其领域的固有概念了。

1862—1865 年，西周受德川幕府的派遣到荷兰的莱顿大学留学，切实地掌握了能量工学的发展动向。回国后他开设私塾，在育英社的讲义中，他说，英国盛行"能量还元主义"（《百学连环》。只是战后出版在 1960 年）。最初，西周以朱子学的"天理"思想

———————————————————

① 『マルクス・エンゲルス全集 35』大月書店，1974 年，第 611 頁。

去理解欧洲的自然权思想，但后来注意到自然和人为有着根本的不同，他从无神论的角度认为宗教是人类心理的产物，把自然和人心的活动混为一谈就会产生迷信，认为在推进文明发展中认识二者的区别非常重要，并对日本学问制度的整理倾注了大量心血。"天理"思想对明治时期的知识人的影响很大，西周之所以能够打破朱子学的"天理"，首先得益于他在最不受基督教影响、具有最自由学风的荷兰留学，其次得益于对伊藤仁斋—荻生徂徕一派的学习。这一派使自古以来的天之"气"和人类身体拉开了距离。

就在西周赴欧一年后的 1863 年，受命于长州·萩藩秘密前往英国的伊藤博文等五人与能量工学的发展相遇。伊藤回国后，1870 年成为工部省的最高官员（工部卿），与其他四人一起打出了一系列殖产兴业的政策，并着手实施。1973 年招聘威廉·约翰·麦夸恩·兰金的弟子亨利·戴阿等七人，在工部省下设研究所、工部寮，1876 年设立工部大学校。1886 年工部省被废，工部大学校改为帝国大学的工科大学，与 1885 年在东京大学理学部内设立的工艺科学科合并。这工科大学的设立远远早于世界其他国家，是承担富国强兵政策的先锋。培养了许多土木工学博士，这一点也是独一无二的（进入 20 世纪，建筑被归入"艺术"的范畴）。

> 志道闻多（井上馨、29 岁）、伊藤俊辅（博文、23 岁）（两人都是 1864 年回国），远藤谨助（28 岁、1866 年回国），山尾庸三（27 岁）、野村弥吉（井上胜、21 岁）（同是 1868 年回国）的五人被称为"长州五杰"（five）。他们在苏格兰的怡和洋行——该商会在广东有总店（1842 年），在横滨有事务所（1859 年）——的帮助下，留学英国，在伦敦等大学分别学习各自的专业，回国后在维新政府内担任要职。井上馨历任外务、大藏、农商务、内务大臣，远藤谨助、井上胜分别负责造币和铁路铺设，为殖产兴业和富国强兵开辟道路。特别是山尾庸三，在伦敦大学学习后来到英国产业革命的发源地格拉斯哥，在妮飘造船厂当实习工，并且在斯特拉斯克莱德大学（Strathclyde）的夜校学习各种工学，回国后大力宣传设立工部省及在工部省内设立工部学校，最终得以实现。

农科大学的发展始于德国。19 世纪中期的德国，因生物学和化学的发展农学得到发展，综合大学的内部开始开设农学部，日本的农商务省从德国招聘了很多农学者。这样一来，各主要教育、研究机关从原来各省、厅转到了文部省的统一管辖之下。只有电信技师的培养继续由邮信省管辖。

有了帝国大学制度，中日甲午战争后，京都帝国大学成立，依据帝国大学令（1886 年），设立了东京、京都、东北、九州、北海道五所帝大，1898 年北京大学设立时曾参考过其内部编制。后又依据 1918 年的大学令，又设立了京城、台北（这两所规模较小），大阪，名古屋等各帝大。1919 年，东京帝大各分科大学的名称分别改为法学部、医学部、文学部、工学部，原属于法科大学内的经济学部得到独立。北京大学创立时参考过这种大学制度，缩小版也在台北大学、京城大学展开（"满洲国"的建国大学采取不同编制）。

20 世纪后半叶，欧美的综合大学中的神学部被废除，移交人文学部。到了 1970 年前后，因为信息工学的需要，工学部也自然而然地出现了。所以，现在说 20 世纪前期日本帝国大学的制度是非常独特的，恐怕人们一时难以理解。但这样的例子还有很多。

这些概念的下位概念、诸领域，以人文学为例，刚提到的"宗教"概念、"历史"概念（有无规律，是否认为它有发生发展过程的历史主义），在所谓文、理交叉的领域，生物进化论或能量概念的接受史与"生命"观、"自然"观的根本概念有关，同时与儒学的"天理"的关系等，仍然是许多遗留的、有待开拓的领域。

这些概念经过第二次世界大战后的再编，直到今天依然制约着我们的认知。对于这再编过程的总体研究，是把今天的知识体系留给未来的不可或缺的前提，只有开展东亚国际共同研究才会有进展。这些研究的进步，会推进各领域发展史及学说历史的重新梳理。

五、"energy" 的翻译

前面提到了能量概念的统一和能量还原主义，宇宙运动的根源在于能量，这是人们世界观的出发点。能量对 19 世纪后期到 20 世纪前期的整个学术界起到了决定性的作用。在日本，这直接影响了帝国大学的设立。

现代日语里使用的能量一词（エネルギー）来源于德语的"Energie"，但中文里用"能"这个词。能量（エネルギー）资源被称为"能源"。在此想探讨一下这不同用法产生的原因。

在东亚，英语"energy"一词与别的词一样，也是在中国南方被翻译成汉语。此时，英汉辞典的代表、罗存德（W. Lobscheid）的《英华字典》（1879 年第一版）中解释为"inherent power"，翻译成"力、势力、心力、精力、キリヨク（气力）、リキリヨウ（力量）、チカラ（力）、刚毅、刚决"（括号内为引用者注）。物理学上的力放在最前面，随后都是精神方面的力量。19 世纪 40 年代英国产业革命告一段落，这种排列反映了英语中物理学意义用法的频繁程度。这本词典是在物理学上能量概念统一后出版的。

近代欧洲英语中 energy，Energie 等词，词源是希腊语中关于工作的词，与力（power，forth）混用。从中可以看到，在能量概念统一以前，随着内燃机的发展，人们倾向于认为它不是像牛顿（Isaac Newton，1642—1727 年）发现的"万有引力"（universal gravitation）那样作用于物体间的东西，而是物体内在的力（inherent power）。

《新增英华字典》（1897 年版）在 1879 年版的基础上增加了说明，新增了用例"to act with energy"，翻译为"刚烈做事"，用例"no energy"译为"柔弱、软弱、无力"。"constitutional energy"译为"丹田力"。可以看到用例的范围扩大了。

其次，如果参照井上哲郎等编的《哲学字汇》，1881 年版中"energy"作"势力、元气"讲，1884 年版是"势力、元气、气力"，1912 年版中记录了希腊语的起源，并记有德语、法语，给出的译语是"势力、元气、气力"，而且增加了物理学用例，如"Conservation of energy"（势用不灭）、"Dissipation of energy"（势用放散）、"Mechanical energy"（力学的势用）、"Potential energy"（将成的势用）等。

"势力"对应的是物理学中的能量，"元气""气力"对应的是精神上的能量。20 世纪以来的学界认为能量使物理学用语的意识更强，其中可看到"能量守恒定律"等知识的广泛传播和接受。

但罗存德编的词典中找不到对应"元气"的用例。道教的"气"，罗存德专门用了"constitutional energy"（丹田力）来表达。这里的"元气"没有精神方面的意思，有可能指的是宇宙的"气",仅从这一点无法判断。关于"元气"和"energy"的关系,已有研究"electricity"的译语"电"的形成可以解开其中之谜。

琥珀摩擦会产生静电吸引其他物体,古希腊语琥珀叫"λεκτρον"(elektron)。英国医生、物理学家威廉·格鲁伯特(Gilbert William,1540—1603年)率先使用的"电"来源于近代拉丁语中琥珀(electricus)一词。

18世纪后半叶的日本,平贺源内仿造了荷兰传来的玻璃摩擦起电的装置,把进入荷兰语的拉丁语词"elektriciteit"(电、电流)写成"ゐれきせゐりていと",也写成"越历"等文字。此时,电的翻译语还尚未出现。

关于"电气"一词的成立,八耳俊文的《汉译西学书"博物通书"与"电气"的固定》(『青山学院女子短期大学纪要』46号,1992年),以及《电气的开始》("誌上科学史博物館"『学術の動向』2007年5月号、日本学術協力財団)中有详细介绍。从1843年开始在中国宁波进行电实验的美国传教士玛高温(Daniel Jerome Macgowan,1814—1893年),写成《电气通标》,旨在宣传电信技术的结构。可以推测,"电气"一词的使用在此时固定下来。《电气通标》是博物学年鉴《博物通书》的主要部分,幕末时期的日本出现了复制本。《博物通书》第一章"引言"中有"雷电之气,磅礴乎宇宙万物,一气流通"之句,八耳俊文推测,表示伴随闪电的雨的"电"比表示声音的"雷"更接近放电管现象,所以人们选择了"电气"作为"electricity"的译语。

中国的通商口岸从明末的十三行转移到香港继续同东印度公司进行贸易,但19世纪中期,来到上海的新教教派的传教士们,为了打破中国民间的多神教,为了传播至高无上的神创造的宇宙的原理,他们充分利用了自然科学的知识。

玛高温在宁波的活动也正是为此目的。此时的英国,正是迈克尔·法拉第(Michael Faraday,1791—1867年)等推动电磁学急速发展的时期。法拉第是有名的重视实验的人,同时,作为长老派系统的苏格兰国教派的一个分支山迪文派的祭司,他是一个虔诚的新教徒,经常对一般民众进行演讲。著名的《蜡烛的科学》就是克鲁克斯(William Crookes,1832—1919年)根据他的圣诞节演讲(*A Course of Six Lectures on the Chemical History of a Candle*,1861)整理而成的。这就是当时的时代风潮。现在在广州旧租界沙面的教堂的铁栅栏上,还可以看到很大的宣传"自然科学因揭示神的规律而发展"的牌子。

当然,电被发现以前,中国南海岸有蒸汽船的出入。"steam engine"被译成"蒸汽机关"(现代汉语中为"蒸汽机"),因为"steam"相当于汉语中的"热气""蒸汽",所以这译语是顺理成章的。19世纪前后以煤为燃料的蒸汽船进入实用阶段,以外轮式为主。虽然到了19世纪中期有了螺旋式,但并没有出现在中国南海岸。蒸汽涡轮机的出现要等到19世纪末。

然而,电气并非气体。八耳俊文的关于起用雷电的"电"的原因有很强的说服力,但是关于为什么要用"气"的理由还得看《博物通书》第一章的"引言"部分。其中说从琥珀等薄的石片到宇宙万物都是"一气流通"的。听着传教士关于"electricity"的说明,中国读书人把它理解为宇宙"元气",并教给传教士,听起来似乎就是电气一元论。即,"电气"的"气"作为energy的译语,意为宇宙的"元气"。或者,"电气=energy"的成立,也许反映了物理学向能量一元论发展的动向。还有,上海建设电信设施是在1871年,而1869年9月19日在日本的横滨官用通信就已经开始了。1872年铺设马关海底线，翌年 1873 年东京—长崎线竣工，通信网向全国铺开。

那么，表示能量的汉语"能"是怎么来的呢？1895 年 11 月德国的威廉·康拉德·伦琴发现了 X 射线，相关的新闻报道很快在日本出现，而其具体结构由帝国大学文科大学史学科学生村上直次郎写的《人体内部写真术》（《太阳》1896 年 3 月中旬号）① 来介绍。为了解释眼睛看不见的"光线"的作用"radioactivity"被翻译成"放射能"。即"能"是用来翻译"activity"的。大概因为用"气"来翻译不恰当吧。这"能"的用法传入中国，后来变成了"energy"的对译语，但其具体的演变过程有待考证。

> 1896 年，法国的贝克雷尔（Antoine Henri Becquerel, 1852—1908 年）从发现 X 线得到启示，发现即使隔着玻璃和黑色的纸，铀矿石也能使底片感光。这种"光线"携带电荷，能被电表感知。这就是自然放射能的发现，1898 年波兰出身的法国人玛丽·居里（Marie Curie, 1867—1934 年）和皮埃尔·居里（Pierre Curie, 1859—1906 年）证实放射能（radioactivity）（玛丽·居里命名）与原子的化学状态无关，而与原子本身有关，以致后来从沥青铀矿中发现了放射元素钋和镭。

> 英国的弗雷德里克·索迪（Frederick Soddy, 1877—1956 年）发现镭会蜕变成氦（1903 年），即明确了元素放出放射线，放射性被破坏而蜕变成另外元素（1921 年诺贝尔化学奖）。由于放射能及放射性毁坏的发现，预示着原子不是最终的粒子，而是由更小的基本物质组成，人们开始探究原子的组成及构造。

六、开展文理综合研究

以上关注了物理·化学方面的 energy，现在对精神方面的"元气"的译语也作些梳理。

在英国，随着内燃机的发展，在能量概念统一以前，人们用"energy"一词来谈论与人的精神相连的宇宙中神秘的无限的力量的机会也大大增加。随着产业革命的发展，人类的手脚和教会的组织都机械化了，对此反感的英国维多利亚朝最大的思想家，托马斯·卡莱尔（Thomas Carlyle, 1795—1881 年）在其早期散文（*Signs of the Times*, 1829）中如此说道：

> 说得比较玄一点的话，正如有关于人类的命运的构成的学问一样，也有一种关于它们跃动、变化的学问。爱，恐惧，还有不可思议，狂热，诗，信仰的秘密源泉，它们有真实的生存的状态，有"无限"的特性。捕捉人类的力量和能量使之无法变形就是这种学问的任务。（*The Collected Works of Thomas Carlyle*, Vol. 3, London Chapman and Hall, 1858，日语原文是引用者的翻译）

---

① 请参照金子务"初期『太陽』に見る明治写真術の展開"（铃木贞美编『雑誌"太陽"と国民文化の形成』思文阁出版，2001 年）。

在这里，"energies" 与 "forces" 相并列，都是作为科学的对象。有使爱、恐惧，还有不可思议、狂热、诗、信仰等感情、精神变形的学问。与之相对，这些东西的来源"神秘的泉"，是真实存在的东西，有着无限的特质，具有 "energies" 或 "forces"，诱惑人们行动。而有一种学问，其目标就是生擒活拿这些东西，使之无法变化、遁形。

1836 年，艾玛逊（Ralph Waldo Emerson，1803—1882）的散文《大灵》（*The Over—Soul*，1841）先于卡莱尔假托虚构的德国哲学者而作的《衣装哲学》（*Sartor Resartus*；*The Life and Opinions of Herr Teufelsdrockh*，1833—1834）准备出版。其中，艾玛逊说："人是隐藏了源流的河流。我们的存在从未知的地方降临到我们身上。"望着不知从何而来的河流，我们吃惊于它运动的巧妙，这一点不是因为我们的态度，而是因为未知的能量（some alien energy）给我们送来了幻影。而带来这种能量的是"那个统一"、"那个大灵"、"永远的唯一者"（"that Unity"，"that Over—soul"，"the eternal ONE"）等不同称呼的东西。虽然艾玛逊认可力学和化学，但毫无疑问他也是一个承认超自然精神存在的人。一遇到什么事，他都认为不是来源于自己的意志，而是感到有某种东西从隐秘的源头流向自己的身体。约翰·赖斯金（John Ruskin，1819—1900 年）比卡莱尔年轻 24 岁，但是两人关系非常好。约翰把卡莱尔的"永远的生命"的观念引申到对建筑劳动者的生命的量的科学思考。写于哥特·文艺复兴运动中的《建筑的七盏灯》（*The Seven Lamps of Architecture*，1849）明治后期传到日本，该书中 "energy"，"energies" 仅作为名词就被使用了 14 次。第五章"生命之灯"中，用"有机物的生命能量的体现"（the expression of vital energy in organic things）来说明"人类创造的美的本质特性"（the essential characters of Beauty）。其中说，描写人类"心"的印象的作品，"与眼睛看得见的、用于其中的心的能量相比较，可以是高贵的也可以是低贱的"（they become noble or ignoble in proportion to the amount of the energy of that mind which has visibly been employed upon them）①。

从"自然形态的法则"这个用语，和把人类制作物的美换算成"心的能量的量"的做法上，可以看到博物学（自然科学）的思维方式。但是，紧随其后，劳动者按照其是否认真工作可以分为正确的生命（true life）和错误的生命（false life）。当然，前者被看作建筑美的源泉。这不是量的问题而是质的问题。

从此出发，赖斯金提出了以中世纪手工业者联合为理想的社会主义社会的倾向，这与反对劳动者与自己生产的产品相分离、赞美手工业者的作坊劳动，尊重生产产品的使用价值的经济学的倾向不同。它继承了英国第一个自称是马克思主义者的威廉·莫里斯（William Morris，1834—1896 年）的社会主义思想，特别是民众工艺运动的思想。而且，他的模仿自然的形状的主张，引起了喜爱植物形状新艺术（art nouveau）的流行。这些都在日俄战争后的日本得到广泛流传。

然而，卡尔·马克思（Karl Heinrich Marx，1818—1883 年）与费里希·恩格斯（Friedrich Engels，1820—1895 年）并没有把能量当作一回事。马克思是对它的最初的赞同者之一、对由俄国到意大利逃亡的 Sergei Podolinsky（1850—1891 年）的论文《社会主义与物理的能量单位》（*Sergï Andreïvitch Podolinski，'Il socialism et l'unità delle forze fisiche'*，1881）

---

① *The Seven Lamps of Architecture*，1849，*With illustrations drawn by the author*，London Waverley Book Co. ca，1920，p. 135.

给予了关心，但并没有用能量来解决社会问题。恩格斯在给马克思的书信中给出了不承认其必要性的理由。"在我看来，用物理学的测量单位来表示经济关系，是完全不可能的。……因为在工作过程中，人们不仅仅固定了工作当时的太阳热，更消费了很多过去的太阳热。我们把煤、矿石、森林等当作能量来消费，这一点你比我更清楚。"（1882 年 12 月 19 日付）① 恩格斯把所有的所谓天资源看作是由"过去太阳热的能量"凝结而成，认为这些是无法计算数量的。所以，他劝马克思不要以此来考虑劳动者的问题。几天后，恩格斯又寄来了意见稍有不同的信，但结论都一样。"本来，只有耕作才能够储藏能量。畜牧业只是把储藏在植物中的能量转移到全体动物身上而已"，接着又说："所有的工业生产者都必须依赖农业、畜牧业、狩猎、渔业的产品为生，这个是事实。如果你愿意也可以用物理知识来说明，但是即使这样做也不会得出什么了不起的结论。"（1882 年 12 月 22 日付）

　　恩格斯在《反〈反杜林论〉》的第 1 篇第 6 章里，披露了当时热力学的几乎所有的知识。因为完全依据康德（Immanuel Kant）的《天界的普遍的自然史与理论》（*Allgemeine Naturgeschichte und Theorie des Himmels*，1755），该书认为气体状星云凝固以后产生行星的。所以恩格斯应该认为地球自身就是太阳能量的产物。康德的说法由皮埃尔·西蒙·拉普拉斯（Pierre—Simon Laplace）的《天体力学概论》（*Traité Intitulé Mécanique Céleste*，1799—1825）得到了补充说明。20 世纪初为了对抗康德—拉普拉斯说，出现了气体是由于恒星的接近，由太阳抛出的流行说法。20 世纪 60 年代又有人否定说，从太阳出来的气体不可能凝固。

　　恩格斯虽然很热心地在《自然辩证法》对力学、热力学、电磁学展开讨论，但因为他并没有赶上当时的理论水平，所以对克劳修斯的理解有些混乱。只是警惕混同"工作"（德语 Albeit，Werk，英语 work，labour）概念上的差异，指出人体与蒸汽机的区别，对把两者放在一起讨论变现了疑义。②

　　日本知识人是如何理解这些用于物理化学和精神领域的"能量"一词的呢？江户时代的知识人即使是学兰学时，也只能用朱子学的"穷理"来接收。三浦梅园也是如此（《归山录》下，1778）。1842 年佐久间象山上书《海防八策》，主张用洋式大炮和钢铁军舰来加强海军力量。他在"文久二年九月的上申书"中写道："朱子格致的补传中说，凡天下之物即穷其理。朱子的本意是要穷尽当今五大洲所有的学艺物理的。所以，如今读大学的人必须兼学西洋的学问，这一点就不用说了。"③

　　到了明治时期，福泽谕吉在《西洋事情》诸篇（1866—1867 年）中用民间哲学的"天道"思想来理解基督教的神的法则，或者，用这样的方法在民间传播近代思想；初期的加藤弘之用强烈主张个人尊严的阳明学来理解自然权等近代的这种权利思想。他主张"天赋人权论"，写成《真政大意》（1870 年）、《国体新论》（1875 年）等尖锐批判自幕末到维新期势力强大的平田笃胤的神道和藤田东湖等后期水户学的惟神国体论。所以，加藤弘之的思想，

———————————————

① 『マルクス・エンゲルス全集35』大月书店，1974 年。

② 『マルクス・エンゲルス全集20』大月书店，1974 年，417、612 页。

③ 『象山全集2』信浓每日新闻社，181、182 页。

正如他后来回忆的那样，有着很强的共和主义倾向。但是，《人权新说》(1882年)中加藤改口说，自由党的共和主义的思想源头——"天赋人权论"是妄想。用达尔文(Charles Robert Darwin，1809—1882年)的进化论和和德国生物学家恩斯特·海因里希·菲利普·奥古斯特·海克尔(Ernst Heinrich Philipp August Haeckel，1834—1919年)来证明英国哲学家哈伯特·斯宾塞(Herbert Spencer，1820—1903年)之流的进步史观，主张"生存竞争"(struggle of existence)衍生人权，是社会的发展、进步。在回想中，他说这也是他感觉到"今后是自然科学的时代"。加藤从信仰转到了自然科学上。他之所以可以如此轻易转变，是因为有儒学基础，认为"天"，即自然中有"理"。他认为斯宾塞的实验主义，神的存在和能量守恒都是无法用实验证明的，都是不可知的(unknowable)。如果这个成立，那么"天理"应该也是不可知的，但他对这一点似乎搞不清。

在英国学习法学和物理学回国的马场辰猪咬上了加藤的《人权新说》。马场批判加藤以为"适者生存"里也有"良正"的东西和"不良正"的东西之分乃是机会主义，指出加藤对内外情势的把握有误，天赋人权论与进化论并不一定矛盾。(《读加藤君之人权新说》1882年、《天赋人权论》1883年)。所以世界的根本是由"太阳之力"为代表的"自然力"构成。很显然，马场的思想来源于19世纪后半期欧洲物理学兴起时的能量一元论。

但是，马场同时运用了"元素无尽"说(元素不变)。当然，这时学界还未发现元素会衰竭死亡。但那以后，奥斯渥德流的能量一元论好像也并没有在日本流传开来。那么，马场的议论，实际上也是在自然科学的基础上来解释社会进化论，这一点与加藤弘之是一致的。

在欧洲，自然科学的发展源于人们想证明造物主的知性的伟大的热情，但在日本，把自然科学看成唯物论的倾向很强。井上圆了(1858—1919年)毕业于东京大学哲学系，1887年设立哲学馆(现东洋大学)。在《哲学一夕话》第二篇《论神的本体》(1889年)中，以老师圆了为中心，圆东(唯物论的无神论)、了西(唯心论的无神论)、圆南(物心外的有神论)、了北(物心内的有神论)等四大弟子进行对话。圆东代表实验主义的立场，认为"天神这样的东西完全是古人空想出来的"，主张"万物由同一物质形成，万物的变化因其内部势力产生"。"势力"是energy的翻译。这里也能看到朱子学的"天理"、自然具有法则性的思想。事实上，刚出道的井上圆了也曾站在这相近的立场上主张打破迷信。

然而，在《论神的本体》中，听了四人问答的圆了先生最后以包含他们所有立场的《大般涅槃经》的"不生不灭不增不减"和来源于《法华经》的"无始无终无涯无限"来结束谈话。这被认为是超越宇宙内外区别的境界。而这境界只是井上圆了的发明，因为超越了一切，所以"理"很难理解。

后来，井上圆了写成《破唯物论——名、俗论对退治》(1898年)，但这里所阐述的思想与《论神的本体》中最后所说的超越有神、无神、物心内外等一切的境界没有大的差别。在这里可以感到一部分的日本知识人，正在尝试寻找一种超越唯心论与唯物论对立的某种"论理"的动向。

明六社结成后，西村茂树(1828—1902年)召集汉学者成立洋洋社，长期担任文部省编辑局长，建议编写《古事类苑》，对教科书的编集和教育制度的确立作出了很大贡献。退休后，他写成《自识录》（1900 年）。在这本书中，他说，"宇宙间只有元气这个唯一的东西"，提出"气"一元论，"气"中分为"精"和"质"，"精""做成万物之灵"，"质做出万物之形，形成后力量寄居其中"（第二章）。"元气"是唯一的原理，其下分"精"（spirit）和"质"（mater），"质"产生"形"，"形"中有"力"（energy）寄居其中。第三章中有"身死时，心归宇宙之大灵，形归宇宙之大质"。"灵"与"质"统一于"身"中。用"元气"来统一灵与质的二元论，借此消除唯物论与唯心论的对立。这是一种结合东西思想进行新的编制的想法，但是，这似乎是在能量一元论的背景下，把能量概念一分为二，再配以"元气"和"物理力"而创造出来的方法。反过来说，宇宙的原理的"元气"仍然只是停留在一个极其抽象的观念上。

甲午战争以后刊行的志贺重昂《日本风景论》（1894 年）成为畅销书。志贺竭力说明，日本的气候、海流、动植物富于变化，水蒸气多，而且也变化多端，有超越"朝鲜、支那"的美丽风景，其中以雄壮的火山岩风景为最。在"（二）日本火山'名山'的标准"中，先引用明治初期阳明派学者春日潜庵的话，说出"能悟极大之妙，融会胸中造化"，然后又说"点化人性，使之高迈，使之神圣之物无出山岳之右者"等。阳明学认为胸中容纳全宇宙。"人性"为人类的本性。"点化"即更新。其意为：把山岳纳入胸中，人就会变得高迈，获得神圣的人格。但是，后来却被理解为如下的意思："人如要认识自然的活力，那就必须看破它，登临火山是最好的选择。"[1] 日本风景不仅因为自然能量的活跃的运动变得异常的美丽，而且我们要获得这种能量。有人认为，因为其引用的文章、诗歌中，江户时期的东西比较多，所以带入了江户时代汉籍的调子。但不仅如此。志贺重昂不仅把膨胀的"气"换成了"水蒸气"，利用自然的"能量"这个科学知识促使战时民族主义的高涨，这一点显而易见。

夏目漱石也在进入 20 世纪时期感受到了能量一元论的影响。他在《现代日本的开化》中说，"本来人类的被称为命或生的东西"，"我们只能说那是活力的体现、进行、持续"。[2] 这里的"活力"是 energy 的翻译。后来在东京高等工业学校演讲的《话》（1914 年）中提到《现代日本的开化》中这条时用了英语"energy"原文。[3]

从"持续"这个词中似乎能看到漱石经常在演讲中引用的柏格森的《时间与自由》（《试论直接给予意识的东西》 Essai sur les données immédiates de la conscience，1889）的关键词"duree"（不间断的意识流）的影响。他又在《开化之逆说》中说，人的"活力"可以在"义务"和"娱乐"中发现，这两者应该在文明开化中得到了满足，然而，"生存的痛苦"并没有减少。

一个欲望被满足又会产生新的欲望，这是无论何时何地都不变的。漱石不断提醒在这里那里自由发现"活力"的做法。漱石所追求的是从"生活欲望"解放出来的自由的、守道义、负责任的主体。也就是"道义上的个人主义"（《我的个人主义》，1914 年）[4]。这里的道义与天道思想一致。这样看来，漱石晚年的座右铭"则天去私"的意思就很明了。汉语中"私"与"公"相对，意为私利私欲。

① 『志贺重昂全集 4』志贺重昂全集刊行会，1928 年，51、53 页。
② 『漱石全集 16』岩波书店，1995 年，421 页。
③ 『漱石全集 25』岩波书店，1996 年，73 页。
④ 『漱石全集 16』岩波书店，1995 年，608 页。

这时期，三宅雪岭在《宇宙》（1911 年）中称宇宙为"大生物"，而"生命之力"贯彻其中，显示了他思想中东西融合的特点。其"生命之力"的灵感大概来源于黑格尔的循环的生命能量吧。

这时期对欧洲的能量论理解得最透彻的应数幸田露伴的《努力论》（1912 年）了。虽然这是应当时流行的修养论的要求写的，但在《进潮退潮》的章节中可看到他的见识。露伴也宣扬"一气流行"的原理，但他把传统的"气"解释为"粒子"。那么露伴之前有没有人这样说过？据我所知还没有。他批判生存竞争说是一部分只见部分不见全体的人的浅见，说，植物在太阳热的作用下进行光合作用生产叶绿素，动物以此为食物获得营养等，所有的现象都是"力的移动的表象"。在此基础上，揭示他的"宇宙大动力"推进"生命活动"，使盛衰循环不止的世界观。这里的"力"是 energy 的译语。只是他对"力不灭"说持怀疑态度，指出自然科学只是那个"圈"中的真理，并且受时代水准的限制，是有一定的局限性的。①

露伴虽然进入了东京府第一中学（现都立日比谷高中）正则科学习，但因为家里的经济情况一年后退学，虚岁 14 岁时进入东京英文学校（现青山学院大学）。但一年后又从这里退学，虚岁 16 岁时的 1882 年 8 月，进入工部省电信局修技学校（本校）学习。在此跟随英国教师学习英语和技术，翌年到电信局本部实习，翌年后的 1884 年赴北海道余市分局工作。但是，受到坪内逍遥的《小说的神髓》的煽动，不顾一切地回到东京，向文艺道路迈进，最终与尾崎红叶并列成为明治时期的大文豪。

据说露伴擅长算术。《努力论》中也出现了基础数学公式。《努力论》中的"一气流行"，也许是在《易》的基础上对能量的理解。粒子，也许是来源于对电子的认识。

19 世纪中期的宁波，energy 的译语、电气的"气"的成立、固定到 19 世纪后半欧美 energy 一词用法的梳理，再到 20 世纪转换期日本的关于能量的概念的受容等，以上内容是本节探讨的目的。通过这些，我觉得应该得到了一些研究方法。

自此以后，日本的精神文化以大正生命主义为中心展开。大正生命主义的原理是"宇宙大生命"，有的包含能量守恒定律，有的与能量的概念无关。此时的能量一语，大致可分为三种用法，一种是物理学的用法，另一种是与生命观、生命感有关的精神方面的用法，还有一种是通俗的日常用法，这三种用法持续到现在。②

以上回顾了明治时期知识人关于能量概念的受容史的情形，只是非常简单地回顾了一下。中国的知识阶层又是怎样的呢？这是我们今后共同的课题。英语国家对"energy"概念的研究，好像仅限于物理·科学的范畴。

梳理文理双方"energy"概念及其相关的历史，并将其与欧美的进行比较，这是东亚对概念史研究感兴趣的研究者的工作。今天，地球环境问题中，能量问题对人类的重要程度是史无前例的。

（作者单位：国际日本文化研究中心；译者单位：南京邮电大学外语学院）

---

① 请参考『探究』第 5 章 8 节。

② 铃木贞美"エネルギーの文化史へ"、金子务·铃木贞美共编『エネルギーを考える——学の融合と拡散』（総研大·学融合推進センター助成プロジェクト報告書）、作品社、2013/10 を参照されたい。

傅兰雅对科技术语翻译的理论探索[*]

□ 夏　晶　聂向明

　　傅兰雅（John Fryer，1838—1928 年）作为晚清入华传教士中宗教色彩最淡的"世俗派"，在江南制造局翻译馆任首席翻译的 28 年间，一直致力于西书特别是科技西书的译介，将翻译馆的译书事业推向了一个辉煌的高潮。当时的翻译馆云集了徐寿、徐建寅、华蘅芳等通晓格致之学并关注西书译介的中国学者，傅兰雅在与他们合作的过程中，有意识地对科技西书的翻译原则和方法进行了探讨。他在翻译馆主持翻译多学科领域著作的同时，还参与或创办了很多中国近代史上的"第一"之伟业：1874 年，他参与了中国近代第一所讲授科技知识的专科学校"格致书院"的筹备；1876 年，他创办了中国近代第一份综合性科技期刊《格致汇编》；1885 年，他自筹资金建立了中国近代第一家科技书店"格致书室"；1877 年，他加入中国近代最早致力于科技术语统一工作的"益智书会"。通过这些长期的社会活动，他和新教传教士中近代西学译介的先行者保持了密切联系和交流，这也让他从西士群体汲取了理论营养。傅兰雅正是在这样一种中西融会贯通的环境下，对科技西书的译介问题具有了旁人无法企及的体会和认识。

一、从《译书事略》到《科技术语》

　　傅兰雅于 1868 年入江南制造局翻译馆任首席翻译，经过十余年的翻译实践，在西书译介，特别是科技西书的译介方面积累了丰富的经验。他名望渐重，常有中外人士向其咨询或讨教。因此，傅兰雅感到有必要撰写一个"译书大略"以供世人参考，便于 1880 年在上海美华书馆（American Presbyterian Mission Press）自费出版了 *An Account of the Department for the Translation of Foreign Books at the Kiangnan Arsenal Shanghai*，介绍制造局

　　* 本文为 2015 年度武汉大学自主科研项目（人文社会科学）青年项目"关于晚清时期术语翻译的研究"（"中央高校基本科研业务费专项资金"资助）、教育部人文社会科学重点研究基地重大项目"近代新名词与传统重构"（项目批准号：13JJD770021）、国家社科基金重大项目"中华思想文化术语的整理、传播与数据库建设"（项目批准号：15ZDB003）阶段性研究成果。

翻译馆的译业以及自己有关翻译西书之法方面的译论，并"分送于西国朋友并乐传格致西人"，"以便西人有所检阅，不必另向他处搜求"。① 该文还转载于《北华捷报》（*North China Herald*，1880 年 1 月 29 日），其主要内容后来又连载于英国颇有影响的科技杂志《自然》（*Nature*，1881 年 5 月 5 日和 5 月 18 日两期），以供更多的西方读者所了解。傅兰雅又觉得"裨益西人而不公诸华友，殊属憾事"，故而"不惮劳瘁，灯下译成，附于汇编，供诸同好"。② 这样，傅兰雅在 1880 年《格致汇编》第五至八卷上连载了《江南制造总局翻译西书事略》（以下简称为《译书事略》）。格致书室后来又将连载汇编为单行本的《译书事略》，以便中国读者查阅。

《译书事略》共分为四章：第一章，论（制造局译书之）源流；第二章，论译书之法；第三章，论译书之益；第四章，论译书各书目与目录。傅兰雅在这部著作中梳理了制造局翻译馆的兴办历史和馆译西书目录，强调了西书翻译的重要性，并提出了厘定术语的三条著名原则。

而在 1890 年新教传教士第二次全国大会上，傅兰雅发表了题为 *Scientific Terminology：Present Discrepancies and Means of Securing Uniformity*（《科技术语：当前的差异与寻求统一的方法》，以下简称《科技术语》）的长篇报告。③ 这份长篇报告也分为四个部分：第一，如何看待科技术语和中文的关系；第二，指出科技术语汉译的重要特点；第三，分析已有译著中译名分歧的现象和产生这种现象的原因；第四，给出解决问题的办法，即倡导译名的统一。可以看到，作为近代科技西书译介的先行者，傅兰雅这一时期的译论逐渐明显地集中到了科技领域中的术语厘定和统一问题上。

傅兰雅有关科技术语问题的另一篇重要论述是 1896 年 5 月益智书会委员会大会上所作的报告 *Chinese Scientific Nomenclature*（《中国的科技术语》）。傅兰雅在这篇报告中进一步强调了术语统一的重要性，因为他认为中国经过甲午战争的失败已经开始走向积极学习西学的道路，这就迫切地要求尽早建立一个统一的术语体系。这篇报告基本上是 1890 年的报告《科技术语》的摘录和延续，所以考察傅兰雅在科技术语厘定和统一工作方面的观点还是应该以《科技术语》为重要蓝本。

《译书事略》和《科技术语》堪称最完整体现傅兰雅译论的代表性著作，其译论的最主要内容就是探讨科技术语翻译的可行性和翻译方法。而除了这两部著作之外，傅兰雅在教会杂志、传教士大会、益智书会以及晚年赴美之后所作的讲座和报告中也多次提及相关问题。而把傅兰雅对西书译介的这些理论思考放到 19 世纪中后期"西译中述"的大环境之下去考察，应该可以更好地把握其时代价值和历史意义。

---

① 傅兰雅：《江南制造总局翻译西书事略》序，张静庐辑注：《中国近代出版史料初编》，上海群联出版社 1954 年版，第 9 页。

② 傅兰雅：《江南制造总局翻译西书事略》序，张静庐辑注：《中国近代出版史料初编》，上海群联出版社 1954 年版，第 9 页。

③ John Fryer：*Scientific Terminology：Present Discrepancies and Means of Securing Uniformity*，*Records of the General Conference of the Protestant Missionaries of China*，held at Shanghai，May 7-20，1890，American Presbyterian Mission Press，1890. 以下引自该文的内容出处均简化为"《科技术语》，第×页"。

二、论科技术语翻译之可行性

近代以前的中国虽然在自然科学领域有较为丰富的学术成果甚至出现学术萌芽，但受到传统学术观念的影响，始终没有能够形成系统的整体。冯天瑜认为，近代西学核心概念的"Science"，甚至在古汉语系统中找不到确切的对应词①，这也反映了近代以前的中国科学土壤的贫瘠。虽然明末清初耶稣会士和中国士大夫的西学著作开启了近代西学译介和术语厘定的大门，但影响极为有限。尽管明清以来在天文、数学领域出现了一批受到西学影响的天文学家和算学家，但他们基本是中国治学体制内的边缘人物，不能从根本上撼动中国学术重经史轻技艺的传统。关于这一点，也许王韬的一段话很能说明问题：

> （1859 年 1 月 25 日记）……予在西馆十年矣，于格致之学，略有耳闻，有终身不能明者：一为历算，其心最细密，予心麓气浮，必不能入；一为西国语言文字，随学随忘，心所不喜，且以舌音不强，不能骤变，字则更难剖别矣。壬叔谓少于算学，若有天授，精而通之，神而明之，可以探天地造化之秘，是最大学问。予颇不信其言，算者六艺之一，不过形而下者耳，于身心性命之学何涉。②

以在墨海书馆译介西书十年，堪称近代开眼看世界的先行者之一的王韬的学识，尚不能脱离算学等技艺之学为"六艺"之末这种观念的窠臼，遑论对西学持抗拒态度的保守派学者乃至科举体制下的普通士人了。

在这种学术环境下，中国自古以来颇为重视的"名学"亦与西方自然科学领域的术语厘定大相径庭。例如明末的李之藻译介的《名理探》可谓是介绍西方学术体系逻辑关联的开山之作，但问世两百多年乏人问津，其厘定之术语自然也丧失了立足的土壤。后人对传统名学和自然科学脱节的弊端曾有精到批评：

> 总之，中国古代的学术，多由于各家的方法产生出来，即不重自然的事实和分析的实验，自无西洋近代的科学了。我们多缺乏"物的观念"和"数的观念"，不喜研究自然科学，也由于熏染古代名学方法太深所致。我们无论整理国政，或是输入欧化，非先改革遗传的古代名学方法，终恐无大望了。③

而近代西方自然科学承载着数百年来多学科、多领域的学术积累，各学科的发展日新月异，其门类分科也达到极其精细的地步，由此产生了大量的术语群。当然，西文术语的

---

① 冯天瑜：《"科学"——概念的古今转换与中外对接》，《语义的文化变迁》，武汉大学出版社 2007 年版，第 527 页。

② 王韬著，方行、汤志钧整理：《王韬日记》，中华书局 1987 年版，第 69~70 页。

③ 陈启天：《中国古代名学论略》，东方杂志社编纂：《名学稽古》，商务印书馆 1923 年版，第 85 页。

厘定也并非一蹴即就，其本身也随着科学的迂回发展经历着纷繁芜杂、求精去粗的演变过程。如此庞大而繁杂的术语群伴随西学译介的东风涌入几乎没有学术积累和沉淀的中国，其所遇到的艰难可想而知。面对中西方学术传统的巨大差异，西书译介者首先必须面对的就是"科技术语是否可译"的问题。

关于中西文是否可互译之辩，明末清初以来有之。耶稣会士们的译论首先就谈到译事之难。利玛窦言说"东西文理，又自绝殊，字义相求，仍多阙略"①，庞迪我论述"中华语言文字，迥不相通"②，利类思也坦言"文以地殊，言以数限"③，都是对因中西文字迥异而导致的语言不通的慨叹。然而，尽管他们感叹中西对译之难，仍然和中国士大夫一起开辟了一条"反复商求，加增新语"④ 的"西译中述"之路，以实践证明了中西对译的可行性。

而新教传教士进入中国以来，他们面临的是比耶稣会士入华期间更为巨大的中西方学术之鸿沟。虽然他们抱有推介西学的热情，但当时西士们的一个普遍共识是中文不易吸收新术语和新观念，故而对中西文的对译抱有悲观的态度。傅兰雅在《译书事略》中对西士们的这一普遍观点有一番总结：

> 中国语言文字最难为西人所通，即通之亦难将西书之精奥译至中国。盖中国文字最古最生而最硬，若以之译泰西格致与制造等事，几成笑谈。然况近来西国所有格致，门类甚多，名目尤繁，而中国并无其学与其名，焉能译妥，诚属不能越之难也。⑤

但是，傅兰雅对这种观点是持批驳态度的。他强调了中西文可对译的观点，认为那些觉得中文无法扩展、难以表达西方观念的言论，是对中文的可发展性缺乏认识，也是对明清以来科技西书译介工作的极大忽视。

首先，他认为向中国引进西学必须按照中国自己的需求，采用中国自己的方式，这种方式就是以中文译介西书。他认为中文是中国一切的基础，而中国虽然落后，但绝不会灭亡，所以完全抛弃中文的观点是极其荒谬的：

> 中国书文流传自古，数千年来未有或替，不特国人视之甚重，即国家亦赖以治国焉。有自主之大国，弃其书文而尽用他邦语言文字者耶？若中国为他邦所属，或能勉

————————————————

① 利玛窦口译，徐光启笔受：《译几何原本引》，《几何原本》，1607 年。见李之藻辑：《天学初函》，台湾学生书局 1965 年版，第 1939 页。

② 庞迪我口译，徐光启笔受：《七克》序文，陈福康：《中国译学理论史稿》，上海外语教育出版社 2000 年版，第 49 页。

③ 利类思：《超性学要》序文，陈福康：《中国译学理论史稿》，上海外语教育出版社 2000 年版，第 49 页。

④ 利类思：《超性学要》序文，陈福康：《中国译学理论史稿》，上海外语教育出版社 2000 年版，第 49 页。

⑤ 傅兰雅：《江南制造总局翻译西书事略》序，张静庐辑注：《中国近代出版史料初编》，上海群联出版社 1954 年版，第 14~15 页。

强行以西文；惟此事乃断不能有者，故不必虑及焉。①

傅兰雅有教授英文多年的经验，但是他早在教会学校任教时期就对英文教育不甚热衷，因为他觉得中国人习得英文多为经济之目的，而即便有人归国之后向国人教授西学，但"已在西国学多年者，其西学愈深，则华文必愈疏"②，仍然不足以担负教授国人西学的重任。

而将西学的普及仰赖于英文的普及，试图将西学著作的原本强行灌输于中国的这种观点，傅兰雅认为并不符合中国的实际。他认为中国人对自己的文字和文化十分自豪，而在学习外语的问题上缺乏主动性。其次，中国依然是个贫穷的国家，西书中译本比原本便宜许多，西学只有拥有廉价的优势，才能在中国推广。"书籍要在任何外国人不敢去、不敢说或说了也没人懂没人听的地方流传"③，而这些都是英文教育和西书原本无法达到的领域。

因此，他坚信制造局翻译馆以及其他机构正在进行的翻译和出版事业才是打破中国学术停滞不前的一个最有效的手段，"中国多年旧习，必赖译书等法始渐生新"④。因此，他始终坚持中国人只有利用自己的语言才能消化和吸收西学，在这点上，他甚至保守到固执的地步，比如他始终不认可在翻译和教育工作中使用阿拉伯数字。傅兰雅在制造局的译著和《格致汇编》中一直坚持使用中国的数学符号，甚至无视中国人消化和掌握这些西方符号的能力和需求。这种保守似乎是"低估了中国人接受和适应外来新知识的能力"⑤。但是我们需要认识到，傅兰雅如此坚持用中国自己的文字来学习西学有更深层次的理由，这个理由就是，他认为中文在表达西方科技概念上并没有劣势。

新教传教士伴随西方工业和科技发展的强势入华，对于中国文化先天地具有优越感，他们惊奇地看到中国人的学问甚至不如西方的一个小孩，中国人在许多领域显得极其无知。如丁韪良就曾言中国翰林的学识不如西方的十岁孩童，傅兰雅初入制造局之时也认为他身边的学者官员学识都宛如孩童，仅对徐寿父子有较高评价。一般的中国士人对近代科学几乎一无所知，而新教传教士们凭借泛泛水平的科技知识就足以对付西学译介的工作，并被中国士人赋予"通儒"、"大师"的极高评价。由于西方文化的这种强势地位，19世纪中后叶来华的西士们普遍认为中文缺乏科技方面的语汇，也缺乏灵活性，不足以表达庞大而繁杂的西方学术。

随着科技西书涌入中国的大潮，一方面，传教士的知识水平在日益精密的自然科学体系面前越来越捉襟见肘；另一方面，传教士以个体单独完成的译业缺乏有效的沟通，特别

---

① 傅兰雅：《江南制造总局翻译西书事略》序，张静庐辑注：《中国近代出版史料初编》，上海群联出版社 1954 年版，第 20 页。

② 傅兰雅：《江南制造总局翻译西书事略》序，张静庐辑注：《中国近代出版史料初编》，上海群联出版社 1954 年版，第 20 页。

③ John Fryer: *Conveying Western Knowledge through the Chinese Language* (1886.5.26)，《傅兰雅档案》第二卷，广西师范大学出版社 2010 年版，第 362~363 页。

④ 傅兰雅：《江南制造总局翻译西书事略》序，张静庐辑注：《中国近代出版史料初编》，上海群联出版社 1954 年版，第 20 页。

⑤ 王扬宗：《傅兰雅与近代中国的科学启蒙》，科学出版社 2000 年版，第 106 页。

是核心术语的译名厘定方面混乱不堪。由此，甚至有传教士建议干脆取消中文翻译这个环节，大力普及英语教育，采用英语或者直接用中文标记西文发音来引进西学即可。

对于这些西文优于中文、中文不可发展的语言优越论，傅兰雅从根本上是不能苟同的：

> 再没有其他语言——无论是古老的或现代的，能成功地抗拒用语音表意的体系。与汉语同样古老的埃及象形文字在某种程度上与之相类，但已逐渐被表音符号或字母取代，而中国的图示性文字直到今天仍坚守着自己的立场，几乎不曾改变。……书写语简洁有力的本性，使其无论是读还是听都能引人入胜，因此只表音而无法表意的符号根本无法取代它们。汉字在我们听来极其相似的发音让我们感到糊涂，但中国人用这些字来表达他们能够想到的最为精致抽象的观念，就如同表达日常生活中的事物一样毫不费力。①

傅兰雅精准地把握了汉字既能表音又能表意的特点，认为西方的表音文字体系无法取代汉字的地位。他不认为英文优于中文，也不认为中文在表达"精致抽象的观念"上有什么困难，甚至强调，中文表达特别是简洁的书面表达比西文更能胜任阐释学术概念的任务：

> 中文在接受西方科学上不仅毫无困难，而且还有其他语言所不具备的特殊适应能力。中文书面语言灵活、简洁，善于表达，能接受外国观念，构成新而易懂的科学术语。我们的英文科学术语并不完善，甚至还很笨拙，是拉丁、希腊和其他欧洲各国语言的术语无序而混乱的组合。英语术语非常繁重，德语更甚。因其繁重，在结构和意义上就非常任意。同样的术语我们可以用具有很好表达力且简洁易懂的中文表达，使中国的知识分子很容易从译作中理解我们的科学。②

他甚至认为"在通行性上，我们的体系并不比中国的优越。中文古老而丰富，更有理由成为全世界通用的语言，不应该被引进西学的人任意篡改"③，这种对中文体系的高度赞美在当时是相当大胆而激进的。既然傅兰雅认为中文是可扩充可发展的，完全可以应对科技领域新概念、新术语的膨胀式发展，那么中国自然就和西文一样，可以"名目生新"。傅兰雅认为即便是英文也吸收了很多拉丁语、希腊语或其他欧洲语言才得以不断发展，既然英文可以不断吸收新的语汇，那么中文也同样具备创新的能力：

> 若所用名目必为华字典内之字义，不可另有解释，则译书事用不能成。然中国语

① John Fryer：*Philology of the Chinese Language*（1899），《傅兰雅档案》第三卷，广西师范大学出版社 2010 年版，第 202 页。

② John Fryer：*Chinese Scientific Nomenclature*（1896.5），《傅兰雅档案》第二卷，广西师范大学出版社 2010 年版，第 421 页。

③ 傅兰雅：《科技术语》，第 543 页。

言文字与他国略同，俱为随时逐渐生新，非一旦而忽然俱有。故前时能生新者，则后日亦可生新者，以至无穷。①

他以《康熙字典》为例，说明中文同样是不断淘汰旧语汇和产生新语汇的语言：

> 如果中文只是《康熙字典》里收录的字词的固定意思和用法，很明显是不可能传播西学的。但要知道中文一样是活的语言，《康熙字典》编成以来，很多字的意思发生变化或者弃之不用了，又另外造出了许多新字，现在的中文跟两三百年前的有很大不同。②

傅兰雅的这种中文可"生新"说，很大程度上是对明末清初耶稣会士入华以来的西书译介成果的吸收和肯定。明末清初的译业证明，中国一开始在和西方交往的时候，就增加了众多自然史、物理、数学、神学等领域的术语。傅兰雅列举了明代药物学著作《本草纲目》和宋代法医学著作《洗冤录》的例子，认为当时西方的知识体系并不比中国更完善更复杂，而这样的著作为各自的学科领域引进新术语构建了很好的基础。③ 当然，他也承认中西方学术直到近代才产生了重大的差异。近一个世纪以来，西方科学发展迅猛，产生了大量分支并由此产生了大量新术语，这些术语的译介就比以往复杂和困难得多。但是他认为凭借明末清初译业的基础，以及近代以来西学译介的大量成果，再加上术语统一工作的逐渐开展，术语的最终厘定指日可待，而这是中西方学术融通的唯一桥梁和手段：

> 我们必须谨记的是，我们这一代人不会给出一个永久有效的、最终决定性的科技术语译名系统，下一代以及下一代以后的人们也不会。大量的中文文献和牢固的汉语体系使世上最保守的中国人不可能突然被我们的西学所影响。在漫长的转化过程中，灵活融通的术语体系才是唯一的过渡桥梁。④

如前所述，傅兰雅在晚清"西译中述"的译书阶段，处于一个得天独厚的地位。与他共事的中国学者具有较高的科学造诣，傅兰雅与他们甚至可以进行相当深层次的学术探讨，而这批追求西学的先行者对西学译介的态度是积极而乐观的。如徐寿也曾对中西之学是否可通发表了自己肯定的看法：

> 余尝谓中西之学无不可通，前人所已通者，惟算学而已。异日者傅赵两君将西医

---

① 傅兰雅：《江南制造总局翻译西书事略》序，张静庐辑注：《中国近代出版史料初编》，上海群联出版社 1954 年版，第 15 页。
② John Fryer: *Conveying Western Knowledge through the Chinese Language* (1886.5.26)，《傅兰雅档案》第二卷，广西师范大学出版社 2010 年版，第 361 页。
③ 傅兰雅：《科技术语》，第 534~535 页。
④ 傅兰雅：《科技术语》，第 545~546 页。

诸书译成而会通之，则中国医学必有突过前人者，余将拭日视之。①

由此，傅兰雅比其他西士可以更加乐观地看待中西文对译和西学译介的问题。他通过自己的译书实践，继承了明清之际耶稣会士以来的西书译介事业，证明了"异文化间存在着通约性，异语文之间的术语意译也是可能的，从利玛窦（与徐光启、李之藻合作）到傅兰雅（与徐寿、华蘅芳等合作）的译业，便是异语文意义沟通的丰碑"②。

三、论科技术语翻译之法

傅兰雅在《译书事略》中将"名目"列为"译西书第一要事"，可见他对术语厘定的重视，而他从译介西书之始，就非常关注"名目"的翻译问题。甲午战争之后，面对中国兴起学习西学的大潮，他更是感到"在中国历史上，科技术语问题从来没有像现在这么重要"③。术语翻译和厘定之法是他一直最为关注的问题，也是近代科技翻译史上争论最为激烈的问题。

傅兰雅在《译书事略》中提出了术语厘定三原则——固有名目拟名法、设立新名之法和作中西名目字汇。而《译书事略》刊行十年后，傅兰雅在《科技术语》中将术语翻译原则进一步扩大为七条，除了继续对《译书事略》中提出的方法进行具体说明之外，还强调了术语厘定需要简明化、明确化、灵活化，这是针对术语特点所作的更高的翻译要求。傅兰雅对科技术语翻译之法的阐述主要表现在以下几个方面。

1. 对旧名之尊重

在傅兰雅的译论中，他首先强调的是厘定术语应该对前人成果予以尊重，即在厘定新名之前一定要彻查有没有合适的旧名可以沿袭。傅兰雅也承认他的译著中有时候也和前人书籍中术语有所不同，并将原因归于自己的无知和匆忙。但是他在理论上始终坚持要建立一个摈弃自以为是态度并尊重前人译介成果的体系：

> 凡前人已用者，若无不合，则可仍之，犹之西格致家，凡察得新动、植等物而命以名，则各国格致家亦仍其名而无想更改者。④

他将前人成果分为两个部分，一部分是中国固有的格致或工艺书籍；另一部分是明清之际耶稣会士以及近代新教传教士的译介成果。

对中国固有的学术名称，傅兰雅予以一定的尊重，如他在《儒门医学》和《西药大

---

① 徐寿：《医学论》，《格致汇编》1876 年第 3 卷，第 8 页。

② 冯天瑜：《新语探源——中西日文化互动与近代汉字术语生成》，中华书局 2004 年版，第 281 页。

③ John Fryer：*The Present Outlook for Chinese Scientific Nomenclature*（1896.5），《傅兰雅档案》第二卷，广西师范大学出版社 2010 年版，第 416 页。

④ 傅兰雅：《江南制造总局翻译西书事略》序，张静庐辑注：《中国近代出版史料初编》，上海群联出版社 1954 年版，第 17 页。

成》凡例中，都强调"有中土所有者，则仍用中土之名"；在《化学鉴原》的元素命名中，也袭用中国传统的金、银、铜、铁等十个命名。而对明清以来"西译中述"的译业成果，傅兰雅也很注意吸收。他很欣赏耶稣会士创制的术语，认为这是他们的著作直到近代还备受中国人推崇的原因之一。他甚至试图寻求耶稣会士的译业中是否存在一个中文和拉丁文对照的体系，虽然没有找到，但他认为拉丁文和中文的语汇系统使得这两种文字的对译十分严谨和完美。他曾回忆初入翻译馆时，只有很少一部分中文译著是介绍近代科学和工艺技术的。他列举了那时"唯一可用"的是艾约瑟的重学、伟烈亚力的天文学和数学、合信的博物学和医学、慕维廉的政治自然地理学、韦廉臣的植物学术语，并提到这些人厘定的术语得到了翻译局中国同事的认可，成为他们厘定术语的基础。傅兰雅尽量尊重前人已有的译名，强调"凡前译书人已用惯者则袭之"，因为如果重译过多的话，就会引起很大的混乱。在1890年的《科技术语》中，他更言辞激烈地强调了以先译者为主的命名"优先权"：

> 假如每个作者都为要描述的物种取个新名，而全然不顾发现者或第一个说明者的命名，科学将成什么样子？①

可见傅兰雅最批判的就是无视前人成果而导致的学术混乱。这也是他致力的术语统一工作的基础。

2. 厘定新名之法

在没有中文名和已有翻译成果的情况下，需要考虑如何厘定新名的问题。在这个问题上，傅兰雅基本在"意译还是音译"的传统范畴方法论上展开讨论。

有关术语厘定是采用音译还是意译，自汉代佛经翻译的时候开始就有"文"、"质"两派之争。从明末耶稣会士到近代新教传教士，他们在向中国人传递基督教教义时，对"God"等宗教核心概念采用意译还是音译，也历来争论不休。而和宗教一起入华的"Science"，同样体现着东西方的巨大差异，能否意会言传，也是翻译者们在术语厘定问题上首先要把握的原则。

在《译书事略》中，傅兰雅首推了"以平常字外加偏旁而为新名，仍读其本音"的形声字创制方法。从《译书事略》的示例可以看到，这条原则的拟定完全是受到傅兰雅在译介《化学鉴原》时所创作的元素命名方案的影响，即"取罗马文之首音译一华字，首音不合则用次音，并加偏旁，以别其类，而读仍本音"②。意译、音译兼而采之，是傅兰雅比较推崇的一种翻译方式。在他看来，意译和音译的结合符合中国文字的表意特点。他和徐寿创制形声新字来命名化学元素的实践，也正体现了意译和音译的完美结合。

傅兰雅同时也强调创制新字一定要符合中国的语言习惯，新术语不应忽视汉语最重要的基本构词特点。③ 他建议给不常用之旧字赋予新义而为新名的方法，对新语汇的创建具

---

① 傅兰雅：《科技术语》，第538页。
② 傅兰雅口译，徐寿笔述：《化学鉴原》卷一，江南制造局1871年版，第5~6页。
③ 傅兰雅：《科技术语》，第542页。

有极大的启发意义。这一点与李善兰所持"已立之名，而变意以广其用，亦即本旧意推广之，此在寻常事恒有之。如欲为新物立名，借旧物之略似者名之"①的立名之法可谓异曲同工。

尽管傅兰雅对自己元素命名方案的形声字创制颇为自得，但我们也应该看到，除了这套元素命名方案之外，傅兰雅其他科技术语的厘定并没有采用这种方式，几乎可以说，元素命名上的形声字创制是他术语厘定中的一个孤例。也许正因为如此，在《译书事略》中，他将"用数字解释其物，即以此解释为新名"的方法列于形声造字法之下；但到《科技术语》时，则在首条就强调了意译优先的原则。

傅兰雅认为描述法是意译的一个原则。在傅兰雅的翻译实践中，有关一些学科核心概念的厘定多半都采用了描述式的意译。以他 1880 年之前的几部基础科学领域先驱性的译著为例，如《化学鉴原》将元素和化合物译为"原质"和"杂质"，将有机物和无机物译为"生物质"和"死物质"；《声学》中，将声波译为"声浪"，噪声译为"响"，"声强"译为"声之大小"；《电学》中，将导体和绝缘体分别译为"传质"和"阻质"。可以看到，他尽量用简明通俗的语言去传递术语中的关键问题。当然，由于学识之限，他对术语概念的把握不够清晰，而厘定的术语又太过于描述化而丧失了厘定关键概念之功能，而他用这种翻译方法创制的术语往往与他所追求的简明、明确、灵活的术语相去甚远，像所译"声之大小"与"响"都几乎将原有术语化之于无形，"生物质"和"死物质"过于通俗可笑，因此这种方式也饱受诟病。

相较于傅兰雅对意译法的执着，这一时期其他从事西学译介工作的传教士大多不认可这种描述性的意译，从 1890 年新教传教士大会上的激烈讨论可见一斑。如颜永京认为傅兰雅的"描述性"的翻译是将"翻译变成了定义"。狄考文也持相同观点，认为在科技术语的翻译方面音译比意译要好得多②，认为"术语应该简短，不必要求它从字面上准确反映定义或说明含义……术语应准确地界定，每拟译一新术语时都要给出其确切含义"③，因而不赞同用过多描述性的冗长语言来翻译术语，更倾向于直接音译。

应该看到，傅兰雅描述性的意译法从科学的角度来说确实存在模糊不清的弱点，但不能否认的是，正是因为他肯定东西方文字的通约性，肯定中文对科学概念的表达能力和自我"生新"能力，才在术语厘定问题上，更倾向于描述性的、意译式的翻译。傅兰雅认为描述性的术语从构词形式上来说更容易为中国人所接受，而且从普及西学的需要来说，对概念进行一定的描述也更容易让读者理解。

傅兰雅对意译法的优先选择，在很大程度上是来源于他对纯音译法的强烈批判态度。他认为这种方法"只会损害中文的历史和表意功能的魅力，给它造成沉重的负担"④，甚至认为大量采用音译法的都是"懒惰而愚昧的"译者。他反复强调，纯音译的译词令中国人不快和反感，特别是当原词包含多个字母时，纯音译的译词难念、难记也难于理解，

① 伟烈亚力口译，李善兰笔受：《代数学》卷二，日本静冈集学所训点本，1872 年，第 8 页。

② *Records of the General Conference of the Protestant Missionaries of China*，held at Shanghai，May 7-20，1890，American Presbyterian Mission Press，1890，pp. 549-550.

③ C. W. Mateer：*School Books for China*，*Chinese Recorder*，1877（8），p. 429.

④ 傅兰雅：《科技术语》，第 538 页。

所以"除非在别无他法的情况下才可以采用音译法"①。

当然，在用古名和创新名都不可译的情况下，只有采取音译的方式。虽然这种音译方式傅兰雅从理论上最不能认同，但是在用中文翻译许多前所未有之新概念时，不可避免地会遇到这种情况。所以傅兰雅也并不否认音译是必要的翻译手段之一，并谋求建立一个完善的音译系统。

这个系统里首先强调的就是代表发音的汉字要以官话发音为主。傅兰雅本身精通北京话、上海话、广东话等数种中国方言，对中国方言的千差万别是有切身体会的。所以，他觉得只有拟定官话标准才能保证音译系统的统一。应该说，采用官话作为音译标准是入华西士经过数十年的翻译实践所达成的一个普遍共识。早在合信的时代，他就认识到官话具有更大的普及性：

> 西国病证药品，中土向无名称者，今悉用官音译出。官音与各处土音，间有不同，不用土音，而用官音，欲读者易于通晓也。②

1872 年卢公明在《英华荟林韵府》的序言中也谈道：

> 我被热切地建议采用南方方言（语音系统）来注音，但是，当我寓居天津期间学习了北方官话以后，我无法再答应采纳这一建议，因为这可能会引起无数的混淆和错误。该书将一切严格意义上的方言字词和所有仅限于地方使用的短语排除在外，其目的就在于能让旅居中国各地的外国人、想要学习英语的中国人以及在其他地区学习中文的人都能从中获益。③

而狄考文也一直以官话发音为翻译标准，他编纂的《官话类编》成为 19 世纪晚期来华传教士的必备书。

因此，傅兰雅采用官话的音译系统是代表当时传教士的主流观点的。但是他也提到以何种西语作为发音标准是一个难题，所以他觉得音译系统的混乱似乎不可避免，这也是他一直觉得音译法不能令人满意的原因之一。

由于汉字同音字较多，所以傅兰雅认为有必要统一表音的汉字：

> 有些技术词汇，尤其是那些专有名词，根本无法翻译，那就只好用发音最接近的汉字写出。但要注意这种词和它的衍生词要建立一个音译系统，同一词尾应该使用同样的汉字。④

他建议借鉴《李氏音鉴》和《英华萃林韵府》，编写一个发音字表。他在自己的翻译

---

① 傅兰雅：《科技术语》，第 534 页。
② 合信：《西医略论》，日本东京书林万笈阁译解本（底本为 1857 年上海仁济医馆本），第 8 页。
③ 卢公明：《英华萃林韵府》，Rozario, Marcal and Company, 1872.
④ 傅兰雅：《科技术语》，第 540 页。

实践中也注意尽量采用同一个字标注同一个音。如他和徐寿对有机化合物的翻译方法基本是采取用汉字音译的方法，但规定了一些音译中的统一用字，如-ne 为"尼"，-l 为"里"，me-为"迷"等。他还编写《外国人名中文音译表》，用固定的汉字代表固定的人名发音。

他还建议音译词应该有一个明显的标识，以避免和现有的汉字产生混淆，如给一些名词加"口"字旁，比如表示衣料的"哗叽"和"呢"。他显然是为了凸显音译词是中文中的"外来语"这一特点，想通过这种方法传递这样一个信息，即这些字只表示发音，没有意义。

尽管傅兰雅不否认语言发展可以吸收外来语言，但是他强调外来语的比例必须适中，所以他认为音译厘定的术语并不是最佳选择，仅可"试用"，以后有更好的意译方法就更换之。这个思路和中国近代众多术语所走过的变迁之路是颇为吻合的。在 1890 年大会上批评傅兰雅描述式意译法的颜永京以"德律风"为例，说明中国人一开始听到这个词会很奇怪，但久而久之，就很习惯使用这个词，这说明音译法也可以被中国人接受。而恰恰是"德律风"后来又经历了被"电话"取代的过程。中日甲午战争之后大量日制科技术语的入华，也恰恰是"汉语"新词逐步替换"西译中述"阶段的众多音译词的过程。

3. 术语汇编和统一

傅兰雅在术语厘定问题上既谈到了对固有成果的吸收，也谈到了拟定新名目的方法，接下来他关注的就是"作中西名目字汇"，即术语汇编的问题。

《译书事略》中提到的"凡译书时所设新名，无论为事物人地等名，皆宜随时录于华英小簿，后刊书时可附书末，以便阅者核察西书或问诸西人"[1]，这应该是"西译中述"的一种惯常做法。华蘅芳在谈到他在墨海书馆看到伟烈亚力和李善兰合译之情景时就曾描述了这种"名目表"在翻译过程中所起的作用：

> 若于翻译之先，豫作一种功夫，将应译之干支、列宿、天地、人物及算学中各种名目如弧角、八线等名列为一表，左书西文，右用华字，则阅此表者，可从西文检得应用之华字，故笔述之时，凡遇图及算式，可不必一一细译其字，但于译稿之上记明某图某式，至腾清之时可自看西法，从此表检得其字，以作图上及算式中之字，所以必须如此者，因可比口中一一译出者较为便捷，且不至错误也。[2]

而傅兰雅在 1890 年的报告中，也提到在制造局期间整理了四五份术语表，约 18000个词，这也说明翻译馆对术语汇编的重视。但是他也坦言，由于自己的繁忙，以及中国同事们对吸收西学的迫切愿望，以致他们不能忍受统一术语所必需的漫长琐碎的过程，也认识不到术语统一的重要性，所以在江南制造局的译书中仍存在着术语翻译的混乱。连翻译馆内所译书籍都不能保证命名之统一，遑论和其他出版机构的统一了。傅兰雅在制造局翻

---

① 傅兰雅：《江南制造总局翻译西书事略》序，张静庐辑注：《中国近代出版史料初编》，上海群联出版社 1954 年版，第 16 页。

② 华蘅芳：《论翻译算学之书》，《学算笔谈》卷十二，行素轩算稿，1882 年，第 17 页。

译馆从事的科技西书翻译涉及多个学科，所以他更痛感到各学科领域的术语混乱。在《科技术语》中，他呼吁从事西书译介工作的传教士们要"联合（union）、一致（unanimity）和统一（uniformity）"，因为他觉得西士们有义务为众多科技著作提供一个统一的术语系统：

> 必须要尽可能彻底、迅速、如实地建立起一套术语命名系统，它不仅要能表达西方科学知识的最高成就，还要有足够的可塑余地以适应过去及未来的发展，这需要每一个关注中国发展的人的深思熟虑。①

他还在大会上呼吁，所有的科技西书的中译本都应该附名目表：

> 在科学书籍的开头或末尾附上一张定义准确的新术语汇编，无论是按偏旁排的或按其他体系排列的，都将大有帮助。我们若能站在普通中国读者的立场，就会体验出他们学习西学是多么困难。②

可以看到，傅兰雅认为中国的发展需要引进西方先进科学知识，而由于中国人学习西学的语言障碍，新术语的汇编工作就显得极其必要并且迫在眉睫。

为了统一术语，他甚至将选择意译还是音译的方法论放在次要位置，而更多地强调要尊重已有的术语："究竟是采用音译或者描述性的意译，这并不重要。真正的困难在于我们，我们中间的有些人喜欢也渴望自己发明新的中文术语，而全然不顾之前译者已使用的那些。"为此他建议益智书会"应在尽量不改变已有术语的基础上，确定一套翻译各种术语的通用体系，出版一本权威词典"③。而致力于术语的统一也成为他后期译业的一个重心所在。

傅兰雅有关科技术语的译论在"西译中述"时期的重要地位不言而喻。他的译论是对"西译中述"翻译模式下翻译方法论的一个总体反映。虽然这一时期的翻译工作中士也处于重要的地位，但是在选书和译书上占主导地位的西士对翻译的综合性思索会更加深刻和清醒。也正因为如此，尽管李善兰、徐寿、华蘅芳等人都和傅兰雅合译了相当出色的书籍，但是他们留下的译论是极其有限而分散的。而傅兰雅吸收了他们的这些散见，凝聚成一个总体的认识。

傅兰雅阐发的中西文是否可对译、意译和音译之利弊、术语厘定中旧名和新名之应用等诸多理论问题，都是术语翻译，特别是科技术语翻译领域一直到现代都还在讨论的重要问题。2000 年，在中国科学技术名词审定委员会会议上通过《科学技术名词审定的原则及方法》，强调"定名要符合我国语言文字的特点和构词规律"，要遵从单义性、科学性、

---

① 傅兰雅：《科技术语》，第 533 页。

② 傅兰雅：《科技术语》，第 545 页。

③ John Fryer：*The Present Outlook for Chinese Scientific Nomenclature*（1896.5），《傅兰雅档案》第二卷，广西师范大学出版社 2010 年版，第 422~423 页。

系统性、简明性、国际性和约定俗成的原则。① 这些原则都可以从傅兰雅的术语厘定规则中找到线索。而科技术语的翻译以意译为主是近代以来的主流，但到了当代，音译词在科技术语中的比例加大，甚至有学者提出历来的"柔性规范原则"不利于科技术语的规范化和国际化，而用音译法，或者用汉语拼音标音转写的翻译方法才能促进国际交流和科技发展。② 当今科技术语命名领域之种种分歧，仿佛就是 19 世纪下半叶西书译介中的种种争论之再现和重演。近代西书译介的先行者们受学识和种种局限，不可能对术语厘定有一个科学性的把握，但是我们不应该忽视的是，他究竟基于一种什么样的立场来思考这个问题。也许传教士万应远的一番感慨很能说明问题：

> 有人说中文语言丰富而强大，可以表达任何东西；有人说这是一种贫乏的语言，什么也表达不了，事实是两者皆有。不在于中文可以表达什么，而在于我们能让它表达什么；也不在于中文是什么样子，而是它能成为什么样子。③

而傅兰雅在科技术语的翻译问题上正是按照他想要让它成为的方向去努力的：

> 这些大有用处的编译书籍，只要做得认真，就会对中国长期有益。译者会死，但书籍长存。为中国人开启智慧之门，带领他们认识新的世界，追求宇宙间更高的真理，会是非常愉快的一件事。④

他坚持中文的可发展论，坚持中西文的通约性，坚持意译为主，坚持术语厘定的规范和统一，正是出于他对中国人学习西学最佳方式的认识。可以毫不夸张地说，傅兰雅代表了"西译中述"全盛时期的最高翻译成就。虽然"西译中述"的先天缺陷和历史条件的制约使得它并不能真正彻底唤醒中国士人的科学意识，但是在近代科学的中国化过程中，傅兰雅和他同时代的先行者无疑作出了重要的译论贡献。

（作者单位：武汉大学外国语言文学学院、河北大学外国语学院）

① 周亚祥：《科技术语译名的统一问题》，《中国科技期刊研究》2001 年第 4 期，第 312 页。

② 张沉香、王小宁：《科技术语的定名原则与译名的国际化》，《上海翻译》2007 年第 4 期，第 31~34 页。

③ *Records of the Second Triennial Meeting of the Educational Association of China*，held at Shanghai，May 6-9，1896，《傅兰雅档案》第二卷，广西师范大学出版社 2010 年版，第 431 页。

④ John Fryer：*Efficaciousness of Western vs. Chinese language*，《傅兰雅档案》第二卷，广西师范大学出版社 2010 年版，第 601 页。

学术评论

明清西器东传研究综述[*]

□ 谢 盛

所谓西器东传，是指西方（特指欧美）器物传入中国的过程和现象。本文所指西器，具有特定含义，即为包含一定科技含量，且能代表西方先进物质文明的手工或工业产品。至于仅代表欧美地域特色的农副产品，则不在本文的探讨范围之内。

众所周知，明清处于封建社会的末期，中央集权正从顶峰走向衰微，而西方国家已经逐渐走出黑暗的中世纪，并最终通过工业革命站在了科技文明的制高点，一步步地冲击着中国传统农业社会。从晚明传教士始入中国，到 1840 年鸦片战争结束，中国终由主动的、有选择性地接受西方文化，转向了被动地对外开放。西方先进的物质文明和精神文明如洪流般涌入，将中国数千年的农业社会卷入了近代化的进程。一时间，"西学东渐"成为学界关注的热点，大量优秀论著问世，旨在全面探究西方先进文化对中国社会的影响。

我们知道，文化传播分为物质、制度、精神三个层面。因此，在西学东渐之初，理应存在着一个物质的先行过程，即"西器东传"。遗憾的是，"西器东传"并未像"西学东渐"那样受到广泛关注，系统研究的论著并不多见，大多是兼而叙之。笔者怀着对前辈学者的敬畏之情，对其"西器东传"研究成就作一缕述，尽可能地反映出研究的内在理路和发展阶段，但西器这一概念所涉较广，各类物品纷繁浩杂，作者限于学识和视野，难免会有疏漏，还望读者谅解。下面从西器东传研究的分期、总述、分述上进行讨论，并对这一领域研究的前景作一展望。

一、西器东传研究分期

第一，西器东传研究的起步阶段（20 世纪 20—70 年代）。

从某种意义上来说，早期的西器东传研究始于红学。1928 年，昌群发表了《红楼梦里的西洋物质文明》①，揭开了西器东传研究的序幕。作者在养病期间翻阅《红楼梦》，为了印证曹雪芹在写作过程中是否受到了西洋物质文明的影响，将《红楼梦》中的西洋

---

　* 本文为中央高校基本科研业务费专项资金资助项目"晚清湖北地区西器东传研究——以江汉关为线索"（项目编号：2015112010202）阶段性研究成果。

　① 昌群：《红楼梦里的西洋物质文明》，《贡献》1928 年第 3 卷第 2 期。

器物逐一列出，遂成此文。遗憾的是，该文止于枚举，并未作进一步论证。20世纪40年代以来，方豪发表了一系列论著，更为深入地探究了《红楼梦》中的西洋物质文明。1944年，他出版了著作《红楼梦新考》①，论证了《红楼梦》中出现的舶来品。四年后，《方豪文录》② 出版，其中收录了数篇相关论文，对机器、望远镜等西洋物品进行了细致考辨③。1969年，在其出版的《方豪六十自定稿》中，也包含了西器东传的若干研究成果。④ 毋庸置疑，方豪对早期的西器东传研究起到了巨大的推动作用。1975年，周策纵发表了《〈红楼梦〉"汪恰洋烟"考》⑤，进一步细化了西器研究的类别。这一时期的西器东传研究，也不仅限于红学的范畴，如聂崇侯、刘炳森等学者，则直接地探讨了东传的西洋器物。⑥ 此外，在60年代，西器东传研究在国内较为沉寂的时候，商务印书馆和三联书店出版了一系列中外关系史的译著，在这些英、美、德各国学者的相关著作中，均涉及了西器东传的内容，但尚不成系统。⑦

总体上来说，早期西器东传研究成果不多，探讨的西器类别单一，且鲜有论及西器传播的过程和影响，偏向于"东传的西器研究"。尽管如此，这些具有开拓性的论著，为西器东传的后续研究奠定了基础。

第二，西器东传研究的发展阶段（20世纪80年代—2000年）。

20世纪80年代至2000年，是西器东传研究的发展阶段。这一时期的研究特点体现在三方面。一是研究成果显著增加。众多介绍西器东传的文章被刊载于各类学术期刊上，尤其是故宫博物院主办的两种刊物《故宫博物院院刊》和《紫禁城》，一时间成为介绍西洋物质文明的重要阵地。两刊自80年代以来，密集刊载了一系列介绍西器的文章，如《清宫档案所见之〈红楼梦〉器物》、《流传清廷的英国钟表》、《清宫做钟处》、《清代耶稣会士与西洋奇器》⑧ 等。二是学界关注的西器种类不断增多，大致可分为四类，即日常生活用品、工艺品、科学仪器、武器。相关论著将在下文详细介绍，此不赘述。三是西器

① 方豪：《红楼梦新考》，独立出版社1944年版。

② 方豪：《方豪文录》，北平上智编译馆1948年版。

③ 按：所收录论文共四篇，分别为《清初中国的自动机器》、《红楼梦九十二回所记汉宫春晓围屏的来历》、《康熙时曾经进入江宁织造局的西洋人》、《伽利略生前望远镜传入中国朝鲜日本史略》。

④ 方豪：《从〈红楼梦〉所记西洋物品考故事的背景》，《方豪六十自定稿》，台湾学生书局1969年版，420页。

⑤ 周策纵：《〈红楼梦〉"王恰洋烟"考》，《明报月刊》1976年4月。此文初写于1960年夏，因为了部分讨论到鼻烟盒，想加以补充，便于1975年10月重写。

⑥ 聂崇侯：《中国眼镜史考》，《中国眼科杂志》1953年第4期；刘炳森、马玉良、薄树人：《略谈故宫博物院所藏"七政仪"和"浑天合"七政仪——纪念哥白尼诞生五百周年》，《文物》1973年第9期。

⑦ ［英］格林堡：《鸦片战争前中英通商史》，康成译，商务印书馆1961年版；［德］A. 利奇温：《十八世纪中国与欧洲文化的接触》，朱杰勤译，商务印书馆1962年版；［德］施丢克尔：《十九世纪的德国与中国》，乔松译，三联书店1963年版；［美］赖德烈：《早期中美关系史（1784—1844）》，陈郁译，商务印书馆1963年版。

⑧ 杨乃济：《清宫档案所见之〈红楼梦〉器物》，《紫禁城》1987年第4期；朱培初：《流传清廷的英国钟表》，《紫禁城》1987年第2期；刘月芳：《清宫做钟处》，《故宫博物院院刊》1989年第4期；鞠德源：《清代耶稣会士与西洋奇器》，《故宫博物院院刊》1989年第2期。

东传研究专书问世。1999 年，刘善龄出版专著《西洋风——西洋发明在中国》①，此书系统地介绍了晚清时期由西方传入中国的 63 项发明，其内容翔实、种类繁多，是为西器东传研究的集成之作。

这一阶段的研究成果，仍未脱离"东传的西器研究"的倾向，但已有不少文章开始探讨西器的传入、发展及社会影响，其研究深度和广度都向前迈进了一大步。

第三，西器东传研究的成熟阶段（2000 年至今）。

21 世纪以来，西器东传研究趋于成熟。呈现出如下四个特征：

其一，"西器东传"概念的提出。2003 年谢贵安在其文《西器东传与前近代中国社会》中②，首次使用了"西器东传"这一概念。据其文意可知，所谓"西器东传"是指西方器物文明传入中国的过程、事实和影响。

其二，相关论著的大量问世。著作方面，隋元芬、何新华③等人所撰专著，细致地研讨了不同时期传入中国的西洋器物。论文方面，直接论及西器东传的文章便有 93 篇，间接涉及或偶有提及的论文更是不可胜数。此外，这一阶段共有 11 篇硕博论文涉及了西器东传研究，这是前所未有的现象。这些论著及硕博学位论文在下文将会详细介绍，这里暂且不论。

其三，研究视角更加立体。如果说之前的研究偏重于"东传的西器研究"，那么这一阶段的研究则回归于"西器东传研究"。许多论著深层次地挖掘了"西器东传"所带来的社会影响、文化意义以及东方物质文明对西方世界的反作用，脱离了简单介绍"东传而来的西器"的研究倾向，丰富了"西器东传"的内涵。

其四，总结性的综述类论文出现。21 世纪以来，随着西器东传研究的不断深入，学者们开始对前人的研究成果进行回顾和总结，如《十年来宫廷钟表史研究述评》、《清代宫廷医学研究综述 2003—2012》④ 等。这些带有归纳、反思和展望意味的综述，是西器东传研究趋于成熟的重要标志。

二、西器东传的总体研究

西洋器物包含范围甚广，有关记载散见于各类史料，要将西器网罗殆尽并进行归类整理，是一项浩大的工程。因此西器东传总体研究的成果尚不多见。

著作方面，张星烺在《欧化东渐史》中涉及了"欧洲物质文明之输入"，如军事武器、交通工具等，但所述甚略。⑤ 刘善龄所著《西洋风——西洋发明在中国》⑥ 一书，较为系统地缕述了明清时期传入中国的各种西洋事物。作者从浩瀚的时人笔记、陈年报章以

① 刘善龄：《西洋风——西洋发明在中国》，上海古籍出版社 1999 年版。

② 谢贵安：《西器东传与前近代中国社会》，《学术月刊》2003 年第 8 期。

③ 隋元芬：《西洋器物传入中国史话》，社会科学文献出版社 2011 年版；何新华：《清代贡物制度研究》，社会科学文献出版社 2012 年版。

④ 郭福祥：《十年来宫廷钟表史研究述评》，《故宫学刊》2014 年第 2 期；关雪玲：《清代宫廷医学研究综述 2003—2012》，《故宫学刊》2014 年第 2 期。

⑤ 张星烺：《欧化东渐史》，商务印书馆 1934 年版。

⑥ 刘善龄：《西洋风——西洋发明在中国》，上海古籍出版社 1999 年版。

及近代人物的传记年谱中收集了大量史料，以求准确生动的再现西洋物质文明传入中国时的情形。此书共十三章，分别介绍了晚清时期由西方传入中国的 63 项发明，内容详实有趣。只是，作者将此书定义为一部"闲书"，"凡有碍趣味的考证宁可割爱；尽管写作时引证过百余种书，但也没有像通常那样作出脚注或列出参考书目"。尽管如此，此书仍然是一本学术与趣味兼具的优秀读物。隋元芬的《西洋器物传入中国史话》①，将西洋器物分为日用消费品、市内交通工具、远距离交通工具、通讯设备、文化娱乐用品、兵器、电器及其他共七部分进行介绍，大到飞机船舰，小到针线火柴，无所不包。此书对于全面了解西洋器物大有裨益。何新华从贡物的角度探研了西洋物质文明，其著作②几乎囊括了所有的西器种类。作者既分国别列举了荷兰、葡萄牙、意大利、英国、俄国所进贡的物品种类和数量，又将贡物分十大类进行考析，涉及了动物、药品、食品乃至武器、科技产品等，还以红楼梦为文本，分析了红楼梦中出现的西洋物品。该书条理清晰，内容客观详实，为进一步研究西器东传的社会影响及文化内涵奠定了基础。

论文方面，谢贵安的三篇论文③，以"西器东传"为题探讨了西洋物质文明传入中国的过程和作用。《西器东传与前近代中国社会》一文，定义了"西器"的概念和范畴，探讨了西方物质文明东传的过程和途径。同时还论述了西器东传对中国前近代社会生活及思想观念产生的影响，以及中国特殊的社会环境对西器东传的排斥。作者认为，前近代西器东传的规模虽然有限，却开启了近代大规模西器东传的先河。其另一篇论文《明至清中叶长江流域的西器东传》，将西器东传的研究范围集中在长江流域一带。该文分为两部分，第一部分总述了长江流域西器东传的概念、分期和特点，第二部分分述了江西、江苏、浙江、上海等长江所流经的各省市间，西器东传的种类和特征。作者经过研究发现，长江流域并非西器东传的中心区域，但却是重要的中转站；前近代西器东传规模虽然不大，却为晚清西器大规模东传打下了基础。探究明清时期长江流域的西器东传，有助于更加深入地了解中国社会的近代演变与文化转型。第三篇文章《明代西器东传探研》，探究了明代西洋器物传入中国的途径和种类，该文重点探讨了火器、自鸣钟、玻璃制镜、西洋琴与西洋布等最能代表西方先进物质文明的器物。作者认为，西器东传是西学东渐的先导，西洋奇器有限度地融入了明代的社会生活之中，且处于观玩和应用相结合的阶段。这三篇文章成功构造了"西器东传"这一命题的大致框架和研究理路，但作者对史料地挖掘尚待进一步深入。

三、明清时期传入中国之西方器物的分类讨论

虽然西器东传总体研究的论著不多，但西器的分类探讨却浩如烟海。学界所研究的西洋器物归纳起来可分为四类：日常生活用品、工艺品、科学仪器、武器。研究路径可分为

---

① 隋元芬：《西洋器物传入中国史话》，社会科学文献出版社 2011 年版。

② 何新华：《清代贡物制度研究》，社会科学文献出版社 2012 年版。

③ 谢贵安：《西器东传与前近代中国社会》，《学术月刊》2003 年第 8 期；谢贵安：《明至清中叶长江流域的西器东传》，《中国文化》2004 年第 1 期；谢贵安：《明代西器东传探研》，《兰州大学学报》2006 年第 1 期。

三种：一是从器物本身的种类、内外构造、原理及特征进行研究，二是从器物传播的源头、发展经历、仿制过程、社会影响进行探讨，三是从器物现世的收藏和鉴赏价值来论述。这三种研究路径或独自成文或互有交叉。以下按照器物的类别一一叙述。

第一，日常生活用品。

在日常生活用品中，眼镜受学界关注较多。2003 年，毛宪民出版专著《故宫片羽》①，此书介绍了藏于故宫博物院的奇珍异宝，其中对眼镜这个舶来品的书写，占据了较大比重。作者总述了眼镜在中国的历史、来源、种类特点，分述了雍正朝宫廷眼镜的制作特点，康熙、雍正皇帝使用眼镜的特点，揭示了乾隆、嘉庆、道光皇帝使用眼镜的微妙心态。作者指出，如今看似寻常的眼镜，放在当时的社会环境下，引来了极大的社会关注，从而改变了人们的生活。赵孟江所著《中国眼镜历史与收藏》②，是一部研究眼镜的专书，其内容包括：中国眼镜起源新探、中国眼镜发展的五个历史阶段、眼镜片的选材及发展史、眼镜工艺及发展史、眼镜文化发展史、眼镜的收藏与鉴赏、眼镜功能的发展及对社会的贡献等九章。作者认为，眼镜不仅仅是一种简单的生活用品，还是文化的组成部分。李慎的硕士论文《明清之际西洋眼镜在中国的传播》③，揭示了西洋眼镜的传播路径、传播载体、眼镜种类、眼镜仿制以及传入之初对上流社会的影响。

除了以上专书，也有论文若干，其发表时间跨度较长，从 20 世纪 50 年代至今。但大部分文章篇幅不长，科普意义重于学术性。④

洋纺织品作为明清日常生活用品，也进入了学者们的视线。黄谷所撰《乾隆皇帝征买洋缎洋毡》⑤，陈述了乾隆皇帝一改"天朝物产丰盈，无所不有"的态度，向国外购买洋缎洋毡的史实。作者认为，民族和国家若要进步，便应虚心接受外来文化，切不可固步自封。此文虽然简短，却运用了《军机录副》的档案材料及外文文献。袁宣萍《清代丝织品中的西洋风》⑥ 一文，通过清宫档案和海关资料，介绍了清代进口的天鹅绒、洋金缎、洋剪绒、西洋绸绢等洋丝织品，并论及了中国丝织品在纹样、原料配制方式、组织结构等方面所受西洋元素的影响。此外，该文还叙述了洋丝织品的获取途径，如外交使团和传教士的赠予，地方官员的进献以及中国的仿制。作者在论述过程中，比照清宫实物，配图予以说明，使文章更加生动而有说服力。该文总结道，清代丝织品中西洋风的盛行，与中西贸易和文化交流的扩大密切相关，但流行强度和广度都极其有限，远不如中国丝织品

① 毛宪民：《故宫片羽》，文物出版社 2003 年版。

② 赵孟江：《中国眼镜历史与收藏》，四川美术出版社 2004 年版。

③ 李慎：《明清之际西洋眼镜在中国的传播》，暨南大学硕士学位论文，2007 年。

④ 参见聂崇侯：《中国眼镜史考》，《中国眼科杂志》1953 年 4 月；朱晟：《玻璃、眼镜考及其他》，《中国科技史杂志》1983 年第 2 期；洪震寰：《眼镜在中国之发始考》，《中国科技史料》第 15 卷，第 1 期；毛宪民：《故宫珍藏的眼镜》，《紫禁城》1996 年第 3 期；毛宪民：《清代宫廷眼镜研究》，《文物世界》2002 年第 1 期；赵孟江：《中国眼镜及眼镜文化概况初探》，《中国眼镜科技杂志》2002 年第 3 期；周士琦：《眼镜东传小史》，《寻根》2002 年 3 月；邬久益：《明清眼镜盒》，《中国商报》2004 年 10 月；胡源：《明清时期眼镜在京城的流行》，《科技潮》2009 年第 7 期；杨艳丽：《乾隆皇帝与眼镜》，《文史天地》2014 年第 1 期。

⑤ 黄谷：《乾隆皇帝征买洋缎洋毡》，《紫禁城》1990 年第 4 期。

⑥ 袁宣萍：《清代丝织品中的西洋风》，《丝绸》2004 年第 3 期。

在欧洲的影响力。王元林、林杏容所撰《十四至十八世纪欧亚的西洋布贸易》①，从全球贸易的角度，将西洋布传入中国的过程分为三个时段：元、明王朝与东南亚、印度的西洋布贸易，16世纪欧洲人侵占东南亚后的西洋布贸易，明后期西欧西洋布的传入。作者指出，西洋布一经传入便成为上流社会喜爱的奢侈品。阙碧芬对明代的起绒织物的起源作了较为具体的探讨②，认为素绒和剪绒织物在明代或属于本土技术，而提花绒的漳缎则最早应由葡萄牙或西班牙的商船从欧洲输入。作者认为，明末时国内已经学会该项技术，且福建漳州地区掌握得最为成熟，漳绒漳缎行销日本。

西药于明末传入中国，其作为日常用品贯穿了明清的社会生活。一些学者也对其进行了研究。③ 赵璞珊《西洋医学在中国的传播》④ 一文，叙述了金鸡纳（Cinchona）、依佛哪娜等西药的功用，并通过查阅《本草纲目拾遗》，列举出了数十种传入中国并受到重视的西药，如金艮露、薄荷露、玫瑰露、佛手露、日精油、刀创水、檀香油等。关雪玲所撰《康熙朝宫廷中的医事活动》⑤，介绍了治疗心悸的胭脂红酒、格尔墨斯、阿尔格而墨斯，解毒强心的复方阿片合剂以及助胃消食的绰科拉，并探究了清宫对这些西药的仿制。其另一篇论文《清宫医药来源考索》⑥，探研了清宫医药的来源途径。在撰写"官员进贡"和"外国使节馈赠"两种路径时，涉及了大量的西药，如歌尔德济德辣、德哩哑嘎、巴木撒木香避凤巴尔沙摩、番红花、巴尔白露、苏济尼等。作者在写作过程中使用了清代档案材料，内容详实，可信度高。此外，关雪玲还发表了一篇学术综述⑦，缕述了学界对清代西药研究的现状。刘世珣《底野迦的再现：康熙年间宫廷西药德里鸦噶初探》⑧ 一文，通过查阅清宫满文《西洋药书》、康熙朱批奏折及笔记文集，探讨了西药德里鸦噶的传入途径和药用价值，进而析论了清代宫廷用药中西并用的趋势，以及统治者在宫廷西药运用过程中的掌控与支配状况，是一篇研究单一西洋药品的文章。

第二，工艺品。

工艺品不如日常生活用品传播广泛，但因其精巧而深受上层社会喜爱。学界对西洋工艺品的研究，主要集中在宫中珍玩上，如鼻烟壶等西洋玻璃制品。

鼻烟壶于明末清初传入中国，康熙朝风靡最甚。学者对其进行了大量研究，撰写了不少论著。朱培初、夏更起所著《鼻烟壶史话》⑨，对鼻烟壶的历史、渊源、收藏、鉴赏作

---

① 王元林、林杏容：《十四至十八世纪欧亚的西洋布贸易》，《东南亚研究》2005年第4期。

② 阙碧芬：《明代起绒织物探讨》，《东华大学学报》（社会科学版）2006年第3期。

③ 有不少学者针对西医入华这一问题展开了深入的研究，取得了重要的成果。如董少新《形神之间——早期西洋医学入华史稿》，李经纬主编的《中外医学交流史》，马伯英、高晞、洪中立《中外医学文化交流史——中外医院跨文化传通》等，但这些著作更侧重于将西医视为一种外来文化，进行中外文化交流史方向的探讨，并未将器物（即西药）本身，做西方物质文明的研究，因此暂且不列入综述范围。

④ 赵璞珊：《西洋医学在中国的传播》，《历史研究》1980年第3期。

⑤ 关雪玲：《康熙朝宫廷中的医事活动》，《故宫博物院院刊》2004年第1期。

⑥ 关雪玲：《清宫医药来源考索》，《哈尔滨工业大学学报》（社会科学版）2007年第4期。

⑦ 关雪玲：《清代宫廷医学研究综述2003—2012》，《故宫学刊》2014年第2期。

⑧ 刘世珣：《底野迦的再现：康熙年间宫廷西药德里鸦噶初探》，《清史研究》2014年第3期。

⑨ 朱培初、夏更起：《鼻烟壶史话》，紫禁城出版社1992年版。

了详尽论述。张荣、张健《掌中珍玩鼻烟壶》① 一文，介绍了鼻烟壶在中国的发展历程，鼻烟壶的种类与鉴赏，帝王与鼻烟壶的关系，西洋文化对中国鼻烟壶发展的影响，国内外对中国鼻烟壶的收藏和研究等内容。故宫博物院出版的《故宫鼻烟壶选粹》②，将故宫所藏鼻烟壶网罗其中，并配有精美插图，具有重要收藏价值。章用秀的《盈握珍玩：鼻烟壶的鉴赏与收藏》③，叙述了鼻烟和鼻烟壶盛行中国的历程，并图文并茂地介绍了鼻烟壶的类别。王拴印所撰《清宫造办处御制金属胎画珐琅鼻烟壶的历史演变及其艺术特色》④，利用《养心殿造办处各作成活计清档》资料，归纳了清宫造办处御制金属胎画珐琅鼻烟壶的发展历程，并分析其艺术特色，探研其由盛转衰的原因。

论文方面，汤伯达的《鼻烟壶：烙上中国印记的西洋舶来品》⑤，阐述了鼻烟壶的传入途径、器名原委、种类特征。此外《乾隆瓷制粉彩鼻烟壶》、《寸天厘地乾坤大——浅说鼻烟壶》、《十三行与鼻烟、鼻烟壶的发展》、《鼻烟壶起源与收藏》、《掌中珍玩——武汉博物馆藏鼻烟壶赏识》⑥ 等文，以图文并茂的方式，从鉴赏与收藏的角度论及鼻烟壶，具备较强的科普意义。

除鼻烟壶外，某些艺术价值极高的西洋玻璃制品，也进入了学者的视野。李晓丹的《康乾时期玻璃窗和玻璃制品探究》⑦ 一文，解释了中国传统的铅钡玻璃和西方钠钙玻璃的区别，并介绍了西式玻璃窗在康乾时期的普及。该文还提及了康乾时期清宫中其他进口玻璃制品，如多彩玻璃球、梳妆镜、玻璃花瓶、玻璃灯、玻璃匣、玻璃台座、西洋玻璃插屏、玻璃水法座等。陈畏在《明清时期的玻璃、镜及西洋玻璃画》⑧ 中，探讨了三棱镜、玻璃画等西洋舶来艺术品。石云里《从玩器到科学——欧洲光学玩具在清朝的流传与影响》⑨ 一文，介绍了十七十八世纪通过传教士传入中国的光学玩具。作者认为，这些玩具在宫廷和民间都得到了广泛的传播，它们与望远镜、眼镜等光学制品一道，促进了中国早期光学工业的发展。

除此之外，明清时期西洋乐器的传入值得关注。学者围绕扬琴、钢琴、手风琴、八音

① 张荣、张健：《掌中珍玩鼻烟壶》，地质出版社 1994 年版。
② 故宫博物院：《故宫鼻烟壶选粹》，紫禁城出版社 1995 年版。
③ 章用秀：《盈握珍玩：鼻烟壶的鉴赏与收藏》，百花文艺出版社 2006 年版。
④ 王拴印：《清宫造办处御制金属胎画珐琅鼻烟壶的历史演变及其艺术特色》，首都师范大学硕士学位论文，2007 年。
⑤ 汤伯达：《鼻烟壶：烙上中国印记的西洋舶来品》，《东方收藏》2011 年第 3 期。
⑥ 高晓然：《乾隆瓷制粉彩鼻烟壶》，《紫禁城》1999 年第 4 期；李竹：《寸天厘地乾坤大——浅说鼻烟壶》，《故宫博物院院刊》2003 年第 3 期；冷东：《十三行与鼻烟、鼻烟壶的发展》，《广州社会主义学院学报》2012 年第 2 期；北京紫砂艺术馆：《鼻烟壶起源与收藏》，《艺术市场》2013 年第 9 期；孙黎生：《掌中珍玩——武汉博物馆藏鼻烟壶赏识》，《收藏家》2013 年第 12 期。
⑦ 李晓丹：《康乾时期玻璃窗和玻璃制品探究》，《清史研究》2007 年第 3 期。
⑧ 陈畏：《明清时期的玻璃、镜及西洋玻璃画》，《名作欣赏》2014 年第 6 期。
⑨ 石云里：《从玩器到科学——欧洲光学玩具在清朝的流传与影响》，《科学文化评论》2013 年第 2 期。

盒等西洋奇器，对其起源、原理、制造工艺、传播途径、社会影响等多方面展开了论述。①

第三，科学仪器。

明清时期传入的西器中，科学仪器最具代表性。这些划时代的产物，一经传入便产生了极大的社会影响。学者们对这一领域的研究大体集中在天文仪器、机械钟表、计算器、温度计、湿度计这几类物件上。

天文仪器方面，望远镜的研究最为集中。王锦光、洪震寰在其专著《中国光学史》②中，缕述了西方光学的传入过程，其中便对望远镜这种光学仪器有所论述。此书为国内外第一部光学史专著。方豪《伽利略生前望远镜传入中国朝鲜日本史略》③ 一文，介绍了伽利略望远镜传入中国的经历。作者指出，汤若望是首位将伽利略式望远镜带入中国的传教士。此外还有若干文章对明清时期望远镜的传入、传播、制造、样式、社会文化影响等方面进行了探讨。如《清宫望远镜管窥》、《明清之际望远镜在中国的传播与制造》、《望远镜传入中国》、《西洋望远镜与阮元望月歌》、《明清之际西方光学知识在中国的传播及其影响——孙云球〈镜史〉探究》、《明清之际望远镜的传入对中国天文学的影响》、《我国制造望远镜第一人薄珏及其与西学关系之考辨》等文。④ 除此之外，学者们对天球仪、地球仪、象限仪、日晷等天文仪器均有涉猎。刘炳森、马玉良、薄树人在《略谈故宫博

① 陈迁：《西乐器的传入和在我国的发展》，《乐器》1985 年第 4 期；王霖：《康熙皇帝弹奏钢琴》，《中国音乐》1991 年第 3 期；李晓杰：《清宫西洋音乐》，《紫禁城》1991 年第 5 期；汤开建：《16 世纪中叶至 19 世纪中叶西洋音乐在澳门的传播与发展》，《学术研究》2002 年第 6 期；周湘：《夷乐与洋琴——清诗中所见西乐东传》，《学术研究》2002 年第 7 期；汤开建：《明清之际西洋音乐在中国内地传播考略》，《故宫博物院院刊》2003 年第 2 期；陈慧灵：《鸦片战争前传入中国的西洋乐器》，《音乐探索》2003 年第 3 期；温显贵：《清史稿乐志研究》，上海师范大学博士学位论文，2004 年；张娟、陈四海：《康熙皇帝与古钢琴》，《新疆师范大学学报》（哲学社会科学版）2004 年第 4 期；徐冶敏：《自动演奏乐器——八音盒的前世今生》，《音乐生活》2006 年第 9 期；张娟：《明清时期西方键盘乐器在中国传播管窥》，陕西师范大学硕士学位论文，2006 年；王晨曦：《"康乾盛世"时期小提琴音乐宫廷传播史料考》，《金华职业技术学院学报》，2008 年第 2 期；肖承福：《清前期西洋音乐在华传播研究》，暨南大学硕士学位论文，2010 年；徐爽爽：《关于钢琴传入中国时间的思考——兼说"古钢琴"与现代钢琴的关联》，《文史杂志》2012 年第 6 期；吴琼：《清代扬琴考》，武汉音乐学院硕士学位论文，2013 年；金石：《键盘乐器的起源与发展（之十一）古钢琴传入中国之历史溯源（上）》，《音乐生活》2014 年第 11 期；金石：《键盘乐器的起源与发展（之十二）古钢琴传入中国之历史溯源（下）》，《音乐生活》2014 年第 12 期。

② 王锦光、洪震寰：《中国光学史》，湖南教育出版社 1986 年版。

③ 方豪：《伽利略生前望远镜传入中国朝鲜日本史略》，《方豪文录》，北平上智编译馆 1948 年版。

④ 毛宪民：《清宫望远镜管窥》，《紫禁城》1997 年第 1 期；戴念祖：《明清之际望远镜在中国的传播与制造》，《燕京学报》2000 年第 11 期；刘善龄：《望远镜传入中国》，《世界知识》2001 年第 1 期；王川：《西洋望远镜与阮元望月歌》，《学术研究》2004 年第 4 期；孙承晟：《明清之际西方光学知识在中国的传播及其影响——孙云球〈镜史〉探究》，《自然科学史研究》2007 年第 3 期；王广超、吴蕴豪、孙小淳：《明清之际望远镜的传入对中国天文学的影响》，《自然科学史研究》2008 年第 3 期；纪建勋：《我国制造望远镜第一人薄珏及其与西学关系之考辨》，《史林》2013 年第 1 期。

物院所藏"七政仪"和"浑天合七政仪"——纪念哥白尼诞生五百周年》① 一文中，介绍了七政仪和浑天合七政仪的外观、内部构造及用途。邓可卉所撰《面东西日晷在清代的发展》②，缕述了西方日晷的传入、发展和仿制，探讨了面东西日晷的制作原理和使用方法。作者指出，面东西日晷是中西汇通的产物。张柏春《明末欧洲式天文仪器的试制与使用》③ 一文，记述了明末传教士发现中国天文仪器的不足，继而推介欧洲天文仪器的史实，并探究了西式天文仪器在中国的早期试制和使用情况。樊军辉、葛彬、杨江河在《浅谈明清传教士传播天文知识的贡献及其局限性》④ 中，列举了明清时期由传教士带入中国的天文仪器、天文历算和天文著作。作者指出，传教士的天文传播具有局限性，如"日心说"没有及时传到中国，望远镜也没能在中国正常使用。

机械钟表方面，《清朝皇家贵族使用的进口钟表》、《清宫钟表珍藏》、《时钟之美》、《日升日恒——故宫珍藏钟表文物》、《故宫里的古董钟表》、《你应该知道的 200 件钟表》、《清宫收藏的雅克·德罗钟表浅析》、《清宫钟表集萃：北京故宫珍藏》、《故宫钟表》⑤ 等文，介绍了实物钟表种类、构造、样式特征；《欧洲机械钟的传入和中国近代钟表业的发展》、《流传清廷的英国钟表》、《清宫做钟处》、《明清时期欧洲机械钟表技术的传入及有关问题》、《中国近代机械计时器的早期发展》、《明清之际西洋钟表在中国的传播》、《清朝前期西洋钟表的仿制与生产》、《明清之际自鸣钟在江南地区的传播与生产》、《中国计时仪器通史》（近代卷）、《揭秘清宫"御制"仿西洋式木楼钟——记一座清宫"御制"西洋式木楼钟的修复》⑥ 等文，论述了西洋钟表的传播与仿制；《清朝皇帝与西洋钟表》、

———————————

① 刘炳森、马玉良、薄树人：《略谈故宫博物院所藏"七政仪"和"浑天合七政仪"——纪念哥白尼诞生五百周年》，《文物》1973 年第 9 期。

② 邓可卉：《面东西日晷在清代的发展》，《中国科技史料》1999 年第 1 期。

③ 张柏春：《明末欧洲式天文仪器的试制与使用》，《中国科技史料》2000 年第 1 期。

④ 樊军辉、葛彬、杨江河：《浅谈明清传教士传播天文知识的贡献及其局限性》，《湖南文理学院学报》（社会科学版）2008 年第 4 期。

⑤ 齐凤山、谢宇：《清朝皇家贵族使用的进口钟表》，《中国对外贸易》1994 年第 12 期；故宫博物院：《清宫钟表珍藏》，紫禁城出版社 1995 年版；罗戟：《时钟之美》，《东南文化》2002 年第 10 期；陈浩星：《日升日恒——故宫珍藏钟表文物》，澳门艺术博物馆，2004 年；侯燕俐：《故宫里的古董钟表》，《中国企业家》2005 年第 8 期；关雪玲：《你应该知道的 200 件钟表》，《故宫收藏丛书》，紫禁城出版社 2007 年版；关雪玲：《清宫收藏的雅克·德罗钟表浅析》，《中国历史文物》2007 年第 3 期；郎秀华、秦小培：《清宫钟表集萃：北京故宫珍藏》，外文出版社 2008 年版；故宫博物院：《故宫钟表》，《故宫经典丛书》，紫禁城出版社 2008 年版。

⑥ 陈祖维：《欧洲机械钟的传入和中国近代钟表业的发展》，《中国科技史料》1984 年第 1 期；朱培初：《流传清廷的英国钟表》，《紫禁城》1987 年第 2 期；刘月芳：《清宫做钟处》，《故宫博物院院刊》1989 年第 4 期；张柏春：《明清时期欧洲机械钟表技术的传入及有关问题》，《自然辩证法通讯》1995 年第 2 期；戴念：《中国近代机械计时器的早期发展》，《中国计量》2004 年第 2 期；汤开建、黄春艳：《明清之际西洋钟表在中国的传播》，《暨南史学》，2005 年；汤开建、黄春艳：《清朝前期西洋钟表的仿制与生产》，《中国经济史研究》2006 年第 3 期；汤开建、黄春艳：《明清之际自鸣钟在江南地区的传播与生产》，《史林》2006 年第 3 期；陈美东、华同旭：《中国计时仪器通史》（近现代卷），安徽教育出版社 2011 年版；亓昊楠：《揭秘清宫"御制"仿西洋式木楼钟——记一座清宫"御制"西洋式木楼钟的修复》，《文物世界》2013 年第 5 期。

《清代图像上的西洋钟表》① 等，探究了西洋钟表对上层社会的影响；《明清之际广州市场的自鸣钟贸易》、《明清时期广州与西洋钟表贸易》、《广州十三行与清代中期钟表业的发展》② 等，阐述了西洋钟表在华贸易的情况。各类研究论著洋洋大观、不胜枚举。所幸郭福祥《十年来宫廷钟表史研究述评》③，不但对近十年钟表史研究作了细致的综述，同时也对早期钟表史研究进行了回顾。此文缕述了大量钟表研究论著和近年来实物、档案资料汇编，此不赘述。

此外，学者还对计算器、温度计、湿度计等科学仪器进行了研究。刘宝建所撰《清帝的手动计算器》④，介绍了西方发明的纳白尔算筹、手摇计算器，以及我国自制的数台手动计算器。潘吉星《温度计、湿度计的发明及其传入中国、日本和朝鲜的历史》⑤ 一文，介绍了温度计、湿度计的形制和运作原理，并通过史料证明，中国制造和使用这两种仪器的时间要早于日本和朝鲜。

第四，武器。

西方列强利用坚船利炮轰开了中国的大门，将其拉入了近代化轨道。西方发明制造的先进武器，作为西器东传的一部分，也受到学界瞩目。林文照、郭永芳《佛郎机火铳最早传入中国的时间考》⑥ 一文，考证了佛郎机铳传入中国、开始仿制和批量生产的时间。李映发《明末对红夷炮的引进与发展》⑦，探讨了明万历年间红夷炮的传入和引进途径，认为红夷炮传入中国，不仅丰富了我国的火器类别，而且获得了火器制造中的西洋科学技术。张柏春在《中国近代机械工程一百年》⑧ 中，叙述了中国对西方近代船炮的接受、采用及仿制。顾卫民《明末耶稣会士与西洋火炮流入中国》⑨ 一文探究了西洋火器的传入途径，以及明末较大规模输入中国的原因。此外《天启二年红夷铁炮》、《耶稣会士与火器传入》、《明清时期红夷大炮的兴衰与两朝西洋火器发展比较》、《明末清初西方火器传华的两个阶段》、《中国疆域底定视域下的西洋火器之海上传入及使用》等文，也都涉及了西方武器的传入、使用和仿制，各具特色。⑩ 还有些文章对武器的样式、构造和类别

---

① 李素芳：《清朝皇帝与西洋钟表》，《紫禁城》2006 年第 2 期；李理：《清代图像上的西洋钟表》，《荣宝斋》2014 年第 4 期。

② 黄春艳：《明清之际广州市场的自鸣钟贸易》，《商场现代化》2006 年第 15 期；叶农：《明清时期广州与西洋钟表贸易》，《广东社会科学》2008 年第 2 期；冷东：《广州十三行与清代中期钟表业的发展》，《岭南文史》2012 年第 1 期。

③ 郭福祥：《十年来宫廷钟表史研究述评》，《故宫学刊》2014 年第 2 期。

④ 刘宝建：《清帝的手动计算器》，《紫禁城》2006 年第 7 期。

⑤ 潘吉星：《温度计、湿度计的发明及其传入中国、日本和朝鲜的历史》，《自然科学史研究》1993 年第 3 期。

⑥ 林文照、郭永芳：《佛郎机火铳最早传入中国的时间考》，《自然科学史研究》1984 年第 4 期。

⑦ 李映发：《明末对红夷炮的引进与发展》，《西南师范大学学报》（哲学社会科学版）1991 年第 1 期。

⑧ 张柏春：《中国近代机械工程一百年》，《自然辩证法通讯》1991 年第 3 期。

⑨ 顾卫民：《明末耶稣会士与西洋火炮流入中国》，《历史教学问题》1992 年第 5 期。

⑩ 周铮：《天启二年红夷铁炮》，《中国历史博物馆馆刊》1983 年第 5 期；韦庆远：《清王朝的缔建与红衣大炮的轰鸣》，《中国文化》1993 年第 3 期；康志杰：《耶稣会士与火器传入》，《江汉论坛》1997 年第 10 期；刘鸿亮：《明清时期红夷大炮的兴衰与两朝西洋火器发展比较》，《社会科学》2005 年第 12 期；尹晓冬、仪德刚：《明末清初西方火器传华的两个阶段》，《内蒙古师范大学学报》（自然科学版）2007 年第 4 期；于逢春：《中国疆域底定视域下的西洋火器之海上传入及使用》，《江西社会科学》2013 年第 11 期。

进行了研究。如张一文所撰《太平军所使用的兵器》①，介绍了太平军所用洋枪洋炮的种类及特点。冯震宇《论佛郎机在明代的本土化》② 一文，概括了佛郎机的子母铳结构、铁箍木裹、最大射程、有效射程等技术要素，提出了佛郎机的主要量化标准，分析了佛郎机优于传统火器的原因。此外，有些学者对明末清初的火器著作进行研究，以期进一步了解西洋火器的结构、种类、用途及铸造方法。如《明末一部重要的火器专著——〈西法神机〉》、《明末两部"西洋火器"文献考辨》、《明末清初几本火器著作的初步比较》、《17 世纪传华西洋铜炮制造技术研究——以〈西法神机〉、〈火攻挈要〉为中心》③ 等。

四、不同视域下的西器东传研究

在不同视域下，西器东传研究的角度与方法也呈现出不一样的特征。

第一，以传教士为线索的西器东传研究。

西器最初是以传教士为载体传入中国的，因此在研究明清传教士的论著中，不少与西器东传研究直接相关。如鞠德源所撰《清代耶稣会士与西洋奇器》④，便以耶稣会士的相继入华为线索，对传入中国的西洋物品进行了考察，探究了西洋物质文明在中国传播和产生影响的过程，以及科学技术在明朝有所进步，在清朝却止步不前的缘由。顾卫民《明末耶稣会士与西洋火炮流入中国》⑤ 一文，论述了西洋火炮始入中国、大规模输入以及铸改新炮这三个阶段分别与传教士的关系。顾宁《汤若望进呈顺治皇帝的新法地平日晷》⑥，介绍了由德国传教士进呈，现藏于故宫博物院的新法地平日晷的形制及特点，并以此为切入点，缕述了西式日晷在中国的传入、发展和制造历程。加拿大蒂尔贡、李晟文所撰《明末清初来华法国耶稣会士与"西洋奇器"——与北美传教活动相比较》⑦，探讨了法国传教士入华所携带西洋物品的数量与种类。作者认为，法国传教士传入中国的"奇器"，数量上大大超过了北美，种类上大体可分为五类，即日常用品与工具、科技工艺品、宗教艺术品、传教用具以及武器。作者还指出，这些可贵的西方科技成果并未得到充分利用，随着传教士的离开，这些奇器大多销声匿迹，或者弃置深宫。杨泽忠《利玛窦与西方投影几何之东来》⑧，介绍了利玛窦来华所带地图、星盘、日晷、圣母像、三棱

---

① 张一文：《太平军所使用的兵器》，《军事历史》1997 年第 1 期。
② 冯震宇：《论佛郎机在明代的本土化》，《自然辩证法通讯》2012 年第 3 期。
③ 林文照、郭永芳：《明末一部重要的火器专著——〈西法神机〉》，《自然科学史研究》1987 年第 3 期；徐新照：《明末两部"西洋火器"文献考辨》，《学术界》2000 年第 2 期；尹晓冬：《明末清初几本火器著作的初步比较》，《哈尔滨工业大学学报》（社会科学版）2005 年第 2 期；尹晓冬：《17 世纪传华西洋铜炮制造技术研究——以〈西法神机〉、〈火攻挈要〉为中心》，《中国科技史杂志》2009 年第 4 期。
④ 鞠德源：《清代耶稣会士与西洋奇器》，《故宫博物院院刊》1989 年第 2 期。
⑤ 顾卫民：《明末耶稣会士与西洋火炮流入中国》，《历史教学问题》1992 年第 5 期。
⑥ 顾宁：《汤若望进呈顺治皇帝的新法地平日晷》，《中国科技史料》1995 年第 1 期。
⑦ ［加］蒂尔贡、李晟文：《明末清初来华法国耶稣会士与"西洋奇器"——与北美传教活动相比较》，《中国史研究》1999 年第 2 期。
⑧ 杨泽忠：《利玛窦与西方投影几何之东来》，《科学技术与辩证法》2004 年第 5 期。

镜等物品的形制和用途，以及物品所蕴含的投影几何概念、原理和性质。张国刚《耶稣会传教士与欧洲文明的东传——略述明清时期中国人的欧洲观》① 一文，缕述了明清时期由传教士带来的西方物质文明，包括各类武器、纺织品、玻璃制品、各式花露、葡萄酒等，其中着重介绍了火炮和机械钟表。作者认为，耶稣会士介绍西方文明的初衷并非是要把中国推向近代化潮流，而是为了传播上帝的福音，使中国人皈依天主教。董建中所撰《传教士进贡与乾隆皇帝的西洋品味》②，总结了传教士进贡的三种方式，并通过传教士进贡折射出乾隆皇帝的西洋品味，一是对西洋器物无限好奇，二是对西洋物品广泛喜爱，三是对西洋绘画持久热爱。

有些论著着眼于研究传教士本身，或分析其在中西文化交流史层面的意义，涉及西方物质文明的内容较少。虽然这些论著同样对于西器东传研究具有启示性作用，但限于篇幅，故不一一叙述。③

第二，明清小说中的西器东传研究。

明清小说里的故事情节固然是虚构的，但作者在写作过程中不可避免地会受到时代的影响，将现实的生活场景、社会风尚、典章制度融入到作品之中。多年来，不少学者通过明清小说对西洋器物进行考辨，成果卓著。《红楼梦》作为明清四大名著之一，又是一本展现明清生活画卷的小说，自然备受瞩目。20 世纪以来，研究《红楼梦》中西洋物质文明的论著比比皆是。1928 年，昌群所撰《红楼梦里的西洋物质文明》④，将《红楼梦》中所记载的西洋器物进行了细致的罗列，并提出《红楼梦》作者曾受到西洋物质文明影响的观点。其后，方豪发表数篇论文，如《红楼梦新考》、《康熙时曾经进入江宁织造局的西洋人》、《红楼梦所记钟表修理师》、《红楼梦九十二回所记汉宫春晓围屏的来历》、《从〈红楼梦〉所记西洋物品考故事的背景》等，皆对《红楼梦》中的西洋器物进行了考释，并以此探究曹雪芹所生活的时代背景。⑤ 此后，《红楼梦》与西方物质文明研究逐渐成为

① 张国刚：《耶稣会传教士与欧洲文明的东传——略述明清时期中国人的欧洲观》，《世界汉学》2005 年第 1 期。

② 董建中：《传教士进贡与乾隆皇帝的西洋品味》，《清史研究》2009 年第 3 期。

③ 这些论著散见于明清传教士研究综述中，笔者将其列出，以供参考。耿昇：《法国近年来对入华耶稣会士问题的研究》，《中国史研究动态》1987 年第 3 期；何桂春：《近十年来中国基督教史研究综述》，《世界宗教研究》1991 年第 4 期；何桂春：《十年来明清在华耶稣会士研究述评》，《中国史研究动态》1992 年第 5 期；王美秀：《西方的中国基督宗教研究》，《世界宗教研究》1995 年第 4 期；耿昇：《法国学者近年来对中学西渐的研究》（专著部分上、中、下），《中国史研究动态》1995 年第 4、5、9 期；陈伟明：《近年明清中外文化交流史研究述评》，《中国史研究动态》1995 年第 12 期；莫小也：《近年来传教士与西画东渐研究评述》，《中国史研究动态》1996 年第 11 期；张先清：《1990—1996 年间明清天主教在华传播史研究概述》，《中国史研究动态》1998 年第 6 期；[法] 詹嘉玲：《法国对入华耶稣会士的研究》，耿昇译，《东西交流论谭》第 1 辑，上海文艺出版社 1998 年版；王丽：《近十年基督教在华活动研究综述》，《首都师范大学学报》（社会科学版）2004 年第 3 期；张西平：《百年利玛窦研究》，《世界宗教研究》2010 年第 3 期；林金水、代国庆：《利玛窦研究三十年》，《世界宗教研究》2010 年第 6 期；孙彩霞：《明末清初天主教传华史研究的回顾与反思》，《中州大学学报》2014 年第 2 期。

④ 昌群：《红楼梦里的西洋物质文明》，《贡献》1928 年第 3 卷第 2 期。

⑤ 前四篇文章皆收录于吕启祥、林东海所编：《红楼梦研究稀见资料汇编》，人民文学出版社 2001 年版。最后一篇出自《方豪六十自定稿》，台湾学生书局 1969 年版，第 420 页。

热点，随之涌现大量论著，如《〈红楼梦〉中的进口物品与对外贸易》、《红楼器物谈》、《清宫档案所见之〈红楼梦〉器物》、《〈红楼梦〉中的外国货》、《"始知创物智，不尽出华夏"——〈红楼梦〉中的西方器物形象研究》①，总述了红楼梦中的西洋器物。《洋漆、眼镜、金星玻璃——〈红楼梦〉中外洋方物三题》、《重识"玻璃楼"》、《琉璃、玻璃与〈红楼梦〉》、《〈红楼梦〉中的玻璃》、《玻璃的富贵》、《论〈红楼梦〉中的玻璃制品》等文②，探讨了《红楼梦》中所出现的玻璃制品。此外，不少文章分别对《红楼梦》中的钟表、织物、鼻烟、药品、自行船等物品进行了考辨。③ 除《红楼梦》之外，学者们对清初作家李渔所著短篇小说集《十二楼》之《夏宜楼》中出现的西洋器物进行了探研。郭永芳《清初章回小说〈十二楼〉中的一份珍贵光学史料》一文④，介绍了小说《十二楼》中所描写的有关望远镜的珍贵史料。任增强所撰《〈夏宜楼〉中的西洋望远镜》⑤ 指出，李渔在利用望远镜推动故事发展的同时，不经意地对望远镜的来历、构造和仿制情况进行了科普。因此，作者反驳了有些论者声称"夏宜楼"是科幻小说的观点，认为它是介绍西方先进物质文明的科普小说。

第三，以通商贸易为口径的西器东传研究。

晚清五口通商后，大规模的西洋器物通过各通商口岸涌入中国，这为西器东传的研究提供了口径，也使西器东传的研究具备了区域性的特征。因此，一些探究明清区域商品经济或对外贸易的论著中，也部分包含着西器东传的内容。欧阳跃峰、叶东所撰《近代芜湖海关与对外贸易》⑥，提及了由芜湖海关进入的洋纱、洋布、洋油、洋烟、玻璃、鸦片等数十种进口商品，并论述了这些洋货对芜湖的经济社会产生的不良影响，认为外国商品过多输入芜湖市场，抑制了芜湖民族工商业的发展，而鸦片更是极大地危害了芜湖民众的

---

① 顾宗达：《〈红楼梦〉中的进口物品与对外贸易》，《红楼梦学刊》1984 年第 4 期；朱松山：《红楼器物谈》，《红楼梦学刊》1987 年第 4 期；杨乃济：《清宫档案所见之〈红楼梦〉器物》，《紫禁城》1987 年第 4 期；王伟瀛：《〈红楼梦〉中的外国货》，《中国档案报》2003 年 8 月 15 日；王雪羚：《"始知创物智，不尽出华夏"——〈红楼梦〉中的西方器物形象研究》，上海师范大学硕士学位论文，2013 年。

② 盖东升：《洋漆、眼睛、金星玻璃——〈红楼梦〉中外洋方物三题》，《艺术信息与交流》2000 年第 2 期；臧寿源：《重识"玻璃楼"》，《红楼梦学刊》2004 年第 4 期；孟晖：《琉璃、玻璃与〈红楼梦〉》，《紫禁城》2004 年第 2 期；苗圃：《〈红楼梦〉中的玻璃》，《学理论》2008 年第 17 期；孟晖：《玻璃的富贵》，《紫禁城》2009 年第 3 期；刘相雨：《论〈红楼梦〉中的玻璃制品》，《红楼梦学刊》2010 年第 5 期。

③ 彭昆仑：《"汪恰洋烟"新释》，《红楼梦学刊》1990 年第 4 期；张寿平：《〈红楼梦〉中所见的钟与表》，《红楼梦学刊》1995 年第 4 期；于波：《〈红楼梦〉中织物考辨》，《红楼梦学刊》2005 年第 2 期；童力群：《论以"西洋自行船"来确定〈红楼梦〉庚辰本定稿于乾隆三十五年以后》，《唐都学刊》2006 年第 1 期；原所贤、暴连英：《西学东渐的历史明证——〈红楼梦〉中的西洋药考释》，《河南教育学院学报》（哲学社会科学版）2007 年第 2 期。

④ 郭永芳：《清初章回小说〈十二楼〉中的一份珍贵光学史料》，《中国科技史料》1988 年第 2 期。

⑤ 任增强：《〈夏宜楼〉中的西洋望远镜》，《科技导报》2014 年第 7 期。

⑥ 欧阳跃峰、叶东：《近代芜湖海关与对外贸易》，《北华大学学报》（社会科学版）2009 年第 6 期。

身心健康。周德钧、汪培、王耀《近代武汉商业革命述论》①一文指出，武汉开埠之后，洋纱、洋布、洋油、洋火、洋药、五金电料、化工染料等西方工业品大量涌入武汉市场，给武汉传统商品市场造成了巨大的冲击。这些文章受主题所限，并未对西器作过多的具体描述。2005 年以后，几篇有关区域商品贸易的硕博士论文，更为详细地涉及了晚清以来的西器东传。蒋建国《晚清广州城市消费文化研究》②，详细介绍了广州市场中洋货的进口数额、品种、发展状况、宣传和推销情况，论述了大众西洋观的形成和消费观的改变，并论及洋货对传统工商业的冲击和推动。赵树廷所著《清代山东对外贸易研究》③，罗列了烟台、青岛开埠之后的进口洋货的种类和数量。作者指出，烟台所进口的大宗洋货中，鸦片为当时最主要的商品，其次是棉布、毛织品、棉纱等轻纺织品，再次为机制金属品和矿产品，其余为生活用品。青岛开埠晚于烟台，因而进口产品种类和数量有所不同，鸦片、棉纱、毛织品不再是主要进口商品，糖、铁路材料、开矿材料的进口量则显著增加，此外青岛还进口了纸张、火柴和染料。王少清的博士论文《晚清上海：西方物质文明与新知识群体的近代体验（1843—1894 年）》④，列举了开埠之后进入上海的西洋物质文明，如缝纫机、煤气灯、电灯、电话、电报、自来水、火车等，并一一作了详细介绍。作者认为，"以晚清上海为重要窗口的西方近代物质文明的进入在中国近代化进程中有着无可替代的影响"，并引用唐振常的观点指出"物质文明相对政治制度和思想来说更容易移植和引进，比精神层面的东西更容易被中国人接纳"⑤。杨志军《近代湖南区域贸易与社会变迁（1860—1937）》⑥，将湖南进口洋货分为四大类：一为饮食品和烟草，二为原料及半制品，三为制造品，四为杂货。作者指出，洋货的大量涌入对湖南原有的城乡手工业造成了极大破坏，湖南本土的棉纺织业和煤铁业在与进口棉布、棉纱、煤铁的竞争中迅速衰落，这极大地破坏了湖南农村原有的生产力。

第四，西器东传对中国社会生活影响的探讨。

西方物质文明传入中国后，人们的消费观念和社会生活都产生了影响，不少学者从这个角度对西器东传展开了研究。卢汉超《西方物质文明在近代上海》⑦一文，论述了交通、照明、给水等"洋玩意儿"进入中国的历程，探寻了市民从疑惧到接受的心理过程，揭示了西方物质文明对中国社会生活的影响。苏生文、赵爽所撰《西方物质文明与晚清民初的中国社会》（上、下）⑧，探究了西器的传入对大众思想观念产生的影响。作者指

① 周德钧、汪培、王耀：《近代武汉商业革命述论》，《江汉大学学报》（社会科学版）2008 年第 2 期。

② 蒋建国：《晚清广州城市消费文化研究》，暨南大学博士学位论文，2005 年。

③ 赵树廷：《清代山东对外贸易研究》，山东大学博士学位论文，2006 年。

④ 王少清：《晚清上海：西方物质文明与新知识群体的近代体验（1843—1894 年）》，南开大学博士学位论文，2009 年。

⑤ 唐振常：《市民意识与上海社会》，《二十一世纪》1992 年第 6 期。

⑥ 杨志军：《近代湖南区域贸易与社会变迁（1860—1937）》，湖南师范大学博士学位论文，2010 年。

⑦ 卢汉超：《西方物质文明在近代上海》，《史林》1987 年第 2 期。

⑧ 苏生文、赵爽：《西方物质文明与晚清民初的中国社会》（上、下），《文史知识》2008 年第 1、2 期。

出，鸦片战争之前，西方的"精奇器物"只是皇家和富贵人家的摆设，对中国社会的影响较小。而鸦片战争之后，西方的物质文明和生活方式对中国社会产生了颠覆性的影响，中国社会经历了从视洋物为"奇技淫巧"到"仿洋改制"，从"最恶洋货"到"以洋为尚"，从"文明排外"到"逆流而上"的三个历史分期。作者认为，西方物质文明的引进虽不比维新、革命运动有深度，但是却对社会造成了巨大影响，因为对于老百姓而言，饮食、服饰和风俗习惯与其息息相关，只要稍微作一改变，就可能引起惊涛骇浪。郭立珍《清朝中期洋货进口对中国消费生活产生的影响》① 一文，探讨了清中期洋货进口的种类、规模及构成特点，作者认为，清中期进入中国的洋货逐步增多，得到了皇室、贵族和富商的青睐，崇洋的消费现象已经在沿海和京城地区萌芽，这些地区的消费结构和消费观念也随之发生了变革。李长莉《晚清"洋货"消费形象及符号意义的演变》②，介绍了晚清时期进入中国的洋货，由初销到流行再到普及的三个阶段，并探讨了洋货在国人心中的消费形象由"奢侈品"到"时尚品"再到"实用品"的转变过程。王敏在《近代"洋货"入侵与洋货消费观念变迁研究》③ 中谈到，鸦片战争后，面对洋货大规模涌入中国的现实，民众最初赋予其"妖魔化"的想象，但在切身感受到"洋货"的优越性之后，开始全面接受"洋货"。作者认为，正是中国人通过亲身经历体验到了西方物质文明的优越，才引发了"师夷长技以制夷"的现代化诉求。

五、西器东传研究的不足与前景

综上所述，自西器东传研究进入学者视线以来，出现了一些优秀论著，提供了不同的研究理念，但同时也存在着一些不足。

第一，史料挖掘尚不充分。纵观西器东传论著，鲜有用到清代档案。档案是珍贵的第一手资料，"档案的利用程度毕竟制约着研究的深度"④，如果忽视档案的利用，学术性和可信度都会大打折扣。另外，作为中西交通的课题，外文资料的使用必不可少，然而遗憾的是，很少有学者涉及。

第二，研究深度欠缺。目前学界对"西器东传"作系统研究的论著较少，且多为通俗性读物，旨在突出著作的科普性、趣味性和可读性。而单一器物研究的论著虽然较多，涉及范围也广泛，但不少文章旨在展示器物的特征和收藏鉴赏价值，篇幅短小，深度略显不足。

第三，主题不明。就目前涉及"西器东传"的文章来看，从传教士、明清小说、对外贸易三方面涉及西器东传的论文较多。但限于主题和篇幅，只能部分地概括西器东传的内容和特性。

---

① 郭立珍：《清朝中期洋货进口对中国消费生活产生的影响》，《兰州商学院学报》2009 年第 2 期。

② 李长莉：《晚清"洋货"消费形象及符号意义的演变》，《城市史研究》2013 年第 29 辑。

③ 王敏：《近代"洋货"入侵与洋货消费观念变迁研究》，《云南大学学报》（社会科学版）2015 年第 1 期。

④ 陈锋：《20 世纪的晚清财政史研究》，《近代史研究》2004 年第 1 期。

第四，论著主要集中在政治史层面。不少文章对西器的种类、数量、传播路径作了详细的描述，并总结了西器东传对中国社会生活的影响及对近代化进程产生的推动作用，但对西器传入对市民生活产生影响的描述不多，这或许是受市民对西器切身体验的材料的欠缺所致。

随着新史料的不断发掘和学术视野的逐渐开阔，西器东传的研究视角将更加宽广。跨学科和多维度的研究方法，将使西器东传研究更为立体，重新解读"西器东传"成为一种新兴的研究路径。笔者从以下五点来谈一谈西器东传的研究趋势和前景。

第一，社会史取向的政治史研究。以往的西器东传研究，大多偏重于上层社会。不少论著以简明扼要的文字，系统介绍了故宫中珍藏的西洋器物状貌及对上层社会的影响，然而这里所描述的西器，仅限于王公贵族手中的玩物，不具备普遍的社会属性。改革开放之后，随着法国年鉴学派学术观念的传入，社会史在中国受到关注，西器东传研究逐步从宫廷史转向社会史研究。如上文所述《市民意识与上海社会》、《西方物质文明与晚清民初的中国社会》等文，开始观照普通民众对西洋物质文明的体验。但不可否认，西器能在中国打开局面，上层社会的决策依然是主导性因素，用西器来吸引中国统治者的注意，也是最早一批来华传教士的一种手段之一。因此，西器东传的研究，仍然应与上层政治史紧密相连。因此在今后的研究中，需要做到既关注上层社会，又关注基础社会生活，社会史取向的政治史研究，理应成为西器东传研究的主流之一。

第二，由静态向动态转变的西洋物质文明研究。目前学术界对"西器东传"的研究，大多数偏重于对西洋物质文明的静态描绘，即对"西器"的客观叙述。而对于"东传"，往往语焉不详，仅介绍其传入的途径，没有体现出"西器东传"作为一种物质文化现象的流动性。但不可否认，这些静态视角的论著，客观上开拓了国人的视野，增进了对西器的了解，同时也利于当代的甄别与收藏。这些文章是"西器东传"研究向前发展的必经之路。随着"西学东渐"研究的升温，将与其联系甚密的"西器东传"研究，推向了新的高度。有三个问题值得关注。其一，西器在明清物质文化中处于怎样的地位。其二，随着西器不断的传入，他们是如何作为商品在社会中流动。其三，不同的社会阶层又怎样来消费这些西洋物品。对这三点问题的探索，不但能把"原本是静态的存在的物质文化，转换成一种与社会生产与消费紧密相连的动态过程"，而且能够"力图让实物呈现其深层的、更为复杂的社会构架"。① 近年来，已有学者沿着这条路径展开研究，并发表了一些论文，如前文所述《近代"洋货"入侵与洋货消费观念变迁研究》、《清朝中期洋货进口对中国消费生活产生的影响》等，但这个研究方向仍然具有广阔的学术前景。

第三，中外交流史的双向互动研究。"西器东传"并非仅仅是西方先进文明传入中国的单一过程，传播的过程中展现了两种不同文明的双向互动。具体表现在两个方面，一是中国对西方文明的选择性接受。二是中国物质文明对西方文化的反作用。前者表现在中国接受西方器物与西方教义的程度不一，而后者则集中表现在带有西洋纹式的丝织品及外销

---

① 洪再新：《导读：大航海时代中国都市的艺术生活与文化消费》，［英］柯律格：《长物——早期现代中国的物质文化与社会状况》，三联书店 2015 年版，第 5 页。本段观点也是受到该书的启示。该书的"静态"、"动态"之说，主要针对奢侈文化消费品，即书中的"长物"。笔者认为，这些理论同样适用于西洋器物，因此借鉴之。

画在西洋的广泛传播。这些双向的互动给西方文明带来了一定的冲击。把握这些特征，能加深"西器东传"研究的内涵。

第四，打破学科壁垒，充分借鉴其他相关学科进行研究。纵观"西器东传"研究论著，不乏各个学科的优秀学者。如有许多音乐史专家致力于西洋乐器的研究；科技史专家则关注西方传入的各类科学仪器的分析；自然科学史专家对西方光学的传播表现出了浓厚的兴趣，他们所撰的文章分明地展现了各学科之间的差异，从技术上解决了文化史专家无法解答的问题。然而各学科之间彼此割裂，并未形成统一的整体。"西器东传"研究需要借助自然科学、文化学、心理学、宗教学等多学科的共同努力，才能客观公正地还原历史。

第五，从"西器东传"看中国近代转型。近代中国发生了不少大事变，这些扭转社会局面的事件吸引了众多学者的目光，他们从文化、制度和思想等方面考量西方世界对中国近代转型产生的影响，而西方的物质文明因过于平静地渗透着中国社会而被忽略。然而"西方物质文明的引进虽然只不过是中国近代化进程中的一些枝节或侧面，远不比维新、革命、运动那样有深度，但对社会造成的影响，是绝对不可小视的"①。因此，从"西器东传"看中国近代转型，"能够在整体上发现细微末节的重要性"②，是一条值得探索的道路。将"西器东传"与"西学东渐"结合起来，探索中国近代转型的特殊路径。

通过对以上五点问题的把握，我们能从不同的视角重新认识"西器东传"，使"西器东传"研究更为客观、立体和深刻，这也正是笔者探索实践的方向。

（作者单位：武汉大学历史学院）

---

① 苏生文、赵爽：《西方物质文明与晚清民初的中国社会》（上、下），《文史知识》2008 年第 1、2 期。

② 蒋梦麟：《西潮·新潮》，岳麓书社 2000 年版，第 42 页。

陈锋主编《晚清财政说明书》评述

□ 陈 典

    光绪三十三年（1907年）九月，宪政编查馆上奏《办事章程十三条》，在各省设立调查局，专职各省民情、风俗、商事、民政、财政、行政规章等一切调查事件。光绪三十四年（1908年），度支部、宪政编查馆奏定《清理财政章程》，在度支部设立清理财政处，各省设立清理财政局，全面调查晚清的出入款项，并要求编制各省的财政说明书，至1910年年底，由各省清理财政局编制的财政说明书基本编竣。各省的财政说明书，前冠省名，基本上是一省一本，如《河南财政说明书》（10卷）、《山东财政说明书》（不分卷）、《陕西财政说明书》（不分卷）、《甘肃财政说明书》（四编）、《浙江财政说明书》（二编）、《江西各项财政说明书》（不分卷）、《广东财政说明书》（16卷）、《湖南财政说明书》（20卷）、《云南财政说明书》（不分卷）等。初版的各省财政说明书，分散在各地，已经很少有图书馆藏有全品。1915年，北京经济学会辑录出版了"财政说明书"，这个版本包括：①《直隶全省财政说明书》，②《奉天全省财政说明书》，③《黑龙江全省财政说明书》，④《吉林全省财政说明书》，⑤《山东全省财政说明书》，⑥《河南全省财政说明书》，⑦《山西全省财政说明书》，⑧《陕西全省财政说明书》，⑨《甘肃全省财政说明书》，⑩《新疆全省财政说明书》，⑪《四川全省财政说明书》，⑫《江苏全省财政说明书》，⑬《江西全省财政说明书》，⑭《安徽全省财政说明书》，⑮《浙江全省财政说明书》，⑯《福建全省财政说明书》，⑰《湖南全省财政说明书》，⑱《湖北全省财政说明书》，⑲《广东全省财政说明书》，⑳《广西全省财政说明书》，㉑《云南省财政说明书》，㉒《贵州省财政说明书》共22种。共计20册。

    陈锋教授主编，张建民教授、任放教授等参与的9卷本《晚清财政说明书》，即是以经济学会本《财政说明书》为底本，以各省清理财政局初刻本为参校本，对此进行整理校释。共校释各省财政说明书22种，分为9卷，2015年由湖北人民出版社作为"国家清史编纂委员会·文献丛刊"之一出版。

    晚清各省财政说明书的编纂，与晚清实行预算有密切的关系。时论认为，要实行预算，一个重要的先决条件，就是要清楚各种名目的岁入与岁出。光绪三十四年（1908年），度支部、宪政编查馆奏定的《清理财政章程》共有8章35条，与财政的调查和财政说明书编纂有重要关系者虽然有很多条目，但关键之条，在于各省设立清理财政局，对各省的财政事项进行清理，编造报告册，编定详细说明书（财政说明书），为预算的编制作准备。

度支部、宪政编查馆奏定的《清理财政章程》，虽然有很多条目，但关键在于各省设立清理财政局，对各省的财政事项进行清理，编造报告册，编定详细说明书（财政说明书），为预算的编制作准备。

各省财政说明书的编纂，基本上是遵循《清理财政章程》的要求进行，如《直隶财政说明书·绪言》称："按各省清理财政局章程第十四条载，清理财政局应遵照清理财政章程第十条，将该省沿革利弊，编订详细说明书。又按清理财政章程第十条载，清理财政局应该将该省财政利如何兴，弊如何除，何项向为正款，何项向为杂款，何项向系报部，何项向未报部，将来划分税项时，何项应属国家税，何项应属地方税，分别性质，酌拟办法，编订详细说明书，送部候核各等语。窃绎上项章程之意，说明书以分别地方、国家两税为最重要。诚以预算表既须斟酌国家经费与地方经费，则收入税项自应亟为区别。爰遵部颁调查条款次第，为说明书之次第。"《奉天财政说明书·凡例》称："本说明书遵照清理财政章程第十条分别办理。""总叙"又称："前年清理财政，始设专局（即奉天清理财政局），于岁入、岁出两部乃能渐有端倪。其历年收支数目及大概情形，前送之报告册、说明书可覆而按也。"《安徽财政说明书·凡例》称："一、本书遵照大部清理财政章程第四条，调查本省沿革利弊，分别门类，按照部颁条款岁入门，本省收款十二类，分为十二编依次说明。一、本书遵照清理财政章程第十条，将本省财政之利弊、如何兴除，分别正款、杂款及已未报部，且说明国家税、地方税之区别，以为划分税项之参考。凡关于利弊性质，靡不搜求考证，酌拟办法，呈候鉴核。"《湖南财政说明书·例言》称："是编遵照部章，将全省财政款目分门别类，逐款详细说明，其款目次第查照调查条款，参照预算总册式，分类编订。"《广东财政说明书·凡例》称："一、编订此项财政说明书，系遵照度支部颁行清理财政章程第十条办理。一、凡关于财政一切沿革、利弊，经由本局（即广东清理财政局）照章调查，现分岁入、岁出二门，按款说明，编辑成书。一、书中所编类目，系依部颁调查条款及预算册式，参核酌定。"

各省的财政说明书于宣统元年（1909 年）起陆续编纂，按照《清理财政章程》第十条的规定，应该于宣统二年六月编定并咨送到部。有些省份很快完成，如陕西清理财政局于宣统元年五月即告完成。① 有些省份依限完成，如浙江清理财政局于宣统元年三月开始编纂，于宣统二年六月中完成。② 有些省份稍有延误，黑龙江清理财政局于宣统二年八月初完成③，云南于宣统二年十月初完成④。有些省份则拖延至年底或次年。

值得注意的是，各省财政说明书的编纂体例，虽然《清理财政章程》第十条有"清理财政局应该将该省财政利如何兴，弊如何除，何项向为正款，何项向为杂款，何项向系报部，何项向未报部，将来划分税项时，何项应属国家税，何项应属地方税，分别性质，酌拟办法，编订详细说明书，送部候核"的大致要求，但并没有统一的体例规划，所以导致了各省财政说明书在体例上的混乱。

就现有各省财政说明书的体例而言，各有不同，大致可分为三种情况：

① 《陕西财政说明书·总叙》。
② 档案，宣统二年六月二十八日增韫奏：《为浙江省遵章编订财政说明书，依限咨送事》。
③ 《黑龙江财政说明书》卷首《奏折》，黑龙江巡抚周奏编送江省财政说明书折。
④ 《云南财政说明书》卷首，云贵总督部堂李札行云南清理财政局文。

　　第一种情况是按照调查条款及预算册式进行编纂。如《广东财政说明书·凡例》称："书中所编类目，系依部颁调查条款及预算册式，参核酌定。"《湖南财政说明书·例言》称："编中所列各款，查照报告总册及预算总册内所有现今存在款目，其从前所有而现已裁停及上年新筹而尚未实行者概不列入。"《云南财政说明书·例言》称："是书分别门类，系遵照部颁调查条款，并就本省报告册所列事例，参酌编订。"这一类的财政说明书一般都有岁入与岁出部分，材料详实，有较高的史料价值。如《广东财政说明书》"入款"分田赋、盐课税厘、关税、正杂各税、土药税、厘金、正杂各捐、捐输、官业收入、杂收入10类。"出款"分解款、协款、行政总费、交涉费、民政费、财政费、典礼费、教育费、司法费、军政费、实业费、交通费、工程费、官业支出14类。《湖南财政说明书》除"总论"部分的湖南财政总说、湖南丁漕总说、湖南盐务总说、湖南矿务总说、湖南全省平量概说、湖南各府厅州县解款概说外，"入款"分田赋、漕粮、租课、盐课税厘、茶课税厘、杂税、厘金、杂捐、官业收入、杂收入10类。"出款"分解款、行政总费、民政费、典礼费、财政费、教育费、司法费、军政费、实业费、交通费10类。《云南财政说明书》"岁入"分协款、田赋、盐茶税课、关税、杂税、厘金、捐输、官业、杂款、杂收入10类。"岁出"分解款、行政总费、交涉费、民政费、财政费、典礼费、教育费、司法费、军政费、实业费、交通费、工程费12类。《山东财政说明书》"岁入"分田赋、漕粮、盐课税厘、土药税、关税、厘金、杂税、杂捐、捐输、官业、杂款11类。"岁出"分解款、协款、行政总费、交涉费、典礼费、民政费、财政费、教育费、司法费、军政费、实业费、交通费、工程费、公债费14类。《陕西财政说明书》"岁入"分部款、协款、正赋、杂赋、杂入、芦课、渔课、杂课、铁课、荒价、屯卫粮租、仓粮、盐课税厘、茶课税厘、土药税、行店各捐、牌照各捐、关税、杂税、厘捐、杂捐、捐输、官业、杂款24类。"岁出"分解款、协款、行政费、交涉费、民政费、财政费、典礼费、教育费、司法费、军政费、实业费、交通费、工程费13类。

　　第二种情况是分类编纂，有岁入，无岁出。如《福建财政说明书》分为田赋类沿革利弊说明书、粮米类沿革利弊说明书、盐课类沿革利弊说明书、厘捐类沿革利弊说明书、关税类沿革利弊说明书、茶税类财政沿革利弊说明书、杂税类沿革利弊说明书、杂捐类沿革利弊说明书、官业类沿革利弊说明书、杂款类沿革利弊说明书。《四川财政说明书》分地丁说明书、津贴说明书、捐输说明书、新加捐输说明书、盐课厘说明书、盐引税说明书、盐羡截说明书、盐斤加价说明书、茶课税厘说明书、茶票息厘说明书、滇黔边计官运说明书、计岸官运说明书、当牙碾鱼课说明书、关税说明书、百货厘金说明书、契税说明书、肉厘说明书、酒税说明书、油捐说明书、糖捐说明书、磺务说明书、土税说明书、烟土行用说明书、司库各项减平说明书、司库杂款说明书、司库常捐各款说明书、司库赈捐各款说明书、公家营业说明书、各属地方杂税说明书、各属地方公款说明书、各属地方公产说明书、各属地方营业说明书、各属收入手数料说明书。《新疆财政说明书》分新疆清理财政局拟订藩道各库收支章程、新疆清理财政局编订说明书、新疆各署局所学堂普通收支章程。《贵州财政说明书》仅为田赋、厘税2类。

　　第三种情况是采取了新式章节体，以江苏等省财政说明书为代表。据《江苏宁属财政说明书·弁言》称："说明书之体例、办法，无可折衷。初拟根据预算，以事为纲，继恐细数难详，无由考核，乃酌定按照各署局所，逐一说明，以期详晰。数月以来，督饬承办科员，各就编成报册，分别采择，著之于篇，分章、分节、分项，取便依类检查。"按章、节编写，以行政单位为载体，如《江苏宁属财政说明书》第一章为"两江总督衙门"，第二章为"江宁藩司衙门"，第三章为"江安粮道衙门"等，每章之下，分详考来源、收款方法、分别性质、研究利弊、解支类别、审定支款等节。《江苏省苏属税项说明书》体例相同，亦是按章、节，第一章为"序言"，第二章为"税项类别"，第三章为"税项界说"等。《苏属省预算说明书》又分甲、乙、丙、丁等编，编下为帙，帙下为章，如甲编第一帙为"受协各款"，第一章为"外省协款"，第二章为"宁属协款"，第三章为"各关协款"。

以上是晚清各省财政说明书编纂的大致情况。

晚清各省财政说明书的整理，《晚清财政说明书》从国家清史编纂委员会2005年立项，到湖北人民出版社2015年正式出版，时间长达10年，可以说，陈锋教授等对晚清财政说明书的点校、整理十分认真，除严格按照国家清史编纂委员会的《文献整理工作通则》进行整理，断句准确、点校规范、录入细致外。该书具有如下明显的特色：

第一，以1915年经济学会编辑的《财政说明书》为底本，以1909—1912年各省清理财政局陆续编订的财政说明书为参校本，不但做到了文献整理的"互校"要求，而且更富史料价值。尤其是《山东财政说明书》，经济学会本有较多的遗漏，有的甚至是大段脱文，此次整理，已经依据初刻本进行了校补。如"省城各官立学堂经费"款目下，就增加了若干表格（管理员司薪津表、教员薪津表、师范学堂经费表等）。

第二，在有关省份的财政说明书后附录了相关的重要资料，如《湖南财政说明书》附录了《湖南海常各关财政款目说明书》。有的省份的财政说明书，则是目前所能见到的最全的本子，如《江苏财政说明书》，除《江苏宁属财政说明书》、《江苏苏属财政说明书》外，还包括了《江苏苏属税项说明书》、《江苏苏属省预算说明书》、《江苏府州厅县预算说明书》、《江苏关税说明书》、《江北清理财政说明书》等。

第三，为了便于读者利用，有关省份的财政说明书没有目录的，依据正文添加了目录，有目录而与正文不统一的，则斟酌校对，统一进行了编目，在每一卷前，列有相关省份财政说明书的目录。弥补了原财政说明书体例纷乱、章目不清的弊端。

第四，注释精审。"文献整理"注释到什么程度，是见仁见智的问题。该项目的注释有很好的把握，除必要的点校出注外，对一些必要的名词注释恰当、准确，如《奉天财政说明书》对"晌"、"绳"、"天"、"日"计算土地面积单位的注释，《广东财政说明书》对货币中"双毫"、"仙"的注释等，一般历史学者可能也不甚清楚。另外一些注释则花费了很大的精力，如"前督李"、"前抚张"之类，注出了具体姓名，为利用者省去了一些烦劳。

《晚清财政说明书》的点校整理，不但对《清史》编撰工程有重要的意义，而且也可以促进晚清社会经济的研究。晚清各省财政说明书，对晚清各省的财政收入与支出，特别是地方财政的变化，地方财政与各项事业的关系，都有比较明细的记载，许多史料是其他史料记载所没有的，对了解晚清中央财政与地方财政的变化，以及地方财政与社会经济的关系诸方面有重要的史料价值和学术价值。如江苏财政说明书对"江南官电局"的记载："该局因筹办防务，常年由财政局防费项下拨给经费。总局于光绪七年八月开办，各分局逐渐设立。三十一年三月，奉饬以崇明海线中断，改设无线电局。其所收报费，以为各报房薪费。附属文报局于十年四月开办，附属德律风（按：英语音译）总汇于二十六年九月开办。各署局学堂陆续添设。三十一年五月，详准推广，无论官商行号，皆可安设，每处收月费，洋五元，押机银二十四两，该银存庄生息，于拆卸时退还。遇有移装，均出费十两。妥立定章；经先后奏咨有案。""官电局常年收款厥有四项：一曰薪费。每年收财政局防费项下薪费银八千四百九十五两一钱二分，每年收财政局发放吴崇无线电局薪费银一千四百十二两，每年收财政局发放金陵文报局薪费银四百八两。二曰截留。查该局原设分局十三处，现留督署、象山、无锡、青旸、吴淞、福山、浒浦、江阴计八处，其崇明、狮子林、圌山关、金陵水陆师学堂五处，业已先后奉饬裁撤，每年共节省薪费银二千四百三十六两。又裁减江阴、镇江两局薪费银四百八两，均截存以抵总局支款之不足。三曰节省。每年裁减薪费，除抵支外，可省银一千余两。四曰报费。查来册总分各局所收报费，年无定额，以元年计之，可收三千一百余两。其附属之德律风（按：此处的'德律风'，是英语'电话'音译之引申，指电话局），每年收财政局防费项下发放军督两署、江阴、吴淞两炮台、省城德律风总汇薪费银二千八十八两。又收官电局每年补给薪费银三百六十两。每年所收月费、移装费、物料作价、押机生息，一年定额，难以悬揣。以上所收各款，均遇闰照加。"①可知官电局的经费除拨款外，有月费、移装费、物料作价、押机生息等项。也可以知道当时装一部电话、移装一部电话需要多少银两②，也是十分难得的社会史资料。又如对"江南财政公所"的记载，该所"从前系就江南筹防、金陵支应、江南筹款等局归并，改设财政局，现于宣统二年七月改设财政公所，归藩司统一财权，所有收款，即系向解各局之项，照案拨解，该公所经收"③。其演变十分清楚。再如对"江南巡警路工局"的记载："该局因奉警部奏咨，各省应开办警察，为行政司法机关之助。于光绪三十年十月，以省城原有之保甲总局改设。经前两江总督周、端将开办整顿情形，先后具奏有案。该局于总局外，设东南西北分局各五区，又添设内城铁路各巡警，差遣、消防、军乐、卫生、警卫各队，上旬火药局，威凤门外各巡逻，济良、自新两所。其附属之路工处，于宣统元年秋间，始行归并该局。除将原有之保甲、新兵两经费指拨外，又收车捐、花捐各款，协济该局之用"，"该局所收款目应分三项，一曰经费，每月收财政局筹拨经费，除扣部饭外，净银一万八百九十九两三钱五厘，年共收银一万三千七百九十一两六钱六分，又收财政局拨给被裁新兵四营底饷项下经费，除扣部饭外，净银四千六百六十三两八钱三分一厘，年共五万五千九百六十五两九钱七分二厘。以上小建照扣，闰月照加。每年约收地租银二千余两，收铁路管理处每年拨助经费银五千一百二两四钱，均遇闰照加。二曰截存专款，每年收皖南茶厘局移解缉捕公费银一千二百两，遇闰照加，收各区

---

① 《江苏宁属财政说明书》第54章"江南官电局"。

② 另外，《江苏苏属财政说明书·省预算说明书》第5帙"官业收入"第1章"电话局收入"载：电话装设费："旧章每户装电话一具，缴银币三十元，自备机箱。宣统元年改章之后，减收为二十元，机箱由局装配，不用拆卸还局。其距离现有之线杆在五株以外者，另议酌加贴费。如遇装户迁徙，将机具移设在不甚远之住所，照缴装费之半；若移设在本住所之别室，每隔一室递加费一元"。电话使用费："旧章每户每月收养线费银币三元。旋以机件不灵，消息亦滞，筹款改良，详奉批准改收四元。如电话线路在苏城马路界线以内，月费即以马路工程局为经收之机关，径解农工商务局。他处月费即以农工商务局为经收之机关。此项收入，一年度约六千一百余两，全属农工商务局支销造报"。

③ 《江苏宁属财政说明书》第7章"江南财政公所"。

截旷悬级长警、犯规罚款、存庄生息，均年无定额。三曰捐款，每年约收花捐洋八千余元，每年约收戏园捐洋四千八百元，闰月照加。其附属马路工程处车捐一项，每月收数略有增减，每年约收洋十万元左右"。① 该局所收的款项，除拨款外，有直接的经征，如花捐、戏园捐、车捐等。《晚清财政说明书》的史料价值和重要意义是显而易见的。

可以预期，《晚清财政说明书》出版后，会受到清史学界、近代史学界和财政史、经济史学界的欢迎和重视，在受到各方好评的同时，促进有关方面的研究。

（作者单位：湖北人民出版社）

---

① 《江苏宁属财政说明书》第 51 章 "江南巡警路工局"。

知识的留存与知识谱系的建构

——从《清人笔记条辨》看张舜徽的治学路向

□ 陈 娟 王 炜

1974 年，张舜徽完成了《清人笔记条辨》（简称《条辨》）。《条辨》一书择清人笔记中"义可采者"，"分条件系，加以考辨"①，但它并非简单、随机地摘抄清人的言论，而是系统地总结清人笔记之"得失利弊"。"《条辨》主旨明确，体例清晰，是研究清代学术史，了解清人学术动向的重要书籍"②，也是把握张舜徽治学路径的最佳切入点。总体来看，《条辨》一书既注重知识的留存，又重视知识谱系的建立，上承传统治学方法，下启现代学术路径。

一

学术统系的构建包含两个层面：一是留存知识，一是建立知识谱系。所谓留存知识，就是保持各个知识要素的独立性，尽可能客观、全面地记录知识；所谓建立知识谱系，就是探寻知识之间的因果联系、逻辑关系，将相关的知识纳入某个结构统系之中，略去其他不相关的知识要素。在中国古代学术传统中，因受到知识的数量与规模、教育的普及程度、印刷技术等影响，"留存知识"是治学的根本目标。传统学术的整体特点是，以留存知识为中心，建立知识谱系。如，中国古代学术传统中主要的治学方法——目录学、考辨、点评等，大多围绕典籍展开，以全面地留存知识为目标。随着科学、教育、技术等的发展以及知识的迅猛增长等，现代学术著作大多以建构知识谱系为目标，对知识进行归类成为现当代学术研究的重心。张舜徽等近代学者处于传统向现代的转型期，他们的治学路向是，留存知识与建构知识谱系二者兼重。张舜徽的《清人笔记条辨》一书采用的"条辨"体，就充分展示了这一特点。

所谓"条辨"，即逐条辨别、随条分析。"条辨"一词较早见于南朝，梁陶弘景《真灵位业图序》说："事事条辨，略宣后章。"③《宋书·志序》谈到校辨古今地理的差异

---

① 张舜徽：《清人笔记条辨·自序》，张舜徽：《清人笔记条辨》，华中师范大学出版社 2004 年版。
② 戴建业：《别忘了祖传秘方》，《读书》2006 年第 1 期，第 135 页。
③ 陶弘景：《真灵位业图序》，《道藏》第 3 册，文物出版社、上海书店、天津古籍出版社 1988 年版，第 272 页。

说："今以班固、马彪二志，晋、宋《起居》，凡诸记注，悉加推讨，随条辨析，使悉该详。"① 在《宋书》中，"条辨"并非固定的词组，但从这里可看出，后世"条辨"体综合他人的言论、观点，"随条辨析"的方法。到了明代，"条辨"一词常出现于官方处理公务、辨正事理的公文中。《明史》载，弘治二年（1489 年），姜绾参劾蒋琮不遵诏旨，与民争利，"琮条辨瑁疏"②，蒋琮对姜绾的疏奏逐条加以反驳。《明实录·大明世宗肃皇帝实录》载，嘉靖三年（1524 年），吏部左侍郎何孟春上疏说，张璁等上大礼议十三条皆邪僻不经之言，"臣请案其欺妄，逐条辨之"③。这里，"条辨"、"逐条辨之"强调论者鲜明、有力地反驳他人观点，表达个人的态度、看法。到了清代，"条辨"成为固定的词汇，并被广泛运用于治学领域。《皇朝续文献通考》载邹伯奇著《周髀算经考证》说，《周髀算经》"自荣方问于陈子以下，学者误解相传，又窜以他术，致为浑天家所讥。……是书详为条辨，以解学者之惑"④。清代还出现了许多以"条辨"命名的著作，如张惠言的《易图条辨》，李沛霖、李桢的《四书朱子异同条辨》等。清代医家类书籍中有更多"条辨"之体，如程应旄《伤寒后条辨》、方有执《伤寒论条辨》、吴瑭《温病条辨》、吕田《温疫条辨摘要》等。

由"条辨"一词的源流可以看到，"条辨"体的特点是：围绕某一具体问题，引录他人的观点，对之进行辨析、辨正，同时，作者明确地表达自己的立场、态度。一部优秀的"条辨"之作，既能见出前人的材料、观点，又能反映作者对材料的理解、把握与取舍，更包含着作者个人独到的识见。与现代学术著作有意识地凸显作者的观点，将他人对相关问题的思考作为佐证不同，"条辨"体既重视表达作者的态度，又注重作者个人观点与其他学者观念之间的互动，作者的、其他学者的观点交会在一起，形成了合声。"条辨"体看似散漫，但读者深入理解了作者的学术思想，把握住相关学者的治学观念，具备了较强的逻辑建构能力，就能将散见于书中相关的内容贯穿起来，形成对某一问题的宏观把握。

张舜徽所著《清人笔记条辨》一书正是如此。《条辨》一书的基本体例是，叙录某部笔记的作者的行事，之后，摘引笔记中的某段话，随条辨析，就相关问题进行阐发，表达个人的见解和主张。这样，《条辨》一书既留存了知识——融会了清代学人关于治学，关于经、史、子、集各部具体问题的看法，又注重对知识进行整理与评价——反映出张舜徽本人的学术观点，以及最终的学术追求。

如，在《条辨》一书中，张舜徽通过引申、阐发、驳正清人的观点，讨论了治学方法、学术路径等问题。在"《日知录》"条中，张舜徽引顾炎武"天下无无书不读之人，而有不必读之书"之说，并发表自己的观点：

> 亭林此言，真不刊之弘教也。……大抵从事问学，必有宗旨，有别择，始可语乎精深博大。否则泛滥而无归宿，凌乱而乏统纪，只得谓之杂，不得谓之博，博杂之

① 沈约等：《宋书》，中华书局 1974 年版，第 97 页。
② 张廷玉等：《明史》，中华书局 1974 年版，第 1557 页。
③ 《明实录·大明世宗肃皇帝实录》卷四十一，"中央研究院"语言研究所 1962 年影印，第 278 页。
④ 刘锦藻：《皇朝续文献通考》，乌程刘氏坚瓠庵刻本。

辨，尤不可不审。①

在此，张舜徽谈到如何治学、如何读书这一基本问题。古人谈读书说开卷有益，谈创作说读书破万卷，下笔如有神。这些主张固然有其道理，但读书、治学到了一定境界，到了"从事学问"的阶段，学者必须分辨"博"与"杂"的区别，必须明确治学的方向、目标，对所读的内容进行取舍裁择。如果仍亦步亦趋地遵循有卷必开的原则，不仅无益，反而有害。张舜徽进而引录章学诚《丙辰劄记》之语，"《学记》谓学有四失：或失则多，或失则寡，或失则易，或失则止。寡与易、止之失，人所知也。多之为失，今人所不知也"②。就"《学记》谓学有四失"条，张舜徽驳正道："泛言一个多字，殊嫌不明。盖多之中又有博与杂之辨。学贵博，不贵杂。博者以一为主，凡与此相关联者，皆遍习之也。杂者中无所主，滥观广取而无归宿也。学不博则陋。然博之中又必有别择去取，故博观贵能约取焉。至于杂之为害，人尽知之，固治学之士，所当痛绝。"③ 这样，张舜徽从顾炎武、章学诚等人谈读书生发开去，论及具体的读书方法，对"多"读书中的"博"、"杂"等问题进行辨析，有意识地引导读者由注重读书方法转向思考治学路径，向后学揭明，治学必须由博返约，读书要有宗旨，泛滥百家之后必须能别择去取。

谈到读书、治学，张舜徽并不仅仅停留在具体的方法、路径上，他还非常关注时代风会对治学的影响。章学诚在《丙辰劄记》中谈到读书贪多的风气说："自四库馆开，寒士多以校书谋生。而学问之途，乃出一种贪多务博而胸次无伦者，于一切撰述，不求宗旨而务为无理之繁富。动引刘子骏言：'与其过废，无宁过存。'即明知其载非伦类，辄以有益后人考订为辞，真孽海也。"④ 张舜徽在此基础上，进而探寻"贪多务博"之风兴起的渊源、始作俑者的动因以及后续的影响等：

> 贪多务博之风气，实起于搜辑佚书。始乾隆三十八年，朱筠奏请开四库馆，即以辑录《永乐大典》中佚书为言，馆既开，先后从《大典》辑出之书，著录及存目合计凡三百七十五种，四千九百二十六卷，可谓夥矣。当时入馆修书者，大半瘁心力于此。朝夕检书，宁存无废。而贪多务博之习，遂牢固不可破矣。流弊所致，固非始事者之所及料也。

乾嘉时期，学人贪多务博，无所约取，沦于杂而无章，许多学人腹中有史料，胸中却无史识，"两脚书橱"就是对这类人的讥讽。某些学人提出，读书治学"与其过废，无宁过存"。面对大量史料，与"过废"相比，"过存"看似有合理性，有助后世留存史料，有资于后人，但却会在不知不觉中对一代学风造成不良影响。乾嘉年间诸多学者拘于故纸堆、囿于管见的治学风气，正是只知贪多务博，不知别择去取、不知表达创见的结果。张舜徽对章学诚的看法表示了认同，并敏锐地指出乾嘉年间，贪多务博并非只是某时某地出

---

① 张舜徽：《清人笔记条辨》，华中师范大学出版社 2004 年版，第 5 页。
② 张舜徽：《清人笔记条辨》，华中师范大学出版社 2004 年版，第 117 页。
③ 张舜徽：《清人笔记条辨》，华中师范大学出版社 2004 年版，第 117 页。
④ 张舜徽：《清人笔记条辨》，华中师范大学出版社 2004 年版，第 117 页。

现的个别现象，而是一种潮流。

在《条辨》一书中，张舜徽对贪多务博的不良学风提出中肯批评，同时，也指出具体的校正方法。张舜徽引清代大儒章学诚《知非日札》的观点："著述多，则必不精；精则不能多。前明如新都杨氏、郁仪朱氏，近代如西河毛氏、渔洋王氏，著述动盈箱箧，安在其有功于学术哉？但用功纂录札记，以为有备之无患，斯则王伯厚辈，本以备应制之用，而转有资粮于后学。然则《玉海》、《诗考》、《绀珠》、《汉制》诸编，谓之用功有益相耳。安可遽命为著作哉？"张舜徽承章学诚的看法，进一步指出，"功力与学问有别，而著述与钞纂复殊。后世每以功力当学问，目钞纂为著述。于是鱼目混珠，真伪莫辨，此学者之大患也"①。所谓"功力"就是下了多少苦功夫认真读书，但下了苦功却有可能陷于杂而不通的境地；所谓"学问"就是遍览群书后，融会贯通各家看法，形成的个人见解。"学问"建立在"功力"的基础之上，但有"功力"并非意味着必定有"学问"，学人不能"以功力当学问，目钞纂为著述"。在《条辨》中，张舜徽也谈到了"著述"与"纂钞"的区别："载籍极博，无逾三门。盖有著作，有编述，有钞纂，三者体制不同，而高下自异，余早岁著《广校雠略》论之详矣。试循时代以求之，则汉以上之书，著作为多；由汉至隋，则编述胜；唐以下雕板之术兴，朝成一书，夕登诸板，于是类书说部，充栋汗牛，尽天下皆钞纂之编矣。学者于群书诚能区为三门而知其高下浅深，则用力之际，自有轻重缓急，而不致茫无别择也。"②从时代来看，汉代以前盛"著述"；唐以后盛"纂钞"；从性质、特点上看，"著述"多为独创，表达作者个人的识见；"纂钞"多为抄袭，只是材料的堆积，缺乏创造性；从价值上看，两者有"高下深浅"之别。由此，张舜徽提醒后学，读书、著书一定要重"著述"而不能流于"纂钞"。张舜徽引述清代学者的观点，并加以阐发，由读书谈及治学，进而论及学风，继而转入著书，并将相关问题置于宏阔的历史背景下梳理其源流脉络，简明扼要并清晰畅达地理清了先秦两汉以来著书方式的变化。张舜徽还不动声色地将个人的价值评判融入其中，严肃、严厉且不失宽厚，对后学起到积极的警示、激励作用。

《条辨》一书，类皆如此。《条辨》从经、史、子、集等部各个细小问题入手，条目繁多，内容"有辨章学术者，有考论经籍者，有证说名物制度者，有订正文字音义者，有品定文艺高下者，有阐述养生方术者"③。"这种写法难以凸显大家和名家，初看似乎有点'重点不突出'，但它让读者更易于从整体上把握一代学术的兴替和特点，更易于了解某历史时期学风的变化。"④ 张舜徽以宏阔的视野，轻松地驾驭繁富杂多的历史材料，《条辨》较为全面地展示了有清一代学者对经、史、子、集各部相关问题的看法，在此基础上，张舜徽"平亭是非。凡遇精义美言，则为之引申发明；或值谬说曲解，则为之考定驳正"⑤，对清代学人、学界、学术进行评判，标明自己的治学态度、治学方式。《条辨》一书展示了清代学人的治学路径、学术取向、学术思想，我们能看到清代学人众声

① 张舜徽：《清人笔记条辨》，华中师范大学出版社 2004 年版，第 118 页。
② 张舜徽：《清人笔记条辨》，华中师范大学出版社 2004 年版，第 120 页。
③ 张舜徽：《清人笔记条辨·自序》，张舜徽：《清人笔记条辨》，华中师范大学出版社 2004 年版。
④ 戴建业：《别忘了祖传秘方》，《读书》2006 年第 1 期，第 130 页。
⑤ 张舜徽：《清人笔记条辨·自序》，张舜徽：《清人笔记条辨》，华中师范大学出版社 2004 年版。

喧哗的热闹场景，同时，张舜徽也表达了个人的独到识见，我们也能看到张氏的宏论博识处处皆在。张舜徽有意识地采纳"条辨"这种著书体例，将清代学者对相关问题的看法及张氏本人的观点融汇一体，在这种对话的关系中，展示了从清代到近代学术思想、学术观点的衍发、推进过程。

《条辨》一书累积知识、建构知识谱系并重，还表现在，张舜徽在《条辨》一书中，坚持表达个人的思想、观点，但决不囿于自己的价值判断，决不任意地抹杀清代学术史上的重要人物及相关观点。传经治学重知识留存，强调知识存在的客观性，学者有意隐去自己的观点、看法，不作或尽量少作价值评判，"述而不作"即是此义；现代治学重知识谱系的构建，往往忽略了知识的留存，现当代学人在论述、阐发观点的过程中，会有意略去那些与自己的观点不一致的声音，以突出重点，彰显学者个人的意见。《条辨》一书重价值判断但并不囿于其中，正彰显了学术由传统向现代转型过程中的变化与特点。"条辨"体中各个条目自成统系，因此，《条辨》一书不强调系统性、完整性，张舜徽将某些存在偏差，甚至可能是相反、相悖的观点融入《条辨》一书之中。如张舜徽对乾嘉诸儒热衷于考据、孳孳于故纸堆的风气极其不满，他批评说，乾嘉诸儒的"研究风尚，主要集中在经学、小学方面。门庭渐编，没有清初诸大儒的博大气象了"①。但在《条辨》一书的很多条目中，张舜徽指出，乾嘉时期仍有一些超越于时流之外、有个人创见的学者，如戴震、章学诚等；从整体上看，乾嘉人的学术贡献也不可低估。乾嘉诸儒专注于考证，并非一无是处，经乾嘉学人校勘的书籍较为精审，无太多纰漏，远胜于宋元刊本："经历乾、嘉以降诸儒之校勘，则四部常见之书，大抵理董可观。故在今日而言读书，但得清儒及近人精校本，固胜于古本远甚。古本如宋、元旧椠，亦不免伪、衍、缺、夺杂其间也。"②谈到清代的学者，张舜徽对阎若璩颇多不满，在《条辨》中，他屡屡批评阎若璩，指出阎氏"其志不在经世，故未能以箴肓起废自任"③，但张舜徽仍本着客观、公正的治学态度，将阎若璩及其《潜邱劄记》收入《条辨》。由此，读《条辨》一书，我们可以听到清代学术史上各种声音汇集，也可以感受到张舜徽博览百家之后，和平、畅达、融通的治学态度，以及留存知识、建构知识谱系并重的治学路向。

二

构建知识谱系，对知识进行归类，其方法不外乎两种：一是以"书"为中心，从体例、内容上对知识进行归类；一是以"人"为中心，以人的观念、思想为归类的标准。前者可归为目录学，在传统学术中称为"校雠学"。到了现代，学者完成的单篇论文、单部论著大多以人、以思想观念为核心展开论述。但目录学并未退出学术研究的范畴，而是由治学方法之一种转变为学术的根基，成为建构知识谱系的核心要素："书"是知识的基本载体，现代学科分类以及图书分类法对论文、论著进行归类时均从目录学着手，这表明，现代知识谱系的整体建构仍是以"书"，而不是以"人"为中心。

---

① 张舜徽：《清儒学记》，华中师范大学出版社 2005 年版，第 159 页。
② 张舜徽：《清人笔记条辨》，华中师范大学出版社 2004 年版，第 18 页。
③ 张舜徽：《清人笔记条辨》，华中师范大学出版社 2004 年版，第 8 页。

　　张舜徽的《条辨》就坚持传统的以"书"为中心的构建方式。《条辨》一书从形式上看，属叙录解题，但张舜徽并非随机、任意地选择清人的笔记作品，而是将现代学科分类的思想融入《条辨》之中。这样，《条辨》一书从目录学着手，确定了"笔记"类例，为"笔记"划定了界限，构建起与"笔记"这一类目相应的知识谱系。

　　笔记的特点是零散、驳杂。笔记着眼于各种思想、看法、观念的表达，疏于形式的完善，不强调内容的系统性、完整性。据二十六史，较早以"笔记"命名著作出现于宋代。《宋史》载王炎《笔记》、赵师懿《柳文笔记》、刘敞《宋景文公笔记》、陆游《老学庵笔记》、钱时《两汉笔记》、马廷鸾《读庄笔记》6部作品。《元史》所载以笔记命名的著作仅有苏天爵《春风亭笔记》1部，《明史》载王樵《笔记》、祝允明《读书笔记》、戴冠《笔记》、李日华《六研斋笔记》、彭时《可斋笔记》、王鏊《守溪笔记》6部。到了清代，笔记的数量迅猛增长，以笔记命名的著作也层出不穷，《清史稿》载张履祥《读易笔记》、李光坡《周官笔记》、赵慎畛《惜日笔记》、刘毓崧《通义堂笔记》等以笔记命名的著作58部。

　　清代以前，笔记数量相对较少，二十五史的《艺文志》以及《郡斋读书志》、《直斋书录解题》等公私书目都未设置专门的"笔记"类，笔记分别被置于经、史、子等部。清代，笔记大量涌现，《清史稿》依然沿袭二十五史的做法。如《清史稿》所载58种以笔记命名的著作，除15种见于列传，未分类外，其余43种，有30种被置于《艺文志》的子部，7种见于史部，6种列于经部。在经、史、子各部下，也未有专门的"笔记"类目，笔记与其他类型的作品混杂在一起，如李光地《经书笔记》被置于子部儒家类，汪士铎《悔翁笔记》被置于子部杂家类，纪昀《阅微草堂笔记》被置于子部小说类。这虽然对各家笔记进行了归类，但笔记没有独立的统系归属。清代，有人甚至说"日录笔记，随手纪载，乃无义例"①，认为每天随手写下、随笔记下的这些内容形式散漫，在体例上没有特定的要求和规范，当然也就难以确定类属的划分。

　　传统的四部分类法将笔记散置于经、史、子各部，自有其合理性。但随着书籍数量的迅速增加，对扩增后的知识重新划定类例，成为必然要求。面对清人留下的数量庞大的笔记著作，对"笔记"这一门类进行系统清理和科学归类成为目录学的重要任务。

　　谈到清人笔记，张舜徽说："自己买到的清人笔记，不过百余种，而我曾经看过的，便有三四百家。"② 面对数量庞大的清人笔记，张舜徽打破传统目录学的分类框架，将笔记从经、史、子各部中清理出来，作为独立的类目。身为文献学家、目录学家，张舜徽著《条辨》一书时，也清楚地意识到，总结清人笔记之"利弊得失"，"若无别择去取，则榛芜不剪，靡所取材"③。在广搜博览的基础上，张舜徽对笔记进行分类，确定哪些书可入《条辨》，哪些书不可入《条辨》。结合《清史稿·艺文志》、《四库全书》、《续修四库全书》等的分类方式，我们来考察张氏著《条辨》时的取舍原则，并进一步考察张舜徽对笔记义例的确定。

① 皮锡瑞：《经学通论》，中华书局1954年版，第227页。
② 张舜徽：《自强不息 壮心未已——略谈我在长期治学过程中的几点体会》，《浙江日报》编辑部编：《学人谈治学》，浙江人民出版社1982年版，第137页。
③ 张舜徽：《清人笔记条辨·自序》，张舜徽：《清人笔记条辨》，华中师范大学出版社2004年版。

张舜徽在《条辨·自序》中谈到有些著作"学涉专门，宜有专书以集其成，今亦不取与百家笔记并列焉"。如，李群《群经识小》、邵晋涵《南江札记》、陈鳣《简庄疏记》、严元照《娱亲雅言》、郑献甫《愚一录》、邹汉勋《读书偶识》等书具有"专"的特点，张舜徽拟将之辑入《群经汇解》，不纳入《条辨》。李群《群经识小》、严元照《娱亲雅言》、郑甫《愚一录》等书"专"注于对经部各类书籍的思考，《清史稿·艺文志》也将这三部书归入经部经总义类。但在《清史稿·艺文志》等传统目录分类中，邵晋涵的《南江札记》、邹汉勋的《读书偶识》等书却被归入子部杂家类杂考之属。从编著手法看，《南江札记》、《读书偶识》主要采用了考证、辨析的方法，从内容看，这些书主要涉及了经部的有关问题。《南江札记》涉及对经部典籍的辨识、考证等，《读书偶识》是对《易》、《书》、《诗》、《春秋》、《三礼》及先秦众多典籍的诠释、考证，如对《周易》卦主说的总结，对《诗经》各篇诗旨的论述，对《尚书·禹贡》山名水名，对《考工记》夏室及周明堂的考释。因此，《清史稿》等从著述方式着眼，将《南江札记》等归于子部杂家类杂考之属。这种传统分类方法自有其逻辑，宋元明之时，笔记数量较少，公私书目在著录笔记时，不需要也无法过多关注笔记分类的精确性、统一性。但清代，笔记数量迅猛增长，如果仍在传统学术范式的框架内对笔记进行归类，其结果是：有些笔记被置于经部经总义类，这关注的是著作涉及的内容；有些笔记被置于子部儒家类，这关注的是作笔记者的思想、态度；有些作品被置于子部杂家类杂考之属、子部杂家类杂说之属，这关注的是著述方式。这种时而着眼于内容、时而着眼于作者的态度、时而着眼于著述方式的分类方法，难免会造成概念不明、分类混乱的情况。张舜徽在梳理清人笔记时，校正了《清史稿·艺文志》等的偏差和不足，既尊重传统目录学对经、史、子、集各部的划分，又将现代学术谱系重统一、精确的特点引入传统的目录学之中。在对《南江札记》、《读书偶识》等书进行目录学上的归类时，张舜徽均从书籍所涉及的内容着眼，敏锐地发现这些书"学涉专门"——都专注于对经部相关问题的考察，因此，他将这些书全部纳入《群经汇解》。

在处理清人的其他笔记时，张舜徽也始终坚持从书籍内容出发划定其类属。在《条辨·自序》中，张舜徽还谈到，卢文弨《群书拾补》、王念孙《读书杂志》、姚范《援鹑堂笔记》①、何焯《义门读书记》、张文虎《舒艺室随笔》、孙诒让《札迻》等书也不入《条辨》。在《清史稿·艺文志》、《四库全书》中，这几部书入子部杂家类杂考之属。细考这几部书的内容，何焯《义门读书记》是何焯"没后，其从子堂衷其点校诸书之语，为六卷，维钧益为蒐辑，编为此书。凡《四书》六卷，《诗》二卷，《左传》二卷，《公羊》、《穀梁》各一卷，《史记》二卷，《汉书》六卷，《后汉书》五卷，《三国志》二卷，《五代史》一卷，《韩愈集》五卷，《柳宗元集》三卷，《欧阳修集》二卷，《曾巩集》五卷，萧统《文选》五卷，陶潜诗一卷，《杜甫集》六卷，《李商隐集》二卷，考证皆极精密"②。孙诒让的《札迻》校勘订正了秦、汉至齐、梁间78种古书中的讹误、衍脱千余条。《群书拾补》、《读书杂志》等也是对古书的校订、勘误。《群书拾补》、《义门读书

---

① 《清人笔记条辨》载姚范著《援鹑堂笔记》，《清史稿》为《援鹑堂随笔》。
② 《四库全书总目提要》，商务印书馆1933年版，第589页。

记》等"博涉子史，校勘精审"①，其内容具有"专"的特点，专注于对经史子集等部各书的订证、校勘，因此，张舜徽拟将之纳入《群书集校》。

在《条辨·自序》中，张舜徽谈到，还有些书为《条辨》所不取，"专载朝章礼制，如王夫之《识小录》之类是也；有但记掌故旧闻，如昭梿《啸亭杂录》之类是也；有讲求身心修养者，如魏禧《日录》之类是也；有阐扬男女德行者，如吴德旋《初月楼闻见录》之类是也；有谈说狐怪者，如纪昀《阅微草堂笔记》之类是也；有称述因果者，如俞樾《右仙台馆笔记》之类是也；有录奇闻异事者，如焦循《忆书》之类是也；有纪诗歌倡和者，如阮元《小沧浪笔谈》、《定香亭笔记》之类是也；有载国恩家庆者，如潘世恩《退补斋笔记》之类是也②；有记读书日程者，如叶昌炽《缘督庐日记》之类是也；有叙友朋酬酢者，如金武祥《粟香随笔》之类是也"。在《清史稿·艺文志》、《四库全书》、《续修四库全书》中，王夫之《识小录》等书的分类情况更为复杂。王夫之《识小录》、焦循《忆书》、阮元《小沧浪笔谈》、阮元《定香亭笔记》、潘世恩《思补斋笔记》、金武祥《粟香随笔》等入子部杂家类；昭梿《啸亭杂录》入史部杂史类，吴德旋《初月楼闻见录》、叶昌炽《缘督庐日记》入史部传记类；纪昀《阅微草堂笔记》、俞樾《右台仙馆笔记》入子部小说类。这些书驳杂散漫，或是记载相关的史料，如王夫之的《识小录》；或是关于历史、社会问题的思考议论，如叶昌炽《缘督庐日记》；或是对日常琐事的记录、评价，如金武祥《粟香随笔》；甚至是闲暇时的不经之谈，如纪昀的《阅微草堂笔记》等。张舜徽为什么不将这些书纳入《条辨》呢？细读这类著作可以看到，这些书虽然从形式上看具有笔记零散的特点，但在驳杂之中又显出"专"的一面，这些书的内容往往只关注某一问题，而不及其他。如昭梿《啸亭杂录》所记事件涵盖政治、军事、经济、科举、文化、文学、书法等各方面，涉及人物有皇帝、大臣、道士、青楼女子等，总体来看，这部书"专"注于清代政治经济、社会民生等各类事件；纪昀的《阅微草堂笔记》各篇之间虽然没有统一的主题，但从内容上看，这部书记载的是世间闲谈、鬼狐因果等，基本不涉及真实的历史事件，作者也无意在这部书中直接表达对历史、社会的评价。《啸亭杂录》、《阅微草堂笔记》等虽不能归为一类，但各部书仍表现出"专"的特点，与笔记的驳杂不完全一致。

那么，什么样的书可以入《条辨》呢？仔细考校，可以看到，入《条辨》的清人笔记，其内容均博涉经、史、子、集四部。如顾炎武的《日知录》"大抵前七卷皆论经义，八卷至十二卷皆论政事，十三卷论世风，十四卷、十五卷论礼制，十六卷、十七卷皆论科举，十八卷至二十一卷皆论艺文，二十二卷至二十四卷杂论名义，二十五卷论古事真妄，二十六卷论史法，二十七卷论注书，二十八卷论杂事，二十九卷论兵及外国事，三十卷论天象术数，三十一卷论地理，三十二卷为杂考证"③。《日知录》前七卷主要涉及经部的有关内容，八卷至十七卷主要涉及史部，十八卷至二十一卷与集部相关，二十二卷至三十二卷则偏于子部。阎若璩的《潜邱劄记》更为博杂，不仅有对政治、礼制、民风等问题的考、论，而且还有文章、诗赋等，卷一、卷二为杂考，卷三详释禹贡山川及《四书》

---

① 张舜徽：《清人笔记条辨·自序》，张舜徽：《清人笔记条辨》，华中师范大学出版社 2004 年版。
② 据《清史稿·艺文志》，潘世恩所著为《思补斋笔记》，潘世恩另有《思补斋奏稿偶存》。
③ 《四库全书总目提要》，商务印书馆 1933 年版，第 573 页。

中的地名, 卷四上为杂文序跋, 卷四下为《丧服翼注》, 卷五为与人谈论经史的书牍, 卷六为杂体诗。臧琳《经义杂记》在《清史稿·艺文志》中入经部经总义类, 但 "此书标题'经义', 而所言遍及四部"①。王鸣盛《蛾术编》 "原稿九十五卷, 分《说录》、《说字》、《说地》、《说人》、《说物》、《说制》、《说刻》、《说集》、《说系》、《说通》十门。……《说刻》十卷详载历代金石……《说系》三卷, 备列先世旧闻"②。与《群经识小》、《义门读书记》等 "专" 涉一门不同, 《日知录》、《经义杂记》、《蛾术编》等内容涵盖经、史、子、集各部, 鲜明地体现了笔记以阐明思想、见解、事理为宗, 无所不包, 无所不纳, 驳杂繁富的特点。在此, 张舜徽提醒我们, 形式的散漫、随意还不足以构成严格意义上的 "笔记"。根据笔记博杂的特点, 只有那些内容博涉经史子集四部的著作, 才是完全意义上的、典型的 "笔记" 体, 只有这样的书籍才收入《条辨》之中。由此, 张舜徽在著《条辨》时, 注重介绍清代重要的笔记, 对相关问题进行总结、辨析, 但他并非简单地著录作品, 而是有意识地担负起为 "笔记" 划定范畴、进行分类的任务。

现代学者对笔记的分类大体可以归纳为三种类型: 一是既涵括现代图书分类法的范式, 又尊重中国传统的目录学, 折中于二者之间; 二是完全参照中国传统目录学分类法来规范笔记; 三是用现代分类法为标准衡估中国古代的笔记。谢国桢的《明清笔记谈丛》以现代分类法为参照, 将明清笔记分为 10 大类: 记述农业生产; 记手工业、商业的发达; 记社会经济和风俗; 记明清二代政治制度、朝章典制等; 记载明代农民起义; 记载少数民族情况; 记载历史地理及自然地理; 记载对外关系和对外贸易; 通记历史文献和人物传记; 记科学技术及工艺美术; 人物传等。张舜徽则是第一种类型的代表, 他既重视现代观念, 又尊重中国古代传统的治学方式。张舜徽在传统目录学 "辨章学术, 考镜源流" 的宗旨下, 承继传统意义上笔记的概念, 并融会现代学科的分类方法, 将顾炎武《日知录》一类内容博涉四部、最具典型性的笔记著作纳入《条辨》, 将李群的《群经识小》等归于《群经汇解》, 将何焯的《义门读书记》归于《群书集校》, 将王夫之《识小录》、纪昀《阅微草堂笔记》等书籍分别归类, 从统系上对笔记作了准确而明晰的划分。③

总体来看, 《条辨》一书绝非随机的、漫无目的的取舍。张舜徽力图在《条辨》一书中, 对传统中的某一类知识进行重新整理。张舜徽融会现代的治学理念, 但也不拒绝经、

---

① 张舜徽: 《清人笔记条辨》, 华中师范大学出版社 2004 年版, 第 37 页。
② 张舜徽: 《清人笔记条辨》, 华中师范大学出版社 2004 年版, 第 89 页。
③ 将张舜徽的《清人笔记条辨》与鲁迅的《中国小说史略》相比较, 可以更清晰地看出张舜徽的治学路向。鲁迅的《中国小说史略》担负起将 "小说" 从经、史、子、集部中独立出来, 划定小说类例的任务, 但在表达观点时, 鲁迅采用了以 "思想内容" 为中心的结构方式: 《中国小说史略》将中国古代小说的发展流变作为独立自足的体系, 对相关问题进行系统的理论阐述, 而抛开与小说发展无关的其他要素; 另外, 《中国小说史略》只提及或涉及小说史上的重要书目。相比之下, 张舜徽的《清人笔记条辨》划定笔记的类例时, 则以 "书" 为中心, 知识留存与建构知识并重。张舜徽关注的不仅仅是 "笔记" 类例的划定, 通过《条辨》一书, 张舜徽既着眼于归纳笔记的特点, 同时, 也着眼于辨析清人在笔记中表达的重要学术观点, 梳理清代学术的发展流变。因此, 张舜徽并未采用系统阐述的方式划分笔记的类型、确定相关标准, 而是将理论思考融会在书目的整理之中。张氏博涉四部, 并广泛地阅读了清人笔记, 对笔记的源流发展了然于心, 在确定笔记的义例时自然驾轻就熟, 对笔记所作的目录分类也脉络清晰。

史、子、集等传统的分类概念，不拒绝传统校雠学留存知识、建立知识谱系并重的方式。张氏集平生之功力，细致地阅读了三四百部清人笔记之后，察内容，明类例，选取了149种典型的清人笔记，并结合《条辨·自序》对笔记进行统系的归纳与分类。《条辨》一书清晰地展现了传统经、史、子、集四部分类法转变为现代图书分类法，其内在的合理性及合逻辑性，展示出目录学以及知识谱系构建方法由传统向现代转型的必然性。

三

《条辨》一书以传统"条辨"体的形式，从目录学着手划定笔记的类例，但同时，《条辨》也开启了现代治学的路向。谈到学术由传统向现代的转型，梁启超说："前者史家不过记载事实，近世史家必说明事实之关系，与其原因结果。"① 《条辨》一书非常重视"事实之关系，与其原因结果"，张舜徽的《条辨》既要对笔记条分部类，又要"阐述有清一代学术的兴替与学风的嬗变"②，建构关于清代学术史的知识谱系。

谈到《条辨》，张舜徽说："余既刊布《清人文集别录》之明年，友朋相续来书，谓清人文集之利弊得失，此书已总结之矣。如能推其法以及清人笔记，则为用益弘。"③ 《清人文集别录》的创作目的则是"记书中要旨，究其论证之得失，核其学识之浅深，各为叙录一篇，妄欲附于校雠流别之义，以推见一代学术兴替"④。"推见一代学术兴替"也正是《条辨》一书的创作宗旨。《条辨》一书通过叙录、摘引、随条辨析等方法，全面反映、清晰归纳并合理评价有清一代的学术思想、学术理念。张舜徽沿着"条辨"这一传统路径前行，但由于引入因果关系这一新的视角，《条辨》一书开拓了学术研究的新视域、新境界。

近代其他学者，如梁启超的《中国近三百年学术史》、《清代学术概论》等也重因果关系的建构，相比之下，张舜徽《条辨》一书的特点是，重事实之间的联系，但却并不有意强化因果关系，不将因果关系作为全书的基本构架。张舜徽这种著述方式的优长有二：

一是，便于张舜徽将清代不同的，甚至对立的学术流派及其观点、言论纳入书中。《条辨》一书收录清代学人100家，既有被推尊为大家的顾炎武、惠栋、章学诚、焦循等，又有在后世以诗词名世的王士禛、纳兰性德、袁枚、洪亮吉，以史著称的王鸣盛，以经学扬名的皮锡瑞，及近代政治史上的著名人物谭嗣同等。在后人书写的历史中的王士禛等不以学术见长，却被纳入《条辨》一书中，正可见出清人普遍重视读书问学的时代风会，"众多的学术思想、学术理路、学术个性、学术风格交织在一起，于同中见异，在异中显同，使清代学术史多彩多姿"⑤。

---

① 梁启超：《中国史叙论》，《饮冰室合集·文集六》，中华书局1986年影印，第53页。从根本上看，传统治学并不忽略"事实之关系，与其原因结果"，传统治学方法与现代学术路径的不同在于：前者涵括因果关系，但学者有意隐去对"事实之关系"的发现；而后者则有意强化事实之间的因果关系。

② 戴建业：《别忘了祖传秘方》，《读书》2006年第1期，第133页。

③ 张舜徽：《清人笔记条辨·自序》，张舜徽：《清人笔记条辨》，华中师范大学出版社2004年版。

④ 张舜徽：《清人文集别录·自序》，张舜徽：《清人文集别录》，华中师范大学出版社2004年版。

⑤ 戴建业：《别忘了祖传秘方》，《读书》2006年第1期，第130页。

二是，张舜徽著《条辨》可以不拘于清代学术本身。《条辨》一书将清代学术史置于整个中国古代文化、思想发展历程之中，察其源，辨其流，在宏阔的历史背景下凸显清人治学的特点，并兼及其他时代相关的学术问题，构建起一部完整、全面的清代学术史。兹试举几例：

谈到清代学术，无法绕开朴学。在《条辨》中，通过对桂馥《札朴》"小学"条等的辨析，张舜徽讨论了"小学"这一概念的演变，梳理了清代朴学的源流。

桂馥说："古人于小学，童而习之。两汉经师之训诂，相如、子云之辞赋，皆出于此。今以小学、经学、辞章之学判为三途。经学不辨名物，辞章不识古字，或不知其可也。然其弊不自今始，义疏起而训诂废，议论开而辞章亡，尽破古人之藩篱者，其在赵宋乎！"① 桂馥认为，自古就有"小学"这一概念，司马相如、扬雄的赋凌驾千古，其根柢就源于"小学"，即训诂之学。有宋一代，宋儒只重义理，不习训诂，后世治学也流于游谈无根；到清代，学术研究分为小学、经学、辞章三途，学者各主其说，偏于一隅，流弊百出，作文、治学皆未能臻于至境。究其源，清代学术的弊病正肇始于宋人。桂馥试图从学理上考察"小学"这一词汇的源流，但桂馥囿于汉宋之争，在对"小学"进行辨析时，没有去除个人意气。桂馥将"小学"的源头追溯至汉代，其目的是推扬汉学，鄙薄宋学。面对学术现象、学术问题，学者可以作出自己的价值评价，但评判的基础应该建立在对基本概念的精准辨析、对某个问题源流脉客观梳理的基础上。桂馥不是在材料中发现问题，而是凭个人私见去搜寻、处理材料，他对"小学"一词的阐释自然不够客观冷静。

桂馥这种轻议宋人的态度并不是个别现象，而与乾嘉之时的学术风气相应。张舜徽对桂馥等人阳攻宋儒而阴袭之的现象提出批评："大抵清儒治学，名虽鄙薄宋人，实则多所剿袭。戴东原说《诗》，即多本朱传。其明征也。他如段若膺注《说文》，多阴本小徐《系传》之言，掠为己有。"② 在此基础上，张舜徽排除意气之争，对桂馥的说法进行考定驳正。张舜徽指出宋学"未可轻议"，并以理性的态度梳理"小学"一词内涵的演变。张舜徽的辨析切实精准、极具说服力：

> "小学"一目，以时代言，各有其不同之含义。盖有周末之所谓小学，有汉世之所谓小学，有宋人之所谓小学，有清儒之所谓小学，不可不辨也。大抵古初小学，幼仪、内则而已。所谓八岁出就外傅，学小艺，履小节，此周末之所谓小学也。刘歆《七略》，以《史籀》、《仓颉》、《凡将》、《急就》诸篇列为小学，不与《尔雅》、《小雅》、《古今字》相杂。寻其遗文，则皆系联一切常用之字，以四言七言编为韵语，便于幼童记诵，犹今日通行之《千字文》、《百家姓》之类，此汉世之所谓小学也。迨朱熹辑录古人嘉言懿行，启诱童蒙，名曰《小学》，其后《文献通考·经籍考》列之《经部·小学类》，此宋人之所谓小学也。清乾隆中，修《四库全书》，以《尔雅》之属，归诸训诂；《说文》之属，归诸文字；《广韵》之属，归诸声音；而总题曰小学。此清儒之所谓小学也。清人以训诂、文字、音韵为小学，其例亦实创自宋人。晁公武《读书志》已谓文字之学有三：《说文》为体制之书。《尔雅》、《方

① 张舜徽：《清人笔记条辨》，华中师范大学出版社 2004 年版，第 126 页。
② 张舜徽：《清人笔记条辨》，华中师范大学出版社 2004 年版，第 374 页。

言》为训诂之书，沈约《四声谱》及西域反切之学为音韵之书，然则以彼三者当小学之目，乃宋人旧说，不自清儒始矣。况如徐锴之为《说文解字》作传，徐铉之校定《说文》，欧阳修之考证金石，王圣美之昌言右文，邢昺之疏《尔雅》，吴棫之论古韵，举凡有关文字、训诂、音韵之学，皆宋人为之于前，而清儒继之于后。孰谓清儒所治小学，何一不自宋人导其先路乎！故"赵宋"一代之学，亦未可轻议矣。①

张舜徽指出，"小学"这一概念的内涵随时代的变化不断演变，周世、汉代、宋人、清儒所说的"小学"各有不同指向。古初的"小学"是指儿童道德、能力等方面的启蒙之学。到了汉代，刘歆《七略》谈到的"小学"是指孩童读书识字用的通俗文章。宋代，朱熹沿古人之法，录名言警句以教育童蒙，仍称"小学"。清人所说的"小学"已与童蒙教育无关了，而是以训诂、文字、音韵为"小学"。文字、音韵、训诂是治学的根柢，从这个层面上看，清人所说的"小学"沿袭了前世"小学"中的启蒙之意。张舜徽还指出清人的"小学"，其源始出于宋人，宋代晁公武《读书志》谈及文字、训诂、音韵等问题，只不过晁公武将之命名为"文字之学"。更重要的是，宋人虽未将文字、音韵、训诂总命为"小学"，但宋时已出现了很多相关著作，如徐锴的《说文解字传》、欧阳修关于金石的考证、邢昺为《尔雅》所作的疏等。因此，无论从概念所涉及的范畴来看，还是从具体的治学路径看，清代的"小学"皆由"宋人导其先路"。

张舜徽在《条辨》等书中还指出，乾嘉年间，清代朴学虽将自己的学术源渊接搭至汉代，但实是在宋代学术的基础上，对宋学加以开拓，宏而广之："大抵一代宗风，自必前有所承，非宋、明诸儒为之于前，亦莫由以臻清学之盛。"② "有清一代学术无不赖宋贤开其先，乾、嘉诸师承其遗绪而恢宏之耳。"③ 张舜徽认为，从汉代郑玄等人至宋代朱熹，再到清代诸儒，其治学的脉络是一贯的。"宋儒之学，集大成者为朱熹，然熹推服汉儒及郑学甚至。"④ 张舜徽还指出，朱熹也严厉批评了宋人治学中只讲义理的不良习气："讲说义理而流于支离，此乃宋人通病。朱熹尝斥其失。"⑤ "朱熹尝云：'后世之解经者有三：一、儒者之经；一、文人之经，东坡、陈少南辈是也；一、禅者之经，张子韶辈是也。'（《朱子语类》卷十一）此亦当日实情矣。文人、禅者相与解经，则臆说之多，自无足怪。"⑥ 的确，宋代，朱熹虽谈性理，但他并不完全排斥考证，朱熹明确地表示："读书玩理外，考证又是一种功夫。所得无几，而费力不少。向来偶好之，固是一病，然亦不可谓无助也。"⑦

在平亭汉宋，沟通清代朴学与宋学之时，张舜徽在《条辨》等书中又进一步阐明，清代学人对宋学的看法并非一成不变，而是一个动态的发展过程。康熙年间，虽有个别人倡汉学，但从整体看，学者并不排斥唐以后的相关论著："康熙间，学者惟能旁涉唐以下

① 张舜徽：《清人笔记条辨》，华中师范大学出版社 2004 年版，第 126~127 页。
② 张舜徽：《清人笔记条辨》，华中师范大学出版社 2004 年版，第 354 页。
③ 张舜徽：《广校雠略》，华中师范大学出版社 2004 年版，第 132 页。
④ 张舜徽：《清人笔记条辨》，华中师范大学出版社 2004 年版，第 16 页。
⑤ 张舜徽：《清人笔记条辨》，华中师范大学出版社 2004 年版，第 119 页。
⑥ 张舜徽：《清人笔记条辨》，华中师范大学出版社 2004 年版，第 76 页。
⑦ 朱熹：《答孙季和》，《朱子文集》，商务印书馆 1919 年版，第 211 页。

书，于两宋考证家言深造有得，一代宗风，胚胎于此，虽二三经生高树汉帜，而其从人之途，致力之法，无不发自宋人。"① 到了乾隆中后期，汉学、宋学之争逐渐萌芽。"自纪昀撰《四库总目提要》，阮元辑《皇清经解》，有所偏主，门户渐成。迨江藩《汉学师承记》出，壁垒益固，势同雠怨矣。沿其波者，弥复加厉，因轻蔑宋人说经之书，遂一概抹杀，以谓宋代无学术，岂不过哉！"② 汉学、宋学的争端始于纪昀、阮元，至江藩拘习渐深，《汉学师承记》一出，清人宗汉学、贬宋学的风气盛极一时。但"汉学、宋学之名，不经甚矣。当江郑堂《汉学师承记》始成，龚定庵即遗书规之，斥其立名有十不安，江氏不之省也"③。在江藩严汉宋之别的同时，也存在不同意见，龚自珍就著文指斥《汉学师承记》立规模，严门户。张舜徽全面论及了清人的学术渊源、清代的学风兴替等问题，这些论点虽分散于不同的条目下，但处处可见张舜徽的通达之见。读者如能贯通《条辨》一书的逻辑脉络，对清代学术的流变等自可了然于心。④

张舜徽还谈到学术领域的诸多问题。如，关于伪书的问题。很多学者都对伪书表示不满，认为这于学人的治学品格有碍。但张舜徽则以通达的心态对待伪书，弱化伪书关涉的道德问题，提出将伪书视为学术书籍："学者如遇伪书而能降低其时代，平心静气以察其得失利病，虽晚出赝品，犹有可观。东晋所出古文《尚书》及孔安国《传》，固全伪矣，姑作魏、晋人书读，必有可取者，又不容一概鄙弃也。"⑤ 只要能平心静气、不存偏见、不以道德标准代替学术标准，伪书皆自有其价值。古文《尚书》、孔安国的《传》确系后人作伪，如果干脆将之作为魏晋时期的书读，其中不乏真知灼见。再如，涉及"节钞"的问题。张舜徽说："节钞不足病，但问其义例何如耳。""司马原书，亦何尝不自《十七史》以及杂书小记节钞而来。上溯《太史公书》，乃亦节钞群经诸子以及故书雅记而成。"⑥ 治学，特别是治史，必须熟悉史料并熟练地运用史料，但往往有人将史料的运用当作节钞。张舜徽根据自己所读、所学、所思提出，"节钞不足病"，关键在于运用史料时，是否有明确的义例，将史料归于统一的宗旨之下。如果以卓越的识见统汇史料，这些史料自然会构成新的系统。如司马光《资治通鉴》中很多资料都来源于《十七史》及其他书籍，甚至司马迁的《史记》，这部"成一家之言，通古今之变"的宏伟巨著，也是从群经诸子中节钞而来，但司光迁、司马光等人以宏博的气度对史料进行归纳总结，见他人

———————————————

① 张舜徽：《清人笔记条辨》，华中师范大学出版社 2004 年版，第 102 页。

② 张舜徽：《清人笔记条辨》，华中师范大学出版社 2004 年版，第 102 页。

③ 张舜徽：《清人笔记条辨》，华中师范大学出版社 2004 年版，第 376 页。

④ 关于清代朴学与宋学的关系，冯友兰、钱穆等持论与张舜徽大体相似。冯友兰在《中国哲学史》一书中谈到，清代朴学从表面上看反对宋明理学，但从根本上看却是理学的发展和延续，清代义理之学所讨论内容、依据的经典并未超出宋明理学的范畴。（参见冯友兰：《中国哲学史》，中华书局 1961 年版）钱穆在《清儒学案序》中也指出，清代三百年学术之精神，实沿续宋明理学一派。（参见钱穆：《清儒学案序》，《中国学术思想史论丛》，台湾东林图书有限公司 1980 年版）张舜徽在《条辨》一书中，揭示了清人对宋儒的继承，指明清代朴学对宋学的发展，并深入到清代朴学内部，对清代朴学的源流、脉络及自身发展变动作了详细梳理，这种注重动态呈现的治学路径正展现了张舜徽不同于他人的宏博融通之处。

⑤ 张舜徽：《清人笔记条辨》，华中师范大学出版社 2004 年版，第 72 页。

⑥ 张舜徽：《清人笔记条辨》，华中师范大学出版社 2004 年版，第 18 页。

所未见，展自己之所长，《史记》、《资治通鉴》成为无法超越的史籍。又如，关于学术史的发展，学科的分类及命名等问题，张舜徽所思、所言皆有理、有据。在《条辨》中，他谈到《宋史》于"儒林传"外另设"道学传"："《宋史》别道学于儒林，最为后世所嗤。若钱谦益、毛奇龄、朱彝尊、钱大昕诸家及《四库提要》，诋斥不遗余力。独章学诚称其合于史法，据事直书，未可轻议。《宋史》道学诸传人物，实与儒林诸公迥然有别，自不得不如当日途辙分歧之实迹以载之。阮元亦谓《周礼》司徒联师儒，师以德行教民，儒以六艺教民。《宋史》道学、儒林分为二传，即《周礼》师儒之异。由两家之论观之，则二传分立，要自有故，非徒不可毁之而已。"① 张舜徽指出，《宋史》分立"儒林"、"道学"二传符合宋代学术发展的实际情况，自有其合理性。《道学传》中诸人注重德行、伦理的教化，《儒林传》中之儒注重实际技能等的培育，师、儒各司其职，不相混淆。这些条目对我们理解清代学术的兴替、学风的变迁、学人的思想轨迹等都有重要启发。

《条辨》一书"在内容上不外乎'叙录'群书，在体式上也仍属校雠学范畴，但张氏在'远绍前规'的同时"②，着眼于梳理清代学术流派的兴替，探寻并标明知识、事实之间的因果联系及逻辑关系，这使《条辨》一书具有了鲜明的现代因质。

张舜徽说："人事有迁移，学术有升降耳。不明乎斯义而欲考论得失，则鲜有能持是非之公者。此读书稽古所以贵乎有识也。"③ 张舜徽正是在洞察人事迁移，明了学术升降之后，写下《条辨》一书。在这部书中，他对"条辨"体的采纳、借鉴和发展，对笔记的义例、类型所作的划分，对清代学术史乃至中国学术史的梳理，充分展示了一个史学家、文献学家重视知识的累积、学术统系构建，会通传统与现代的卓越识见。

（作者单位：黄冈师范学院文学院、华中师范大学文学院）

① 张舜徽：《清人笔记条辨》，华中师范大学出版社 2004 年版，第 63 页。
② 戴建业：《别忘了祖传秘方》，《读书》2006 年第 1 期，第 133 页。
③ 张舜徽：《清人笔记条辨》，华中师范大学出版社 2004 年版，第 117 页。

武汉大学中国传统文化研究中心大事记（2015 年 1—12 月）

□ 李小花

1 月

24—25 日，欧阳祯人教授应邀参加深圳大学"经典、经学与儒家思想的现代诠释"国际学术研讨会，提交论文《从天人关系看〈大学〉〈中庸〉的宗教性》，并作大会发言。

24—25 日，徐水生教授应邀参加深圳大学"经典、经学与儒家思想的现代诠释"国际学术研讨会，提交论文《儒家思想与日本现代化的复杂关系》。

24—25 日，胡治洪教授应邀参加深圳大学"经典、经学与儒家思想的现代诠释"国际学术研讨会，发表《汉晋之间古文〈尚书〉流传情况补证》。

2 月

本月，陈文新教授与闵宽东、刘僖俊合著的《韩国所藏中国文言小说版本目录》由武汉大学出版社出版。

本月，陈文新教授的《集部视野下的辞章谱系与诗学形态》由商务印书馆出版。

本月，第五届中华优秀出版物奖评选结果在京揭晓，冯天瑜教授著作《中国文化生成史》获第五届中华优秀出版物奖图书奖。

本月，湖北省第九届精神文明建设"五个一工程"奖揭晓，冯天瑜教授著作《中国文化生成史》获湖北省第九届精神文明建设"五个一工程"优秀作品奖。

3 月

20—21 日，聂长顺教授参加日本近代语研究会在早稻田大学举办的"东亚汉字汉语的创出与共有"国际学术研讨会，日语宣读论文『中日間におけるRevolution 翻訳の一考察』。

21 日，杨华教授为道常书院"历史文化培训班"讲授《传统文化的当代价值》、《中国历史文化概说》。

25 日晚，杨华教授为武汉大学电气学院文化节作了题为"中国传统文化与国家软实力"的讲座。

26 日，郭齐勇教授在北京中华书局出席"国学与当代教育"学术研讨会，并在大会作报告：《文化认同与国学教育》。

本月，郭齐勇、汪学群教授的《钱穆评传》由百花洲文艺出版社出版。

本月，张昭炜整理的《象环寤记 易余 一贯问答——方以智著作选》由九州出版社出版。

4 月

17 日下午，聂长顺教授应华中科技大学国别（区域）研究中心邀请，为该校外语学院师生作学术报告，报告题目为"近代术语翻译与中西日文化互动"。

23 日上午，聂长顺教授应湖北省台办邀请，为全办干部职工作国学辅导讲座，题目为"关于传统文化传承的几点思考"。

26 日，郭齐勇教授在贵州大学中国文化书院出席中国人民大学、台湾辅仁大学、贵州大学主办的两岸"哲学与中华传统文化的当代价值"学术研讨会，作主旨发言：《传统文化的当代价值》。

5 月

2 日，郭齐勇教授在河南嵩山嵩阳书院出席该书院学术委员会，就办院宗旨与规划发表意见。

7 日，聂长顺教授于北京外国语大学参加国家"中华思想文化术语传播工程"2015年第一次组长研讨会。

8—10 日，郭齐勇教授应邀在桂林出席美国维思里安大学与中国社科杂志合办的"第三届中美学术高层论坛：现代化——中西比较的视野"会议，在会上作报告《儒家生态伦理对现代性的超越与启示》。

15—17 日，杨华教授应邀在济南山东师范大学参加"传统礼治与当代'软法'建设高端学术研讨会"，提交《礼法合一与中国的法律传统》论文。

18 日上午，杨华教授在山东泰安学院为全校师生作了题为"中国传统家礼及其现代价值"的演讲。

23—24 日，郭齐勇教授在武汉大学主持"第四届全国国学院院长高层论坛"，致闭幕词，谈《关于设立国学一级学科和国学等级考试标准问题》。

29 日，欧阳祯人教授在湖北省台办演讲《国学智慧与人生智慧》。

30 日下午，杨华教授为武汉市民大讲堂作了题为"中国传统文明的内涵及其当代价值"的演讲，此为武汉市市委宣传部所组织之"社会主义核心价值观"系列演讲的"文明"部分。

30—31 日，胡治洪教授应邀参加武汉大学哲学学院、国学院，广西大学学报编辑部主办的"汉代经学与儒学学术研讨会"，发表《汉晋之间古文〈尚书〉流传情况补证》。

本月，郭齐勇教授的《儒学与现代化的新探讨》（珞珈国学丛书），郭齐勇、吴根友教授的《诸子学通论》（珞珈国学丛书），丁四新教授的《先秦哲学探索》，徐少华教授的《简帛文献与早期儒家学说探论》分别由商务印书馆出版。

本月，郭齐勇、吴龙灿教授的《立本开用：熊十力说儒》由贵阳孔学堂书局出版。

本月，张昭炜整理的《胡直集》（阳明后学文献丛书）由上海古籍出版社出版。

本月，张昭炜整理的《万廷言集》（理学丛书）由中华书局出版。

6 月

1 日上午和晚上，杨华教授分别在广东惠州学院作了题为"礼法合一与中国的法律传统"、"从'三礼'看中国古代的日常生活"的学术报告。

2 日上午和晚上，聂长顺教授应广东惠州学院政法系邀请，为师生作了两场学术报告，一场题为"'春秋公法'的建构"，一场题为"国学刍议"。

11 日晚，杨华教授在湖北襄阳为湖北理工学院中层科研干部讲《大数据下的文化软实力研究》。

15 日上午，杨华教授为湖北团省委和省青联组织的香港来鄂实习大学生讲授《中国文明的发展道路和当下境遇》。

28 日，郭齐勇教授在北京大学英杰交流中心出席"重构中的儒学——北京大学儒学研究院成立五周年学术研讨会"，并作《儒学在当下的发展》的发言。

7 月

3—5 日，聂长顺教授参加南开大学日本研究院主办的"文明的对话与比较：以中日儒学为中心"国际学术会议暨王家骅先生文集《中日儒学：传统与现代》出版研讨会，宣读论文《儒教主义的深入》。

7—10 日，谢贵安教授应邀参加中国明史学会、贵州省文史研究馆、安龙县人民政府举办的"南明史国际学术研讨会"，提交论文《〈安龙逸史〉考论》并作大会发言。

11 日，胡治洪教授主讲武汉大学闻一多国学公共讲堂第 35、36 讲：《中庸》讲读（一、二）。

12 日，郭齐勇教授出席由武汉大学哲学学院主办、美国天主教大学价值与伦理中心协办的"利玛窦规矩与中西文明对话"国际学术研讨会，在会上作主题报告：《儒家论他者——兼谈利玛窦对儒学的利用与批判》。

12—13 日，胡治洪教授应邀参加"利玛窦规矩与中西文明对话"国际学术研讨会，发表《"利玛窦规矩"以及传教文明的反思》。

12—15 日，徐少华教授应邀参加香港恒生学院举办的中国古代泉币与经贸国际学术研讨会，提交论文《从鄂君商贸析战国时期的关税》。

17 日，胡治洪教授主讲武汉大学闻一多国学公共讲堂第 47、48 讲：《中庸》讲读

（三、四）。

17—19 日，卢烈红教授应邀参加湖南师范大学主办的纪念周秉钧先生一百周年诞辰学术研讨会，提交论文《禅宗语录中特指询问句的发展》。

21—24 日，郭齐勇教授在香港中文大学出席第十九届国际中国哲学大会，于 22 日上午在大会上作主题演讲：《中国哲学的精神与特点及其对现代性的批判与超越》。此外，21 日下午在缅怀汤一介先生的分场报告会上讲《汤一介先生的学术贡献》；23 日下午在"汉语世界的中国哲学研究"座谈会上介绍中国大陆中国哲学的研究现状。

29 日上午，杨华教授在湖北省省委党校为湖北省"青年马克思主义工程"培训班作了题为"中华优秀传统文化与社会主义核心价值观"的讲座。

31 日下午，杨华教授出席湖北省中小学中华优秀传统文化教育指导委员会成立暨《经典诵读》文本审议会，被聘为委员会委员。

8 月

6 日，郭齐勇教授在长沙岳麓书院出席"新媒体语境下的国学传播高峰论坛"并发表《现代媒体与国学》。

14—16 日，卢烈红教授应邀参加西南交通大学主办的中国修辞学会 2015 年年会，提交论文《禅宗语录的话题转移艺术》。

20 日，郭齐勇教授在长沙出席"纪念《船山学刊》一百周年暨船山学研讨会"，在大会上致辞《两湖学者的精神家园》。

20—22 日，胡治洪教授应邀参加杭州师范大学国学院主办的中国道路与中国精神学术研讨会暨 2015 年中国哲学史学会年会，发表《熊十力量论思想疏释》，主持一场研讨会。

23 日，欧阳祯人教授在贵阳孔学堂演讲《〈大学〉与人格修养》。

24—28 日，卢烈红教授应邀参加日本北海道大学举办的第九届汉文佛典语言学国际学术研讨会暨第三届佛经音义国际学术研讨会，提交论文《禅宗语录中转移话题式复句的发展》。

28—30 日，张昭炜应邀参加北京大学高等人文研究院主办的"阳明后学文献丛书推进会暨阳明后学研究高层论坛"。

29—30 日，丁四新教授应邀参加英文《中国哲学》、夏威夷大学哲学系主办的 Inquiring into the Central Idea of Hengxian in the Excavated Bamboo Texts，提交论文《从出土材料论〈周易〉卦爻画的性质和来源》。

本月，陈锋教授的《晚清财政说明书》由湖北人民出版社出版。

9 月

5—6 日，郭齐勇教授在上海出席"21 世纪中国书院发展模式研讨会暨中国民间书院首届高峰论坛"，在大会上报告《今天的书院应如何办?》。

7 日，欧阳祯人教授应邀在湖北省图书馆（荆楚讲坛）演讲《国学智慧与严以修身》。

12 日，胡治洪教授主讲武汉大学闻一多国学公共讲堂第 49、50 讲：《尚书》讲读（一、二）。

17—19 日，胡治洪教授应邀参加贵阳学院阳明学与地方文化研究中心、南京大学儒佛道与中国传统文化研究中心、贵州省阳明学会主办的 2015'第三届知行论坛暨中国哲学与马克思主义中国化学术研讨会，发表《具有划时代意义的论断——学习习近平总书记"四个讲清楚"有感》，主持一场研讨会。

18 日，欧阳祯人教授在清华大学演讲《儒释道精神与现代管理》。

21 日，欧阳祯人教授在湖北省省直工委演讲《国学智慧与严以修身》。

23 日上午，杨华教授在湖北孝感参加"第二届海峡两岸孝文化与养老产业发展研讨会"，作了题为"中华传统孝道及其礼法保障"的大会主题发言。

26—29 日，胡治洪教授应邀参加中华人民共和国文化部、山东省人民政府主办，中国艺术研究院、山东省文化厅、山东大学儒学高等研究院、中国孔子基金会、国际儒学联合会、济宁市人民政府、中国孔子研究院承办的第七届世界儒学大会，发表《具有划时代意义的论断——学习习近平总书记"四个讲清楚"有感》，当选为大会主席团成员，主持第一分组会议。

28 日，杨华教授在河北师范大学历史文化学院作了题为"出土简帛与楚地丧祭礼制研究"的讲座。

10 月

12 日晚，杨华教授为中国化工出版社干部培训班作了题为"楚文化与赤壁之战"的讲座。

15 日，欧阳祯人教授在湖北省武汉市黄陂区区委演讲《国学经典与严以修身》。

15—18 日，徐少华教授应邀参加香港大学举办的出土文献与先秦经史国际学术研讨会，提交论文《从〈楚居〉析陆终娶鬼方氏妹女嬇之传说》。

16 日，郭齐勇教授应中国人民大学国学院邀请，在该校出席"国学教学与研究——中国人民大学国学院建院十周年学术研讨会"，作为兄弟高校国学院代表在大会致辞，发表《国学学科发展现状及对策》。

16—18 日，胡治洪教授应邀参加武夷学院宋明理学研究中心、福建省闽学研究会、福建省哲学学会主办的朱子文化与宋明理学学术研讨会，发表《儒家商贾义利观略论》，主持一场分组会。

18 日，欧阳祯人教授应邀在武汉市名家讲坛（武汉市图书馆）演讲《中国古代家训》。

18 日，郭齐勇教授出席贵阳孔学堂学术委员会会议。

19 日，郭齐勇教授出席贵阳孔学堂秋季论辩大会，就"如何看待今天的国学热"发表看法。

22—25 日，郭齐勇教授在台北出席由东方人文基金会、台湾师大东亚文化中心、中央大学文学院主办，《鹅湖》月刊社等承办的"第十一届当代新儒学国际学术会议——纪念牟宗三先生逝世 20 周年"会议，在会上报告论文：《牟宗三先生三统说的意义》。

23—24 日，陈锋教授应邀参加河北师范大学主办的"明代的府县"学术研讨会，提交论文《明清财政模式》并作大会发言。

23—25 日，欧阳祯人教授应邀在上海参加中华孔子学会主办，上海天歌控股（集团）有限公司承办的"儒家的使命与当代中国"学术研讨会暨中华孔子学会成立三十周年纪念大会。提交论文《贵州"中国阳明文化园"设计之文化理念浅析》，并作大会发言。当选为中华孔子学会常务理事。

23—25 日，胡治洪教授应邀参加"儒家的使命与当代中国"学术研讨会暨中华孔子学会成立三十周年纪念大会，发表《儒家传统纵横谈》，当选为中华孔子学会理事，主持一场分组会。

27—29 日，郭齐勇教授在台北出席由政治大学中文系、中华孔孟学会主办的"论道与经邦——2015 海峡两岸儒学高峰论坛"，在会上报告论文：《〈礼记〉哲学诠释的四个向度——以〈礼运〉〈王制〉为中心的讨论》。

29—31 日，陈锋教授应邀参加南开大学主办的"中国史上的日常生活与物质文化"学术研讨会，提交论文《四大名砚考辨》并作大会发言。

10 月 29 日—11 月 1 日，徐少华教授应邀参加清华大学举办的"清华简《系年》与古史新探"学术研讨会，提交论文《清华简〈系年〉"周无王九年"浅议》。

11 月

2 日，陈锋教授应邀为南开大学历史学院及社会史研究中心师生作题为"清代财政的研究路径及其与社会史研究的结合"的演讲。

5—6 日，陈锋教授应邀参加中央财经大学主办的"18 世纪以来中外货币制度变迁"学术讨论会，提交论文《清代银钱比价对社会各阶层的影响》并作大会发言。

5—30 日，欧阳祯人教授应邀赴德国特里尔大学演讲《〈大学〉〈中庸〉的天人关系》两场。

7—10 日，徐少华教授应邀参加河南省文物考古研究院举办的湘鄂豫皖楚文化研究会第十四次年会，提交论文《说曾、随》。

10—19 日，应香港中文大学新亚书院院长黄乃正院士邀请，郭齐勇教授偕夫人到该校讲学。此次郭齐勇教授出任香港中文大学新亚书院第二届"新亚儒学讲座"主讲。12 日，该校前校长、社会学家金耀基院士会见郭教授与夫人，并出席欢迎晚宴。新亚书院署理院长朱嘉濠教授主持欢迎宴会并向郭教授颁发证书与纪念品。

根据"新亚儒学讲座"的安排，郭教授作了三场演讲。13 日上午，郭教授在该校邵逸夫堂主讲第一讲《"亲亲相隐"与"大义灭亲"的伦理与法理之反思》，1800 位师生聆听了郭教授的讲演（其中 1300 人在现场，另 500 人通过闭路电视收看）。这是新亚书院利用双周会的时间安排的，主要面向学生，旨在提升学生的人文素养。14 日下午，郭教授在铜锣湾香港中央图书馆主讲第二讲《现代三圣：梁漱溟、熊十力、马一浮》。这是新亚书院与香港公共图书馆合办的讲座，主要面向市民，百多位市民聆听了郭教授的演讲。

17 日下午，郭教授在香港中文大学李兆基楼四号演讲厅主讲第三讲《〈礼记〉哲学诠释的四个向度》。这是新亚书院与香港中文大学哲学系合办的讲座，主要面向学界，六十余人参与。三场报告的主持人分别是刘国强教授、黄勇教授、郑宗义教授。讲座反响热烈，每场郭教授讲完之后都与听众互动，并一一回答了提问。以上各场参与者，除香港中文大学的教授与学生之外，还有香港其他大学的师生及台湾"中央研究院"在港作研究的学者等。

此次访港，郭教授还应邀到香港科技大学参访，并于 16 日下午在该校人文学部演讲《上博楚简有关孔子师徒的对话与故事》，黄敏浩教授主持了演讲。18 日，郭教授还应邀观摩了浸会大学饶宗颐国学院，拜会了陈致院长，交流有关国学学科建设的经验。

11 日上午，聂长顺教授参加日本学术团体"愚人会"在武汉大学国际问题研究院举行的"中日关系与东亚合作"圆桌会议。

12—15 日，谢贵安教授应邀参加韩国国史编纂会员会举办的"纪念建立完了承政院日记 DB 学术会议"，提交论文《清朝帝王的秘书机构及其记录》。

18 日，欧阳祯人教授受聘担任武汉孝文化国学院院长，任期五年。

20—30 日，徐少华教授应邀在日本京都大学人文科学研究所进行访问，并先后在日本大阪大学、京都大学人文科学研究所、日本泉屋博物馆、日本奈良文化财研究所演讲。

23—25 日，余来明教授应邀参加厦门大学举办的第十二届科举制与科举学国际学术研讨会，提交论文《元代科举试赋的文学史意义》并作大会发言。

本月 21 日、12 月 5 日，杨华教授为闻一多国学公共讲堂讲授"《左传》讲读"二日。

27—29 日，杨华教授在福建连城参加"首届海丝客家·四堡雕版印刷国际学术研讨会"，提交题为"酬世锦囊与民间日用礼书"的论文，并作大会发言。

27—29 日，胡治洪教授应邀参加深圳大学国学研究所承办，中华孔子学会协办的"儒学的历史叙述与当代重构"国际学术研讨会，发表《熊十力量论思想疏释》，主持一场分组会。

本月，欧阳祯人教授担任执行主编的《阳明学研究》创刊号，在中华书局出版、发行。

本月，陈文新教授应邀在韩国作系列讲学。6 日，韩国中语中文学会 2015 年度联合国际学术大会"回归原典：回归汉语言文学研究与教学之本源"在首尔崇实大学开幕，陈文新教授应邀作了主题发言：《明初文化格局中的地方儒学与台阁文风》。这次学术会议共有来自 6 个国家的 61 位学者发表论文。中国驻韩国大使馆教育参事艾宏歌出席会议开幕式并致辞。

19 日晚，应韩国中国小说研究会之邀，陈文新教授作了题为"《红楼梦》的空间设计"的学术报告。讲座由韩国中国小说研究会现任会长韩惠京教授主持，出席活动的学者有韩国祥明大学的赵宽熙教授、韩国翰林大学的金敏镐教授等。

25 日，陈文新教授应邀在韩国全北大学讲学，主题是"《三国演义》的历史叙事和民间叙事"。讲座由郑元祉教授主持。

本月，司马朝军教授主持了 2015 年度全国地方文献研讨会，并作主旨发言。

本月，丁四新教授的《楚地简帛思想研究》第 6 辑由岳麓书社出版。

本月，谢贵安教授的《明代宫廷教育史》由故宫出版社出版。

本月，谢贵安教授的《中国传统史学研究》由商务印书馆出版。

12 月

4—6 日，余来明教授应邀参加河北师范大学文学院主办的中国古代文学青年学者论坛，提交论文《近代民族国家建构与"中国文学"概念生成》，并在开幕式上致辞。

12 日，胡治洪教授应邀参加湖北省高校马克思主义理论教育研究会、华中科技大学马克思主义学院、武汉大学国学院、湖北经济学院马克思主义学院联合主办，湖北经济学院马克思主义学院承办的"传统文化与国家治理"学术研讨会，发表《当代政治的误区以及儒家政道的价值》。

16 日下午，聂长顺教授应邀赴广州外语外贸大学外语学院，主讲"名师名教材名课堂"，主题为"日本近世思想的近代展开"，包括两个分题："幕末水户学的'国体'理念及其近代展开"、"和汉洋之纠葛与教育近代化"。

18 日上午，杨华教授为中瑞华会计事务所、竞发工程造价有限公司作了题为"中华传统孝道及其礼法保障"的讲座。

18 日晚，杨华教授为武汉大学城建学院作了题为"中国古人的日常生活"的讲座。

18—19 日，余来明应邀参加台湾正修科技大学主办的"宗教生命关怀"国际学术研讨会，提交论文《张宇初道教思想的渊源与系谱》并作大会发言。

19—20 日，由中国传统文化研究中心、文化软实力协同创新中心主办的首届"中国传统文化高峰论坛"在丰颐大酒店顺利召开。

本届论坛的主题是"中华传统道德"。会议共收到 20 篇论文，来自海峡两岸 20 多位知名学者参加了讨论。会议开幕式由武汉大学人文社科研究院院长沈壮海教授主持，校党委副书记骆郁廷教授、中国传统文化研究中心主任冯天瑜教授分别致辞。在为期一天半的会议中，吴光、冯天瑜、郭齐勇、朱荣智、黄钊、张丽珠、姚新中、李翔海、王国良、姜生、何晓明、周积明、陈锋、贡华南、吴根友、杨华、胡治洪、欧阳祯人、郑淑媛、张昭炜等学者，围绕公德与私德、三纲五伦、传统德目与德行、明清思想与道德实践、中华传统孝道、传统道德与当代社会等论题，进行了 6 场热烈讨论。专家们在分梳古代德目、德行的同时，对传统道德在当下的传承和转化也提出若干意见。

会议闭幕式由中心副主任杨华教授主持，中心学术委员会主任郭齐勇教授作了总结发言。他将本次会议的主要进展，归结为在儒家道德哲学史、传统道德及其现代性问题、传统价值系统及其当代转化三个方面的深入讨论。对于当下如何研究和传承中国传统文化，郭教授从古与今、冷和热、教化和自我教育、多元开放和文化主体四个维度作了系统剖析。

中心今后将每年举办中国传统文化高峰论坛，分别就中国传统文化的不同主题展开论析，逐步引领和深化相关题旨的讨论。

19—20 日，杨华教授参加"中国传统文化高峰论坛"，提交《中华传统孝道及其礼法保障》的论文。

19—20 日，胡治洪教授应邀参加"中国传统文化高峰论坛"，发表《儒家文化纵横谈》。

21 日下午，聂长顺教授于外研社参加北京外国语大学韩震教授主持的国家社科基金重大项目"中华思想文化术语整理、传播与数据库建设"开题论证筹备会。

23 日，张昭炜受聘为贵州省文史研究馆、浙江省文史研究馆合办的阳明学研究中心研究员。

28 日下午，聂长顺教授在武汉大学国际研究院参加与日本著名历史学家村田忠禧教授的学术交流会。

本月，余来明教授的《元明科举与文学考论》由武汉大学出版社出版。

（作者单位：武汉大学中国传统文化研究中心）